Educational Technology for Teaching and Learning (3rd ed.)

교수 · 학습을 위한

교육공학

T. J. Newby · D. A. Stepich · J. D. Lehman · J. D. Russell 공저

노석준 · 오선아 · 오정은 · 이순덕 공역

학지사

Educational Technology for Teaching and Learning(3rd ed.)
by NEWBY, TIMOTHY J.; STEPICH, DONALD A.; LEHMAN, JAMES D.; RUSSELL, JAMES D.

Korean Language edition published by HAKJISA PUBLISHER

CD 자료는 학지사 홈페이지(hakjisa.co.kr) 게시판에서도 다운받으실 수 있습니다.

역자 서문

『교수 · 학습을 위한 교육공학』(제3판)은 Timothy J. Newby, Donald A. Stepich, James D. Lehman, James D. Russell이 공저한 『Educational Technology for Teaching and Learning』(3rd ed.)을 공역한 것이다. 저자들이 밝힌 바와 같이, 이 책은 예비교사뿐만 아니라 현직 교사에게 구체적인 교수기법과 테크놀로지의 선택, 통합, 실행을 지원해 주는 연구와 배경을 제공하며, 학습을 보다 효과적 · 효율적으로 만들 수 있는 제반 방법들을 강구하도록 하고, 특정 교과내용과 관련하여 테크놀로지를 언제, 왜 사용해야 하는지를 알게 함으로써 테크놀로지의 교과내용과의 유의미한 통합능력을 신장시키고 학습자들의 학습경험을 증진하는 데 목적을 두고 있다. 이러한 목적을 달성하기 위하여, 이 책은 교사들이 교수 · 학습 현장에서 실제로 접할 수 있는 제반 교수 · 학습상의 문제를 효과적으로 해결하기 위한 구체적인 방안과 실제를 제공한다.

그동안 값비싼 각종 첨단 교육매체가 교육현장에 도입되었지만, 이것이 실제 학습내용과 제대로 통합되지 못하거나 활용되지 못하는 상황이 빈번하였다. 이러한 문제를 해결하고자, 교육공학도로서 역자들은 어떻게 하면 일선 현장에 있는 교사, 예비교사가 학습자의 학습경험을 풍부하게 가르치고자 하는 교수내용을 언제, 어떻게, 왜, 어떠한 교육매체와 효과적 · 효율적으로 통합 · 활용할 수 있는지에 대한 보다 구체적이고 실제적인 방안을 강구하게 하고자 노력해 왔다. 그러한 노력의 과정에서 이 책은 역자들에게 무엇을, 어떻게 가르칠 것인지에 대한 구체적인 방안과 고려할 점을 매우 실제적이면서도 구체적으로 제공해 주었다. 따라서 역자들은 모든 독자가 이 책을 통해 역자들이 얻은 것 또는 그 이상의 것을 얻을 수 있으리라 확신한다.

이 책은 총 5부 14장으로 구성되어 있다. 각 부와 장에 대한 간략한 내용은 저자들이 쓴 머리말의 '이 책의 구조' 부분을 참고하기 바란다. 특히, 여기서 이 책의 구조 및 내용과 관련하여 역자들이 강조하고 싶은 것은, 여러 가지 다른 특징도 포함되어 있지만, 이 제3판에 새롭게 추가된 다섯 가지 교육적 특징, 즉 'NETS와 연계: 표준 검토', '테크놀로지 코디네이터 코너', '점검사항', '보완된 실례', 그리고 '테크놀로지 통합'이다. 이러한 다섯 가지의 교육적 특징을 통해 저자들은 교수내용에 테크놀로지를 보다 유의미하게 통합 · 활용할 수 있는 구체적인 방안과 그러한 과정에서 접할 수 있는 제반 문제점 및 그 해결책을 보다 구체적이고 실제적으로 제시한다. 물론, 이러한 교육적 특징에 담긴 내용이나 문제점, 해결방안 등이 모두 그대로 우리의 교육 상황에서 나타나거나 온전히 적용될 수 있는 것은 아니다. 예를 들어, 역자들이 해당 내용을 그대로 포함할 것인지 아니면 없앨 것인지를 상당히 고심하게 한 부분인 'NETS와 연계: 표준 검토'는 우리의 국가교육공학표준이 아니다. 따라서 독자에 따라서는 해당 내용을 없애거나 우리의 것으로 대체하는 것이 더 적절했을 것이라 생각할 것이다. 그러나 해당 내용을 우리의 것으로 적절하게 대체할 만한 것이 없는 실정이며, 비록 다른 나라(미국)의 경우이기는 하지만 해당 내용이 특정 국가에 한정되지 않고 모든 나라에서 적용해 볼 만한 것이라 생각하여 역자들은 그대로 두기로 결정했다. 이러한 몇 가지 점에서 제고의 필요가 있기는 하지만, 이 책의 이러한 특징은 현직교사뿐만 아니라 예비교사가 교수내용과 교육매체를 유의미하게 통합 · 활용함으로써 학습자들의 학습경험을 풍부하게 할 수 있는 방안을 다각적으로 모색 · 제시하고 있다.

이 책을 번역하면서 역자들은 문장이나 용어들을 가급적이면 독자들이 이해하기 쉽도록 쓰려고 노력하였다. 그럼에도 불구하고 여전히 원저자의 의도를 최대한 살리면서 동시에 독자들이 내용을 쉽게 이해할 수 있도록 번역을 하는 데 있어 역자들의 역량이 상당히 부족하다는 것을 절감하였다. 따라서 오역 등에 대한 책임은 모두 역자 개개인에게 있으며, 독자 여러분의 따가운 질책과 비판도 겸허한 마음으로 수용하겠다. 향후 역자들이 다시 한 번 수정 · 보완할 수 있는 기회가 주어진다면, 이번의 역서에서 제대로 표현되지 못한 부분과 독자 여러분의 질책 등을 최대한 수용하겠다.

끝으로, 이 역서를 세상에 내놓기까지 도와주신 많은 분께 감사의 말씀을 드린다. 특히, 출판을 맡아 주신 학지사의 김진환 사장님과 여러 번에 걸친 힘든 교정 과정에도 불구하고 내용을 보다 읽기 쉽고 이해하기 쉽도록 제시하기 위하여 최선을 다해 주신 편집부의 관계자 모두에게 역자들을 대신하여 진심으로 감사의 말씀을 드린다. 아울러, 이 역서를 내기 위해 상당한 시간과 노력을 해 주신 역자와 이해와 힘든 시간을 견디어 준 역자들의 가족 모두에게도 이 자리를 빌려 진심으로 감사드린다.

2008년
성신여자대학교 수정관 연구실에서
역자 대표 노석준

머리말

이 책의 비전과 목적

이 책의 비전은 테크놀로지의 **유의미한 통합**을 통한 **향상된 학습경험**을 위한 **토대를 언제나 제공**하는 것이다. 저자들의 첫째 목적은 독자로 하여금 구체적인 교수기법과 테크놀로지의 선택, 통합 및 실행을 지원해 주는 연구와 배경을 이해할 수 있도록 확고한 토대를 제공하는 것이다. 이러한 토대는 교수기법을 적합하게 선택할 수 있고, 확신을 가지고 실행할 수 있는 지지구조를 제공한다.

둘째, 오늘날과 같은 정보화 사회에서 학습경험의 향상은 필수적이다. 우리는 학습을 보다 효과적 · 효율적으로 만들 수 있고, 매우 다양한 학생에게 영향을 끼칠 수 있으며, 학습전이를 촉진할 수 있고, 심지어 학생의 동기를 보다 높은 수준으로 끌어 올릴 방법을 강구할 필요가 있다.

셋째 목적은 테크놀로지를 유의미하게 통합하는 것이다. 저자들은 이 책에서 이용 가능한 다른 유형의 테크놀로지에 대해 설명할 뿐만 아니라, 더 나아가 그러한 테크놀로지들이 언제, 왜 사용되어야 하는지에 관한 조건적인 지식(conditional knowledge)을 개관(槪觀)하고 설명한다. 테크놀로지는 유의미한 방식으로 통합되었을 때 학습과정을 크게 촉진할 수 있다. 마찬가지로 테크놀로지를 제한적으로 사용하는 것이 가장 좋은 때도 있다. 모든 교사에게 필요한 기술은 언제, 어떠한 테크놀로지를 사용해야 하는지를 아는 것이다.

따라서 이 책을 학습한 후, 독자는 다음과 같은 변화를 겪게 될 것이다.

① 교수자료(instructional materials)를 능숙하게 선택 · 수정 · 설계할 수 있다.

② 개별 학생의 복잡한 학습문제를 중점적으로 다루고 해결할 수 있는 교수(instruction)를 계획할 수 있다.

③ 학생의 학습에 가장 효과적 · 효율적으로 영향을 미치는 교수방법과 교수매체를 선택 · 사용할 수 있는 목록(repertoire)을 가질 수 있다.

④ 컴퓨터를 교수자료 개발 및 관리와 학생을 위한 학습도구로 사용할 수 있다.

이 책의 구조

이 책은 교수설계 원리, 교수방법과 교수매체의 선택과 활용, 컴퓨터의 효과적인 활용이라는 세 가지 요소를 통합하였다. 이를 촉진하기 위해, 이 책은 PIE－계획(Plan), 실행(Implement), 평가(Evaluate)－모형에 기초하여 설계되었는데, 제1장～제3장에서는 학습, 학습이론, 컴퓨터에 관한 필수적인 배경지식을 제공하고, 제4장～제8장은 독자가 교수를 효과적 · 효율적으로 **계획**(plan)하는 방법을 모색할 수 있도록 도와준다. 제2부에서는 학생, 교수목표, 교수 상황(제4장)과 교수계획을 작성하기 위해 요구되는 필수적인 요소와 활동(제5장)에 대한 정보를 얻는 방법에 관한 조언을 제공한다. 또한 가장 흔히 사용되는 교수방법(제6장)과 교수매체(제7장)와 더불어 교수자료를 선택하거나 제작하는 방법을 소개하며, 학습경험을 향상시키고 전반적인 학습에 영향을 미치기 위하여 테크놀로지가 어떻게 통합될 수 있는지를 강조한다.

실행(implementation) 단계는 학생이 교수자료와 활동을 실제로 어떻게 경험하는지에 초점을 둔다. 여기서 저자들은 컴퓨터의 적절한 통합과 실행(제9장), 인터넷(제10장), 다양한 형태의 원격교육(제11장)에 관하여 논의한다. 각 장은 학습을 향상시키기 위해 이러한 테크놀로지들이 언제, 왜, 어떻게 통합되어야 하는지를 강조한다.

제12장은 교수자료의 **평가**(evaluation)와 학생 수행의 **사정**(assessment)에 대해 살펴본다. 저자들은 교사가 학생의 능력과 기능뿐만 아니라 자신의 교수 효과성을 지속적으로 증진하기 위하여 평가를 어떻게 사용할 수 있는지를 살펴보며, 평가자료를 저장 · 조직 · 분석 · 관리하는 데 있어서 컴퓨터의 역할에 관해 논의한다.

마지막 제5부는 오늘날 교육공학 분야가 직면한 핵심적인 쟁점(제13장), 우리가 과거부터 학습해 온 것과 그것이 오늘날 우리가 행하는 실제에 미친 영향과 미래의 방향(제14장)에 초점을 둔다.

이 책을 사용하는 강좌 구조화하기

예비교사들은 전통적으로 교수계획과 교수설계, 교수매체 활용, 필요한 기능과 역량을 습득하기 위해 컴퓨팅에 관한 강좌들을 별도로 수강해 왔다. 『교수 · 학습을 위한 교육공학』(제3판)은 예비교사들과 현직교사들에게 효과적인 교수자료 계획과 개발에 관한 기본 원리, 다양한 유형의 교수방법과 교수매체 및 그것들을 가장 효과적으로 활용하는 방법, 효과적인 교수를 계획 · 개발 · 전달 · 평가하기 위한 강력한 도구로써 컴퓨터에 대해 소개하는 하나의 통합된 자료(source)다.

다음은 이러한 목적을 달성하기 위해서 강좌들을 구조화할 수 있는 최소한 세 가지 방법이다.

- ❏ **교수계획의 개발과 활용을 강조한다.** 이 책에 있는 각 장을 순차적으로 학습해 나가면, 이 과업(task)을 달성할 수 있다. 각 장은 학습, 교육공학, 이론, 계획을 개발하고 실행하기 위한 도구로써 컴퓨터에 관한 일반적인 내용에서 시작해서, (PIE 모형의 각 단계에 기초한) 나머지 장에서는 사람들이 교수 · 학습을 효과적으로 **계획**, **실행**, **평가**하는 방법을 보여 준다.
- ❏ **학습경험 자체를 강조한다.** 여러분은 교수방법과 교수매체(제6장과 제7장), 교수과정에서 이들의 역할을 특히 강조하는 내용부터 시작하고자 할지 모른다. 그 다음으로, 컴퓨터, 인터넷, 원격교육(제3, 9, 10, 11장)이 어떻게 학습경험을 촉진할 수 있는지에 관한 내용을 학습할 수도 있다. 끝으로, 학생에게 그러한 학습경험을 개발하고 향상시킬 수 있는 방법을 알려 주기 위하여 설계(제4장과 제5장), 개발(제8장), 평가(제12장)를 다룰 수 있다.
- ❏ **학습을 향상시킬 수 있는 강력한 도구인 컴퓨터를 강조한다.** 여러분은 컴퓨터 하드웨어에 관한 배경적인 교수자료를 학습하고(제3장), 컴퓨터가 교사와 학생에 의해 어떻게, 왜 효과적으로 사용될 수 있는지에 관해 학습할 수 있다(제3장과 제9장). 그 다음, 여러분은 '컴퓨터의 위력'과 원격교육을 행하는 데서의 인터넷의 활용에 관해 알고자 할 수도 있다. 한 가지 실험적인 요소와 함께, 이것은 학생과 교사를 위한 핵심적인 도구인 컴퓨터를 좀 더 강조하고 교실 상황 내에서 컴퓨터의 효과성을 보여 준다.

제3판에서 새롭게 추가된 것

제3판에서는 다음과 같은 몇 가지 특별한 교육학적 특징이 추가되었다.

- ❏ **NETS와 연계-표준 검토:** 각 장에 포함된 이 특징은 국가교육공학표준(National Educational Technology Standards)에 관한 여러분의 이해를 촉진한다. 저널

활동(journal activity)은 여러분이 구체적인 표준뿐만 아니라 그러한 표준에 적절하게 대응하기 위해 고려해야 할 것을 해석하는 방법을 성찰적으로 고찰해 볼 수 있도록 해 준다. 여러분은 전자적 혹은 종이 기반(paper-based) 저널을 계속 행함으로써 질문에 대해 성찰적으로 반응하고 테크놀로지와 그것의 활용에 관한 여러분의 생각과 아이디어를 개발할 수 있다. 더 나아가 소개된 테크놀로지와의 경험이 증가하고 관련된 정보를 표준에 직접적으로 연계해 감에 따라, 여러분 자신의 개발과 이해를 확인할 수 있을 것이다. 이는 여러분이 기대한 것과 이러한 표준이 여러분의 이해를 촉진하고 조언하기 위해 어떻게 사용될 수 있는지에 관해 보다 더 잘 이해할 수 있게 해 준다. 이러한 특징은 이 책에 동봉된 CD에 보충자료로 제시되어 있다.

❒ **테크놀로지 코디네이터 코너:** 이 특징은 각 장의 끝부분에서 볼 수 있으며, 테크놀로지 통합을 독특한 관점에서 검토한다. 학교 테크놀로지 코디네이터와 관련된 다양한 사례와 시나리오, 그들이 매일 직면하는 문제와 도전을 제시한다. 상황은 처음으로 몇몇 소프트웨어를 통합하려는 교사가 묻는 단순한 질문부터 신설 학교가 최적의 학습환경을 구축하기 위해 어떻게 계획해야 하는지와 같은 보다 복잡한 문제에 이르기까지 다양하다. 이러한 특징은 도전을 극복하고 테크놀로지를 성공적으로 통합하기 위해 고려해야 할 것에 관한 내부자적 관점을 제공해 준다.

❒ ☑ **점검사항:** '☑ 점검사항' 활동은 책에서 논의된 것을 상호작용하고, 탐색하며, 발견하고, 적용해 볼 수 있는 기회를 제공한다. 또한 여러분이 몇몇 다른 소프트웨어 평가지를 검토하고 평가하며, 현재의 요구에 가장 적합한 평가지를 구안하는 방법을 결정하고, 반복연습형 개인교수(drill-and-practice tutorial)의 컴퓨터보조교수(CAI)를 통해 구체적인 컴퓨터 용어를 학습할 수 있도록 해 준다. 여러분은 또한 비디오 편집 소프트웨어를 포함하여, 다양한 유형의 컴퓨터 애플리케이션을 사용하는 방법에 관한 안내된 교수(guided instruction)를 경험하게 될 것이다. 여러분은 이러한 교수자료와 상호작용할 수 있는 기회를 통해 교수자료를 더욱 잘 이해할 수 있고 해당 자료를 교실에 적용할 수 있게 될 것이다. 이러한 특징은 이 책에 동봉된 CD에 보충자료로 제시되어 있다.

❒ **보완된 실제 사례:** 제4장~제12장에서 하나의 구체적인 수업지도안이 개발되었으며, 교수자료의 계획, 실행, 평가 과정을 설명하면서 수정·보완되었다. 여러분은 이 보완된 실례를 통해 교수활동, 교수방법, 교수매체, 테크놀로지 통합, 평가활동을 좀 더 강조하면서 학습경험을 계획하는 방법을 검토해 볼 수 있다.

❒ **테크놀로지 통합:** 저자들은 다양한 형태의 테크놀로지가 교실환경 내에 언제, 왜, 어떻게 통합될 수 있는지를 강조해 왔다. 이는 교사가 몇 가지 유형의 교수자료를 개발할 때 컴퓨터를 보조자(assistant)로 사용하도록 하는 경우도 있지만 대부분 정규 교실환경에 참여할 수 없는 학생을 위해 어떻게 원격교육 테크놀로지를 통합할 것인지에 관한 아이디어를 비롯하여, 전반적인 학습경험에 영향을 주기 위하여 컴퓨터(혹은 다른 테크놀로지)를 어떻게 통합할 것인지를 포함한다.

이 책의 다른 특징들

이 책의 각 장에서 다음과 같은 추가적인 특징이 있다.

❒ **장 서두 유추**(chapter-opening analogies)**:** 해당 장의 주요 내용과 그 내용을 어떻게 제시하고, 궁극적으로 어떻게 이해해야 하는지를 위한 무대(stage)를 설정하는 데 도움을 준다. 각 장은 여러분이 새로운 교수자료를 준비할 수 있도록 핵심적인 원리와 새로운 정보를 부호화·파지(把持)·회상하는 데 도움이 되도록 보다 익숙한 것과 비교하는 유추로 시작한다.

❒ **핵심어**(key words)**와 교수목표**(objectives)**:** 정보의 계열성, 즉 정보의 제시 시점과 구조화 방법을 개관한

다. 바람직한 학습산출물(learning outcomes)은 여러분이 해당 장의 교수자료를 학습한 후 무엇을 할 수 있어야 하는지를 개괄적으로 나타내며, 여러분에게 새로울 수 있는 몇몇 핵심어와 개념은 용어 해설(glossary) 부분에서 볼 수 있다.

❑ 이 책에 산재해 있는 **도구상자**(toolboxes): 적절하고 유용한 정보를 제시한다. 이 도구상자는 팁(Tips), 도구(Tools), 기법(Techniques)으로 범주화되어 있다. **도구상자 팁**(Toolbox Tip)은 컴퓨터 하드웨어나 소프트웨어 사용 시 주의사항에 관한 간단한 절(section)을, **도구상자 도구**(Toolbox Tool)는 인터넷 검색엔진과 같은 구체적인 도구에 관한 기술(記述)과 활용을, **도구상자 기법**(Toolbox Technique)은 일련의 교수자료에서 유추를 어떻게, 언제, 왜 사용해야 하는지에 관한 정보를 포함하고 있다.

학생과 교사를 위한 보충자료

❑ **첨부 CD**: 첨부된 CD는 다양한 보충자료가 포함되어 있는데, 이러한 자료의 대부분은 각 장의 '☑ 점검사항'과 'NETS와 연계'에서 언급된 것이다. 이 교수자료는 예제 프로젝트와 교수자료, 소프트웨어 평가지(software evaluation forms), 매체 사전검사 서식(media preview forms), CAI 튜터리얼(tutorial), 『MS Office와 FrontPage를 사용한 교수·학습(*Teaching and Learning with MS Office and FrontPage*)』에서 발췌한 내용과 연습, 전자적 이야기 서식(electronic narrative forms)과 연습 등을 포함하고 있다. 또한 CD는 인터넷에 쉽게 접속할 수 있도록 이 책에서 참고한 웹사이트의 링크도 담고 있다. 이 아이콘은 여러분이 CD에 접속해야 하는 때를 알려 준다.

❑ **웹사이트**: 웹사이트 http://www.prenhall.com/newby는 사용자에게 해당 분야의 변화를 알려 주고, 이 책에 포함시킬 수 없었던 부가자료와 교수자료를 제공한다. 교수(professors)는 온라인 강의 계획서 형성자(online syllabus builder)와 온라인 강좌 관리도구를 사용할 수 있다. 교수(professors)와 학생들은 Q&A 데이터베이스를 이용하여 이전에 이미 질문받았던 문제들을 검색하고, 저자들의 반응을 검토·질문하며, 데이터베이스 내에 게시된 답변을 볼 수 있다. 더 나아가, 각 장에 있는 짧은 비디오는 핵심요소와 교수자료를 이해하는 방법을 강조한다. 이 웹사이트를 통해 부가적인 자기평가도구, 성찰적 활동(reflective activities), 관련된 관심 있는 웹사이트도 접속할 수 있다.

❑ **교사용 매뉴얼**(instructor's manual) 이 책을 사용하는 교수들(professors)은 교사용 매뉴얼도 활용할 수 있다. 이 매뉴얼은 ⓐ 해당 장의 핵심 개념과 원리, 주요 개념들 각각을 소개하기 위한 아이디어의 확인, ⓑ 해당 장의 내용을 가르치기 위한 전략, ⓒ 사정(assesment)과 피드백을 위한 아이디어, ⓓ 예제 수업 지도안 개요, ⓔ 참고문헌과 보충자료를 포함하고 있다.

❑ **컴퓨터화된 시험은행**(computerized test banks): 사용자가 수정할 수 있는 시험은행은 매킨토시와 윈도우 사용자 모두 활용할 수 있다. 시험은행이나 교사용 매뉴얼에 온라인으로 접속하기 위해서는 Merrill/Prentice Hall 대리인을 접촉하라.

❑ **라이브 원격강의**(live telelectures)**와 온라인 채팅**: 여러분이 원하면 저자들은 라이브 원격강의나 온라인 채팅을 활용하여 지도·조언을 제공할 수 있다.

저자들과의 접촉

저자들은 여러분과 진심으로 의사소통하며 피드백을 받기 원하므로 질문이나 제안이 있으면 언제든 연락을 주기 바란다. 학생이나 교수(professors) 모두 다음의 주소로 저자들에게 이메일을 보내거나 웹사이트를 방문해 줄 것을 기대한다.

Tim Newby
이메일: newby@purdue.edu

Don Stepich
이메일: dstepich@boisestate.edu

Jim Lehman
이메일: lehman@purdue.edu

Jim Russell
이메일: jrussell@purdue.edu

감사의 말

저자들은 제3판에 기여한 모든 사람에게 감사를 드린다. 특히 우리 학생들과 동료, 실제 사례와 통찰력을 제공해 준 현직교사들에게 특별히 감사를 드린다. 저자들은 그들의 시기 적절한 조언을 통해 덧붙이고, 수정하며, 개선해야 할 필요가 있는 부분을 확인할 수 있었다. 또한 저자들은 보내 준 조언과 편집, 동기여부에 대해 Merrill/Prentice Hall의 총괄 편집자인 Debbie Stollenwerk와 보조개발 편집자인 Elisa Rogers에게도 그들의 조언과 편집, 동기부여에 대해 감사드린다.

끝으로, 저자들은 다음과 같은 검토자들에게 그들의 아이디어와 제안에 대해 감사드린다. 노바사우스이스턴 대학교(Nova Southeastern University)의 JoAnn Layford Bing, 노스캐롤라이나 대학교(University of North Carolina, Wilmington)의 James B. Browning, 노스캐롤라이나 대학교(University of North Carolina, Greensboro)의 Jean Camp, 노스플로리다 대학교(University of North Florida)의 Cathy Cavanaugh, 노바사우스이스턴 대학교(Nova Southeastern University)의 Todd A. Curless, 투스쿠럼 대학(Tusculum College)의 Deborah Dunn, 블랙힐스주립 대학교(Black Hills State University)의 Dorothy P. Fuller, 캘리포니아주립 대학교(California State University, Bakersfield)의 David Georgi, 타우슨 대학교(Towson University)의 Jeffrey M. Kenton, 루이지애나테크 대학교(Louisiana Tech University)의 Michael S. Page, 세인트로즈 대학(College of Saint Rose)의 Brenda Peters, 린치버그 대학(Lynchburg College)의 Nancy Phillips, 노바사우스이스턴 대학교(Nova Southeastern University)의 Donna R. Starr 등이다.

저자들은 이 책이 예비교사와 현직교사 모두에게 교수를 계획 · 실행 · 평가하기 위한 확고한 기초를 제공해 주기를 희망한다. 교수 · 학습 과정은 교수설계의 원리를 통합하고, 적절한 교수방법과 교수매체를 선정하고 활용하며, 컴퓨터를 적절하게 활용함으로써 보다 효과적, 효율적, 매력적으로 변화할 수 있다.

Tim, Don, Jim 및 Jim

교육자 학습센터: 온라인 자료

Merrill Education과 미국 장학 및 교육과정개발학회(Association for Supervision and Curriculum Development: ASCD)는 여러분에게 최고의 연구와 검증된 교수전략에 접근할 수 있는 새로운 온라인 자료를 제공해 준다. 여러분은 www.educatorlearningcenter.com에서 추후연구를 위한 값진 정보뿐만 아니라 강좌 주제와 현재의 교육적 쟁점에 관한 이해를 향상할 수 있는 자료를 찾을 수 있다.

교육자 학습센터가 학생이 보다 나은 교사가 되도록 도와주는 방법

여러분과 학생들은 Merrill Education과 ASCD가 공동으로 제공하는 자료들을 사용함으로써 교실수업을 더 잘 준비할 수 있는 보다 풍부한 도구와 교수자료들을 찾을 수 있을 것이다.

연 구

- ASCD의 저널 「Educational Leadership」에서 제공하는 600편 이상의 논문은 교사들이 현장에서 업무를 수행하면서 직면하는 일상의 쟁점들에 관해 논한다.
- 학생은 Research Navigator™ 사이트에 직접 링크하여 연구 과정을 상세히 기술한 방대한 내용뿐만 아니라 많은 선도적인 교육저널(education journals)에 접속할 수 있다.
- Merrill Education 출간 서적들에서 발췌된 초록은 학생에게 교수방법, 다양한 대상, 사정(査定), 교실관리, 테크놀로지, 교실 실제를 정련하는(refining) 것과 같은 중요한 주제에 대한 통찰력을 제공해 준다.

교실 실제

- 수백여 개의 수업지도안(lesson plans)과 교수전략들은 내용 영역별과 연령별로 범주화되어 있다.
- 사례연구(case studies)와 교실 비디오 장면(classroom video footage)은 학생이 숙고해 볼 수 있는 가상의 현장경험을 제공한다.
- 컴퓨터 시뮬레이션과 다른 전자도구들은 학생이 오늘날의 교실과 현행 테크놀로지에 뒤쳐지지 않고 따라갈 수 있도록 해 준다.

차 례

제2부 테크놀로지 향상 학습경험 계획

제3부 테크놀로지의 유의미한 통합

제 9 장

제 10 장

제 11 장

제4부 성공적인 테크놀로지 기반 학습경험의 확인

제 12 장

제5부 테크놀로지, 그리고 학습의 현재와 미래

제 13 장

제 14 장

도구상자

점검사항

NETS와 연계

테크놀로지 코디네이터 코너

제1부

교육공학 소개

제1장 학습과 공학 소개

제2장 이론에서 활용으로

제3장 교수 · 학습을 위한 컴퓨터와 도구

먼저 읽어 보기

최근에 새로운 하드웨어가 담긴 수화물을 열어 본 적이 있는가? 만약 열어 본 적이 있다면, 개발자들이 하드웨어를 사용하기 **전**(before)에 해당 하드웨어를 사용하는 데 발생할지도 모르는 시행착오를 미연에 방지하기 위해 사용법에 관한 주의사항 등을 기술한 '먼저 읽어 보기(READ ME FIRST)' 라고 제목이 붙은 부분을 보았을 것이다. 이와 마찬가지로 첫 장을 시작하기 전에 여러분이 알아야 할 몇 가지 중요한 사항이 있다.

첫째, 이 책을 **왜**(why) 썼는지를 이해하는 것이 유용하다. 저자들은 많은 개인, 특히 교사교육 분야에 종사하는 사람들은 ① 학습경험과 특히 교수(instruction)가 어떻게 설계되고, 개발되며, 향상되는지, ② 상이한 교수매체, 특히 개인용 컴퓨터의 유형과 사용, ③ 교수설계와 교수매체가 학생의 학습을 증진시키기 위해 어떻게 통합되는지를 알 필요가 있다고 믿는다. 이러한 세 가지 요구가 충족되기 위해서는 일반적인 교수설계 분야와 교수매체, 교수 컴퓨팅이 통합되어야 한다. 전통적으로 이것들은 별도의 책이나 강좌를 통해 지도되었다. 그러나 교사들은 학생의 학습에 최대한 영향을 주기 위해 이것들을 통합 · 활용해야 한다.

둘째, 이 책에는 여러분의 학습을 촉진하기 위해 설계된 많은 특징이 있다. 이 책은 교육공학, 특히 교수의 효과성(effectiveness), 효율성(efficiency), 전이(transfer), 영향(impact) 및 매력성(appeal)을 증진할 수 있는 도구에 초점을 둔다. 저자들은 '도구상자(toolbox)' 라는 특징을 만들어 중요한 하드웨어, 교수방법, 기법, 기타 팁 들을 강조한다. '점검사항(CHECK IT OUT)' 은 해당 장에서 논의된 다양한 개념과 테크놀로지를 탐색 · 발견 · 상호작용할 수 있도록 해 주며, 'NETS와 연계(NETS Connection)' 는 교육공학표준(educational technology standards)이 어떻게, 언제, 왜 역점을 두어야 하는지를 점검하고 성찰해 볼 수 있도록 해 준다.

이 책은 특히 학습자 중심 교실환경에서 테크놀로지의 통합에 관심을 두며, 저자들은 각 장의 여러 부분에서 통합의 장점, 도전, 해결책에 관해 자세히 다룬다. 더불어 저자들은 학교 교육공학 코디네이터라는 독특한 관점에서 각 장의 내용을 검토한다. 독자들은 코디네이터의 관점을 통해 통합 관련 쟁점들을 흥미롭고 실제적이며 정규 학교환경에서 실제로 무슨 일이 일어났는지에 초점을 맞추어 볼 수 있다.

저자들은 이 책 전체에서 사려 깊은 분석과 통합을 필요로 하는 문제들을 심사숙고하고 기술(記述)할 수 있도록 빈번하게 질문하며 아이디어를 제시한다. 이를 통해 저자들은 여러분이 학습에 적극적으로 참여하며 해당 정보를 기억하고 활용할 수 있도록 도와주고자 한다.

저자들이 이 책을 학습한다면, 저자들은……

몇 년 전에 저자들의 학생 중 한 명이 "만약 교수님이 시험공부를 하신다면, 교수님은 어떻게 하시겠습니까?" 라고 물었다. 이에 대한 응답으로, 저자들은 "**만약 우리가 시험공부를 한다면, 우리는 ……했을 것이다.**" 라는 진술문으로 시작하는 노트를 만들었다. 그것의 목적은 기억해야 할 일련의 구체적인 항목을 제공하는 것이 아니라 오히려 학생들을 지도 · 조언함으로써 그들이 스스로 결론에 도달할 수 있도록 하는 것이었다. 이 노트들은 매우 효과적이었기 때문에, 저자들은 이 책에서 비슷한 것을 포함시키기로 했다. 그래서 **만약 저자들이 이 책을 학습한다면, 저자들은……**.

- **이 책의 비전을 읽고 숙고(熟考)했을 것이다.** 여기에서 (그리고 또한 서두와 제1장에서) 진술한 것처럼 이 책의 비전은 '**테크놀로지의 유의미한 통합**을 통한 **향상된 학습경험**의 **기초**를 **제공**하는 것' 이다. 따라서 이 책의 목적은 특별하고 유의미한 학습경험을 성공적으로 선택 · 수정 · 개발할 수 있는 테크놀로지 도구를 효과적으로 통합할 수 있도록 해 주는 것이다. 그러기 위해 교육공학의 핵심적인 원리와 기초를 발견하고 탐색할 수 있도록 도와준다. 이러한 비전을 잘 이해하면, 이 책이 어디를 지향하고 있으며, 무엇을 경험하게 될 것인지를 실현하고 준비하는 데 도움을 줄 것이다. 이 책의 각 부를 읽어 가면서 이 비전을 빈번하게 읽고 생각하라.
- **모형을 계획, 실행 및 평가하는 데 주의를 기울일 것이다.** 여러분이 (교사 중심적인 관점에서든 학습자 중심적인 관점에서든) 학습에 접근할 때마다 계획이 어떻게 행해지고, 경험되며, 사정평가가 무엇이 효과적으로 작동하고 어떠한 향상이 필요한지를 나타내는가에 대해 생각해 볼 필요가 있다.
- **학습이란 단순한 과정이 아니라는 것을 깨닫는 것이다.** 학습이 지속적으로 일어나도록 보장해 주는 어떠한 처방도 없다. 여러분은 독특한 문제를 해결하고 가능한 한 다양한 교수기법, 교수전략, 교수접근법, 교수매체에서 해결책을 도출해 낼 준비를 해야 한다. 만약 하나의 방법이나 도구가 거의 도움이 되지 않는다는 것을 안다면, 여러분은 어떠한 대안이 더 효과적인지를 결정할 수 있는 위치에 있음에 틀림없다.
- **교수자료가 어떻게 여러분 자신의 경험에 활용될 수 있는지를 생각해 볼 것이다.** 저자들은 이 책 전반에 걸쳐 수백 가지의 예를 포함시켰다. 우리는 여러분이 이 책에서 제시한 것이 무엇인지를 살펴본 다음 그러한 자료들을 어떻게 자신의 경험과 조화시키며, 그 경험이 어떻게 이해를 확장시킬 수 있는지 결정하기를 희망한다.
- **이 책이 교육공학에 대한 기초를 형성하기 위해 설계되었음을 인식할 것이다.** 여러분에게 모든 것을 가르칠 수는 없다. 이 책은 여러분에게 학습과 미래의 수업(teaching)을 위해 필요한 기초 지식과 기능을 제공해 줄 것이다.
- **컴퓨터의 힘을 과소평가하지 않을 것이다.** 정보를 제시하기 위해 주로 사용되어 온 많은 교수매체 형태와는 달리, 컴퓨터는 계획, 실행 및 평가 단계에서 교사와 학생 양자에 의해 사용될 수 있다. 컴퓨터는 학습경험을 풍부하게 하고 향상시키기 위해 다양한 교수방법과 교수매체 형태(예를 들어, 멀티미디어)를 통합할 수 있다.
- **교수 · 학습 도구로써 컴퓨터의 힘을 이해하고 그 힘에 압도되지 말아야 함을 배울 것이다.** 컴퓨터가 교육의 구원자라고 생각해서는 안 된다. 컴퓨터가 **모든** 학습 상황에서 가장 중요한 도구는 아니다. 그것은 여러분의 업무를 촉진시켜 주는 많은 도구 중 하나에 불과하다. 또한 컴퓨터를 여러분이 완전히 숙달할 수 없을 정도로 복잡한 도구라고 생각해서도 안 된다.
- **성찰하고 질문할 것이다.** 이 책에서 제시된 것이 무엇인지, 그리고 더 중요한 것은 그것을 어떻게 사용할 수 있는지에 관하여 성찰하는 시간을 가져라. 어떤 원리가 제시되었을 때, 그 원리를 언제, 어떻게, 왜 활용해야 하는지를 생각해 보라. 이 책에서 제시된 것을 넘어 성찰 · 숙고 · 생각해 보기 위해 각 장에 있는 'NETS와의 연계' 와 '점검사항' 을 사용하라.
- **도움을 요청할 것이다.** 성찰하고 질문할 때 저자들에게 직접 접촉하는 것에 대해 부담을 갖지 마라. 저자들은 좌절하

거나 압도되기보다는 도전받기를 원한다. 만약 질문이나 문제 혹은 제언할 사항이 있다면, 저자들에게 연락하라. 저자들의 이메일 주소와 전화번호는 서두의 '머리말' 부분에 제시되어 있다.

- **학습하는 것에 대해 재미있어 할 것이다.** 여러분이 그 모험을 개인적으로 성취하든 다른 사람들이 경험하는 것을 도와주든, 학습은 굉장한 모험이다. 저자들은 여러분이 교육공학에 대해 배우고 그것의 잠재성을 알기 시작할 때 저자들만큼이나 재미있어 하기를 바란다.

개요: 제1부

'교육공학 소개' 라고 명명한 제1부는 교육공학 분야와 교수설계, 교수매체, 컴퓨팅의 지원적인 공헌점에 대해 소개한다. 제1장의 핵심 내용은 학습의 개념과 테크놀로지의 통합을 통한 학습증진 방법이다.

제2장에서 저자들은 교수 · 학습의 이론적인 기초를 탐색한다. 저자들은 여러분이 특정 주제, 상황 혹은 학생 유형하에서 어느 교수 · 학습이론이 가장 효과적인지를 고찰할 수 있도록 학습을 여러 가지 상이한 각도에서 살펴본다. 이러한 이론적인 배경의 유용성을 향상시키려면 단순히 학습에 관한 상이한 관점을 아는 것이 아니라 각 관점을 교실에 있는 실제 학생들에게 어떻게 적용할 수 있는지를 이해하는 데 초점을 두어야 한다.

마지막으로, 저자들은 제3장에서 컴퓨터와 학습을 증진시키기 위하여 컴퓨터를 어떻게 사용할 수 있는지에 대한 중요한 기초 필수 정보를 제공한다. 컴퓨터는 강력한 도구며, 학습경험의 설계, 개발, 실행 및 평가와 밀접하게 연계되어 있다.

제1장

학습과 공학 소개

핵심어와 개념

학습
공학
교육공학
교수설계
교수 컴퓨팅
교수매체
인지 과부하
전이
학습자 중심 교수
교수
교수계획

학습목표

이 장은 다음 사항을 목표로 한다.

- 학습의 예(examples)와 '향상된 학습경험' 을 구성하는 것이 무엇인지를 기술하고 제시할 수 있다.
- 주어진 학습 시나리오를 평가하고 각 학습경험이 어떻게, 언제, 왜 '향상될' 수 있는지 설명할 수 있다.
- 테크놀로지와 교육공학의 예를 기술할 수 있다.
- 교수설계, 교수 컴퓨팅, 교수매체가 교육공학에 공헌한 점을 기술할 수 있다.
- 테크놀로지가 어떻게 잠재적으로 학습에 유의미한 방식으로 영향을 미칠 수 있는지를 기술할 수 있다.
- 테크놀로지 통합 과정에서 NETS 표준의 역할을 설명할 수 있다.
- 테크놀로지의 유의미한 통합의 다양한 예를 제시하고, 효과적인 통합을 위해 요구되는 핵심 요소를 제시할 수 있다.

환 영

『교수 · 학습을 위한 교육공학』의 세계에 들어온 것을 환영한다. 우선, 저자들이 이 책의 내용에 대해 얼마나 흥분하고 있는지를 독자들이 알아 주었으면 한다. 교사와 학생의 요구가 지금보다 더 높았던 적은 일찍이 없었으며, 경이로운 도구들이 정보에 신속하게 접근 · 조작할 수 있도록 해 주는 시대에 살고 있는 우리는 학습에 대한 요구뿐만 아니라 잠재력 또한 매우 크다. 이 책에서 저자들은 교수와 학습에 긍정적인 영향을 미칠 수 있는 컴퓨터와 관련 테크놀로지를 통합하기 위한 설계방법을 탐색할 것이다.

이 장에서는 이 책의 비전, 즉 저자들이 지향하는 것과 그 이유를 설명한다. 저자들은 학습과 테크놀로지에 관한 예를 정의 · 제시하며, 더 나아가 이 두 가지의 통합에 관해 논의한다. 또한 테크놀로지가 어떻게 학습에 긍정적으로 영향을 미칠 수 있는지, 교사와 학생 그리고 테크놀로지의 역할은 무엇인지, 효과적인 테크놀로지 통합과 향상된 학습을 저해하는 요인들은 무엇인지 등의 질문에 답한다.

비교해 보기: 건축 비유

새로운 정보를 학습하기 위한 준비를 새 집을 짓기 위한 최종 건축 단계에 이르기까지의 과정에 비유해 보라. 누군가 그 집에서 살 수 있도록 구조화하기 위해 어떤 과정이 필요한지를 생각해 보라. 최초의 계획은 어떻게 개발되었는가? 다양한 기술, 지식, 도구를 가진 장인들이 최종 구조를 제작하려면 무엇이 필요한가? 작업이 효과적이고 제때에 완수되려면 어떠한 조정이 필요한가?

▲ 빌딩 프로젝트의 계획과 구축은 효과적인 교수 · 학습경험의 계획 및 구축과 많은 유사성을 가지고 있다.

이 책에서는 학습 향상을 위한 경험개발방법을 '건축' 과정에 비유하여 논의한다. 건물 계약자와 마찬가지로, 저자들은 바람직한 목적을 달성하기 위하여 구체적인 기술과 지식뿐만 아니라 도구도 사용한다. 〈표 1-1〉은 건물을 구축하는 것과 학습경험을 생성하는 것 간의 유사점을 비교한 것이다. 이 책에서는 학생들에게 영향을 주기 위해 구축될 필요가 있는 것이 무엇이며, 그것을 언제, 왜,

〈표 1-1〉 집과 학습경험 구축

집 구축 시 요구되는 것	학습경험 구축 시 요구되는 것
건축 자재, 건축법, 열관리, 배관공사, 전기적인 원리 등에 관한 지식	학생, 학습환경, 학습원리, 교과내용/교재에 관한 지식
해머, 톱과 같은 도구와 다양한 전력 장치에 대한 접근	컴퓨터, 인터넷, 다양한 유형의 교수매체와 같은 학습도구에 대한 접근
청사진을 개발하고 읽을 수 있으며, 건축 자재의 구입과 전달을 관리 · 조정할 수 있을 뿐만 아니라 다양한 도구와 기법을 적절하게 사용할 수 있는 기술	학습경험을 계획, 설계, 개발할 뿐만 아니라 다양한 교수매체, 교수방법, 교수기법을 활용, 관리 및 평가할 수 있는 기술

어떻게 효과적으로 사용할 수 있는지에 초점을 둔다.

이 장에서 저자들은 이러한 건축 비유를 확장하며, 우리가 지향하고 있는 곳과 여러분이 학습해야 할 것에 관한 비전을 강조하고, 이 책의 중핵이 될 핵심 원리들을 설명한다. 그러면서 이러한 것들을 통해 우리가 얻을 수 있는 것이 무엇인지를 개관한다.

여러분은 도구들의 필요성뿐만 아니라 구체적인 도구들이 어떻게, 언제, 왜 사용되어야 하는지에 대한 필요성을 깨달으면서 이 장을 시작하는 것이 중요하다.

이 책의 비전: 지향점

이러한 건축 비유의 적절성은 이 책의 비전을 좀 더 자세히 살펴보고 중요한 학습경험을 구축하기 위해 사용된 핵심 요소들을 검토하면 더욱 분명하게 드러날 것이다. 이 책의 비전(강조된 핵심 요소들과 함께)은 다음과 같다.

> 테크놀로지의 유의미한 통합을 통한
> 향상된 학습경험의 기초 제공

이 비전을 살펴보면, 첫째 가장 중요한 것은 학습경험의 설계에 초점을 둔다는 점이다. 저자들은 요구되는 것이 무엇인지뿐만 아니라 그것을 어떻게 달성, 활용, 평가할 것인지를 검토한다. 또한 테크놀로지의 전략적인 선택, 통합, 활용은 잠재적인 학습 향상을 검토하기 위한 수단을 제공할 것이다. 요컨대, 저자들의 비전은 여러분이 다른 사람들의 학습을 도와줄 수 있는 교수전문가가 되도록 하는 것이다. 그러기 위해 우선은 학습 자체와 학습 과정의 핵심 요소들을 살펴본다.

학 습

이 책의 비전에 기초해 보면, 핵심적인 초점은 인간 학습과 그것을 어떻게 달성할 것인가에 있다. 비록, 대부분의 사람은 '학습경험(learning experience)' 에 아주 익숙하며, 과거에도 '학습해 왔음' 을 알고 있지만, 여전히 학습한 것에 실제로 영향을 미칠 수 있는, 답해야 할 다음과 같은 핵심 질문이 있다.

- 학습이란 정확히 무엇인가?
- 학습은 일반적으로 어떻게 일어나는가?
- 왜 학습에 관한 연구가 중요한가?
- 학습경험은 어떻게 향상될 수 있는가?

학습이란 정확히 무엇인가

학습의 예를 인용하기는 비교적 쉬운 일이다. 예를 들어, 지난 며칠 혹은 몇 주를 돌이켜 보며 학습한 것에 대해 생각해 보라. 그것은 아마도 특정 유형의 연구보고서 작성방법을 학습하는 것처럼 시간과 노력의 협력을 요하는 어떤 것이거나 새로 개설한 야간강좌를 수강하기 위해 가장 가까운 주차시설의 위치를 찾는 것처럼 시간과 노력을 덜 필요로 하는 어떤 것이었을 것이다. 혹은 텔레비전 광고를 통해 듣기 좋고 재미있는 두 구절을 학습할 때처럼 의식적으로 인식하지 않고도 학습하는 것이었을 수도 있다. 이러한 학습 사례마다 그 목적과 할애한 시간, 노력이 각기 다르지만, 모든 경우에서 학습이 일어났다.

학습(learning)은 상당히 넓은 개념이며, 다양한 교과목에서 일어나기 때문에 그것을 정확하게 정의하기는 쉽지 않다. 그러나 다음과 같이 동일한 용어들을 포함하는 몇 가지 정의가 있다.

- 학습이란 **경험**(experience)을 통한 행동의 비교적 지속적인 **변화**(change)다. 학습은 **경험**(experience)의 결과에 따른 심상적인 표상이나 연합의 비교적 지속적인 **변화**다(Ormrod, 2004: 3).
- 학습이란 연습이나 다른 유형의 **경험**에 의해 특정 방식으로 행할 수 있는 행동이나 역량의 지속적인 **변화**다(Schunk, 1996: 445).
- 학습이란 **경험**과 세계와의 상호작용 결과로 초래된

수행 혹은 수행 잠재력의 지속적인 **변화**다(Driscoll, 2005: 1).

- 학습이란 학생이 가진 지식의 지속적인 **변화**를 말하며, 이러한 변화는 **경험**에 기인한다(Mayer, 2003: 5).

학습에 대한 각각의 정의에서 **변화**는 **경험**을 통해 혹은 환경과의 상호작용의 어떤 형태를 통해 촉발된다는 것에 주목할 필요가 있다. **학습**(learn)하는 것은 자신의 능력 혹은 지식 수준을 지속적으로 바꾸는 것(혹은 바꿀 수 있는 능력을 갖는 것)이다. 일반적으로 학습은 개인의 지식, 수행 혹은 행동 수준 내에서 일어나는 변화의 양으로 측정된다. Woolfolk(1998)가 설명한 것처럼, 학습이라고 하기 위해서는 "이러한 변화는 경험에 의해 어떤 사람의 자신의 환경과의 상호작용에 의해 촉발되어야 한다. 단순히 키가 점차 커지거나 백발이 되어 가는 것과 같이 성숙에 의해 초래되는 변화는 학습이라고 할 수 없다"(p. 205). 예를 들어, 초보 건축업자들이 새로운 집을 짓는 데 못을 더 빨리, 그리고 더 정확하게 박을 때 우리는 그들의 환경과의 상호작용(작업 시 해머의 반복적인 사용)이 해머를 사용하는 기술에 긍정적인 변화를 초래하였다고 추론할 수 있으므로 학습이 일어났다고 말할 수 있다. 〈표 1-2〉는 학습의 예(examples)와 비예(nonexamples)를 비교한 것인데, 경험에 따른 변화에 주목할 필요가 있다. 70여 년 전에 Thorndike(1931)는 "인간이 자신을 바꿀 수 있는 힘, 즉 학습하는 것은 아마도 인간에게 가장 장엄한 일일 것이다."(p. 3)라고 기술함으로써 변화의 중요성을 강조하였다.

학습은 일반적으로 어떻게 일어나는가

학습은 여러 가지 방식으로 일어날 수 있다. 예를 들어, 학습은 ① 직접 경험(예: 뜨거운 스토브를 만진 후 그로 인한 고통을 학습하는 것), ② 대리 경험(예: 누군가가 뜨거운 스토브를 만지는 것과 같은 경험을 지켜봄으로써 학습하는 것), ③ 교수 프레젠테이션(예: 뜨거운 표면을 인지하고 확인하며 적절하게 경계하는 프레젠테이션이나 독서 등을 통해 학습하는 것)과 같은 것을 통해 일어날 수도 있다.

최적의 학습 형태의 선택은 몇 가지 요인에 의해 결정되며, 각 요인은 적절한 학습경험의 유형을 선택하기 전에 고려되어야 한다. 고려되어야 할 요인으로는 학생, 학습환경, 그리고 학습되어야 할 내용이 포함된다(이들 요인들 각각에 대한 보다 상세한 논의는 제4장 참조). 학생들은 학습경험을 이해할 수 있는 다양한 능력을 직접적, 대리적 혹은 교수적 프레젠테이션 형태의 경험을 통해 얻는다. 이때 발달 수준, 학습 스타일, 성별, 인종, 지능 등과 같은 다양한 요인은 학생이 구체적인 학습경험을 통해 얼마나 학습할 수 있는가 하는 학습 정도에 영향을 미친다. 마찬가지로 학습환경은 선택되고 사용될 수 있는 학습경험의 유형을 허용하거나 제한할 수도 있다. 학생들이 비행기 시뮬레이터를 사용하여 얻을 수 있는 것은 비행학교 근처에 거주하는 소규모 집단의 학생들에게는 가능하지만, 수

〈표 1-2〉 학습의 달성을 보여 주는 예와 비예

예	비예
• 명령에 따라 '돌려차기(round house kick)'를 완벽하게 수행 • 기억을 더듬어 J. R. R. Tolkien의 인용문 암송	• 체중이 늘거나 키가 커지는 것(성숙이나 신경생리학적인 변화의 결과) • 술을 많이 마신 후 높은 대인관계 기술을 보여 줌(일반적으로 단발적인 약이나 술을 복용한 결과)

백 명이나 되는 대규모 학급에서는 학생 수나 시뮬레이터의 위치 때문에 직접 경험을 통해 얻을 수 없을 것이다. 마지막으로, 그 자체를 직접적으로 경험해야 하는 어떤 내용이 있는가 하면 그렇지 못한 내용도 있다. 연구보고서 작성방법에 대한 학습은 직접 경험을 한 개인들로부터 빈번하게 차용된 내용인 반면, 주요 투자 회사 내의 상이한 관리 스타일에 대한 학습은 보다 프레젠테이션 지향적인 학습경험을 통해 더 확실하게 달성될 수 있다.

왜 학습에 관한 연구가 중요한가

학습은 복잡하다. 그것은 다양한 유형의 과제(예: 차 바퀴를 바꾸는 것, 사랑에 빠지는 것, 연설하는 것, 세포 이형을 확인하는 것), 다양한 유형의 학생(예: 신생아, 사업체 CEO, 고등학생, 90세인 바이올린 연주자), 다양한 환경(예: 산속, 생산라인 현장, 컴퓨터 옆에 앉아 있는 소규모 학생 집단 내)에서 일어날 수 있다. 또한 학습은 구체적인 주제를 다루기 위해 특정한 사람, 특정한 장소에서 오늘은 일어날 수 있지만, 내일(심지어 오늘 늦게)은 일어나지 않을 수도 있다.

학습에 관한 연구는 학습을 촉진하거나 저해하는 일반적인 조건과 원리를 확인하고 기술하며, 신뢰할 만한 학습을 증진하기 위하여 이러한 조건과 원리를 어떻게 가장 효과적으로 활용할 수 있는지를 결정하는 데 초점을 두고 있다. 만약 학생들이나 다른 사람들의 학습을 지도하는 사람들(예: 교사, 훈련자, 부모)이 이들 핵심적인 원리를 이해한다면, 학습 과정을 촉진할 수 있는 기회는 향상될 수 있다. 우리는 학습에 관한 연구를 통해 특정 개인을 위한 학습을 촉진하는 조건(그리고 저해할 수도 있는 조건)을 예측할 수 있는 구체적인 이론과 원리를 확인할 수 있다.

앞서 제시된 학습의 정의들에서도 강조한 것처럼 경험은 핵심적인 역할을 한다. 이것은 경험의 질이 실제로 학습한 것을 잠정적으로 향상(혹은 저해)시킴을 의미한다. 특정한 학습경험 내에서 활용된 구체적인 활동과 방법, 교수매체, 교수기법, 공학 등은 학습을 향상시키기 위해 사용될 수 있다. **따라서 학습에 관한 연구는 학생과 학습을 지도하는 사람이 바람직한 행동으로의 신뢰성 있는 변화를 보장하는 경험의 핵심요소를 전략적으로 확인 · 선택 · 실행 · 평가할 수 있도록 도와준다.**

실례로, Mayer(2003)의 논문을 검토해 보자. 인지적 멀티미디어 학습이론(Cognitive Theory of Multimedia Learning)에 관한 그의 연구는 개인은 단 하나의 감각 형태(예: 청각)를 통해 들어오는 정보를 주의집중하고 처리하는 데 한계를 가지고 있음을 보여 준다. 즉, 단지 일정량의 정보만이 특정 시점에서 학생에 의해 효과적으로 청취 · 이해 · 처리된다. 제한된 양 이상의 정보는 '**인지 과부하**(cognitive overload)'가 발생하기 때문에 존속되지 못한다. 그러나 만약 부가적인 정보를 전달하기 위하여 두 번째 채널(예: 시각)이 활용된다면, 학생의 새로운 정보를 처리하기 위한 제한된 역량은 상당히 확장될 수 있다. 예를 들어, 학습경험의 영향력은 멀티미디어를 사용함으로써 상당히 향상될 수 있다. 우리는 Mayer와 그 밖의 연구자들의 연구를 통해 학습을 전반적으로 향상시키려면 학습경험이 어떻게 설계 · 조직화되어야 하는지를 알 수 있다.

[그림 1-1]에 나타난 것처럼 학습에 관한 연구를 통해 직접적으로 얻을 수 있는 혜택은 다음과 같다.

- **효과성**(effectiveness)의 증진: 학생은 실제로 경험 없이 학습하는 것보다 더 나은 방식으로 학습한다. 학습에 관한 연구는 요구되는 정보와 기능의 부호화, 파지, 이해의 깊이, 회상을 증진시키는 방법을 확인할 수 있도록 해 준다.
- **효율성**(efficiency)의 증진: 여기에서 초점은 시간이다. 학습에 관한 연구를 통해 학생들이 정보나 기술을 좀 더 빠르고 적시에 습득하는 데 도움이 되는 방법 속에서 학습경험을 조직 · 전달하는 방법을 확인할 수 있다.
- **전이**(transfer)의 증진: 학습에 관한 연구를 통해, 학습한 것을 더욱 잘 일반화할 수 있는 방법을 확인함으로써 학습한 것을 상이하지만 관련된 맥락이나 내

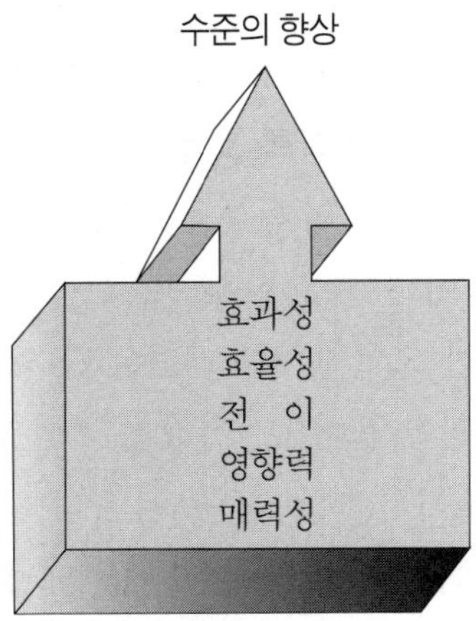

[그림 1-1] 학습에 관한 연구는 몇 가지 핵심적인 이점의 수준을 향상시킬 수 있다.

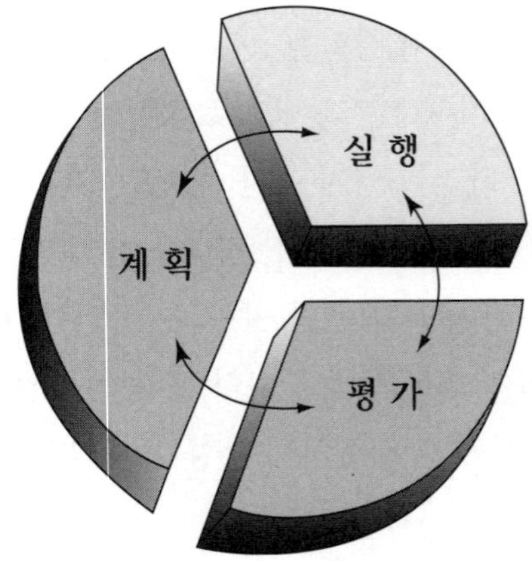

[그림 1-2] 학습 국면들: 계획, 실행, 평가

용 영역에서 활용할 수 있다. 예를 들어, 어떤 구체적인 문제해결 기법이 다양한 문제 상황에서 어떻게 사용될 수 있는가에 대한 학습은 학생에게 해당 기법의 가치와 유용성을 증가시킨다.

- **영향력**(impact)의 증진: 학습에 관한 연구를 통해 다양한 특성을 지닌 학생의 학습경험에 긍정적인 영향을 미치는 교수 · 학습 기법을 확인 · 실행할 수 있다.
- **매력성**(appeal)의 증진: 구체적인 학습경험을 위한 학생의 동기를 증진시킬 수 있는 방법을 확인함으로써 학생들이 학습과제에 시간과 에너지를 할애할 수 있는 가능성뿐만 아니라 다른 때에 해당 교수자료를 다시 검토하고 수행할 수 있는 가능성을 증진시킬 수 있다. 매력성은 학생의 정보에 대한 태도와 노력하고자 하는 동기와 매우 밀접하게 연계되어 있다.

계획, 실행, 평가(Plan, Implement, Evaluate: PIE): 학습에 영향을 미치는 신뢰할 만한 모형

학습에 관한 연구는 구체적인 교수행동, 교수기법, 교수공학이 학습의 양과 질에 영향을 미치기 때문에 학습하고자 하는 사람과 다른 사람의 학습을 지도하고자 하는 사람 모두에게 중요하다. 우리는 학습을 이해함으로써 전략적인 학습경험을 보다 효과적으로 설계 · 개발할 수 있다.

저자들은 학생과 교사들이 학습에 긍정적으로 영향을 미칠 수 있는 것에 초점을 두고 있는데, 이러한 것들은 [그림 1-2]와 같이 나타낼 수 있다.

- 교수(instruction)가 학생이 효과적으로 처리할 수 있도록 개발되고 계열화되었음을 확실히 하기 위해 요구되는 **계획**(planning)
- 교수 **실행**(implementing)
- 교수(instruction)와 학생의 학습활동 결과로 파생되는 학습 **평가**(evaluating)

이러한 초점은 건축전문가의 접근법과 비교할 수 있다. 건축전문가는 특정 상황과 기대되는 산출물이 주어질 때, 계획하고, 다양한 도구와 재료의 장점 · 단점을 이해하며, 전체 설계와 건축 과정에서 도구의 효율성을 고찰해 보고, 평가할 수 있다. 저자들은 이 책 전체에서 **계획**, **실행**, **평가**를 비슷하게 강조한다.

계획 단계에서의 초점은 학생들이 학습해야 할 것뿐만 아니라 그것을 어떻게, 언제, 왜 가장 잘 달성할 수 있는지에 있다. 그 결과는 바람직한 목적을 달성할 수 있도록 해 주는 학습경험에 관한 개요, 수업지도안 혹은 청사진이다. 이러한 계획은 학생의 **현재**의 지식과 기능뿐만 아니라 그들의 지식과 기능이 궁극적으로 **도달해야 할**(should be) 곳을 기술하는 데 도움을 주며, 또한 양자 간의 차이를 줄일 수 있는 방법을 제시해 준다. 이러한 계획은 여러분이 정보를 개발·제시하며 학생이 해당 정보를 경험하는 방식에 영향을 미친다. 그리고 제2부(제4장~제8장)는 계획에 초점을 둔다.

실행은 선정된 교수자료와 활동을 사용하여 상황적인 제약을 고려하면서 계획을 행동으로 옮기는 데 초점을 둔다. 학생들에게 있어서 실행은 자신들이 언제, 어디서, 어떻게 학습을 경험하는가에 관한 것이며, 교사들에게 있어서 실행은 교수와 학생 집단, 특별한 요구를 지닌 개인을 모니터링하고 관리하는 것을 포함한다. 제3부(제9장~제11장)는 실행을 좀 더 상세하게 탐색한다.

평가의 초점은 교수자료의 효과성을 평가하는 데 주어진다. 이것은 달성한 것을 고찰해 보고, 그것을 바람직한 목적과 비교해 보며, 향후 계획과 실행의 변화를 제안하고, 제안된 수정과 조정을 마무리 짓는 시간이다. 제4부(제12장)는 평가에 초점을 둔다.

계획, 실행, 평가 과정(저자들은 이를 'PIE 모형'이라 일컬음)은 효과적인 교수적 학습경험을 개발하고자 하는 저자들의 접근법을 체계적으로 구조화할 수 있도록 해 준다. 다시 [그림 1-2]을 살펴보면서 모형 내의 각 단계는 다른 단계와 매우 상호작용적이라는 것에 주목해야 한다. 예를 들어, 계획은 교수가 실행되고 평가되는 방법에 모두 영향을 미친다. 실행은 향후에 참고하고 갱신할 수 있도록 계획에 정보를 넘겨 주며, 평가가 언제, 어떻게 행해질 수 있는지를 알려 준다. 마찬가지로, 평가는 미래의 교수를 어떻게 계획하고 그것을 어떻게 가장 효과적으로 실행할 수 있는지에 대한 매우 중요한 피드백을 제공한다.

점검사항

PIE 모형

여러분이 다음과 같은 상황에 처해 있다고 가정해 보자. 여러분은 고등학교 생물학 수업을 듣는 학생들이 지난 30년 동안 알라스카 국립해양야생동물보호소(Alaska's Maritime National Wildlife Refuge)에 있는 바다표범의 상업적인 어획의 영향력에 대한 학습을 돕도록 요청받았다. 교사의 관점에서, 〈표 1-3〉의 첫 번째 열에 있는 질문을 검토하고, 질문들이 그러한 경험이 계획·실행·평가될 때 고려되어야 할 것을 이해할 수 있도록 해 주는지를 살펴보라.

일단 여러분이 교사의 관점에서 이 과제를 살펴보며, 그것을 다시 한 번 검토해 본 후, 이번에는 학습자/학생의 관점에서 살펴보라. 〈표 1-3〉의 두 번째 열에 있는 질문들을 검토하고, 학생들이 학습과제에 접근하였을 때 PIE 모형의 다른 요소들이 또한 학생들에 의해 어떻게 고려되어야 하는지를 살펴보라.

끝으로, 다른 두 가지 관점을 검토해 본 후, 마지막 열의 질문을 검토하라. PIE 각 단계에서 테크놀로지가 학생과 교사에게 필수적인 학습을 촉진하기 위하여 사용될 수 있는 방법에 관해 생각해 보라. 저자들은 이 장의 후반부에서 테크놀로지에 관해 좀 더 상세히 논의하겠지만, 이러한 질문들은 교수·학습 과정에서 테크놀로지의 역할을 설정하는 데 도움을 준다.

〈표 1-3〉 교수 과정: 어떠한 질문에 답해야 하는가?

	교사	학생	교육공학
계획	• 학생은 어떠한 과제를 달성할 수 있어야 하며, 나는 그 과제가 달성된 시점을 어떻게 결정할 수 있는가? • 이 과제를 학습하는 데 도움이 되는, 학생이 이미 알고 있어야 할 것은 무엇인가? • 어떠한 자원, 시설, 장비를 이용할 수 있고, 접근 가능한가? • 학습될 과제가 학생에 의해 습득될 수 있는 가장 효과적, 효율적, 매력적인 방안은 무엇인가? • 학습활동은 어떠한 순서로 계열화되어야 하는가? • 학생이 새로운 정보를 학습할 수 있도록 해주는 가장 효과적인 교수매체는 무엇인가? • 이 학습을 어떻게 다른 비슷한 상황에 전이시킬 수 있는가? • 이미 존재하는 적절한 교수자료(혹은 그것의 일부분)가 있는가? 약간의 수정이 필요한 교수자료는 어떤 것이며, 새롭게 제작되어야 할 교수자료는 어떤 것인가? • 요구와 실제성에 기초해 볼 때, 나는 어떠한 교수방법과 교수매체를 포함해야 하며, 학생은 해당 교수 내에 포함되는가?	• 이 과제의 목적은 무엇인가(예: 무엇을 배울 수 있는가)? • 이 과제를 학습하기 위해 무엇이 필요한가(예: 학습전략, 다른 사람으로부터의 지원, 시간, 노력)? • 이전 학습경험은 어떻게 도움이 되는가? • 이 학습과제를 학습하는 데 저해가 되는 장애물과 문제점은 무엇인가? • 이 과제에 관한 동기와 노력을 어떻게 유발·유지할 것인가(예: 이러한 종류의 과제에 익숙한가 이러한 종류의 과제를 좋아하는가)? • 동기를 유지하고 제시된 장애물을 극복하면서 교수자료를 효과적으로 학습하기 위해 이 과제를 어떻게 시도해야 하는가(예: 이러한 종류의 활동은 더 많은 집중을 요하는가)?	• 교육공학은 학생이 학습과제를 해결하는 데 어떻게 효과적으로 영향을 미칠 수 있는가? • 교수과정 공학(예: 교수방법, 교수기법)과 고급 테크놀로지, 다른 교수매체 공학은 교사가 교수자료를 설계하고 만드는 데 어떻게 효과적으로 영향을 미칠 수 있는가? • 학생과 교사는 교수공학을 활용하여 어떻게 학생의 주의와 학습 주제에 관한 동기를 향상시킬 수 있는가? • 교수공학은 학생의 학습의 효율성 혹은 교사의 준비를 어떻게 향상시킬 수 있는가?
실행	• 교수경험과 활동은 어떻게 관리될 수 있는가? • 학습경험 동안, 일반 학생과 특별한 요구가 필요한 학생을 어떻게 관리할 것인가? • 학습 과정 동안, 어떻게 학생의 주의와 동기를 유지시킬 것인가?	• 계획을 수행하기 위해 요구되는 것을 어떻게 조합 혹은 만들 수 있는가? • 계획된 학습전략을 어떻게 시작하고 따를 수 있는가? • 계획한 방식대로 진행되고 있는가? • 내가 행하는 것을 이해하고 있는가? • 어떠한 외부 교수자료나 자원이 덧붙어야 하는가? • 학습이 일어나고 있는지를 알아보기 위하여 무엇을 살펴보아야 하는가? • 어떻게 과제에 대한 동기가 유지되고 있다고 말할 수 있는가?	• 교수공학은 학생이 교수를 경험하는 방식에 어떻게 도움을 주고 영향을 미칠 수 있는가? • 교수 전달 동안 교사의 효율성은 교육공학을 활용하여 어떻게 증진될 수 있는가?
평가	• 학습의 양과 질은 요구된 수준에 있는가? • 선정된 방책과 학습전략이 제대로 작동하지 않을 때 나는 어떻게 했는가? • 어떠한 장애물을 경험했으며, 그러한 문제를 극복하는 데 어떠한 전략이 효과적이고 비효과적이었는가? • 이 과제를 통해 학습한 것으로, 다른 때 다른 과제에서 사용할 수 있는 것은 무엇인가? • 향후 학습과제를 위해 이것을 어떻게 향상시킬 수 있는가?	• 학생이 교수자료를 어느 정도나 달성했는지를 어떻게 결정할 수 있는가? • 학생은 어떤 종류의 치유나 강화 활동이 필요한가? • 교수자료와 활동은 반복적이거나 적절하게 사용되기 위해 어떠한 방식으로 개선되어야 하는가? • 요구되는 변화들이 학습경험 전 과정에서 어떻게 점검될 수 있는가? • 학생의 자기평가와 규제가 어떻게 학습되고 독려될 수 있는가?	• 테크놀로지는 학생의 학습의 정도를 결정하기 위하여 어떻게 사용될 수 있는가? • 테크놀로지는 교사와 학생의 피드백을 생성하기 위하여 어떻게 사용될 수 있는가? • 테크놀로지는 실행된 교수자료의 효과성, 효율성, 매력성을 측정하기 위하여 어떻게 사용될 수 있는가?

학습경험은 어떻게 향상될 수 있는가

앞서 언급한 건축에 대한 비유로 되돌아가서, 어떤 사람이 건축 중인 집을 더 좋게 만드는 방법에 대하여 동일한 질문을 할 수도 있다. 예를 들어, 다양한 도구를 사용하여, 외장은 유지비가 더 적게 드는 보다 튼튼하고 마모가 덜 되는 재료(예: 블록)를 덧붙이고, 단열재 수준을 더 높이며, 전체적인 시각적 매력성을 높임으로써 더 좋게 만들 수 있다. 마찬가지로, 학습경험도 효과성, 효율성, 전이, 영향력 및 매력성을 증진하기 위하여 다양한 방법으로 향상될 수 있다. 다문화교육에 초점을 맞춘 어떤 수업이 정규 교실환경에서 어떻게 경험될 수 있는가에 관한 다음의 예를 검토해 보자.

상황 A: 여러분이 다문화교육에 관하여 어떤 학급을 가르치고 있다고 가정해 보자. 여러분은 한 시간짜리 수업을 위해 시골과 도시 소재 교실 구조와 학생들 간의 독특한 차이점에 관한 토론을 설계한다. 토론을 촉진하기 위해 학생들에게 교과서의 해당 내용을 읽게 하고, 여러분이 선택한 다양한 자료 중에서 몇 가지를 읽게 한다. 마지막으로, 학생들에게 수업에 들어오기 전에 성찰적으로 생각해 볼 수 있는 핵심적인 질문을 제시한다.

이제 다양한 방법으로 수정된 동일한 수업내용을 다루는 다음의 상황을 검토해 보라.

상황 B: 여러분이 상황 A에서 기술한 것과 동일한 수업을 가르치고 있다고 가정해 보자. 그러나 이 경우, 토론 전에 여러분의 학생이 도시 소재 학교들이 직면하는 쟁점에 초점을 맞춘 인터넷 리스트서브에 가입하도록 하고, 그들이 이러한 상황에서 현재의 교사들의 논의를 모니터할 수 있도록 한다. 더불어 여러분은 수업이 쌍방향 상호작용 비디오를 통해 링크될 수 있도록 함으로써 학생들이 도시 소재 학교뿐만 아니라 시골 소재 학교 학생들의 수업을 시각적, 청각적으로 모니터할 수 있도록 배열한다. 그 다음, 여러분의 수업은 두 지역 간의 차이점을 비교 · 논의한다.

다음의 질문들에 관하여 생각해 보라.

- 학습 상황 A와 학습 상황 B에서 정보가 경험되는 방식 간에 핵심적인 차이는 무엇인가?
- 학습 상황 A에 참여한 학생과 학습 상황 B에 참여한 학생이 강좌 내에서 가진 논의의 질에서 잠정적으로 드러나는 핵심적인 차이는 무엇인가?
- 학생과 교사 모두에게 각 상황이 주는 몇 가지 이점과 도전은 무엇인가?

학습경험의 질은 이 책의 비전에 기초하여 볼 때 다양한 방식(예: 정보의 질, 질문이 논의 내에서 질문되는 방식, 학생의 주의를 환기하는 데 초점을 둔 주의 환기 장치의 사용)으로 향상될 수 있지만, 저자들은 학습경험을 창출하는 학생과 개인 모두가 유의미하고 다양한 테크놀로지의 통합을 통해 학습경험을 향상시키는 방법에 중점을 두고자 한다. 저자들은 이 책 전체에서 이러한 다양한 테크놀로지 도구와 교수방법, 교수매체의 활용과 그러한 도구와 교수방법, 교수매체가 학습경험의 설계, 개발, 전달 및 평가에 어떠한 영향을 미치는지를 강조한다.

교수전문가로서의 교사

대부분의 교육상황, 특히 학습자 중심 교수에서 필수적인 부분이 교사다. 비록, 교사들이 행정가에서 대리부모에 이르기까지 종종 다양한 역할을 수행하지만, Woolfolk(1990)에 따르면, 가장 중요한 기능은 '교수전문가(instructional expert)' 로서의 기능이다. 교수전문가로서 교사는 교수적 학습 과정의 몇몇 측면에 적극적으로 참여한다. 교수전문가는 학생과 실제적인 상호작용이 거의 없는 것(예: 학습활동을 개발하는 데 시간과 노력을 온전히 할애할 때)부터 높은 정도의 집단적인 혹은 개인적인 상호작용(예: 강의나 토론에서 학생들에게 새로운 교수자료를 제시할 때)에 이르기까지 학습 과정의 제 측면에 광범위하게 참여한다.

교수전문가로서 교사의 기능은 여러 해 동안 상대적으로 변화 없이 유지되어 왔다. 직접적이든 간접적이든, 좋은 것이든 나쁜 것이든, 교사들은 학생들이 교실에서 경험하고 학습하는 것에 지대하게 영향을 미친다. 심지어 학생들이 보다 더 많은 통제권을 지닌 상황(예: 발견적/탐색적 환경, 개별화 교수)에서도 교사는 활동을 선정하거나 배열하고 조언과 명료화를 제공한다. 이러한 결정적인 역할 때문에, **이 책은 학생들이 학습할 수 있도록 하기 위해 교수전문가로서 여러분이 알아야 할 것과 행해야 할 것에 초점을 둔다**.

저자들은 PIE 모형을 사용하여 계획, 실행, 평가에서 요구되는 교사의 전문지식이 무엇인지를 제시한다. 계획을 할 때, 교사들은 지식과 기능의 현재 수준과 바람직한 수준 간의 차이를 확인함으로써 학생들의 교수 요구를 확인한 다음, 그러한 요구를 충족시키기 위한 교수방법과 교수전략을 선정한다. 이때 고려해야 할 또 다른 변인들로는 자신들이 다루게 될 학생의 유형과 교사 자신의 개인적인 교수 스타일을 들 수 있다. 중요한 결과물은 교수계획 혹은 청사진인데, 이 교수계획 혹은 청사진은 학습내용, 사용할 교수전략과 활동, 그러한 전략과 활동을 사용해야 할 때, 그것들을 구조화하는 방법을 포함하고 있다. 교사는 이러한 과정 전반에 걸쳐 학습경험의 계획을 도와줄 수 있는 교수공학적 도구에 익숙해질 필요가 있다.

교사는 필요한 교수자료를 조합하거나 만든 후 '학습활동의 감독자' (Ausubel, Novak, & Hanesian, 1978)가 된다. 이것은 교사가 설명적 강의, 탐구적 토론, 혹은 시범과 같은 어떤 형태를 통해 정보를 개인적으로 전달하거나 다른 학습 전달체(예: 비디오 프레젠테이션, 소집단 토론)의

▲ 교사들은 교수 · 학습 경험을 계획, 실행, 평가할 때 여러 가지 역할을 수행한다.

관리자로서 역할을 수행하거나 학생들이 자신만의 학습 경험을 가질 수 있도록 촉진하고 도와주는 조언자/코치가 될 것을 요구한다. 주요한 산출물은 학생이 교수를 경험하는 것이다. 마찬가지로, 교수경험이 전달되는 방식과 학생이 학습활동을 경험하는 방식을 촉진하기 위해 교수공학적 도구에 관한 지식이 활용될 수 있다.

교수전문가로서의 마지막 역할은 학생의 학습뿐만 아니라 전반적인 학습경험을 평가하는 **평가자**(evaluator)의 역할이다. 전통적으로 교사는 학생들이 수업을 얼마나 잘 완수하였는지를 검토하고 그들이 바람직한 수행 수준을 성취했는지를 사정(査定)해 봄으로써 평가자의 역할을 수행해 왔다. 오늘날에는 학습의 모든 단계에 걸쳐 계속적인 평가를 제공하는 데 관심이 높다(Stiggins, 2005). 평가는 또한 달성한 성공과 학습 과정 동안 겪은 문제에 대한 성찰의 시간이 되어야 한다. 평가 결과는 프로그램의 장점 · 단점에 대한 기술이다. 따라서 교사들은 그것을 교수를 향상시키기 위해 사용할 수 있다. 이 과정에서 지식과 테크놀로지의 사용은 평가적인 정보가 수집, 분석, 보고되는 데 도움을 줄 수 있다. 교사들은 학습경험에서 효과적인 것과 효과적이지 못한 것을 면밀히 검토할 뿐만 아니라 학생들이 바람직한 지식과 기능을 얼마나 잘 습득하였는지를 평가하기 위해 테크놀로지가 사용될 수 있다는 것을 알게 될 것이다.

대부분의 교사에게 교수를 계획 · 실행 · 평가하는 모든 행위는 계속적인 과정이다. 어떤 때 교사는 몇 개의 향후 지도 단원을 계획하고 개발하며, 자신들이 그들 단원을

점검사항

학습 확인하기

〈표 1-4〉는 학습이 일어날 수 있는 몇 가지 시나리오를 보여 준다. 각 시나리오를 자세히 읽은 후 다음을 행하라.

- 개별 시나리오를 학습의 예(example)인 것과 비예(nonexample)인 것으로 범주화하고, 그 이유를 기술하라.
- 학습의 예로 확인된 것에 대해, 각 경험을 왜, 언제, 어떻게 향상시킬 수 있는지 기술하라.

〈표 1-4〉 학습의 예와 비예

시나리오	
1. 지역 박람회에서, 정민이는 송아지를 말뚝에 안전하게 묶기 위하여 매듭을 묶는 방법을 시범 보여야 한다. 만약 매듭을 묶는 방법을 성공적으로 시범 보였다면, 이것은 정민이가 학습한 어떤 것에 관한 시범인가?	☐ 예 ☐ 비예
2. 학수는 새로운 건초열(hay fever) 정제를 복용함으로써 건초열을 낮추는 방법을 시범 보여야 한다. 만약 학수가 그 정제를 복용한 후 얼마 안 되어 건초열이 잦아졌다면, 학습이 일어났음을 보여 주는가?	☐ 예 ☐ 비예
3. 수민이는 치과의사에게 치아를 하얗게 하는 방법을 알려 달라고 요청했다. 그렇게 하기 위하여, 치과의사는 수민이의 입의 거푸집(mold)을 만들고, 표백약품을 그 거푸집에 바르고 10일 동안 하루에 두 번, 30분 동안 입에 거푸집을 대고 있는 방법을 보여 주었다. 만약 그녀의 치아가 점점 더 하얗게 된다면, 이것은 학습이 일어났음을 보여 주는가?	☐ 예 ☐ 비예
4. 영옥이는 더 나은 신체 외모를 갖추기 위하여 지역 체육관의 방과 후 에어로빅 수업에 등록하기로 결정했다. 우선, 그녀는 절차를 따라 익힐 때 결코 교사를 성공적으로 따라 갈 수 없을 것이라 생각했다. 그러나 며칠 후 영옥이는 에어로빅 절차와 관련된 주요 단계를 성공적으로 마쳤다. 이것은 학습이 일어났음을 보여 주는가?	☐ 예 ☐ 비예
5. 동현이는 학교에서 공부한 몇 가지 간단한 수학 등식을 적용함으로써 침실의 새 카펫의 비용을 추정할 수 있음을 알았다. 이것은 학습이 일어났음을 보여 주는가?	☐ 예 ☐ 비예

적절하게 지도하였는지를 명확하게 알아보기 위해 현재의 주제를 검토해 보고, 작성한 지도 단원과 자신들이 산출한 결과를 성찰해 볼 수도 있다.

학습환경: 학습자 중심 교수로의 전환

잠시 동안 '전통적인' 교실환경에 대해 생각해 보자. 우리 대부분은 책상과 의자가 갖추어진 교실을 생각할 것이다. 교수 · 학습에 관한 전통적인 관점은 교사들이 강단에 서서 학습내용을 전달하고 학생들은 앉아서 수업을 받는 것이다.

이러한 관점은 학습에 관한 모든 통제권을 교사의 손에 두며, 학생들 대부분은 정보를 동화하는(assimilate) 방식에서만 약간의 차이가 있다고 가정한다. 대부분 기본적인 암송기술을 다루는 몇 가지 형태의 학습은 이러한 전통적인 접근법이 매우 효율적인 것으로 밝혀졌다.

그러나 오늘날의 세계에서는 학생의 요구가 상당히 증가했다. 한때 특정 작업환경 내에서 기계적인 반응을 학습하는 것만으로 충분했던 세계와는 달리, 오늘날의 실제 세계는 개인에게 복잡한 문제를 해결하기 위하여 고차원적인 사유(reasoning) 능력을 사용할 것을 요구한다. Driscoll(2005)에 따르면, 더 이상 학생들을 "채워지기를 기다리는 텅 빈 용기라고 보아서는 안 되며, 오히려 의미를 추구하는 능동적인 유기체"(p. 387)로 보아야 한다. 학생들은 이제 지속적으로 변화하는 환경을 분석하고, 의문

도구상자

도구

팁

기법

도구상자: 도구, 팁, 기법

이 책을 읽을 때, 저자들은 '도구상자(toolbox)' 라고 부르는 특별한 특징을 첨가하였다. 캐비닛을 만드는 사람의 도구상자가 그의 일을 성공적으로 완수할 수 있도록 해 주는 값진 것들을 담고 있는 것처럼, 저자들이 첨가한 도구상자는 교사와 학생으로서 여러분의 성공에 주요한 역할을 수행할 물건들을 담고 있다.

건축가의 도구상자와 마찬가지로, 이 책에 포함된 도구상자들은 다양한 물건을 담고 있다. 이들은 각각 '도구(tool)', '팁(tip)', '기법(technique)' 이다. 도구상자는 여러분에게 그것들의 가치와 중요성을 바로 볼 수 있게 하려는 저자들의 요구로 이 책 전반에 걸쳐 전략적으로 제시된다. 예를 들어, 여러분에게 부록에서 장황한 목록의 도구를 제공해 주는 대신, 저자들은 개개의 도구상자를 여러분이 필요로 하는 곳과 저자들이 그것의 사용 예를 보여 줄 수 있는 바로 그곳에 제시하였다. 따라서 여러분은 동일한 페이지에 포함된 도구상자 속에 제시된 도구, 팁, 기법에 대해 읽음으로써 각각의 가치와 잠재적인 유용성을 알 수 있을 것이다.

- 도구는 일반적으로 특별한 상황에서 유용한 하드웨어나 소프트웨어에 초점을 둔다. 예를 들어, 저자들은 여러분이 교수자료를 개발할 때 유용하게 사용할 수 있는 스캐너, 디지털 카메라, 그래픽 소프트웨어에 관하여 논의한다.
- 팁은 저자들이나 다른 사람들이 경험을 통해 체득한 것으로, 여러분에게 잠재적으로 문제가 될 수 있는 것에 관한 통찰력을 갖게 해줌으로써 여러분의 업무를 보다 전문적 효과적으로 완수할 수 있도록 도와준다.
- 기법은 기억술, 유추, 성찰, 요약과 같이 학습을 향상시키는 데 효과적인 것으로 밝혀진 다양한 유형의 교수기법에 관하여 논의한다.

물론 저자들은 여러분이 학습 상황마다 필요로 하는 모든 것을 포함할 수 없다. 저자들은 그러한 도구들을 매우 선별적으로 선택함으로써 여러분 스스로 자신의 도구상자를 개발할 수 있도록 하였다. 이 책을 읽어 나가면서, 그리고 경험을 쌓아감에 따라, 여러분은 자신의 학습 도구상자에 계속해서 적절한 도구, 팁, 기법을 더해 갈 수 있을 것이다.

시하며, 해석하고, 이해하는 방법을 능동적으로 모색하는 적극적인 학습 참여자로 보아야 한다.

또 다른 관점에서, 90년 전 보통의 교실과 당시 교사들에게 부과된 요구에 대해 생각해 보자. 교사뿐만 아니라 학생 대부분은 동질집단(예: 동일한 마을에서 성장했고, 양부모 가족에서 양육되었으며, 부모 중 한 명은 그 아동을 양육하기 위하여 집에 있고, 이동도 거의 없는) 출신이었다. 그러나 오늘날의 경우, 학급 구성원 간의 다양성은 훨씬 더 크다. 이러한 다양성에 의해, 상이한 학습 스타일, 훨씬 더 큰 배경 경험의 차이, 다양한 가정생활 환경 등의 측면에서 도전을 받고 있다. 즉, 오늘날의 교실은 훨씬 더 다양화되었으며, 이는 결국 교사와 학생들에게 보다 더 복잡한 학습문제를 초래한다.

학습자 중심 교수로의 전환을 위한 요구

오늘날 우리는 정보가 광속(光速)으로 전달되는 시대에 살고 있다. 테크놀로지는 개인이 정보를 이전보다 훨씬 더 상세하고 빠르게 얻고, 조합하며, 분석하고, 의사소통할 수 있도록 해 준다. 이에 따라 모든 학생이 복잡한 '실제 세계(real-world)' 문제를 보다 명확하게 분석하고, 의사결정하며, 해결할 수 있도록 해 주는 고차원적인 기능을 습득할 수 있도록 도와주기 위해 교육에 대한 요구가 지속적으로 증가하고 있다. Bruner(1993)에 따르면, 학생들이 비판적 · 창의적으로 생각하기 위해서는 기계적 · 사실적인 수준 이상의 능력을 배양해야 한다. 이러한 증대된 요구들은 교사들이 학생들과 상호작용하는 방식에서 변화를 요구한다. 더 나아가, 이러한 변화는 다양한 특성을 지닌 개인이 어떻게 학습하는가에 관한 이해에 기초해야 한다.

저자들은 이 책 전체에서 학생들이 새로운 지식을 습득하는 데 도움을 줄 수 있는 많은 교수기법과 교수방법, 교수공학에 관한 예를 제공한다. 저자들은 여러분이 때로 학생들에게 하위 수준의 기계적인 학습을 시킬 수밖에 없음을 알고 있다. 따라서 저자들은 필요한 경우 학생들이 사실적인 정보를 습득하는 데 도움이 되는 교수기법에 대해서도 기술한다(예: 저자들은 기초 수준의 학습을 위해 기억술이나 구체적인 반복학습기법을 사용할 것을 강조한다). 그러한 경우, 교수에 관한 교사 중심적인 '전통적' 관점이 가장 효과적이고 효율적일 수 있다.

그러나 학생들에게 고차원적인 기능과 그러한 기능을 습득하는 방법을 가르치는 것이 매우 중요하다. 따라서 문제해결과 전이에 주요한 강조점을 두어야 한다. 저자들은 학생들이 실제 세계 문제를 경험하고 해결할 수 있도록 시뮬레이션, 발견학습, 문제해결, 협동학습과 같은 교수방법을 사용할 것을 강력히 권장한다. 이러한 교수방법의 경우, 여러분은 학습경험이 계획되고 실행되는 방식에서 전환이 이루어져야 함을 알게 될 것이다. 전통적인 교사의 완전 통제와 조작 대신에, 계획, 실행, 자기평가 시 학생 역할의 중요성이 강조될 것이다. **학습자 중심 교수**(learner-centered instruction)에 참여하는 학생들은 어떤 문제와 그 문제에 대한 가능한 해결책에 관한 통찰력을 얻기 위하여 다양한 잠재적인 정보원(예: 교사, 테크놀로지, 부모, 교수매체)을 적극적으로 활용한다. 이 경우, 교사의 역할은 학생들이 학습목표를 달성할 수 있도록 도와주는 안내자 혹은 촉진자의 역할로 전환된다.

〈표 1-5〉는 학습자 중심 환경에서 교사와 학생의 역할에서 몇 가지 핵심적인 변화를 보여 준다. 이렇게 변화하는 역할을 성찰할 때, 그러한 역할들이 교수를 계획하고 실행하는 방식에 미치는 영향에 대해 생각해 보라. 저자들은 학생과 정보의 다양성 때문에 모든 교수에 대한 오직 하나의 접근법이 항상 제대로 작동할 수는 없다는 것을 강조하고자 한다. 즉, 학습경험을 설계하고 개발하는 데 많은 교수방법과 교수매체가 있으며, 학생과 교사의 역할도 상황, 학습내용, 관련된 개인의 특별한 요구에 따라 바뀐다.

〈표 1-5〉 학습자 중심 환경에서의 핵심적인 역할의 변화

학생의 경우	
……에서	……으로
• 교사가 지시와 정보를 주기까지 수동적으로 기다린다.	• 필요한 정보와 학습경험을 능동적으로 찾고, 필요한 것이 무엇인지를 결정하며, 그것을 얻기 위한 방법을 모색한다.
• 항상 학생의 역할을 충실히 수행한다.	• 때때로 전문가/지식 제공자로서 참여한다.
• 항상 주어진 절차를 따른다.	• 학습문제에 대한 독특한 해결책을 탐색 · 탐구 · 생성한다.
• 교사를 모든 문제에 대한 해결책을 가지고 있는 사람으로 본다.	• 교사를 문제에 대한 독특한 해결책을 찾기 위한 탐색과 시도를 독려하는 자원, 모델, 조력자로 본다.
교사의 경우	
……에서	……으로
• 항상 내용전문가와 모든 문제에 대한 해결책을 가지고 있는 사람으로 본다.	• 모든 것을 알지는 못하지만 배우고자 하는 욕망이 있어 때때로 학습에 참여한다.
• 학생들에게 정보를 지속적으로 제공해 주는 주요한 정보원으로 본다.	• 학생이 혼자서 정보를 수집하고 평가하는 방법을 학습할 수 있도록 해 주는 지원자, 협력자, 코치로 본다.
• 항상 질문을 하고 학생의 학습 초점을 통제한다.	• 학생들이 질문을 개발하고 제시하며 해답을 찾는 대안적인 방법을 탐색할 수 있도록 적극적으로 지도한다.
• 미리 설정된 단계별 훈련을 통해 학생들을 지도함으로써 모든 학생이 비슷한 결론에 도달하도록 한다.	• 학생 각자가 문제에 대한 독창적인 해결책을 마련하기 위하여 자신들의 개인적인 지식과 기능을 활용하도록 적극적으로 독려한다.

공 학

공학 혹은 **테크놀로지**(technology)란 "과학적이거나 다른 조직화된 지식의 실제적인 과제에의 체계적인 적용"(Galbraith, 1967: 12)이라 할 수 있다. 다시 말해서, 공학은 "과학의 산업에의 적용"(Mehlinger & Powers, 2002: 10)이다. 이러한 정의들은 **적용**(application)을 강조한다.

테크놀로지는 실제 문제를 해결하기 위해 연구가 적용되는 방법이다. [그림 1-3]에서 보듯이, 테크놀로지는 한편으로는 과학에 의해 제공된 연구와 이론적인 탐색, 다른 한편으로는 산업체와 다른 실천가가 직면한 실제 세계의 문제 간에 교량적인 기능을 수행한다.

예를 들어, 우주산업을 생각해 볼 수 있다. 인간이 우주를 여행함에 따라 무수한 실제적인 문제에 직면해 왔다(예: 산소가 전혀 없는 곳에서 어떻게 숨을 쉬는가). 그러한 문제들을 해결하기 위하여 물리학, 물질과학, 다른 연구 분야의 연구 결과가 실제적인 적용을 위해 변형되어야 하는데, 그 결과 우주 셔틀, 우주복, 고급 원격 커뮤니케이션 장치와 같은 유형의 산출물을 얻게 된다. 다른 상황에서, 그러한 결과로 도출된 도구와 산출물은 향상된 안전 절차, 재진입 추진을 위한 공식, 백업 우발사고 계획과 같은 무형의 형태일 수도 있다. 각각의 경우에, 과학적인 지식이 검토되고 구체적인 실제 문제에 답하기 위하여 적용된다. 〈표 1-6〉은 다양한 산업체가 직면한 실제적인 문제에 대한 몇 가지 다른 예와 그러한 문제를 해결하는 데 사용할 수 있는 애플리케이션 도구들(application tools)이다.

[그림 1-3] 공학은 연구와 실제 문제 간에 교량적인 역할을 수행한다.

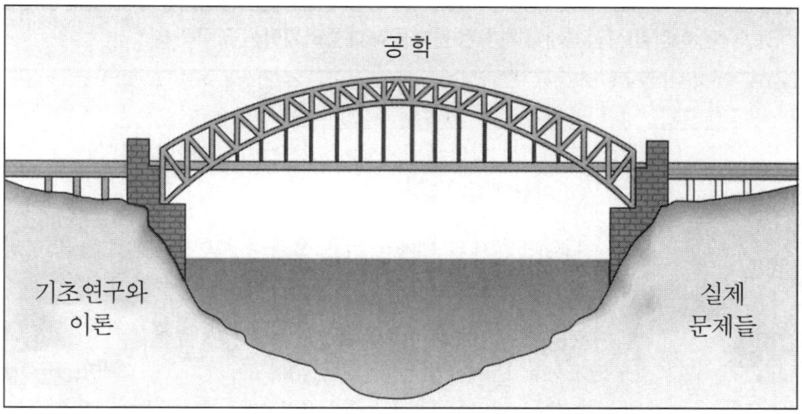

도구상자

도구

도구상자 도구: 공학 표준

표준(standards)은 지침과 측정을 위한 도구다. 표준은 기능 습득의 질을 측정하기 위한 비교척도뿐만 아니라 요구되는 기능 숙달도 수준을 결정하는 데 도움을 주기 위해 개발되었다. 대부분의 전문직은 현재의 수행을 판단하기 위하여 사용하는 잘 설정된 표준을 가지고 있다. 예를 들어, 의학박사가 개업을 하려면, 구체적인 표준을 충족하거나 능가해야 한다. 표준은 개인이 중요한 과제를 완수하기 위해 필요한 역량을 가지고 있다는 것을 보장해 주는 데 도움이 된다.

교육공학에서 표준은 학생과 교사 모두를 위해 개발되어 왔다. 이러한 표준들은 국가교육공학표준(National Educational Technology Standards: NETS)이라 하며, 국제교육공학협회(International Society for Technology in Education: ISTE)와 협동으로 개발되었다. ISTE 웹사이트(http://www.iste.org)에 국가교육공학표준이 열거 · 논의되어 있고, 그것의 활용 예와 시나리오도 제시되어 있다. 저자들은 이 책의 교사용 자료 A에 모든 교사를 위한 NETS와 수행 지표를 열거하였다.

NETS와의 연계: 국가교육공학표준과의 연계

저자들은 이 책 전체에서 공학 표준에 개괄적으로 제시된 숙달도 수준에서 수행하는 사람의 능력과 테크놀로지의 통합을 통해 학습경험을 효과적으로 수행하는 사람의 능력 간의 관계를 강조한다. 저자들은 표준과 그것이 테크놀로지와 학습에 관한 여러분의 지각을 지도하기 위해 어떻게 사용될 수 있는지에 관한 이해를 촉진하기 위하여 이 책에 'NETS와 연계: 국가교육공학표준과의 연계' 라는 부가적인 특징을 포함시켰다. 이 특징은 저자들이 이 책의 활용을 통해 적극적으로 사용하고 개발하도록 독려하는 저널쓰기 활동(journal writing activity)에 기초를 둔다. 각 경우에, 이러한 활동은 하나 이상의 관련된 표준을 강조하고, 여러분이 해당 표준을 적절하게 반영하기 위하여 고려해야 하는 것뿐만 아니라 그 표준을 해석하는 방법을 성찰적으로 고려해 볼 것을 권장한다. 저자들은 또한 여러분이 표준에 성공적으로 부응하도록 하기 위해 이 책에 동봉된 CD에 이 "NETS와 연계(NETS Connections)' 를 각각을 포함시켰다. 이 전자 버전은 여러분의 생각과 반응을 쉽게 적을 수 있는 문서 양식뿐만 아니라 모든 표준을 비교하기 위하여 즉시 접속할 수 있도록 해 줄 것이다.

여러분은 전자 혹은 종이 저널을 지속적으로 작성함으로써 질문된 문제에 대해 성찰적으로 반응하고 테크놀로지와 그것의 활용에 대한 여러분의 생각과 아이디어를 개발할 수 있을 것이다. 더 나아가, 여러분은 소개될 테크놀로지에 대한 경험을 쌓아감에 따라 여러분 자신의 진전과 이해를 검토해 볼 수 있을 것이며, 각 경우에, 여러분은 관련된 정보를 해당되는 표준에 직접적으로 연계할 수 있을 것이다. 이것은 표준을 알려 주고, 여러분의 이해도를 증진하기 위하여 사용될 수 있는 방법뿐만 아니라 기대한 것을 더 잘 이해할 수 있도록 도와주기 위하여 설계되었다.

〈표 1-6〉 다양한 산업체에서 사용된 문제들과 애플리케이션 도구의 예

다양한 산업체	실제 문제의 예	애플리케이션 도구
의사소통	광범위한 지역에 산재되어 있는 개인 간의 상대적으로 쉽고 저렴한 의사소통	핸드폰, 인터넷, 비디오 화상회의 장비
출 판	다양한 형태의 매체를 비용-효과적이고 시의 적절한 방식으로 전달하고자 하는 욕구	인쇄 출판, 디지털 사진, 온라인 출판
스포츠	신체적인 접촉이 빈번한 스포츠에서 선수 보호	가볍고, 융통성 있고, 저항성 있는 재킷, 부목, 헬멧, 얼굴 보호 장구 등
의 학	내과적인 질병이나 상처를 보다 더 잘 진단	X-레이, MRI, X선 체축(體軸) 단층 촬영

각각의 경우, 테크놀로지는 과학적인 연구/지식과 실제적인 문제 간의 적용을 위한 교량적 역할을 수행한다.

대부분의 경우, 몇 가지 유형의 도구는 이러한 적용을 가능하도록 해 준다. 건축 노동자에게 해머는 유용한 애플리케이션 도구일 수 있다. 그러나 건설자 또한 덜 유형적이지만 구조를 구축하는 데 당면한 실제적인 문제를 해결하기 위한 다른 중요한 도구들(예: 청사진, 관리 과정, 안전 절차)을 접근・사용한다.

왜 테크놀로지에 관한 연구가 중요한가

테크놀로지는 문제에 대한 해결책을 제공한다. 그러나 그러한 해결책이 저절로 얻어지는 것은 아니다. 우리는 연구를 통해 애플리케이션이 결정되고 실행되는 방법을 다듬을 수 있는데, 이것은 대안을 확인하고, 최선의 옵션을 선택하며, 평가하고, 필요한 경우 재조정할 수 있도록 해 준다.

예를 들어, 건축가가 건물의 외장에 대한 의사결정을 해야 하는 경우에 다양한 종류의 외장 덮개(비닐 슬라이딩, 블록, 나무, 치장 벽토)를 아는 것도 매우 중요하지만, 건물이 어떻게 사용되고, 원하는 모습은 무엇이며, 그 지역의 습도는 일반적으로 얼마나 변화하고, 습기 함유량은 얼마나 되며, 재료는 얼마나 비싸고, 선택한 덮개를 설치하는 기능공은 충분한지 등을 아는 것이 더 중요하다. 그러한 정보를 얻기 위해서는 우선 건축가로 하여금 그러한 특별한 상황을 위한 최적의 외장 벽을 선택할 수 있도록 허용해야 한다.

마찬가지로, 테크놀로지를 연구하는 것은 단지 하드웨어의 다른 조각을 확인하는 것이 아니라 이용할 수 있는 테크놀로지와 그것을 사용해야 하는 때와 이유, 그것을 효과적으로 채용, 통합, 평가, 조정하는 방법을 이해하는 것이다.

교육공학이란 정확히 무엇인가

테크놀로지가 커뮤니케이션, 의학, 스포츠 등에서 실제적인 문제를 해결하기 위해 사용되어 왔던 것과 마찬가지로, 그것은 또한 인간 학습과 관련된 실제적인 문제를 해결하는 데 사용되어 왔다. 공식적으로 말해서, **교육공학**(Educational Technology)이란 "교수와 학습에 관한 문제를 해결하기 위하여 사용할 수 있는 기술적인 과정과 도구의 활용"(Seels & Richey, 1994: 4)이다. [그림 1-4]에 나타난 것처럼 교육공학은 인간 학습에 관한 연구를 수행하는 사람들(예: 심리학자, 언어학자)과 실제 교수・학습 문제에 직면한 학생과 교사 간에 교량 역할을 수행한다. 이러한 결과를 도출하는 애플리케이션 도구들로는 교사와 학

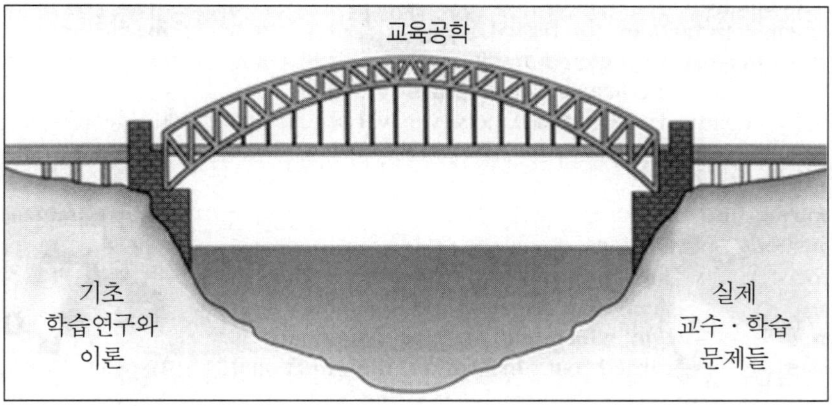

[그림 1-4] 교육공학은 학습 연구와 실제 학습문제 간에 교량적인 역할을 수행한다.

생이 학습을 증진하기 위해 사용하는 원리, 과정, 산출물(products)이 포함된다.

교육공학은 최적의 학습경험의 구성과 전달이라는 전반적인 목적을 달성하기 위해 애플리케이션 도구를 활용한다.

교육공학은 어떻게 활용되는가

다음과 같은 상황을 고려해 보자.

- 한 소규모 고등학교가 몇몇 유능한 학생들에게 고급 화학 수업을 제공하고자 한다. 그러나 자질 있는 교사가 한 명도 없다.
- 두 명의 중학교 교사들(한 명은 영문학과 출신이고 다른 한 명은 사회과 출신임)이 미국 탐험가들에 대한 통합 수업을 행하고자 한다.
- 초등학교의 한 미술교사가 학생들에게 곤충에 관한 학습을 시킨 후 개별 학생들에게 곤충에 관한 미술 작품을 만들도록 하고자 한다.

이와 같은 상황에서 교육공학 도구를 활용하기 위해서는 다음과 같은 것이 고려되어야 한다.

국가교육공학표준과의 연계

NETS와 연계

교사를 위한 국가교육공학표준 I(테크놀로지의 효과와 개념)과 III(교수, 학습 그리고 교육과정)은 **학생을 위한 테크놀로지의 잠재적인 이점을 확인하고 이해하는 것**이 필요함을 강조한다. 그러한 표준들〔전문(全文)은 교사용 자료 A 참조〕에 관해 생각해 본 후, 다음의 항목을 완성하라. 현 시점에서 최선을 다하라. 그러나 이 장과 이 책의 나머지 장을 읽어 가면서 여러분이 기술한 것을 지속적으로 활용하라.

- 학습에 영향을 주기 위해 사용할 수 있는 다른 유형의 테크놀로지를 포함하는 목록과 우연히 접할 수 있는 다른 유형의 학습(예: 단순 암기, 신체/운동 기능 발달, 복잡한 문제해결)을 포함하는 또 하나의 목록을 만들어라.
- 두 목록에 관해 생각해 본 후, 다양한 유형의 테크놀로지가 다양한 유형의 학습을 증진시키기 위하여 효과적으로 사용될 수 있는 방법을 제안하라.

주: 이 NETS와 연계는 이 책에 동봉된 CD에서 얻을 수 있다〔장의 정보와 활동(Chapter info and Activities) ≫ 제1장(Chapter 1) ≫ NETS와 연계(NETS Connections)〕.

ⓐ 학습경험이 어떻게 구안되어야 하는가?

ⓑ 학습경험이 어떻게 전달/경험되어야 하는가?

이 책에서 저자들은 이러한 질문들 각각에 관하여 탐색한다. 예를 들어, 인간 학습에 관한 연구를 활용하여 다양한 교수기법, 교수방법, 교수활동(예: 교수자료의 조직과 구조, 유추, 협동학습 집단, 개인교수, 발견학습, 토론의 활용)이 검토되고, 최적의 학습경험을 창출하기 위하여 교수내용을 통합한다. 더 나아가, 그러한 경험이 계획, 실행, 평가되는 방식을 심층적으로 검토한다. 또한, 학습사태(learning event)가 개별 학생에 의해 어떻게 수용되고 경험되어야 하는지를 검토하기 위하여 컴퓨터, 원격학습 장치, 인터넷, 다른 유형의 교수매체와 같은 여러 가지 교수도구를 검토한다.

저자들이 이 책을 기술하면서 학습경험의 개발과 전달을 촉진할 수 있는 다양한 도구의 활용을 강조한다는 점에 주목하라. 그러나 저자들은 또한 그러한 도구들이 활용되어야 하는 이유도 강조한다. 다시 말해서, 건축가와 마찬가지로, 저자들은 여러분이 단지 특정 도구에 대해서만 학습하기를 원치 않으며 유용한 구조를 창출하기 위하여 그 도구를 어떻게 사용해야 하는지도 이해하기를 원한다. 컴퓨터는 교수자료를 개발하고 전달하는 사람들에게 매우 중요한 도구다. 그러나 그것이 전부는 아니다. 여러분은 또한 학습경험이 개별 학생에게 효과적으로 작동하는 방식으로 설계하는 방법을 이해해야 한다. 더불어, 학습경험의 개발과 전달의 맥락 내에서 도구들을 통합하는 것이 가장 유익한 결과를 산출할 것이다.

테크놀로지의 유의미한 통합이란 무엇인가

테크놀로지의 유의미한 통합(meaningful integration of technology)이란 전반적인 학습을 촉진하기 위하여 특정 도구가 언제, 왜, 어떻게 사용되어야 하는지를 아는 것이다. 그것은 최적의 애플리케이션 도구를 계획하고 선정할 수 있는 능력뿐만 아니라 그러한 도구를 활용하고 효과성을 평가할 수 있는 지식과 기능을 필요로 한다.

테크놀로지의 유의미한 통합이란 컴퓨터와 같은 도구

국가교육공학표준과의 연계

NETS와 연계

교사를 위한 국가교육공학표준 III(교수, 학습 그리고 교육과정)과 IV(사정과 평가)는 **자기 자신의 연구 분야에서 사용되는 바대로 테크놀로지의 활용을 관찰하고 경험하는 것이 필요함**을 강조한다. 그러한 표준들(교사용 자료 A 참조)에 관해 성찰하고, 다음과 같은 것을 완성한 후 여러분의 생각과 아이디어를 기록하라.

- 여러분이 선택한 연구 분야(예: 수학, 영어, 초등교육)에 초점을 두고, 그 구체적인 분야에서 테크놀로지의 중요성(예: 테크놀로지가 적절할 때와 그렇지 않을 때)에 대해 성찰해 보라.
- 여러분의 구체적인 연구 분야로부터 몇 가지 교수자료를 경험해 보라(예: 프레젠테이션/강의에 참여, 교과서 검토, 비디오 보기, 관련된 웹페이지 검토).
- 그러한 학습경험에서 여러분이 경험하였던 테크놀로지의 사용을 평가하라. 테크놀로지의 영향에 대한 여러분의 생각을 쓰고, 테크놀로지가 이러한 구체적인 교과의 학습을 향상시키기 위해 사용될 수 있다고 생각하는 방법들을 포함하라.
- 이 활동을 기억하고 여러분이 이 책을 읽어 가면서 여러분의 글을 다시 한 번 검토해 보고, 그것들에 여러분이 배운 새로운 정보와 생각에 관한 성찰을 수정하거나 덧붙여라.

주: 이 NETS와 연계는 이 책에 동봉된 CD에서 얻을 수 있다〔장의 정보와 활동(Chapter info and Activities) ≫ 제1장(Chapter 1 ≫ NETS와 연계(NETS Connections)〕.

를 학생에게 제시하고 "가서 배워라!" 라고 말하는 것 이상을 의미한다. 그것은 학생에 관한 지식, 학습될 내용뿐만 아니라 학생들이 학습목표를 달성할 수 있도록 도와주기 위한 그러한 도구의 사용법의 이해를 필요로 한다.

인간은 자신들의 삶을 좀 더 편안하게 만들기 위하여 도구를 사용하는데, 교육 내에서 통합의 예는 다양한 형태를 취할 수 있다. 그 예는 다음과 같다.

- 유치원 교사는 조그마한 생물 유기체들에 관한 개념 이해라는 학습목적을 달성하기 위하여 확대경이나 현미경을 사용할 수 있다.
- 미술교사와 국어교사는 학생들로 하여금 세계적으로 유명한 몇몇 미술관들을 (가상으로) 둘러본 후 유명한 대가들의 그림이나 조각들을 검토, 성찰하고 글을 써 보도록 함으로써 학습목표를 더 잘 수행하게 한다.
- 수간호사는 새로운 간호 수련생들에게 핵심적인 신생아 검사 절차와 기형을 식별하는 방법을 잘 보여 주는 CD-ROM을 검토시킴으로써 높은 수준의 숙달도를 가지고 신생아를 분석 · 비평할 수 있도록 한다.

테크놀로지의 유의미한 통합은 어떻게 성취되는가

테크놀로지는 도구의 활용으로써 우리의 삶 전체에서 지속적으로 사용된다. 그러나 교육에서의 유의미한 통합은 구체적인 학습목표를 달성하는 데 직접적으로 영향을 주기 위해 전략적으로 선택되고 실행되는 도구의 사용을 요구한다.

학습경험을 유의미한 방식으로 향상시키는 데 목표를 둔 테크놀로지의 통합은 ⓐ 통합계획, ⓑ 통합실행, ⓒ 통합평가라는 3단계 과정을 거친다. 각 단계는 성공적인 통합을 성취하고 궁극적으로 학습을 향상시키기 위해 해결되어야 할 구체적인 질문을 가지고 있다. 〈표 1-7〉은 통합 과정의 각 단계와 각 단계에서 고려되어야 할 몇 가지 핵심적인 질문을 제공해 준다. 이 책의 나머지 장에서(특히, 제8장에서) 저자들은 이러한 단계와 각 단계에 대응하는 핵심적인 질문에 응답할 것이다.

교수의 역할

교수(instruction)란 "어떤 의도된 교육목표의 달성을 촉진하기 위한 학습조건의 의도적인 배열" (Driscoll, 2005: 352-353)이다. 이 책에서 교수의 역할은 학생들의 학습을 극대화하는 방향으로 교수공학을 활용하는 것이다. 이러한 테크놀로지가 교수 · 학습을 향상시키는 정도는 여러분이 개별적인 교수 · 학습 도구를 얼마나 적절하게 선택하고 그것들을 상호 의존적으로 사용하는지에 의해 좌우된다.

개인은 교수자료를 설계하고 개발하는 방법을 학습하기 위하여 한 강좌를, 상이한 유형의 교수매체와 그것의 적절한 사용 방법을 학습하기 위하여 다른 강좌를, 그리고 여전히 컴퓨터를 교실에서 활용하는 방법을 학습하기 위하여 또 다른 강좌를 수강하는 경우가 많다. 비록 그러한 상호 연계되지 않는 접근이 학생에게 세 가지 개별적인 연구 분야에 관한 건실한 배경을 제공해 줄 수 있지만, 그러한 접근은 각 분야가 다른 분야의 효과성을 어떻게 확장할 수 있는지를 볼 수 있는 역량을 제한할 수 있다. 물론 어떤 강좌도 수강하지 않는 것보다는 더 낫지만, 저자들은 그러한 접근은 이 분야 간의 관계성을 강조함으로써 향상될 수 있다고 본다. 교사들이 인간 학습에 관한 보다 어려운 문제를 확인하고 해결할 수 있는 것은 바로 통합적인 접근을 통해서만 가능하다. 교사들은 이러한 통합적인 접근을 통해 컴퓨터가 어떻게 교수계획을 설계하고 교수자료를 개발하는 데 기여하며, 설계가 어떻게 교수매체를 선택할 수 있도록 해 주고, 교수매체의 활용이 어떻게 학생들의 설계된 교수 메시지의 해석과 수용에 영향을 미치는지를 확실하게 보여 줄 수 있다. 비록, 여러분은 교수설계, 교수매체, 그리고 컴퓨팅을 개별적으로 학습할 수 있지만, 그것들을 하나의 통합된 전체로 봄으로써 교사와 학생을 위한 그것들의 잠재력을 극대화할 수 있다.

〈표 1-7〉 테크놀로지 통합 과정

통합계획

계획은 구체적인 **학습내용**, **학생**, **학습환경**에 기초하여 향상된 학습경험을 산출하기 위한 최적의 테크놀로지를 결정하는 과정이다. 이것은 어떤 교수 경험 요소들이 향상되어야 하고, 향상시킬 수 있는지를 결정하는 단계다.

[고려해야 할 핵심 질문]
- 현재의 학습경험의 목표는 무엇인가?
- 학생들이 학습할 필요가 있는 학습내용은 무엇인가?
- 대상 학생들은 누구며, 그들이 학습경험을 하기 전에 가져야 할 배경지식과 경험은 무엇인가?
- 해당 학생들은 이러한 학습내용을 학습할 만큼 동기화되어 있는가?
- 어떻게 학생들의 동기를 증진하고 유지할 수 있는가?
- 학습이 학생들에 의해 경험될 수 있는 가능한 방법은 무엇인가?
- 학습경험은 어디에서, 어떠한 조건하에서 일어날 수 있는가?

통합실행

실행은 학습이 일어나는 방식을 향상시키는 하나 이상의 테크놀로지를 선택하고 사용하는 데 초점이 있다.

[고려해야 할 핵심 질문]
- 학생, 학습내용, 학습환경에 대한 정보에 기초하여, 이러한 학습 상황에서 가장 효과적으로 활용할 수 있는 잠재적인 테크놀로지의 유형은 무엇인가?
- 이러한 잠재적인 테크놀로지 각각을 선정하고 사용함으로써 얻을 수 있는 이점과 비용은 무엇인가?
- 이러한 구체적인 학습경험에서 테크놀로지의 통합과 관련된 단계들과 순서는 무엇인가?
- 누가 초점이 되는 학습경험에서의 그러한 테크놀로지의 사용을 실행하고 모니터할 것인가?

통합평가

평가는 테크놀로지 통합의 효과성을 결정하고 미래의 실행을 위한 보다 나은 방법을 확인해 보는 과정이다.

[고려해야 할 핵심 질문]
- 실행된 테크놀로지가 학습경험을 어느 정도나 향상시켰는가?
- 향상된 학습경험의 영향력을 평가하기 위하여 어떠한 절차를 따라야 하는가?
- 어떠한 유형의 피드백 정보가 우리가 테크놀로지의 활용과 학습한 것을 최적화하는 데 도움이 되는가?
- 통합하는 데 어떠한 핵심적인 장애가 해결/극복될 필요가 있는가?

점검사항

테크놀로지 통합

〈표 1-4〉로 되돌아가서 학습에 관한 한두 가지의 예를 선택하고 테크놀로지가 전반적인 학습을 향상하기 위하여 어떻게 통합될 수 있는지를 검토해 보라. 테크놀로지를 효과적으로 통합하기 위해 필요한 핵심적인 요소를 강조하라.

여러분이 일단 그 활동을 마치면, 인터넷에서 InTime 웹사이트(http://www.intime.uni.edu)를 탐색하라. 여러분은 또한 이 책에 동봉된 CD를 통해 해당 웹사이트에 접속할 수 있다[장 정보와 활동(Chapter info and Activities)≫제1장(Chapter 1)≫InTime 비디오 자료(InTime Video Resource)]. 이것은 교실에서 테크놀로지를 통합하는 다른 방식을 보여 주면서 여러분이 유치원에서부터, 초·중·고등학교 교사들의 온라인 비디오 삽화에 접근할 수 있도록 해 주는 환상적인 웹사이트다. 개인적으로 관심이 있는 내용 영역과 학교급별을 선택하고 제공되는 예들을 탐색해 보라. 여러분의 교수에서 테크놀로지의 통합을 증진시키기 위하여 이러한 예를 어떻게 사용할 수 있는지를 생각해 보라.

교수설계

교수설계(instructional design)란 '교수 · 학습에 관한 원리를 교수자료와 교수활동을 위한 설계도로 바꾸는 과정'(Smith & Ragan, 1999: 2)이다. 그것은 개인의 학습을 증진하는 교수자료와 교수활동을 개발하기 위한 설계도를 제작하는 것을 강조한다. Reigeluth(1983)는 이러한 업무를 건축설계사의 업무와 비교하였다. 건축설계사는 그 시설을 구입 · 사용하고자 하는 사람들의 요구, 시설이 세워질 환경, 관련 비용, 적절한 재료, 그리고 기능성과 안전성, 심미성을 위한 다른 설계 세부사항을 효과적으로 통합하여 청사진 혹은 설계도를 만든다. 마찬가지로 교수전문가는 학습의 원리를 학생, 교수 상황, 학습될 과제나 학습내용의 분석에 기초한 교수자료와 활동을 위한 설계도에 통합한다.

건축가가 건축설계사의 설계도나 청사진 없이도 구조를 세우려고 시도할 수도 있지만, 그는 설계도를 사용함으로써 피할 수도 있는 문제들(예: 벽을 잘못된 위치에 배치, 전기 콘센트를 설치하는 것을 깜빡 잊거나 잘못된 곳에 설치, 부절절한 재료의 구매)에 직면할 수 있다. 설계도의 경우처럼 교수설계도의 주요한 이점은 그 설계도가 주는 지침(guideline)이다. 이는 모든 교수가 단 하나의 설계도(한 가지 스타일의 집들의 일부분처럼)에 기초하여 설계되어야 한다는 것을 의미하는 것이 아니라 상이한 교수문제를 해결하기 위하여, 그리고 다양한 상황에서 독특한 해결책을 산출해 내기 위하여 구체적인 원리가 사용될 수 있음을 의미한다.

설계도의 위력

전반적인 **교수설계도**(instructional plan)는 학습환경 내에 있는 모든 다른 도구를 선택하고 사용할 수 있도록 지도해 주는 매우 중요한 역할을 수행한다. 건물 계약자가 어떤 재료와 건축도구를 선택하고 사용할 것인지를 결정하기 위하여 설계도를 사용하는 것처럼, 교사와 학생들은 자신들이 사용할 교수방법, 교수기법, 교수매체를 결정하기 위하여 교수설계도를 사용해야 한다. 더불어 그러한 설계도는 구체적인 일련의 정보를 언제, 어떻게 제시하며, 부가적인 정보는 언제 필요한지를 결정하는 데 도움을 준다.

설계도가 교사에게 방향을 제시해 주기는 하지만, 그것이 조직화되고 체계적인 절차를 기술하는 엄격한 구조로 인식되어서는 안 된다. 학습이 필요할 때는 언제라도 다른 유형의 학생, 과제, 상황 등 모두가 상호작용하며, 융통성이 필요하다. 따라서 설계도는 교수문제에 대한 대안적인 가능한 해결책을 검토하고, 그것의 잠재성을 평가한 후 최상의 해결책을 확신 있게 선택할 수 있는 방법을 제공한다. 그러한 대안이 바람직한 수준의 학습을 산출하지 못할 때 그 설계도는 수정될 수 있으며, 다른 대안이 선택될 수 있다. Robinson(1981)은 숙달된 어부가 그렇지 않은 어부보다 일반적으로 더 많은 어획고를 달성하는 것은 숙달된 어부가 특정한 날, 특정한 물고기를 위한 최상의 미끼를 알고 있기 때문이 아니라 그들이 두 번째, 세 번째의 최상의 대안을 알고 있기 때문이라는 것을 발견했다. 마찬가지로 교수설계도의 힘은 그것이 최종 산출물을 개발하는 데 시간과 돈이 투자되기 전에 교사들이 조사하고 평가할 수 있는 대안과 방법을 제시해 준다는 것이다.

따라서 교수설계도에는 다음과 같은 것이 포함되어야 한다.

- **전반적인 교수계획**: 포함해야 할 것과 구성요소를 배열하는 방법
- 학생들의 현재 기술 수준과 해당 업무를 달성하기 위하여 요구되는 기술 수준을 결정하는 데 도움을 주는 **다양한 분석기법과 분석방법**
- 학생의 학습을 향상시키기 위해 사용할 수 있는 **일련의 교수방법과 교수기법**, **교수활동**(〈표 1-8〉 참조)
- 학생들이 필요한 경우 적절한 양의 정보를 얻을 수 있는 **교수매체와 교수자료의 계열화를 위한 전략**
- 교수자료와 절차가 학생들로 하여금 원하는 교수목적

〈표 1-8〉 교수도구의 유형: 교수방법, 교수기법, 교수활동

교수방법	교수기법	교수활동
협동학습	질문에 초점	동기유발활동
발견학습	강조하기	오리엔테이션 활동
문제해결학습	유추	정보제공활동
교수게임	기억술	활용활동
시뮬레이션	심상	평가활동
토론	개념지도	
반복연습형	내재된(embedded) 질문	
개인교수형	피드백	
시범	사례연구	
프레젠테이션	역할놀이	

을 달성할 수 있도록 해 주는지를 확인하기 위한 **평가**

이 책에서는 학생과 교사 모두가 혜택을 볼 수 있는 교수설계 방법을 설명한다. 〈표 1-8〉에서는 교수설계를 하는 데 도움이 되는 교수도구를 열거하였는데, 여기에는 교사들이 성공적인 교수자료를 만들고 증대시키기 위하여 사용할 수 있는 교수방법과 교수기법, 교수활동이 포함되며, 저자들은 이 책 전체에서 이러한 도구를 보다 상세히 논의한다.

교수방법(제6장)과 교수활동(제5장)에 관한 논의를 위해 특정 장들이 할애되었다. 교수기법은 제2부 전체에 걸쳐 다양한 **도구상자 기법**에 통합되어 제시되었다.

교수매체

매체(medium)란 '정보원과 수신자 간에 정보를 실어 나르는 어떤 것을 지칭한다' (Smaldino, Russell, Heinich, & Molenda, 2005: 9). 아울러 Smaldino 등(Smaldino et al., 2005)은 만약 그러한 메시지가 교수목적을 지닌 정보를 포함하고 있다면, 그러한 메시지는 **교수매체**(instructional media)로 간주되어야 한다고 주장한다. 어떤 경우에는 선택된 교수매체가 비디오테이프일 수 있지만, 다른 경우에는 오디오테이프일 수 있고, 또 다른 경우에는 컴퓨터 소프트웨어나 심지어 다이어그램일 수도 있다. 각 교수매체는 학생, 교사, 교수를 연결하는 수단을 의미한다. 〈표 1-9〉는 몇 가지 유형의 교수매체를 열거하고 있는데, 각 교수매체들은 그것 자체만의 독특한 속성을 지니고 있다. 학생들이 정보를 경험하는 방식과 관련된 중요한 질문을 살펴보면 다음과 같다.

- 어떤 유형의 교수매체가 활용 가능한가?
- 다른 매체 형식은 학습에 어떠한 영향을 미치는가?
- 잠재적인 영향력은 어떤 조건하에서 바뀌는가?
- 다양한 매체 형식이 어떻게 가장 효과적으로 사용되는가?

이와 같은 질문이나 이와 유사한 질문에 대한 답을 조사할 때 지각, 인지, 커뮤니케이션, 교수이론 분야의 연구가 가장 우선적으로 고려될 수 있다. 모든 학생과 교사의 중핵적인 관심사는 정보가 어떻게 구조화되고, 개인이 일단 정보를 지각하고 경험하면 어떤 일이 벌어지는가 하는 것이다. 선행연구 결과는 다양한 유형의 교수매체에, 그러한 매체의 선택과 활용 과정은 학생들이 지각한 것과 그들이 정보를 파지하고 회상하는 방법에 직접적으로 영향을 미침을 보여 준다(Kozma, 1991).

교사와 학생을 위한 교수매체는 다음과 같이 사용될 수

〈표 1-9〉 교수매체의 유형과 속성, 예(例)

교수매체	핵심적인 속성	예
실물과 모형	실제 품목이나 3차원 표상	• 살아 있는 동물 • 인간 눈의 플라스틱 모형
텍스트	문어(文語)	• 생물학 교과서 • 전자백과서의 문어 자료
비디오	움직이는 그림	• 컴퓨터에 메모리칩을 삽입하는 절차에 관한 교수용 비디오 • 폭풍이 몰아칠 때 피난처를 찾는 방법에 관한 비디오
오디오	소리	• 감동적인 연설에 관한 오디오 CD • 어떤 과정을 마치기 위한 지시에 관한 오디오테이프
그래픽 (시각자료, 슬라이드, OHP)	그림, 선화(線畵), 지도	• 사우스 캘리포니아 주에 관한 투사된 OHP 필름 • 어떤 학교의 조직 구성도
멀티미디어	다양한 매체 형태의 조합	• 그림, 원문적인 기술(textual description), 토착 음악, 다른 언어를 말하는 개인의 단편 비디오가 통합된 비교문화에 관한 컴퓨터 프로그램

있다.

- 학생들이 교수자료를 확실히 동화할 수 있는 방식으로 제시(예: 비디오는 재생산의 초기 단계에서 세포가 어떻게 분열되는지를 분명하게 설명해 줄 수 있다.)
- 교사로 하여금 교수자료를 개별적으로 전달하도록 함으로써 학생들이 경험할 교수자료를 얼마나 많이, 그리고 언제 경험할 것인지에 대한 약간의 통제권 허용(예: 학생들은 자신들의 학습 요구와 일치하는 비디오나 오디오 테이프의 특정 부분을 되감기하거나 빨리감기할 수 있다.)
- 학생들이 다양한 감각을 통해 교수자료를 경험할 수 있도록 허용(예: 투사된 시각자료를 봄으로써, 원문의 자료를 읽음으로써, 동일한 학습내용에 관한 언어적 기술을 들음으로써)
- 반복적이고 다양한 경험을 한 학생에게 자신만의 이해와 의미를 구성할 수 있도록 도와줄 수 있는 교과 제공
- 학생들을 특정 목적에 동기화
- 개별 학생이 그렇게 하지 않으면 경험할 수 없는 방식으로 정보 제시〔(예: 사태(events)가 가속화되거나 속도를 줄일 수 있으며, 물체의 크기를 줄이거나(예: 우주) 크기를 늘릴 수 있음(예: 원자)〕
- 다양한 규모의 청중을 수용

학습경험의 위력

〈표 1-9〉에 제시된 교수매체 유형에 관한 목록을 검토해 보라. 교사는 학생들이 학습하는 것을 도와주기 위해 이러한 모든 것을 사용할 수 있다. 문제는 '왜 다양한 유형의 교수매체가 모두 필요한가?' 하는 것이다. 예를 들어, OHP(overhead projector)는 학생들에게 정보를 전달하기 위한 효과적인 매체가 아닌가? 그렇다면 왜 비디오, 컴퓨터 소프트웨어, 교과서 등이 또한 사용되는가? 그 대답은 학습경험 자체에 있다. 다양한 수준의 학습내용과 학습자 유형, 학습 상황은 몇몇 교수매체 형식(format)이 때때로 다른 형식보다 더 적절하거나 더 편리함을 제시해 준다.

각 교수매체는 그것 자체의 독특한 특성을 가지고 있으며, 사람들이 메시지와 상호작용하는 방법은 그 매체의 독특한 특성에 의해 구체화된다. 이러한 이유 때문에 각

매체가 학습경험에 공헌할 수 있는 것이 무엇인지를 이해하는 것이 중요하다. 예를 들어, 독자들은 전통적인 교과서에 제시된 안정된 질의 정보를 사용하는 데 어려운 구절에 봉착하였을 때, 학생들은 속도를 늦추고 해당 부분을 다시 읽으며, 전후를 대충 훑어보고, 그림이나 다이어그램을 참조하는 등의 활동을 할 수 있다. 학생들이 교과서에 있는 정보로부터 의미를 창출하고자 함에 따라 교과서와의 상호작용은 상당 부분 그 교수매체의 특성에 의해 좌우된다.

이 책 전체에서 이러한 다양한 유형의 교수매체를 올바르게 선택하고 활용하는 것의 중요성이 강조될 것이다. **아무리 좋은 교수매체라도 메시지가 빈약하게 설계되면 학습을 방해할 수 있다는 것을 유념하는 것이 매우 중요하다. 또한 메시지가 잘 설계되었지만 학생들이 그것을 올바로 이해하거나 해석할 수 없는 방식으로 전달된다면 학습에 방해가 될 수 있다.** 학습경험의 위력은 학생들의 경험에 의해 훨씬 더 많이 좌우된다. 교수매체의 형식은 교수가 전달되는 방법과 그에 따라 학생들이 교수를 경험하는 방법을 제시해 준다. 분명, 교수매체는 전반적인 학습 과정에서 결정적인 역할을 수행한다.

교수 컴퓨팅

컴퓨터는 우리 사회 전반에 엄청난 영향을 끼쳤으며, 그 영향은 교육 분야에서 특히 강력했다. **교수 컴퓨팅**(instructional computing)이란 '교수의 분석, 설계, 개발, 전달 및 평가에서의 컴퓨터의 활용'이라고 정의할 수 있다. 교육에서의 컴퓨터의 위력은 생산도구이자 프레젠테이션 도구의 두 가지 기능을 가진 범용성(versatility)에 기인한다. 비록, 컴퓨터는 매체의 한 형식(format)이며 그렇게 간주되어야 하지만, 프레젠테이션 도구와 생산도구의 두 가지 특성을 지닌 컴퓨터의 역량은 그것을 다른 교수매체 형식들(예: 텍스트, 비디오)과 구별 짓고 있다. 예를 들어, 어느 날 컴퓨터는 와일드 웨스트(Wild West)의 한 등장인물에 대한 창의적인 단편을 쓰고, 인터넷에서 플로리다 해변에서 널리 떨어져 있는 열대성 폭풍우의 현재 모양과 속도를 모니터하며, 사회연구 최종 과제의 점수를 저장하고, 넬슨 만델라(Nelson Mandela)에 관한 정보를 찾으며, 그의 주요 연설의 일부분을 듣기 위하여 사용될 수 있다. 이러한 예들은 교수 · 학습에서 컴퓨터의 위력을 예시한 것이다.

교사들은 컴퓨터의 현재 영향력과 엄청난 잠재성 때문에 컴퓨터의 위력과 자신들이 학습을 위해 컴퓨터를 어떻게 사용할 수 있고 적응할 수 있는지를 반드시 이해해야 한다. 저자들은 이 책 전체에서 여러분이 컴퓨터를 언제, 어떻게 사용할 수 있으며, 컴퓨터의 가치가 어느 정도인지, 여러분의 교수와 학생들의 학습에 최대한의 효과를 보장하기 위하여 그것을 교실에 통합하는 방법에 대한 설명을 포함하였다.

교사와 학생을 위해 교수 컴퓨팅은 다음과 같이 사용될 수 있다.

- 컴퓨터의 전자적인 역량을 사용함으로써 교수자료의 질 향상
- 교수자료를 설계, 생산, 재생산하기 위해 요구되는 시간 감소
- 향상된 프레젠테이션을 통한 교수자료의 전반적인 효과성 증진
- 그래픽, 비디오, 오디오, 텍스트 형식의 교수매체를 하나의 프레젠테이션에 통합
- 엄청난 양의 정보와 자료의 저장 및 신속한 접근
- 근접지와 원격지에 있는 다른 사람과의 의사소통
- 학생이 어떤 과제를 완성하거나 어떤 문제를 해결할 수 있도록 컴퓨터를 프로그램화한 학습자로서의 기능
- 컴퓨터가 학생의 학습 수준에 대한 의사결정을 하고, 교수매체와 학습경험을 학생들에게 제시한 다음, 그러한 교수매체와 경험을 선택하고 제시하는 교수전문가로서의 기능

컴퓨터의 위력

컴퓨터의 실질적인 위력은 그것의 범용성에 있다. 때로 그것은 교실과 교수개발 노력을 관리하는 것을 도와주는 보조자(assistant)가 되며, 때로는 학생들이 교수활동을 경험하고 교육내용을 학습하는 실제적인 방법이 될 수도 있고, 학생들이 복잡한 문제를 해결하기 위하여 시도하는 수단이 될 수도 있다. 이러한 범용성은 엄청난 양의 정보를 저장하고 접근하며 조작할 수 있는 힘과 더불어, 교육에서 컴퓨터에 많은 관심을 갖게 된 이유가 된다.

테크놀로지 코디네이터 코너

저자들은 여러분이 이 책의 여러 장에서 제공된 정보가 실제 교실 상황에서 어떻게 사용될 수 있는지를 알아보도록 하기 위해 각 장에 학교의 테크놀로지 코디네이터의 관점에 기초한 간단한 코너를 포함시켰다. 이 코너에서 저자들은 코디네이터가 흔히 접하는 상황과 문제, 그러한 도전들이 해결되는 방식을 강조한다. 이러한 문제들은 다양한 정도의 테크놀로지에 대한 전문지식을 가진, 다양한 학생과 학습내용을 다루는 교사가 코디네이터에게 제시한 것들이다. 여러분은 성공과 좌절, 흥분과 우려에 관한 내용을 읽을 것이다. 몇몇 교사들은 더욱 심층적인 탐색과 확장을 요하는 통찰력 있는 아이디어를 제공하는 반면, 다른 교사들은 그들의 노력을 위한 적절한 방향을 찾을 수 있도록 하기 위해 격려와 도움이 필요할 것이다.

각 장의 테크놀로지 코디네이터 코너(Technology Coordinator's Corner)는 해당 장에서의 핵심적인 정보에 관한 적용을 통합·제시해 줄 것이다. 때때로 간단하고 직선적인 대답들이 명료하게 제시되는 반면, 다른 때에는 몇 개의 잠재적으로 관련된 반응들이 제시될 것이다. 몇몇 경우에는 테크놀로지 코디네이터가 거의 도움을 주지 않을 수도 있다. 이러한 모든 상황은 여러분이 해당 장에서 찾을 수 있는 교수자료의 관련성을 살펴볼 수 있도록 도와주기 위해 설계되었다.

요 약

이 장에서 저자들은 몇 가지 핵심적인 개념을 소개하였다. 저자들은 **학습**을 어떤 사람의 기능이나 지식 수준의 변화 혹은 변화에 대한 잠재성이라 정의하였으며, 그것은 교사와 학생 모두의 핵심적인 관심사다. 저자들은 효과적, 효율적, 매력적인 교수의 설계와 활용을 통해 학습이 향상될 수 있음을 강조하였다.

학습은 학생과 학습내용, 학습환경에서의 내재적 차이 때문에 측정하고 일관성 있게 성취하는 것이 어렵다. 학습을 촉진하기 위해서는 다양한 도구와 기법에 관한 능동적인 지식과 그러한 도구나 기법이 언제, 어떻게, 왜 사용되어야 하는지에 관한 이해를 필요로 한다. 교육공학은 유형의 도구(컴퓨터와 같은 높은 수준의 하드웨어와 OHP 필름과 비디오테이프 같은 교수매체)뿐만 아니라 효과적인 학습경험을 계획, 실행, 평가하기 위한 다른 도구(교수방법, 교수기법, 교수활동)도 포함한다.

학생, 교사, 교수 모두가 학습 과정에서 핵심적인 역할을 수행한다. 더 나아가 이러한 역할 각각은 교수의 초점이 교수를 계획하는 것에서 실행, 평가하는 것으로 나아감에 따라 변화한다.

추천 자료

CD 자료

학습내용의 기억과 전이를 돕기 위해, 이 책에 동봉된 CD의 제1장의 성찰적 사고를 위한 질문 및 활동을 읽어 보라〔장에 대한 정보와 활동(Chapter info and Activities) ≫ 제1장(Chapter 1) ≫ 성찰적 사고를 위한 질문 및 활동(Reflective Questions and Activities)〕.

또한, 이 장의 CD 안에는 관련 인터넷 웹사이트, 국가교육공학표준과의 연계, 이 책 저자들의 이메일 주소에 대한 정보가 수록되어 있다.

웹사이트 자료

이 책의 웹사이트(www.prenhall.com/newby)에 접속하여 제1장과 관련된 학생의 질문과 저자들의 답변이 기록된 질의응답 코너를 읽어 보라. 질문이 있으면 저자들에게 직접 보내도 좋다. 이 장에 관한 저자들의 프레젠테이션도 볼 수 있으므로, 이 장의 내용에 관한 저자들의 견해도 살펴볼 수 있다.

인쇄 자료

Bruer, J. T. (1993). *Schools for thought: A science of learning in the classroom*. Cambridge, MA: The MIT Press.

Driscoll, M. P. (2005). *Psychology of learning for instruction* (3rd ed.). Boston: Allyn & Bacon. (Chapter 1)

Jonassen, D. H., Peck, K. L., & Wilson, B. G. (1999). *Learning with technology: A constructivist approach*. Upper Saddle River, NJ: Merrill/Prentice Hall. (Chapter 1)

Seels, B. B., & Richey, R. C. (1994). *Instructional technology: The definition and domains of the field*. Washington, DC: Association for Educational Communications and Technology. (Chapter 1)

Smith, P. L., & Ragan, T. J. (1999). *Instructional design*. Upper Saddle River, NJ: Merrill/Prentice Hall.

Woolfolk, A. E. (2003). *Educational psychology*. Boston: Allyn & Bacon.

제2장

이론에서 활용으로

핵심어와 개념

이론
학습이론
선례(先例)
행동
결과
주의
부호화
재인

학습목표

이 장은 다음 사항을 목표로 한다.

- 이론을 설명하고 그것의 실제적인 가치를 기술할 수 있다.
- 교수전문가의 역할을 세 가지 학습이론의 관점에서 논할 수 있다.
- 테크놀로지의 역할을 세 가지 학습이론의 관점에서 논할 수 있다.

제2장은 학습의 개념에 초점을 둔다. 제1장에서는 학습을 정의하였으며 그것을 이해하는 것이 어떻게 우리 모두를 더 나은 학생, 더 나은 교사로 만드는지를 논의하였다. 이 장에서는 학습에 관한 세 가지 다른 관점, 즉 행동주의, 정보처리, 구성주의 관점에서 학습을 논의한다. 저자들은 각 학습이론의 적용을 기술하면서 실제적인 접근방법을 취할 것이다.

머리말

박 교사의 스페인어반 6학년 학생들은 컴퓨터 단말기를 이용하여 어휘수업을 받고 있다. 컴퓨터는 학생들에게 점차 어려운 스페인어 문장을 제시한다. 각 문장은 하나의 빈 칸을 포함하고 있고, 학생들은 다음과 같이 해당 문장에 적합한 스페인어 단어나 구를 넣어야 한다.

¿ ___________ te llamas?
¿ ___________ viva Maria?
¿ ___________ Ud. De Mexico, senora?

학생이 응답을 하면, 컴퓨터는 학생이 선택한 단어나 구의 적절성에 대한 피드백을 제공한다. 컴퓨터는 각 문장에 대한 많은 '옳은' 응답을 허용한다. 응답이 옳으면 학생들은 다음 문장으로 넘어간다. 응답이 틀리면 컴퓨터는 해당 문장을 번역하는 방법에 관한 힌트를 주고 다시 한 번 응답하기를 요구한다. 만약 응답이 또다시 틀리면, 컴퓨터는 그 문장을 번역해 주고 몇 가지 적절한 답을 제공한다.

복도 저쪽에서는 한 교사의 스페인어반 6학년 학생들이 스페인 바르셀로나에서 온 펜팔에 회신을 하고 있다. 학생들은 현재 사건과 자신들이 거주하는 도시의 역사 혹은 몇몇 다른 공통 관심사에 관한 주제를 기술하는 편지를 쓰기 위하여 소집단으로 학습한다. 이렇게 작성된 편지는 동일한 주제에 대해 편지로 응답하는 바르셀로나에 있는 학생들에게 이메일을 통해 발송된다. 그런 다음, 학생들은 스페인 학생들에게서 온 편지를 번역하고 답신을 보내야 한다. 바르셀로나의 학생들은 영어를 학습하고 있기 때문에, 그 학생들은 한 달 동안은 스페인어로, 다음 한 달 동안은 영어로, 그 다음 달은 다시 스페인어 등의 순서로 서신 왕래를 한다.

이들 두 반 중 어느 한 반이 다른 반보다 더 낫다고 할 수 있을까? 아니다. 거시적으로 볼 때, 학생들이 학습하는 방법과 그러한 학습을 지원하기 위한 테크놀로지의 사용 방법이 교수(instruction)에서의 다른 관점에 기초한, 매우 다른 접근법을 취하고 있을 뿐이다. **학습**이란 개인이 자신의 환경과 상호작용한 결과로서 지식, 수행 혹은 행동 수준의 변화라고 정의한 제1장을 회상해 보라. **교수**란 학습을 극대화하기 위한 학습조건의 의도적인 배열을, **교수공학**이란 인간 학습에 대한 과학적인 지식을 교수 · 학습의 실제적인 과제에 적용하는 것을, **교수전문가**란 교수활동을 계획, 실행, 평가하기 위하여 교수공학에 관한 자신의 지식을 사용하는 사람을 지칭한다.

이 장에서는 학습이론을 그러한 개념들을 묶는 접착제로 사용한다. 이 장 전반에 걸쳐 염두에 두어야 할 네 가지의 필수적인 요점들은 다음과 같다.

- 수업(teaching)의 목적은 학습이다.
- 학습에서 교사의 주요 역할은 교수전문가의 역할과 같다.
- 교수공학은 그러한 역할을 수행하는 것을 도와주기 위하여 사용될 수 있다.
- 학습이론은 교수공학의 활용을 촉진해야 한다.

이론의 가치

이론(theory)이란 환경 속에서 일어나는 사태들(events)을 설명해 주는 일련의 조직화된 원리들이다(Gredler, 2001). 이론은 관찰로부터 점진적으로 변화한다. 이론은 원인과 결과에 대한 관찰이 축적되어 감에 따라 그러한

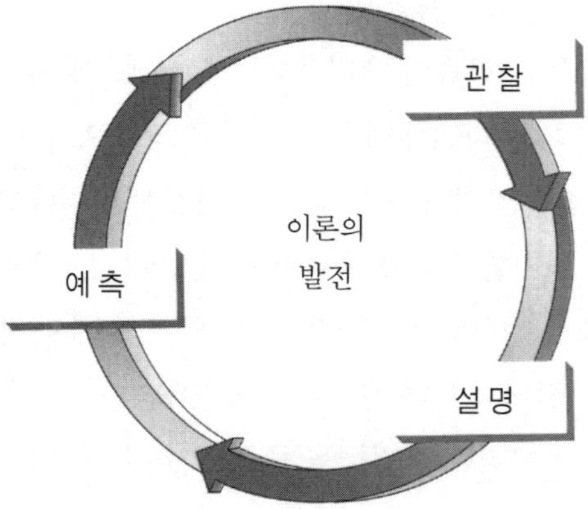

[그림 2-1] 이론의 발전

[그림 2-2] Edward Jenner의 실험은 면역이론을 증명하였다.

관찰을 설명하고자 한다. 이론은 그러한 설명에 기초하여 검증할 수 있는 '만약 x한다면, y한다.' 와 같은 진술문의 형태로 예측 혹은 가설을 형성하고, 이는 또한 부가적인 예측을 유도하는 더 많은 관찰을 초래한다([그림 2-1] 참조).

한 가지 예로, 면역(immunity)이론은 19세기 초 잉글랜드의 젖을 짜는 여자들(milkmaids)이 대부분의 다른 사람보다 왜 소아마비에 덜 걸리는지를 설명하기 위한 Edward Jenner([그림 2-2] 참조)의 시도였다(Asimov, 1984). Jenner는 젖을 짜는 여자들이 비슷하지만 상대적으로 심하지 않은 질병인 우두(cowpox)에 더 자주 걸린다는 것을 발견했다. 그는 우두에 노출된 사람들은 소아마비로부터 자신들을 보호할 수 있는, 해당 질병에 대한 자연적인 저항력을 갖게 된다는 가설을 설정하였다. Jenner는 자신의 이론을 검증하기 위해 어린 소년에게 우두를 주입하였다. 두 달 후, Jenner는 동일한 소년에게 소아마비를 주입하였는데 그들은 아프지 않았고 따라서 Jenner의 이론이 증명되었다.

그것이 바로 이론이다. 그러나 문제는 **이론의 실제적인 가치가 무엇인가** 하는 것이다. 효과적인 전문적 실제(professional practice)는 이용 가능한 도구와 기법이 무엇이며 그것들을 사용하는 방법을 아는 것 이상을 필요로 한다. 전문적 실제의 특징은 특정 상황의 요구를 충족시키는 해결책을 고안하기 위한 도구와 기법을 선택하고 사용할 수 있는 능력이다. 이것은 보다 피상적인 수준의 기법보다 이론적인 원리 수준의 이해에서 나온 융통성과 적응성을 필요로 한다.

이론은 모든 전문직에서의 실제를 특징짓는다. 예를 들어, 의사들은 Edward Jenner 덕분에 디프테리아, 홍역, 인플루엔자와 같은 전염성 질병을 예방하기 위해 규칙적으로 백신을 처방한다. 생물학에서 도출된 원리에 따르면, 신체는 경험한 적이 있는 상당수 질병에 대해 자연스럽게 면역력을 얻는다.

마찬가지로, 이론은 교실에서의 실제를 특징짓는다. 예를 들어, 스페인어반 학생들은 종종 자신들의 대화기술을 함께 연습할 것이다. 이때 서로 좋은 피드백을 주지 못해 더딘 향상을 보일 수도 있다. 학습이론에서 도출된 원리에 따르면, 학생들은 즉각적이고(immediate) 정확한(accurate) 피드백이 뒤따르는 연습을 빈번히 할 때 가장 잘 학습한다. 교수전문가는 이러한 원리를 교실 실제에서 실행하거나 그것을 학생들이 자주 연습하도록 독려하고, 각 연습에 대한 피드백을 제공하는 멀티미디어 CD-ROM을 개발할 수도 있다.

요컨대, 이론은 단지 실제 세계와 관련이 없는 추상의 집합체만은 아니며 교사들에게 **실제적인**(practical) 가치를 가지고 있다. 다른 전문직과 마찬가지로 수업의 이론적인 기반을 형성하는 원리들은 실제 지침으로 변환될 수 있다. 이 장의 나머지 부분에서는 교수 실제를 특징짓는 이론을 기술하고 그러한 이론에서 도출된 실제 지침을 논의한다.

그러나 논의를 시작하기 전에, 저자들은 두 가지의 제약점을 가지고 있다. 첫째, 저자들은 수업 실제를 특징짓는 모든 이론을 포함하지는 않는다. 저자들은 학습이론에 초점을 둔다. 비록, 동기이론, 커뮤니케이션 이론 등의 다른 이론들도 중요하지만, 저자들은 학습이론이 매우 중요하다고 믿는다. 왜냐하면 저자들이 가르치는 방식은 인간이 학습하는 방법에 대해 저자들이 알고 있는 것에 의해 좌우되기 때문이다. 둘째, 저자들의 목적은 여기에서 어떤 이론에 관한 명확한(definitive) 진술을 제공하는 것이 **아니다**. 여기서는 몇몇 학습이론의 몇 가지 핵심적인 특성을 개관하고 그러한 핵심적인 특성이 교수 실제를 어떻게 특징짓는지를 강조하고자 한다. 따라서 저자들은 다음과 같은 네 가지 핵심적인 질문의 측면에서 각 이론을 기술하고자 한다.

① 학습이론은 무엇인가?
② 학습 과정은 무엇인가?
③ 교수전문가의 역할은 무엇인가?
④ 테크놀로지는 어떠한 역할을 수행하는가?

학습이론

학습이론(learning theory)이란 개인이 학습하는 방법, 다시 말해서 개인이 새로운 지식과 능력을 습득하는 방법을 설명해 주는 일련의 조직화된 원리들이다. 그러나 저자들은 학습이론을 단 하나의 통일체(entity)로 기술할 수 없다. 학습은 여러 해 동안 수백 명의 사람들(아마도 수천 명의 사람들)에 의해 연구되어 왔으며, 그것을 설명하기 위해 많은 이론이 제안되어 왔다(Driscoll, 2005; Gredler, 2001 참조). 이러한 이론 중에서 저자들은 다음과 같은 세 가지의 대표적인 이론적 관점들, 즉 행동주의, 정보처리, 구성주의 관점을 선택하였다.

이 관점들은 학습이 개념화되는 방식에서의 주요한 경향 혹은 주제를 나타내며 실제를 다른 방식으로 특징짓는다. 이 관점들은 학습이 무엇이며, 어떻게 일어나고, 테크놀로지는 어떠한 역할을 수행할 수 있는지에 관하여 서로 다른 견해를 취한다. 이 관점들은 〈표 2-1〉에 간략히, 그리고 다음 절에서 보다 상세히 기술한다.

저자들이 이러한 관점들을 중요도 순이 아니라 대략적인 역사적 순서에 따라 제시하고 있음을 주목할 필요가 있다. 각 관점은 오늘날에도 여전히 연구되고 있으며, 해당 관점을 옹호하는 이론가들과 실천가들도 있다.

행동주의 관점

행동주의는 '인간 심리학(human psychology)의 주제(subject matter)'로, 19세기 후반부 동안 연구의 제재였던 의식과 같은 정신적인 현상보다는, '**인간**의 행동 혹은 **활동**이다.' (Watson, 1924: 3, 진하게 표시된 것은 원본에 표시된 것임)라는 주장과 함께 20세기 초반에 시작되었다. 교육에서 행동주의는 대부분 B. F. Skinner의 연구와 밀접하게 연관되어 있다. 다른 유형의 행동주의(Pavlov의 고전적 조건형성)와는 달리, Skinner는 한 개인의 행동적인 레퍼토리의 대부분을 형성한다고 믿었던 자의적, 의도적인 행동에 초점을 두었다. 이러한 행동들〔그는 그러한 행동들이 개개인이 환경을 조작하는 혹은 영향을 미치는 방법이기 때문에 '조작(operants)' 이라 명명함〕은 그러한 행동들에 선행하는 것뿐만 아니라 뒤따르는 것에 의해 영향을 받는다. 따라서 이러한 유형의 행동을 이해하려면 그 행동을 둘러싼 모든 환경적인 사태를 이해해야 한다. Skinner는 1930년대에 자신의 이론을 개발하였으며, 그것을 1950년대 교육을 포함하여 매우 광범위한 일련의 인간문제에 적용하기 시작했다. 그는 행동주의 원리를 적용함으로써 "어떤 미국 대도시 학교 시스템도 거의 혹은 어떠한 추가적인 비용도 들이지 않고 학생들이 학교에 와서 최소한의 처벌적인 강제만으로도 공부할 수 있으며, 매우 드문 경우를

〈표 2-1〉 학습에 관한 세 가지 이론적 관점 비교

	행동주의 관점	정보처리 관점	구성주의 관점
학습	일어나는 행동의 확률에서의 변화	기억 속에 저장된 지식에서의 변화	경험으로부터 구안된 의미에서의 변화
학습 과정	선례(antecedent) → 행동 → 결과	주의 → 부호화 → 기억으로부터 정보의 인출	종종 한 집단 속에서 행해진, 경험과 성찰의 지속적인 과정
교사의 주요 역할	외적 유관성(contingencies) 조정	기억 과정을 지원하기 위한 조건 조정	모델과 지도
역할을 수행하기 위해 교사가 해야 할 일	• 교수목표 진술 • 단서를 사용하여 학생 행동 지도 • 강화 결과를 학생들의 행동에 즉각적으로 뒤따라 오도록 배열	• 새로운 정보 조직 • 새로운 정보를 기존의 지식에 연계 • 다양한 주의, 부호화, 인출 단서 사용	• 현실적이고 유의미한 문제를 해결하고 그러한 경험을 성찰해 볼 수 있는 기회 제공 • 집단 학습활동 제공 • 공동의 문제해결 맥락에서 지식을 구안해 가는 과정을 모델링하고 지도
테크놀로지의 역할	다른 종류의 교수자료(텍스트, 오디오, 비디오)와 연습을 교수 '문제' 속에 조직화	학생들이 새로운 정보를 조직화하고, 그것을 기존의 지식과 연계하며, 기억 속에 부호화할 수 있도록 도와줌	• 학생, 교사, 다른 전문가들 간의 협력적인 의사소통 촉진 • 복잡하고 현실적이며 안전하고 다양한 문제해결 환경 제공
학생의 주요 책무	단서에 대한 반응	정보를 능동적으로 통합	과학자처럼 탐색

제외하고 읽기를 상당히 쉽게 학습할 수 있고, 말과 글로 자기 자신을 잘 표현할 수 있으며, 상당히 광범위한 수학적 문제를 해결할 수 있도록 재편할 수 있다.' (Skinner, 1984: 948)고 믿었다.

행동주의 관점에서 본 학습의 정의

학습은 다양한 방식으로 정의되어 왔다. 그러나 제1장에서 지적한 것처럼 그러한 정의 속에서 핵심적인 아이디어는 **변화**(change)다. 이러한 이론적인 관점을 고려할 때의 문제는 무엇의 변화인가라는 것이다. 행동주의 관점의 주요 가정은 학생의 **행동**(behavior)에 초점을 두어야 하며, 다른 행동과 마찬가지로 학습은 외적인 환경에 의해 주로 결정된다는 것이다. 행동주의 관점에서 보면, 학습은 어떤 사람이 특정한 상황에서 특정한 방식으로 행동하는 확률에서의 변화라고 기술된다(Ertmer & Newby, 1993).

행동주의 관점에서 본 학습 과정

행동주의자들이 학습 과정을 어떻게 보는지를 설명하기 위해 A → B → C 모형을 사용할 수 있다. 환경은 행동이 다시 일어날 것인지의 여부를 결정하는 어떤 **결과**(consequence: C)가 뒤따라오는 **행동**(behavior: B)을 자극하는 **선례**(antecedent: A)를 제시한다(Woolfolk, 1995). 학습은 학생들이 구체적인 선례에 반응할 때 원하는 방식으로 일관성 있게 반응한다. 즉, A가 일관성 있게 B를 초래할 때 일어난다고 할 수 있다.

학생들은 교수(instruction) 없이 학습할 수 있지만, 교수는 '학습을 촉진하는 특별한 유관성(contingency)' (Skinner, 1968: 64)을 제공한다. 이러한 유관성은 개개인의 행동에 영향을 미치는 선례와 결과다. 교사들은 어떤 행동을 형성하기 위해 학생들이 점진적으로 목표에 더 가까워질 수 있는 방식으로 행동하도록 독려할 목적으로 환경적인 유관성을 점진적으로, 그리고 신중하게 조절한다. 예를 들어, 차를 수평으로 주차하는 것을 학습할 때, 운전강사는 먼저 학생들에게 차보다 훨씬 더 긴 공간에 차를 주차해 보라고 요구한다. 강사는 학생들이 차보다 약간 더 긴 공간에 차를 주차할 수 있을 때까지 공간의 크기를 점진적으로 줄일 것이다. Skinner(1968)에 따르면, 잘 설계된 교수는 교사들이 '특정인' 이 처한 학습 상황의 제 측면, 즉 학습요구를 진단하고 격려와 지원, 지도를 제공하는 데 집중할 수 있도록 해 준다.

행동주의 관점에서 본 교수전문가의 역할

이러한 A → B → C 준거틀(framework)은 학습에서 외적 환경의 영향을 강조한다. 따라서 교수는 학생에게 제시된 환경적인 조건이다. 행동주의 관점에서 보면, 교수전문가의 주요 책무는 이러한 환경적인 조건들(선례와 결과)을 학생들이 학습하는 데 도움이 되는 방식으로 배열하는 것이다. 이것은 다음과 같은 것에 의해 행해질 수 있다.

① 교수목표를 성공적으로 수행하였을 때 학습이 일어났음을 보여 주는 구체적인 학생 행동(B)으로 진술: 이것은 교수목적을 확인하고 그 목적을 바람직한 행동을 형성하기 위해 조합될 수 있는 보다 단순한 행동으로 나누는 것을 수반한다.

② 학생들을 목표에 이르도록 지도하기 위해 단서(A) 사용: 초기에 단서를 제공하는 것은 학생들을 바람직한 행동으로 유도함으로써 그들의 성공을 보장해 줄 수 있다. 단서는 행동이 적절한 선례에 연계되었음을 분명히 하기 위해 점진적으로 줄일 수 있다.

③ 바람직한 행동을 강화하기 위해 결과(C) 사용: 결과를 적절하게 사용한다는 것은 두 가지 과제와 관련이 있다. 첫째 과제는 강화자(reinforcers)를 선택하는 것인데, 아쉽게도 이것은 항상 쉬운 일은 아니다. 강화는 학생의 행동에 미치는 영향에 의해서만 정의된다. 결론적으로 흔히 사후에만 결정될 수 있다. 또한 학생마다 강화받는 시기와 상황에 따라 강화의 효과가 다르기 때문에 강화를 한다는 것은 매우 복잡한 일이다. 흔히 사용되는 강화자로는 칭찬, 가시적인 보상(좋은 성적, 증명서 등)과 즐거운 활동에 보낸 시간 등이 있다. 둘째 과제는 선택된 결과들이 바람직한 행동을 강화할 수 있도록 그 결과들을 조정하는 것이다. 강화 시기(timing) 또한 매우 중요한데, 효과적으로 강화를 하려면 그 결과들은 강화하려는 행동 바로 뒤에 뒤따라와야 한다. 그렇지 않으면, 그것은 학생들이 목표를 향해 나아가는 데 도움이 되지 않는 비의도적인 행동을 강화할 수 있다.

행동주의 관점에서 본 테크놀로지의 역할

테크놀로지는 효과적인 교수 '프로그램' 을 만들기 위해 사용될 수 있다. 교수 프로그램은 흔히 '프레임(frames)' 이라 부르는 단원의 논리적인 계열로 구성된다. 각 프레임은 반응을 요구하는 하나의 질문, 문제 또는 연습과 함께 정보를 포함한다. 학생들은 자신들의 반응에 대한 즉각적인 피드백을 받으며, 자기 자신의 속도에 따라 프로그램을 진행해 나간다. 한 프레임에서 다음 프레임으로 이동하기 위하여 요구되는 지식은 옳은 반응의 빈도, 그리고 그 결과로 나타나는 강화의 빈도를 증가시키기 위하여 의도적으로 작게 유지된다. 디지털 컴퓨터가 도래하기 전, 교수 프로그램은 프로그램화된 학습 교과서와 기계적인 교수 기계 속에 내재되었다. 그러나 현대의 컴퓨터는 훨씬 더 융통성 있고 강력한 교수 프로그램을 개발할 수 있도록 해 준다. 이것은 컴퓨터가 우리에게 다음과 같은 것을 가능하게 해 주기 때문이다.

- 다른 종류의 교수자료 통합: 프레임은 텍스트와 그림뿐만 아니라 오디오와 비디오도 포함할 수 있다.
- 다른 종류의 연습 통합: 보다 전통적인 질문뿐만 아니라 짧은 시뮬레이션도 포함시킬 수 있다.
- 개별 학생의 진도 검토: 정보는 컴퓨터 속에 저장되고 언제든지 재인될 수 있다.
- 학생의 반응을 촉구하는 즉각적인 피드백 제공: 피드백은 학생의 반응에 기초하여 분지(分枝)될 수 있으며, 필요한 경우 교정적인 정보를 통합할 수 있다.

[그림 2-3] 물리학 개념을 학습하기 위해 사용된 전자 플래시 카드

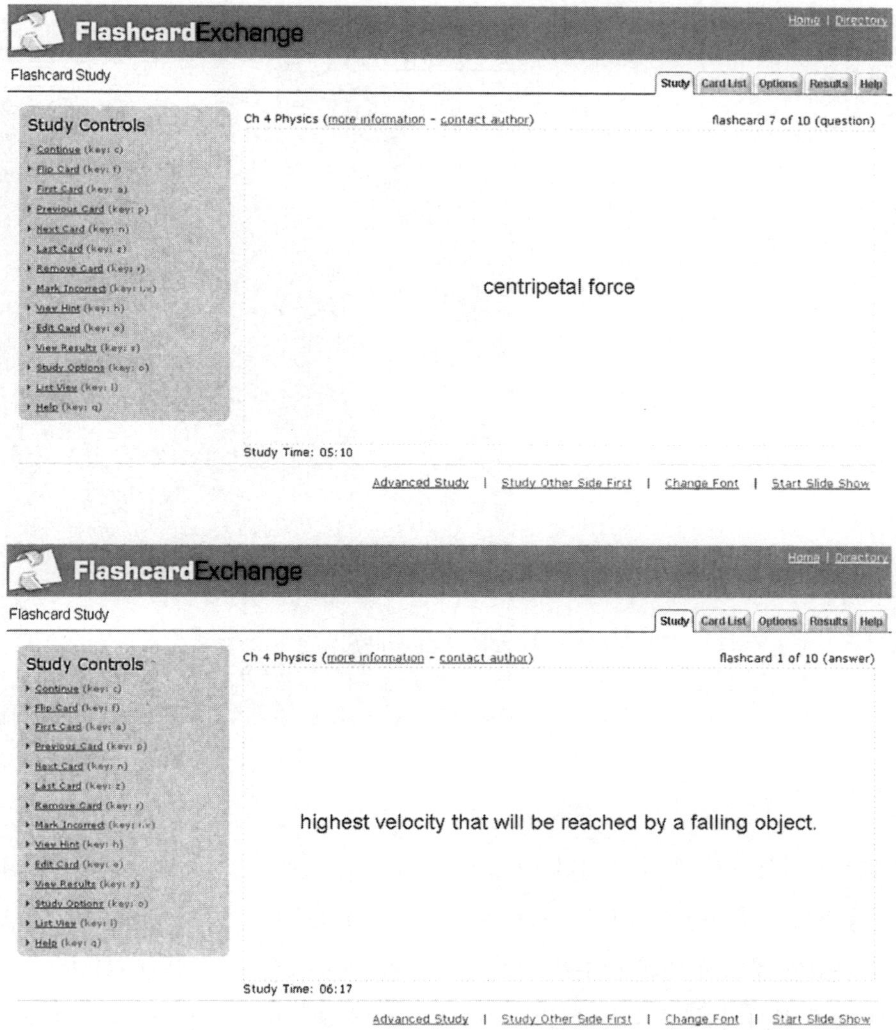

• 학생들이 원하면 언제든지 교수(instruction)를 시작하고 멈출 수 있도록 설치.

행동주의 관점에서 테크놀로지를 통합한 매우 간단한 유형도 이러한 핵심적인 요소를 포함하고 있음에 주목하라. 예를 들어, 아마도 낮은 수준의 플래시 카드 형태의 테크놀로지를 사용해 본 경험이 있을 것이다. [그림 2-3]에 나타난 것처럼 플래시 카드의 한쪽 면은 어떤 형태의 선례(이 경우에는 한 물리학 용어)를 보여 준다. 그 카드를 사용할 때, 카드의 물리학 용어가 써진 면이 학생들에게 제시되고, 학생들은 카드를 뒤집어 해답을 본다. 이것은 매우 간단한 테크놀로지다. 그러나 그것은 학생에게 선례(A)를 제시한 후, 학생으로부터 행동적인 반응(B)이 뒤따르고, 그런 후 결과(C)가 뒤따르는 일련의 과정 이면의 아이디어를 쉽게 보여 준다.

이와 같은 간단한 원리들은 또한 대부분의 컴퓨터 보조 교수 프로그램에 반영되어 있다. 예를 들어, [그림 2-4]에 제시된 수학 프로그램의 화면을 살펴보라. 제시된 자극(잠수함 선장의 책상에 제시된 공식), 학생에 의해 요구되는 행동적 반응(물고기 모양 중에서 정답을 확인하고 그것을 마우스로 클릭하는 것), 그 후 제공되는 즉각적인 피드백에 주목하라. 아울러, 이 프로그램은 많은 복잡한 특성을 덧붙임으로써 그것의 활용도를 높일 수 있다. 예를 들어, 학생의 수행 수준은 전자적으로 추적될 수 있으며, 간단한 문

[그림 2-4] 인기 있는 반복연습형 컴퓨터 프로그램인 *Stikybear Math Splash*의 화면

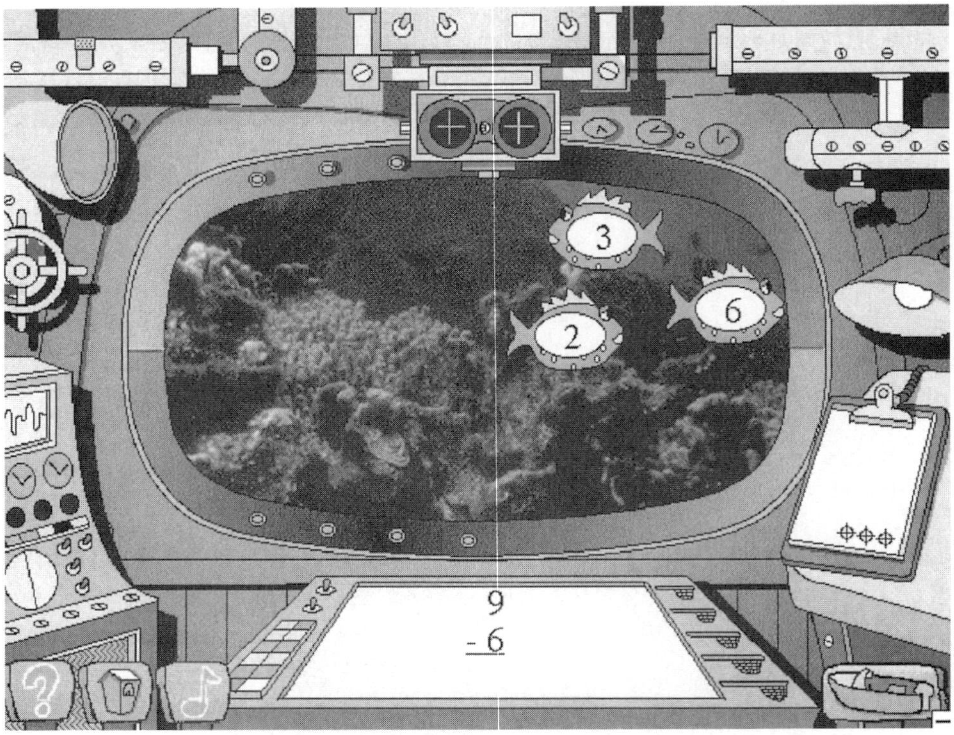

제를 완전히 숙달해 감에 따라 더 많은 도전적인 문제가 자동적으로 제시될 수 있다. 이와는 반대로, 만약 어떤 특정 유형의 문제에 대해 실수가 계속 행해지면, 프로그램에 의해 부가적인 검토 문제들이 사이에 끼워져 제시될 수 있다. 만약 학생이 특정 시점에서 학습하는 것을 중지할 필요가 있다면, 컴퓨터 프로그램은 학생이 어디까지 학습하였는지를 기억할 수 있으며, 다시 할 때는 학습했던 그 위치로 즉시 되돌아갈 수 있다. 훨씬 더 복잡한 컴퓨터 보조 프로그램은 학생이 실수를 한 유형을 모니터하는 기능을 가지고 있으며, 학생이 구체적인 학습문제를 극복할 수 있도록 도와주기 위해 학생의 특성에 맞는 피드백을 제공해 주는 기능도 가지고 있다. 또한 어떤 요소는 소프트웨어가 특정 유형의 문제가 언제 완전히 습득되었으며, 언제 자동적으로 다음 수준의 난이도를 가진 문제를 제시할 것인지를 모니터할 수 있는 기능도 가지고 있다. 그러나 그것은 또한 학생이 높은 수준의 파지를 유지할 수 있도록 하기 위하여 '이미 숙달된' 문제를 규칙적으로 다시 제시한다. 아울러 학생이 훨씬 더 많은 노력을 경주하며 더 오래 과제에 집중할 수 있도록 하는 동기적인 인센티브(학생이 달성할 수 있는 것보다 더 높은 수준의 성취도를 달성했을 때 주는 점수나 보상 등)가 부가될 수 있다.

컴퓨터의 위력을 활용하여, 이러한 유형의 복잡한 반복연습적인 요소들은 개인교수형, 시뮬레이션형, 문제해결형 프로그램을 덧붙임으로써 학생들이 모든 유형의 심화학습 혹은 교정학습 활동을 자기 진도에 맞추어 독자적으로 학습할 수 있도록 한다. 간단한 플래시 카드형 반복연습활동에서 보여 준 행동주의 원리들은 컴퓨터의 위력과 통합되었을 때 아주 강력한 효력을 발휘할 수 있다.

정보처리 관점

행동주의는 19세기 심리학을 특징지었던 의식과 같은 심리적 현상에 관한 연구에 대한 반발로 시작되었으며, 비슷한 방식으로, 인지심리학은 행동주의에 대한 반발로 시작되었다. 인지심리학은 주로 행동주의가 언어 습득과

점검사항

행동주의 비교조직자

이 점검사항은 동봉된 CD-ROM에 있는 정보를 활용할 필요가 있다. CD에 접속한 후 다음을 행하라.

① 이 책에 동봉된 CD에 접속한 후 행동주의 비교조직자(Behaviorism Comparative Organizer)를 찾아 그것을 출력하라〔장 소개와 활동(Chapter info and Activities) ≫ 제2장(Chapter 2) ≫ 행동주의 관점(Behaviorism perspective)〕.

② 동봉된 CD에서 찾은 사례를 읽어라〔장 소개와 활동(Chapter info and Activities) ≫ 제2장(Chapter 2) ≫ 행동주의 사례(Behaviorism case)〕.

③ 비교조직자를 사용하여, 비교조직자에서 개괄적으로 나타낸 행동주의 관점에 기초하여 학습이 일어나기 위해 무엇이 요구되며, 학습을 촉진하기 위해서는 어떠한 교수전략과 교수기법이 사용될 수 있는지를 확인하라.

④ 사례에서 기술된 것처럼, 학습을 향상하기 위하여 이러한 이론적인 관점에서 볼 때 테크놀로지가 어떠한 방식으로 사용될 수 있는가?

같은 복잡한 행동을 적절하게 설명하지 못한 것에 대한 점증된 불만족 때문에 '1956년경에 공식적으로 조직되었다' (Gardner, 1985: 28). 예를 들어, Karl Lashley는 행동에서의 '대뇌의 메커니즘' 에 관한 1948년 심포지엄에서 인간이 언어를 사용할 때 그들의 행동은 매우 빠르고 연속적이기 때문에 행동주의자들이 주장한 것처럼 외적인 자극만으로는 통제될 수 없다고 역설하였다(Gardner, 1985). 인간의 행동은 마음속에서 내적으로 일어나는 과정을 사용하여 미리 조직화되고 계획되어야 한다. Lashley는 언어를 주요한 예로 사용했지만, 대부분의 인간 행동은 복잡하고 심리적 과정에 의해 통제된다고 주장하였다.

널리 인식된 행동주의의 한계는 인간 학습을 설명하는 새로운 방법을 모색하도록 유도하였다. 동시에 새로운 테크놀로지의 진보는 많은 양의 정보를 신속하게 조작하기 위한 메커니즘으로써 고속 컴퓨터의 개발을 초래하였다. 이러한 두 가지 경향의 도래로, 컴퓨터를 인간이 사고하는 방식을 나타내는 하나의 모델로 사용하는 인간 인지에 관한 정보처리 관점이 형성되었다. 이러한 관점은 단지 인지심리학에서 개발되지는 않았지만(학습에 관한 다른 인지심리학에 관해서는 Driscoll, 2005 참조), 인지심리학이 교수 실제에 상당한 영향을 미쳐 온 관점임에는 틀림없다.

정보처리 관점은, 마음(mind)은 컴퓨터처럼 정보를 수용하고, 조직하며, 나중에 사용하기 위하여 그것을 저장하고, 기억으로부터 그것을 인출한다고 주장한다. 인지심리학이 성장해 감에 따라, 초점은 행동주의가 도래하기 이전처럼 다시 마음에 두었다. 그러나 인지과학자들은 컴퓨터 모델과 다른 실험방법들(예: 반응시간 검사)을 사용하여 심리적 기능을 이전보다 훨씬 더 과학적으로 엄격히 양화(quantify)할 수 있게 하였다.

정보처리 관점에서 본 학습의 정의

행동주의 관점은 **외적**(external) 환경의 영향을 강조한다. 이와는 반대로, 정보처리 관점은 **내적**(internal) 측면에 초점을 둔다. 즉, 정보처리 관점에서 학습은 기억 속에 저장된 지식의 변화다. 그 중핵원리는 학습을 포함하여 대부분의 행동은 외적 상황에 의해서라기보다는 내적인 기억에 의해 통제된다는 것이다. 따라서 학습을 이해하기 위해서는 기억이 어떻게 작동하는가를 이해할 필요가 있다.

정보처리 관점에서 본 학습 과정

인간의 기억은 수동적이라기보다는 능동적이다. 즉, 기억은 단순히 정보를 받아들이기보다 새로운 정보를 기억

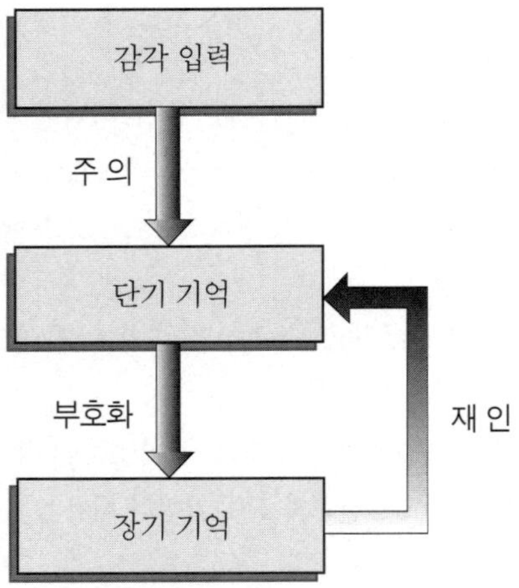

[그림 2-5] 인간 기억에서 주의, 부호화, 재인의 역할

속에 이미 저장된 정보와 연결함으로써 해당 정보를 능동적으로 통합하고 조직화한다. [그림 2-5]에 나타난 것처럼, 이것은 세 가지 과정, 즉 주의, 부호화, 재인의 과정을 수반한다(Driscoll, 2005). **주의**(attention)란 환경으로부터 오는 어떤 정보를 다른 정보는 무시하면서 받아들이는 과정을 말하며, **부호화**(encoding)란 정보를 어떤 유의미하고 기억할 수 있는 형태로 해석하는 과정을 지칭한다. 또한 **재인**(retrieval)이란 특정한 목적을 위해 정보를 회상하는 과정을 말한다. 학습은 개인이 기억 속에 있는 정보를 쉽게 회상할 수 있고, 그것을 특정 상황에 효과적으로 사용할 수 있는 방식으로 부호화할 때 일어난다.

이러한 기억 과정이 어떻게 작동하는지를 이해하기 위한 한 방법으로, 어느 도서관이 새로운 책을 받고 그것을 대출자가 이용할 수 있도록 만드는 순차적인 방법을 생각해 보자(Stepich & Newby, 1988). 도서관은 새로운 책에 대한 정보를 지속적으로 받으며 구입·비치하기 위하여 그러한 책 중 몇 가지를 선택한다(주의). 선택된 새로운 책들은 듀이 십진법(Dewey Decimal System)과 같은 분류체계를 사용하여 범주화된다(부호화). 이것은 새로운 책들을 일관된 범주 속에 비치하고 관련된 책들을 서로 가까운 선반에 비치할 수 있도록 해 준다. 이것은 또한 누군가가 나중에 해당 책들을 찾을 수 있도록 검색 단서(카탈로그 번호)를 제공한다. 사람들은 도서관에 있는 특정 책을 찾기 위해서 먼저 검색 단서를 검색하고 선반에서 원하는 책을 찾으면서 동시에 선반에 있는 다른 관련 책들도 대충 훑어본다(재인).

기억도 비슷한 방식으로 작동한다. 인간은 환경으로부터 쏟아져 나오는 정보에 지속적으로 노출되며, 단지 그러한 정보 중 몇 가지만을 기억하기 위해 선택한다(주의). 새로운 정보는 이미 알고 있는 것의 관점에서 고려되며, 가능하면 언제든지 기존의 지식 속에 통합된다(부호화). 이것은 새로운 정보를 보다 의미 있고 일관성 있게 조직화하며, 관련 정보를 함께 연계 짓도록 해 준다. 이것은 또한 나중에 정보를 더 쉽게 검색할 수 있도록 해 주는 '검색 단서(search cue)'를 제공하는데, 인간은 기억으로부터 정보를 회상하기 위해 먼저 검색 단서를 찾고, 원하는 정보를 찾기 위하여 기억을 검색하면서 동시에 다른 관련된 정보를 기억으로부터 대략적으로 더듬어 살펴본다(재인).

물론, 기억과 도서관 간에는 적어도 한 가지 중요한 차이점이 있다. 도서관은 특정 공간(선반)에 물리적인 대상(책)을 저장하지만 기억을 구성하는 사실과 아이디어는 물리적인 대상이 아니라는 점이다. 따라서 우리는 구체적인 기억이 뇌 속의 어디에 존재하는지를 정확하게 지적할 수 없다. 그러나 주의, 부호화, 재인의 과정은 유사하다.

정보처리 관점에서 본 교수전문가의 역할

정보처리 관점은 학생의 인지 과정과 학생들이 새로운 정보를 자신들이 기억할 수 있고 사용할 수 있는 형태로 변환할 수 있도록 도와주는 데 기억의 핵심적인 역할을 강조한다. 따라서 교수(instruction)는 학생들이 이러한 변환을 할 수 있도록 도와주기 위한 인위적인 노력을 수반한다. 정보처리 관점에서 볼 때, 교수전문가의 주요 책무는 이러한 인지적 과정을 지원해 줄 수 있는 조건을 만드는 것이다. 이것은 다음을 수반한다.

- 새로운 정보의 조직화: 인간은 정보를 유의미한 방식으로 조직화하고자 적극적으로 노력하며, 만약 새로운 정보가 어떤 명시적인 방식으로 조직화되면 부호화하기가 더 쉽다.
- 새로운 정보를 기존의 정보에 주의 깊게 연계: 이러한 연계는 정보를 보다 유의미하고 쉽게 학습할 수 있도록 해 준다.
- 다양한 기억 보조물(aids, 예 강조하기, 기억술, 유추, 심상) 사용: 학생들이 중요한 정보에 주의를 기울이며 해당 정보를 기억할 수 있는 형태로 부호화하고, 필요한 경우 그것을 재인할 수 있도록 도와주는 교수 기법을 사용한다.

정보처리 관점에서 본 테크놀로지의 역할

다시 말하면, 행동주의 관점은 수동적인 학생들이 구조화된 단서와 관련된 유관성을 제공하는 환경을 통해 적절한 방식으로 반응하도록 하는 데 초점을 두고 있다. 이에 반해, 정보처리 관점은 학생을 새로운 정보를 이미 알고 있는 것과 경험한 것을 보다 더 잘 조직화하고 동화하고자 지속적으로 모색하는 훨씬 더 능동적인 사람으로 본다. 이러한 관점에서 볼 때, 테크놀로지는 기억 속에 새로운 정보를 조직화, 묶음화(chuncking), 연계화, 동화, 조절할 수 있는 수단을 제공하는 데 유용하게 사용될 수 있다. 예를 들어, 엄청난 양의 정보를 묶음화하고 그것을 몇몇 상당히 유용한 개요(outline) 속에 배치하기 위해 사용할 수 있는 소프트웨어는 학생에게 유용할 것이다. *Inspiration*

[그림 2-6] 브레인스토밍 소프트웨어(예: *Inspiration*)를 사용하여 제작된 개념도(피 흐름 억제)의 예

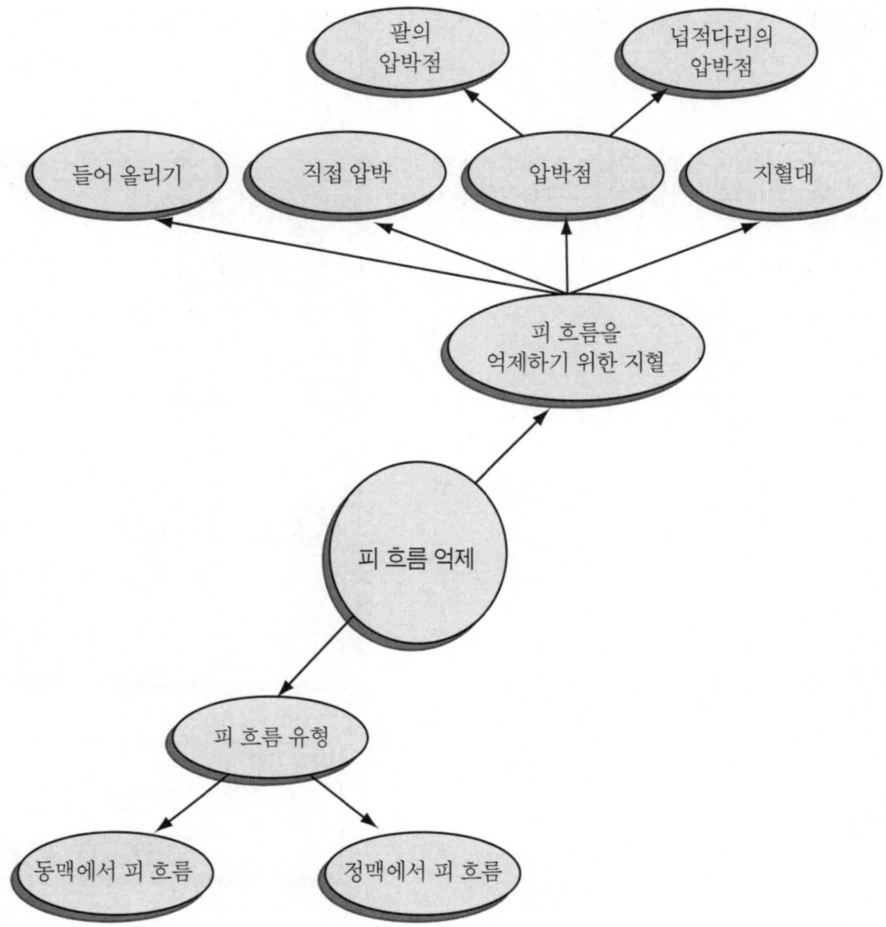

은 사람들이 아이디어들을 재빨리 브레인스토밍하고 생각을 시각적으로 조직화하며 핵심요소 간의 관계를 보여주는 소프트웨어의 일종이다. [그림 2-6]은 학생들이 이 소프트웨어를 사용하여 대상 개념의 핵심적인 요소를 인식할 수 있도록 하기 위해 만든 조그마한 개념도다.

또 다른 예는 사람들이 웹으로부터 정보를 수집 · 활용하기 위하여 어떻게 학습하는가 하는 것이다. 웹은 사람들이 접속할 수 있는 모든 정보로 넘치고 있다. 캘리포니아 대학교(University of California at Berkeley)의 WISE 과학 프로젝트의 일부분으로 포함된 것과 같은 소프트웨어는 학생들이 전반적인 내용을 제공하는 기본 정보 페이지를 거쳐 가도록 유도하지만, 또한 학생의 성찰을 조직하는 방법에 관한 힌트, 성찰저널에 가입하는 곳, 학생들 간의 토론을 촉진하기 위한 다른 도구들, 자료의 시각화, 학생들이 수집한 정보를 평가하는 방법을 제공하는 도구를 제공함으로써 정보처리를 촉진한다. 이 도구들 각각은 학생이 정보를 조직화하고 처리하는 것을 도와주기 위해 설계되었다([그림 2-7] 참조).

이러한 관점과 밀접하게 연계된 다른 테크놀로지 도구들도 있다. 예를 들어, 학생이 자료를 시각화하는 것을 도와주거나(예: 스프레드시트 프로그램에서의 차트), 학생이 정보를 다른 혹은 아마도 보다 적절한 방식으로(예: 워드프로세서 프로그램에서 만들어진 표) 볼 수 있도록 해 주는 도구들이 있다. 하나의 예로, 〈표 2-1〉를 살펴보라. 〈표 2-1〉은 세 가지의 다른 학습이론 관점에 대한 풍부한 비교 정보를 담고 있다. 이렇게 표를 구성할 수 있도록 해 주는 워드프로세서 기능을 사용하면, 해당 표를 만든 사람뿐만 아니라 제시된 정보를 습득 · 동화 · 처리하기 위해 표를 이용하는 사람들이 쉽게 부호화할 수 있도록 구조화해 주는 사람들의 학습을 촉진한다. 또한 테크놀로지가 그러한 표의 특성을 보다 쉽게 개발, 수정, 출판할 수 있도록 해 줌에 따라, 테크놀로지의 활용도도 상당히 높아졌다.

[그림 2-7] 학생들이 정보를 수집하고 처리할 때 어떻게 WISE 웹사이트가 학생들을 지도하는지를 보여주는 화면

점검사항

정보처리 비교조직자

이 점검사항은 이 책에 동봉된 CD-ROM에 있는 정보를 활용할 필요가 있다. CD에 접속한 후 다음을 행하라.

① 이 책에 동봉된 CD에 접속한 후 정보처리 비교조직자(Information Processing Comparative Organizer)를 찾아 그것을 출력하라〔장 소개와 활동(Chapter info and Activities) ≫ 제2장(Chapter 2) ≫ 정보처리 관점(Information processing perspective)〕.

② 동봉된 CD에서 찾은 사례를 읽어라〔장 소개와 활동(Chapter info and Activities) ≫ 제2장(Chapter 2) ≫ 정보처리 사례(Information processing case)〕.

③ 비교조직자를 사용하여, 비교조직자에서 개괄적으로 나타낸 정보처리 관점에 기초하여 학습이 일어나기 위해 무엇이 요구되며, 학습을 촉진하기 위해서는 어떠한 교수전략과 교수기법이 사용될 수 있는지를 확인하라.

④ 사례에서 기술된 것처럼 학습을 향상하기 위하여 이러한 이론적인 관점에서 볼 때 테크놀로지가 어떠한 방식으로 사용될 수 있는가?

그림 정보뿐만 아니라 오디오 정보, 문자 정보를 통합한 멀티미디어 프로그램은 또한 학생들이 유의미한 사전지식과 새로운 정보를 관계 짓는 방법을 보다 확실하게 인식할 수 있도록 도와주는 프로그램들이다. 예를 들어, 시민권리(civil rights)운동사에 대한 멀티미디어 소프트웨어 프로그램([그림 2-8] 참조)은 관련된 인물들의 사진, 중요한 연설로부터 발췌한 음성 클립, 중요한 사건과 뉴스에 관한 비디오 클립, 그리고 그 시대의 음악과 소리를 담을 수 있다. 학생들이 많은 다른 관점에서 시민권리운동을 '경험'하게 하려면 그들이 필요한 연계를 지을 수 있도록 허용해야 한다.

그러나 한 가지 주목해야 할 것이 있는데, 테크놀로지

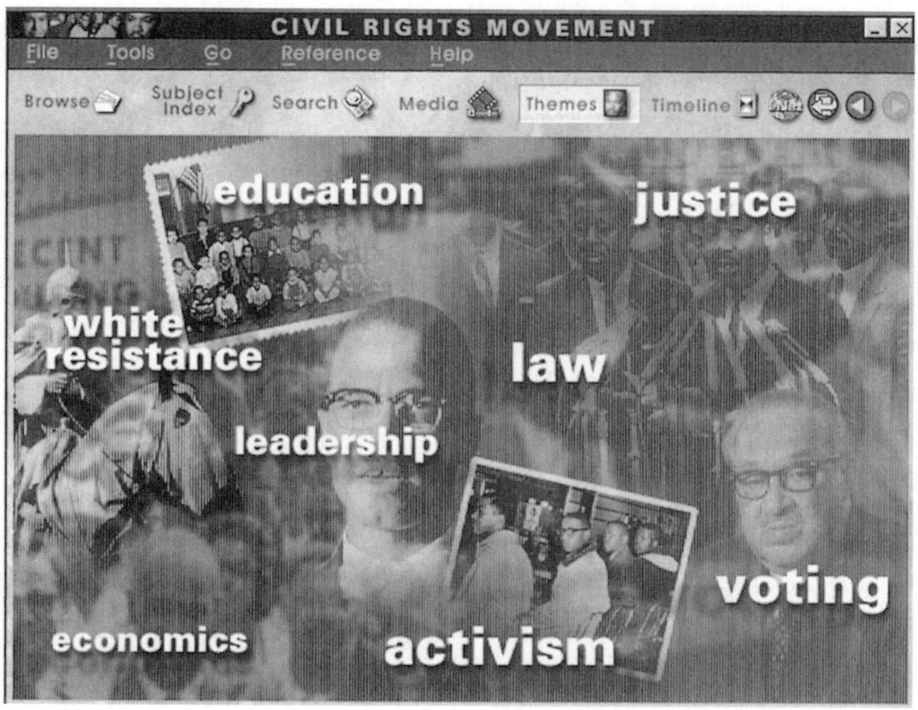

[그림 2-8] 시각자료, 오디오, 텍스트 자료와 같은 다양한 자원을 통해 학습을 촉진하기 위한 멀티미디어 소프트웨어의 활용

도구는 정보처리 관점뿐만 아니라 행동주의 관점의 요소들을 포함할 수도 있다는 점이다. 예를 들어, 시민권리에 관한 멀티미디어 경험은 결과가 뒤따라오는 행동을 촉구하는 선례를 통합한 개인교수형 혹은 반복연습형 경험을 포함할 수도 있다. 이러한 종류의 요소들의 조합은 종종 다양한 유형의 교육 소프트웨어에서 볼 수 있다.

구성주의 관점

구성주의는 생성학습(Wittrock, 1990), 발견학습(Bruner, 1961), 상황학습(Brown, Collins, & Duguid, 1989)을 포함한 일련의 이론들을 표현하기 위하여 사용된 비교적 최신 용어다. 이 이론들에서 공통적으로 나타나는 것은 개인은 일반적으로 다른 사람과 협력하여 실제 문제를 해결하기 위해 노력하는 과정에서 지식을 능동적으로 구성한다는 생각이다(Duffy, Lowyck, & Jonassen, 1993).

명칭은 비교적 최근의 것이지만, 구성주의를 구성하는 아이디어들은 상당히 오래되었다. 예를 들어, 1897년에 Dewey는 "교육은 경험의 계속적인 재구조화로 인식되어야 한다." (1987: 91)라고 주장했다. 그런데 이러한 경험의 재구조화는 '아동이 자기 자신을 발견하는 사회적 상황의 요구에 의한 자신의 힘의 자극' (1897: 84)을 통해 일어난다. 20세기 중반에, 지식은 사회적인 협력을 통해 구성된다는 아이디어는 Piaget, Bruner 및 Vygotsky의 이론 속에서 찾아볼 수 있다(Driscoll, 2005).

구성주의 관점에서 본 학습의 정의

구성주의 관점에서 학습은 경험을 통해 구성된 의미의 변화라고 정의된다. 겉으로 보기에 이것은 학습에 관한 정보처리적 정의와 동일한 것처럼 보인다. 그러나 두 관점은 지식을 정의하는 방식에서 아주 중요한 차이가 있다(Jonassen, 1991). 정보처리 관점은 지식을 경험의 **객관적인 표상**(objective representation)이라고 정의하는 반면, 구성주의 관점은 지식을 경험의 **주관적인 표상**(subjective representation)이라고 정의한다.

이러한 결정적인 차이를 설명하는 데 유추가 도움이 된다. 정보처리 관점에서 볼 때, 마음(mind)은 우리의 경험 속에 있는 대상과 사건을 정확하게 반사해 주는 거울과 같다. 그것은 지식이란 객관적이며 인식자(knower)로부터 분리할 수 있는 것이라고 가정한다. 다시 말해서, 누구의 거울이 사용되든 상관없이, 거울 속에 있는 그림은 본질적으로 동일하다. 따라서 학습은 새로운 표상의 **습득**(acquisition)을 의미한다. 한편, 구성주의 관점에서 마음은 렌즈와 같다. 자신의 렌즈를 통해 볼 때, 우리 경험의 몇몇 측면들은 초점이 잘 맞추어져 있으나 어떤 것은 희뿌옇고, 어떤 것은 전혀 볼 수 없다. 구성주의 관점에서 지식이란 인식자(knower)와 분리될 수 없다고 가정한다. 다시 말해서, 우리가 보는 그림은 우리가 사용하는 렌즈에 의해 결정된다. 따라서 학습은 새로운 표상을 구성하는 것을 의미한다.

이렇게 볼 때, 지식 구성이란 경험에 대해 생각하고 해석하는 과정이라 할 수 있다. 각 개인은 독특한 일련의 경험을 가지고 있으며 독특한 렌즈를 통해 보기 때문에, 독특한 지식체를 구성한다. 학습이란 우리의 지식이 우리의 경험을 보다 완전하고, 복잡하며, 세련되게 해석할 수 있는 방식으로 변화할 때 일어난다. 즉, 우리의 렌즈가 우리로 하여금 이전에는 볼 수 없었던 것을 볼 수 있거나 혹은 그것을 보다 더 잘 볼 수 있도록 해 줄 때 일어난다고 할 수 있다.

구성주의 관점에서 본 학습 과정

구성주의가 기반하는 기본 전제는 지식이란 학생들이 자신들의 경험을 의미 있게 만들고자 할 때 구성된다는 것이다. 따라서 학습이란 학생이 자신의 경험을 통합할 정신모형(mental models)을 창출하고 검사하며 정련하는 경험과 성찰의 계속적인 과정이라 할 수 있다. 정신모형은 역동적이다. 학생의 경험이 성장해 감에 따라, 학생의 정신모형은 더 풍부해진다. 이는 학생이 더 광범위한 경험을 통합하고 있음을 의미한다. 또한 정신모형은 어떤 객관적, 외적 실재에 반드시 대응되지는 않는다. 중요한 것은 정신모형은 유용하고 발전할 수 있다는 것, 다시 말해서 그것은 개별 학생의 기존 경험을 그 당시 그 학생에게 유의미한 방식으로 표상한다는 것이다.

이러한 지식 구성이 정확히 어떻게 일어나는가에 대한 몇 가지 논쟁이 있다(Phillips, 1995). 몇몇 구성주의 이론가들(때때로 '급진적 구성주의'라 일컬어짐)은 지식을 구성하는 것은 개인적인 해석의 문제라고 주장함으로써 개별 학생에게 초점을 둔다. 다른 이론들(때때로 '사회적 구성주의'라 일컬어짐)은 지식을 구성하는 것은 공유된 해석을 유도하는 대화(dialog)의 문제라고 주장함으로써 개인 간의 사회적 상호작용에 초점을 둔다. 그러나 일반적으로 이것은 정도의 문제며, 대부분 구성주의 이론들은 개인과 사회적 관점 모두를 통합한다.

구성주의 관점에서 본 교수전문가의 역할

구성주의 관점에 따르면, 학습은 학생의 기존 지식, 사회적 맥락, 그리고 해결되어야 할 문제 간의 복잡한 상호작용에 의해 결정된다. 따라서 교수(instruction)란 학생들에게 '다양한 자원으로부터의 이전 지식을 조합함으로써 새롭고 상황 구체적인(context-specific) 이해' (Ertmer & Newby, 1993: 63)를 구성할 수 있는 수단과 기회를 가지고 있는 협력적인 상황을 제공하는 것을 의미한다. 구성주의 관점에서 볼 때, 교수전문가의 주요 책무는 맥락 속에서의 학습과 협력이라는 두 가지 특성을 가진 학습환경을 조성하고 유지하는 것이다.

맥락 속에서의 학습 구성주의 관점에 따르면, 지식은 근육과 같다. 즉, 지식은 그것이 사용될 때 성장한다. 왜냐하면 구성주의적 교수는 학생에게 지식을 실제적이고 유의미한 문제를 해결하기 위한 맥락 속에서 연구하도록 요구하기 때문이다. 그 아이디어는 학생이 자신의 지식을 구체적인 문제에 적용하고자 할 때 자신의 지식을 자연스럽게 탐색하며, 그에 따라 그 지식을 계속적으로 정련한다는 것이다. 그러나 모든 문제가 다 똑같이 효과적이지는 않다. 문제가 효과적이려면 다음과 같아야 한다.

- 학생에게 적절하고 흥미로운 것이어야 한다.
- 현실적으로 복잡해야 한다.
- 학생에게 자신의 지식을 활용하도록 요구해야 한다.

협력 구성주의 관점에서 보면, 학생들은 다른 사람들과의 상호작용을 통해 학습한다. 이러한 협력은 두 가지 근본적인 측면을 가지고 있다. 첫 번째 측면은 학생 간의 상호작용과 관련된다. 학생들은 자신들의 통합된 지식을 문제를 해결하기 위해 적용함으로써 동료로서 함께 일한다. 이러한 노력 과정에서 대화는 학생들로 하여금 대안적인 해석을 탐색하며 자신들의 이해를 검토하고 정련할 수 있는 기회를 지속적으로 제공한다. 협력의 두 번째 측면은 교사의 역할과 관련된다. 구성주의적 교수는 유의미하고 실제적인 문제를 해결하는 것에서 교사가 학생과 **함께**(with) 참여하는 도제제도(apprenticeship)와 매우 흡사하다(Collins, Brown, & Holum, 1991; Rogoff, 1990). 이것은 교사가 문제에 대한 '해답'을 알고 있다는 것을 의미하지는 않는다. 실제로 문제는 교사에게도 생소한 것일 뿐만 아니라 학생에게도 생소한 것이다. 그러나 교사는 아마도 문제를 해결하고 지식을 구성하는 과정에 더 익숙할 것이다. 그러므로 교사는 학생들에게 지속적으로 변화하는 지식을 향상시키는 방법을 보여 주고 학생들이 문제에 봉착하였을 때 방향을 제시해 주는 모델 혹은 안내자의 역할을 수행한다. 학습은 공유되고, 교사도 학생들처럼 학습할 것이며, 교수의 책무 또한 공유된다.

구성주의 관점에서 본 테크놀로지의 역할

테크놀로지가 발전해 감에 따라, 산업화 시대에서 정보화된 사회로 이행되어 왔다(Reigeluth, 1999: Chapter 1). 테크놀로지는 우리가 이전보다 훨씬 다양한 유형의 정보에 쉽게 접근할 수 있게 해 주었다. 이러한 전환이 가속화됨에 따라, 정보를 보다 쉽게 처리하고 그러한 정보에 기초하여 의사결정할 수 있는 사람을 육성할 필요가 있다. 우리 사회는 표준화된 절차를 기억하는 데 초점을 두는 대신에, 이제 흔히 '잘 정의되지 않은(ill-defined)' 문제(명료하고 쉬운 해결책을 가지고 있지 않은 문제)에 대한 독창적인 해결책을 마련하기 위해 정보에 접근하고 분석하며 통합하기를 요구한다. 보다 많은 정보에 접근하면 할수록 보다 많은 사람의 고차원적인 문제해결을 위한 요구는 더 커진다. 테크놀로지는 학생들에게 더 많은 것(고차원적인 학습과 문제해결)을 기대하는 환경을 조성해 왔다.

테크놀로지의 진보는 학생들에게 새로운 유형의 요구를 해 왔을 뿐만 아니라 여러 가지 면에서 고차원의 과제를 달성할 수 있는 학생들을 가르치고 교육할 수 있는 수단으로 사용되어 왔다. 테크놀로지가 구성주의의 핵심적인 요소를 강화하기 위해 사용해 온 몇 가지 방법을 살펴보자.

첫째, 구성주의적 관점에서 핵심적인 요소는 **사회적 상호작용**(social interaction)이다. 테크놀로지는 이제 학생 집단들이 원격교육 상황뿐만 아니라 면대면 학습 상황에서도 서로 의사소통할 수 있도록 해 준다. 예를 들어, 최근에 퍼듀대학교(Purdue University)의 한 강좌는 예비교사들(preservice teachers)에게 영어를 모국어로 사용하지 않는 학생들이 많은 한 학교의 5학년 학급 중 하나를 관찰하고 수업활동에 참여하도록 했다. 이것은 예비교사들에게 그러한 학급이 어떻게 조직되어 있으며 교사들이 다양한 학생들과 어떻게 교수·학습 활동을 수행하는지를 볼 수 있는 매우 좋은 경험을 제공해 주었다. 그런데 그날 예비교사들은 자신들이 관찰하는 교실에서 70마일이나 떨어진 곳에 있었다. 양 교실에 있는 학생들은 쌍방향 실시간 비디오와 오디오 테크놀로지를 사용하여 서로 다른 교실에 있는 학생들을 보고, 질문을 하며, 아이디어를 교환할 수 있었다(Phillion, Johnson, & Lehman, 2004). [그림 2-9]에 나타난 것처럼 이러한 테크놀로지는 단지 그러한 교실 상황의 이점과 도전에 대한 글을 읽는 대신에, 학생들이 실제로 그곳에 있는 것 같은 경험을 하고 효과적인 것과 개선될 필요가 있는 것에 관한 아이디어를 교환할 수 있도록 해 주었다.

다른 형태의 의사소통(예: 이메일, 인스턴트 메시지)도 학생이 이전보다는 훨씬 더 높은 수준의 상호작용을 할 수 있는 새로운 길을 열어 놓았다. 예를 들어, 학생은 내용 전문가와 더 빈번하게 접촉하여 그로부터 더 높은 통찰력과 사고(thoughts)를 얻을 수 있다. 가령, 학생과 과학자, 저자, 정치가, 스포츠 스타 등과 같은 내용 전문가 간의 이메일 교환은 이제 손쉬운 일이 되었다. 테크놀로지는 이전에는 상대방의 질문에 반응하고 자신들의 경험을 제공할 수 있는 시간과 수단을 갖지 못한 사람들에게 상대적으로 쉽고 빠르게 접촉할 수 있도록 해 주었다. 아울러, 이러한 동일한 테크놀로지는 담임교사나 동료 학생에게 쉽게 접근할 수 있도록 해 주었다. 또한 학생들은 소집단 훈련 상황에서 동일한 장소에 있지 않을 때조차도 서로 논의하고 아이디어를 공유함으로써 사회적 상호작용을 향상시킬 수 있다.

둘째, 구성주의 관점에서 학생들은 자신이 접한 환경으로부터 **의미를 적극적으로 창출**(actively creating meaning)하는 존재다. 적극적인 참여는 학습에서 핵심이다. 이러한 참여는 테크놀로지를 사용함으로써 여러 가지 측면에서 촉진되어 왔다. 예를 들어, 하이퍼미디어 소프트웨어(hypermedia software)는 학생들이 프로젝트를 적극적으로 창출할 수 있도록 해 준다. 학생들은 아프리카의 세렝게티 평원(Serengeti Plains)에 대한 자료를 읽기만 하는 대신에, 이 평원에 대한 멀티미디어 프로그램을 만들 수 있다. 학생들은 현행 연구, 사진, 비디오를 검색하기 위하여 인터넷을 활용함으로써 그 평원에 대해 학습할 뿐만 아니라 자신들이 배운 것을 훨씬 더 잘 기억할 수 있다. 학생들은 이러한 과정을 통해 세렝게티 평원을 학습하고, 프로젝트를 계획하며, 다른 학생들과 협력하여 다양한 형태의 소프트웨어에 관한 기술을 개발하고, 정보를 다른 사람이 이해할 수 있는 방식으로 제시하는 것 등을 학습할 수 있다([그림 2-10] 참조).

[그림 2-9] 원격교육 테크놀로지를 통한 두 다른 지역에 있는 학생들 간의 동시적 상호 정보 교환

[그림 2-10] 프로젝트를 만들고 개인적인 의미를 증진시키는 소프트웨어를 사용하는 학생들

의미의 구성은 또한 학생들이 모델(model)과 상호작용하고 도제(apprenticeship) 내에서 일을 하면서 향상될 수 있다. 테크놀로지는 학생들이 구체적인 유형의 행동과 기능을 갖춘 모델에 보다 신속하게 접촉할 수 있도록 해 준다. 고등학교 미술교사가 여름 도제 프로그램에서 세계의 다른 곳에 계시는 장인 조각가와 어떻게 긴밀하게 작업할 수 있는지에 대해 생각해 보라. 학생은 테크놀로지를 통해 장인의 기법을 모니터하고, 관찰할 수 있으며, 다양한 새로운 기술을 시도하고, 자신이 만들 것에 대한 직접적인 피드백을 요청할 수 있다. 동일한 장소에서 실제로 장인을 모시고 학습하는 것을 완전히 대치할 수는 없을지라도, 어떠한 접촉도 불가능한 것보다 훨씬 더 높은 정도의 학습을 제공받을 수 있다.

마지막으로, 구성주의 관점에서 볼 때 유의미한 학습은 종종 매우 **복잡한 환경**(complex environment)인 실제 세계를 닮은 환경 내에서 일어난다. 그러나 학생의 요구에 도움이 되는 그러한 복잡한 환경을 찾는 것이 불가능한 것은 아니지만 어렵다. 예를 들어, 소방사에게 높게 치솟은 불길을 제압하는 훈련을 시키는 것은 어떤 사람이 실제로 그러한 불길과 싸워 보지 않는다면 어렵다. 운전 교

점검사항

구성주의 비교조직자

이 점검사항은 이 책에 동봉된 CD-ROM에 있는 정보를 활용할 필요가 있다. CD에 접속한 후 다음을 행하라.

① 이 책에 동봉된 CD에 접속한 후 구성주의 비교조직자(Constructivism Comparative Organizer)를 찾아 그것을 출력하라〔장 소개와 활동(Chapter info and Activities) ≫ 제2장(Chapter 2) ≫ 구성주의 관점(Constructivism perspective)〕.

② 동봉된 CD에서 찾은 사례를 읽어라〔장 소개와 활동(Chapter info and Activities) ≫ 제2장(Chapter 2) ≫ 구성주의 사례(Constructivism case)〕.

③ 비교조직자를 사용하여, 비교조직자에서 개괄적으로 나타낸 구성주의 관점에 기초하여 학습이 일어나기 위해 무엇이 요구되며, 학습을 촉진하기 위해서는 어떠한 교수전략과 교수기법이 사용될 수 있는지를 확인하라.

④ 사례에서 기술된 것처럼 학습을 향상하기 위하여 이러한 이론적인 관점에서 볼 때 테크놀로지가 어떠한 방식으로 사용될 수 있는가?

국가교육공학표준과의 연계

NETS와 연계

교사들을 위한 국가교육공학표준 III(교수, 학습, 그리고 교육과정)은 **학생들이 문제해결, 비판적 사고, 정보에 근거한 의사결정을 포함한 고차원적이고 복잡한 사고를 개발할 수 있도록 테크놀로지를 사용할 것**을 강조한다. 고차원적 기술의 개발이 다양한 학습이론에 관한 이 장의 논의와 어떻게 직접적으로 연계되는지를 고려해 보라. 예를 들어, 이러한 다양한 이론적 관점과 연구에 기초하여 개발되어 온 실제적인 적용과 전략은 무엇인가? NETS III(교수용 자료 A 참조)를 검토해 본 후 다음을 완성하라.

- 이 장에서 살펴본 다른 이론적 관점에 기초하여, 학생이 복잡한/비판적인 사고와 문제해결력을 개발할 수 있도록 해 주는 교육경험 중 여러분이 기대하는 핵심적인 요소를 열거하라.
- 복잡하고 실제적인 환경을 시뮬레이션하고 학생에게 경험할 수 있도록 문제를 제시하는 소프트웨어를 검토해 보라. 여러분은 그러한 것에 접속하기 위하여 학교나 시립 도서관, 매체센터를 방문해 볼 필요가 있을 것이다.
- 실제 교실에서 이 소프트웨어를 사용하는 것을 가정해 보라. 학생은 문제해결과 비판적 사고 기술을 어떠한 방식으로 개발하는가? 이러한 유형의 소프트웨어를 사용함으로써 얻을 수 있는 이점과 도전은 무엇인가?
- 학생들이 고차원적이고 복잡한 사고기술을 개발하기 위해 요구되는, 시뮬레이션(혹은 비슷한 유형의 소프트웨어) 속에 포함되어야 할 요소들을 기록하라.

습생에게 교외 거리를 따라 운전해 나갈 때 차 앞을 달리는 조그마한 아이들을 적절하게 피하면서 운전하는 방법을 가르치는 것도 계획된 학습환경에서 성취하기는 어렵고 위험하다. 테크놀로지는 그러한 학습 요구를 충족시키기 위하여 도입되어 왔다. 시뮬레이션은 참여자에게 보다 편리하고 신뢰할 만하며 더 위험한, 비슷한 정도의 복잡한 환경을 조성하는 데 유용한다. 예를 들어, 고급 비행 시뮬레이터는 비행사들을 심각한 시간적, 경제적 비용과 실제 환경 속에서는 부과할 수 없는 건강상의 위험을 초래하지 않고 모든 유형의 기계적, 기후, 혹은 승객 관련 문제에 반복적으로 노출시켜 준다. 또한 교실환경에서 학생 자신이 혁명전쟁(Revoultionary War), 1849년의 골드러시(Gold Rush)와 같은 사건이나 2001년 9월 11일에 뉴욕 거주자가 되어 상황에 대처하는 교수 시뮬레이션도 개발되었다. 뿐만 아니라, 약물 남용, 편견, 환경과 같은 주제에 관한 문제를 해결하는 방법을 학습할 수 있도록 많은 유형의 교수 시뮬레이션도 개발되었다.

좋은 예가 Tom Snyder Production의 'Decisions, Decisions Online' 이다([그림 2-11] 참조). 이 소프트웨어는 학생들에게 다섯 단계를 거치면서 인터넷 검열, 텔레비전 폭력, 복제와 같은 복잡한 사회적 쟁점에 대한 해결책을 찾기 위하여 함께 학습할 것을 요구한다. 소프트웨어는 전 과정을 통해 쟁점과 학생들이 선택한 해결책에 관한 시사점을 설명해 주는 조언자들에게 실시간 비디오 접촉이 가능하도록 해 준다. 학생들이 테크놀로지를 이러한 방식으로 활용하면, 이전에 실제 세계에서 습득하는 데 여러 해가 걸렸던 지식과 경험을 손쉽게 습득할 수 있도록 해 주는 보다 높은 수준의 유의미 학습이 가능하다.

이론적 원리 선택

학습이론은 인간이 새로운 지식과 기능을 어떻게 습득하는지를 설명하기 위한 시도라고 정의되어 왔다. 이 장에서는 학습에 관한 세 가지 관점을 제시했으며, 이 관점들은 학습을 상당히 다른 방식으로 보기 때문에 여러분은 **"어느 이론이 가장 좋은가?"**라고 물을지 모른다. 이것은

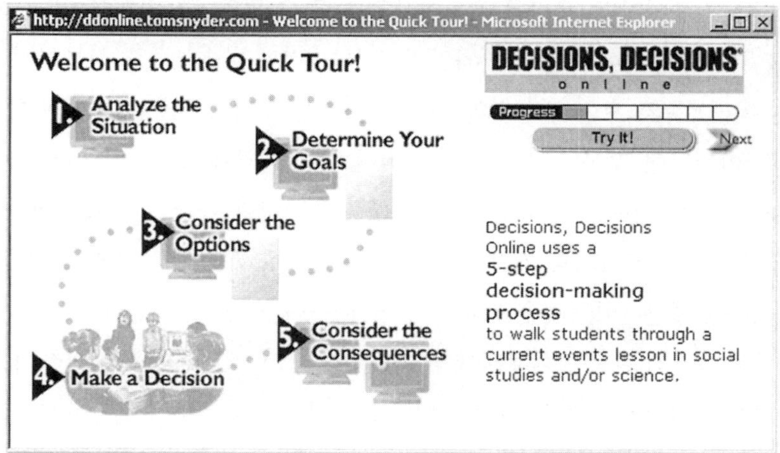

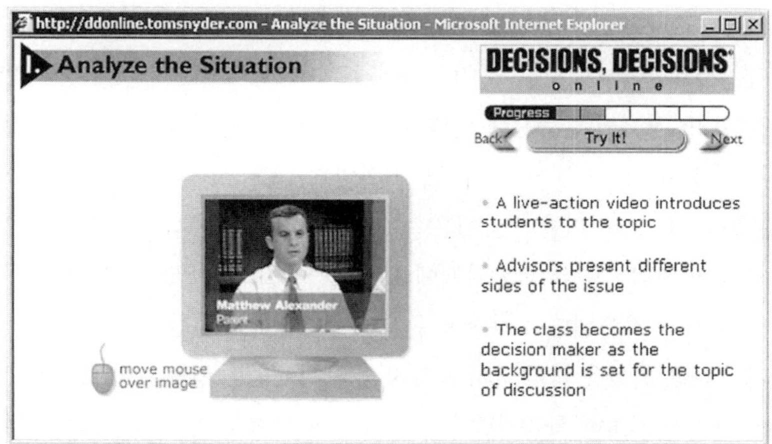

[그림 2-11] 학생에게 복잡한 문제를 제시하기 위하여 어떻게 테크놀로지가 사용될 수 있는지를 보여 주는 화면

점검사항

학습이론과 수업계획안

Lesson Plans Page(http://www.lessonplanspage.com)에서 한 수업지도안을 접속하라. 예를 들어, 이 사이트 내에서 고등학교 생물학을 검색하고 동물이 환경에 적응하는 방법을 다루고 있는 수업지도안에 링크하라. 혹은 학생들이 문학과 역사가 서로 어떠한 영향을 미쳤는지를 이해할 수 있도록 하는 데 초점을 둔 고등학교 문학 수업지도안을 검색해 보라.

① 선택한 수업지도안에서 어느 이론적 관점이 가장 두드러지게 나타난다고 생각하는가? 여러분은 학생들의 학습을 도와주기 위하여 그 수업지도안이 주로 행동주의, 정보처리, 혹은 구성주의적 접근법을 사용하고 있다고 생각하는가?

② 그 지도안에서 여러분이 그러한 결론에 도달하도록 했던 것은 무엇인지 가능하면 구체적으로 기술하라. 여러분은 그 이론적 관점으로부터 어떠한 원리들이 사용되었다고 보는가? 그리고 그러한 원리들이 실행되기 위해서는 무엇을 해야 하는가?

③ 여러분이 선택한 수업지도안에 다른 두 가지 이론적 관점 이상을 어떻게 통합할 수 있는지에 대해 가능하면 구체적으로 생각해 보라. 여러분은 어떠한 이론적 원리를 실행하고자 하며, 그러한 원리들을 실행하기 위해서 여러분은 무엇을 할 것인가?

당연한 질문이지만, 올바른 질문이라고는 할 수 없다. 그것은 **"어느 음식이 가장 좋은가?"**라고 묻는 것과 비슷하다. 논리적으로 보아 필연적인 대답은 어떠한 음식도 최상은 아니라는 것이다. 우리는 각각의 음식이 영양에 기여하는 좋은 어떤 것을 가지고 있기 때문에 다양한 음식을 먹는다. 마찬가지로 저자들은 각 관점이 좋은 교수에 기여하는 좋은 어떤 것을 가지고 있기 때문에 교사들은 다양한 이론적 관점을 이해해야 한다고 믿는다.

다른 이론에서 도출된 원리는 대부분의 학습 상황에도 적용될 수 있다. 예를 들어, 강화(행동주의 관점에서 도출), 조직화된 정보(정보처리 관점에서 도출), 그리고 상호간 학습(구성주의 관점에서 도출)은 거의 모든 교수 상황에서 유용한 원리다. 그러나 동시에 몇몇 이론은 다른 학습 상황에서보다 특정 학습 상황에 더 적절하다. Ertmer와 Newby(1993)는 이러한 적합성은 두 가지의 중요한 요소, 즉 학생의 지식 수준과 학습과제에 요구되는 사고와 성찰의 양에 의해 좌우된다고 주장한다. [그림 2-12]에 나타난 것처럼 내용 지식을 거의 가지고 있지 않은 학생들은 행동주의 관점에 기초한 학습전략을 통해 상당한 이점을 얻을 수 있다. 학생들의 지식이 성장해 감에 따라 그 강조점은 정보처리 관점으로, 그 후 구성주의 관점으로 전환된다. 동일한 방식으로, 사고와 성찰을 거의 요구하지 않는 학습 과제들(예: 사실을 기억하는 것, 기계적인 절차를 따르는 것)은 또한 행동주의 학습전략으로부터 상당한 이점을 얻을 수 있다. 학습과제에 의해 요구되는 사고의 양이 많아질수록(예: '옛날' 문제에 대한 독창적인 해결책 모색, 귀납적 사유, 창의적 사고), 그 강조점은 정보처리, 그 다음 구성주의 관점으로 전환된다.

행동주의에서 정보처리, 구성주의 전략으로의 전환은 학생들이 자신들의 학습을 관리하는 정도에서 중요한 전환을 수반한다. 행동주의적 전략의 경우, 교사에게 전적으로 책임이 있어서 학생들은 교사가 환경 속에서 형성하는 단서에 반응함으로써 학습한다. 이와는 대조적으로 구성주의 전략의 경우, 교사와 학생은 학습을 관리하는 책무를 공유한다. 학생들은 상호 결정한 문제를 해결하기 위하여 서로 간에, 그리고 교사와 협력함으로써 학습한다. 정보처리 전략은 행동주의 전략과 구성주위 전략의 중간 정도에 위치하는데, 교사들은 효과적인 정보처리를 촉진하

[그림 2-12] 학습에 관한 세 가지 이론적인 관점으로부터 원리를 선택하기 위한 총체적인 지침

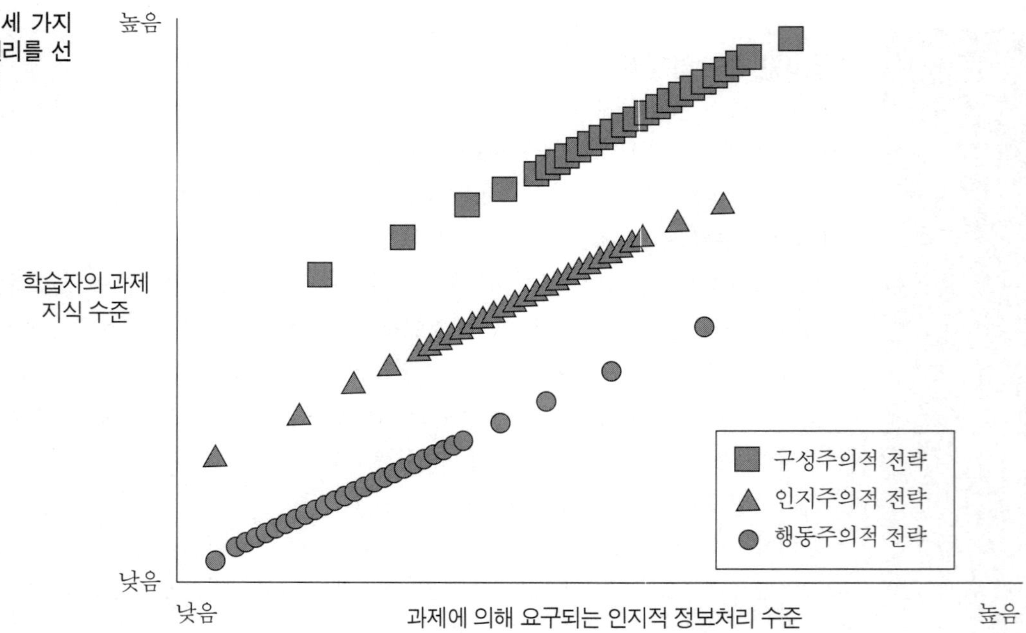

는 인지적 지원을 제시할 수도 있고, 혹은 학생들이 이러한 지원을 사용하기 위하여 스스로 개발할 수도 있다.

테크놀로지 코디네이터 코너

김 코디네이터는 매체센터에 앉아 새로 나온 소프트웨어를 검토하다가 점차 지루해졌다. 마음이 심란할 때, 그녀는 우연히 현재 고등학교에서 교생실습 중인 두 교생 간의 대화를 듣게 되었다. 두 교생은 정부에 관한 수업의 다음 단원 교수자료를 찾기 위하여 매체센터에 있었다. 그들은 고등학교 학생들이 전통적인 입법 과정에 관심을 갖도록 하는 것이 어렵다며 걱정했는데, 학생들이 핵심 개념과 그 과정의 단계를 실제로 학습하게 하는 것이 훨씬 더 도전적이었다.

김 코디네이터는 한동안 대화를 듣다가 그 교생들이 고려해 볼 필요가 있는 몇 가지를 제시했다. 그녀는 무엇보다도 학생이 학습 과정에 적극적인 참여자가 되어야 한다고 주장했다. 그녀가 제시한 한 가지 제안은 소집단 학생들이 미국 정부 내에서 다른 역할들을 담당한 후(예: 의원 보좌관, 특별한 로비집단을 위한 연구원, 대통령의 내각 구성원) 좋은 아이디어를 법률로 통과시키기 위해 무엇이 필요한지 경험할 수 있도록 해 주는 소프트웨어 시뮬레이션을 사용하는 것이다. 절차, 교섭, 협상에 대한 학습이 흔히 이러한 경험을 통해 얻을 수 있는 산출물인데, 이전의 학생들은 이러한 사례연구조사가 자신들이 전체 입법 과정과 관련된 복잡성을 이해하는 데 도움이 되었다고 보고하였다.

두 번째 아이디어는 학생들이 지역의 문제를 확인하고 해결책을 모색하기 위하여 시(市)와 협력하는 것이다. 스케이트를 타는 사람과 인라인 스케이트를 타는 사람들에 의해 초래된 재산 손실을 줄이는 것이 학생들이 개인적으로 관심 있어 하고 흥미로워 할 수 있는 문제 중 하나다. 다른 시들이 그러한 문제를 해결하기 위해 무엇을 해 왔는지를 조사하고, 시 위원회 대표들과 이 문제에 대해 논의하며, 해결안을 개발하고 제시하는 방법 등을 연구하기 위하여 집단이 구성되었다. 김 코디네이터는 학생들이 관련된 정보에 접근할 수 있는 인터넷 사이트, 행해야 할 것과 진행방법에 관한 아이디어를 형성하는 데 사용할 수 있는 브레인스토밍과 플로우차트 소프트웨어 및 제안서를 작성하고, 공식적인 약속을 잡으며, 공동체가 그 문제를 인식할 수 있도록 하고, 그 해결책에 대한 프레젠테이션을 만들고 전달하는 데 필요한 다른 소프트웨어와 같은 테크놀로지를 활용할 수 있도록 지원해 주었다. 김 코디네이터는 그러한 계획은 실행하는 데 추가적인 시간과 노력이 들지만 학생들이 나중에 회상하고 그 정보를 다른 복잡한 실제 문제들에서 사용하고 전이하는 방법 측면에서 충분히 보상을 받을 수 있음을 깨달았다.

요 약

교사로서, 교수전문가로서 여러분의 주요한 역할은 이론적인 기반에 기초한다. 이론은 교수를 포함하여 모든 전문직에서 실제를 설명해 준다. 이는 이론이 교사들이 다양한 독특한 문제에 대한 해결책을 마련하기 위하여 일련의 일관성 있는 원리를 제공해 줌을 의미한다. 다른 전문직의 경우처럼 교사들은 이론을 이해함으로써 특정 학생들과 교수목표에 가장 효과적인 도구와 기법을 선택하고, 그러한 원리를 일관되게 적용하며, 학생들이 변화를 요구할 때 교수를 변형할 수 있다.

교수 실제는 핵심적인 지침으로서의 학습이론을 포함하여, 다양한 이론적 기반 위에 형성된다. 이 장에서는 핵심적인 원리와 그러한 원리를 교수전문가로서의 역할 속에서 어떻게 적용할 수 있는지, 테크놀로지는 그러한 역할을 수행하는 데 어떠한 역할을 하는지의 측면에서 세 가지 대표적인 학습이론인 행동주의, 정보처리, 구성주의 학습이론에 관하여 기술하였다. 여러 가지 음식이 좋은 영양에 기여하는 것과 마찬가지로, 여러 가지 학습이론은 좋은 교수에 기여한다.

추천 자료

CD 자료

학습내용의 기억과 전이를 돕기 위해, 이 책에 동봉된 CD 안에 있는 제2장의 성찰적 사고를 위한 질문 및 활동을 읽어 보라〔장에 대한 정보와 활동(Chapter info and activities) ≫ 제2장(Chapter 2) ≫ 성찰적 사고를 위한 질문 및 활동(Reflective Questions and Activities)〕.

또한, 이 장의 CD 안에는 관련 비교조직자, 사례연구, 인터넷 웹사이트, 국가교육공학표준과의 연계와 관련된 연습문제, 이 책의 저자들의 이메일 주소에 대한 정보가 수록되어 있다.

웹사이트 자료

이 책의 웹사이트(www.prenhall.com/newby)에 접속하여 제2장과 관련된 학생의 질문과 저자들의 답변을 실은 질의응답 코너를 읽어 보라. 저자들에게 직접 질문을 보내도 좋다. 이 장에 관한 저자들의 프레젠테이션도 볼 수 있으므로, 이 장의 내용에 관한 저자들의 견해도 살펴보라.

인쇄 자료

Driscoll, M. P. (2005). *Psychology of learning for instruction* (3rd ed.). Boston: Allyn & Bacon.

Ertmer, P. A., & Newby, T. J. (1993). Behaviorism, cognitivism, constructivism: Comparing critical features from an instructional design perspective. *Performance Improvement Quarterly, 6*(4), 50-72.

전자 자료

http://tip.psychology.org/
Kearsley, G. Explorations in Learning & Instruction: The Theory into Practice Database. Retrieved November 25, 2004.

http://www.myecoach.com/idtimeline/learningtheory.html
A database of descriptions of over 50 learning and instructional theories. Learning Theory. Retrieved November 16, 2004.

http://wwwkihd.gmu.edu/immersion/knowledgebase
Learning Theories and Instructional Strategies Matrix. Retrieved November 16, 2004.

http://www.infed.org/biblio/b-learn.htm
Smith, M. K. (1999). Learning Theory. *The encyclopedia of informal education*. Retrieved November 16, 2004.

http://carolyn.ilcarroll.net/LearnThrySite.html/
Study Aids for Visual Learners. Retrieved November 16, 2004.

제3장

교수 · 학습을 위한 컴퓨터와 도구

핵심어와 개념

개인용 컴퓨터
프로세서
인체공학
그래픽
데이터베이스
하드웨어
메모리
인터넷
픽셀
스프레드시트
소프트웨어
대용량 저장장치
워드프로세서
프레젠테이션 소프트웨어
보조공학

학습목표

이 장은 다음 사항을 목표로 한다.

- ✔ 컴퓨터 시스템의 주요 하드웨어 구성요소들(프로세서, 내장형 메모리, 대용량 저장장치, 입/출력 장치)의 기능을 확인하고 기술할 수 있다.
- ✔ 소프트웨어를 정의하고, 시스템 소프트웨어와 애플리케이션 소프트웨어의 예를 들 수 있다.
- ✔ 컴퓨터 시스템을 평가할 때 고려해야 할 요인을 논의할 수 있다.
- ✔ 교실에서 일어나는 일상적인 컴퓨터 하드웨어와 소프트웨어 문제를 해결하기 위해 사용하는 기초적인 문제해결 기법을 기술할 수 있다.
- ✔ 컴퓨터를 사용하기에 적당한 환경을 유지하기 위한 방법을 기술할 수 있다.
- ✔ 컴퓨터가 교사, 학생, 보조자로서 사용될 수 있는 교육용 애플리케이션을 기술할 수 있다.
- ✔ 이 장에서 논의한 소프트웨어 도구의 주요 범주들(워드프로세서, 그래픽, 프레젠테이션 소프트웨어, 데이터베이스, 스프레드시트, 원격 커뮤니케이션 도구)에 대해 기술할 수 있다.
- ✔ 이 장에서 논의한 주요 컴퓨터 도구 각각을 교사와 학생이 어떻게 사용할 수 있는지 한두 가지 예를 들어 설명할 수 있다.
- ✔ 특별한 신체적 요구를 지닌 학생들을 도와주기 위하여 보조공학을 어떻게 활용할 수 있는지 기술할 수 있다.

제1장과 제2장에서는 교육공학에 대한 소개와 학습에 관한 기본적인 개념, 학습을 이해하는 데 도움이 되는 이론을 제시하였다. 제3장에서는 학생들에게 다양한 방식으로 혜택을 줄 수 있는 다용도의 컴퓨터를 소개하며, 교수를 설계, 개발, 평가하기 위하여 사용할 수 있는 일반적인 컴퓨터 도구에 관해 기술한다. 제4장에서는 교수계획 과정에 관하여 살펴본다.

머리말

저자들의 친구 중 한 사람은 모형제작 전문가다. 그녀는 회반죽, 섬유유리를 비롯하여 여러분이 떠올릴 수 있는 여러 재료를 활용하여 만든 생산물 포장의 플라스틱 모사품(예: 새로운 향수병), 건축 계획을 보여 주는 모형 건물 등 다양한 모형을 제작한다. 그녀는 얼마 전에 공상과학 영화에 사용될 미래의 외계 도시 모형을 제작 · 의뢰받았다. 대부분의 전문숙련공들처럼 그녀도 모형을 만들기 위해 다양한 도구를 사용하는데, 그녀는 다른 어떤 도구보다 더 빈번히 사용하는 한 가지의 특별한 도구를 가지고 있다. 그것은 바로 회전식 다용도 도구(rotary multitool)다.

회전식 다용도 도구는 샤프트(shaft)가 매우 고속으로 회전하는 드릴과 흡사한 종류의 장치다. 사용자는 샤프트의 끝부분에 드릴 날, 나무, 금속, 그리고 다른 재료를 자르기 위한 회전식 원격격자, 혹은 나무, 회반죽 혹은 섬유유리 표면의 굴곡을 다듬기 위하여 사용하는 모래나 사포 부착물과 같은 다양한 다른 기구를 장착할 수 있다. 간단히 말해서, 이 다용도 도구는 이름이 암시하는 것처럼 다양한 일을 한다.

그녀가 이 다용도 도구를 좋아하는 것은 그것의 다용도성 때문이다. 그녀는 많은 다른 도구를 늘어놓을 필요 없이 작업에 적절한 기구를 간단히 장착함으로써 다른 모형을 만드는 작업을 수행할 수 있는 단 하나의 도구를 사용하는 것을 택했다. 왜냐하면 하나의 다용도 도구를 사용하여 보다 쉽게 자신의 목적을 달성할 수 있는 이점이 있기 때문이다.

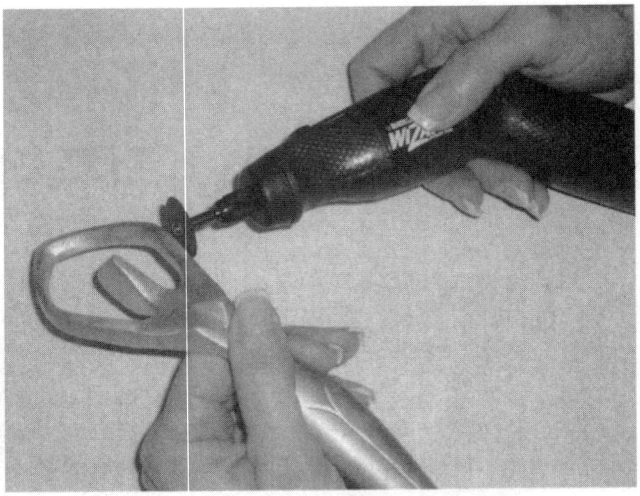

▲ 그림의 다용도 도구와 같이, 컴퓨터는 많은 다양한 과제를 위해 사용될 수 있는 기계다.

컴퓨터는 교수 · 학습을 위한 다용도 도구다. 그것은 많은 다른 교수 · 학습 과제를 도와줄 수 있는 기계다. 여러분은 글쓰기, 그림 그리기, 서류 정리하기, 멀티미디어 개발하기와 같은 흔한 과제를 위한 별도의 도구를 갖추는 대신에, 컴퓨터에 그러한 모든 일을 다 할 수 있는 하나의 도구를 가지고 있다. 다용도 도구에서 부착물을 바꾸는 것처럼 컴퓨터는 단지 소프트웨어를 바꿈으로써 많은 다양한 일을 할 수 있다. 이 장에서는 매우 융통성 있는 교육용 도구를 보다 상세하게 살펴본다.

컴퓨터 시스템에 대한 이해

컴퓨터 성능은 특별한 컴퓨터 시스템을 구성하는 **하드웨어**(hardware, 물리적인 구성요소)와 소프트웨어에 의해 정의되고, 성능이 발휘되며, 제한된다. 하드웨어는 컴퓨터가 할 수 있는 것의 절대적인 한계를 정한다. 예를 들어, 단지 흑백 화면을 가지고 있는 컴퓨터는 다양한 색깔의 이미지를 디스플레이 할 수 없다. **소프트웨어**(software)는 컴퓨터가 할 수 있는 것을 알려 주는 프로그램 혹은 명령을

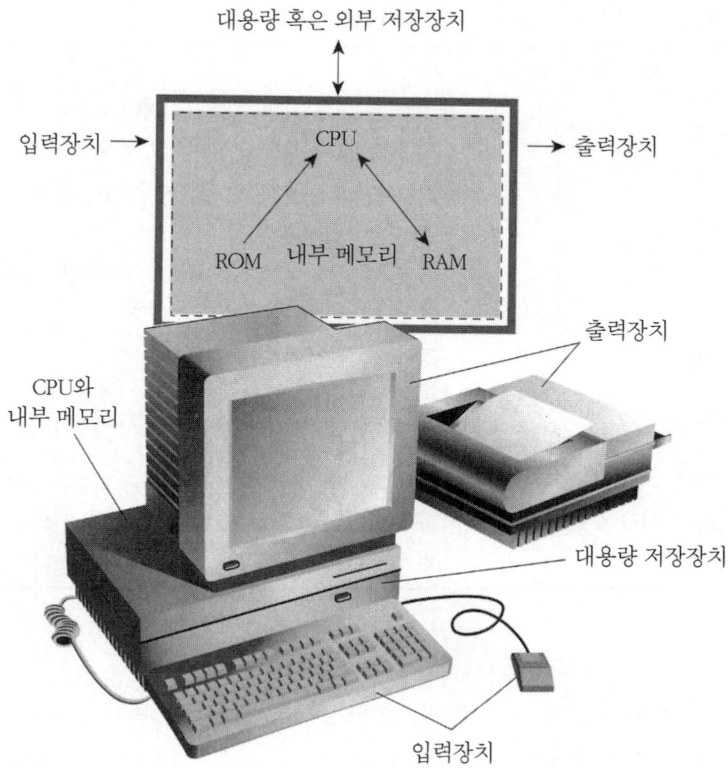

[그림 3-1] 전형적인 컴퓨터 시스템의 도식적, 시각적 표현

주: 음영 처리된 부분은 컴퓨터 시스템의 내부 구조를 나타냄

위한 용어다. 소프트웨어는 하드웨어의 성능을 뛰어 넘는다. 컴퓨터는 엄청나게 다양한 과제를 수행할 수 있지만, 각 과제는 적절한 소프트웨어를 필요로 한다.

일반적으로 **컴퓨터**(computer)는 일련의 명령에 따라 정보를 처리하는 기계를 지칭하는데, **PC** 혹은 **마이크로컴퓨터**(microcomputer)로 알려진 **개인용 컴퓨터**(personal computer)는 개인이 사용할 수 있도록 제작되었다. PC는 1970년대와 1980년대에 급격히 증가한 이후 컴퓨터 산업 부문에서 초점이 되고 있다. 이 책에서 사용되는 컴퓨터라는 용어는 일반적으로 개인용 컴퓨터를 지칭하는데, PC가 교수 · 학습을 위한 매우 유용한 도구이기 때문이다. 대부분의 사람은 컴퓨터를 그릴 때 키보드, 디스크 드라이브 박스, 디스플레이 화면과 같은 요소를 떠올린다. 이것은 실제로 컴퓨터와 그것의 성능을 실감하게 해 주거나 확장하기 위하여 컴퓨터와 함께 사용된 모든 장치를 포함하는 구성요소의 집합체인 컴퓨터 시스템이다. [그림 3-1]은 개인용 컴퓨터 시스템의 시각적 표상을 보여 준다. 각 구성요소를 좀 더 자세히 살펴보자.

하드웨어

컴퓨터 시스템의 하드웨어 구성요소는 모든 것이 작동되도록 만드는 기본적인 기능을 수행한다. 〈표 3-1〉은 기본적인 구성요소의 기능을 요약해 놓은 것이다. 이 구성요소에 대한 간략한 논의는 다음과 같다.

프로세서(processor)는 쇼를 보여 준다. 대부분의 개인용 컴퓨터에서, 프로세서는 에칭으로 새겨진(etched) 수십억의 매우 미세한 전자회로를 가진 조그마한 사각형 모양의 실리콘인 하나의 컴퓨터 칩이다. 컴퓨터들은 각 컴퓨터가 사용하는 특별한 프로세서에 의해 서로 구별된다. 프로세서는 우리가 사용하는 다양한 종류의 정보(예: 텍스트, 그래픽, 오디오, 비디오)를 표현하는 비트(bit)와 바이트(byte)로 된 디지털 자료를 처리한다.

입력장치는 정보를 컴퓨터에 입력할 수 있도록 해 주며, 이러한 장치로는 키보드(keyboard), 마우스(mouse),

〈표 3-1〉 컴퓨터 시스템의 구성요소와 기능

하드웨어 구성요소	기 능	예
프로세서	기계의 '뇌'로서 기능함. 시스템의 나머지 기능을 제어하고 정보를 다양한 방식으로 조작함	팬티엄 G5 애슬론
내부 혹은 주 메모리	프로세서에 의해 쉽게 접속될 수 있도록 명령(프로그램)과 정보를 저장 컴퓨터의 작동기억은 컴퓨터를 사용하여 작업을 할 때 프로그램과 자료가 저장되는 곳임	램(RAM), 디램(DRAM)
입력장치	정보를 컴퓨터에 입력	키보드, 마우스, 마이크
출력장치	컴퓨터로부터 정보를 받음	디스플레이(CRT나 LCD), 프린터(잉크젯이나 레이저), 스피커
대용량/외부 저장장치	정보를 상당 기간 저장. 쉽게 접근 가능한 소프트웨어와 필요한 경우 작동기억 속에 복사할 수 있는 개인적인 업무의 '도서관' 기능 수행	하드디스크, 플로피디스크, CD-ROM/DVD-ROM

마이크(microphone)가 있다. 출력장치는 컴퓨터로부터 정보를 얻을 수 있도록 해 주며, 스피커(speaker), 디스플레이(display), 프린터(printer)가 여기에 속한다.

컴퓨터 디스플레이는 **CRT** 혹은 모니터라고 부르는 텔레비전과 유사한 디스플레이와 일반적으로 **LCD**(liquid crystal display, 액정표시화면) 테크놀로지에 기초한 평면 패널 디스플레이(flat panel display)의 두 가지 주요 형태 중 하나다. 랩탑 컴퓨터에서 오랫동안 사용되어 온 평면 패널 디스플레이는 오늘날 데스크톱 시스템에서도 인기가 있다. 디스플레이는 크기, 해상도, 색상 처리능력에 의해 서로 구별된다. 개인용 컴퓨터 시스템에서 흔히 사용되는 두 가지 유형의 프린터는 잉크젯 프린터와 레이저 프린터다. 전자적으로 전하된 미세한 잉크방울들이 종이 위에 분사되기 때문에 그렇게 이름 붙은 **잉크젯 프린터**(ink-jet printers)는 가정이나 학교 컴퓨터 시스템에서 널리 사용된다. 그것은 인쇄 질이 매우 좋으며, 대부분의 잉크젯 프린터는 보통의 가격으로도 컬러 인쇄를 지원한다. **레이저 프린터**(laser printers)는 인치당 600도트 이상의 조밀도로 우수한 인쇄 질을 만들기 위해 레이저와 광학복사 기술을 조합하여 사용한다. 이것은 학교와 기업체에서 널리 사용되지만 구입과 관리비용이 많이 든다. 입/출력장치는 인터페이스(interface) 혹은 포트(port)라는 전자적인 매개자(go-between)를 통해 컴퓨터와 의사소통한다. 오늘날 **USB**(universal serial bus, 범용 직렬 버스) 포트는 많은 입/출력장치를 지원하는 표준이다.

입/출력 양 기능을 제공할 수 있는 장치들뿐만 아니라 다른 유형의 입/출력장치가 있는데, 그중 **모뎀**(modems)은 개인용 컴퓨터가 전화선을 통해 다른 컴퓨터와 의사소통할 수 있도록 해 주는 입/출력장치다.

컴퓨터 내부에 있는 정보는 내부 혹은 주 **메모리**(memory)에 저장된다. RAM(random access memory, 무선 접속 메모리)은 컴퓨터 내부에 있는 작업 공간으로, 워드프로세서를 사용할 때 컴퓨터는 디스크에서 RAM의 특정 부분으로 워드프로세서 프로그램을 복사한다. 워드프로세서를 사용하여 쓰는 문서는 그 문서를 작성할 때 RAM의 다른 블록(block)을 점유한다. RAM은 다양한 시간에 다양한 용도로 사용할 수 있을 정도로 융통성이 있으며, RAM의 용량은 일반적으로 킬로바이트(kilibytes: KB)나 메가바이트(megabytes: MB)로 표시한다. 일반적으로 한 페이지의 텍스트는 약 2KB 혹은 2,000 바이트의 저장공간을 필요로 하며, 디지털 비디오 파일은 흔히 용량이 더 많은 RAM을 요구한다.

대용량 저장장치[mass storage, 또는 **외부 저장장치**(external storage)라고도 함]는 쉽게 접근 가능한 소프트웨어와 개인 작업의 '라이브러리(library)'를 유지하고, 필요한 경우 그 라이브러리를 작동기억으로 불러오는 장치를 일컫는다. 대용량을 저장하려면 컴퓨터의 하드디스크가 있어야 하는데, 이 하드디스크는 기가바이트(GB) 혹은 수백억 바이트를 저장할 수 있는 고용량 저장장치다. 운영시스템과 흔히 사용되는 소프트웨어는 쉽게 접속할 수 있도록 컴퓨터의 하드디스크에 저장된다. 오늘날 많은 컴퓨터는 이동 가능한 저장의 필요성 때문에 소규모의 플로피 디스크(혹은 디스켓)를 사용한다. **플로피디스크**(floppy disk)는 융통성 있는 전자기 저장 매체로, 대부분의 컴퓨터는 1.44MB의 데이터를 저장하는 3.5인치 플로피디스크를 사용한다. 최근 몇몇 컴퓨터 제조업체들은 플로피디스크의 소규모 저장 용량이 오늘날 컴퓨터 시스템의 가치를 제한하기 때문에 자신들의 컴퓨터 시스템에 플로피디스크 드라이브를 장착하지 않고 있다.

몇 가지 장치들은 중간 정도(플로피디스크와 하드디스크 사이) 용량의 데이터를 저장할 수 있는데, 플로피 디스크처럼 작동하지만 모형에 따라 100MB에서 750MB까지 저장 가능한 Iomega Zip 디스크가 그 예다. 보다 새로운 형태의 중간 정도 용량을 가진 저장장치로는 USB **플래시 드라이브**(flash drive) 혹은 점프 드라이브(jump drive)가 있다. 이 조그마한 장치는 전원이 꺼졌을 때 그것의 내용물이 손실되지 않는 플래시 메모리(flash memory)라 일컫는 특별한 형태의 메모리로서, 컴퓨터의 USB 포트에 직접 꽂으며, 컴퓨터의 외장형 드라이브처럼 작동한다. 일반적으로 플래시 드라이브는 64MB에서 16GB 정도의 데이터를 저장할 수 있으며, 중간 정도의 용량을 가진 데이터를 컴퓨터 간에 이동시킬 수 있다.

▲ 플래시 드라이브(flash drive)는 컴퓨터의 USB 포트에 꽂을 수 있고, 데이터를 저장하여 컴퓨터 간에 자료를 전송할 수 있는 조그마한 장치다.

정보 저장을 위해 광학 저장 테크놀로지도 사용된다. 대부분의 컴퓨터는 CD-ROM이나 DVD-ROM 드라이브가 장착되어 있어 많은 소프트웨어 프로그램이 CD-ROM으로 배포된다. DVD는 CD-ROM을 대체하는, 디지털 정보를 저장하고 전달하기 위한 보다 새로운 표준이다. 제1세대 DVD-ROM 디스크는 4.7GB의 정보를 저장할 수 있다. CD-ROM과 DVD-ROM은 정보가 사전에 기록된 매체인 반면, CD-R/RW와 DVD-R/RW는 데이터를 집적할 수 있도록 다시 기록이 가능한 매체다.

소프트웨어

소프트웨어는 어떤 컴퓨터 시스템에서나 필수적인 요소라는 것을 인식하는 것이 중요하다. 하드웨어의 용량에 의해 그 한계가 정해지는 소프트웨어는 컴퓨터가 무엇을 할 수 있는가를 결정한다. 스테레오 시스템(하드웨어)에서 연주되는 음악(소프트웨어)처럼 하드웨어에 실제 의미를 부여해 주는 것이 바로 소프트웨어다. 컴퓨터 시스템에서 소프트웨어는 텍스트를 처리하거나 컴퓨터 기반 수업을 제시하는 것과 같이, 컴퓨터가 특정 과제를 수행하는 방법을 알려 주는 컴퓨터 CPU에 대한 일련의 명령인 컴퓨터 프로그램 형태로 되어 있다. 대부분의 프로그램은 필요한 경우에 사용하기 위해 디스크로부터 컴퓨터의 RAM에 탑재되어 있다. 소프트웨어는 일반적으로 시스템 소프트웨어와 애플리케이션 소프트웨어라는 두 가지 종류의 소프트웨어로 나뉜다.

시스템 소프트웨어(systems software)는 컴퓨터에게 기본 기능을 수행하는 방법을 알려 주는 기본적인 운영 소프트웨어다. 주요 시스템 소프트웨어는 **운영시스템**(operating system: OS)이라 부르는데, OS는 컴퓨터를 위한 주요 통제 프로그램으로 작동한다. OS의 핵심적인 요소들은 컴퓨터가 시작될 때 디스크에서 RAM으로 탑재되며, 다른 요소들은 필요한 경우에 디스크로부터 접근된다. 다양한 컴퓨터들은 다양한 운영시스템을 사용하는데, 오늘날 교육에서 가장 널리 사용되고 있는 운영시스템은 Microsoft의 *Windows*(가장 최신 버전은 Windows *Vista*임)와 Apple의 *MacOS*(가장 최신 버전은 *OS X*임)다. Windows와 *MacOS*는 둘 다 파일을 복사하고 디스크를 작동하는 것과 같이 흔히 사용되는 기능을 컨트롤하기 위해 텍스트 명령어 대신에 그래픽 상징(graphical symbols)을 사용하는 시스템인 그래픽 사용자 인터페이스(graphical user interface: GUI)를 사용한다([그림 3-2] 참조).

애플리케이션 소프트웨어(application software)로는 텍스트를 처리하는 것에서 계산하고 수업내용을 컴퓨터에 제시하는 것까지, 사용자를 위해 특정한 기능을 수행하도록 설계된 다양한 프로그램이 포함된다. 따라서 애플리케이션 소프트웨어에는 흔히 사용되는 컴퓨터 생산성 도구들(productivity tools: 워드프로세서, 데이터베이스 등)뿐만 아니라 교육용 소프트웨어도 포함된다. 비록, 애플리케이션 소프트웨어가 운영시스템과 빈번하게 상호작용하지만, 실제 작업의 대부분이 행해지는 것은 바로 애플리케이션 소프트웨어를 통해서다. 가장 흔히 사용되는 애플리케이션은 이 장의 뒷부분에서 논의한다.

컴퓨터의 작동

컴퓨터를 작동할 때, 컴퓨터는 시스템의 다양한 구성요소와 여러분 사이의 상호작용을 수반하는 복잡한 일련의 행동을 수행한다. 여러분이 수업계획안을 작성하기 위하여 워드프로세서를 사용한다고 가정해 보자. 여러분이 컴퓨터 앞에 앉아서 컴퓨터를 켤 때, 컴퓨터의 기본적인 시작 정보가 내장된 메모리로부터 재인된다. 대부분의 컴퓨

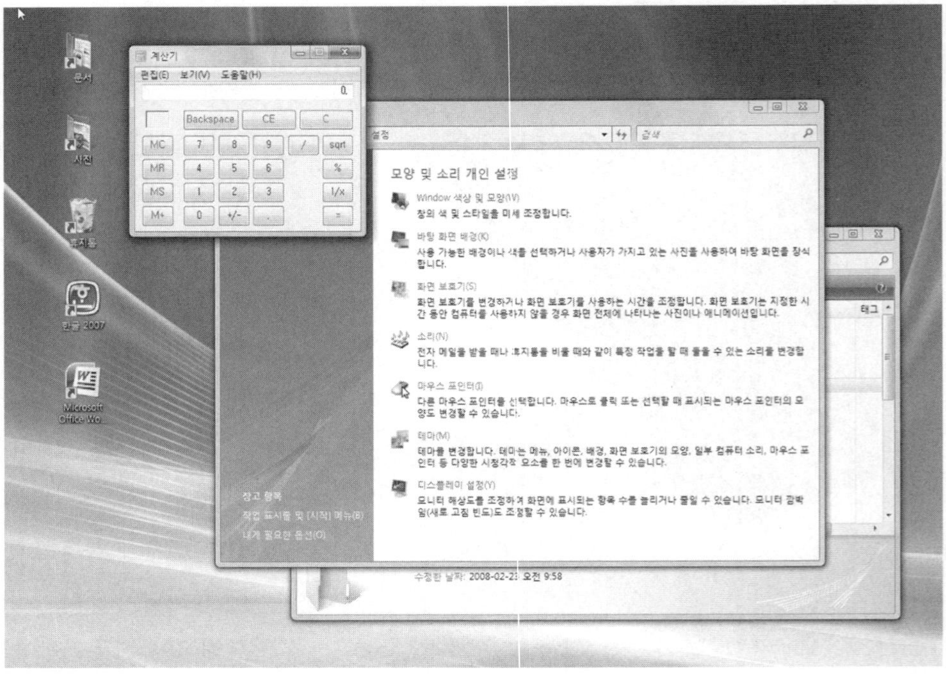

[그림 3-2] Windows *Vista*(본 화면은 몇몇 윈도우 창이 열려있는 상태를 보여 주고 있음)는 오늘날 대부분의 개인용 컴퓨터를 제어하는 Microsoft의 널리 알려진 운영시스템 소프트웨어 중 하나다.

점검사항

알아야 할 컴퓨터 용어

지금까지 컴퓨터와 컴퓨터 소프트웨어의 다른 요소에 관한 많은 용어가 제시되었다. 만약 이러한 구체적인 테크놀로지 분야에 대해 매우 익숙하지 않다면, 여러분이 얼마나 기가 꺾였을지 쉽게 짐작할 수 있다. 여러분이 이러한 기본적인 용어를 더 잘 이해할 수 있도록 하기 위하여〔그리고 개인교수용(tutorial) 소프트웨어 프로그램의 좋은 예를 제공하기 위하여〕 이 책에 동봉된 CD-ROM에 접속하여 '용어(Terms)' 튜토리얼을 실행하라〔장 정보와 활동(Chapter info and Activities) ≫ 제3장(Chapter 3) ≫ 용어 튜토리얼(Terms tutorial)〕. 제시된 자료를 검토해 본 후 여러분이 얼마나 높은 점수를 받았는지를 알아보라.

터는 모든 것이 제대로 작동하는지를 확인하기 위하여 모든 시스템에 대한 간단한 점검을 한다. 그런 다음, 운영시스템이 컴퓨터가 제어되는 곳인 RAM에 탑재된다.

여러분은 워드프로세서 작업을 시작하고자 소프트웨어의 아이콘(그림 표상)을 클릭하기 위해 마우스를 사용할 것이다. 이 입력정보는 프로세서로 전달되고, 운영시스템 상에 탑재되는데, 이곳에서 컴퓨터가 여러분의 하드디스크에서 작동기억으로 워드프로세싱 프로그램을 복사하도록 명령한다. 그런 다음, 워드프로세싱 프로그램은 여러분과 운영시스템이 상호작용하도록 제어한다.

타이핑을 할 때, 각 글쇠누름(keystroke)은 프로세서에 신호를 보낸다. OS와 작동하는 워드프로세싱 소프트웨어는 정보를 RAM 속에 보관하고 여러분의 문서 내용을 컴퓨터 화면 표시기(display)에 제시한다. 작업을 마칠 때, 여러분은 워드프로세서로부터 프린터 옵션을 선택한다. OS는 작성된 문서의 복사본을 프린터에 보내고, 출력물이 나온다. 마지막으로 여러분은 나중에 참고하거나 편집하기 위하여 여러분이 작성한 문서의 복사본을 디스켓에 저장하고, 워드프로세싱 소프트웨어는 순차적으로 원하는 작업을 수행한다. 전체 과정은 많은 다른 구성요소와 복잡한 상호작용을 수반한다. 다행히도, 대부분 이러한 과정은 매우 잘 작동하여 우리는 무슨 일이 일어나고 있는지조차도 알아차리지 못한다.

컴퓨터 시스템 평가와 구입

여러분은 지금까지 컴퓨터 시스템의 구성요소에 대해 살펴보았다. 그렇다면 컴퓨터를 구입하기 위해 컴퓨터 시스템을 평가할 때 무엇을 고려해야 하는가? 오늘날 교육시장은 주로 두 가지 종류의 컴퓨터에 의해 점유되어 있다. 즉, ① 흔히 Dell, Gateway, HP, IBM, 그리고 다른 기업들에 의해 제작된, 간단히 '윈텔(Wintel)' 머신(machine)이라 부르는, Intel과 호환성 프로세서를 사용하여 Windows 운영시스템을 실행하기 위해 설계된 컴퓨터와 ② *MacOS* 운영시스템을 실행하는, Motorola에 의해 제작된 프로세서들로 설계된 Apple Macintosh 컴퓨터가 그것이다. 비록, Windows 플랫폼이 가정이나 회사에서 가장 널리 사용되고 있지만, 교육에서는 이 두 종류의 컴퓨터들이 널리 사용되고 있다.

〈표 3-2〉는 여러분이 컴퓨터 시스템 하드웨어를 선택할 때 고려해야 할 요인들을 보여 준다. 당연히, 컴퓨터 시스템을 구성하는 각 구성요소를 고려하는 것이 중요하다. 개인용 컴퓨터 시스템을 선택하기 위해서는 이러한 요인을 주의 깊게 살펴보고 경쟁 상품도 비교해야 한다. 가능하면 사용자들과 이야기를 나누어 보고, 제품판매처를 방문하여 해당 컴퓨터를 시험해 보라. 끝으로, 특정 컴퓨터 시스템이 여러분의 구체적인 요구를 얼마나 잘 충족하는지에 기초하여 의사결정을 하라.

점검사항

교육용 컴퓨터의 가격

여러분의 학교가 25대의 컴퓨터를 갖춘 컴퓨터실을 설치하기 위하여 자금 조달을 하고 있다고 가정해 보라. 25대 컴퓨터의 사양과 대략적인 가격을 결정하기 위하여 웹에서 이용 가능한 제품판매처 자료를 사용하라. 다음과 같은 두 가지 시나리오하에서 각 컴퓨터는 어떻게 장비가 갖추어져야 하는지를 결정하라.

① 시나리오 1의 경우, 학교운영위원회는, 비록 백지수표를 제공하지는 않지만, 컴퓨터실은 멀티미디어 제작과 디지털 비디오 편집 같은 고급 애플리케이션을 사용할 수 있어야 한다는 학생들의 요구를 충족시킬 수 있을 정도로 잘 갖추어져야 한다고 강조해 왔다.

② 시나리오 2의 경우, 학교는 비용을 주요 고려사항으로 보며, 컴퓨터실을 설치하는 데 드는 전체 비용이 25,000달러를 넘지 않기를 원한다고 가정해 보자.

비용을 추산하기 위하여 다음의 컴퓨터 판매처 웹사이트를 사용하라.

판매처	온라인 상점
Apple	http://store.apple.com
Dell	http://www.dell.com
Gateway	http://www.gateway.com
IBM	http://www.ibm.com/education/us

학교나 개별 교육자가 구입할 경우 이용 가능한 특판가 할인가 혹은 인센티브가 있는가? 컴퓨터 자체의 비용뿐만 아니라, 학교 컴퓨터실을 설치하는 데 어떠한 다른 비용이 추가되는가? 여러분은 어디에서 추가적인 요구나 비용에 관한 정보를 찾을 수 있는가?

〈표 3-2〉 컴퓨터 시스템 평가 시 고려사항

요 인	쟁점/고려사항
소프트웨어 이용 가능성	• 컴퓨터 시스템을 사용하여 무엇을 할 것인가? 여러분의 요구를 충족할 수 있는 소프트웨어를 확인하고 그 소프트웨어가 제대로 작동될 수 있는 컴퓨터 시스템을 구입하라. • Wintel과 Macintosh 컴퓨터는 둘 다 사용하기가 쉬운 운영시스템이지만, 몇몇 사람들은 다른 시스템의 조작방법을 더 선호한다. • 두 플랫폼에서 이용 가능한 많은 인기 있는 애플리케이션이 있지만, 몇몇 애플리케이션은 단 하나 혹은 다른 플랫폼에서만 작동할 수도 있다. 만약 여러분이 필요로 하는 핵심 애플리케이션이 하나의 플랫폼에서만 이용 가능하다면, 그것을 우선적으로 고려할 수도 있다.
프로세서	• 얼마나 많은 처리능력이 필요한가? 예외가 있기는 하지만, 일반적으로 새로운 프로세서는 이전의 프로세서보다 더 높은 처리능력을 가지며 더 빨리 작동된다. • 다른 모든 것이 동일하다면, 더 빠른 처리 속도〔높은 메가헤르츠(megahertz)〕를 찾아라. 프로세서의 속도가 더 빠를수록 전반적인 수행도도 더 빠르다. • 설계의 차이가 단순 비교를 어렵게 할 수 있는 다른 프로세서를 비교할 때, 벤치마킹 검사 결과, 다른 프로세서들의 수행도를 평가하기 위해 검사실에서 사용된 잘 정의된 일련의 처리 업무를 검토하라.
내장형 메모리	• 기본 작동을 하는 데 얼마나 많은 메모리가 필요한가? 일반적으로 보다 새로운 운영시스템은 기본적인 작동을 하는 데 있어 적어도 256MB에서 1GB 정도의 메모리를 요구한다. • 멀티미디어 개발 혹은 디지털 비디오 편집과 같은 특별한 애플리케이션은 기본적으로 필요한 메모리보다 훨씬 더 많은 메모리를 가질수록 더 잘 작동한다.

키보드와 마우스	• 입력장치들이 얼마나 중요한가? 101키, 특수 기능키, 숫자패드, 커서 조정키가 있는 풀사이즈 키보드는 많은 소프트웨어 애플리케이션에서 쉽게 사용할 수 있다. 한정된 공간 때문에 배열과 기능이 제한된 랩탑용 키보드는 특별한 주의가 필요하다. • Wintel 시스템의 마우스는 두 개의 버튼을 가지고 있는 데 반해, Macintosh 컴퓨터의 표준은 마우스 버튼이 하나다. 여러분은 어느 것을 더 선호하는가? • 표준 마우스는 더러워지고 정기적인 청소가 필요한 롤러 볼(roller ball)을 가지고 있다. 이에 반해, 새로운 광학 마우스는 어떠한 움직이는 부분도 없으며, 따라서 청소할 필요도 없다.
화면 표시기	• 많은 '실제 내용 제시 스크린 면적(screen real estate)' 이 필요한가? 화면 표시 크기는 텔레비전과 마찬가지로 대각선으로 측정된다. 대부분의 데스크톱 개인용 컴퓨터 시스템은 15~21인치 정도의 화면 표시 크기를 가지고 있다. 랩탑 컴퓨터는 10~17인치 정도를 화면에 표시한다. • 스크린 상에 얼마나 많은 점 혹은 픽셀(그림요소)을 투사할 수 있는지를 나타내는 스크린 해상도를 고려하라. • 색상 표시 성능(color capability)은 또 다른 화면 표시 요인이다. 수백억의 색조(hue)를 표시할 수 있는, 소위 트루 컬러(true color)는 각 픽셀 당 24~32비트의 색상 정보를 가지고 있다. 높은 해상도의 트루 컬러를 지원하려면 컴퓨터는 적절한 화면 표시 메모리를 가지고 있어야 한다.
사운드	• 사운드가 중요한가? 디지털 사운드의 성능은 오늘날 대부분의 컴퓨터에서 표준이지만, 질은 다양하다. • 양질의 사운드를 지원하기 위해서는 좋은 사운드 카드와 양질의 스피커가 필요하다.
프린터	• 어떠한 종류의 프린터가 필요한가? 잉크젯이나 레이저 중 하나를 선택할 수 있다. 잉크젯 프린터는 덜 비싸고, 색상 표시 성능이 좋지만, 잉크 카트리지가 비싸다. 레이저 프린터는 더 비싸고, 대부분의 경우 컬러를 지원하지 않지만, 비용 대비 성능이 매우 좋다. • 다른 프린터 요인들로는 속도(분당 인쇄되는 페이지 수), 해상도(인치당 인쇄되는 점의 수), 종이를 다룰 수 있는 능력(단면 혹은 양면 인쇄), 그리고 네트워크상에서 작동되는가와 같은 요인들을 들 수 있다.
대용량 저장장치	• 얼마나 많은, 그리고 어떠한 종류의 대용량 저장장치가 필요한가? 하드디스크는 모든 PC에서 필수적이며, 데이터에 접근할 수 있는 용량과 속도에 따라 모델이 구별된다. 일반적으로, 하드 드라이브가 빠를수록 전반적인 시스템 속도도 향상된다. • 대부분의 시스템은 CD-ROM 혹은 DVD 드라이브가 핵심적인 대용량 저장장치의 옵션이다. 최근에는 데이터를 축적하고 음악이나 비디오 CD 제작이 가능하며, 흔히 '버너(burner)' 라고 부르는 CD나 DVD 레코더가 또 하나의 옵션으로 인기 있다. • 대부분의 Wintel 컴퓨터는 플로피디스크 드라이브를 포함하고 있지만, Apple은 Macintosh 컴퓨터로부터 이 소규모 저장 옵션을 제거해 버렸다.
인터페이스	• 컴퓨터가 유선 이더넷(ethernet) 포트와 전화 접속을 위한 모뎀 포트와 같은 내장형 인터넷 접속장치를 가지고 있는가? 특히 랩탑 컴퓨터의 경우, 무선 인터넷 접속장치를 가지고 있는가? • 주변장치들을 연결하기 위하여 어떤 포트를 이용할 수 있는가? USB 포트는 이제 개인용 컴퓨터에서 거의 보편적으로 장착되어 있지만, 이용 가능한 포트의 수는 다양하다. 만약 여러분이 디지털 비디오 작업을 한다면, 여러분은 또한 IEEE-1394(또한 파이어와이어(Firewire) 혹은 iLink라 불림) 포트를 장착할 필요가 있다. 그것은 디지털비디오리코더와 연결하기 위해 사용된다.
시스템 확장성	• 확장 슬롯(slots)은 구성요소들을 시스템에 첨가할 수 있도록 해 준다. 컴퓨터는 얼마나 많은 확장 슬롯을 가지고 있는가? 모두 이용 가능한가? 아니면 몇몇은 기존 구성요소들이 사용하고 있는가? • 흔한 시스템 업그레이드는 메모리를 늘리는 것이다. 시스템은 변형 없이 추가 메모리를 지원하는가? • 몇몇 컴퓨터들은 성능 향상을 위해 새로운 프로세서를 교체할 수 있도록 설계되었다. 이것이 옵션인가?
보증기간과 서비스	• 보증기간은 얼마나 되며, 보증 내용은 무엇인가? 가장 혜택이 많은 보증을 찾아라. • 만약 서비스가 필요하면, 옵션은 무엇인가? 일반적으로, 서비스 옵션으로는 현장 서비스(서비스 직원이 방문함), 내방 서비스(여러분이 컴퓨터를 판매점에 가지고 가야 함) 그리고 반송 서비스(여러분이 컴퓨터를 판매처에 선적해 보내야 함) 등이 포함된다.
비 용	• 어느 정도나 기꺼이 소비할 수 있는가? 오늘날의 컴퓨터 시스템들은 수 십만 원에서 수 백만 원까지도 있다. • 학교에서 사용하기에 좋은 기본 컴퓨터 시스템은 통상 약 70~150만 원으로 구입할 수 있다.

컴퓨터의 제반 문제해결

컴퓨터 시스템은 복잡한 장치지만, 컴퓨터가 일으키는 문제는 특이한 것은 아니다. 따라서 여러분이 사이버 공간에서 여행을 계속하려면 기본적인 컴퓨터의 문제를 해결할 수 있어야 한다. 특히, 초보자들에게는 컴퓨터의 문제를 해결하는 것이 쉬운 일은 아니다. 많은 가능한 문제의 원인(예: 하드웨어, 소프트웨어, 네트워크, 사용자 오류)이 있으며, 다양한 구성요소 간의 상호작용은 문제를 더 복잡하게 만들 수 있다. 예를 들어, 여러분이 어떤 애플리케이션에서 하나의 문서를 출력하려고 시도하지만 아무런 반응이 없는 경우를 가정해 보자. 그러한 문제에 대한 많은 가능한 원인이 있다. 여러분의 잉크젯 프린터의 잉크 카트리지가 텅 비어 있거나 프린터의 케이블이 헐거워져 있을 수 있다(하드웨어 문제). 프린터가 운영시스템 내에서 선택되어 있지 않았을 수도 있으며, 프린터 소프트웨어가 해당 애플리케이션과 제대로 작동하지 않을 수도 있다(소프트웨어 문제). 만약 여러분이 네트워크상에 연결된 프린터를 사용한다면, 프린터의 네트워크 연결이 '다운(down)', 즉 제대로 작동하고 있지 않을 수도 있다(네트워크 문제). 혹은 여러분이 프린터 대화상자에서 우연히 '확인(OK)' 대신에 '취소(Cancel)' 버튼을 클릭했을 수도 있다(사용자 오류). 여러분은 그 문제를 어떻게 분류할 수 있는가?

여러분이 접하는 모든 문제를 해결할 수는 없지만, 몇 가지 기본적인 문제해결 능력을 개발할 수 있다. 그렇게 함으로써 사소한 문제가 큰 문제가 되지 않도록 미연에 방지할 수 있다. 여기에 몇 가지 기본적인 문제해결 지침과 팁이 있다. 〈표 3-3〉은 이러한 단계를 요약하여 보여 준다.

〈표 3-3〉 컴퓨터의 문제해결 요약

단계	조치
문제 확인	• 문제의 심각성 정도를 결정하라. • 해당 문제가 어떠한 조건하에서 발생하는가? • 그 문제가 반복되는가? 혹은 간헐적으로 발생하는가?
가능한 원인 탐색	• 분명한 것부터 점검하라(전원이 제대로 켜 있는지 점검하고 전선이 잘 꼽혀 있으며 접속이 원활한지 점검). • 컴퓨터에 관한 문서를 읽어라. • 최근에 컴퓨터 시스템을 변경하였는가? • 문제를 점검하기 위한 진단 소프트웨어를 사용하라.
제거 과정 사용	• 문제를 지엽화하라. 잘 작동하는 것은 무엇이며, 제대로 작동하지 않는 것은 무엇인가? • 시스템의 제어판을 점검하라. • 문제가 있다고 의심되는 구성요소를 잘 작동하는 것으로 대체하라. • 한 번에 한 가지씩 점검하라.
문제해결 혹은 도움 요청	• 구체적인 문제를 확인할 수 있다면, 그것을 교정하라. • 구체적인 문제를 확인할 수 없거나 확인 가능하더라도 그것이 여러분이 해결할 수 있는 능력 밖의 문제라면, 도움을 요청하라.
예방 조치	• 안티바이러스(anti-virus) 소프트웨어를 설치하고, 바이러스 정의를 주기적으로 갱신하라. • 파일/디스크 오류를 점검하고, 수정하기 위한 소프트웨어를 주기적으로 사용하라. • 시스템을 위한 응급 시동 디스크를 만들고 보관하라. • 시스템을 최신의 상태로 유지하라.

문제 확인

분명해 보이지만, 가장 먼저 할 일은 문제를 가능한 구체적으로 확인하는 것이다.

- 문제가 어느 정도로 심각한가? 혹시 컴퓨터의 모든 기능을 상실하였는가? 혹은 애플리케이션으로부터 출력할 수 없는 것과 같이 범위가 상당히 제한적인 어떤 것인가?
- 그 문제는 어떤 상황에서 발생하는가? 그 문제는 항상 발생하는가? 혹은 특정 애플리케이션에서만 발생하는가? 또는 특정 시간대에만 발생하는가?
- 그 문제가 반복적으로 발생하는가? 혹은 간헐적으로 발생하는 문제인가? 반복적인 문제는 보다 쉽게 확인할 수 있다. 그러나 간헐적으로 발생하는 문제는 관찰하기가 어렵다.

가능한 원인 탐색

- 우선 확실한 것부터 점검하라. 만약 외관상으로 모든 컴퓨터의 기능을 상실했다면, 컴퓨터가 여전히 전원에 연결되어 있고 전원 스위치가 켜져 있는가?
- 해당 컴퓨터에 관한 각종 문서를 읽어 보라. 컴퓨터와 애플리케이션을 올바르게 사용하고 있는지 확인하라.
- 최근에 컴퓨터 시스템에 어떤 변화를 주었는지를 생각해 보라. 컴퓨터가 가지고 있는 문제는 종종 시스템의 다른 부분에 영향을 미치는 어떤 부분에서의 변화에 의해 초래된다. 예를 들어, 만약 새로운 소프트웨어를 설치했다면, 그것이 다른 애플리케이션에 영향을 주어 시스템을 바꾸어 버릴 수 있다(예: 설치된 새로운 프린터 소프트웨어 혹은 변경된 제어판 환경설정).
- 문제를 점검하기 위해 진단 소프트웨어를 사용하라. 예를 들어, 바이러스가 있는지를 점검하기 위해 바이러스 방어 소프트웨어를 사용하라. 가끔 이메일이나 다른 온라인 자료로부터 우연히 다운로드 되는 바이러스는 시스템을 파괴할 수도 있다. 파일/디스크에 문제가 있는지를 점검하기 위해 유틸리티(예: Windows의 *Scandisk*, Apple의 *Disk First Aid*, 혹은 Semantec의 *Norton Utilities*)를 사용하라.

구체적인 문제를 확인하기 위해 제거 과정을 사용하라

- 작동하는 것뿐만 아니라 작동하지 않는 것을 구분함으로써 문제범위를 좁히라. 예를 들어, 애플리케이션에서 출력하는 것이 문제라면, 다른 애플리케이션에서 출력해 보라. 다른 애플리케이션에서 출력할 수 있다면, 그때 문제는 일반적인 프린팅 문제는 아니다. 이메일을 수신할 수 없다면, 웹사이트에 접속할 수 있는지를 점검해 보라. 웹사이트에 접속할 수 있다면, 이 문제는 일반적인 네트워크 접속상의 문제가 아니다.
- 모든 환경설정이 올바로 되어 있는지 확인하기 위해 시스템의 제어판을 점검하라.
- 어떤 문제가 특정한 구성요소 때문인 것으로 의심되면, 잘 작동하는 구성요소로 대체하라. 예를 들어, 프린터에 문제가 있다면, 그것을 잘 작동하는 프린터로 교체하라. 그 문제가 지속된다면 프린터가 문제가 아니고, 문제가 해결되었다면 프린터가 문제인 것이다.
- 한 번에 한 가지씩 점검하라. 어떤 문제를 확인하려할 때, 먼저 한 가지 것을 점검한 후에 다른 것을 점검하는 순으로 체계적으로 하라. 만약 한 가지 이상의 것을 변경했다면, 문제의 원인이 무엇인지 명확히 알 수 없을 뿐만 아니라 명확한 해결책을 찾는 것을 더 어렵게 만든다.

문제를 해결하거나 도움을 구하라

- 구체적인 문제를 확인할 수 있다면, 어떤 필요한 조치들을 취함으로써 그 문제를 해결하려고 노력해 보라.
- 구체적인 문제를 확인할 수 없거나 그 문제가 여러분이 해결할 수 있는 능력 밖의 것이라면, 도움을 요청

도구상자

팁

도구상자 팁: 컴퓨터의 건전한 사용

컴퓨터의 부적절한 배치와 사용이 여러분의 건강을 위협할 수 있음이 최근에 밝혀졌다. 그러한 위험을 최소화하려면 다음의 지침을 따르라.

- 수근관증후군(carpal tunnel syndrome)과 같은 반복적인 스트레스 장애는 컴퓨터를 과도하게 사용하는 사람들 사이에서 매우 일반적으로 나타나는 증상이다. 인간과 기계의 물리적 상호작용에 관해 연구하는 인체공학을 적절히 활용함으로써 그러한 문제를 줄일 수 있으며, 조절이 가능한 사무용 가구는 매우 도움이 된다. 키보드는 타이핑하기에 적절한 높이(일반적으로 바닥으로부터 약 70~75cm 정도)로 배치하여 타이핑할 때 팔이 90°가 되도록 해야 한다. 마우스는 키보드와 동일한 높이 혹은 약간 더 높은 위치에, 그리고 키보드 옆에 두어야 한다. 타이핑할 때 손목 관절은 수평이 되어야 한다. 필요하다면, 지지를 위해 손목관절지지대를 사용하라. 의자는 편안하고 등을 잘 지지해 주어야 한다. 자세를 똑바르면서도 편안하게 하고 발은 바닥에 닿도록 한다. 마지막으로, 규칙적으로 기지개를 켜며, 휴식을 위해 컴퓨터 작업을 쉰다.
- CRT형 컴퓨터 모니터는 건강을 위협할 수 있는 전자파를 방출할 수 있다. (평면 모니터는 이러한 문제를 가지고 있지 않다.) 모니터들은 전자파를 줄일 수 있도록 차단되어 있지만, 그 위험의 정도는 분명하지 않으므로, 주의하는 것이 현명하다. 모니터 앞에서 최소 70cm 정도 떨어져 앉는 것이 권장된다. 모니터의 측면 혹은 뒷면은 더 많은 전자파를 방출할 수 있기 때문에 최소 120cm 정도의 거리를 유지하라.
- 컴퓨터 화면을 장시간 보는 것은 눈의 피로, 두통, 시력 감퇴의 문제를 초래할 수 있다. 컴퓨터 화면은 눈높이 정도로 배치해야 한다. 방이 너무 밝다면 밝기를 줄여라. 컴퓨터 화면을 직사광선과 전기시설물로부터 떨어지게 배치함으로써 화면 반짝임을 최소화하라. 재배치하였음에도 불구하고 반짝임이 줄어들지 않는다면 반짝임 방지 코팅이 된 모니터를 사용하라. 여러분이 화면으로부터 적당한 거리에 앉아 있을 때 텍스트를 쉽게 볼 수 있어야 한다. 필요한 경우, 쉽게 읽을 수 있도록 애플리케이션의 글자 크기를 조절하라. 안경이나 콘택트렌즈를 착용하였다면, 컴퓨터 작업을 하는 것에 관한 특별한 처방을 받는 것을 고려해 보라. 마지막으로, 눈의 피로를 풀어 주기 위하여 규칙적으로 휴식을 취하라.

적절한 컴퓨터 배치와 인체공학은 사용자가 컴퓨터를 사용할 때 편안하고 건강을 유지할 수 있도록 해 준다.

하라. 친구나 동료가 비슷한 문제에 봉착했고 그 문제를 해결하는 방법을 알고 있다면 그들에게 도움을 요청하라. 다른 모든 방법이 실패했다면, 전문가에게 도움을 요청하라. 학교 상황의 경우, 기술지원 직원에게 연락하라. 가정용 컴퓨터의 경우에는 인증된 서비스 센터나 컴퓨터 제작사의 전화지원 서비스 센터에 연락하라.

향후 문제를 피하기 위한 예방 조치를 취하라

- 안티바이러스(anti-virus) 프로그램을 설치하였는지 확인하고, 바이러스 정의(definition)를 주기적으로 갱신하여 최신의 상태로 유지하라.
- 파일/디스크 오류를 점검하고 수정하기 위한 소프트웨어를 주기적으로 사용하라. 조각모음(defragment) 소프트웨어(예: *Windows Defrag* 혹은 *Norton Utilities Speed Disk*)를 규칙적으로 사용하여 하드디스크를 조각모음하라. 시간이 지남에 따라, 하드디스크에 있는 파일은 조각날 수 있다. 조각모음은 여러분의 컴퓨터가 보다 효율적으로 작동할 수 있도록 그러한 조각들을 모아 준다
- 심각한 시스템 고장의 경우에 사용하기 위한 시스템 응급 시동디스크를 만들어 보관하라(Macintosh 사용자는 응급한 경우 시스템 CD-ROM으로 부팅할 수 있다).
- 시스템을 최신의 상태로 유지하라. 주기적으로 운영시스템을 업그레이드 하고 주변장치를 최신 드라이버로 설치하라. 제품 생산자들은 일반적으로 알려진 문제를 수정해 주는 업데이트(updates)를 자신들의 웹사이트에 올려놓는다. 새로운 애플리케이션을 설치하거나 기존의 애플리케이션을 업그레이드하기 전에, 그러한 애플리케이션들이 여러분의 시스템과 제대로 작동하는지 확인하기 위해 시스템 요구사항을 점검하라.

교사, 학습자, 보조자로서의 컴퓨터

컴퓨터는 교육에서 무수히 다양한 용도로 사용될 수 있는 강력한 기계다. 이러한 다양성은 Robert Taylor(1980)에 의해 개발되어 널리 알려진 범주화 도식에 잘 반영되어 있다. Taylor의 '튜터, 도구, 튜티모형(tutor, tool, tutee model)' 은 컴퓨터의 교육적 적용을 세 가지의 광범위한 범

〈표 3-4〉 교사, 학습자, 보조자로서의 컴퓨터

컴퓨터의 역할	설 명	예
교 사	인간 교사 혹은 튜터(tutor)와 같이 기능하는 컴퓨터는 학생들로부터 상호작용을 요구하는 교수자료 혹은 활동, 퀴즈 등과 같은 것들을 제공하고, 학생 반응을 평가하며, 피드백을 제공한다. 교수기계로서의 컴퓨터는 매우 상호작용적이고, 개별화되어 있으며, 무한한 인내심을 가지고 있다.	• 컴퓨터보조교수(CAI) • 컴퓨터기반교수(CBI) • 컴퓨터보조학습(CBL)
학습자	컴퓨터가 교사의 역할을 수행하는 학생으로부터 어떤 것을 학습한다. 이러한 목표를 달성하기 위해 학생은 적절한 내용이나 절차를 학습해야 하며, 또한 컴퓨터가 절차를 수행하거나 다른 사람에게 내용을 제시하는 방법을 학습해야 한다. 이를 위해서는 조직, 논리적 사고, 문제해결 기술이 필요하다.	• 컴퓨터 프로그래밍 • 하이퍼미디어 저작 • 웹페이지 개발
보조자	컴퓨터가 글쓰기, 계산하기, 파일관리, 혹은 정보 제시하기와 같은 일상적인 과제를 수행할 때, 교사 혹은 학생을 보조한다. 교사들은 컴퓨터를 교수자료를 개발하고 자신들의 교수를 관리하기 위한 노동력을 줄이는 장치로 활용할 수 있다. 학생들은 또한 컴퓨터를 자신들의 과제를 도와주는 장치로 사용할 수 있다.	• 워드프로세서 • 그래픽 패키지 • 프레젠테이션 소프트웨어 • 스프레드시트 • 데이터베이스

주, 즉 교사(teacher)로서의 컴퓨터, 학습자(learner)로서의 컴퓨터, 그리고 보조자(assistant)로서의 컴퓨터로 나눈다. 각각의 범주는 〈표 3-4〉에 요약·제시되었다.

컴퓨터는 학생에게 교수를 직접 제공하기 위해 사용될 수 있다. 이러한 유형의 경우, 컴퓨터는 전통적으로 인간 교사 혹은 튜터들과 관련되는 활동에 투입된다. 컴퓨터는 교수를 제시하고, 학생으로부터 상호작용을 요하는 교수 활동이나 상황, 퀴즈 등을 제공하며, 학생의 반응을 평가하고, 피드백을 제공하며, 적절한 추후활동을 결정한다. 교수기계(teaching machine)로서의 컴퓨터는 매우 상호작용적이고, 개별화되어 있으며, 무한한 인내심을 가지고 있다. 수업(teaching)을 위해 컴퓨터를 사용하는 애플리케이션은 일반적으로 컴퓨터기반교수(computer-based instruction: CBI), 컴퓨터보조교수(computer-assisted instruction: CAI), 혹은 컴퓨터보조학습(computer-assisted learning: CAL)이라고 명명된다. 일반적으로 컴퓨터기반교수 유형에 속하는 것으로는 반복연습형, 개인교수형, 시뮬레이션형, 교수용 게임, 문제해결형이 있다. 제9장에서 이 유형들을 보다 상세히 논의할 것이다.

컴퓨터가 학습자로서 혹은 Taylor(1980)가 '튜티형(tutee mode)' 이라 부른 기능을 수행할 때, 컴퓨터와 학생의 전통적인 역할은 뒤바뀐다. 즉, 컴퓨터가 학생이 되고, 학생이 교사가 된다. 목적은 학생이 컴퓨터가 어떤 과제를 수행할 수 있도록 '가르치거나' 혹은 다른 사람들이 컴퓨터기반교수 자료를 통해 어떤 교수내용을 가르치는 것이다. 이러한 목적을 달성하기 위하여 학생은 과제를 수행하는 방법을 학습해야 하며, 그 후 컴퓨터가 그 과제를 수행할 수 있도록 지도하거나 해당 교수내용을 다른 사람들에게 제시해야 한다. 이렇게 하기 위해서는 논리적인 사고와 문제해결 기술이 필요하다. 그 결과 많은 전문가들은 이것이 교육에서 컴퓨터를 활용하기 위한 가장 값진 방법 중 하나라고 믿는다. 이러한 종류의 활동들은 Logo, BASIC, C와 같은 전통적인 컴퓨터 언어를 포함할 수 있다. 프로그래밍 언어를 사용할 때, 학생들은 컴퓨터가 어떤 과제(예: 일련의 숫자의 덧셈, 컴퓨터 화면에 기하학적인 그림 그리기)를 수행할 수 있도록 프로그램화하여야 한다. 학생들은 *HyperStudio*, *eZedia*, *Director*와 같은 멀티미디어/하이퍼미디어 저작도구나 Microsoft의 *FrontPage*와 Adobe의 *Dreamweaver*와 같은 웹페이지 저작도구도 사용할 수 있다. 저작도구를 사용할 때, 그 목적은 다른 학생이 교육내용을 학습하기 위해 사용할 수 있게 교육내용을 상호작용적으로 제시하도록〔예: 개인교수형(tutorials), 하이퍼미디어 프로그램〕 만드는 것이다. 제9장과 제10장에서 학습자로서의 컴퓨터에 관하여 보다 상세히 살펴볼 것이다.

보조자로서의 컴퓨터는 교사 혹은 학생이 일상적인 업무과제를 수행하는 것을 보조해 준다. 컴퓨터는 타자기, 목록관리 시스템, 회계 작업표, 화가의 캔버스, 제도 책상 등의 여러 가지로 기능한다. 이러한 목적으로 사용하는 소프트웨어 프로그램(흔히 '애플리케이션' 이라 함)으로는 워드프로세서, 그래픽 패키지, 프레젠테이션 소프트웨어, 데이터베이스, 스프레드시트, 원격 커뮤니케이션 프로그램 등이 있다. 교사들은 컴퓨터를 종종 교수자료(예: 인쇄자료, 그래픽, 프레젠테이션)를 제작하기 위하여, 그리고 자신들의 교수를 관리하기 위하여(예: 기록을 유지하고 학생들의 성적을 계산하기 위하여), 노동력을 줄이는 장치로 활용한다. 물론, 학생들은 컴퓨터를 보조자로 활용할 수 있다. 학생들은 교수자료(예: 기말보고서, 프레젠테이션)를 제작하기 위하여 컴퓨터를 사용할 수 있으며, 소프트웨어 도구를 자신들이 학습하는 것을 도와주는 방식으로(예: 연구와 계산을 위해) 활용할 수 있다. 저자들은 이 장에서 여러분이 이후의 장에서 교수를 계획하고 설계하는 데 도움을 줄 수 있는 이용 가능한 애플리케이션에 관해 이해할 수 있도록 컴퓨터를 보조자로 사용한다. 제9장에서 컴퓨터를 학생들의 학습경험 속에 통합하는 것에 관해 논의할 때, 컴퓨터를 교사 혹은 학습자로서 활용하는 것에 대해 보다 상세하게 살펴볼 것이다.

컴퓨터 도구

보조자 역할로서의 컴퓨터는 일상적인 업무과제를 수행할 때의 보조기구다. 컴퓨터가 직장에서 사용될 때, 대부분의 경우 노동자를 도와주기 위한 도구로서 사용된다. 비서는 워드프로세서를 사용하여 문서를 작성하며, 사무직원은 고객의 기록을 데이터베이스에 저장하고, 회계원은 대차대조표를 계산하기 위하여 스프레드시트를 사용하며, 그래픽 아티스트는 그리기(drawing) 프로그램 등을 사용한다. 컴퓨터가 직장에서 사용되는 것과 동일한 방식으로, 교사와 학생들도 학교에서 컴퓨터를 사용한다. 즉, 학생들은 컴퓨터를 학교과제를 할 때 보조자로 사용할 수 있으며, 교사들은 교수자료를 준비하기 위해 컴퓨터를 사용할 수 있다. 저자들은 여기에서 이러한 도구를 소개하는데, 그 이유는 테크놀로지를 수업에 효과적으로 통합할 수 있도록 설계하는 방법을 학습해 감에 따라 학생들을 위한 교수를 계획하고 교수자료와 학습경험을 준비할 때 이용할 수 있는 주요한 컴퓨터 도구에 관해 깨달을 수 있도록 하기 위해서다. 다음에서는 교사와 학생을 보조해 주는 데 가장 흔히 사용되는 컴퓨터 애플리케이션뿐만 아니라 교사와 학생이 그러한 애플리케이션을 어떻게 사용할 수 있는가에 관한 몇 가지 예를 알아본다.

워드프로세서

워드프로세서는 가장 널리 사용되는 컴퓨터 생산성 도구다. **워드프로세서**(word processor)는 텍스트를 입력 · 편집 · 수정 · 배열 · 저장 · 재인 · 출력할 수 있는 컴퓨터 애플리케이션이다. 현재 사용되는 워드프로세서는 텍스트뿐만 아니라 그래픽과 표로 작성된 교수자료도 삽입할 수 있다. 오늘날 많은 워드프로세서는 한때 출판을 지원하기 위하여 설계된 프로그램에서만 찾을 수 있었던 특성들〔예: 텍스트를 종란으로(columnar) 배열, 그래픽의 통합적 조작〕을 가지고 있다. 거의 모든 워드프로세서는 철자검사기(spelling checker)를 가지고 있다. 어떤 워드프로세서 프로그램은 텍스트를 입력할 때 '동적으로(on the fly)' 작동하며, 어떤 워드프로세서 프로그램은 기본적인 문법검사(예: 주어-동사 일치)도 한다.

개인용 컴퓨터에서 널리 사용되는 워드프로세서로는 Microsoft의 *Word*, Corel의 *WordPerfect*, 한글과컴퓨터의 한글 2007 버전뿐만 아니라 *AppleWorks*, Microsoft의 *Office*, 한글과컴퓨터 오피스 2007과 같은 통합 패키지도 있다([그림 3-3] 참조). 또한 *Bank Street Writer*와 같이 교육용으로 설계된 매우 사용하기 쉬운 워드프로세서 프로그램도 있다.

〈표 3-5〉 교사와 학생을 위한 워드프로세서의 활용

교사의 활용	학생의 활용
• 수업계획안, 유인물, 워크시트 및 다른 교수자료 준비 • 면대면 수업의 브레인스토밍 과정 동안 아이디어 기록 • 퀴즈, 시험 및 다른 유형의 평가지 제작 • 편지, 허가 전표, 회보, 그리고 학부모, 학생, 행정가들과 의사소통하기 위한 다른 유형의 글쓰기	• 보고서와 다른 글쓰기 과제 쓰기 • 브레인스토밍, 노트 정리, 아이디어 수집과 같은 사전 글쓰기 활동 수행 • 학습을 강화하기 위하여, 혹은 시험 공부할 때 손으로 쓴 노트를 타이프로 침

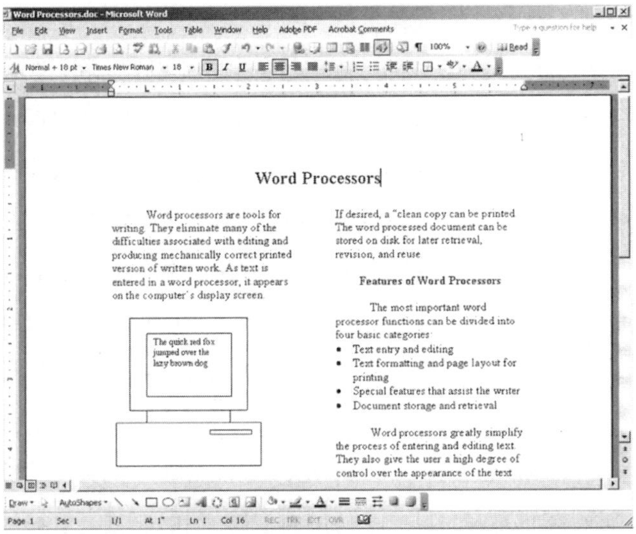

[그림 3-3] 2단 배열과 이미지가 삽입된 텍스트 형식의 특징을 보여 주는 Microsoft *Word* 화면

그래픽 도구

워드프로세서는 주로 텍스트를 조작하기 위한 도구인 반면, 그래픽 도구는 그림 정보를 다룬다. 정보의 컴퓨터화된 그림 표상(예: 도면, 차트, 그래프, 애니메이션화된 그림, 혹은 광학 사진 표상)을 **그래픽**(graphic)이라 한다. 컴퓨터 스크린상에 있는 그래픽 이미지는 신문에 있는 사진과 매우 흡사하게 많은 미세한 점으로 구성되어 있다. 각 스크린상의 점을 그림 요소, 간단히 **픽셀**(pixel)이라 한다. 많은 그래픽 파일 형식(다시 말해서, 그래픽 정보를 컴퓨터 파일에 저장하는 방법)이 있다. 〈표 3-6〉은 가장 흔히 사용되는 그래픽 파일 형식 중 몇 가지를 보여 준다.

컴퓨터 기반 그래픽 도구는 이미지를 제작하거나 조작할 수 있으며, 그래프/차트 등을 만들 수도 있다. 대부분의 그래픽 애플리케이션은 이미지를 제작하거나 조작하도록 하기 위해 마우스를 연필, 붓, 색상통 혹은 지우개로 사용할 수 있도록 해 준다. 직선, 원, 다각형뿐만 아니라 곡선, 불규칙한 모양도 그릴 수 있고, 그래픽의 특정 부분을 이동하거나 회전시킬 수 있을 뿐만 아니라 그 부분을 자르고, 복사하며, 붙이기도 할 수 있다. 또한 색상을 선택하고 조정할 수 있으며, 모양을 색상이나 패턴으로 채울 수도 있다. 고급 그래픽 애플리케이션은 흐릿하게 하기, 무늬내기(texture), 무늬를 도드라지게 하는 것(embossing)과 같은 특수효과를 적용할 수 있다. 인기 있는 그래픽 패키지로는 Adobe의 *Photoshop*, *Firework*, *Illustrator*, *Freehand*, Corel의 *PhotoPaint*와 *Draw*, Microsoft의 *Paint*가 있다([그림 3-4] 참조). 초등학교 학생들이 활용할 수 있도록 개발된 그래픽 패키지로는 BrØderbund의 *Kid Pix*와 Knowledge Adventure의 *Kid Works*가 있다.

〈표 3-6〉 흔히 사용되는 그래픽 파일 형식

그래픽 형식	설 명
BMP(Windows Bitmap)	표준 윈도우 비트맵(점방식: raster) 그래픽 형식
GIF(Graphic Interchange Format)	원래 CompuServe를 위해 개발된 256색상까지의 이미지를 저장하는 형식. 웹에서 아이콘, 클립아트(clip art), 다른 제한된 색상을 가지고 있는 이미지를 위해 널리 사용됨. 또한 웹에서 널리 활용되는 애니메이션의 한 형식을 지원함
JPG 혹은 JPEG(Joint Photographic Experts Group)	웹상의 사진 이미지를 위해 널리 사용되는 형식. 수백만 색상의 이미지들을 지원하며, 저장 크기를 줄이기 위하여 다양한 압축 수준을 제공함
PICT(Macintosh graphic)	비트맵과 객체지향 이미지 양자를 저장할 수 있는 표준 Apple Macintosh 그래픽 형식
PNG(Portable Network Graphics)	독점적인 GIF 형식을 대체하기 위해 설계된 웹 이미지 형식. 수백만 색상까지를 지원하며 GIF보다 압축률이 뛰어남
TIF 혹은 TIFF(Tagged Image File Format)	종종 인쇄자료에 있는 이미지들과 함께 사용되는 비트맵 이미지들을 지원하는 형식. 스캐너는 종종 스캔된 이미지를 이러한 형식으로 저장함

[그림 3-4] 디지털 사진을 편집하고 그래픽 이미지를 만들기 위해 널리 사용되는 프로그램인 *Adobe의 Photoshop* 화면

〈표 3-7〉 교사와 학생을 위한 그래픽 도구의 활용

교사의 활용	학생의 활용
• 학생용 유인물, 작업지 및 다른 교수자료 제작 • 교실 전시용 사인이나 다른 그래픽 자료 제작 • 그래픽 정보(예: 학생 사진)를 교실 데이터베이스에 유지 • 학부모에게 보낼 학급 회보 설계 및 제작	• 소책자, 리포트, 다른 삽화가 든 교수자료용 도안 작성 • 과학 실험실에서 수집된 데이터의 그래프 제작 • 학교 신문이나 연보와 같은 주요 학교 제작품 제작

프레젠테이션 소프트웨어

프레젠테이션 소프트웨어(presentation software)는 일반적으로 집단에게 프레젠테이션을 하기 위한 텍스트와 이미지를 제작하고 제시하도록 설계되었다. 이 소프트웨어는 슬라이드, OHP와 같은 전통적인 매체 제시 도구와 관련된 기능을 대체한다. 대부분의 프레젠테이션 소프트웨어는 슬라이드의 개념에 기초하여 설계되어 있다. 이는 미리 설계된 슬라이드 템플릿, 한 슬라이드에서 다른 슬라이드로의 전환을 위한 특수효과, 슬라이드를 분류하고 순서를 정할 수 있는 능력, 그리고 슬라이드에 멀티미디

〈표 3-8〉 교사와 학생을 위한 프레젠테이션 소프트웨어의 활용

교사의 활용	학생의 활용
• 교실, 전문가 모임이나 다른 상황에서의 강연이나 다른 프레젠테이션 지원 • 학부모 초청 오픈하우스(open house)와 같은 이벤트에서 정보 제시. 대부분의 프레젠테이션 패키지는 자동으로 실행되는 슬라이드 쇼와 같은 자동실행 기능을 지원함 • 교실에서 브레인스토밍이나 다른 개발활동 결과 기록 • 인쇄 가능하고, 사진 슬라이드와 웹용으로 변환할 수 있는 노트, 그림이나 다른 교수자료 준비	• 수업시간에 발표할 프레젠테이션 제작 • 멀티미디어 리포트나 프로젝트 개발 • 인쇄 가능하고, 사진 슬라이드와 웹용으로 변환할 수 있는 문자 정보, 그림이나 다른 교수자료 준비

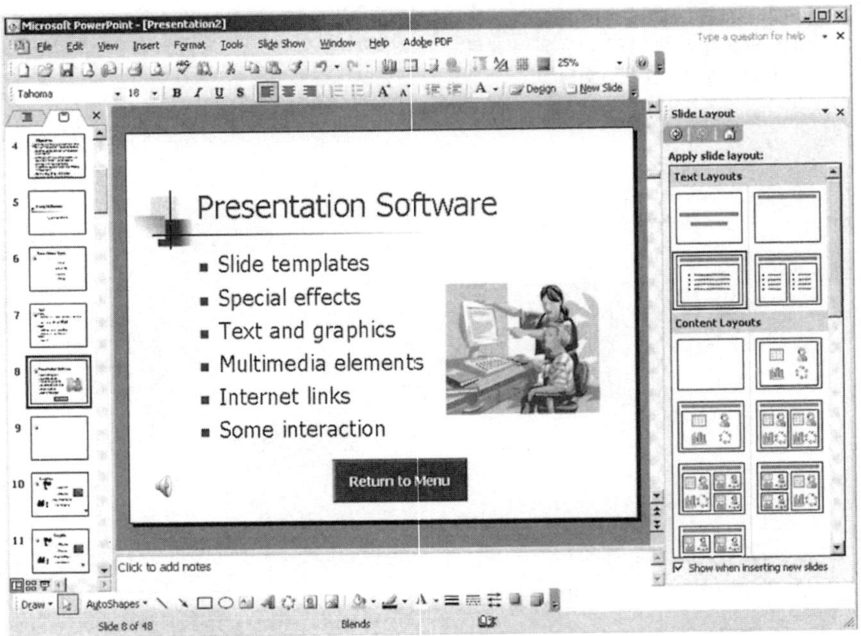

[그림 3-5] 불릿 텍스트, 클립아트, 사운드, 액션 버튼을 포함하는 멀티미디어 요소를 보여 주는 Microsoft *PowerPoint* 화면

어 요소를 덧붙일 수 있는 능력을 가지고 있기 때문이다. 다른 컴퓨터 기반 도구처럼 프레젠테이션 소프트웨어는 전통적인 슬라이드보다 더 많은 이점을 지니고 있다. 즉, 프레젠테이션 소프트웨어는 정보를 쉽게 입력·편집·제시할 수 있으며, 슬라이드와 슬라이드 캐로셀(slide carousels)과 같은 어떤 전통적인 매체와 장치를 설치하거나 만지작거릴 필요가 없다. 프레젠테이션 패키지를 사용하면, 멀티미디어 요소가 포함된 매우 전문적으로 보이는 프레젠테이션을 쉽게 제작할 수 있다. 인기 있는 프레젠테이션 패키지로는 Microsoft의 *PowerPoint*, Adobe의 *Persuasion*, Lotus의 *Freelance Graphics*, Corel의 *WordPerfect Presentations*가 있다([그림 3-5] 참조).

컴퓨터 데이터베이스

데이터베이스(database)는 정보의 집합체에 불과하다. 우리는 컴퓨터화되지 않은 전화번호부, 영수증 파일, 오래된 잡지뭉치와 같은 많은 데이터베이스의 예에 익숙하다. 컴퓨터 데이터베이스는 컴퓨터화되지 않은 데이터베이스에 비해 상당한 장점이 있다. 즉, 컴퓨터 데이터베이스는 엄청난 양의 정보를 보유할 수 있으며, 정보

〈표 3-9〉 교사와 학생을 위한 데이터베이스의 활용

교사의 활용	학생의 활용
• 학생들에 대한 기본정보 생성·유지 • 교육과정을 지원해 주는 책이나 논문에 관한 서지정보 파일 개발 • 교실이나 교수자료센터에서 이용 가능한 매체와 교수자료에 관한 기록 유지 • Bloom의 학문 분류 수준과 같이, 주제별, 장별, 교수목표별, 그리고 가능한 다른 확인자(identifiers)별로 참고하기 쉽게 된 시험이나 퀴즈 문제은행 구축 • 교수방법, 교수전략, 수업지도안에 관한 편찬물 분류	• 학교의 전자카드 카탈로그나 미국 대통령에 관한 데이터베이스와 같이 미리 준비된 데이터베이스에 정보 입력 • 데이터베이스 검색을 통해 정답을 복잡한 문제들과 통합함으로써 문제해결과 고차원적인 사고기술 개발 • 다양한 주제(예: 미국의 주(州), 학급 학생들의 애완동물, 공룡, 주기율표의 구성요소)를 연구하기 위하여 학급 프로젝트로 데이터베이스를 새로 개발

[그림 3-6] 컴퓨터 데이터베이스의 구성요소

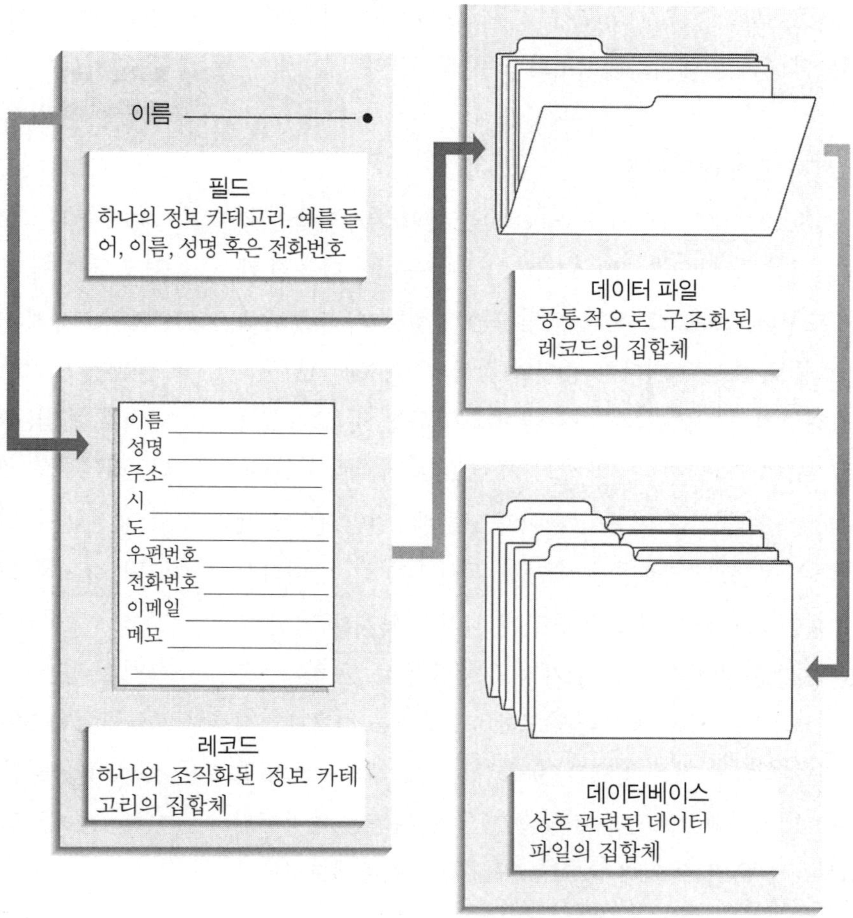

를 범주별로 쉽게 검색할 수 있고, 설치 · 조작이 상대적으로 쉽다.

대부분의 컴퓨터 데이터베이스는 비슷한 방식으로 구조화되어 있다. 여러분의 이름과 주소록을 컴퓨터화하고자 한다고 가정해 보자([그림 3-6] 참조). 주소록에 있는 각 항목은 각각 한 개인에 대응되며, 각 항목 내에는 이름, 주소, 전화번호, 이메일 주소 등과 같은 다양한 항목의 정보가 있다. 정보가 기록된 각 개별 범주를 컴퓨터 용어로 **필드**(field)라고 한다. 따라서 이름 필드, 주소 필드, 도시 필드, 전화번호 필드 등이 있다. 또한 한 개인에 대응되는 필드의 전체 집합체를 **레코드**(record)라고 하며, 각 레코드는 동일한 필드의 집합체를 포함하고 있다. 모든 레코드는 **데이터파일**(datafile) 속에 수합된다. 따라서 데이터 파일은 전체 주소록과 일치한다. 단순한 경우, 데이터베이스는 단 하나의 데이터파일로 구성되어 있다. 소위 플랫 파일 데이터베이스(flat file databases)는 한 번에 단 하나의 데이터베이스만을 처리한다. 다른 경우, 데이터베이스는 어떤 방식으로든 상호 관련이 있는 데이터 파일의 집합체다([그림 3-6] 참조). 예를 들어, 저녁식사를 끝낸 친구들에게 다음번에 어떤 다른 요리를 준비할 것인지를 알아보기 위하여 영수증 파일과 이름 및 주소 파일을 상호 참조할 수 있도록 만들 수 있다. **관계형 데이터베이스**(relational databases)는 여러 가지 데이터 파일을 접속하고 상호 관련지을 수 있도록 해 준다. 인기 있는 플랫 파일러(filer)는 Microsoft *Works*와 *AppleWorks* 같은 통합된 산출물의 데이터베이스 요소를 포함한다. 아울러 Microsoft *Excel*과 같은 인기 있는 컴퓨터 스프레드시트(이후 설명 참조)는 기본적인 플랫 파일러 기능을 포함한다. Microsoft

*Access, dBASE, FileMaker Pro, Paradox*와 같은 프로그램들은 관계형 데이터베이스의 범주에 속한다.

전자 스프레드시트

전자 **스프레드시트**(spreadsheets)는 한때 회계원들에 의해 사용된 종이 작업지(worksheet)에서 유래한 다목적 계산 도구다. 스프레드시트는 격자를 형성하는, 가로줄과 세로줄로 표시된 커다란 종이와 같다. 격자에서 한 블록에 해당하는, 세로줄과 가로줄이 교차하는 각 교차점을 **셀**(cell)이라고 한다. 각각의 세로줄과 가로줄은 참조(reference)를 위해 이름이 붙여져 있는데, 일반적으로 세로줄은 문자로, 가로줄은 숫자로 표시되어 있다. 따라서 각 셀은 가로줄과 세로줄 참조에 의해 명확히 확인될 수 있다. 셀은 일반적으로 세 가지 유형의 정보 중 하나, 즉 숫자, 텍스트 혹은 공식을 담고 있다. 숫자는 스프레드시트가 처리하는 기본 정보다. 텍스트는 스프레드시트의 일부나 데이터베이스(앞의 논의 참조)의 일부분을 명명하기 위하여 사용될 수 있다. **공식**(formulas)은 스프레드시트가 셀에 입력된 데이터에 대해 다양한 계산이나 조작을 수행할 수 있도록 해 주는 수식(數式)이다. 공식은 값들이 위치해 있는 셀을 참조함으로써 스프레드시트에 있는 값을 계산한다([그림 3-7] 참조).

대부분의 스프레드시트 프로그램은 계산을 수월히 할 수 있도록 하기 위해 이미 내장된 다양한 수학적인 함수(예: 기초 통계, 삼각법 계산 함수, 일반 회계 함수)를 포함하고 있다. 이러한 스프레드시트 프로그램은 또한 데이터의 입력과 편집, 서식잡기(formatting), 출력 기능을 지원한다. 대부분의 스프레드시트 프로그램은 데이터를 그래프로 제시할 수 있는 기능도 지원한다. 앞서 언급한 것처럼 몇몇 스프레드시트 프로그램은 기본적인 데이터베이스 기능도 포함하고 있다. 널리 활용되는 스프레드시트 프로그램으로는 Microsoft의 *Excel, Lotus 1-2-3, Quattro Pro*가 있다. 아울러, 스프레드시트는 Microsoft *Works*와 *AppleWorks* 같은 통합 패키지에도 포함되어 있다. 특히, *Cruncher*는 교육용 스프레드시트 프로그램이다.

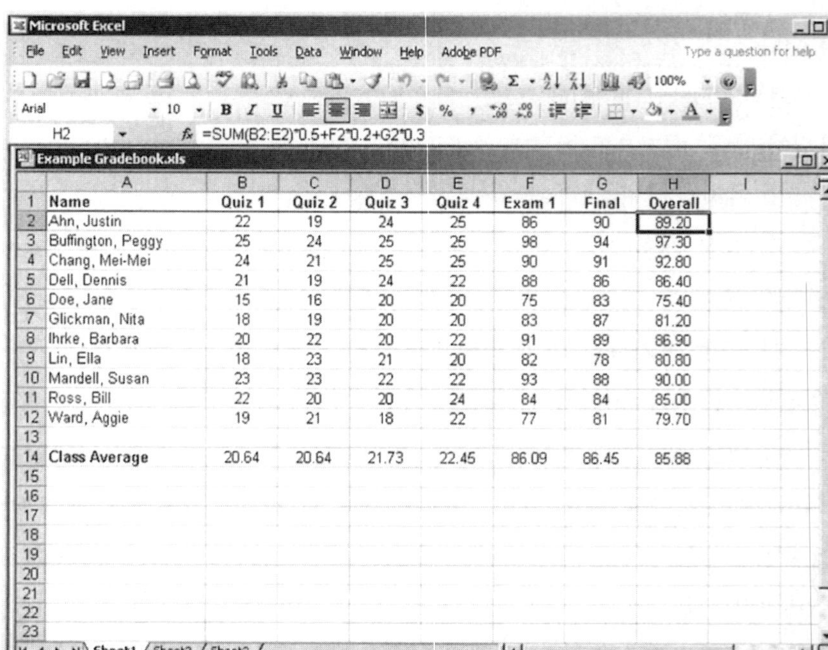

H2 =SUM(B2:E2)*0.5+F2*0.2+G2*0.3

	A	B	C	D	E	F	G	H
1	Name	Quiz 1	Quiz 2	Quiz 3	Quiz 4	Exam 1	Final	Overall
2	Ahn, Justin	22	19	24	25	86	90	89.20
3	Buffington, Peggy	25	24	25	25	98	94	97.30
4	Chang, Mei-Mei	24	21	25	25	90	91	92.80
5	Dell, Dennis	21	19	24	22	88	86	86.40
6	Doe, Jane	15	16	20	20	75	83	75.40
7	Glickman, Nita	18	19	20	20	83	87	81.20
8	Ihrke, Barbara	20	22	20	22	91	89	86.90
9	Lin, Ella	18	23	21	20	82	78	80.80
10	Mandell, Susan	23	23	22	22	93	88	90.00
11	Ross, Bill	22	20	20	24	84	84	85.00
12	Ward, Aggie	19	21	18	22	77	81	79.70
13								
14	Class Average	20.64	20.64	21.73	22.45	86.09	86.45	85.88

[그림 3-7] 학생들의 성적을 계산하기 위한 Microsoft *Excel*의 워크시트 예. 강조된 셀 H2는 학생의 전체 퍼센트를 계산하기 위한 공식을 포함하고 있다.

〈표 3-10〉 교사와 학생을 위한 스프레드시트의 활용

교사의 활용	학생의 활용
• 학생들의 성적을 담고 있는 성적표 생성 • 학생들에 대한 기타 정보 보관(예: 체육교사는 다양한 운동 혹은 스포츠 활동에서의 학생의 성취도를 기록 · 유지할 수 있다.) • 교수자료의 비용 추적(예: 화학교사는 실험실습에서 사용한 화학제품의 비용에 관한 정보를 기록 · 보관할 수 있다.) • 학생들에게 복잡한 계산을 시범 보임(예: 상업교사가 학생들에게 설명할 때 이자율에 따른 양도대출표를 작성한다.)	• 학생회 조직의 재정 기록 유지(예: 구성원별 캔디 판매 실적 추적) • 개인 예산 설정 및 유지 • 과학 실험에서 얻은 자료의 입력과 분석 • '만약 ……한다면?' 과 같은 시뮬레이션이나 가설 검증활동 수행(예: 만약 사고로 내 보험률이 두 배로 증가한다면, 월별 자가용 유지비용은 어떻게 될까?)

원격커뮤니케이션 도구

원격커뮤니케이션 도구(telecommunicatio tools)는 정보를 공유하기 위하여 컴퓨터가 다른 컴퓨터와 의사소통할 수 있도록 해 준다. 오늘날 우리는 컴퓨터 네트워킹과 원격커뮤니케이션을 통해 전 세계의 정보를 개인 컴퓨터 사용자에게 가져다주는, 전 세계의 컴퓨터가 상호 연결되어 있는 시대에 살고 있다. 인터넷에 접속함으로써 즉각적으로 최신의 정보를 찾을 수 있고, 다른 사람들과 의사소통할 수 있으며, 가상공간을 탐색할 수 있다.

인터넷(Internet)은 전 세계 수백만 개의 컴퓨터와 수천만 명의 사람들이 연결된 방대한 컴퓨터 네트워크의 집합체로 인터넷상에 있는 컴퓨터들은 거미줄처럼 상호 연결되어 있다. 이러한 웹(Web)은 **TCP/IP**(Transmission Control Protocol/Internet Protocol, 전송제어 프로토콜/인터넷 프로토콜)라고 알려져 있는 공통 커뮤니케이션 **프로토콜**(protocol, 일련의 공통된 규칙)로 함께 연결된 다양한 종류의 컴퓨터를 가지고 있으며, 별도로 운영되는 컴퓨터 네트워크로 구성되어 있다. 인터넷상에 있는 모든 컴퓨터들은 **IP 주소**(IP address)라는, 실제 숫자로 된 하나의 유일한 주소를 가지고 있다. 가정에서 컴퓨터를 사용하는 사람들(home users)은 일반적으로 American Online, MSN, 혹은 다른 서비스업체와 같은 **인터넷 서비스 제공자**(Internet service provider: ISP)와 전화로 연결하기 위해 **모뎀**(Modem)을 사용하여 인터넷에 연결한다. 몇몇 사용자들은 케이블 TV 네트워크나 전화 디지털 가입자 회선(digital subscriber line: DSL)에 연결된 특수한 모뎀을 사용하여 보다 빠르고 항상 연결되어 있는 인터넷에 접속한다. 대부분의 학교는 많은 사용자를 동시에 지원할 수 있는 T1회선과 같은 고속 전용전화회선을 통해 인터넷에 접속한다.

인터넷은 교사와 학생에게 최신의 정보와 자원에 전례없이 신속하게 접속할 수 있도록 해 주며, 이메일, 인스턴트 메시징, 인터넷 기반 전화통화, 비디오 화상회의와 같

〈표 3-11〉 교사와 학생을 위한 원격커뮤니케이션 도구의 활용

교사의 활용	학생의 활용
• 교수방법, 교수전략, 교수계획안에 관한 온라인 데이터베이스 접속 • 수업지도안을 계획하고 실행하기 위해 인터넷으로부터 최신의 교수내용 수집 • 아이디어를 교환하고 교사의 단절을 줄이기 위하여 비슷한 직위에 있는 다른 교사들과 이메일 교신 • 학생, 학부모, 공동체 구성원들이 수업활동과 아동의 과제, 다가오는 현장 견학 등에 대해 알 수 있도록 하기 위한 학급 홈페이지 개설	• 보고서나 리포트를 작성하고 발표 준비를 위해 인터넷상에 있는 최신 정보에 접속 • 다른 장소나 문화에 대해 더 많은 것을 학습하거나 외국어를 연습하기 위해 다른 지역의 학생들과 이메일을 통한 펜팔 교환 • 다른 지역의 학생들과 자료를 공유하거나 연구 결과 교환 • 다른 학생이나 학부모, 공동체 구성원들이 볼 수 있도록 허락을 받은 후, 웹에 학급 프로젝트 출판

은 새로운 형태의 커뮤니케이션도 지원해 준다. 오늘날 원격커뮤니케이션 도구 중 세 가지 가장 흔한 교육적 기능은 의사소통, 정보 재생, 정보출판이다. 여기서는 이들 각각에 대해 간략히 살펴보고, 제10장에서 인터넷과 그것의 교육적 활용에 관하여 좀 더 구체적으로 논의한다.

컴퓨터 원격커뮤니케이션 중 가장 널리 활용되는 것이 바로 **이메일**(e-mail)을 통한 커뮤니케이션이다. 이메일은 우편 메일과 유사하지만 훨씬 빠르고 보다 많은 용도를 가지고 있다. 그것은 메시지를 개인이 다른 개인에게 혹은 개인이 집단에게 보낼 수 있도록 해 준다. 이메일 메시지는 1분 내에 송신 컴퓨터에서 수신 컴퓨터로 전송되며, 수신자가 접속할 때까지 수신자의 이메일 박스에 저장되어 있다. 일단 메시지가 수신되면, 그것을 저장 · 인쇄 · 답신하거나 다른 사람에게 전달할 수 있다. 이메일을 쓰고, 보내며, 수신하기 위해 사용되는 인기 프로그램으로는 Microsoft의 *Outlook*과 *Outlook Express*, Qualcomm의 *Eudora*, Netscape의 *Messenger*뿐만 아니라 American Online과 MSN 같은 서비스에 내장되어 있는 이메일 기능 등이 있다. 무료 웹 기반 이메일 계정은 *Yahoo! Mail*과 *MSN Hotmail* 같은 서비스를 통해 이용할 수 있다.

오늘날 인기 있는 또 하나의 커뮤니케이션 형식은 **인스턴트 메시징**(instant messaging: IM)이다. 인스턴트 메시징은 인터넷상에 있는 두 사용자들이 전화 대화를 하는 것과 같이 실시간으로 서로 메시지를 주고받을 수 있도록 해 준다. 널리 사용되는 인스턴트 메시징 프로그램들로는 *AOL Instant Messenger(AIM)*, *MSN Messenger*, *Yahoo! Messenger*, *ICQ*가 있다.

정보 재생은 특히 교육에서 인터넷의 가장 중요한 사용 중 하나다. **월드와이드웹**(World Wide Web 혹은 간단히 Web)은 하이퍼미디어 형태로 제시되는 수백만 개의 사이트 정보로 구성되어 있으며, 형식에 따라 배열된 텍스트, 그래픽, 애니메이션, 그리고 심지어 오디오와 비디오도 제공한다. 사람들은 웹을 통해 전자적으로 백악관을 방문할 수 있으며, 국회도서관의 전시회를 관람할 수 있고, NASA의 허블 망원경을 통해 찍힌 최신 사진들을 볼 수 있으며, 상상할 수 있는 어떠한 주제에 대한 정보도 찾을 수 있다. 웹에 접근하기 위하여 사용되는 소프트웨어 프로그램을 **브라우저**(Browser)라고 한다. 브라우저는 사용자들이 웹을 항해할 수 있도록 해 주며, 좋아하는 사이트를 북마크하고, 웹 페이지를 어떻게 제시할 것인지를 조절할 수 있으며, 웹상에 있는 정보를 재생할 때 일어나는 눈에 보이지 않는 이면에서 작용하는 상호작용을 관리해 준다. 널리 이용되는 웹 브라우저로는 Microsoft의 *Internet Explorer*, Netscape의 *Navigator*, Apple의 *Safari*, Mozilla의 *Firefox*와 *Opera*가 있다([그림 3-8] 참조).

홍미롭게도, 웹은 조직과 개인이 다른 기관이나 사람들이 보거나 재생할 수 있도록 정보를 게시할 수 있는 곳으로 여겨져 왔다. 그래서 많은 학교가 교사와 학생이 프로

점검사항

널리 사용되는 생산성 애플리케이션을 사용하기 위한 학습

Microsoft의 *Office* 애플리케이션은 교사들과 학생들이 가장 많이 사용하는 생산성(productivity) 소프트웨어 모음 중 하나다. *Word*, *Excel*, *PowerPoint*를 포함하여, 이 애플리케이션을 사용하는 방법을 배우려면, 다음 책의 제2장에서 제5장까지에 있는 수준 1과 수준 2를 마쳐라.

Newby, T. J. (2004). *Teaching and learning with Microsoft Office and FrontPage: Basic building blocks for computer integration*. Upper Saddle River, NJ: Merrill/Prentice-Hall.

주: 이러한 활동들은 이 책에 동봉된 CD-ROM에도 담겨 있다. CD를 시동한 후 다음의 링크를 클릭하라. 장 정보와 활동(Chapter info and activities) ≫ 제3장(Chapter 3) ≫ 워드프로세싱(word processing) (혹은 스프레드시트(Spreadsheet), 데이터베이스(Database), 프레젠테이션(Presentation) 소프트웨어 학습활동). 다양한 '연습(workout)' 활동을 통해 해당 교수자료를 읽고 학습하라.

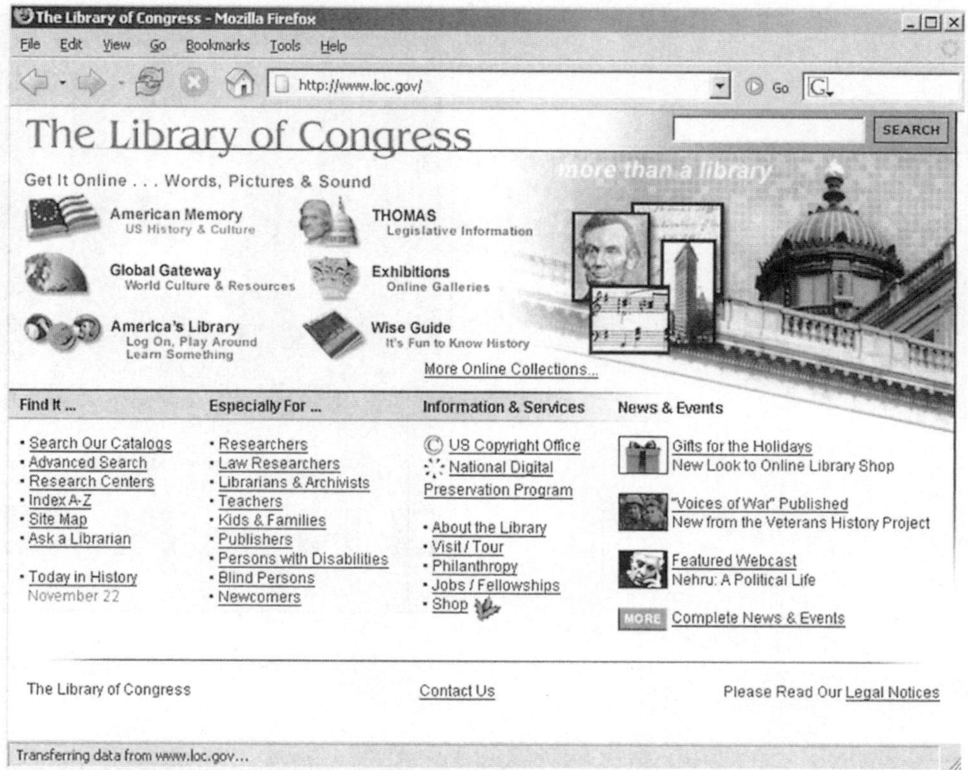

[그림 3-8] 미국국회도서관(Library of Congress) 웹 사이트(http://www.loc.gov)를 보여 주고 있는 웹 브라우저인 Mozilla *Firefox* 화면

젝트를 게시할 뿐만 아니라 학교에 대한 정보를 전파하기 위해 사용할 수 있는 자체 웹페이지를 제작해 왔다. 웹 페이지는 HTML 언어(Hypertext Markup Language: HTML)로 작성되는데, 이 HTML은 브라우저가 정보를 어떻게 제시할 것인지를 알려 주는 태그(tags)라고 부르는 내재된 레이블(embedded labels)을 가지고 있는 간결한 텍스트다. HTML은 어떠한 텍스트 편집기를 사용해도 작성할 수 있지만, HTML 코드를 쓸 필요 없이 웹 페이지를 개발할 수 있도록 해 주는 소프트웨어 패키지로는 Microsoft의 *FrontPage*, Adobe의 *Dreamweaver* 그리고 Netscape의 *Composer*가 있다.

기타 도구

앞서 열거한 컴퓨터 도구는 가장 인기 있고 널리 사용되는 것이다. 그러나 이 목록은 단지 교사와 학생이 각종 일을 하기 위해서 이용할 수 있는 것의 극히 일부분만을 간략히 보여 준 것에 불과하다. 예를 들어, 텍스트와 그래픽 배열을 전형적인 워드프로세서 프로그램에서 이용할 수 있는 것보다 더 미세하게 조정할 필요가 있다면, 교사와 학생들은 데스크톱 출판 프로그램을 이용할 수 있다. 이러한 프로그램의 예로는 Microsoft의 *Publisher*, Adobe의 *Pagemaker*와 *InDesign*, Quark의 *XPress*가 있다. 또한 일반적인 드로잉(drawing)과 페인팅(painting) 프로그램뿐만 아니라 다른 그래픽 도구들도 있다. 예를 들어, 개념도와 플로차트 같은 그래픽 조직자(graphic organizers)를 만들려면 *Inspiration*과 초등학생들에게 보다 적합하게 수정된 *Kidspiration*과 같은 소프트웨어를 사용할 수 있다. 기술적인 도면을 작성하려면, *AutoCAD*와 *TurboCAD* 같은 프로그램을 사용할 수 있다. 아울러 디지털 비디오는 이제 많은 학교에서 흔히 이용되고 있다. 디지털 비디오를 캡쳐하고 편집하기 위해 이용할 수 있는, 많은 다른 것 중에서 Apple의 *iMove*, Adobe의 *Premiere*, Ulead의 *VideoStudio*, Windows의 *Move Maker*를 포함한 많은 소프트웨어 패키지가 있다

[그림 3-9] 디지털 영화 편집을 위한 소프트웨어, Apple의 *iMovie* 화면

국가교육공학표준과의 연계

NETS와 연계

교사들을 위한 국가교육공학표준 VI(사회적, 윤리적, 법적, 인간적 문제들)의 한 절은 **보조공학의 사용을 인식하고 사용함으로써 학생들의 특별한 요구와 도전을 충족시켜 줄 것**을 강조한다. 이 표준(교사용 자료 A 참조)을 읽고 생각해 본 다음, 다음 질문에 대해 답하라.

- 두 칼럼의 표를 삽입할 수 있는 저널 항목을 만들어라. 한 칼럼에는 여러분 분야에 있는 교사들이 접할 수 있는 학생의 특별한 요구의 몇 가지 유형에 대한 목록을 만들어라. 다른 칼럼에는 그러한 특별한 요구를 가지고 있는 학생을 보조하기 위하여 사용할 수 있는 몇 가지 유형의 테크놀로지를 브레인스토밍하고 목록을 만들어라.
- 특별한 요구를 가지고 있는 개인과 테크놀로지의 활용이 그의 삶에 어떻게 영향을 미쳐 왔는지에 관한 사례연구를 제공하는 웹사이트로 가라. '보조공학 사례연구(Assistive Technology case studies)'와 같은 용어를 사용하여 웹 검색을 하면 탐색해 볼 만한 몇 가지 웹사이트를 제공해 줄 것이다. 관심을 가져볼 만한 사이트는 http://www.microsoft.com/enable/casestudy/videos.aspx이다.
- 그 웹사이트를 검토해 본 후, 여러분이 만들었던 목록을 다시 한 번 살펴보라. 여러분의 목록은 약간 수정되어야 하는가? 여러분의 목록에 어떠한 부가적인 것들이 더해지거나 수정될 수 있는가?
- 교사가 (특별한 요구를 가지고 있거나 그렇지 않은) 학생들에게 영향을 주기 위해 사용할 수 있는 모든 잠재적인 테크놀로지에 관한 최신 정보를 어떻게 지속적으로 유지할 수 있을까? 브레인스토밍하고 여러분의 저널에 이러한 점을 도와주기 위해 테크놀로지를 사용할 수 있는 방법들(예: 인터넷의 사용, 테크놀로지의 진보나 보조공학 자원을 위한 데이터베이스 개발)을 기록하라.

도구상자

도구

보조공학

보조공학(assistive technology)은 컴퓨터가 보조자로 사용되는 특별한 경우로서, 장애를 지닌 개인의 기능적인 역량을 유지하거나 향상시키기 위하여 사용되는 장비나 소프트웨어를 지칭한다. 특별한 요구를 가지고 있는 학생들을 위한 교수를 계획할 때, 적절한 보조공학을 이용할 수 있도록 하는 것이 중요하다. 컴퓨터는 학생들에게 능력을 주며, 테크놀로지에 대한 접근은 다양한 방식으로 제공될 수 있다. 예를 들어, 컴퓨터실에서 높이 조절이 가능한 책상을 사용함으로써 휠체어를 탄 학생이 해당 책상을 쉽게 사용할 수 있도록 할 수 있다. 특수장애를 지닌 학생들을 지원하기 위하여 다양한 형태의 적응적 테크놀로지(adaptive technology)를 이용할 수도 있다.

예를 들어, 시각장애 학생의 경우 이용 가능한 많은 해결책이 있다. 경도(輕度) 시각장애 학생의 경우 컴퓨터에서 단지 글자 크기만을 크게 해도 교수내용에 접근할 수 있다. 여러분은 컴퓨터 스크린상에 있는 텍스트를 훨씬 더 확대하기 위하여 특별한 소프트웨어를 사용할 수 있다. 광학문자 인식(optical character recognition: OCR) 시스템은 인쇄자료를 컴퓨터에서 접근할 수 있도록 전자 형태로 변환시켜 준다. 중도(重度) 시각장애 학생의 경우 음성합성기(speech synthesizers)는 컴퓨터 스크린상에 있는 텍스트를 구어(口語)로 변환시켜 준다. 아울러 점자프린터(Braille printers)를 PC에서 이용할 수 있다. 심지어 시각장애를 지닌 학생들이 비선형적이고 그래픽 지향적인 웹에 접근할 수 있도록 해 주는 (비록 그러한 패키지들은 웹 페이지 개발자들이 자신들의 페이지에 쉽게 접근 가능하도록 설계되었을 때 가장 잘 작동하지만) 특수한 소프트웨어 패키지들이 있다.

또한 지체장애 학생들이 이용할 수 있는 다양한 특수 컴퓨터 입력장치도 있다. 예를 들어, 자판의 글쇠(key)가 상당히 큰 대체 키보드는 미세한 동작을 조절할 수 없는 사람들이 이용할 수 있다. 오늘날 사용되는 컴퓨터 운영시스템은 접근성을 위한 옵션이 내장되어 있다. 예를 들어, Microsoft *Windows*는 지체장애를 지닌 학생이 시프트(Shift)키와 컨트롤(Ctrl)키를 보다 쉽게 사용할 수 있도록 하기 위하여 스티키키(StickyKeys)라 부르는 특징을 가지고 있다. 스티키키가 활성화되어 있을 때(시프트키를 두 번 누르면 활성화됨), 사용자는 대문자를 입력하기 위해서 시프트키를 누른 상태에서 동시에 다른 키를 누를 필요가 없다. 또한 키보드가 정보를 선택하기 위하여 마우스 대용으로 사용될 수 있다. 아울러 음성인식 시스템은 컴퓨터를 음성으로 제어할 수 있을 뿐만 아니라 텍스트를 말로 입력할 수 있도록 해 준다. 중도 지체장애 학생의 경우, 어떤 간단한 스위치〔예: 손가락 움직임, 머리 움직임, 한 번 훅 불어 움직이는 스위치(puff switch)〕를 통해 컴퓨터에 입력할 수 있도록 해 주는 적응적(adaptive) 하드웨어와 소프트웨어 시스템이 있다. 특별한 시스템에 따라 다르지만, 그 스위치는 컴퓨터 운영시스템 내에서 어떤 옵션을 선택하거나(예: 실행할 애플리케이션 고르기), 어떤 애플리케이션 프로그램 내에서 옵션을 선택하거나, 입력할 문자나 혹은 전체 단어를 선택하는 것과 같은 것을 하기 위해 사용할 수 있다.

오늘날은 특별한 학생들의 요구를 충족시켜 주기 위한 다양한 옵션을 제공해 주는 많은 보조공학을 이용할 수 있다. 만약 여러분이 보조공학으로부터 혜택을 볼 수 있는 학생이라면, 학교의 특수교육 교사에게 말하라. 이러한 테크놀로지를 이용함으로써 특별한 요구를 지닌 학생에게 전혀 다른 세계를 만들어 줄 수 있다!

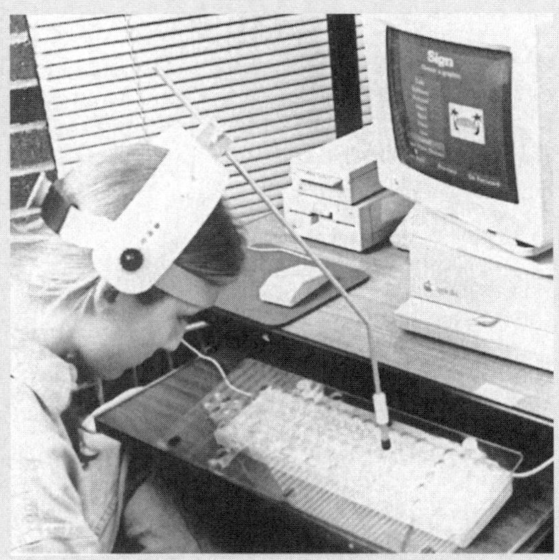

▲ 컴퓨터를 사용하여 작업하기 위해 보조공학 하드웨어를 사용 중인 학생

([그림 3-9] 참조). 디지털 비디오는 *Acid*, *Cakewalk*, *Sound Forge* 같은 프로그램을 사용하여 만들고 편집할 수도 있다. 여기에서 요지는 컴퓨터는 단지 정말로 교육을 위한 다용도 도구라는 것을 강조하는 것이다. 컴퓨터 애플리케이션은 우리가 생각할 수 있는 거의 모든 종류의 작업이나 미디어 생산물을 지원하기 위하여 존재하며, 미래에 개발될 새로운 애플리케이션은 우리가 현재 컴퓨터를 사용하여 할 수 있는 것보다 훨씬 더 많은 것을 할 수 있게 해 줄 것이다. 저자들은 이 책에서 논의되는 주제와 관련하여 유용하게 사용될 수 있는 다른 컴퓨터 도구에 관하여도 언급한다. 그러나 컴퓨터 도구의 목록은 계속해서 늘어나고 확장될 것이며, 향후 여러분이 그러한 컴퓨터 도구를 교실에서 어떻게 활용할 것인지는 기술적인 제약이 아닌 여러분의 상상력에 달려 있다는 것을 항상 염두에 두어야 한다.

테크놀로지 코디네이터 코너

한 교사는 대한초등학교의 경력 교사다. 여름방학 동안, 그 학교는 건물 내 모든 오래된 컴퓨터들을 Microsoft *Office* 최신 버전이 설치된 새로운 컴퓨터로 교체했다. 이제, 컴퓨터실뿐만 아니라 모든 교실에는 교사용 컴퓨터 한 대를 포함하여 몇 개의 컴퓨터가 있다. 학기가 시작되기 바로 전에, 그 학교는 교사들에게 새로운 컴퓨터와 이용 가능한 소프트웨어 애플리케이션에 대해 알려 주기 위하여 현직 워크숍을 개최했다. 많은 교사가 참여한 가운데 해당 교육구의 테크놀로지 코디네이터인 최 교사가 워크숍을 지도했으며, 교사들에게 Microsoft *Office*의 현재 버전과 교사들이 자신들의 업무를 위해 그 애플리케이션을 어떻게 사용할 수 있는지를 소개했다.

워크숍이 끝난 후, 한 교사는 최 교사에게 다가가서 그녀가 새로운 컴퓨터에 대해 느껴 왔던 개인적인 우려를 표명했다. 교육청에서 새로운 컴퓨터를 제공해 주는 것은 기쁜 일이지만, 그녀는 새로운 장비와 소프트웨어로 교체된 것에 대해 걱정했다. 그녀는 기존의 컴퓨터와 소프트웨어를 상당히 편안하게 사용할 정도가 되었지만, 새로운 컴퓨터와 *Office* 패키지에 대해 학습해야 한다는 것에 위압감을 느꼈다. 많은 다른 교사들처럼 그녀는 컴퓨터를 사용하는 방법을 배울 시간이 없다고 불평했다.

최 교사는 한 교사에게 새로운 컴퓨터를 활용하기 위한 접근법에 대해 상담해 주었다. 그는 한번에 한 단계씩 행하라고 조언했다. 그는 한 교사가 학생들을 위한 유인물과 다른 교수자료를 준비하기 위하여 *Word*를 사용하는 것과 같은 기본적인 것부터 시작하라고 권장했다. 그는 또한 대부분의 교사들이 아주 쉽다는 것을 알았던 또 다른 애플리케이션인 *PowerPoint*를 권장했다. 그러한 프로그램들을 편안하게 사용할 수 있게 된 후, 그는 한 교사에게 정보를 조직화하기 위하여 *Excel*을 사용해 볼 것을 권했다. 그는 그녀가 자신의 시간을 갖고 점차 새로운 소프트웨어를 익혀 나가라고 조언했다.

그는 그녀에게 새로운 것을 시도하는 것, 새로운 것을 사용하는 방법을 학습하기 위해 애플리케이션 속에 포함되어 있는 도움말을 사용하는 것, 그리고 물론 필요한 경우 다른 교사들이나 자신에게 물어보는 것을 두려워하지 말라고 조언했다. 그는 교사들이 처음부터 모든 것을 알 필요는 없다고 말했다.

최 교사는 또한 교실에서 도와주는 사람으로서 학생들을 이용하라고 조언했다. 교사는 항상 새로운 테크놀로지가 나왔을 때 전문가일 필요가 없다. 학생들과 교사들은 공동학습자가 될 수 있다. 학생들은 종종 테크놀로지를 매우 재빨리 선택하며 자신들의 컴퓨터에 대한 전문지식을 다른 학생들과 공유할 수 있는 기회가 주어지는 것을 좋아한다. 이러한 접근법을 촉진할 수 있는 교실전략은 소규모 학생집단에게 보고서를 준비하기 위하여 *PowerPoint*를 사용하는 것과 같은 프로젝트에서 함께 학습하도록 하는 것이다. 학생들이 하나의 집단으로 함께 학습할 때, 그들은 소프트웨어를 사용하기 위하여 서로 학습하는 것을 도와줄 수 있으며, 그렇게 함으로써 교사는 자신의 부담을 약간이나마 줄일 수 있다.

최 교사는 컴퓨터를 사용하여 학습할 때 가져야 할 가장 좋은 태도는 모험정신과 개방성이라고 말했다. 여러분이 학습하고 성장해 감에 따라, 여러분은 테크놀로지에 더욱더 익숙하게 될 것이며, 컴퓨터와 소프트웨어가 여러분과 학생 모두에게 혜택을 줄 수 있는 점점 더 많은 방법을 찾을 수 있을 것이다.

요 약

저자들은 이 장에서 교수 · 학습을 위한 컴퓨터 시스템과 컴퓨터 도구를 살펴보았다. 컴퓨터 시스템은 CPU, 내장형 메모리, 대용량 저장장치, 입/출력장치 등을 포함한 몇 가지 구성요소로 구성되어 있다. 이러한 구성요소는 컴퓨터를 사용하여 유용한 과제를 수행하기 위하여 함께 작동한다. 컴퓨터 시스템을 구입하기 위해 평가할 때, 시스템을 어디에 사용하고자 하는지의 활용 측면에서 이러한 구성요소를 살펴보아야 한다. 건강한 작업환경을 유지하기 위해 컴퓨터 위치와 구성요소의 활용에 대한 몇 가지 기본적인 규칙도 따라야 한다. 마지막으로, 컴퓨터 시스템이 가지고 있는 문제를 해결하기 위하여 몇 가지 기본적인 지침을 따라야 한다.

컴퓨터는 교육에서 세 가지 방식, 즉 교사로서의 컴퓨터, 학습자로서의 컴퓨터, 그리고 보조자로서의 컴퓨터로 사용될 수 있다. 보조자 역할로서, 여러 가지 중에서 가장 흔히 사용되는 컴퓨터 도구로는 워드프로세서, 그래픽 도구, 프레젠테이션 패키지, 데이터베이스, 스프레드시트, 원격커뮤니케이션 도구를 들 수 있다. 저자들은 각 유형의 소프트웨어의 공통된 특성을 기술했으며, 교사와 학생을 위한 전형적인 애플리케이션을 제시했다. 아울러 저자들은 장애를 가진 사람이 컴퓨터와 컴퓨터 애플리케이션을 활용할 수 있도록 보조하기 위하여 설계된 특별한 유형의 하드웨어와 소프트웨어인 보조공학에 대해서도 기술했다.

저자들은 이 장이 여러분에게 컴퓨터가 여러분 자신의 생산성을 위해(예: 교수를 설계 · 개발 · 평가하기 위해), 그리고 여러분의 교실에서 도구로 사용하기 위해 어떻게 시작할 것인지에 대한 많은 아이디어를 주었기를 바란다. 적절한 소프트웨어를 가지고 있는 컴퓨터는 많은 다양성을 지니고 있는 도구이기는 하지만 단지 하나의 도구일 뿐이라는 것을 명심하라. 이 장의 서두에서 기술한 회전식 다용도 도구처럼 컴퓨터는 많은 다양한 일을 할 수 있다. 그러나 컴퓨터가 모든 일에 적절한 것은 아니다. 마치 다용도 도구가 못을 박는 작업에는 썩 좋은 도구가 아닌 것처럼 컴퓨터는 학생이 손으로 필기하는 것을 학습하는 데 도움을 주지만 어떤 유형의 복잡한 사유와 문제해결

국가교육공학표준과의 연계

NETS와 연계

교사들을 위한 국가교육공학표준 중 몇 가지(예를 들어, I: 테크놀로지의 효과와 개념, III: 교수 · 학습 및 교육과정, IV: 사정과 평가, V: 생산성과 전문적 실천)는 **학생들의 학문적인 학습 수준뿐만 아니라 개인적인 생산성을 증진시키기 위하여 테크놀로지 도구들을 사용할 것**을 강조한다. 이러한 표준에 관해 살펴본 다음(교사용 자료 A 참조), 다음을 완성하라.

- 이 장에서 살펴본, 교사와 학생들이 사용하기 위하여 제안된 다양한 애플리케이션 소프트웨어를 사용하는 방법을 다시 한 번 검토하라. 여러분이 개인적으로 비슷한 방식으로 사용해 왔던 애플리케이션 도구 중 몇 가지에 밑줄을 그어라.
- 여러분이 배운 것을 적용해 볼 수 있는, 여러분이 완성한 구체적인 프로젝트와 최종 산출물을 제출하기 위한 방법에 관해 곰곰이 생각하라.
- 여러분의 저널에, 테크놀로지가 그 프로젝트를 완성하는 데 끼친 영향에 관하여 기술하라. 또한 만약 여러분이 특정 소프트웨어와 하드웨어에 활용할 수 없었다면, 여러분이 완성한 산출물은 얼마나 다를 것인지를 생각해 보라.

학습 상황에서는 특별히 효과적이지 않을 수도 있다. 컴퓨터는 많은 것을 할 수는 있지만, 모든 것에 적합한 것은 아니다. 모형만들기처럼 교수 · 학습 상황에서 이용 가능한 도구를 적절하게 사용할 때와 방법을 아는 것이 중요하다. 저자들은 이 책에서 학생의 학습을 도와주기 위해 교수를 계획하고 실행하는 최상의 방법을 면밀히 살펴봄으로써 컴퓨터가 여러분과 학생에게 유용한 도구로 사용될 수 있는 방법을 강조할 것이다.

추천 자료

CD 자료

학습내용의 기억과 전이를 돕기 위해, 이 책에 동봉된 CD 안에 있는 제3장의 성찰적 사고를 위한 질문 및 활동을 읽어 보라〔장에 대한 정보와 활동(Chapter info and Activities) ≫ 제3장(Chapter 3) ≫ 성찰적 사고를 위한 질문 및 활동(Reflective Questions and Activities)〕.

또한 이 장의 CD 안에는 관련 지도서(tutorials), 인터넷 웹사이트, 국가교육공학표준과의 연계 연습문제, 이 책의 저자들의 이메일 주소에 대한 정보가 수록되어 있다.

웹사이트 자료

이 책의 웹사이트(www.prenhall.com/newby)에 접속하여 제3장과 관련된 학생의 질문과 저자들의 답변을 실어 놓은 질의응답 코너를 읽어 보라. 질문이 있으면 저자들에게 직접 보내도 좋다. 이 장에 관한 저자들의 프레젠테이션도 볼 수 있으므로, 이 장의 내용에 관한 저자들의 견해도 살펴보라.

인쇄 자료

Newby, T. J. (2004). *Teaching and learning with Microsoft Office and FrontPage: Basic building blocks for computer integration*. Upper Saddle River, NJ: Merrill/Prentice-Hall.

Shelly, G. B., Cashman, T. J., & Gunter, R. (2002). *Teachers discovering computers, integrating technology in the classroom* (2nd ed.). Boston, MA: Thompson Learning.

Smaldino, S. E., Russell, J. D., Heinich, R., & Molenda, M. (2005). *Instructional technology and media for learning* (8th ed.). Upper Saddle River, NJ: Merrill/Prentice-Hall.

Tylor, R. (1980). *The computer in the school: Tutor, tool, and tutee*. New York: Teachers College Press.

White, R., & Downs, T. (2003). *How computers works* (7th ed.). Indianapolis, IN: Que Publishing.

전자자료

http://www.abledata.com/
(보조공학에 대한 AbleData 정보)

http://www.actden.com/
(널리 사용되는 소프트웨어를 위한 Digital Education Network의 온라인 지도서)

http://dir.yahoo.com/Computers and Internet/
(Yahoo의 컴퓨터와 인터넷 디렉터리)

http://www.howstuffworks.com/category.htm?cat=Comp
(How stuff works: computers)

http://www.factmonster.com/jpka/A0774696.html
(Fact Monster: how computers work)

http://www.healthycomputing.com
(Healthy Computing)

http://www.microsoft.com/learning/default.asp
(Microsoft Learning site)

제2부

테크놀로지 향상 학습경험 계획

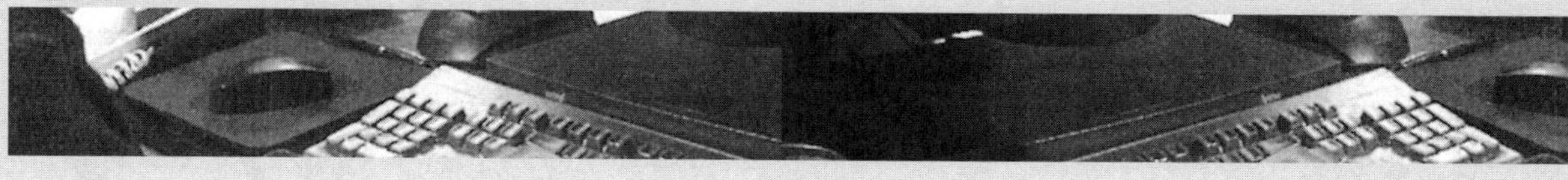

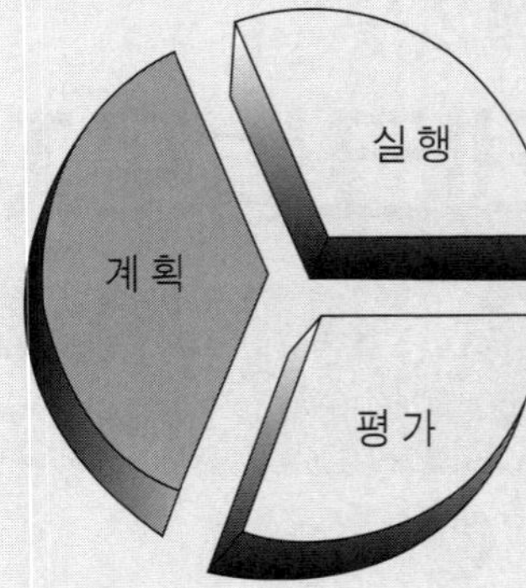

Webster의 『New World Dictionary』에는 **계획**(plan)을 '어떤 일을 실행하기 위해 미리 자세한 방법을 명확하게 하는 것' 이라고 정의되어 있다. 계획은 인생의 자연스러운 한 부분이다. 우리는 앞으로 일어날 사건에 어떤 영향력을 행사하기 위해, 우리가 원하는 방향으로 일이 진행되도록 하기 위해 계획을 세운다. 비록 계획이 성공을 보장하지는 못한다 할지라도, 가끔은 실패를 피할 수 있게 해 준다. 계획은 다음과 같은 다양한 형태를 취한다.

- 요리 레시피는 준비한 요리가 필요한 재료와 요리기구를 사용하여 정확한 시간 동안 만들어졌는지 확인하는 데 도움이 된다.
- 여행 계획표는 여행이 제한된 시간 내에 보고 싶은 것, 하고 싶은 모든 것을 포함하였는지 확인하는 데 도움이 된다.
- 예산안은 사용한 비용과 사용 가능한 용돈에 대한 수입을 확인하는 데 도움이 된다.
- 식료품 목록은 쇼핑할 때 필요한 품목을 구입하도록 확인하는 데 도움이 된다.

제2부는 교수 · 학습에 대한 계획을 다룬다. 저자들의 목적은 두 부분으로 나뉜다. 즉, 효과적인 계획이 효과적인 교수를 위한 중요한 부분임을 확인하는 것과 효과적인 계획을 위한 실제적인 지침을 제공하는 것이다.

계획은 제1장에서 설명한 PIE 모형의 첫 번째 부분이다. 교수안은 수업의 실행과 평가 단계에서 무슨 일이 발생하는지를 모두 나타낸다. 교수에 대한 계획을 가지고 있다면, 그 계획 범위 내에서 수업을 실행할 수 있다. 만약 수업을 실행하였다면, 학생들이 배운 것을 참고하여 수업의 효과성을 평가할 수 있다.

교수계획은 다음과 같이 세 부분으로 구성된다.

① **계획의 개발:** 계획의 개발(제4장)은 학생의 중요한 특성 확인, 수업에서 의도하는 교수목표의 세분화, 학습환경과 관련된 특징의 상세화와 관련된다. 학습을 보장하는 교수활동 개발은 제5장에서 논의한다.

② **교수방법과 교수매체 확인:** 다양한 교수방법(제6장)과 교수매체(제7장)는 학생들이 학습 상황에서 어떻게 경험하는지에 영향을 줄 수 있다. 학생의 다양성, 시간과 예산의 실제적인 제약뿐만 아니라 다양한 학습내용 때문에 활용 가능한 다양한 교수방법과 교수매체를 인식하는 것은 필수적이다. 이러한 선택사항과 함께, 각 교수방법과 교수매체에 대한 장점과 제한점, 가장 적합한 교수방법과 교수매체를 어떻게 선정하는지에 대해 논의한다.

③ **교수자료의 선정, 수정, 개발:** 제8장에서는 교수계획을 수행하는 데 필요한 교수자료의 수집과 개발 과정에 대해 논의한다. 시간과 예산이라는 제약조건 속에서 교수자료의 준비와 관련된 실제적인 관점과 쟁점(예: 저작권)을 설명한다.

제2부는 이 책의 매우 흥미 있는 부분으로 창의성, 문제해결력, 성찰을 촉진한다. 교수의 예술적인 측면은 학생들이 무엇을 경험하게 되고, 이러한 경험을 통해 학생들이 어떻게 학습하게 되는지를 계획하고 개발하는 것과 관련된다고 많은 이들이 말한다. 제2부는 학생들의 성공을 보장하는 학습경험을 어떻게 만들 수 있는가에 초점을 둔다.

제4장

테크놀로지와 교수 상황: 학생, 교수목표, 학습환경 이해

핵심어와 개념

사회화
사회경제적 지위
문화
민족성
선수조건
동기
학습양식
특별한 요구
테크놀로지 사용능력
교수목표
수행
조건
준거
학습환경

학습목표

이 장은 다음 사항을 목표로 한다.

- 교수계획의 과정을 개관할 수 있다.
- 학생집단의 중요한 특징을 확인하고, 이러한 특징이 교수공학의 활용에 어떠한 영향을 미치는지 증명할 수 있다.
- 교수계획에서 다양성이 어떻게 이점으로 활용될 수 있는지에 대해 설명할 수 있다.
- 자신이 선택한 수업의 교수목표를 구체화할 수 있다.
- 적합한 학습환경의 특징을 확인할 수 있다.

머리말

앞으로 몇 개의 장을 통해서 교수계획 과정의 구성요소에 대해 설명하는데, 각 장별로 계획 과정 구성요소 중 하나를 설명할 것이다. 우선, 교사 한 명을 소개하고자 한다. 노 교사는 교외의 초등학교에서 사회과목을 가르친다. 그는 교사 경력이 8년 되었는데, 1년간 대체 교사로 근무한 후에 현재 있는 학교에서 7년 근무했다. 노 교사는 학생들과 함께 공부하는 것을 좋아하고 학생들도 그를 좋아하는 것으로 보인다. 그는 자신의 과목을 잘 알고 있으며, 학생들이 함께 공부하는 수업과 다양한 '재미있는' 활동을 포함하는 수업을 하는 데 능숙하다.

노 교사가 대학을 다닐 때, 교수공학은 상대적으로 새로운 학문이었다. 그러나 그는 수업에서 학생들의 동기를 유발하고 학습을 돕기 위해 테크놀로지를 활용하는 등의 매우 흥미 있는 몇 가지 일을 했다. 노 교사는 교수공학을 활용하기가 더 좋아지고 쉬워져서 지금이 자신의 수업에 테크놀로지를 더 많이 적용하기에 적합한 시기라고 결론을 내렸다. 노 교사의 계획은 6학년 사회과 과목에서 시작될 것이다.

이 장의 끝부분에서 노 교사의 이야기를 다시 할 것이다. 먼저, 교수계획 과정에 대한 개요를 설명하고 이 과정의 첫 번째 요소인 학생, 교수목표, 학습환경에 대해 설명할 것이다. 이 세 가지 요소는 교수계획을 위한 기초가 된다. 교수란 일반적으로 특정 학생이 특정 학습환경에서 특정 교수목표를 달성하도록 돕는 활동과 관련된다. 따라서 학생, 교수목표, 학습환경에 대한 정보는 교사가 계획을 개발하는 데 활용해야 하고, 계획은 학생이 학습하는 특정 상황에 부합해야 한다.

교수계획 개관

제1장에서 **학습**(learning)은 경험을 통해 새로운 지식과 기술을 습득하는 과정이라고 하였다. **교수**(instruction)는 교수정보, 교수활동, 교수방법과 교수매체에 대한 계획적인 준비를 통해 학생의 학습을 돕는 과정이다. **교수설계**(instructional design)는 이론적인 원리의 실제적인 적용을 통해서 교수를 위한 계획을 개발하는 과정이다(제2장에서 몇 가지 원리를 설명하였다).

교수설계는 때로 '합리적(rational)'인 과정이거나 목표 우선적인(objectives-first) 과정(Hunter, 1982)으로 설명되는데, 계획의 요소들이 교수목표를 시작으로 미리 규정된 순서에 따르기 때문이다. 그러나 교사들이 자신의 수업을 계획할 때 목표 우선적인 순서를 항상 따르는 것은 아니다. 교사들이 목표를 구체화하는 것부터 시작할 수도 있고, 다음의 일부터 시작할 수도 있다.

- 연습활동 만들기
- 포함한 교육내용 개관하기
- 학생의 기존 지식 확인하기
- 평가 문항 개발하기
- 적합한 컴퓨터 활동 선정하기

교사들은 자신의 계획에서 아직 남아 있는 요소를 개발하는 데 동일한 순서를 따를 수 있다. 이러한 융통성을 반영하기 위해, 교수계획이 퍼즐 맞추기와 비슷하다고 제안한다. 그림을 완성하기 위해서는 퍼즐의 각 조각들이 서로 맞아야 하지만, 각 조각을 맞추는 순서가 특별히 중요한 것은 아니다. [그림 4-1]에서 보는 것처럼 계획 과정은 9개의 주요 조각들로 구성된다.

'퍼즐'은 교수계획에 중요한 네 가지 원리를 제시한다.

① 교수계획은 체계적인 과정이다. 계획의 각 요소들이 다른 요소들과 조심스럽게 연결된 논리적이고 조직적인 과정이다.

② 교수계획은 융통적인 과정이다. 요소들의 순서는 한 상황에서 다음 상황으로 달라짐에 따라 변할 수 있다.

③ 교수계획은 역동적이고 상호작용적인 과정이다. 계획의 한 요소를 개발하는 동안 일어나는 의사결정은

[그림 4-1] 교수계획 '퍼즐' 조각들

다른 요소의 결정에 영향을 줄 것이다. 이는 이미 내린 결정을 다시 고려할 수도 있고, 심지어는 바꿀 수도 있음을 의미한다.

④ 이러한 과정의 결과, 학습을 촉진하기 위해 함께 작용하는 요소들로 구성된 일관된 계획이 된다.

학 생

교수목적이 특정 학생의 학습을 돕는 것이기 때문에 학생에 대한 논의부터 시작하고자 한다. [그림 4-1]에 나타난 것처럼 학생에 대한 지식은 계획 퍼즐에서 하나의 중요한 조각이다. 교사로서 여러분의 도전은 **모든**(all) 학생이 원하는 학습목표에 도달하도록 돕는 것이다. 그러나 다음의 학생 특징을 먼저 고려한다면, 교수계획 개발이 더욱 쉬워질 것이다.

- 성(gender)
- 사회경제적 지위
- 문화와 민족성
- 학습내용에 대한 기존 지식
- 동기
- 학습양식
- 특별한 학습 요구
- 테크놀로지 사용능력

이러한 특징에 대한 폭넓은 논의는 이 책의 범위를 넘어선다. 저자들의 목적은 교수계획에 영향을 주는 학생의 특징을 간략히 설명하는 것이다. 보다 많은 정보는 제4장의 마지막에 있는 추천자료 목록을 통해 확인할 수 있다.

성

우리가 어렸을 때, 남자와 여자는 다른 점보다는 비슷한 점이 더 많았다. 그러나 성숙해지면서 서로 다른 점이 나타난다. 예를 들어, 사춘기(약 11, 12세)가 시작되면서 남자들은 키가 더 크고 힘이 더 강해진다. 또한 남자들은 신체적으로 더욱 공격적인 반면, 여자들은 보다 감정적이고 사회적 관계에 관심을 갖는다. 남자들은 자신의 성공을 능력(난 똑똑해!) 측면에서, 실패를 노력(내가 열심히 하지 않았어.) 측면에서 설명하려고 한다. 반면, 여자들은 자신의 성공을 노력(내가 그걸 얻을 때까지 노력하겠어.) 측면에서, 실패를 능력(난 과학에 소질이 없어.) 측면에서 설명하려고 한다(Deaux, 1984).

이러한 차이는 부분적으로 생물학적인 결과다(남자들은 테스토스테론이라는 호르몬 수치의 증가로 더욱 강하게 된다). 그러나 대부분은 우리가 살고 있는 사회의 규칙, 규범과 기대를 배우는 과정인 **사회화**(socialization)의 결과다. 일반적으로 남자와 여자는 부모, 동료, 교사, 대중매체로부터 서로 다르게 대우받는다. 그 결과 남자들은 남자로서 적합한 것을 학습하는 반면, 여자들은 여자로서 적합한 것을 학습하게 된다. 예를 들어, 남자들은 독립적이고, 경쟁적이며 논리적인 것에 강화된다. 그 결과, 남자들은 과학 교과목과 기술자, 전기기사 같은 직업에 몰두한다. 반면, 여자들은 협동적이고, 인정적이며, 예술적인 것에 강화된다. 그 결과, 여자들은 사회과목과 도서관 사서, 간호사 같은 직업에 몰두한다.

성과 관련된 이러한 고정관념은 과거 20년 동안 감소되었지만 여전히 존재하며, 모든 학생에게 영향을 미친다. 그러나 그들이 성장할수록 남자와 여자 사이에 학문적인 능력에 대한 실질적인 차이가 거의 존재하지 않음을 기억할 필요가 있다. 남자 집단과 여자 집단의 지능검사 점수는 비슷하다. 사회화가 남자와 여자를 서로 다른 교과 영역과 교수방법을 선호하도록 유도하지만, 그들은 모든 교육내용 영역에서 동일한 **학습능력**을 가지고 있다.

사회경제적 지위

사회경제적 지위(SES)는 가족 수입, 부모 직업, 부모의 교육 정도 등 다양한 요인을 포함하는 개념이다. 일반적으로 부모의 교육 정도가 높을수록 그들은 보다 '전문적'인 직업을 갖게 되고, 많은 돈을 번다. 따라서 그 가족의 사회경제적 지위가 더욱 높아진다. 사회경제적 지위는 표준화 검사 점수, 성적, 무단결석, 중도 탈락률로 측정하는 학교에서의 '성공' 과 지속적인 관련이 있기 때문에 주의를 기울일 가치가 있다(Macionis, 1997). 사회경제적 지위는 가족 내에서 일어나는 부모-자녀 간 상호작용을 본질로 하기 때문에 다양하다. 일반적으로 사회경제적 지위가 높은 부모는 학교 밖에서 일어나는 다양한 교육적 경험(예: 여행, 음악 레슨, 박물관 관람 등)을 자녀들에게 보다 많이 제공하려고 한다. 학교 밖에서 일어나는 이러한 교육적 경험은 자녀들의 학교활동과 과외활동에 관련되며, 가치 있는 교육과 의사소통은 자녀에게 소중하게 된다. 사회경제적 지위는 학생들이 학교에서 테크놀로지를 가지고 하는 경험에도 영향을 준다.

그러나 이는 일반적인 사실이며, 반드시 사회경제적 지위가 높은 가정에만 국한되지 않는다는 것을 알아야 한다. 물론 사회경제적 지위가 낮은 부모가 그들의 자녀 교육을 지원할 능력이 없거나 또는 지원하려고 하지 않는다고 쉽게 판단할 수 있다. 그러나 이러한 생각이 모두 옳은 것은 아니다. 사회경제적 지위가 낮은 많은 부모도 높은 교육적 기준을 유지하고, 자녀들의 학교활동에 적극적으로 참여하며, 자녀들을 박물관에도 데려가고, 다양한 과외활동에 참여하도록 자녀들을 격려한다. 또한 모든 가정은 기본적으로 나름의 '가족이나 개인의 기능을 위해 기본적으로 필요한 역사적으로 누적되고 문화적으로 개발된 지식과 기술' (Moll, Amanti, Neff, & Gonzalez, 1992)을 가지고 있다.

비록, 내용은 다르더라도, 이러한 '지식자본(funds of knowledge)' 은 학교의 경험과 가정의 경험을 연결함으로써 자녀들의 학습에 도움을 줄 수 있다. 예를 들어, 농장 자녀들은 과학과목과 관련된 식물과 동물에 대한 정보를 얻기 쉽다. 경찰관 자녀들은 사회과목과 관련된 법률과

국가교육공학표준과의 연계

NETS와 연계

국가교육공학표준 여섯 부분(I, II, III, IV, V, VI) 각각은 **수업에 대한 계획을 촉진하기 위해 다양한 자원에서 정보의 위치를 확인, 수집, 평가하고 학생 요구, 다양성 확인, 학생의 학습 극대화를 궁극적으로 설명하기 위해 테크놀로지를 활용**하는 것에 대해 설명한다. 학생, 교수목표, 학습환경이 모두 다르다는 것은 교사에게 도전감을 주며, 이는 제3장에서 설명한 테크놀로지 소프트웨어 도구를 반영하게 한다. 테크놀로지의 잠재적인 역할에 대해 깊이 생각해 보고 다음의 내용을 고려해 보자.

- 개별 학생에게 필요한 관련 정보를 교사는 어떻게 수집하는가?
- 수집한 정보는 어떻게 유용하게 사용될 수 있으며, 부담스럽거나 혼란스럽지 않은가?
- 수집한 정보는 학습경험 계획, 실행, 종료 후에 얼마나 유용한가? 수업 계획, 실행, 평가의 각 단계에서 테크놀로지의 잠재적인 역할은 무엇인가?

▲ 다양한 배경과 경험이 교실에서 다양성을 만든다.

법원에 익숙할 수 있다.

교사가 수행하는 다음 활동을 통해 교수계획에 도움이 되는 다양한 '지식자본'을 이해하는 것이 중요하다.

① 가정에서 자연스럽게 일어나는 독특한 학습경험을 끌어들인다.

② 일상적인 활동을 통해 자녀들의 교육과 직접적으로 관련된 활동을 할 수 있는 기회를 부모에게 제공한다.

③ 학생들이 가족과 자신이 속한 공동체 내에서 자존심을 유지하도록 돕는다.

④ 과목에 따라 다양한 접근방법을 제공하여 학급 내 모든 학생의 학습이 향상되게 한다.

문화와 민족성

문화(culture)는 사회집단을 특징짓는 태도, 가치, 관습 및 행동양식과 관련된다(Banks, 1997). 더불어 문화의 일부분인 **민족성**(ethnicity)은 조상이나 자신이 태어난 국가와 개인을 동일시하는 방식과 관련된다(deMarrais & LeCompte, 1999). 미국 내에는 아프리카계 미국인, 라틴 아메리카계 미국인, 아시아계 미국인, 아메리카 원주민을 포함하는 많은 민족집단과 이탈리아인, 폴란드인, 이스라엘인, 인도인 등의 많은 이민집단이 있다.

대부분의 경우에 미국 학교는 백인, 중산계급, 미국인 주류문화를 기본으로 한다. 서로 다른 문화적 배경을 가진 학생들은 '문화적 불일치(cultural mismatch)'를 경험하게 되고(Ormrod, 1995), 가정문화와 학교문화 사이에서 중요한 모순을 겪는다. 이는 그들이 기대하는 것이나 기대했던 것에 대해 혼란을 야기하게 되어, 결과적으로 학생의 학업성취를 감소시킨다. 교사들은 때로 학생의 행동을 보는 자연적인 인간 경향성이나 자신만의 문화적인 창을 통해 문화적 불일치에 기여한다. 이때 잘못된 해석의 결과는 교사들이 소수 학생들의 능력이나 동기가 부족하다고 결론 내리도록 유도한다. 교사들이 매우 잘못 해석하고 있는 다음의 사례를 생각해 보자.

- 교사와 대화를 하는 동안, 학생이 눈을 마주치지 않고 아래만 본다. 교사는 이러한 행동을 학생이 지루해하거나 주의를 집중하지 않는 것으로 해석한다. 그러나 어른과 눈을 마주치는 것을 무례한 것으로 해석하는 문화의 학생일 수 있다.
- 질문에 대답하는 데 오랜 시간이 걸리는 학생이 있다. 교사는 이러한 행동을 학생이 질문을 이해하지 못했거나 정답을 알지 못하는 것으로 해석한다. 그러나 학생이 집에서 영어가 아닌 다른 언어를 사용하기 때문에 질문을 번역할 시간이 필요할 수 있다.

사회경제적 지위처럼 학생의 문화와 민족성을 알면 교수계획이 촉진된다. 왜냐하면 이는 학생의 태도와 경험, '지식자본'을 이해하고 조절하는 데 도움이 되기 때문이다. 예를 들어, 문화적 불일치는 몇몇 문화에서 특히 두드러지게 나타날 수 있다. Ogbu(1992)는 미국에 자발적으로 이주해 온 민족집단(이스라엘인이나 베트남인), 자신들의 의지와는 무관하게 미국에 들어와 살게 된 집단(아프리카계 미국인), 정복당한 집단(아메리카 원주민)을 구별한다. '비자발적인 소수민족'에 속하는 학생들은 '저항문화(resistance cultures)'를 형성하게 되고(Ogbu & Simons, 1998), 학교생활에서의 성공은 자신들의 토착문화를 거부하는 것으로 인식한다. 그 결과, 비자발적인 소수민족 학생들은 낮은 성적, 학문적 어려움, 높은 중도 탈락률을 경험하게 된다. 교사들은 이러한 문제를 해결하기 위하여 소수민족 학생들과 신뢰를 쌓기 위해 더 많이 노력해야 하고, 학생 교육에서 부모나 문화적 공동체 구성원들과 관련된 문화적으로 민감한 수업을 제공해야 한다.

내용에 관한 기존 지식

학습내용에 대한 기존 지식은 학생들이 교수를 시작할 때 이미 알고 있는 것과 관련된다. 여기에는 두 가지 질문이 관련된다. 학생들이 이 교수를 시작할 준비가 되었는가? 그들은 원하는 목표를 이미 성취하였는가? 첫 번째 질문을 이해하려면 **선수조건**(prerequisites)이라는 개념을 이해하는 것이 중요하다. 다음에서 논의하겠지만, 교수목표는 교수가 **끝난 후**(end) 학생들이 가지고 있어야 하는 지식으로 정의한다. 반면에 선수조건은 교수를 **시작할 때**(beginning) 학생들이 가지고 있는 지식으로 정의한다. 학생들이 필요한 선수조건을 가지고 있지 않을 때, 그들은 교수를 진행하는 동안 힘든 시간을 보낸다. 학습은 누적적인 활동이고, 이는 두 가지 의미를 내포하는데, 첫째는 모든 교수는 사실상 선수조건이 있음을 의미한다. 한 수업의 목표는 때로 다음 교수의 선수조건이 된다. 둘째, 학생들이 이미 알고 있는 내용을 찾아내는 것은 교수계획에 도움이 됨을 의미한다. 왜냐하면 기존 지식을 토대로 교수를 만들도록 하기 때문이다.

나눗셈 단원에 대한 교수계획을 가정해 보자. 나눗셈에 대한 선수조건은 뺄셈과 곱셈이다. 나눗셈을 효과적이고 효율적으로 학습하려면 뺄셈과 곱셈을 할 수 있어야 한다. 이러한 선수조건 기능이 부족한 학생들은 나눗셈을 학습할 수 없다. [그림 4-2]는 이러한 선수조건이 나눗셈보다 앞에 나오는 순서를 나타낸 것으로, 사전 지식이 서로 다른 세 학생을 대표적으로 보여 준다. 첫 번째 학생인 찬휘는 뺄셈을 익혔지만, 곱셈을 알지 못한다. 그가 나눗셈을 행하기는 힘들다. 찬휘는 선수조건을 모두 갖추지 않았기 때문에 아직 준비가 되지 않았다. 따라서 그는 혼란에 빠지기 쉽다. 두 번째 학생인 영희는 모든 선수조건을 가지고 있다. 그녀는 뺄셈과 곱셈을 하는 방법은 알지만, 나눗셈을 하는 방법은 아직 모르지만 시작할 준비가 되어 있다. 세 번째 학생인 준오는 선수조건을 이미 넘어섰다. 그는 뺄셈과 곱셈을 하는 방법을 알고 있고, 몇 가지 상황에서는 나눗셈하는 방법도 알고 있다. 찬휘처럼 준오도 혼란에 빠질 수 있는데, 그 이유는 서로 다르다. 그가 이미 알고 있는 내용을 제시하기 때문에 지루해하기 쉽다.

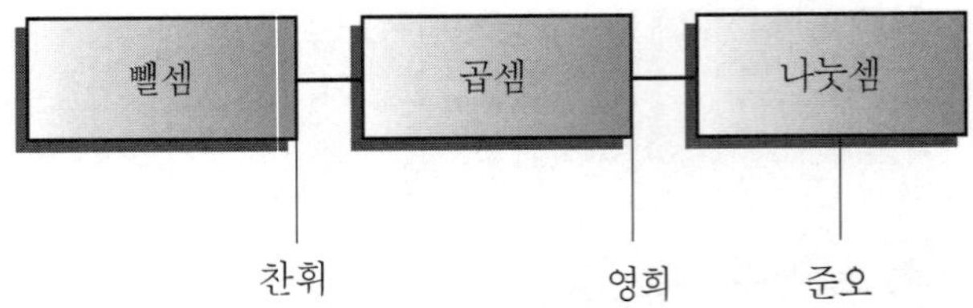

[그림 4-2] 사전 지식의 개념에 관한 예

동 기

동기(motivation)는 '목표 지향적인 활동을 유발하고 유지하는 과정' (Pintrich & Schunk, 1996)과 관련된다. 동기는 능력과 구분되는 것으로, 사람들이 무엇을 **할 수 있는 것**(can)이라기보다는 무엇을 **하고자 하는 것**(will)으로 정의된다(Keller, 1983). 동기는 인간활동에 보편적으로 영향을 준다. 특정한 관계를 유지하고, 특정한 직업을 갖고, 특정한 장소에 가거나 특정한 활동에 몰두하도록 동기화된다. 동기는 학생들이 원하는 특정 교수목표를 강조하고, 이러한 목표에 도달하도록 학생들의 노력을 증대시킴으로써 학습에 직접적으로 영향을 준다.

동기는 내재적 동기와 외재적 동기로 구분할 수 있다. **내재적**(intrinsic) 동기는 신기함, 과제에 대한 도전과 같이 경험이나 과제 그 자체에 의해 만들어진다. **외재적**(extrinsic) 동기는 성적, 인정과 같이 경험이나 과제와 직접적으로 관련되지 않은 요인에 의해 만들어진다. 내재적

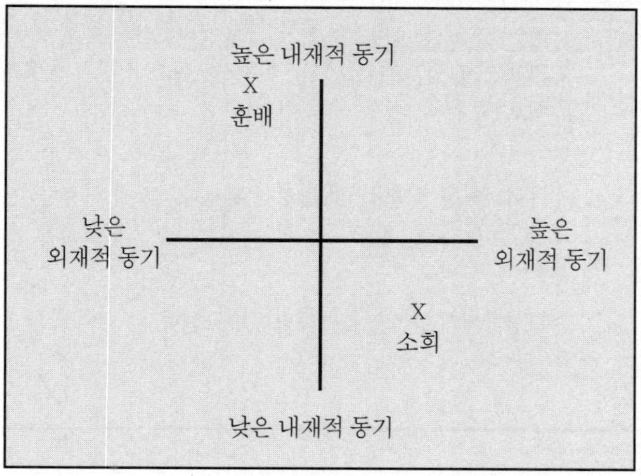

[그림 4-3] 동기의 내재적 영역과 외재적 영역

동기와 외재적 동기는 때로 하나의 연속선상의 반대편에 위치하는 것으로 생각된다. 그러나 실제로는 [그림 4-3]처럼 두 가지의 서로 다른 차원이 있다.

[그림 4-3]처럼 주어진 활동에 대해 학생들의 내재적 동기가 높은 수준, 중간 수준, 낮은 수준, 외재적 동기가 높은 수준, 중간 수준, 낮은 수준으로 나타내는 것이 가능하다. 동기는 학생마다, 활동마다 달라질 수 있다. 훈배와 소희가 학교 토론에 참여한 상황을 예로 들어 보자. 훈배는 토론 자체가 즐겁기 때문에(내재적 동기) 참여하는 반면, 소희는 그것이 대학 지원에 유리하게 작용할 것(외재적 동기)이라는 생각에 참여한다. 동시에 훈배는 그가 할 수 있는 모든 상황적 토론에 참여하지만, 사회정책과 관련된 문제에 대해서는 흥미가 없을 수 있다. 내재적 동기와 외재적 동기는 모두 유용하다. 그러나 일반적으로 내재적 동기가 학습에 보다 효과적이다. 내재적으로 동기화된 학생들은 교수자료에 대한 자신들의 자연스런 관심 때문에 더욱 열심히 학습하게 된다.

학생의 동기를 알고 있으면 교수계획에 도움이 되는데, 이는 수업에 대한 외재적 요구나 내재적 요구를 추가하는 데 도움이 되기 때문이다. 보다 구체적으로, 동기를 알고 있으면 어떤 강화 유형(제2장 참고)이 개별 학생에게 효과적인지를 결정하는 데 도움을 줄 것이다(외재적 동기). 또한 다음 내용을 포함하면, 내재적으로 동기화된 교수활동을 만드는 데 도움이 될 것이다(Eggen & Kauchak, 2001).

- 도전: 활동의 난이도 수준을 개별 학생의 요구에 부합하게 즉시 조절하고 피드백을 제공한다.
- 통제: 학생의 활동 속도를 조절하고, 학생이 받는 도움의 양과 유형에 변화를 줌으로써 학생이 자신의 학습을 통제하도록 허용한다.
- 호기심: 학생에게 독특하고 신기하면서 이미 가지고 있는 생각과 일치하지 않는 다양한 상황을 제시한다.
- 자신감: 학습의 성공에 도움이 되고, 자신의 능력에 대한 자신감을 개발할 수 있는 안내와 도움을 제공한다. 그렇게 함으로써 보다 어려운 다른 활동에 대한 흥미를 높인다.

학습양식

학습양식(learning style)은 학습, 문제해결, 정보처리에 대한 학생들의 접근방식과 관련된다(Snow, Corno, & Jackson, 1996). 이러한 학습양식을 분류하는 데는 다양한 방법이 있다. 학습양식에 대한 한 가지 간단한 방법이 새로운 정보를 처리할 때 학생이 선호하는 감각채널을 고려하여 시각적, 청각적, 감각운동적으로 분류하는 것이다. 다음 표에서 볼 수 있는 것처럼 학생이 선호하는 감각적 채널을 알고 있다면 수업을 계획하는 데 도움이 된다.

지금부터 이 정보에 대한 몇 가지 중요한 주의사항을 순서대로 제시한다. 첫째, 이 분류방식은 서로 배타적이지 않다. 한 가지 채널이 다른 채널에 비해 보다 강하고 자주 사용된다 하더라도, 모든 학생은 기본적으로 세 가지 감각채널을 모두 사용할 것이다. 둘째, 학습양식에 대한 가치판단은 불가능하다. 예를 들어, 시각적 학생이 청각적 학생에 비해 더 똑똑하거나 우수하다고 할 수 없다. 그들은 단지 서로 다를 뿐이다. 사실, 이러한 학습양식이 학생들을 규정짓거나 범주화하는 데 사용되어서는 안 되며, 대신에 다음 내용을 제공하는 역할을 해야 한다.

- 학생들은 서로 비슷하지 않다. 학생들은 선호하는 감각채널이 서로 다르다. 학생들이 우리와 다르다는 것

	특성	테크놀로지적 사고
시각적 학생	• 보는 것을 통해 가장 잘 학습한다. • 공간적 관계에 유능하다. • 정보를 기억하기 위해 이미지나 색상을 활용한다.	그래픽, 그림, 애니메이션, 비디오나 다른 시각적 유형의 정보를 제시한다.
청각적 학생	• 듣는 것을 통해 가장 잘 학습한다. • 어학 기능에 강하다. • 이해의 방법으로 남의 생각을 묻거나 이야기한다.	아이디어를 설명하거나 말하기 위해 오디오를 사용한다.
감각 운동적 학생	• 자신이 수행하는 것을 통해 가장 잘 학습한다. • 통합을 잘한다. • 자신의 환경을 신체적으로 탐색한다.	학생들에게 항목을 조작하도록 요구한다.

은 중요하다. 우리가 선호하는 감각채널이 학생들이 선호하는 감각채널이 아닐 수도 있다.

- 학생들의 이러한 차이를 수용하기 위하여 수업이 변할 수 있다. 이것이 교육공학의 장점이 된다. 테크놀로지는 다양한 감각채널의 활용에 특히 유용하다. 테크놀로지는 모든 학생의 학습을 돕기 위해 텍스트, 그래픽, 오디오, 비디오와 '실제(hands on)' 활동을 조합하게 한다.
- 학생들이 가장 잘 학습하는 방법을 이해할 수 있도록 도와주어야 한다. 여기에는 어떤 감각채널이 학생에게 가장 효과적인지 이해하도록 돕는 것과 나머지 감각채널을 개발하도록 돕는 것이 포함된다.

특별한 요구

학생은 개인이며, 다양한 측면에서 서로 다르다. 때로 학생들은 동료들과도 매우 다르며, 자신의 교육적 잠재력에 도달하기 위해 특별한 교육적 서비스를 필요로 한다. 최근 이러한 학생들에 대해 **통합교육**(mainstream)을 실시하려는 노력이 증대되고 있다. 통합교육은 **특별한 요구**(special needs)가 있는 학생과 그러한 요구가 없는 일반 학생을 정규학급에서 함께 교육받도록 하여, 모든 학생에게 동일한 교육기회를 보장하는 것이다. 동시에, 학생 개인의 교육적 잠재력에 도달할 수 있는 학교 경험을 제공하기 위해 이들의 특별한 요구를 확인하려는 노력이 증대되고 있다.

점검사항

학습양식과 교수

CD에 있는 학습양식 측정 검사를 하나 이상 완성하라〔장 소개와 활동(Chapter info and Activities)≫4장(Cahpter 4)≫실시간 연결(live links)≫학습양식 측정도구(learning styles Inventories/Assessements)〕. 본인이 선호하는 학습양식에 대한 설명을 확인하라. 자신을 정확하게 표현한다고 생각하는가? 가장 잘 학습할 수 있는 방법에 대해 어떤 새로운 정보가 있는가?

측정도구를 친구나 가족들에게 보내라. 측정한 내용을 보내 주면, 그들에게 결과를 말해 주어라.

이제, 친구와 가족들로 구성된 학급에서 제2장(또는 다른 책의 한 장) 내용을 가르친다고 가정해 보자. 이 수업에 대한 계획을 개관하라. 학습양식 측정 결과를 근거로, 어떤 방법으로 정보를 제시할 것인가? 학생들이 적극적으로 참여하도록 하기 위해 무엇을 할 것인가? 수업을 진행하는 동안 테크놀로지를 어떻게 사용할 것인가? 가장 잘 학습하는 방법을 이해한 '학생들' 을 위해 무엇을 할 것이고, 테크놀로지를 수업에 어떻게 통합할 것인가?

국가교육공학표준과의 연계

NETS와 연계

제3장에서 보조공학과 테크놀로지들이 특별한 요구를 지닌 학생들의 삶에 잠재적으로 어떻게 영향을 줄 수 있는가에 대해 간단하게 논의하였다. 이 내용은 국가교육공학표준 IV(사회적, 윤리적, 법적, 인간적 문제) 부분과 직접적으로 관련된다. 이 표준은 **특별한 요구와 보조공학의 활용에 대한 인식과 사용을 통한 학생 도전이 서로 부합**되어야 하는 요구를 강조한다. 이 표준과 수행지표(교사용 자료 A 참고)를 다시 확인하고, 다음을 완성해 보자.

- 교수계획 과정에서 학습경험의 설계에 앞서 잠재적인 학생의 어떤 특별한 요구를 아는 것은 어떤 장점이 있는가? 잠재적인 학생의 다른 특성(성, 나이, 선수조건 지식)을 아는 것과 이러한 요구는 차이가 있는가?
- 만약 보조공학에 대한 국가교육공학표준 III을 검토하였다면, 테크놀로지가 이러한 요구에 영향을 줄 수 있는 잠재적인 방법뿐만 아니라 고려해야 할 특별한 요구 목록을 확장하거나 변경할 수 있는가?
- 이전에 특별한 요구를 가진 학생과 테크놀로지의 효과에 관한 몇 가지 사례연구에 대한 검토를 제안했다. '보조공학 사례연구' 라는 용어를 사용한 웹 검색은 몇 개의 사이트를 제공한다. 그중 다음 사이트가 매우 흥미 있다. http://www.microsoft.com/enable/casestudy/videos.asp 만약 여러분이 학습경험을 계획하고 학생들이 보이는 특성을 알고 있다면, 계획 과정에 잠재적인 효과가 어떻게 영향을 주는가?

학생들은 다양한 이유로 특별한 서비스를 필요로 하는데, 그 이유를 몇 가지 범주로 분류할 수 있다.

- 주의결핍/과잉행동장애(AD/HD)와 같은 학습장애를 가진 학생들은 장시간 한 가지 과제에 집중하는 데 어려움이 있다.
- 행동장애는 공격적인 행동이나 파괴적인 행동을 보이는 '과잉행동장애(acting out)' 와 불안이나 위축을 보이는 '우울장애(acting in)' 를 모두 포함한다(Eggen & Kauchak, 2001).
- 말더듬과 같은 의사소통장애를 가진 학생들은 단어를 발음하는 동안 한 가지 소리를 반복한다.
- 시각이나 청각 손실에 의한 지각장애
- 대뇌마비나 간질에 의한 운동장애
- 천식이나 당뇨와 같은 건강문제

특수교육 요구에 대한 이러한 유형에서, 학생들은 개별적이고 서로 다르다는 것을 다시 강조한다. 예를 들어, 시각이 손상된 학생은 한 가지 기능적인 한계를 가진 사람들과 비슷하다. 이들은 다른 학생들처럼 문화적 배경, 동기, 학습양식 측면에서 다를 수 있다. 특별한 요구를 가진 학생과 통합교육 문제에 대한 심도 깊은 논의는 Salend (2005)의 글을 참조하라.

특별한 요구에 대한 또 다른 범주는 '문제' 가 아닌 영재성에 대한 특별한 관심이다. **영재성**(giftedness)은 한 가지 분야나 여러 분야에서의 뛰어난 재능이나 능력을 말한다. 학생들은 과학, 음악, 창조적인 글쓰기 등과 같은 어떤 학문적 분야에서 영재성을 보일 수 있다. 영재아동들은 학교생활에서 혼란을 느끼거나 지루해하고 다른 학생들과 흥미 분야가 너무 다르기 때문에 고립적이고 조화가

▲ 특별한 요구를 지닌 학생들을 위해 접근성 문제가 고려되어야 한다.

불가능할 수 있다. 영재아동들은 자신들의 특별한 재능을 개발하도록 도전하고 도와주는 계획적인 교수활동에서 장점을 발휘할 수 있다.

테크놀로지 사용능력

전통적으로 문해력(literacy)은 읽고 쓰는 능력을 의미하였다. 그런데 정보화시대의 발달과 함께 문해력의 정의가 시각자료의 사용능력, 정보의 사용능력, 테크놀로지의 사용능력을 포함하는 개념으로 확장되었다. **테크놀로지 사용능력**(technology literacy)은 '학습, 생산성, 수행을 향상시키기 위해 컴퓨터와 다른 매체를 사용할 수 있는 컴퓨터 기술과 능력'(미국 교육부, 1996: 7)을 의미한다. 이러한 의미는 제3장에서 설명한 다양한 교수매체 도구인 워드프로세서, 그래픽 도구, 탁상출판, 프레젠테이션 소프트웨어, 컴퓨터 데이터베이스와 데이터베이스 관리 시스템, 전자 스프레드시트, 컴퓨터 통신과 인터넷을 포함한다.

학생의 테크놀로지 사용능력을 알면 수업을 계획하는 데 분명히 장점이 있다. 만약 워드프로세서, 전자게시판, 검색엔진 등을 학생이 사용하는 수업을 계획하고 있다면, 학생들이 이러한 교수매체에 얼마나 친숙한지에 대해 확인하는 것이 좋다.

테크놀로지 사용능력은 학생의 나이, 컴퓨터에 대한 사전 경험, 학교 외부에서의 컴퓨터 접근성에 따라 특정 수업에서도 달라질 수 있다. 테크놀로지 사용능력을 측정하는 한 가지 방법은 [그림 4-4]와 같이, 학생들의 컴퓨터 기능에 대한 일련의 질문을 학생 전체나 일부에 실시하는 것이다. [그림 4-4]는 고등학생을 대상으로 테크놀로지 기능을 측정하기 위해 사용한 설문조사를 발췌한 것이다. 이 질문은 학생 수준에 맞게 수정·사용할 수 있다.

[그림 4-4]는 테크놀로지 기능에 대한 공식적인 측정도구다. 그러나 꼭 공식적으로 실시되어야 하는 것은 아니다. 이것은 간단하고 비공식적인 '대화(chat)'를 통해 학생의 테크놀로지 기능 수준을 확인할 때에도 유용하게 사용할 수 있다. 어떠한 경우든, 학생들이 교수매체에 대해 얼마나 많이 알고 있는지를 확인하는 것이 목적이다. 이를 통해 적합한 하드웨어와 소프트웨어를 선택하고, 학생과 친숙한 활동에 가치를 부여하며, 수업을 진행하는 동안 학생들이 요구하는 교수매체를 얼마나 많이 지원할 것인지를 결정할 수 있다.

자산으로서의 다양성

학생에 대한 표면적인 특성만을 다루었다. 그러나 간단한 설명만으로도 학생 특성이 교수계획에서 중요한 역할을 담당함을 알 수 있다. 〈표 4-1〉은 학생 특성이 교수매체 사용에 어떻게 영향을 주는지에 대해 보여 준다. 모든 학생 집단은 성별, 인종과 같이 표면적인 특성과 학습양식, 동기처럼 감추어진 특성이 모두 다르다. 예를 들어, 초등학생과 중학생 3명 중 1명은 인종적 혹은 민족적으로 소수집단에 속하고, 5명 중 1명은 가난하며, 11%는 학습장애로 분류된다. 또한 50% 이상은 18세 이전에 편부모가정에서 생활한다(Sapon-Shevin, 2001). 이러한 다양성은 어떤 학급에서나 관찰된다. 심지어 한 가지 차원(예: 성별)에서 동질성을 갖는 집단도 다른 차원(예: 사회경제적 지위, 민족성, 학습양식)에서는 다양성을 보이게 된다.

이러한 다양성은 이점이 있다. 예를 들어, Terenzini와 동료들(2001)은 대학생을 대상으로 그들의 인종적·민족적 다양성과 학습과의 관계를 연구하였다. 그 결과, 다양한 학생으로 구성된 학급이 문제해결 능력과 집단 기술 모두에서 좋은 결과를 보였다고 보고했다. Milem(2003)도 다양한 사람, 다양한 아이디어와 상호작용한 대학생들이 지적인 참여, 학문적 동기 및 비판적 사고가 높게 나타났다고 보고하였다.

따라서 학급을 다양한 학생으로 구성하는 것은 당연하면서도 가치 있는 일이며, 다양성을 어떻게 다루느냐가 관건이다. 전통적으로, 다양성은 '규준(norm)'에 맞지 않는 학생들에게 부족한 어떤 결핍으로 취급되었다. 그러나 우리는 다양성에 대한 '차이(difference)' 접근법을 제안

문서 내의 텍스트 블록을 편집하기, 복사하기, 자르기, 붙이기를 할 수 있는가?	□나는 이것을 할 수 있다. □나는 아마도 이것을 할 수 있을 것이다. □나는 이것을 하는 데 어려움이 있을 것이다. □나는 이것을 할 수 없을 것이다.
3줄 4칸의 표를 만들 수 있는가?	□나는 이것을 할 수 있다. □나는 아마도 이것을 할 수 있을 것이다. □나는 이것을 하는 데 어려움이 있을 것이다. □나는 이것을 할 수 없을 것이다.
그림을 삽입하고 그 주위에 텍스트를 배치할 수 있는가?	□나는 이것을 할 수 있다. □나는 아마도 이것을 할 수 있을 것이다. □나는 이것을 하는 데 어려움이 있을 것이다. □나는 이것을 할 수 없을 것이다.
텍스트의 크기, 색깔, 글꼴, 스타일을 바꿀 수 있는가?	□나는 이것을 할 수 있다. □나는 아마도 이것을 할 수 있을 것이다. □나는 이것을 하는 데 어려움이 있을 것이다. □나는 이것을 할 수 없을 것이다.
합계, 평균, 최고점수, 최저점수를 계산하여 보고하는 공식을 삽입할 수 있는가?	□나는 이것을 할 수 있다. □나는 아마도 이것을 할 수 있을 것이다. □나는 이것을 하는 데 어려움이 있을 것이다. □나는 이것을 할 수 없을 것이다.
셀 안의 숫자 형태를 바꿀 수 있는가?	□나는 이것을 할 수 있다. □나는 아마도 이것을 할 수 있을 것이다. □나는 이것을 하는 데 어려움이 있을 것이다. □나는 이것을 할 수 없을 것이다.
자료가 있는 줄과 칸의 범위를 선택하고 차트로 만들 수 있는가?	□나는 이것을 할 수 있다. □나는 아마도 이것을 할 수 있을 것이다. □나는 이것을 하는 데 어려움이 있을 것이다. □나는 이것을 할 수 없을 것이다.
자료를 분류하고 정렬할 수 있는가?	□나는 이것을 할 수 있다. □나는 아마도 이것을 할 수 있을 것이다. □나는 이것을 하는 데 어려움이 있을 것이다. □나는 이것을 할 수 없을 것이다.

[그림 4-4] 워드프로세서와 스프레드시트에 초점을 맞춘 테크놀로지 사용능력 설문조사 질문 예

한다(Villegas & Lucas, 2002). 차이 접근법은 특정 학생의 문제가 결핍에 의한 잘못이라기보다는 학교에서의 경험과 학생의 어떤 특징이 조화를 이루지 못하기 때문이라고 제안하는 방법으로, 수학적 개념을 가르치기 위해 언어적 설명을 사용하는 것은 시각적 학습양식 학생에게는 잘 맞지 않을 수 있다는 것이다.

이러한 차이 접근법을 실제에 적용하여 다섯 가지 기본 원리를 만들 수 있는데, 이 원리들은 직접적으로 수업에 적용되어야 한다.

① 학생들이 개인이듯 교사도 한 개인이라는 것을 인식한다. 즉, 교사도 특정한 문화와 사회경제적 특징, 학습양식, 동기적인 흥미를 가진 한 명의 사람이라

는 것이다.

② 학생을 한 개인으로서 이해하려고 노력한다. 학생의 특별한 문화적 배경, 재능, 성취도와 흥미를 확인하고 지원한다. 이 두 가지 원리는 학생은 모두 비슷하다거나 모두 우리와 같다고 생각하는 '자민족 중심주의(ethnocentric)' 가정을 회피하는 데 도움이 된다.

③ 가능하다면 학생들을 개별적으로 가르친다. 이는 각 학생들에게 읽고, 쓰고, 셈하는 것을 가르치는 것을 의미한다. 이는 또한 학생들을 서로 존중하고 그들 사이의 다양성에 가치를 부여하도록 가르치는 것을 의미한다.

④ 학생들의 다양성을 통합하는 교수법을 사용한다. 예를 들어, Sapon-Shevin(2001)은 학생들의 다양성을 통합하는 세 가지 교수전략을 제안하였다.

- 협동학습(cooperative learning): 공통의 학습과제를 학습하도록 집단에 배치하는데, 집단은 한 차원 이상에서 다양성을 갖도록 한다.
- 동료 튜터링(peer tutoring): 학생들끼리 서로 가르치도록 요구하는 것이다. 모든 학생이 한번은 교사가 되도록 하는 것이 중요하다. 그렇게 하여 궁극적으로는 내용을 학습하지 못한 학생이 하나도 없도록 해야 한다.
- 다수준 수업(multilevel teaching): 기본적인 아이디어를 강조하면서 학습과제의 다양성을 다양한 문화적 배경, 학습양식, 기존 지식을 가진 학생에게 맞추는 창조적인 수업이다.

〈표 4-1〉 **다양성과 테크놀로지**

영 역	특 성	가능한 테크놀로지의 시사점
성(gender)	• 남학생들은 보다 공격적이고 장비 사용에 뛰어나다(Swain & Harvey, 2002). • 여학생들은 테크놀로지의 사회적 기능에 보다 초점을 둔다(Bruner & Bennett, 1997). • 여학생들은 테크놀로지 사용능력과 테크놀로지를 활용한 학습에 자신감이 부족하다.	• 공정한 접근을 보장할 수 있는 절차를 개발한다. • 시뮬레이션과 협력을 강조하는 소프트웨어를 선택한다. • 보다 많은 안내와 피드백을 제공한다.
사회경제적 지위(SES)	• 사회경제적 지위가 낮은 어린이들은 사회경제적 지위가 높은 어린이들에 비해 테크놀로지를 통한 경험의 기회가 적다(미국 상무부, 1998).	• 사회경제적 지위가 낮은 학생을 위한 교정활동이나 친교활동을 제공한다.
문화와 민족성	• 아프리카계와 라틴 아메리카계 어린이들은 백인 어린이들보다 테크놀로지를 통한 경험 기회가 적다(미국 상무부, 1998).	• 소수 학생을 위한 교정활동이나 친교활동을 제공한다.
학습 선호도	• 시각적 학생들은 자신이 본 것을 통해 가장 잘 학습한다. • 청각적 학생들은 자신이 들은 것을 통해 가장 잘 학습한다. • 감각운동적 학생들은 자신이 직접 행한 것을 통해 가장 잘 학습한다.	• 새로운 정보에 대한 개념지도(concept maps)를 만들기 위해 드로잉(drawing) 소프트웨어를 사용하도록 한다. • 전문가와 상호작용할 수 있도록 비디오 화상회의(video conferencing)나 다른 유형의 의사소통 도구를 사용한다. • 새로운 정보를 찾기 위해 웹 사이트를 방문하도록 한다.
특별한 요구	• 시각장애가 있는 학생은 모니터에 제시된 정보를 읽을 수 없다. • 운동근육에 문제가 있는 학생은 키보드나 마우스 사용을 위해 필요한 정교한 운동 조합에 어려움이 있다.	• 텍스트와 아이콘 명칭을 큰 소리로 읽어 주는 스크린 리더(screen reader)를 제공한다. • 고개 끄덕임이나 호흡을 통해 키보드나 커서를 조절할 수 있도록 해 주는 소프트웨어를 제공한다.

▲ 비전통적인 직업의 선택은 교실과 작업장에서의 다양성을 증진해 왔다.

⑤ 수업에 사용하는 사례, 이야기, 포스터와 교수자료에 다양성을 표현한다. 성별, 인종별, 문화 집단별로 긍정적인 측면이 표현되도록 하는 것이 중요하다.

이러한 지침을 따르는 것은 특정 학생들이 가지는 어떤 문제나 관심을 이해하기 쉽게 하고, 이러한 문제들을 극복하는 데 도움이 되는 수업을 계획하게 만든다. 예를 들어, 다음과 같은 것을 할 수 있을 것이다.

- 전통적인 성 관련 선입견과 일치하지 않는 교과목 영역에 대해서 남학생이나 여학생을 격려한다.
- 학생의 가정문화와 어울리는 반응을 위해 교수방법을 조정한다.
- 사회경제적 지위가 낮은 가정의 학생들을 위해 교육적인 지원뿐만 아니라 사회적, 정서적 추가 지원을 제공한다.
- 학생들의 학습양식에 근거하여 새로운 정보를 조직하고 교수활동을 계획한다.
- 학생들의 내재적 동기를 증가시키기 위한 전략을 개발한다.
- 학생들의 특별한 요구를 확인하고 이러한 요구를 충족시키기 위해 필요한 서비스를 받도록 돕는다.

교수목표

휴가 여행을 간다고 가정해 보자. 여러분은 목적지를 알아야 하고, 다음과 같은 것을 할 수 있다.

- 여행 경로와 교통수단, 보고 싶은 것, 휴가를 갈 때 필요한 것 등을 합리적으로 결정한다.
- 예산을 관리한다.
- 진행 상황을 확인하고 시간을 관리한다.
- 가족이나 친구에게 여행지와 여행 일정을 알려서 여러분이 어디에 있는지를 알게 한다.

휴가 여행처럼 수업(lesson)은 교수에 대한 '여행(trip)'이기 때문에 목적지를 알아야 하며, 여러분은 다음의 것을 할 수 있다.

- 어떤 교수방법과 매체를 사용할 것인지, 학생들이 '목적지'에 도달하는 데 얼마나 걸리는지, 학습해야 하는 것 말고 다른 것은 없는지, 수업에 필요한 교수자료, 시설, 장비 등은 무엇인지에 대한 합리적인 결정을 한다.
- 예산을 관리한다.
- 학생의 진행 상황을 확인하고 그 수업에 할애할 시간을 관리한다.
- 학생, 부모, 교장, 다른 교사들에게 교수목표와 수업 계획을 이야기해서 현재의 진도를 알게 한다.

교수목표(objectives)는 여러분이 가고자 하는 곳, 즉 수업의 마지막에 학생들이 가져야 할 지식이나 기술로 정의하기 때문에 중요하다. [그림 4-1]을 다시 확인하고, '교수목표'가 계획 과정에서 중요하다는 것을 기억하라. 〈표 4-2〉는 교수목표를 구체화함으로써 얻을 수 있는 실질적인 이점을 요약한 것이다. 표에서 보는 것처럼 교수목표는 교사, 학생과 다른 사람들에게 실제적인 안내뿐만 아니라 유용한 의사소통 도구를 제공한다. 그러나 연구자들은 사전에 교수목표를 구체화하는 것의 가치에 대해 의문을 제기하였다(Reiser & Dick, 1996; Yelon, 1991). 가장 일반적인 비판 몇 가지와 그에 대한 우리의 반론을 소개한다.

- **비판:** 교수목표는 학생보다는 필요한 조건을 강조함으로써 수업을 비인간화시킨다.
- **반론:** 이러한 일반적인 오해와는 반대로, 교수목표의 목적은 학생들이 습득해야 할 중요한 지식과 기능을 구체화하는 것이다. 이는 **개별** 학생이 원하는 것을 성취하도록 하는 방법을 계획하도록 한다. 또한 분명하게 진술된 교수목표는 학생들이 어디로 가야 하는지를 알려 준다. 이는 학생을 동기화하고, 공부를 안내하고, 학생의 학습진행에 대해 계획을 세우고 확인하도록 한다.

- **비판:** 교수목표 구체화는 많은 시간을 요구한다.
- **반론:** 교수목표를 구체화하는 시간은 소비적인 시간이라기보다는 **투자적**(investment)인 시간이다. 다른 투자적인 활동들처럼 분명하게 진술된 교수목표는 상당한 장점이 있다. 이는 교수계획이 학생의 요구에 부합되도록 하는 데 도움이 된다.

- **비판:** 문제해결력이나 비판적 사고력처럼 복잡하거나 막연한 교수목표는 구체화할 수 없다. 결과적으로 기억과 같은 저차원의 기능만을 강조하는데, 기억은 설명하거나 측정하기는 쉽지만 학생들이 항상 학습해야 하는 것은 아니다.
- **반론:** 기억과 같이 저차원의 기능을 교수목표로 구체화하는 것은 쉽다. 그러나 문제해결력이나 비판적 사고력과 같이 복잡한 고차원의 기능을 포함한 모든 유형의 학습을 교수목표로 구체화할 수 있다. 사실상, 고차원 기술이 복잡할수록 이것들에 대한 교수목표의 구체화는 저차원의 기능보다 더 중요하다.

- **비판:** 교수목표를 사전에 구체화하는 것은 교육과정을 '고정(locks in)' 시켜 변경하기 어렵게 만든다.
- **반론:** 분명하게 진술된 교수목표가 고정불변함을 의미하지는 않는다. 여러분은 교수목표를 쉽게 바꿀 수 있다. 훌륭한 교사는 자신들의 교수목표를 주기적으로 검토하고, 그것이 적절하지 않을 때 변경한다.

- **비판:** 교수목표를 사전에 구체화하는 것은 가르치는 일을 고정되고 기계적으로 접근하게 하여 학생에게 창조적이고 자발적으로 반응하는 교사의 능력을 감소시키고 교실에서 가끔 나타나는 '가르칠 수 있는 순간(teachable moments)' 을 감소시킨다.
- **반론:** 휴가 여행을 갈 때 목적지를 정했다는 것이 다른 흥미 있는 지역을 여행할 수 없음을 의미하지는 않는다. 이와 비슷하게 수업 '여행' 에 대한 교수목표가 있다는 것이 다른 흥미 있는 아이디어를 탐색할 수 없거나 탐색해서는 안 된다는 것을 의미하지는 않는다.

〈표 4-2〉 **교수목표를 구체화함으로써 얻는 실제적인 이점**

	지 침	의사소통
교 사	교수내용과 활동의 선택 및 개발을 안내한다. 평가도구의 선택 및 개발을 안내한다.	교사가 기대하는 결과물이 무엇인지를 생각하게 한다.
학 생	학생의 공부를 안내한다.	학생들이 기대할 것이 무엇인지를 알려 준다.
기 타	단원이나 코스를 전반적인 교육과정에 적합하게 개발하도록 안내한다. 대체 교사에 의한 교수 전달을 안내한다.	교장, 부모와 같이 관심 있는 사람들에게 학생들이 배우는 것과 기대하는 것이 무엇인지 알려 준다.

- **비판:** 교수목표를 사전에 구체화하는 것은 '시험에 대비하여 가르치는' 경향을 가져온다.
- **반론:** 만약 교수목표를 정확하게 평가한다면, 교수는 교수목표를 성취하도록 설계해야 하고, 학생들이 시험에 통과하는 데 도움이 될 것이다.

교수목표의 출처

수업의 교수목표를 확인하는 데 많은 자원이 도움이 된다.

- **교육과정 안내서:** 일반 교수목표는 교육부, 교육청, 전문단체에서 만든 교육과정 안내서, 이수 목록, 내용에 대한 개관에서 제공된다. 여러분은 강좌에 대한 이러한 일반 교수목표를 특수한 교수목표로 전환하게 된다.
- **교과서와 교수활동:** 교과서와 상업적으로 만들어진 교수활동은 학생들이 배워야 할 것으로 확인된 교수목표를 포함한다. 이러한 교수목표는 교사용 자료에 있다.
- **평가:** 교수목표는 수업에서 사용한 평가에서 유추할 수 있다. 교수목표, 수업, 평가가 순서적으로 진행될 때, 평가는 학생들이 학습했어야 하는 것을 나타낼 것이다. 이는 교사 자체평가뿐만 아니라 표준화된 평가에서도 마찬가지다. 만약 시험에 출제될 정도로 충분히 중요하다면, 그것은 교수목표로 구체화될 정도로 충분히 중요하다는 것이 일반화된 원리다.
- **웹:** 웹(Web)에서 보다 많은 교수계획과 교수활동을 찾을 수 있다. 이것들은 때로 교수목표를 포함한다.
- **자신의 생각:** 여러분이 이전에 그 단원을 가르쳤거나 특정 학생과 친숙하다면, 학생들이 그 단원에서 학습해야 할 것에 대한 자신의 생각을 가지고 있을 것이다.

교수목표 구체화

교수목표는 학생이 배우기 원하는 것을 교사가 구체화하며, 교수목표를 구체화하는 다양한 방법이 설명되었다(Jacobson, Eggen, & Kauchak, 1993). 저자들은 세 가지 요소를 포함하는 Mager(1997)식 방법을 제안하였다.

- **수행:** 학생들이 학습했다는 것을 나타내기 위해 해야 할 것
- **조건:** 학생이 수행하도록 기대되는 환경
- **기준:** 수용 가능한 수행의 표준

교수목표 구체화는 이러한 세 가지 요소 각각을 구체화하는 것을 수반한다.

수행의 구체화

학생이 학습한 것을 나타내기 위해 해야 할 것이나 하지 말아야 하는 것은 무엇인가? 수행의 구체화가 가장 쉽게 확인할 수 있는 요소이기 때문에 먼저 제안한다. 비록, 자세하지는 않을지라도, 교사들은 일반적으로 수업 중에 학생들이 학습하기를 원하는 것이 무엇인지 알고 있다. 중요한 것은 수행을 구체화하는 것이고, 이는 학생 능력에 대한 관찰 가능한 지표다.

관찰 가능한 지표 학습평가는 거의 항상 추론을 수반한다. 수학문제 풀이 상황에서는 추론이 상대적으로 수월한 반면, 비판적인 사고학습 상황에서 추론은 보다 어렵다. 그러나 사실상 모든 학습 상황에서 학생들은 자신들의 학습 수준을 추론하기 전에 무엇인가를 해야만 한다. 교수목표는 이러한 추론을 촉진하기 위해 관찰 가능한 수행으로 구체화되어야 한다. 이는 교사와 학생 모두에게 학습이 발생하였는지를 알려 준다. 관찰 가능한 수행을 구체화하는 한 가지 방법은 학생들이 하는 행동을 보거나 들을 수 있는 관찰 가능한 행동을 기술하는 동사를 사용하는 것이다. 〈표 4-3〉은 관찰 가능한 행위동사와 함께, 관찰할 수 없기 때문에 피해야 하는 동사들을 보여 준다. 이 목록이 전부는 아니지만, 교수목표를 구체화할 때 사용할 수 있는 동사의 유형에 대한 아이디어를 제공할 것이다.

학생 능력 교사들은 자연스럽게 교수 중에 무슨 일이 일어날 것인가에 강조점을 둔다(Sardo-Brown, 1990). 교수 중에 일어날 수 있는 교사나 학생의 활동을 강조하는 교사의 계획이 이러한 것의 한 결과다. 이러한 활동을 개발하는 것이 계획의 중요한 측면이다. 그러나 교수목표 구체화의 목적은 학생이 목적지에 도달하기 위한 경로를 따르는 것이라기보다는 교수 결과나 목적지를 분명하게 확인하는 것이다. 학생들이 무엇을 배워야 하는가? 학생의 능력을 설명하는 한 가지 방법은 행위동사 앞에, '학생들이 할 수 있을 것' 이라는 문구를 사용하는 것이다. 이러한 문구의 사용은 이 교수목표가 학생들의 미래 능력이 된다는 것을 나타낸다.

조건의 구체화

학생이 어떤 환경하에서 수행하기를 기대하는가? 수행을 위해 필요한 도구는 무엇인가? 조건의 구체화에서 중요한 것은 **기대되는 수행이 일어나는 시기**와 장소가 될 것이다. 조건을 구체화하는 한 가지 방법은 기대되는 수행에 대해 학생들이 물어볼 질문을 생각하는 것이다(Yelon, 1991). 이 질문은 다음의 네 가지 범주로 분류할 수 있다.

- **상황:** 그들이 수행하기를 원하는 장소가 어디인가?
- **사람:** 혼자 수행하는가? 팀으로 수행하는가? 감독관의 지도를 받으며 수행하는가?
- **장비:** 수행에 필요한 도구나 장비는 무엇인가?
- **정보:** 수행을 하는 데 필요한 노트, 책, 체크리스트 및 모형이 있는가?

예를 들어, 학생이 Macbeth의 상징성 활용에 대해 설명하기를 원한다고 가정해 보자. 학생들은 다음의 내용들을 질문할 것이다. 우리가 직접 사례를 만들어야 하는가? 아니면, 제시된 사례를 설명하기만 하면 되는가(정보)? 과제를 교실에서 하는가? 아니면, 집에서도 할 수 있는가(상황)? 교과서를 사용할 수 있는가(정보)? 다른 사람과 함께 할 수 있는가(사람)?

다음 사례처럼 **주어진**(given) 또는 **사용하여**(using)와 같은 단어를 사용함으로써 교수목표에 이러한 질문의 대답을 포함시킬 수 있다.

- Macbeth의 한 장면이 주어지면, 각 학생은 그 장면의 상징성 활용에 대해 설명할 수 있다.

조건의 구체화는 때로 수행에서 중요한 것을 정의하는 데 도움이 된다. 예를 들어, 만약 학생이 Macbeth의 상징성을 설명하기 원한다면, 여러분은 다음의 질문을 생각할 수 있다. 즉, 상징성의 사례를 회상하는 것이 중요한가? 아니면, 확인된 상징성을 설명하는 것으로도 충분한가? 교실과 같이 억압적인 분위기에서 수행하는 것이 중요한가? 아니면, 보다 사적이고 부드러운 가정에서 수행하는 것으로도 충분한가?

〈표 4-3〉 교수목표 진술 시 관찰 가능한 행위동사 사용

사용할 수 있는 동사			가급적 사용해서는 안 되는 동사	
비교하다	구성하다	작동하다	이해하다	믿다
해석하다	창조하다	조정하다	감상하다	친숙하게 되다
기술하다	설명하다	대체하다	생각하다	알게 되다
측정하다	개선하다	작곡하다	안다	편안하게 되다
확인하다	정의하다	계산하다	인식하다	
그리다	관리하다	풀다		

기준의 구체화

원하는 수행을 정의하는 표준이 무엇인가? 학생들이 얼마나 잘 수행해야 하는가? 학생 수행에 대한 기준의 구체화는 평가 개발의 일부분이라고 주장하는 사람들도 있다. 그러나 수행에서 중요한 것을 확인하는 데 도움이 되기 때문에, 조건처럼 기준도 교수목표의 중요한 요소다. 학생들이 Macbeth의 상징성을 설명하기 원한다고 생각해 보자. 어떤 설명이라도 수용할 것인가? 아마 그렇지 않을 것이다. 여러분은 학생의 대답이 여러 가지 측면에서 '옳은(correct)' 것이기를 원한다. '옳은' 답처럼 보이는 것에 대해 생각하는 것은 학생들을 교수목표에 안내할 수업을 고안하는 데 도움이 될 것이다. '옳은' 수행을 정의하는 데 많은 가능한 방법이 있다. 〈표 4-4〉와 같이 시간, 정확성, 질이라는 세 가지 범주로 분류할 수 있다(Mager, 1997; Yelon, 1991). 물론, 이러한 기준이 모든 상황에 적합한 것은 아니다. 중요한 것은 특정한 수업에서 성공적인 학생 수행을 위해 결정적인 기준을 확인하는 것이다.

또한 교수목표는 다음의 사례처럼 한 가지 이상의 기준을 사용할 수 있다.

- 주제가 주어지면, 학생들은 문법이나 구문에서 2개 이하의 실수를 포함하는 편지를 작성할 수 있어야 한다(정확성: 실수의 개수). 그 편지는 최소한 한 페이지 이상(시간: 길이)이어야 하고, 단문과 복문이 조합(질: 핵심 특징)되어야 한다.

〈표 4-4〉 수용 가능한 수행을 정의하기 위한 기준 범주들

범 주	설 명	예
시 간		
시간 제한	수행이 일어나야 하는 제한 시간을 구체화한다.	맥박이나 호흡이 없는 '환자(victim)'가 주어졌을 때, 학생들은 **15초 이내**에 심폐소생술을 시작할 수 있다.
기 간	수행의 길이를 구체화한다.	맥박이나 호흡이 없는 '환자'가 주어졌을 때, 학생들은 **최소한 15분간** 심폐소생술을 계속할 수 있다.
비 율	수행이 일어나야 하는 비율이나 속도를 구체화한다.	맥박이나 호흡이 없는 '환자'가 주어졌을 때, 학생들은 **1분에 12번의 일정한 비율**로 심폐소생술을 실행할 수 있다.
정확성		
오류 수	수용 가능한 최대 오류 수를 구체화한다.	주제가 주어졌을 때, 학생들은 철자, 문법, 구문에서 **2번 이하의 실수**를 포함하는 편지를 작성할 수 있다.
허용 오차	수용 가능한 최대 오차 범위를 구체화한다.	다이얼 게이지를 사용하여, 학생들은 디스크 측면을 **0.002인치 오차범위** 내에서 측정할 수 있다.
질		
핵심 특성	수행이 수용되기 위해 반드시 나타내야 하는 특징을 구체화한다. 종종 '반드시 포함해야 하는'과 같은 단어로 표현된다.	참고서나 노트를 참고하지 않고 학생들은 미국 혁명의 원인을 설명할 수 있다. 이 설명은 **전쟁을 유발한 중요한 사건이 적어도 두 가지 포함**되어야 한다.
출 처	수행 표준으로 사용될 수 있는 문서나 자료를 구체화한다. '~에 따르면'이나 '~와 일치하는'과 같은 단어로 표현된다.	하드 드라이브와 새로운 응용 소프트웨어가 주어졌을 때, 학생들은 **소프트웨어 지침서 설명 절차에 따라** 소프트웨어를 하드 드라이브에 설치할 수 있다.
결 과	기대되는 수행 결과를 구체화한다. '그 결과', '그래서'와 같은 단어로 표현된다.	펑크 난 자전거 타이어, 수리용 장비, 펌프가 주어졌을 때, 학생들은 타이어를 수리할 수 있다. 그 결과 **적어도 24시간 동안 공기 압력이 유지**되어야 한다.

교수목표 구성

교수목표의 세 가지 요소에 대해 생각했다면, 이들을 포함하여 목표를 진술할 수 있다. 다음의 사례처럼 여러분은 교수목표의 구성요소를 간단히 제시할 수 있다.

- **수행:** 연립방정식 문제 풀기
- **조건:** 전자계산기 이용
- **기준:** 소수점 둘째 자리까지 정확하게

또는 다음의 사례처럼 구성요소를 일관된 한두 문장으로 조합할 수 있다.

- 학생들은 전자계산기를 이용하여 연립방정식 문제를 풀 수 있다. 정답은 소수점 둘째 자리까지 정확하게 계산해야 한다.

학습환경

간단히 말해, **학습환경**(learning environment)은 학습이 발생하기를 기대하는 물리적 상황이다. 얼핏 보기에 학습이 교실 내에서 일어나기 때문에 환경은 분명해 보인다. 그러나 다음 두 가지 이유 때문에 보다 복잡해진다. 하나는 교실은 크기, 구성, 조명, 좌석 등이 매우 다양하다는 점이고, 다른 하나는 학습은 교실 이외의 다양한 환경인 실험실(컴퓨터실, 과학실, 어학실), 운동장, 해변, 극장 무대 뒤, 집 등의 장소에서도 일어난다는 점이다. 일반적으로 학습은 몇 가지 환경의 조합을 포함한다.

앞서 언급했지만, 교수는 학생이 추구하고자 하는 것과 교수목표에서 정의한 목표가 서로 조화를 이루어야 한다. 교수가 그것이 일어날 환경과 조화를 이루어야 한다는 것도 당연하다. 만약 그렇지 않다면, 교수는 이론적으로는 타당하겠지만 실제적으로는 불가능하다(Tessmer, 1990). 다음은 교수가 그것이 일어날 환경과 조화를 이룬 분명한 사례다.

- 세포구조를 확인하기 위해 현미경을 사용하는 생물학 수업은 모든 학생을 위해 충분한 실험장비와 도구를 필요로 한다. 실험장비가 부족하면, 실험을 집단 활동으로 변경해야 할 필요가 있다. 실험장비가 많이 부족하면, 교수방법으로 시범을 사용할 필요가 있다.

점검사항

노 교사의 수업지도안

교사용 자료 B를 참고하라. 이 교사용 자료는 노 교사가 6학년 사회과목 수업을 위해 개발한 수업지도안을 설명하고 있다. 이 지도안을 검토하고 다음의 질문에 대답해 보라.

학 생

① 노 교사는 학생의 특징에 맞추기 위해 충분히 노력했다고 생각하는가? 만약 그렇지 않다면 어떤 다른 조절책을 제안하겠는가?

② 이 학생들에 대해 더 알고 싶은 특징이 있는가? 그것은 어떤 정보이고, 그것이 수업지도안 개발에 어떻게 도움을 줄 수 있는가?

교수목표

③ 제시된 교수목표는 이 장에서 설명한 세 가지 요소가 포함되었는가? 만약 그렇다면, 교수목표의 각 구성요소에 이름을 붙여라. 만약 그렇지 않다면, 생략된 구성요소를 추가하여라.

학습환경

④ 이 지도안은 설명된 학습환경 내에서 실행될 수 있다고 생각하는가? 만약 그렇지 않다면, 문제가 무엇이고, 이 문제를 해결하기 위해 무엇을 해야 하는가?

다음 문제는 교수가 그것이 일어날 환경과 조화를 이루지 못한, 분명하지 않은 사례다.

- 상업적인 컴퓨터 기반 지도서를 가지고 하는 수학 방정식 풀이 수업은 다수의 워크스테이션에서 지도서를 활용하기 위해 사이트 인증서를 필요로 한다. 사이트 인증서가 없다면, 학생들은 한 번에 하나의 지도서를 사용해야 하기 때문에 수업을 재조직할 필요가 있다.

따라서 교수계획은 상황에 대한 다음과 같은 몇 가지 질문을 포함한다.

- 어디에서 학습이 일어나는가? 교실인가? 실험실인가? 학교의 다른 공간인가? 현장인가? 혹은 집인가?
- 이러한 환경은 어떤 특징이 있는가? 교실은 많은 학생들이 관계를 맺기에 충분한 크기인가? 좌석은 어떻게 배치되었는가? 학생들은 쉽게 이동할 수 있는가? 교실은 얼마나 시끄러운가? 다른 방해요소는 무엇인가? 조명은 적절한가? 조명을 조절할 수 있는가?
- 이러한 특징들이 교수에 어떻게 영향을 주는가? 여러분이 계획한 교수에 맞추기 위해 환경을 바꿀 수 있는가? 만약 그렇지 않다면, 그 교수에 어떤 제약조건이 있을 것인가?

교수매체를 통합한 계획은 학교 내에 컴퓨터가 많이 보급되었기 때문에 보다 쉬워졌다. 예를 들어, 연차보고서 결과, Kleiner과 Lewis(2003)는 미국 공립학교 인터넷 접속률이 1998년과 2002년 사이에 89%에서 99%로 증가하였다고 보고했다. 비슷하게, 같은 기간에 학생들의 컴퓨터 접속률은 12.1%에서 4.8%로 감소했다. 그러나 여기에는 학교마다 약간의 차이가 있다. 큰 학교, 도시 학교, 소수학생과 사회경제적 지위가 낮은 학생이 많은 비율을 차지하는 학교들은 그 비율이 높다. 그러나 모든 학교에서 그 비율은 감소하고 있다.

테크놀로지 코디네이터 코너

안 교사는 최근 국가교육회의에서, 교실의 다양성 인정에 대한 세미나에 참가했다. 그는 교실에서 학생의 다양성을 인정하기 위해서 테크놀로지를 통합하는 방법에 대해 고민했다. 안 교사는 자신의 교육청 테크놀로지 코디네이터인 최 교사가 어떤 아이디어를 가지고 있는지 알기 위해 그녀에게 갔다. 최 교사는 테크놀로지가 학생의 다양성을 지원하는 두 가지 방법을 제안했다. 그녀는 안 교사에게 학생 정보에 대한 데이터베이스나 스프레드시트를 작성해야 한다고 했다. 이것은 학생 스스로가 만든 설문조사를 통해 가능하다. 설문조사는 학생들이 좋아하는 음식, 싫어하는 음식, 좋아하는 색, 싫어하는 색, 취미 등과 같이 확정되지 않은 정보와 성, 머리카락 색깔, 눈동자 색깔, 재산 등과 같이 보다 개인적인 내용으로 구성된다. 학생들은 차트를 활용하여 정보를 그래프로 그려서 쉽게 차이를 확인할 수 있다. 이 과제의 질을 높이기 위해, 시골 학교와 도시 학교처럼 서로 다른 환경의 학교에 있는 학생들끼리 서로 사귀게 하고, 이들을 대상으로 조사하여 결과를 비교할 수 있다.

안 교사가 이 제안을 고려하였기 때문에, 그는 비슷한 학생 데이터베이스를 어떻게 영향력 있게 사용할 것인가와 자신의 수업을 어떻게 설계할 것인지에 대해 고민하기 시작했다.

최 교사는 학생들의 모든 차이점을 강조하는 것은 어렵더라도 비슷해 보이는 것의 목록을 조사하라고 제안했다. 차이 확인은 모든 학생이 교수목표를 성취하도록 돕기 위해 필요한 다양성을 확인하는 데 도움이 된다. 그러나 공통점 확인은 학생들의 공통된 경험, 특성 등과 관련된 학생의 자신감을 형성하는 일반적인 근거를 확인하는 데 도움이 된다. 안 교사는 학생들의 차이점과 공통점을 이해하는 것이 보다 효과적인 수업계획을 가능하게 한다는 것을 알았다. 두 사례 모두에서 테크놀로지는 정보를 어떻게 수집·저장·분석하는지, 이 정보를 활용하기 위해 어떻게 접근하는지를 촉진하는 역할을 한다.

요 약

교수계획은 퍼즐 맞추기와 같다. 여기서는 교수 조각들과 정합적인 교수를 만들기 위해 이들을 어떻게 조합해야 하는지를 설명한다. 제4장에서는 계획의 처음 세 가지 요소인 학생, 교수목표, 학습환경에 대해 설명함으로써 교수계획의 과정을 설명했다.

첫 번째 요소는 학생이다. 개별 학생은 일련의 독특한

특징을 교수 상황에 끊임없이 가져오고, 교사 과업 중 중요한 부분은 교수를 학생에게 맞추는 것이다. 이는 학생들의 배경, 학습내용에 대한 기존 지식, 학습에 대한 동기, 특별한 요구에 대한 정보의 수집을 의미한다. 두 번째 요소는 교수목표다. 교수목표는 의도한 교수 결과를 구체화한다. 교수목표는 학생이 교수 후에 할 수 있어야 하는 것으로 정의된다. 교수목표는 수행, 기대되는 수행이 일어나는 조건, 수용 가능한 수행을 정의하는 기준이라는 세 가지 요소를 가지고 있다. 세 번째 요소는 학습환경이다. 교수는 학습이 일어날 곳과 조화를 이루어야 하기 때문에 중요하고, 교수는 학습해야 하는 사람(학생)과 학습되어야 할 것(교수목표)과 조화되어야 하기 때문에 중요하다.

추천 자료

CD 자료

학습내용의 기억과 전이를 돕기 위해, 이 책에 동봉된 CD 안에 있는 제4장의 성찰적 사고를 위한 질문 및 활동을 읽어 보라〔장에 대한 정보와 활동(Chapter info and Activities) ≫ 제4장(Chapter 4) ≫ 성찰적 사고를 위한 질문 및 활동(Reflective Questions and Activities)〕.

또한 이 장의 CD 안에는 관련 지도서(tutorials), 인터넷 웹사이트, 국가교육공학표준과의 연계 연습문제, 이 책 저자들의 이메일 주소에 대한 정보가 수록되어 있다.

웹사이트 자료

이 책의 웹사이트(www.prenhall.com/newby)에 접속하여 제4장과 관련된 학생의 질문과 저자들의 답변을 실은 질의응답 코너를 읽어 보라. 질문이 있으면 저자들에게 직접 보내도 좋다. 이 장에 관한 저자들의 프레젠테이션도 볼 수 있으므로, 이 장의 내용에 관한 저자들의 견해도 살펴보라.

인쇄 자료

Achinstein, B., & Barrett, A. (2004). (Re)framing classroom contexts: How new teachers and mentors view diverse learners and challenges of practice. *Teachers College Record, 106*(4), 716-746.

Eggen, P., & Kauchak, D. (2001). *Educational psychology: Windows on classrooms.* Upper Saddle River, NJ: Prentice-Hall.

Gronlund, N. E. (2000). *How to write and use instructional objectives* (6th ed.). Upper Saddle River, NJ: Merrill.

Powell, G. C. (1997). On being a culturally sensitive instructional designer and educator. *Educational Technology, 37*(2), 6-14.

전자 자료

http://www.educationworld.com/a_diversity

이 웹사이트는 다양성에 관한 많은 유용한 자료를 담고 있다. 예를 들어, 「테크놀로지 시대에 소녀들 교육하기: 평등성에 관한 보고서(Educating girls in tech age: A report on equity)」라는 논문을 보기 위해서는 〈성 문제(gender issues)〉 링크를 클릭하라. 혹은 「정보격차 따라잡기(Caught in digital divide)」라는 논문을 보기 위해서는 〈정보격차(digital divide)〉 링크를 클릭하라.

제5장

테크놀로지와 교수계획: 계획의 핵심 활동 파악

핵심어와 개념

교수활동
선언적 정보
구조적 정보
조건적 정보
강화적 피드백
교정적 피드백
총체적

학습목표

이 장은 다음 사항을 목표로 한다.

- 자신이 선택한 교수에 대한 교수활동을 구체화할 수 있다.
- 교수계획의 실제적인 이점을 설명할 수 있다.
- 자신이 선택한 교수에 대한 교수계획을 개발할 수 있다.

머리말

제4장에서는 교수계획 퍼즐을 소개하고, 이 퍼즐의 첫 번째 세 조각인 학생, 교수목표, 학습환경에 대해 설명하였다. 이 퍼즐 조각들은 우리가 가르치는 **학생**(who), 학생이 **배우기를 원하는 것**(what), 교수가 일어나는 **장소**(where)에 대해 설명함으로써 교수계획에 대한 기초를 제공한다. 제5장에서는 퍼즐의 다음 조각인 교수활동(instructional activities)을 통해 학생에게 **교수를 제시하는 방법**(how)에 대해 설명한다([그림 5-1] 참조).

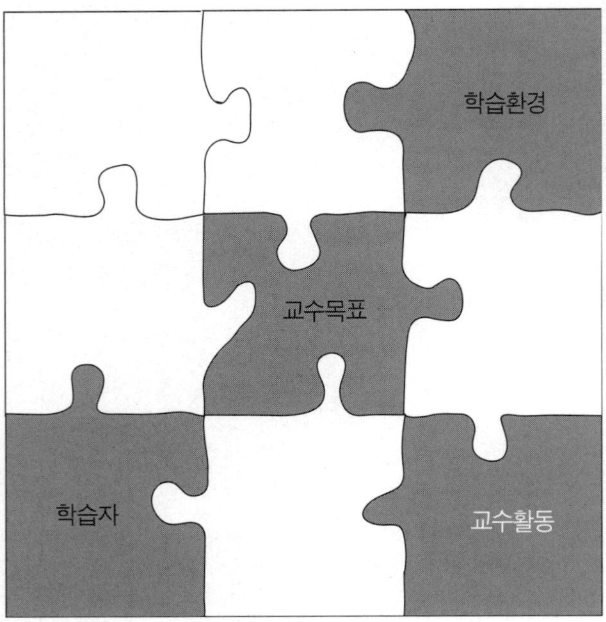

[그림 5-1] 계획 퍼즐의 한 조각인 교수활동

교수활동 개발

간단히 말해, **교수활동**(instructional activity)은 교수를 하는 동안 학생의 학습을 촉진하기 위한 것과 관련된다. 어떤 교수는 학생의 호기심 자극, 새로운 교육내용 제시, 연습을 위한 기회 제공 등의 의도된 교수활동으로 구성된다. 교수활동은 수업을 위한 '각본(script)' 이다. 연극에서 각본은 연극이 진행되는 동안 배우가 해야 할 행동과 대사를 지시하며, 교수활동도 교사에게 동일한 목적을 제공

▲ 연극 행동을 지시하기 위해 각본을 사용한다.

한다. 즉, 교수활동은 수업을 진행하는 동안 교사가 무엇을 해야 하는지를 말해 준다.

이러한 교수 각본을 조직하기 위한 다양한 방법이 설명되었다(Gagne, Wager, Goals, & Keller, 2005; Hunter, 1982). 저자들은 Yelon(1996)이 제안한 다섯 가지 교수활동 유형을 사용하고자 한다. Yelon은 모든 교수계획은 다음의 내용을 포함해야 한다고 제안한다.

- 동기유발활동
- 오리엔테이션 활동
- 정보제공활동
- 활용활동
- 평가활동

다음에서는 다섯 가지 교수활동 유형에 대해 설명한다.

동기유발활동

제4장에서 설명했듯이, 동기는 학생이 학습을 하고 싶고 학습에 필요한 노력을 하도록 유도하는 내적 흥미와 관련된다. **동기유발활동**(motivation activity)의 목적은 수업을 진행하는 동안 학생이 주의를 집중하고, 그리고(and) 일단 획득된 주의를 계속 유지하는 것이다. 여기서 '그리고(and)' 는 굉장히 중요한 의미를 갖는다. 학생의 주의를 집중시키고 수업에 직접적인 관심을 두도록 하기

위해 수업을 시작하는 단계에서 학습에 대한 흥미가 생기도록 하는 것은 중요하다. 학생의 관심을 유지하고 적극적인 참여를 격려하기 위해 수업의 전 과정을 통해 학생의 흥미를 유지시키는 것도 중요하다.

학생의 동기를 증진시키기 위해 좋은 방법이 Keller (1983)의 ARCS 모형이다. Keller는 동기에 대한 네 가지 요소의 첫 글자를 따서 ARCS라는 핵심적인 요소를 설명한다.

- **주의집중**(Attention)은 학생이 수업을 흥미 있고 가치 있는 것으로 여기는 것과 관련이 있다.
- **관련성**(Relevance)은 학생이 수업을 개인적인 요구나 목표와 일치하는 것으로 인식하는지와 관련이 있다.
- **자신감**(Confidence)은 학생이 자신의 노력을 토대로 성공하기를 바라는 것과 관련이 있다.
- **만족감**(Satisfaction)은 학생이 수업을 통해 받는 내재적 · 외재적 보상과 관련이 있다.

Keller와 동료들(1987)이 설명한 ARCS 모형의 한 가지 장점은 수업의 전 과정을 통해 동기의 각 측면을 증가시키기 위해 다양한 기법이 사용될 수 있다는 것이다. 〈표 5-1〉에 몇 가지 기법이 에 제시되었다.

수업에 대한 동기유발활동을 개발하기 위해, 다음 질문을 고려해 보자.

- 학생의 주의를 집중시키기 위해 수업의 시작 단계에서 무엇을 할 것인가?
- 학생의 동기를 획득하기 좋은 시점은 언제인가?
- 수업의 전 과정을 통해 동기의 네 가지 측면인 주의집중, 관련성, 자신감 및 만족감을 증가시키기 위해 무엇을 할 것인가?

오리엔테이션 활동

일반적으로 오리엔테이션은 여러분이 의도한 목적지와 관련해서 어디에 위치해 있는지를 알려 주는 것이다. 따라서 수업에서 오리엔테이션은 의도한 교수목표 관점에서 어디쯤에 있는지 아는 것과 관련이 있다. 오리엔테이션 활동은 특정 수업의 범위를 넘어선다. 어떤 수업은 연속되는 수업들로 구성되며, 자연스럽게 다른 수업을 따르기도 하고 다른 수업을 유도하기도 한다. **오리엔테이션 활동**(orientation activity)의 목적은 학생들이 어디에 위치해 있었는지(학생들이 이전에 학습했던 것), 현재 어디에 있는지(학생들이 현재 학습하는 것), 어디로 가야 하는지(학생들이 이후에 학습할 것)를 볼 수 있도록 도와주는 것이다. 교

〈표 5-1〉 학생의 동기유발을 위한 기법

동기유발	한 가지 이상의 동기유발 기법 활용
주의집중	• 학생의 과거 경험과 모순되는 아이디어 소개하기 • 학생의 주의집중 시간을 고려하여 수업 형태 다양화하기 • 주기적으로 문제해결 활동 진행하기
관련성	• 학생이 흥미 있어 하는 것을 찾아 수업과 관련짓기 • 수업을 학생의 미래 목표와 관련짓기 • 목표 달성을 위해 중요한 대안적 방법 제공하기
자신감	• 수행평가를 위한 준거 설명하기 • 수업자료를 난이도 수준에 따라 조직하기 • 목표를 달성할 수 있는 학습계획안 개발방법 가르치기
만족감	• 가능하면 최근에 습득한 기술을 실제 상황에서 활용하도록 하기 • 즉각 활용할 수 있는 정보적 피드백 제공하기 • 학생들이 새로운 과제를 학습할 때 강화 제공하기

국가교육공학표준과의 연계

NETS와 연계

교사를 위한 국가교육공학표준의 몇몇 중요한 부분(II, III, IV, V)은 **학생의 학습을 동기부여하고, 참여하고 장려하는 수업을 설계, 실행, 평가하기 위한 효과적인 테크놀로지의 활용**을 강조한다. 동기는 학습 과정에서 중요한 역할을 한다. 최근 학습경험에서 여러분이 개발한 동기에 대해 잠깐 생각해 보자. 이 학습경험은 여러분이 중요한 것에 전념하도록 하여 학습을 촉진하였는가? 이 경험은 새로운 교수자료와의 관련성을 찾는 데 도움이 되었는가? 경험이 그 과제를 학습하는 의미를 개발하고 해당 과제를 위한 학습능력에 자신감을 갖도록 하였는가? 여러분이 노력을 기울인 학습 결과에 만족하였는가?

더 나아가, 최근 학습경험에서 사용한 다양한 테크놀로지 유형에 대해 생각해 보자. 성찰적 사고를 촉진하기 위해, 〈표 5-2〉와 같은 표를 만들고 각 칸에 제시된 질문에 대답해 보자.

이러한 질문을 확인했다면, 여러분의 답변을 검토하고 동기적으로 향상된 학습경험의 설계, 실행, 평가를 촉진하기 위한 수단으로써 테크놀로지의 활용에 대해 생각해 보자. 동기의 핵심적인 요소인 주의집중, 관련성, 자신감, 만족감이 수업에 포함된다는 것을 보장하기 위해 어떤 방식의 테크놀로지가 사용되었는가?

〈표 5-2〉 동기 유발 요소와 테크놀로지 통합

주의집중	학습과제에 대해 학생 주의를 획득하고 유지하는 데 테크놀로지가 어떻게 활용되는가?
관련성	학습경험과의 관련성을 위해 테크놀로지가 어떻게 사용되고, 왜 중요한가?
자신감	기대하는 것의 학습을 위해 필요한 자신감을 획득하는 데 테크놀로지가 어떻게 활용되는가?
만족감	학습과제에 투자한 노력에 대해 요구되는 만족감을 성취하는 데 테크놀로지가 어떻게 활용되는가?

사로서 여러분은 수업을 소개하고, 이전 수업과 연결하며, 수업의 한 부분에서 다른 부분으로 이동하고, 학생의 진행 상황을 확인하며, 수업을 요약하고, 차후 수업과 연결하기 위해 오리엔테이션 활동을 사용할 것이다. 교수계획에 대한 오리엔테이션 활동을 개발하기 위해 다음 질문을 고려하라.

- 학생이 현재 수업의 교수목표를 이해하도록 하기 위해 무엇을 할 것인가?
- 현재 수업을 이전 수업과 연결하기 위해 무엇을 할 것인가?
- 현재 수업에서 자연스런 전환을 위해 무엇을 할 것인가?
- 현재 수업을 요약하고 차후 수업과 연결하기 위해 무엇을 할 것인가?

정보제공활동

일반적으로 교수는 몇 가지 새로운 아이디어(사실, 개념, 원리, 절차 등)와 이러한 아이디어를 활용한 학생들의 연습 기회를 포함한다. **정보제공활동**(information activity)의 목적은 학생들이 새로운 아이디어를 이해하고 기억하도록 돕는 것이다. 정보제공활동은 효과성을 높이기 위하여 세 가지 정보 유형인 선언적 정보, 구조적 정보, 조건적 정보에 강조를 두어야 한다. **선언적 정보**(declarative information)는 새로운 아이디어 자체와 관련된다(예: 보일의 법칙은 ……을 말한다). 선언적 정보가 중요하지만, 그 자체로 충분하지는 않다. **구조적 정보**(structural information)는 아이디어들 사이에 존재하는 관계와 관련된다(예: 보일의 법칙은 ……을 설명하는 여러 법칙 중 하나다). 구조적 정보는 새로운 아이디어를 조직하는 틀을 제공하기 때문에 중요하다. 틀은 아이디어를 개별적인 사실보다는 하나의 정합적인 전체의 일부분으로 보게 하기 때문에 정보를 쉽게 이해하고 기억하도록 한다. 마지막으로, **조건적 정보**(conditional information)는 새로운 아이디어의 잠재적인 유용성에 대한 정보와 관련된다(예: 보일의 법칙은 ……을 설명하기 위해 사용된다). 조건적 정보는 새로운 아이디어가 유용한 시기(상황 유형)와 새로운 아이디어를 사용해야 하는 이유(아이디어가 어떻게 도움이 되는지)를 제시함으로써 학습한 것을 내면화하고, 이를 다양한 상황에 전이하도록 한다.

수업에 대한 정보제공활동을 개발하기 위하여 다음 질문들을 고려하라.

- 제시하려는 내용의 핵심 아이디어가 무엇인가? 어떤 순서로 할 것인가? 어떤 예를 사용할 것인가?
- 학생이 이 아이디어를 이해하고 기억하도록 하기 위해 무엇을 할 것인가?
- 아이디어 간의 관계를 알도록 하기 위해 무엇을 할 것인가?
- 아이디어가 언제, 왜 유용한지를 학생이 이해하도록 하기 위해 무엇을 할 것인가?

활용활동

활용활동(application activities)은 연습, 안내, 피드백을 포함한다. 첫째, 활용활동의 목적은 학생들이 배운 것을 적용할 연습기회를 제공하는 것이다. 연습은 진단적 기능을 하기 때문에, 만약 학생이 성공적으로 연습한다면, 평가 단계를 진행할 수 있다. 반면, 학생들이 어려움을 느낀다면 단순한 형태의 연습을 반복하거나 명확하게 하기 위해 필요한 정보로 되돌아가야 한다. 활용활동은 효과적인 진단적 도구를 제공하기 위해 학생들이 교수목표와 동일한 조건에서 교수목표가 요구하는 수행을 시연하도록 해야 한다.

둘째, 활용활동은 다양한 안내를 포함한다. 안내가 제시된 연습에서, 학생들은 어떻게 진행해야 하는지에 대한 단서를 제공받는다. 안내가 제시되지 않은 연습에서, 학생들은 어떻게 진행할 것인지를 스스로 결정해야 한다.

제공되는 안내의 양은 지속적으로 제시되고 개별 학생의 요구를 충족하도록 조절되어야 한다. 일반적으로 안내를 많이 포함한 연습은 안내를 적게 포함한 연습보다 어렵지 않다. 결과적으로 쉽게 학습을 진행하는 학생은 안내가 수반되지 않은 연습에서 상대적으로 이점이 있는 반면, 학습 진행에 어려움을 느끼는 학생들은 보다 구조화된 연습을 필요로 한다.

끝으로, 피드백은 활용활동의 핵심적인 요소다. **피드백**(feedback)은 학생이 연습할 때 얼마나 잘 했는지에 대한 정보제공과 관련된다. 피드백은 강화적 피드백과 교정적 피드백의 두 가지 유형이 있다. **강화적 피드백**(reinforcing feedback)은 연습 후에 적합한 것이다(예: '좋은 일이군.' 이나 '나도 당신의 …… 방법을 좋아해.' 라고 말하는 것이다). 이러한 피드백은 훌륭한 수행을 인정하고 지속적인 노력을 격려하기 위해 사용한다. **교정적 피드백**(corrective feedback)은 학생들이 자신의 수행을 고치거나 향상시키기 위해 구체적으로 무엇을 할 수 있는지에 대해 이야기한다(예: "만약 당신이 …… 한다면" 이나 "다음에는 ……" 이라고 말하는 것이다). 두 가지 피드백 유형은 학생이 잘 수행한 것은 강화하고, 보다 나은 수행을 위한 교정을 위해 때로 함께 사용된다. 연습과 피드백은 서로 구분할 수 없거나 최소한 구분될 수 없어야 한다. 피드백이 없는 연습은 학생이 교수목표를 달성하기 위해 학습을 진행하고 있는지 또는 수행을 향상시키기 위해 무엇을 해야 하는지에 대해 알려 주지 않기 때문에 가치가 제한된다. 수업에 대한 활용활동을 개발하기 위해 다음 질문들을 고려하라.

- 학생에게 새로운 지식이나 기술을 활용한 연습기회를 제공하기 위해 무엇을 할 것인가?
- 수업 중 이러한 기회를 어느 시점에서 만들 것인가?
- 학생에게 얼마나 많은 안내를 제공하고, 안내는 어떤 유형을 취할 것인가?
- 연습하는 동안 학생들에게 그들의 수행에 대해 강화적 피드백과 교정적 피드백 모두를 제공하기 위해 무엇을 할 것인가?

평가활동

제12장에서, 평가를 학생들이 학습한 것에 대한 정보를 수집하는 과정으로 정의하고 교수 전, 교수 중, 교수 후에 사용할 수 있는 다양한 기법을 설명할 것이다. 이것이 바로 **평가활동**(evaluation activity)의 목적이다. 연습처럼 평가도 진단기능을 한다. 평가에 '통과' 한 학생들은 다음 수업을 준비하게 되지만, '통과' 하지 못한 학생들은 계속 진행하기 전에 추가 수업이 필요하다. 저자들은 의도적으로 '통과' 라는 단어에 따옴표를 사용해 강조하였다. 우리는 가끔 평가를 전통적인 지필평가 측면에서만 생각한다.

도구상자

기법

질문, 사례, 피드백의 효과적인 사용

학습경험의 효과성을 높이기 위해 다양한 기법을 사용할 수 있는데, 교수자료에는 질문, 사례, 피드백이 들어있어야 한다. 이러한 기법들을 통합하기 위한 몇 가지 제안과 지침을 소개한다.

[질 문]

주의를 집중하고, 관심을 유지하며, 흥미를 불러일으키고, 이해 정도를 증명하며, 핵심주제에 대한 관련성을 증가시키거나 교수자료의 질을 평가하기 위해 질문을 사용할 수 있다. 교사나 학생들이 질문을 만들며, 단순한 것부터 어려운 것, 알려지지 않은 것까지 대답의 범위도 다양하다.

다음의 몇 가지 지침은 생산적인 질문을 수업에 통합하는 데 도움이 될 것이다(Dallmann-Jones, 1994; Wasserman, 1992).

질문을 계획하고 개발할 때:

- 질문하는 이유를 분명히 한다. 각 질문은 중요한 목적을 가지고 있어야 한다.
- 정보에 대한 확인을 목적으로 할 때는 '누가(who)', '무엇을(what)', '언제(when)', '어디서(where)' 를 사용하여 질문한다. '왜(why)' 와 '어떻게(how)' 를 사용한 질문은 고차원의 사고를 촉진해서 학생들에게 깊이 있는 설명이나 부가적인 사례를 제시하도록 요구한다.
- 협박성 질문보다는 정중한 표현의 질문을 한다. 학생들이 자신의 생각을 편안하게 표현할 수 있도록 한다. 질문과 대답은 정중하고, 위협적이지 않으면서 생산적이어야 한다.

질문을 사용할 때:

- 학급 전체가 무선적으로 대답하게 한다. 즉, 모든 학생에게 똑같이 질문한다.
- 질문을 한 후에 잠시 시간을 준다. 이는 학생들에게 생각할 시간을 주는 것이다.
- 자신의 생각을 공식화하기 전에 학생의 반응을 들어 학생의 생각을 정확하게 반영한다.
- 적합한 대답에 대해 긍정적으로 반응한다. 그러나 틀린 대답도 결코 무시하지 않는다.
- 여러분의 대답이나 다른 학생의 대답에 대한 반응으로 질문할 수 있는 기회를 제공한다.
- 학생이 틀린 대답을 반복적으로 할 때, 일대일로 개별지도를 한다. 수업 중에 이미 논의했던 질문에 대답할 수 있는 기회를 제공한다.

[사 례]

사례가 학생들의 개념 이해나 활용에 매우 효과적이라는 연구 결과가 있다. 사례는 개념에 대한 핵심적인 특징과 정보를 강조하고, 즉각적인 비교를 가능하게 하며, 사물이 다양한 상황에서 어떻게 적용되고 일반화되는지를 보여 준다. 사례를 활용하기 위한 지침은 다음과 같다.

- 단순한 사례로 시작하여 학생이 사례의 핵심적인 속성을 쉽게 확인하게 한다. 단순한 사례는 학생의 자신감

도 증가시킨다.

- 순서도, 사진, 실시간 시범, 실물과 같이 다양한 형태를 활용하여 사례를 제시한다.
- 사례의 핵심 속성을 강조하기 위해 비예(부정적인 사례)를 사용한다. 비예는 사례와 동일한 속성을 조금은 가지고 있지만, 결정적인 차이를 만드는 속성이 다르다. 가령, '빨강' 이라는 개념을 가르치기 위해 학생에게 빨간색 공을 예로 들 수 있다. 색상에 대한 핵심 속성을 확실히 이해하도록 하기 위해 파란색 공, 오렌지색 공처럼 비예를 소개한다. 예와 비예의 모든 속성은 색상에 대한 핵심 속성만 **제외하면**(except) 모두 동일하다. 비예는 핵심 속성을 확인하는 데 도움이 된다.
- 사례의 난이도 수준을 점차적으로 높여서, 학생들이 실제로 경험하게 될 실제 세계의 사례와 근접하거나 더 까다롭게 만든다.

[피드백]

'연습만이 완전하게 한다.' 라는 말은 사실일까? 짧은 말을 추가하여 보다 정확한 문장을 만들 수 있다. **'피드백이 제공되는 한**, 연습만이 완전하게 한다.'

Rothwell과 Kazanas(1992: 13)에 따르면, 피드백은 "활동이나 때로 활동 그 자체에 대한 정보의 지속적인 제공 과정이다." 피드백은 두 가지 기능을 갖는다. 첫째, 피드백은 학생에게 과제를 **얼마나 많이**(how much) 완성하였는지 알려 주고, 계속해서 과제를 수행하도록 촉진한다. 둘째, 학생들이 **얼마나 잘**(how well) 수행하는지를 알려 주고, 자신의 수행을 향상시키기 위해 무엇을 해야 하는지 지시한다.

수업을 설계하고 실행할 때, 학생이 자신의 수행이 맞았는지 틀렸는지 모르는 상황에서 즉각적이고도 믿을 만한 피드백을 전달하기 위한 준비를 하는 것이 중요하다. 어떠한 피드백 형태도 없다면, 학생은 잠정적으로 몇 번이나 실수를 하는 연습을 지속하게 된다. 연습과 피드백 실습을 설계할 때 다음 지침들을 사용하라(Leshin, Pollock, & Reigeluth, 1992에서 인용함).

- 효과적인 피드백은 연습이 일어난 후에 즉각적으로 전달되어야 한다.
- 잘 설계된 피드백은 높은 수준의 수행을 가능하게 학생을 동기화할 수 있다.
- 정보적 피드백은 좋은 사례와 같은 기능을 해야 한다.
- 교정적 피드백은 학생이 생각할 수 있도록 해야 한다. 단서를 제공하되 정답을 즉시 제공해서는 안 된다.

점검사항

인터넷상에서의 교수계획

① 자신에게 적합하고 흥미 있는 주제와 수준을 선택한다.

② Kathy Schrock's Guide for Educators on the DiscoverySchool.com 사이트(http://school.discovery.com/schrockguide/)를 접속하거나 다양한 유형의 수업계획을 검색할 수 있는 다른 사이트에 접속한다.

③ 두 가지 서로 다른 계획안을 검토하고 선택한다.

④ 두 계획안에 대한 간단한 설명을 기록한다.

ⓐ 공통점과 차이점은 무엇인가?

ⓑ 어떤 계획이 학생의 동기유발에 더 효과적인가? 그 이유는 무엇인가?

ⓒ 어떤 계획이 새로운 정보의 이해와 기억에 더 효과적인가? 세 가지 정보 유형(선언적, 구조적, 조건적 정보)을 모두 포함하는가?

ⓓ 어떤 계획이 연습기회를 더 많이 제공하는가? 학생에게 피드백은 어떻게 제공되는가?

그러나 학생들이 얼마나 잘 배웠는지 평가하기 위한 다양한 방법이 있고, '통과'의 의미는 평가방법마다 다를 것이다.

교수계획에 대한 평가활동을 개발하기 위해 다음 질문들을 고려하라.

- 학생이 학습목표를 성취하였는지 결정하기 위해 무엇을 할 것인가?
- 평가 중이나 후에 학생들에게 어떻게 수행에 대한 피드백을 줄 것인가?

총체적 안내로서 교수계획

저자들은 수업 '각본'이 다양한 교수·학습 상황에 따라 융통성 있게 변경 가능하다고 제안했다. 교수계획도 각본처럼 의사결정을 안내하는 것이다. 교수계획은 학생의 학습을 도와주기 위해 어떤 행동을 취하고 이 행동들을 어떻게 조합할 것인지를 결정하는 데 도움이 된다. 저자들이 제시한 교수계획은 여러분에게 일련의 **총체적**(heuristic) 지침을 제공하기 위해 설계되었다. 다시 말해, 계획이 모든 상황에서 동일한 방식으로 따라야 하는 엄격한 절차라기보다는 각 상황에 맞게 변경할 수 있는 일련의 일반적인 규칙이다. 실제적인 안내를 주기에 충분하게 구조적이지는 않지만 다양한 상황에서 충분히 활용 가능한 융통적인 지침을 제공하는 것이 저자들의 목적이다. 그러나 **하나의 '옳은**(correct)**' 교수계획은 없다는 것**을 기억해야 한다. 교수 상황은 학생의 요구·흥미·경험에 따라, 내용의 구조에 따라, 활용 가능한 자원에 따라, 교사의 선호도·흥미·경험에 따라 달라진다. 교사가 해야

도구상자 기법

사례연구

사례연구는 학문연구에서 실제로 만날 수 있는 경험 유형을 반영하는 실제 상황이나 가상 상황에 학생들이 적극적으로 참여하도록 요구하는 교수법이다. 다음 사례연구의 예를 읽고, 제시된 예를 활용하여 만들 수 있는 문제해결 수업 유형을 생각해 보자.

- 여러분은 에버글레이드 국립공원(Everglades National Park) 수질보호 식물학자다. 에버글레이드 국립공원은 1947년에 조성된 세 번째로 큰 공원이다. 플로리다 주 주변 농장의 화학약품이 에버글레이드의 거대한 늪, 잔디, 해안 홍수림에 미치는 피해 정도를 이미 상세히 보고했다. 그러나 최근 정부와 농장 간의 합의 도출을 위한 시도가 실패했다. 이러한 국가의 자연적 현상을 보호하기 위해 어떻게 하겠는가(Barell, 1995: 126)?
- Aurora는 범죄율 증가를 경험하고 있다. 2년 전 25%와 비교하여, 최근 병원 응급실에 입원한 사례의 30%가 폭력범죄의 희생자다. 이 문제의 해결책을 찾기 위해 시에서는 어떤 조치를 취해야 하는가(Gallaher, Stepien, & Rosenthal, 1992를 Barell, 1995: 126에서 재인용)?

'보고서(report)' 사례는 결정적이지는 않지만 적절한 자료를 포함한다. 자료는 여러분이 학생들에게 제시하거나 학생들이 스스로 개발한다. 사례 발표 후에 개별활동이나 집단활동을 한다. 이때 학생들은 자료를 분석하고, 문제의 본질을 평가하며, 적용할 수 있는 원리를 결정하고, 해결책이나 행위 과정을 추천한다. 비판적 사고, 문제해결, 대인관계 기술 개발에 유용한 사례에 대한 논의가 뒤따르게 된다. 사례연구 방법이 다른 교수기법(특히, 시뮬레이션과 교수게임)과 공통된 전략을 가지고 있다 하더라도, 모든 사례연구 방법에서 핵심이 되는 것은 일련의 특별한 환경과 사건이다. 사례연구 방법이 일반적으로 학생들의 높은 참여 수준을 통해 동기를 유발하고 '실제(real)' 세계와 교실 상황의 차이를 연결하는 데 도움이 되는 반면, 시간을 많이 소비하고 토의 진행자의 훌륭한 관리기술을 요구한다.

할 과제는 학생이 학습하는 것을 도와주기 위해 독특한 문제에 대한 독특한 해결책을 만드는 것이다. 즉, 특정 학생의 특정 내용 학습을 도와주기 위한 계획을 고안해야 한다는 것이다. 한 상황에서 다음 상황으로 변함에 따라 달라지는 교수계획에는 여러 가지 방식이 있다.

교수활동 조합

다섯 가지 교수활동(동기유발, 오리엔테이션, 정보제공, 활용, 평가)은 모든 수업에서 포함해야 하는 기본적인 요소다. 그러나 각 활동이 모든 수업에서 하나의 독립된 전체가 되어야 한다는 것을 의미하지는 않는다. 예를 들어, 활용활동의 목적은 학생이 새로운 지식이나 기술을 시도하도록 하는 것이고, 평가활동의 목적은 의도한 교수목표를 달성하였는지 결정하도록 하는 것이다. 연속적인 활용활동의 제시는 학생이 교수목표를 달성했는지 결정하는 데 도움을 줄 것이다. 이 경우, 여러분은 평가활동과 활용활동을 조합할 수 있다. 각 교수활동이 매 수업에 중요한 목적을 가지고 있음을 기억할 필요가 있다. 때로 두 가지 이상의 교수활동을 조합함으로써 보다 효율적으로 이러한 목적을 달성할 수 있다.

교수활동 강조

교수활동이 모든 수업에서 모두 똑같은 중요성을 갖는 것은 아니다. 예를 들어, 어떤 수업에서는 많은 정보를 제시하고 활용활동에는 시간을 제한하는 반면, 같은 내용을 다루는 다른 수업에서는 정보를 적게 제시하고 활용활동에 많은 시간을 할애할 수 있다.

교수활동 관리자

교수활동 관리자는 활동 속도를 지시하고, 정보의 흐름

도구상자 기법

역할극

역할극은 모의수업의 한 유형이다. 역할극은 각 참가자에게 묘사할 등장인물을 배정한 드라마와 같은데, 그들의 수행을 향상시켜야 한다. 취업 인터뷰하는 방법, 악의를 품은 학생이 교사를 위협하는 상황 관리, 야구경기 심판의 의심스러운 판정에 대한 논의, 개인적 관계 형성에 대한 학습이 역할극의 좋은 예다.

역할극은 창의성을 촉진하고, 학생들이 자신의 감정과 태도를 표현하도록 한다. 역할극은 사회적 기술을 개발하고 연습하는 효과적인 수단이며, 상황이나 질문에 대해 반응하는 동안 즉각적으로 생각과 반응을 조직하는 것을 학습하게 한다.

교실에서 역할극을 설계하고 실행할 때 다음 지침들을 고려하라(Dallmann-Jones, 1994; McKeachie, 1994).

- 교수 전에 상황을 충분히 자세하게 설계한다.
- 상황을 고려하여 참가자의 역할을 정의한다.
- 참가자를 선정하기보다는 지원자를 받는데, 지원자가 어려움을 덜 느끼기 때문이다.
- 참가자들에게 자신의 생각을 정리할 수 있는 시간을 허용한다.
- 역할극을 시작하기 전에 모든 학생을 간단하게 소개한다. 상황을 설명하고 참가하지 않는 학생들이 무엇을 기대해야 하는지 알려 준다.
- 역할극을 장시간 '상연(run)' 하지 않는다. 일반적으로 3~6분이면 충분하다.
- '중요한(hot)' 주제에 직면하거나 감정을 표현하기 시작하면, 역할극을 중단하고 역할을 바꾼다.
- 수행을 분석하기 위해 추후 논의를 실시한다. 방어적 자세를 피하기 위해, 연기자가 자신의 지각과 감정적 반응을 먼저 토의하게 한다.

을 조절하며, 다음에 할 것을 결정하는 활동의 실행을 주로 책임지는 사람이나 사물이다. '주로(primarily)' 라는 단어를 사용하였는데, 학습은 항상 학생, 교사, 교수자료의 협력에 의해 이루어지고 이 모두가 교수활동 각각에 영향을 주기 때문이다. 그러나 학생, 교사, 교수자료가 속도와 정보의 흐름을 조절하고 의사결정을 할 수 있는 범위는 어느 정도인가? 관리자는 활동마다 달라질 수 있음을 기억하라. 예를 들어, 수업에서 교사는 오리엔테이션 활동을 관리하는 반면, 교수자료는 정보제공활동을 관리하고, 학생은 활용활동을 조절할 수 있다.

학생이 자신의 학습을 관리하도록 격려하는 것은 효과적인 기법이다(제2장의 구성주의 학습이론에 관한 논의 참조). 학생들은 스스로 수업을 관리할 때 교수활동으로부터 보다 많은 것을 배우게 된다. 그러나 이는 학습을 통해 습득한 기술이며, 특히 나이가 어리거나 기술이 미숙한 학생들은 스스로 그것을 잘할 수 있기 전에 교수와 연습이 필

도구상자

기법

유추활용

제1장의 서두에서, 건축가가 자신의 작품을 지속적으로 계획, 실행, 평가하는 방법을 설명하였다. 이것이 유추적 교수 기법의 예다. 유추의 목적은 새로운 개념을 친숙한 개념과 비교함으로써 학습할 수 있도록 돕는 것이다. 유추는 다음의 네 가지 요소로 구성된다.

① 학습하게 될 정보(주제)
② 새로운 정보를 친숙한 정보에 비교(유추)
③ 주제와 유추를 비교하는 수단(연결)
④ 주제와 유추 간의 유사점과 차이점 설명(근거)

건축가 유추에서, 저자들은 학습 단계(주제)를 설명하기 위해 구조를 만드는 것(유추)에 대한 전문 건축가와 초보 건축가 간의 차이를 사용했다. 두 사례 모두에서 전문가는 자신의 작품을 계획하고, 계획을 실행하고, 그 결과를 평가한다(근거).

모든 유형의 교과목 학습에서 유추가 효과적이라는 것이 반복적으로 입증되었다(West, Farmer, & Wolff, 1991). 유추의 활용을 촉진하기 위해, 유추를 구성하는 ABCDE 방법을 고려하라(Kearny, Newby, & Stepich, 1995에서 수정하여 인용).

A	주제 분석	주제에 대한 이해를 위해 학생들에게 가장 원하는 것이 무엇인가?
B	잠정적 유추에 대한 브레인스토밍	여러분이 확인한 중요한 특징을 어떤 구체적인 항목이 공유하는가?
C	유추 선택	후보 중 어떤 유추가 다음 특징과 가장 잘 조화되는가? • 친밀성: 학생이 유추를 인식하는가? • 정확성: 확인된 특징을 유추가 정확하게 반영하는가? • 기억 가능성: 유추가 분명하고, 학생이 그것을 기억하는가? • 구체성: 유추물을 학생이 직접적으로 파악할 수 있는가?
D	근거 설명	주제와 유추가 얼마나 비슷한가? 얼마나 다른가?
E	유추 평가	이 유추가 의도된 청중을 대상으로 하는가?

요할 것이다. 학생이 자신의 학습을 관리하는 것을 가르치는 것이 이 책의 범위를 넘어서는 것이므로 이 주제에 관심 있는 독자들은 Schunk와 Zimmerman(1998)을 참조하기 바란다.

계획의 상세화 정도와 구조

교수계획 내의 활동은 그 기법을 사용했던 경험에 비추어 세부항목이나 구조를 어느 정도 설명할 수 있다. 상대적으로 경험이 적거나 새로운 기법을 사용하는 교사는 자신의 계획이 보다 구조화되기를 원하며, 활동 내용과 교수자료를 상당히 자세히 설명한다. 반면, 친숙한 기법을 사용하는 교사들은 덜 구조화된 것을 요구하므로 그들은 활동을 개략적으로 설명한다. 전체 계획보다는 개별활동에 대한 이야기임을 기억하라. 하나의 계획 속에 있는 다양한 활동은 다양한 수준으로 세부 내용을 설명할 수 있다. 예를 들어, 익숙한 주제를 소개하는 새로운 방법을 개발한 교사는 익숙한 정보는 간략하게 개관하는 반면, 동기유발과 오리엔테이션 활동은 자세하게 개발할 수 있다.

활동 순서와 활동의 수

논리적으로 보이는 교수활동의 순서를 제시했지만, 유일하게 '옳은(correct)' 순서는 아니다. 예를 들어, 여러분은 자연스러운 도입을 위해 수업의 시작 단계에서 오리엔테이션 활동을 할 수 있다. 다른 방법으로, 새로운 정보를 이전에 학습한 정보와 명확하게 연결하는 방법으로 정보제공활동을 한 후에 오리엔테이션 활동을 할 수도 있다. 또는 오리엔테이션 활동이 두 상황 모두에 유용할 수도 있다.

동기유발 > 정보제공 > 정보제공 > 활용 > 활용
동기유발 > 정보제공 > 활용 > 정보제공 > 활용
동기유발 > 정보제공 > 활용 > 동기유발 > 활용

[그림 5-2] 교수활동의 다양한 순서

마지막으로, 수업이 때로 한 가지 이상의 활동을 포함하고 그 활동은 전 수업을 통해 함께 제시될 수도 혹은 따로 제시될 수도 있음을 강조한다. [그림 5-2]에 나타난 것처럼 하나의 수업은 다양한 배열로 다수의 동기유발활동, 정보제공활동, 활용활동을 포함할 수 있다.

국가교육공학표준과의 연계

NETS와 연계

교사를 위한 국가교육공학표준 II와 III은 **테크놀로지 향상 학습활동과 경험을 만들고 가르치는 것을 통해 교육과정과 테크놀로지 표준을 연결**하는 것을 강조한다. 첫 단계로, 여러분이 사는 곳의 교육과정표준을 확인하고 자신의 전공 분야(영어, 사회, 수학)와 관련된 표준을 검토하라. 대부분의 경우, 여러분이 사는 곳의 교육에 대한 교육과정표준은 주 정부 웹사이트 검색을 통해 쉽게 찾을 수 있다. 다음의 용어를 사용하여 간단하게 검색하고 교육과정표준과의 연결을 기대하라. 대부분의 경우에 교육과정표준이 여러분이 선택한 곳의 교육부 홈페이지와 연결될 것이다. 관련된 교육과정표준을 찾아서 검토했다면, 다음 사항을 따라 해 보라.

- 특수한 교육과정표준을 토대로, 그 교과 영역에서 공부하는 학생이 탐색할 수 있는 실제적인 문제를 만든다.
- 학생이 문제를 설명할 때 도움을 주는 협동학습 경험을 개괄한다.
- 다섯 가지 교수활동(오리엔테이션, 동기유발, 정보제시, 활용, 평가)과 여러분이 설계한 학습경험 속에서 각 활동이 어떻게 설명되는지 기술한다.
- 각 교수활동 속에서 테크놀로지의 역할, **그리고**(and) 여러분의 학습경험 설계, 실행, 평가에서 테크놀로지의 역할을 설명한다.

일관성 있는 계획 설정

교수계획은 학생에게 수업을 제시하는 방법을 지시하기보다는 의사결정을 안내하도록 융통성 있게 설계되어야 한다. 그러나 계획을 구성하는 요소가 다른 요소들과 일관성이 있어야 한다는 것은 모든 교수계획에 적용된다. 다시 말해, 교수목표는 교수활동과 조화를 이루어야 하고, 교수활동들끼리도 조화를 이루어야 한다. 가령, 교수목표는 정보제공활동에서 설명하고 평가활동에서 측정하는 지식과 기능을 정확하게 반영해야 한다. 마찬가지로, 평가활동은 정보제공활동에서 설명하고 교수목표로 제시된 정보와 기능을 측정해야 한다. 학생들은 학습할 수 있도록 동기유발되고, 모든 교수활동을 통해 평가될 지식과 기능을 적용해야 한다.

대비되는 계획 개념을 설명하기 위해, 〈표 5-3〉의 간단한 예를 생각해 보자. 사례 A는 교수목표, 정보제공, 활용, 평가 활동이 모두 일관성이 있다. 이 모든 활동은 대수방정식을 푸는 방법에 대한 학습과 직접적으로 관련된다. 그러나 사례 B는 교수목표, 정보제공, 활용, 평가 활동이 모두 대수의 서로 다른 측면에 목표를 둔다. 이것들이 모두 중요하더라도, 서로 일관되지는 않는다.

특정한 상황에 대한 일관성 있는 교수계획을 만들기 위해 어떻게 교수활동을 조합할 것인가? 다음에 나오는 두 개의 교수계획 예시가 이 질문에 대한 답이 될 것이다. 상황은 서로 관련되지만, 다른 계획 요소로 시작한다. 결과적으로, 계획이 서로 다르다. 두 계획 예시를 점검해 보자. 어떤 차이가 있는가? 이러한 차이는 어떻게 설명할 수 있는가? 이는 교수계획 융통성에 대해 무엇을 제안할 수 있는가?

시나리오 A

김 교사는 4학년 학생들에게 초급 스페인어 과목을 가르친다. 교육청에서 배부한 교육과정 안내서는 학생들이 간단한 스페인어 회화와 스페인어 인사말을 할 수 있어야 한다고 구체화되어 있다([그림 5-3] 참조).

시나리오 B

박 교사는 다른 학교에서 4학년 학생들에게 초급 스페인어 과목을 가르친다. 그의 교수목표 또한 학생들이 스페인어 인사말을 사용할 수 있게 하는 것이다. 그는 협동학습기법에 대해 읽었고, 그것을 좋아한다. 그는 학급에서 협동학습을 시도한다([그림 5-4] 참조).

계획의 실제적 이점

교수계획은 의사결정에 대한 안내다. 교수계획은 수업을 효과적으로 진행하고, 학생과 환경의 변화하는 요구에

〈표 5-3〉 일관성 있는 교수계획의 요소

	일관성 있는 사례 A	일관성 없는 사례 B
교수목표	대수방정식을 풀 수 있다.	대수방정식을 풀 수 있다.
정보제공활동	대수방정식 표기법을 설명한다. 그리고 다양한 대수방정식 유형을 푸는 방법을 시범 보인다.	수학의 한 분야인 대수의 역사적 발달 과정을 설명한다.
활용활동	정보제공활동에서 제시한 유형의 대수방정식 문제를 학생에게 풀게 한다.	학생에게 다양한 유형의 대수표기법 문제를 해석하게 한다.
평가활동	일련의 대수방정식을 풀게 한다.	대수방정식을 푸는 방법을 아는 것의 중요성에 대해 질문한다.

학생: 4학년 스페인어 I **주제**: 인사말

교수목표:

- 주어진 영어 인사말에 해당하는 스페인어 인사말을 할 수 있다.
- 누군가를 만나면, 스페인어로 적합한 인사말을 할 수 있다.
- 스페인어로 인사하면, 그에 적합한 스페인어로 대답할 수 있다.

학습환경: 교실활동

① 동기유발활동 - 오리엔테이션 활동의 조합

일련의 상황을 영어로 제시하고, 인사말을 하게 한다. 학생들이 어떤 말을 할 것인지 물어본다. 비디오를 통해 비슷한 상황을 스페인어로 제시한다. 스페인어로 대화할 수 있는 수준의 교수목표를 제시한다. 연습의 중요성을 강조한다.

- 방법: 프레젠테이션
- 매체: 비디오테이프

② 정보제공활동

아침, 점심, 저녁에 하는 일상적인 스페인어 (공식적, 비공식적인) 인사말과 대답을 시범 보인다. 칠판에 단어를 쓰고, 이것을 여러 차례 반복한다. 인사말과 그 대답의 연결을 강조한다. 시범을 보이는 동안, 각 인사말과 그 대답을 사용해야 할 때를 명확하게 설명한다.

- 방법: 시범
- 매체: 칠판

③ 오리엔테이션 활동

연습활동을 시작하기 전에, 학생들에게 일반적으로 인사말을 사용하는 시기와 이유를 질문한다. 그리고 다른 형태의 인사말을 사용하는 시기와 이유를 질문한다. 사전 정보를 검토했는지 여부를 결정하기 위해 이러한 논의를 활용한다.

- 방법: 토의
- 매체: 소리(대화)

④ 활용활동 - 평가활동의 조합

오디오테이프 녹음기를 한 대씩 주고 학생을 2명씩 짝짓는다. 어떻게 발음하는지 테이프를 듣고 연습하도록 지시한다. 파트너끼리 몇 분 동안 연습한 후에 인사말과 대답을 녹음한다. 테이프에 녹음한 것을 듣는다(테이프에서 들은 것을 평가하도록 요청한다). 발음에서 특별히 강조할 곳을 지적하고 발음 향상을 위한 특별 점수를 준다.

- 방법: 반복 연습
- 매체: 오디오테이프

[그림 5-3] 스페인어 인사말과 대답을 가르치기 위한 교수계획

반응하는 현명한 결정을 하도록 하며, 여러분이 제공하는 수업을 지속적으로 향상시키도록 한다. 계획을 세우는 것의 실제적인 이점은 교수계획이 교수 전, 중, 후에 제공하는 기능 측면에서 설명할 수 있다(Borko & Livingston, 1992; Kauchak & Eggen, 1989; Reynolds, 1992).

교수 전

연 결

교수계획은 두 가지 중요한 연결기능을 제공한다. 첫째, **교육과정 목적과 학생을 연결**하는 것이다. 계획은 사전에 결정된 교육과정을 특정 학생의 요구에 맞게 어떻게 재단할 것인지의 결정을 위해 사용되는 운송수단이다. 둘째, 계획은 **교수목표, 교수활동, 평가를 연결**하는 것이다.

학생: 4학년 스페인어 I **주제**: 인사말

교수목표:
- 주어진 영어 인사말에 해당하는 스페인어 인사말을 할 수 있다.
- 누군가를 만나면, 스페인어로 적합한 인사말을 할 수 있다.
- 스페인어로 인사하면, 그에 적합한 스페인어로 대답할 수 있다.

학습환경: 교실활동

① 동기유발활동 – 오리엔테이션 활동의 조합

학생들에게 영어로 인사한다. 모든 언어가 비슷한 인사말을 사용한다고 설명한다. 학생이 해야 할 과업은 스페인어로 인사말을 배우는 것이다. 모든 학생은 오디오테이프를 통해 인사말 한 개씩을 배우고, 이것을 학급 친구에게 가르치게 된다. 이것이 사람들과 스페인어로 이야기할 수 있게 되는 시작이다. 인사말을 배웠으면, 다른 대화로 이동할 수 있다.

- 시간: 5분 ← 단어가 적힌 교수자료를 추가한다.
- 방법: 프레젠테이션
- 매체: 오디오(대화)

② 정보제공활동

학급을 아침, 점심, 저녁 인사말에 맞게 세 집단으로 똑같이 나눈다. 각 집단에 그 집단의 시간에 맞는 인사말과 대답이 녹음된 오디오테이프를 준다. 테이프 녹음기를 사용하는 방법을 다시 확인한다.

- 지시: 각 집단은 자신들의 인사말과 대답을 연습하고, 그것을 두 명의 학급 친구에게 가르친다. 집단 구성원들끼리 서로 발음을 들려주고 도와준다. ← 가능한 많이 연습하도록 격려한다. 약 15분 후에 집단 구성을 바꾸고, 각 학생들이 새로운 집단의 학생들에게 자신이 학습한 인사말을 가르친다. 만약 도움이 필요하면 요청한다. 교실 안을 순회한다. 학생들의 순서를 유지한다.
- 시간: 약 15분
- 방법: 개인교수
- 매체: 오디오테이프의 스페인어 인사말

③ 오리엔테이션 활동

학급을 세 집단으로 재구성하되, 이전의 세 집단 각각에서 구성원 한 명씩을 데려온다.

- 지시: 이제 해야 할 일은 가능한 많이 가르치는 것이다. 서로 도움을 준다. 집단의 모든 구성원은 각 인사말과 대답을 배우게 된다. 약 15분 후에, 학습한 내용을 자신의 파트너와 함께 교실 앞에서 발표한다.
- 시간: 약 15분
- 방법: 협동학습
- 매체: 오디오(대화)

④ 평가활동

- 파트너와 함께 앞으로 나오게 한다. 첫 번째 학생에게 영어 인사말 카드를 준다. 학생은 자신의 파트너에게 스페인어로 인사한다. 파트너는 스페인어로 대답한다.
- 시간: 15분 ← 학생들은 연습을 위해 많은 시간이 필요하기 때문에 대안책을 찾는다.
- 방법: 반복 연습
- 매체: 스페인어/영어 플래시 카드

⑤ 정보제공활동

수업을 간단하게 보고한다.

- 각 인사말과 대답을 언제 사용하는지 기억한다.
- 학생 이외에 부모나 친구에게 이 인사말을 가르치도록 요구한다.
- 학교 주위 친구들에게 인사말 사용을 제안한다.
- 시간: 15분
- 방법: 토의
- 매체: 오디오(대화)

[그림 5-4] 협동학습을 활용한 스페인어 인사말과 대답을 가르치기 위한 교수계획

이는 교수목표, 교수활동, 평가의 조화를 위해 이것들을 어떻게 변경할 것인지를 결정하도록 한다는 것을 의미한다. 이러한 연결방법은 ① 특정 교육과정, ② 학생, ③ 교사의 내용에 대한 지식, 경험 수준, 학생과 그들이 어떻게 학습하는지에 대한 신념, 학생의 학습을 도와주는 교수방법에 대한 지식에 따라 달라진다.

체크리스트

교수계획은 요구되는 특별한 교수자료, 시설, 장비를 필요로 하는 상황뿐만 아니라 필요할 것으로 예상되는 상황을 촉진한다. 또한 계획은 모든 학생에게 교수자료를 충분히 줄 수 있도록 한다.

스케줄

교수계획은 학생들의 학습을 도와주기 위해 어떤 활동을 하고, 이 활동들의 논리적 순서는 어떻게 할지를 결정하게 하며, 다양한 활동에 필요한 시간을 배정하게 한다.

교수 중

로드맵(안내도)

교수계획은 여러분이 도달하고자 하는 목적지와 그곳에 도달하기 위해 따라야 하는 경로에 대해 설명한다. 이러한 안내도 기능은 계획을 변경하는 데 도움이 된다. 이는 두 가지 이유에서 중요하다. 첫째, 교실 내 방해요소는 불가피한 것이기 때문이다(예: 학생의 결석이나 학교 집회 등). 교수계획은 **교수를 원래대로 유지**하고 학생의 목적지를 향한 진행 상황을 확인하는 데 도움이 되며, 사전에 정해진 교육내용이 직면하게 될 방해요소를 포함하게 한다. 이때 여러분이 현재 위치한 곳을 표시해 둠으로써 방해요소가 사라진 후에 돌아갈 수 있다. 둘째, 학생의 요구와 관심이 변하기 때문에 기대하지 않은 학습기회가 야기될 수 있다. 목적지를 향해 지속적으로 학습을 진행하는 동안, **교수계획은 이렇듯 변하는 요구 · 흥미 · 기회에 반응**하게 한다. 계획은 학생의 반응을 토대로 즉시 변경할 수 있도록 융통성 있게 설계되어야 한다.

개 요

교수계획은 다음에 무엇이 나오는지 기억하기보다는 교실에서 따라야 하는 일련의 지침을 제공한다. 이 지침들은 교사가 학생과의 상호작용에 집중하도록 한다.

방향 제시

교수계획은 교수에 대한 정확한 방향감을 제공하고, 이는 자신감 증대와 어디로 가야하는지 몰라서 나타나는 불확실성과 불안감 해소에 도움이 된다. 여러분이 상대적으로 경험이 적거나 안내가 필요한 경우라면, 방향 제시는

점검사항

노 교사의 수업지도안

① 부록의 교사용 자료 B를 참조하라. 이 교사용 자료는 노 교사가 6학년 사회과목 수업을 위해 개발한 수업지도안을 설명하고 있다. 이 지도안을 검토하고 지도안에 있는 다섯 가지 교수활동에 대해 각각 이름을 붙여라. 예를 들어, 학습에 대한 학생의 흥미를 높이기 위해 지도안에 어떤 것이 있는가(동기유발활동)? 학생이 학습한 것을 연습할 기회를 제공하기 위해 지도안에 어떤 것이 있는가(활용활동)? 이 지도안에서는 이러한 용어를 사용하지 않았기 때문에, 각 교수활동 유형을 수행하기 위해 어떤 것을 하는지 알기 위해서는 주의 깊게 읽어야 한다.

② 다섯 가지 교수활동 유형 각각에 대해 최소 한 개 이상의 대안을 간략하게 기록하라.

③ 기록한 내용을 친구들과 비교하라. 브레인스토밍 연습으로 이를 활용하라. 여러분이 제시한 각 대안에 대해 간단하게 논의하라. 강조점은 어떤 것이고, 실행을 어렵게 만드는 것은 무엇이라고 생각하는가?

특히 중요하다.

교수 후

일 지

교수계획은 교수 중에 발생한 것을 기록하는 장소가 된다(McCutcheon, 1980). 또한 관찰한 것, 여러분이 학습한 것과 학습하지 못한 것에 대한 의견을 기록하는 장소가 된다. 이러한 기록은 교수를 향상시키기 위해 사용될 수 있다.

요약 보고서

때로는 교실에서 무슨 일이 일어나는지를 다른 사람이 아는 것도 중요하다. 교수계획은 이에 대한 편리한 방법을 제공한다. 예를 들어, 계획은 대체교사에게 교수의 어떤 부분이 완료되었고, 어떤 부분이 아직 덜 완료되었는지에 대해 알려 줄 수 있다. 마찬가지로 계획은 교장이 학교의 모든 교실에서 무슨 일이 일어나는지를 확인하는 데 도움을 준다.

테크놀로지 코디네이터 코너

올해 한라초등학교의 교육과정 주제는 '세계의 문화'였다. 5학년을 맡은 정 교사와 임 교사는 최근에 '일본의 전통적인 국경일과 축제'라는 새로운 수업 웹사이트 초안을 마무리했다. 이 사이트를 학생들에게 사용하기 전에, 학교 테크놀로지 코디네이터인 안 교사를 포함한 몇몇 교사들에게 웹사이트를 검토하고 좋은 의견을 제안해 줄 것을 요청했다. 얼마 후에, 안 교사로부터 다음과 같은 이메일을 받았다.

3월 23일

정 교사와 임 교사에게

일본에 대한 여러분의 웹사이트를 검토할 수 있는 기회를 준 것에 대해 고맙게 생각합니다. 전혀 몰랐던 것들을 배웠습니다. 여러분의 작업에 대해 간단히 논평하면,

첫째, 웹사이트를 통해 학습하도록 하려면 학생들의 주의를 획득하고 그것을 유지하는 것이 중요합니다. 다양한 색상의 그림과 그래픽 사용은 이러한 점에서 도움이 될 것입니다. 여러분은 또한 학생이 방대한 사이트 크기와 얼마나 많이 학습해야 하는지를 이해시키기 위한 방법을 생각해야 합니다. 학생들이 이 점을 알게 되면 그들은 목표를 달성하는 데 자신감을 갖게 됩니다. 그렇지 않으면 몇몇 학생들은 사이트의 중요한 부분에서 정보를 얻기도 전에 포기하게 될 것입니다. 이러한 측면에서 학생이 경험하게 될 내용에 대한 개요를 제공하고, 학생들이 학습해야 할 것과 이미 학습한 것에 대한 방향을 제공하는 '사이트맵(site map)'을 만들 수 있습니다.

둘째, 여러분은 축제일에 대한 많은 정보를 제공합니다. 대부분은 좋은 정보지만, 몇몇 학생들에게는 너무 많아서 혼란을 야기할 것으로 보입니다. 따라서 제시한 정보를 몇 가지 방법으로 조직할 것을 제안합니다. 예를 들어, 축제일을 계절별로 분류할 수 있습니다. 이 방법은 학생들이 정보를 집단으로 구분하도록 하며, 이는 정보를 보다 잘 관리하게 합니다. 또한(아마도 더 중요한 것은), 학생들은 일본의 국경일과 축제를 자신들에게 이미 친숙한 나라의 축제와 쉽게 비교할 수 있게 됩니다. 구조(예: 단순하지만 관련된 그림이나 그래픽, 음악 등)를 재인식하기 위한 '도움말(helps)'의 추가는 웹 페이지 내에서 상대적으로 간단합니다. 그리고 이것은 학생들에게 학습내용에 대한 약간의 흥미와 기억할 단서를 제공할 것입니다.

셋째, 마지막으로, 여러분의 웹사이트에서 부족한 한 가지 요소는 학생들이 학습한 정보를 어떻게 적용하고 사용하는지를 알 수 있도록 해 주는 것입니다. 이것을 알게 되면, 학생들은 그 내용을 보다 깊이 있게 기억할 수 있게 됩니다. 내가 가지고 있는 한 가지 생각은 학생들이 웹에 이미 익숙하기 때문에 일본 학교 사이트와 연결하여 같은 또래 학생들과 상호작용할 수 있도록 하는 것입니다. 물론 언어가 문제가 되지만, 학교 홈페이지는 영어 쓰기 기술을 시도하는 곳이고, 자신과 다른 방식을 가진 학생과 상호작용하는 것에 전율을 느낄 수 있는 곳이라고 생각한다. 우리 학생들이 알고 있는 전통적인 축제일에 대한 내용을 공유하고, 가장 좋아하는 축제일에 대해 질문하며, 여기에서와 비슷한 것에 대해 이야기 나눌 수 있습니다. 원컨대, 이러한 상호작용은 문화에 대한 유사점과 차이점에 대한 학생들의 학습을 개발할 것입니다. 결국, 올해 학교 주제의 목적이 아닌가 합니다.

무엇을 해야 하고 그것을 어떻게 달성했는지에 대해 여러분과 더 많이 생각하게 되어 기쁩니다. 여러분의 웹사이트를 검토할 수 있는 기회를 주어 고맙습니다.

안○○

요 약

교수계획은 각본과 같다. 계획은 교수 중에 발생하는 활동을 설명하며, 이러한 활동이 특정한 교수에서 어떻게 조합되는지를 보여 준다. 따라서 계획은 융통성 있게 의사결정을 안내하는 것으로 사용된다. 교수는 동기유발, 오리엔테이션, 정보제공, 활용, 평가라는 다섯 가지 교수활동의 다양한 조합으로 이루어진다. 교수계획에서 활동요소들이 나타나는 순서보다는 계획을 구성하는 요소들을 서로 일관성 있게 개발하는 것이 더 중요하다. 이러한 계획은 교수 전, 교수 중, 교수 후에 많은 이점을 제공한다.

추천 자료

CD 자료

학습내용의 기억과 전이를 돕기 위해, 이 책에 동봉된 CD 안에 있는 제5장의 성찰적 사고를 위한 질문 및 활동을 읽어 보라〔장에 대한 정보와 활동(Chapter info and Activities)≫제5장(Chapter 5)≫성찰적 사고를 위한 질문 및 활동(Reflective Questions and Activities)〕.

또한, 이 장의 CD 안에는 관련 인터넷 웹사이트, 국가교육공학표준과의 연계와 관련된 연습문제, 이 책 저자들의 이메일 주소에 대한 정보가 수록되어 있으니 참조하라.

웹사이트 자료

이 책의 웹사이트(www.prenhall.com/newby)에 접속하여 제5장과 관련된 학생의 질문과 저자들의 답변을 실어 놓은 질의응답 코너를 읽어 보라. 질문이 있으면 저자들에게 직접 보내도 좋다. 이 장에 관한 저자들의 프레젠테이션도 볼 수 있으므로, 이 장의 내용에 관한 저자들의 견해도 살펴보라.

인쇄 자료

Gagne, R. M., Wager, W. W., Goals, K., & Keller, J. M. (2005). *Principles of instructional design* (5th ed.). Belmont, CA: Wadsworth.

Yelon, S. L. (1996). *Powerful principles of instruction*. White Plains, NY: Longman.

전자 자료

'수업계획(lesson plans)' 이라는 검색어를 사용해 인터넷을 검색하면 수업계획에 대한 흥미 있고 유용한 많은 웹사이트를 발견하게 될 것이다. 대부분의 사이트는 특정 학년이나 특정 교과 영역에 대한 수업계획이 검색된다. 다음의 웹사이트를 조사해 보라.

정보원	웹 사이트 주소
DiscoverySchool.com	http://school.discovery.com/lessonplans
NASA	http://imagine.gsfc.nasa.gov/docs/teachers/lesson_plans.html
The Peace Corps	http://www.peacecorps.gov/wws/education/lesson_plans
The National Geographic Society	http://www.nationaleographic.com/education/lesson_plans
The Public Broadcasting System	http://www.pbs.org/teachersource
Mid-continent Research for Education and Learning	http://www.mcrel.org/topics/productDetail.asp?productID=80

제6장

교수방법: 학생 참여방법 확인

핵심어와 개념

프레젠테이션
시범
토론
게임
시뮬레이션
협동학습
발견학습
문제해결
반복 연습
개인교수

학습목표

이 장은 다음 사항을 목표로 한다.

- 교수방법을 정의하고, 교수 · 학습에서 교수방법의 중요성을 정당화할 수 있다.
- 이 장에서 논의한 교수방법과 각 방법의 활용 사례, 활용을 위한 안내 지침을 서술 · 설명할 수 있다.
- 이 장에서 논의한 각 교수방법 활용을 위한 올바른 절차를 시범 보일 수 있다.
- 교수목적에 적합한 교수방법을 선택 · 조합하기 위한 기법을 논의할 수 있다.

머리말

여행을 계획하는 상황을 가정해 보자. 동일한 목적지에 도착하는 데는 다양한 길이 있다. 어떤 길은 보다 빨리 갈 수 있고, 또 다른 길은 경치가 아름답고 더 즐거울 수 있다. 비행기를 이용하는 길이 가장 짧고 빠르지만, 경치를 구경하지는 못한다. 시와 시를 연결하는 길은 평탄하지만, 다양하지 않고 거의 똑같은 풍경만 보게 된다. 국도(國道)는 경치는 아름답지만, 자주 멈춰서야 한다. 뒷골목은 시골지역을 꾸불꾸불하게 굽어서 지나간다. 오프로드(off-road) 여행은 지프(Jeep)나 스포츠 범용차(SUV) 같은 특수한 교통수단을 필요로 한다.

어디로 갈 것인지를 결정하고 나면(목표), 그곳에 도착하기 위한 많은 길이 있다(방법). 각 경로의 특징과 장단점을 학습하는 것이 여러분의 여행 계획에 가장 적합한 경로를 선택하기 위한 준비 과정이 된다.

동일한 목적지에 도착하는 데 다양한 길이 있지만, 각 길을 통한 여행은 서로 다른 경험을 제공한다. 학생들의 이러한 경험은 그들의 학습에 매우 중요해서 다양한 학생 유형과 다양한 결과 유형은 다양한 길(방법)을 요구할 것이다. 다양한 교수방법을 선택하고 사용하는 능력은 모든 교사에게 중요하며, 다양한 교수방법 역시 모두 중요하다. 어떤 교수방법은 보다 자주 사용될 수 있고, 모든 방법이 한 번 이상 필요하거나 혹은 다른 교수방법의 학습을 극대화하기 위해 필요할 수 있다.

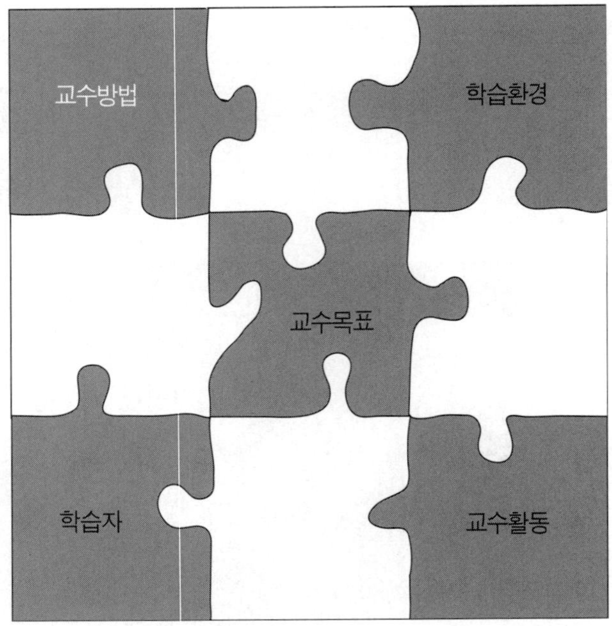

[그림 6-1] 계획 퍼즐의 한 조각인 교수방법

[그림 6-1]에 나타난 것처럼 교수방법은 계획 퍼즐의 또 다른 조각으로 표현된다. 제5장에서 다양한 교수활동을 통해 학생들에게 수업을 어떻게 제시할 것인지에 대한 논의로 시작했다면, 제6장에서는 학생이 그러한 활동과 다음 학습을 경험하기 위해 사용하는 수단과 절차를 포함하는 논의로 확장한다.

▲ 적합한 여행경로의 결정이 원하는 목적지에 도달할 수 있게 하는 것처럼 적합한 교수방법의 결정은 원하는 학습경험을 얻도록 한다.

교수방법은 무엇이고, 왜 중요한가

전통적으로, 교수방법은 강의와 토론 같은 '교수형태(instructional formats)'로 설명되었다. 교수방법은 진술한 교수목표를 학생들이 성취할 수 있도록 하기 위해 사용하는 절차와 행동으로 이미 제1장에서 10개의 다양한 교수방법 유형을 소개하였다(〈표 6-1〉 참조). 이 장에서는 10개의 방법을 교사 중심 교수방법부터 학습자 중심 교수방법의 순서로 논의한다.

여러분이 여행에 대한 계획을 세울 때, 국도는 모든 경

〈표 6-1〉 교수방법

협동학습
발견학습
문제해결학습
게임 학습
시뮬레이션
토 론
반복 연습
개인교수
시 범
프레젠테이션

치를 보기에 가장 좋은 방법이 된다. 미국 시민전쟁에 대한 수업에서 깊이 있는 토론방법은 이 주제를 처음 접하는 6학년 학생들에게 가장 좋은 방법이 될 것이다(교사용 자료 B의 '수업지도안 예제' 참조).

여러분은 자신의 수업에 다양한 교수방법을 사용할 수 있다. 그러나 어떤 교수방법은 특정한 내용이나 특정한 학생에게 보다 적합해 보인다. 학생들에게 교수방법을 실제로 시도해 봄으로써 어떤 교수방법 혹은 어떤 교수방법의 조합이 가장 효과적인지를 학습하게 될 것이다. 이를 통해 다양한 교수방법을 사용하는 것이 교수를 흥미 있게 함을 알게 될 것이다.

길의 유형에 따라 아름다운 경치와 통과하는 지역 수가 달라지는 것처럼 교수방법도 학생들의 상호작용과 집단 크기에 따라 달라진다. 프레젠테이션 방법과 시범은 상호작용성이 낮은 경향이 있지만, 반복 연습과 개인교수는 상호작용성이 높다. 대부분의 방법이 소집단 교수에 적합한 반면, 프레젠테이션과 시범은 대집단 교수에 보다 효과적이다. 개인교수와 반복 연습은 개별 학생에게 가장 적합한 경향이 있다.

이 장의 목적은 여러분이 계획한 교수활동에 가장 적합한 교수방법을 파악하도록 하는 것이다. 교수방법은 정보를 표현하고 학생들을 적극적으로 참여시키기 위해 사용하며 학습의 중요한 부분이고, 학습 계획의 필수요소다.

교수방법은 교수활동에 따라 다양하다. 이것은 교수의 가장 핵심이고, 학습에 영향을 준다. 다음 장에서 논의하는 교수매체와 함께 교수방법은 학생들이 교수 전에 있던 장소(사전 지식, 기술과 태도)에서 가고 싶어 하는 장소(교수목표의 숙달)로 운반하는 길과 같은 역할을 한다.

이제 교수방법을 하나씩 간략하게 설명하는데, 그 사례와 활용을 위한 지침까지 포함할 것이다. 교수방법은 상호작용성이 증가하는 순서로 논의되었다. 물론, 상호작용성 정도는 각 교수방법에 대한 실제적인 상황과 그것을 어떻게 실행하느냐에 따라 매우 달라질 수 있다.

프레젠테이션

프레젠테이션(presentation)에서 정보원(교사)은 학생에게 정보를 말하고 각색하거나 제공한다. 이 방법은 자료를 빠르게 전달하기 위해 언어적 정보나 시각적 상징을 사용한다. 프레젠테이션은 일반적으로 학생들에게 기본적인 배경 정보를 제공하는데, 새로운 주제를 소개하고, 개요를 제공하며, 학생들의 동기를 유발시키기도 한다. 이 방법은 정보원에 의해 조절되는 방법으로, 청중들의 즉각적인 반응도 없고 상호작용도 없는 단방향적인(one-way) 의사소통 방식이다. 정보원은 교과서, 오디오테이프, 비디오테이프, 컴퓨터, 교사, 학생 등이 될 수 있다.

▲ 학급 내 프레젠테이션을 통해 학생들은 자신들의 지식을 공유한다.

프레젠테이션 내용은 교사나 학생이 언어적으로 제시하고, '청중'은 그것을 듣고 기록한다. 비디오와 오디오 테이프를 이용한 프레젠테이션은 새로운 교수자료를 제시하는 주요 방법으로 사용되거나 특수한 주제를 보다 자세하게 보완하기 위한 보조적인 방법으로 사용될 수 있다.

프레젠테이션 사례

① 오 교사의 6학년 학급에서, 소집단 학생들은 수업 중에 학습한 내용을 요약하기 위해 '권리장전(Bill of Rights)'에 대한 기원과 의미에 대한 중재된 프레젠테이션을 설계하고 만들었다. 그 프레젠테이션이 나머지 학생들에게 제공되었다.

② 한 유명한 음식회사 웹사이트는 그들이 만들어 내는 모든 제품에 대한 영양학적 정보를 제시한다. 이 교사의 '음식과 영양' 수업에서는 각각의 생산품을 먹었을 때의 찬반 의견에 대해 학습한다.

③ 정 교사의 사회과목 수업에서 사용한 비디오테이프는 네 가지 서로 다른 문화권(미국, 영국, 스페인, 이스라엘)에서 동일한 텔레비전 뉴스의 방송 범위를 제시한다. 학생들은 네 가지 서로 다른 시각에서 동일한 뉴스에 대한 방송 범위의 본질, 길이, 내용, 깊이 등을 비교 · 대조한다.

프레젠테이션 활용을 위한 원리

- 프레젠테이션에 대한 순서나 개요를 함께 제공함으로써 프레젠테이션의 목적을 학생에게 알린다.
- 핵심 사항을 시각적으로 나타내거나, 여러 차례 반복하거나, 중요한 사항을 강조하기 위한 소리 효과를 사용하거나, 중요한 사항을 단순하게 나타냄으로써 강조한다.
- 프레젠테이션을 관련성 있게 만든다. 학생은 프레젠테이션 정보를 자신의 경험과 관련지을 필요가 있는데, 이는 '이것이 여러분과 어떻게 관련되는가?', '비슷한 경험을 한 적이 있는가?', '이 정보를 현재 혹은 앞으로 어떻게 사용할 것인가?' 등의 질문을 통해 달성할 수 있다.
- 주의집중을 유지하기 위해 다양성을 활용한다. 그래픽이나 다른 교수매체 형태의 도입, 질문 요구, 관련된 개인적인 경험 통합, 자신의 목소리나 말 속도를 단순히 바꿈으로써 변화를 추가한다.

시 범

시범(demonstrations)은 학생들에게 왜, 언제, 어디서, 어떻게 과제를 해야 하는지 보여 준다. 이 방법은 학생들에게 기술이나 절차의 실제 사례나 실제와 비슷한 사례를 보여 주면서 아이디어, 원리, 개념을 설명함으로써 언어적 설명을 보다 구체적이게 한다. 또한 시범은 학생들의 작업에 대한 수행 표준을 설정한다. 과제를 어떻게 적절하게 수행하는지를 시범 보임으로써, 학생들이 도달하기를 기대하는 기준을 형성한다. 비디오테이프나 컴퓨터에 시범 장면을 저장하여 사용할 수 있다. 쌍방향 의사소통이나 피드백이 있는 학생 연습에는 실제 교사나 컴퓨터가 필요하다. 학생들이 원하는 결과는 골프 클럽을 휘두르거나, 자동차 오일을 바꾸는 것과 같은 신체적 수행을 모방하거나, 존경하는 사람의 태도나 가치를 변경함으로써 가능하다.

개별 학생은 시범을 통해 주요 원리나 과정을 강조하기 위한 절차를 수행한다. 시범은 실시간으로 행해지거나 비디오테이프, CD-ROM과 같은 매체 형태로 기록된다.

어떤 것이 작동하는 방법을 설명하거나, 과업을 수행하는 방법을 보여 주거나, 안전한 절차를 가르치기 위해 시범을 사용할 수도 있다. 시범은 밧줄 잡고 뛰기와 같은 심동적 절차나 인터뷰 참여와 같은 대인관계 기술을 가르칠 때 기본적이다.

시범 사례

① 유치원에 근무하는 김 교사는 '요일 철자'를 대문자와 소문자로 쓰는 방법을 칠판에 시범을 보였다. 시

범 후 그가 교실을 순회하는 동안 학생들은 자신들의 연습장에 연습했다.

② 물리 교사인 노 교사는 학생들이 지켜보는 가운데 트램펄린(trampoline) 수행하는 방법을 시범을 보였다. 그는 각 단계를 차례로 설명한 후 시범을 보였으며, 그 후 학생들에게 피드백을 해 주면서 그것을 수행하는 것을 연습할 기회를 주었다.

③ CD-ROM 프로그램은 학생들 사이의 성희롱에 대처하는 방법을 시범적으로 보여 준다. 이 프로그램은 성희롱을 다루는 다양한 방법을 각색했다. 시범을 보인 후에, 학생들은 원하지 않는 성적 접근에 어떻게 대처해야 하는지를 역할극으로 표현하였다.

시범 활용을 위한 원리

- 모든 교수방법의 계획, 준비, 실행이 중요하지만, 만약 주기적으로 사용하지 않는 교수자료와 장비를 다루어야 하는 경우라면 시범에서는 특히 중요하다.
- 모든 학생이 보고 들을 수 있게 한다.
- 소집단에서, 순서적인 단계로 시범을 보인다.
- 청중이 연습할 수 있게 한다. 이는 학생들이 시범을 관찰하도록 동기화하여 학생 스스로 이를 완성하고자 시도하게 한다.

토 론

토론(discussion)은 교실의 상호작용을 촉진하고 학생들의 적극적인 학습 참여를 촉진하는 역동적인 방법이다. 토론은 한 주제나 문제에 대한 정보를 집단의 구성원들이 공유하는 것과 관련되며 학생들은 함께 이야기하고, 정보를 공유하며, 해결책이나 합의를 찾기 위해 노력한다. 그들에게는 원리와 정보를 적용할 기회가 주어진다. 이 방법은 학생들에게 자신의 선택과 다른 사람의 선택에 대한 논리와 근거를 평가하도록 촉진하는 다양한 신념과 선택을 소개한다. 토론법의 주요 장점은 많은 상호작용이 가능하고 이러한 상호작용을 통해 학습이 일어난다는 것이다. 토론법은 학생의 수업 내용 이해에 대한 즉각적인 피드백을 제공한다.

▲ 학생들은 토론에 참여함으로써 학습내용과 함께 의사소통 기술을 학습한다.

토론법과 관련된 세 가지 중요한 기술은 ① 질문하기, ② 교사의 질문에 대한 대답의 양 관리하기, ③ 학생의 질문에 대해 대답하기다. 토론은 내용뿐만 아니라 집단 역동성, 대인관계기술, 언어적 의사소통과 같은 과정까지도 학습하게 한다. 학생들 간의 토론이나 교사와 학생 간의 토론은 학생들의 학습에 의미 있는 기여를 할 수 있는데, 이는 학생 집단의 지식과 태도를 평가하는 데 유용하다. 토론은 협동학습과 협력학습을 촉진할 수 있다. 보고서 형식의 평가와 함께, 교사의 수업 효과성을 평가하기 위해 토론을 사용할 수 있다.

토론 사례

① 고등학생이 하는 추수감사절 연극제에 참석하려고 준비하는 학생들에게 3학년 안 교사는 추수감사절의 의미에 대해 토론하도록 한다. 연극이 끝난 후에 실시한 토론은 학생의 질문에 대답하는 데 도움이 되고, 모든 사람이 그 연극을 이해하도록 한다.

② 이 교사의 사회과목 학생들은 다양한 뉴스 기사를 읽은 후 토론을 통해 현재의 정치적 문제나 중요한 주제에 대해 생각한다. 그리고 토론한 내용을 근거로 그 주제에 대한 자신의 생각을 기록한다.

점검사항

프레젠테이션, 시범, 토론

프레젠테이션, 시범, 토론은 교실 수업에서 일반적으로 사용하는 교수방법이다. 학습 경력 측면에서 아마도 이 방법들을 많이 경험했을 것이다. 이러한 경험을 토대로, 교실 학습경험에서 사용하는 이 방법들의 질을 결정하기 위한 평가준거 목록을 작성하라. 작성한 목록을 가지고, 이 방법들을 한 가지 이상 사용하는 세 가지 다른 수업을 평가하라. 준거를 토대로 하여 잘 된 것은 무엇이고, 개선이 필요한 것은 무엇이며, 어떤 유형의 제안이나 권고를 제안하겠는가? 교수방법의 질을 평가하기 위해 사용한 평가준거에서 변경해야 할 것이 있는가? 일련의 선정준거를 향상시키기 위한 방법이 있는가?

③ 지방경찰청 소속 윤 경사는 약이나 술 남용의 문제를 토론하기 전에 학생의 주의집중을 위해 음주운전 사고로 망가진 자동차 사진을 보여 준 후, 학생들에게 음주운전의 결과, 특히 그들의 가족과 친구들에게 미치는 영향에 대해 토론하도록 한다.

토론 활용을 위한 원리

- 토론 시작 전, 참여자들의 흥미와 주의집중을 얻기 위해 사진, 오디오 자료, 짧은 동영상을 사용함으로써 영감이나 동기유발을 제공한다.
- 각 집단 구성원의 적극적인 참여를 촉진한다. 집단 구성원 간의 아이디어 교환은 토론을 통한 학습에서 핵심적인 요인이다.
- 질문은 토론을 자극하기 위해 필요하고, 사전에 미리 준비되어야 한다. 교사나 학생이 질문을 준비한다.
- 다른 소집단에서 논의한 특정 주제에 대해 다양한 관점으로 요약하고 통합한다.

교수용 게임

교수용 게임(instructional games)은 도전적인 목적을 얻기 위해 학생들이 노력할 때라야 하는 미리 정해진 규칙들이 있는 매력적인 환경을 제공한다. 게임은 매우 동기유발된 방법으로써 특히 반복적인 내용에 효과적이다. 게임은 학생들이 문제해결기술을 사용하게 하거나 수학 공식, 어휘와 같은 특정한 내용에 대한 숙달을 시범 보인다.

교수용 게임은 규칙, 경쟁이나 도전이라는 두 가지의 중요한 속성이 있다. 첫째, 분명하게 정의된 일련의 규칙들은 게임을 어떻게 진행할 것인지, 어떤 행동은 가능하고 어떤 행동은 불가능한지, 게임을 이기게 하는 것은 무엇이고, 게임을 이기기 위해 어떤 결과가 있어야 하는지에 대해 개괄한다. 둘째, 경쟁이나 도전이라는 요소는 참가자가 자기 자신이나 다른 개인 또는 어떤 유형의 표준에 맞서 경쟁하도록 하는 기회를 제공한다.

'꿀벌' 이라는 단어의 철자와 수학 공식 빨리 외우기(학생들에게 짧은 시간 내에 많은 문제를 풀게 한다. 정확하면서도 빨리 계산했을 때 점수가 부여된다)는 기본적인 기능을 가르치기 위해 초등학교 교실에서 사용하는 일반적인 교수용 게임이다. 관련된 교과목의 내용을 습득하면서 동시에 게임 구조의 이점을 획득하기 위해 *Trivial Pursuit*나

▲ 교수용 게임은 다양한 활동을 경험할 수 있도록 도전적인 접근방법을 제공한다.

[그림 6-2] 유명한 교수용 컴퓨터 게임인 *Where in the World is Carmen Sandiego?*의 한 장면

*Jeopardy*와 같은 다른 게임을 쉽게 변경할 수 있다.

교수용 게임 사례

① *Where in the World is Carmen Sandiego*(Carmen Sandiego는 어디인가)*?*는 학생들의 지형학과 세계문화 이해를 위해 개발된 컴퓨터 게임이다([그림 6-2] 참조). 학생들은 세계 어딘가에서 국가 보물을 훔친 도둑을 추적해야 하는 탐정 역할을 하게 된다. 학생은 단서를 수집하고 연구를 수행함으로써 도둑의 경로를 추적할 수 있고, 그가 다닌 곳의 지형학을 학습할 수 있다.

② 최 목사의 중학교 종교교육 학생들은 *Jeopardy* 연극을 좋아한다. 목사는 읽기 과제를 토대로 매주 답변을 만든다. 학생 팀은 올바른 질문을 제출하기 위해 적극적으로 참가한다.

③ 이 교사는 고등학교 화학과목에서 학생들에게 15가지 원소 이름과 주기율표의 원자 번호와 상징을 연결하여 외우는 과제를 주었다. 그녀는 학생들을 2명씩 4개의 팀으로 만들어 15개 원소와 관련된 질문에 답하게 하여 '경험(experiment)'을 완성하도록 경쟁하는 보드 게임을 만들었다.

교수용 게임 활용을 위한 원리

- 학생들은 교수용 게임의 교수목적에 대한 분명한 개념을 가지고 있어야 한다. '학생들은 무엇을 학습해야 하며, 게임을 통해 그것을 어떻게 달성하는가?'에 대해 스스로에게 질문하고 이러한 질문에 대답할 수 있도록 한다.
- 학생들은 게임이 어떻게 진행되고 점수를 어떻게 획득하는지에 대한 절차와 규칙을 이해해야 한다. 만약 새로운 게임이라면, 규칙에 대한 설명서가 도움이 된다.
- 게임을 구조화시켜 모든 학생이 가장 높은 수준으로 적극적인 참여를 하도록 한다. 만약 집단이 너무 크거나 '차례'를 너무 오래 기다려야 한다면, 게임의 효과성은 약해질 것이다. 게임에 참여할 충분한 시간을 주되, 학생들이 싫증나지 않게 한다.

- 교수용 게임이 끝난 후에 간단한 보고나 토론을 포함한다. 토론은 수업 내용과 게임의 가치, 그 게임을 실시한 이유에 초점을 둔다. 게임에 참여하는 것이 교수목표를 성취하는 것임을 이해하도록 하고, 교수용 게임을 통해 학습한 것을 요약하게 한다.

시뮬레이션

시뮬레이션(simulation) 활용에서 학생들은 실제 상황과 현실적으로 매우 비슷한 상황에 직면한다. 시뮬레이션은 실제 상황에서 나타나는 비용이나 위험 요소 없이 현실적인 연습을 가능하게 한다. 시뮬레이션은 역할극 참여, 교수자료와 장비 조절, 컴퓨터와의 상호작용을 포함하며, 이 방법은 정확성과 속도를 강조하는 기술을 촉진한다. 시뮬레이션은 또한 학생들이 협력이나 팀워크를 통해 연습하도록 하고, 리더십 기술을 촉진하며 의사결정을 촉진하고 학생들에게 친숙하지 않은 역할을 줌으로써 긍정적인 가치와 태도를 형성하게 한다(제5장의 '도구상자 기법: 역할극' 참조).

물리과목의 실험실에서 실험은 시뮬레이션에 적합한 교과목이다. 시뮬레이션이 실제 실험에서 나타나는 위험 요인과 비용을 피하게 하기 때문이다. *Sim City*는 유명한 컴퓨터 시뮬레이션이다. 이 프로그램은 학생들이 도시(예산, 기반구조 건설, 교통, 인구, 범죄와 같은 요소 포함)를 관리하도록 한다. 학생들은 자신만의 도시를 건설하거나 세계의 유명 도시 중 하나를 관리할 수 있다.

시뮬레이션 사례

① 한 교사의 6학년 학급은 대도시 생활에 대한 컴퓨터 시뮬레이션을 통해 도시 내에서 살아남는 것에 대해 학습한다. 그녀는 전체 학급에 시뮬레이션을 소개한 후, 4명을 한 집단으로 하여 컴퓨터에 동시에 참여하게 했다. 그녀는 질문에 대답하고, 각 집단의 진행 상황을 확인하며, 도시 내 조건에 대한 학생의 느낌을 토론하도록 하기 위해 각 집단을 순회하였다.

② 임 교사의 중학교 사회과목 학생들은 새로운 법률의 제정과 통과에 대한 역할 시뮬레이션에 참여함으로써 정부 운영에 대해 학습한다. 임 교사는 교실 뒤에 앉아서 학생의 학습 속도에 따라 시뮬레이션을 진행하게 했다. 그는 '입법부'의 결론에 대한 보고에 많은 주의를 기울인다.

③ 고등학교 가족학을 수강하는 학생들은 아기 돌보는 놀이를 한다. 학생들은 음식과 변화, 그리고 다른 기능을 요구하는 자동화된 인형을 배정받았다. 이러한 시뮬레이션화된 경험은 학생들에게 비슷한 실제 생활 상황에서 어떻게 대처해야 하는지에 대한 통찰을 제공한다.

시뮬레이션 활용을 위한 원리

- 시뮬레이션에 대한 목적과 절차를 설명한다. 시뮬레이션에 포함된 과잉 단순화를 학생들이 인식하게 한다. 성취해야 할 목표와 적합한 장소, 각 학생의 역할을 설명한다.
- 시뮬레이션이 혼란을 줄 수 있기 때문에, 시뮬레이션을 통한 학습의 장점을 위해 학생들에게 안내나 지시를 제공한다. 질문, 활동, 시나리오가 이러한 안내 역할을 한다.
- 교사의 개입을 최소로 한 상태에서 학생들이 자신의 역할에 참여하게 한다.
- 시뮬레이션을 통한 학습의 이점을 최대로 하기 위해 사후 토론이나 보고를 실시한다. 시뮬레이션에 대한 피드백을 제공한다(상업적인 시뮬레이션은 실시하는 동안 피드백이 제공된다).

협동학습

많은 교육자는 교실을 지배하는 경쟁적인 분위기를 비판한다. 교사가 부여하는 성적을 얻기 위한 학생들 간의 경쟁은 교사와 학생을 적대적인 관계로 만들고, 직업 세계에서 협력적으로 일하기 어렵게 만든다는 것이다. 이런

점검사항

시뮬레이션

인터넷에서 다양한 시뮬레이션을 다운로드하고 검색할 수 있다. 한 가지 유명한 예가 *Roller Coaster Tycoon* (무료, http://www.searchamateur.com/Tycoon-Games/Tycoon-Games-Download.htm)이라는 시뮬레이션이다. 다른 추가적인 시뮬레이션도 시뮬레이션 게임 데모(simulation game demo)라는 검색어로 검색엔진(예: Google)에서 찾을 수 있다. *Roller Coaster Tycoon*과 같은 시뮬레이션을 찾아서 소프트웨어를 미리 시연해 보라. 소프트웨어를 통해 다음을 경험할 수 있다.

ⓐ 이 프로그램의 시뮬레이션 측면을 확인하고 설명한다.
ⓑ 이 프로그램의 게임 측면을 확인하고 설명한다.
ⓒ 교육적인 상황에서 이 프로그램이 어떻게 활용될 수 있는지 설명한다.

이유로 교실 내의 경쟁이 학습을 방해한다고 생각하는 교사도 있다.

협동학습(cooperative learning)은 공동의 학문적 목적이나 과제를 위해 학습하는 동안 소집단 학생들이 협동적 기술과 사회적 기술을 배우기 위해 함께하는 것이다. 이 방법은 학생들이 함께 학습하도록 촉진하고, 개인적인 경험이나 기술, 그리고 각 학생이 원하는 결과를 성취하도록 돕기 위한 동기 수준을 이끌어 내기 위해 특별히 설계되었다. 핵심 아이디어는 각 학생에게 자신의 능력과 지식을 공유할 수 있는 기회를 제공하는 동안 학생들이 단지 교사로부터가 아니라 다양한 자원을 통해 학습할 수 있도록 하는 협동과 상호작용이다.

집단 내 개별 학생은 학습 내용에 대해 각자 다른 특별한 측면에 대해 책임진다. 개별 학생은 혼자서 과제를 완성할 수 없고, 집단 내의 다른 구성원들에게 의존해야 한다. 이 방법에서, 학생들은 문제를 해결하거나 구성원들과 의미 있는 협동 작업에 참여하기 위해 의사소통기술과 비판적 사고기술을 적용한다. 최근 연구는 학생들이 팀으로 프로젝트를 수행할 때 다른 학생으로부터 서로 배운다는 주장을 지지한다(Sharan, 1990).

협동적인 집단은 강좌 내용에 대한 가르침, 긍정적인 상호작용과 학생 집단 간 상호 의존성 촉진, 중요한 사회적 기술과 의사소통기술에 대한 가르침을 포함하는 몇 가지 활용이 있다. 이 접근법의 활용에 대한 다른 중요한 근거는 개별 학생의 책무성에 대해 가르치는 것이다. 집단의 성공은 집단 내 개별 학생의 노력에 의존하고, 개별 학생은 자신의 행동에 책임지기 위해 학습한다.

협동학습 사례

① 5학년 생태학 수업 수강자들과 지도교사는 학교 근처의 하구를 관찰하기 위해 최근에 현장견학을 갔다. 학생들은 하구를 자세히 관찰하다가 물 위에 기름 조각들이 떠다니는 것을 보았다. 심도 있는 조사 후에, 지도교사는 무슨 일이 일어나고 있고, 무엇을 해야 하는지에 대한 결정이 훌륭한 프로젝트가 될 것이라고 결정했다. 그는 4명의 학생을 한 팀으로 조직했다. 각 팀의 구성원들에게 구체적인 과제를

▲ 학생들은 협동학습을 통해 대인관계기술을 학습한다.

주었는데, 첫 번째 학생은 공중 위생부의 어떤 관계자와 만나야 하는지를 결정하는 것이다. 두 번째 학생은 유충 성분이 무엇이고, 그것이 하구에 어떻게 유입되었는지에 대해 찾는 것이다. 세 번째 학생은 그것이 동물이나 공동체에 미치는 잠정적인 영향력을 공론화하는 잠재적인 방법을 확인하는 일을 담당한다. 네 번째 학생은 해당 문제에 대한 일반인의 인식을 불러일으키기 위해 무엇을 할 것인지를 검토하는 것이다.

② 중학교 과학 실험실에서, 학생들은 알려지지 않은 물체의 성질을 결정하기 위한 탐색을 함께 수행한다. 각 집단에서 한 학생은 인터넷 검색을 하고, 다른 학생은 배경 연구를 위해 공공도서관에 간다. 다른 학생들이 그 물체에 친숙한 사람을 찾는 동안에 나머지 학생은 물체에 대한 실험을 설계하고 운영하는 것에 초점을 둔다. 학생들은 자신들이 찾은 정보를 함께 조합하고 협동적인 해결책을 찾는다.

③ 고등학교 예술 감상 수업에서, 창조적인 예술의 다양한 유형에 대해 학습하기 위해 학생 집단이 구성되었다. 각 집단은 3명의 학생으로 구성되었다. 한 학생은 음악 악기를, 다른 학생은 미술 능력을, 세 번째 학생은 조각 능력을 가진 사람으로 구성된다. 집단 과제는 다양한 예술 유형과 이들의 관계에 대해 학습하는 것이다.

협동학습 활용을 위한 원리

- 참여와 협동을 촉진하는 분위기를 조성한다. 학생들이 팀으로 함께 학습할 때의 장점을 인식하도록 한다. 이는 집단의 모든 구성원이 집단의 성공을 위해 필요한 자신의 역할을 수행함으로써 촉진될 수 있다.
- 학생들에게 집단활동의 진행 과정을 알려 준다. 효과적인 집단의 협동적인 노력은 우연히 발생하지 않는다.
- 지배하려고 하지 말고 촉진하도록 한다. 이는 교사가 지시자가 아닌 확인자, 촉진자, 안내자의 역할을 할 때 가능하다.

발견학습

발견학습은 학생 스스로 '해결책'을 찾도록 촉진한다. 발견학습 원리는 학생들이 개념을 단지 듣고 읽는 것보다는 **행함으로써** 가장 잘 학습한다는 것이다. 이 방법에서, 교사의 역할은 학습환경을 조정하여 '발견(discovery)'이 일어나도록 하는 것이다.

발견학습은 학생들이 개인적인 경험을 통해 학습이 가

국가교육공학표준과의 연계

NETS와 연계

국가교육공학표준(III, V)은 협동학습 경험 개발에 대한 몇 가지 척도를 포함한다. 이 사례에서 **교사는 동료, 전문가와의 전문적인 협동과 협력을 촉진하기 위해 테크놀로지 활용**을 학습할 필요가 있다. 만약 물리적 위치의 제약을 받지 않는 협동 집단이라면, 집단에 참여하는 사람과 성취해야 할 것이 실제적으로 확장될 수 있을 것이다. 예를 들어, 학교가 서로 멀리 떨어져 있는 경우라면 서로 다른 학교에 소속된 학생들이 집단 프로젝트를 어떻게 진행해야 하는가? 만약 전문가가 프로젝트를 위한 모임에 참가할 시간을 낼 수 없다면, 내용 전문가와 어떻게 자주 만날 수 있고 이들을 집단문제 해결 과정에 어떻게 투입할 수 있겠는가?

여러분이 참가한 마지막 협동 집단 활동에 대해 설명하고, 그것이 얼마나 잘 되었고, 무엇을 성취했는지에 대해 설명한다. 만약 집단 구성원으로서 추가 참가자, 내용 전문가 등을 만나게 된다면, 그 프로젝트는 향상되겠는가? 집단 구성원들의 상호작용과 협동을 촉진하기 위해서 어떤 방식의 테크놀로지가 활용되었는가?

능한 상황에서 실행된다. 일반적으로 이러한 경험은 학생들이 관찰기술과 비교기술을 개발하고 사용하는 것을 요구한다. 또한 탐정들처럼 학생들은 그들이 경험한 것을 설명하기 위한 지시, 단서, 기록물에 따라서 학습해야 한다.

발견은 학습을 귀납적 혹은 탐구적인 방법으로 접근하며 발견법이 제시하는 문제는 시행착오를 통해 해결해야 한다. 발견법을 통한 적극적인 참여를 통해 교육내용에 대한 깊이 있는 이해를 개발하는 것이 목표다. 물리과목 발견학습에서, 학생들은 일련의 관계를 설명해 주는 비디오를 본 후 실험실로 가서 이러한 관계를 설명하는 원리를 찾으려고 한다. 예를 들어, '공기에는 무게가 있다.' 라는 내용을 담고 있는 비디오를 본 후 그들은 풍선에 공기를 채우기 전과 후의 무게를 실험적으로 측정하고, 이 진술이 사실이라는 것을 발견하게 된다.

발견학습 사례

① 박 교사는 1학년 학생들에게 다양한 물감을 주고 두 가지 색상을 혼합하여 어떤 색상이 되는지 관찰하도록 했다. 박 교사는 색상 이름을 가르치는 활동을 한다. 그녀는 한 색상의 샘플에 대해 큰 카드에 색상 이름을 출력했다. 또한 '파랑 + 노랑 = 연두' 와 같이 방정식을 만들기 위해 +, = 표시가 있는 카드를 사용했다. 이러한 활동은 다양한 색상의 조합 결과를 '발견' 하게 한다. 더불어, 그들은 색상 이름을 읽는 것을 배우고 덧셈의 기초도 익혔다.

② 이 교사는 중학교 과학과목에서 학생들에게 시간과 거리의 관계에 대한 발견을 돕기 위해 특정 거리를 가는 데 걸리는 시간을 측정하는 원격조정 자동차로 '실험' 을 하였다. 이 교사는 조심스럽게 계획된 실험실 수업을 했지만, 학생들에게 그 결과가 '어떠해야 하는지(should be)' 에 대해서는 말하지 않았다. 학생들은 짝을 지어 실험을 하며, 각 실험의 짝은 컴퓨터의 도움을 받아 자료를 처리하고, 이 자료를 그래프로 구성한다. 짝끼리 나온 결과는 전체 학급과 공유한다. 때로 개별 조의 자료가 작용하지 않을 수도 있다. 그러나 학급의 자료가 모두 모이게 되면 변수들 간의 관계가 모든 사람에게 분명해진다.

③ 고등학교 경제학 과목 학생들은 가상머니 10만 원을 가지고 주식시장 놀이를 한다. 학생들은 '투자' 를 통해 가장 많은 돈을 벌기 위해 함께 노력한다. 그들의 성공이나 실패는 그들이 '투자하는' 동안 실제 주식시장의 상승이나 하락에 의해 결정된다. 이를 통하여 학생들은 주식의 가치에 영향을 주는 한국은행과 같은 외부 힘이 어떻게 작용하는지를 발견한다.

발견학습 활용을 위한 원리

- 모든 유형의 '발견' 을 준비한다. 독특한 학생과 독특한 학습환경을 조합하면 때로 독특한 결과가 나온다. 학생들에게 그들 자신을 관찰하고 자신만의 결과를 이끌게 할 때는 모든 유형의 표준과 표준이 아닌 결과를 모두 준비한다.
- 학생들이 발견을 공유하도록 촉진한다. 학생들은 발견학습의 경험을 통해 때로 주제에 대한 통찰과 함께 자신이 학습한 것에 대한 열정을 얻게 된다. 이러한 중요한 통찰과 감정을 다른 학생들과 공유해야 한다.
- 학생들이 '올바른 정답은 하나 밖에 없지 않다.' 는 것을 이해하게 한다. 학생들은 현상을 어떻게 관찰 · 비교 · 평가하는지에 대한 지시와 사례를 필요로 한다.
- 학생들이 탐구 · 질문하고, 새로운 접근방법을 시도하는 것에 대해 지속적으로 격려하고 보상한다.

문제해결법

실제 세계는 해결해야 할 문제들로 가득 차 있다. 어떤 문제들은 매우 잘 정의되어 있는데(예: 현재 가진 돈의 범위 내에서 새로운 용품 구매에 대한 결정, 박물관 근처를 여행하기 위한 가장 짧은 경로 탐색), 다른 문제들은 잘 정의되어 있지 않다〔예: 이웃의 안전을 높이기 위한 방법의 결정, '가장(best)' 좋은 중등과정 후의 교육 탐색〕. 학생들은 이러한 세상에 완전히 참여하여 그 문제를 해결하기 위해 문제를 분석하고, 잠정적인 가설을 세우며, 자료를 수집 · 해석하고, 몇 가지 논리적 접근 유형을 개발해야 한다.

문제해결법에서 학생은 도전 문제를 해결하기 위해 이전에 배웠던 내용과 기술을 활용한다. 문제해결은 과학적인 탐구방법을 토대로 한다. 일반적인 단계는 ① 문제와 모든 핵심요소를 정의한다. ② 가설을 명확하게 설정한다. ③ 자료를 수집하고 분석한다. ④ 결론이나 해결책을 명확히 한다. ⑤ 결론이나 해결책을 증명한다. 학생들은 문제를 명확하게 정의하고(가설 진술), 자료를 조사하며(컴퓨터의 도움을 받아 가능), 해결책을 만들어야 한다. 학생들은 이러한 과정을 통해 교육내용에 대한 높은 수준의 이해에 도달하게 될 것으로 기대된다.

문제해결학습을 발견학습과 구분하는 한 가지 방법은, 문제해결 학생들은 문제를 해결하기 위해 이전에 배웠던 내용과 기술을 **사용하는**(using) 반면, 발견학습 학생은 내용과 기술을 **학습한다**(learning)는 것이다.

문제해결법 사례

① *Thinkin' Things* 컴퓨터 프로그램은 반대로 진행하기, 과정분석하기, 순서결정하기, 창조적으로 사고하기와 같은 다양한 문제해결 전략을 사용한다([그림 6-3] 참조). 이 소프트웨어는 사용자에게 새에 대한 창조적인 관찰을 가능하게 하는 공장을 제시한다. 유치원 어린이들은 순서대로 적합한 새를 만들기 위한 일련의 선택을 한다.

② 박 교사는 번영초등학교 6학년 과학 교사다. 최근 과학 수업 중에, 그녀는 학생들이 환경에 대한 인간 개체군의 영향력을 직접 경험하기를 원했다. 따라서 그녀는 '산성비는 환경에 영향을 주는가?' 라는 문제를 제시하였다. 잠시 후 그녀는 학생들 수준에서 이 문제를 명확히 하고 재정의할 필요를 느꼈다. 그래서 그녀는 자신의 질문을 '산성비는 일반적인 실외 식물들의 성장 패턴에 어떤 방식으로 영향을 주

[그림 6-3] *Thinkin' Things*는 학생들이 특정한 양식과 순서를 근거로 새를 만들도록 한다.

는가?' 로 변경하였다. 그녀는 학생들에게 이 질문에 대한 답을 제시할 실험을 설계하도록 요구했다.

③ 비즈니스 수업 학생들에게 소규모 제조업 상황에 대한 정보를 주고 낮은 생산성 문제를 해결하기 위한 설계를 하도록 요구했다. 보다 많은 자료를 수집한 후에, 해결책으로 훈련에 참여하게 할 것인지 환경이나 근로자의 태도를 바꿀 것인지를 결정하게 된다.

문제해결법 활용을 위한 원리

- 필요한 경우 문제를 명확하게 한다. 특히 학생이 어린 경우에는 문제해결의 가장 어려운 부분 중 하나가 문제 자체를 진실되고 정확하게 표현하는 것이다. 문제해결의 초기 단계에서, 교사의 역할은 학생들이 특정한 문제를 확인하고 개관하도록 돕는 것이다. 그러나 설명을 과도하게 하지 않도록 주의해야 한다. 만약 문제에 대한 교사의 설명이 너무 자세하면 학생들이 정답을 찾기 위해 노력하지 않을 것이다.
- 필요한 경우, 추가적인 자원과 자료를 활용한다. 학생들이 자원을 가장 효과적으로 사용하는 방법에 대한 교수뿐만 아니라 추가적인 자원에 접근하는 것도 중요하다.
- 소집단을 유지한다. 문제에 대한 잠정적인 해결 경로의 독특함과 다양한 단계를 완성하는 데 걸리는 시간 때문에 집단 구성원의 수를 적게 하는 것이 기본이다.
- 일반화에 대한 요구를 학생들이 이해하도록 한다. 문제해결은 일반적으로 독특하고, 모든 문제에 적합한 하나의 정답이 없다는 것을 학생들은 인식해야 한다. 이것은 일반적인 문제해결 전략과 절차에 대한 학습을 강조하고 새로운 해결책으로써의 변경을 강조하는 것이다.

반복 연습

반복 연습(drill and practice)은 종종 학생들이 정보를 기억하고 회상할 필요가 있을 때 효과적이다. 학생들은 반복 연습을 하는 동안 새롭게 학습한 기술을 능숙하게 하거나 흥미 있는 기술을 재생하기 위해 설계된 일련의 연습 과정을 통해서 발전하게 된다. 반복 연습은 효과적인 실행을 위해 학생의 실수를 교정하기 위한 피드백을 포함해야 한다.

반복 연습은 개별 학생들이 반복적인 연습을 통해 기본

국가교육공학표준과의 연계

NETS와 연계

국가교육공학표준의 중심 내용(I, III, V)은 **테크놀로지 자원의 활용을 통해 교사들이 고차원의 복잡한 사고기술(문제해결, 비판적 사고, 창의력 등)을 개발하도록 자극하고 촉진**해야 할 필요성을 설명한다. 교사용 자료 A에 있는 국가교육공학표준과 그 수행지표를 검토하라. 더 나은 문제해결력을 개발하기 위해 테크놀로지 자원이 사용될 수 있는 다양한 방법을 고려하라. 이 책에서 문제해결은 과학적 방법에 토대를 둔다고 설명한다. 성찰적인 사고활동을 통해, 다음을 고려하라.

- 과학적 방법의 완성에 관련된 단계들을 목록화한다.
- 이러한 각 단계들을 시범 보이고 가르치기 위해 테크놀로지가 어떻게 활용되는지 주목한다.
- 대안적인 관점을 갖고, 문제해결 과정에 참여한 사람이 어떤 테크놀로지를 사용했는지 확인한다. 문제에 대한 잠재적인 해결책을 찾는 과정에 테크놀로지 도구가 어떻게 도움이 되는가?

테크놀로지가 다양한 방법으로 사용된다는 것에 주목할 필요가 있다. 어떤 경우에는 한 개인에게 보다 성공적인 문제해결자가 되는 방법을 가르치기 위해 테크놀로지가 활용되는 경우가 있다. 또 다른 경우에는 테크놀로지가 어떤 문제에 대한 해결책을 찾기 위한 발견과 조사도구로 사용될 수도 있다.

적인 기술이나 지식에 숙달되도록 하는 일반적인 교실 수업방법이다. 그러므로 반복 연습은 새로운 교육내용을 소개하기 위해 설계되지는 않는다. 기술이나 지식은 이미 소개된 것으로 가정한다. 따라서 반복 연습의 목적은 학생들에게 자신의 속도에 따라 내용을 숙달할 수 있는 기회를 제공하는 것이다.

반복 연습 사례

① 학생들은 수학 공식을 자동으로 기억하도록 학습하기 위해서 플래시 카드를 사용한다. 카드의 한 면에는 간단한 계산 문제가 있고, 다른 한 면에는 그 문제의 답이 있다. 학생들은 문제의 답을 구한 후 카드를 넘겨서 자신의 답과 정답을 비교한다. 이러한 형태는 각 도(道)와 도청 소재지, 동물과 새끼 동물의 이름, 외래어 단어와 그 의미, 다른 짝지어진 정보의 쌍을 학습하는 데 사용할 수 있다.

② 오 교사의 중학교 1학년 지리과목 수업에서 학생들은 인쇄된 학습지를 활용하여 지도인식기술을 학습한다. 학생들이 지도에서 나라를 찾는 것을 연습하는 동안, 오 교사는 각 학생들의 활동을 확인하기 위해 교실을 돌아다닌다. 그는 학생들이 모두 정답을 찾으면 그것이 맞았다는 피드백을 주어야 한다.

③ 이 교사는 고등학교 프랑스어 과목에서 학생들의 어휘력 향상을 위해 컴퓨터 개인교수 프로그램을 사용한다. 이 교사는 학생들의 단어 발음에 대해 즉각적인 피드백을 주는 음성인식 프로그램 퀴즈를 사용한다.

반복 연습 활용을 위한 원리

- 반복 연습을 시작하기 전에 교육내용을 소개한다.
- 장시간에 걸쳐 한 번 연습하기보다는 짧지만 여러 차례로 나누어 반복 연습을 활용한다. 개별활동과 집단활동을 모두 사용한다. 보다 흥미 있는 연습을 위해 자신 또는 타인과의 경쟁을 활용한다.
- 학생들이 올바른 정보나 절차를 연습하도록 한다. 올바른 연습만이 완전하게 한다.
- 반복 연습을 통해 숙달된 것을 적용할 수 있는 기회를 제공한다.

개인교수

개인교수(Tutorials)는 튜터(tutor)가 학생에게 교육내용을 전달하는 것이고, 교사와 학생(상호작용적인 대화), 학생과 학생(튜터링이나 프로그램된 튜터링), 컴퓨터와 학생(컴퓨터 보조 개인교수 소프트웨어), 인쇄자료와 학생(프로그램 수업)을 포함한다. 컴퓨터는 다양한 학생의 입력에 대해 다양한 반응을 신속하게 전달할 수 있는 능력이 있기 때문에 튜터의 역할을 할 수 있다. 개인교수는 모든 유형의 교육내용 학습에 사용할 수 있다. 사전에 제시된 정보를 단순하게 다시 반복하는 반복 연습과는 달리, 개인교수는 학생들에게 새로운 교수자료를 소개하기 위해 사용할 수 있다.

사람, 컴퓨터, 특별한 인쇄자료 형태의 튜터는 내용을 제시하고, 질문이나 문제를 제공하며, 학생의 반응을 요구하고, 그 반응을 분석하며, 적절한 피드백을 제공하고,

점검사항

노 교사의 수업지도안

① 교사용 자료 B를 참고하라. 이 교사용 자료는 노 교사가 6학년 사회과목 수업을 위해 개발한 수업지도안을 설명하고 있다. 이 지도안을 검토하고 여기에서 사용한 몇 가지 교수방법을 확인하라.

② 선택한 몇 가지 교수방법의 장점과 단점을 짝과 함께 논의하라. 노 교사의 수업지도안에 효과적으로 적용할 수 있는 대안적인 교수방법을 짝에게 설득시킨다. 〈표 6-2〉와 [그림 6-4]에 있는 정보를 가지고 자신의 선택을 정당화하라.

③ 자신이 선택한 대안적 교수방법에서, 선택된 교수활동을 위해 어떤 변화가 있어야 하는가?

〈표 6-2〉 교수방법의 장점과 한계점

교수방법	장 점	한계점
프레 젠테이션	• 어떤 크기의 집단에도 사용할 수 있다. • 모든 학생에게 동일한 정보를 보고 들을 수 있는 기회를 제공한다. • 학생들에게 교수내용에 대한 조직화된 관점을 제공한다(예: 정보는 개념들 간의 관계를 나타내는 구조화된 것이다). • 많은 양의 교육내용을 효율적으로 제시할 수 있다.	• 학생들의 활동이 적다. • 학생의 정신적 참여에 대한 평가가 어렵다. • 학생에게 피드백이 제공되지 않는다. 프레젠테이션은 일방향적인 접근방법으로 정의된다.
시범	• 다양한 감각을 활용한다. 학생들은 실제 사건을 보고, 듣고, 경험할 수 있다. • 기대하지 못한 결과나 모순되는 사건과 같은 훌륭한 연출기법을 사용할 경우, 극적인 효과를 얻을 수 있다.	• 모든 학생이 시범을 보는 것이 어려울 수 있다. • 실시간으로만 시범을 보인다면 시간 소모적이다. • 시범이 계획대로 되지 않을 수 있다.
토론	• 학생이 문제해결, 성찰적 사고, 고차원적 사고기술에 적극적으로 참여하게 된다. • 교사와 학생 모두 흥미 있고 활기 있다. • 태도와 지식 수준을 바꿀 수 있다. • 학생의 배경지식과 경험을 효과적으로 사용할 수 있다.	• 학생들이 토론에 의미 있게 참여하고 기여하기 위해서는 공통된 경험(책을 읽고, 비디오를 보고, 활동에 참여하는 등)을 해야 한다. • 효과적인 방법이 되기 위해서 교사는 토론 진행기술을 준비하고 있어야 한다.
교수용 게임	• 학생이 적극적으로 참여하고 참여자들의 의사소통을 통해 사회적 상호작용을 촉진한다. • 즉각적인 피드백과 함께 기술을 연습할 수 있는 기회를 제공한다. • 학생의 동기 향상을 위해 다양한 교육적 상황에 통합할 수 있다. • 예견치 못한 환경을 다루는 방법을 학습할 수 있다.	• 학생들이 교육내용보다는 경쟁에 참여할 수 있다. • 내용의 일부가 없어지거나 손상되면 작동이 불가능하다. • 구성요소가 많은 경우, 설정하는 데 시간이 많이 소요된다.
시뮬레이션	• 기술에 대한 연습과 실험을 제공한다. • 행동과 의사결정에 대한 피드백을 즉시 제공한다. • 실제 세계의 복잡함을 단순화하고 중요한 속성이나 특징만을 강조한다. • 매력적 · 집중적인 노력을 유발하여 학습이 증대된다.	• 깊은 감정 개입을 야기할 수 있다(예: 단지 모의 상황에 존재하는 동물이라 하더라도 수의과대학 학생들은 '아픈' 동물들에 대해 강한 애착을 갖게 되고, 이들을 진단하고 '생명을 구하기' 위해 노력한다). • 설정과 보고에 시간이 많이 소요된다.
협동학습	• 긍정적인 상호 의존성, 개별 책무성, 협동적인 기술과 사회적 기술, 집단적인 과정을 촉진한다. • 신뢰 형성, 의사소통, 지도성 기술을 촉진한다. • 사회적 · 학문적 영역의 학습을 촉진한다. • 학생들이 적극적으로 학습에 참여한다.	• 대등한 학생 집단을 요구하지만, 형성하기가 쉽지 않다. • 다른 교수방법과 비교해 볼 때, 동일한 양의 교육내용을 다루는 데 시간이 많이 소요된다. • 혼자 학습하기를 선호하는 학생은 좋아하지 않는다.
발견학습	• 고차원적 사고를 촉진한다. 학생들은 낮은 수준의 사실을 기억하는 것보다 정보를 분석 · 통합하기를 원한다. • '정답' 을 발견하기 위한 내재적 동기를 제공한다. • 일반적으로 지식에 대한 기억이 증가한다. 학생들은 정보를 단순하게 기억하지 않고, 정보를 처리한다. • 자기주도적 학습을 위해 필요한 기본적인 기술과 태도를 개발한다.	• '옳지 않은' 내용이나 의도하지 않은 정보를 발견할 수 있다. • 시간 소모적이다.
문제해결법	• 이해와 기억을 증가시킨다. 학생들은 일상의 문제를 가지고 학습하고, 이론을 실제에 적용하기를 원하기 때문이다. • 고차원의 학습에 참여한다. 학생이 단순한 기억과 반복만을 통해 문제를 해결할 수 없기 때문이다. • 실수를 통해 배울 수 있는 기회를 제공한다. • 독립적으로 사고하도록 학습함으로써 책임감을 개발한다.	• 교육내용의 양이 제한된다. 즉, 시간 소모적이 될 수 있다. • 효과적인 교육적 문제의 선택, 변경, 설계에 시간이 많이 소요된다. • 학생에게 '정답' 을 제공하지 않고 가르치기 위해서는 교사의 훌륭한 관리기술이 요구된다.
반복 연습	• 학습 향상, 기능 형성 및 숙달을 위해 기본적인 기능에 대한 반복적인 연습을 제공한다. • 심동적 기능과 저차원의 인지적 기능을 촉진한다. • 속도와 정확성을 함께 추구하는 데 도움이 된다.	• 학습자들이 지루해 할 수 있다. • 학습한 사실을 언제, 어떻게 적용해야 하는지를 가르치지 않는다.
개인교수	• 개인에게 알맞은 개별화된 수업을 제공한다. 즉, 모든 학생은 자신이 원하는 개인적인 관심을 받는다. • 가장 높은 수준의 학생 참여를 제공한다. • 학생이나 컴퓨터를 튜터로 활용함으로써 교실 내 '교사' 의 수가 증가한다. • 학생 튜터의 장점이 있다. • 새로운 개념을 순서적이고 상호작용적인 방법으로 소개한다.	• 튜터나 개인교수 자료가 개별 학생에게 적합하지 않을 때는 연습이 되지 않을 수도 있다. • 튜터에 대한 의존성이 높아질 수 있다. • 학생들이 스스로 학습하는 것을 원하지 않을 수도 있다.

사전에 결정된 수행 수준에 도달할 때까지 학생들에게 연습 기회를 제공한다. 튜터링은 일대일로 실시되고 고차원의 기술을 가르치는 데 사용할 수도 있지만, 읽기나 산수 계산과 같은 기본적인 기술을 가르치는 데 자주 활용된다.

개인교수 사례

① 임 교사는 수업에 결석한 4학년 학생들의 보충활동을 위해 지역 역사에 대한 이야기책 형태의 개인교수를 사용한다. 그는 학생들의 이해와 학습을 점검하기 위해 그들의 진행 과정을 확인한다.

② 중학교 수학 교사는 사각형의 면적을 계산하는 방법을 가르치기 위해 개인교수를 사용한다. 먼저, 교사는 학생들에게 이전에 배웠던 내용(예: 사각형의 개념, 길이, 높이, 곱하기) 중 관련된 정보를 회상하게 한다. 다음에, 사각형의 길이에 높이를 곱해서 나오는 **면적**(area)의 개념을 소개하고 설명한다. 그 후 다양한 크기의 사각형 면적을 결정하는 많은 예제를 제시하고 시범을 보인다. 그리고 학생들에게 동일한 유형의 새로운 문제를 시도하게 한다. 교사는 학생들의 수행에 피드백을 주고, 모든 학생이 사각형의 면적을 성공적으로 계산할 수 있을 때까지 지속적으로 연습시킨다.

③ 산업예술교과 담당 안 교사는 전원 장치가 있는 학생 작품에 대한 도입으로 가게 안전에 대한 비디오 형식의 개인교수를 사용한다. 이 비디오는 가게 안전 절차에 대한 각 단계를 보여 주고 학생들이 대답할 수 있도록 질문을 제시한다.

개인교수 활용을 위한 원리

- 교수자료에 대한 개요를 제시한다. 내용이나 기술을 통해서 학생을 자극하고, 학생 자신이 내용이나 기술을 시범 보이면서 발표하도록 한다. 학생이 학습한 것을 적용할 수 있는 기회를 제공한다.
- 내용이나 기술을 한 번에 한 단계씩 제시한다.
- 학생에게 질문을 하고, 학생이 질문을 할 수 있도록 격려한다.
- 성취율을 다양하게 계획한다. 학생의 과업과 학습 성취를 위해 규칙적으로 진행 상황을 확인한다.

교수방법을 조합할 수 있는가

하나의 수업에 다양한 교수방법이나 여러 교수방법을 혼합하여 사용할 수 있다는 것을 기억하라. 다양한 교수 상황에 한 가지 교수방법만이 적합한 것은 아니다. 예를 들어, 새롭게 학습한 기술을 숙달시키기 위해 개인교수와 반복 연습을 조합할 수 있다. 한 가지 교수방법만 사용하는 것보다 몇몇 교수방법을 조합하는 것이 학습에 더 강력하고 좋은 결과를 가져온다. **여러분**의 학생이 **여러분**의 교육내용을 학습하는 데 가장 효과적인 교수방법이 어떤 것인지가 핵심이다. 학생들에게 어떤 교수방법 혹은 어떤 교수방법의 조합이 가장 효과적인지를 결정하기 위해서 실제 다양한 교수방법을 시도하라. 그리고 수업의 흥미를 유지하기 위해 다양한 교수방법의 활용을 고려하라.

어떤 교수방법을 사용할 것인가

이 장의 서두에서 여행을 계획할 때 경로의 선택을 설명하였듯이, 여러분의 수업에 어떤 교수방법을 사용할 것인지를 결정해야 한다. 저자들이 논의한 교수방법들의 장점과 한계점이 〈표 6-2〉에 제시되었다. 이 장점과 한계점은 특정 수업을 위한 교수방법 선택에 기초를 제공한다.

[그림 6-4]는 다양한 교수방법의 장점에 대한 점검사항을 제시한다. 이 표는 특정 수업을 위한 교수방법 선택에 도움이 될 것이다. 교수방법을 선택할 때 고려해야 하는 요인을 기억하는 데도 도움이 될 것이다. 이러한 목록이 없다면, 여러분이 가장 좋아하는 교수방법이나 가장 편한 교수방법을 근거로 하여 선택하기 쉽다. 그러나 이 목록은 다른 중요한 고려사항도 제시한다. 이는 여러분의 전

어떠한 교수방법을 선택해야 하는가?

교수방법 선택 체크리스트는 자신의 수업에 가장 적합한 한 가지 또는 여러 교수방법을 선택하는 데 도움이 될 것이다. 표의 첫 칸에 각 교수방법의 장점이 제시되었다. 각 교수방법들이 10개의 칸에 제시되었다. 체크리스트를 활용하기 위해, 자신의 수업 요구나 상황을 가장 잘 설명한 여백에 '√'로 모두 표시한다. 예를 들어, 만약 학생 스스로 학습함으로써 학습이 향상된다고 생각한다면, 4번 항목에서 4개의 여백에 '√'로 표시하면 된다. 첫 칸에 있는 항목 각각에 대해 이 과정을 계속한다. 전체 체크리스트가 끝나고 나면, 어떤 칸에 '√'가 가장 많은지를 결정한다.

'√' 표시가 가장 많은 것	선택	'√' 표시가 가장 많은 것	선택
P	프레젠테이션	CL	협동학습
DM	시범	DY	발견학습
DN	토론	PS	문제해결법
G	게임	DP	반복 연습
S	시뮬레이션	T	개인교수

'√' 수가 같은 칸이 한 개 이상 나올 수도 있다. 이러한 경우, 가장 적합한 교수방법을 선택하거나 수업을 위해서 몇 가지 교수방법의 활용을 고려할 수 있다.

다음의 교수방법을 통해 학습이 향상된다.	P	DM	DN	G	S	CL	DY	PS	DP	T
1. 학습자 중심적이다.										
2. 교사 중심적이다.										
3. 높은 수준의 상호작용을 제공한다.										
4. 학생들이 스스로 학습하도록 한다.										
5. 2~5명의 학생들이 동시에 참여 가능하다.										
6. 소집단(6~15명)에 적합하다.										
7. 집단(16명 이상) 지향적이다.										
8. 정보와 교육내용을 제공한다.										
9. 피드백과 함께 연습을 제공한다.										
10. 발견적 환경을 제공한다.										
11. 전략을 필요로 하는 상황을 제시한다.										
12. 20분 미만의 짧은 시간에 완성할 수 있다.										
13. 짧은 시간에 보다 많은 내용을 제공해야 한다.										
14. 고차원적인 지적 기능 영역 기술을 향상시킨다.										
15. 저차원적인 지적 기능 영역 기술을 향상시킨다.										
16. 심동적 기능 영역 기술을 향상시킨다.										
17. 태도 영역 기술을 향상시킨다.										
18. 비경쟁적인 환경에 적합하다.										
19. 의사결정을 촉진한다.										
20. 학습을 위해 실제적인 상황을 제공한다.										
21. 동기유발이 잘 된다.										
22. 정보의 기억을 향상시킨다.										
23. 학습에 대해 귀납적 방법이나 탐구적 방법을 활용한다.										

[그림 6-4] 교수방법 선택 체크리스트

점검사항

적합한 교수방법 선택

다음의 세 가지 시나리오를 검토해 보라. 각 상황에 가장 적합한 교수방법이 무엇인지를 결정하라. 그리고 다음 질문에 대답하라. 그러한 선택을 한 이유는 무엇인가? 자신의 선택이 가지는 잠정적인 문제점을 확인하였는가? 만약 그렇다면, 그 문제는 무엇인가? 어떤 다른 교수방법을 선택해야 하는가? 어떤 조건하에서 이러한 대안적 교수방법으로 전환할 수 있는가?

- 시나리오 A: 6학년 콘서트 밴드 교사인 심 교사는 학생들이 음악기호인 샤프(sharps), 플랫(flats), 간음(natural notes)을 잘 구별할 필요가 있다고 결정했다. 밴드에는 현재 56명의 학생이 있고, 수업은 약 125 좌석 이상인 교실에서 할 것이다.
- 시나리오 B: 고급 생존 훈련 과정 교사는 6명의 참가자에게 미국 남서부에서 발견된 먹을 수 있는 사막 식물과 먹을 수 없는 사막 식물을 구별하는 방법에 대해 가르치려고 한다. 이 과정이 사막에서 살아남기 위한 훈련과 관련된 것이기는 하지만, 오하이오의 작은 대학에서 진행될 것이다.
- 시나리오 C: 박 교사와 25명의 학생들은 성찰적 사고기술을 개발하는 단원을 공부하고 있다. 내용의 한 부분은 잘 정의되지 않은 문제를 해결하기 위해 사용되는 방법들을 강조하고, 박 교사는 학생들이 공부할 때 서로 다른 기법을 활용하여 연습할 수 있는 기회를 주기로 결정했다.

앞의 시나리오에서 교수방법의 선택에 학생, 교수목표, 학습환경과 같은 요인이 어떻게 영향을 주는지에 대해 이해하기 위해, 만약 다음 측면들이 달라짐에 따라 여러분의 선택은 어떻게 변화되는지를 고려해 보라.

- 시나리오 A: 심 교사는 밴드 지휘자가 아니라, 플루트 개인 교사다. 그는 개별 수업을 위해 하루 중 아무 때나 찾아오는 나이가 서로 다른 12명의 학생을 가르친다. 그의 목표는 학생들이 샤프, 플랫, 간음을 구별할 수 있는 능력을 향상시키는 것이다.
- 시나리오 B: 생존 수업은 큰 사막에서 몇 분 떨어지지 않은 라스베이거스의 네바다대학교에서 진행된다.
- 시나리오 C: 박 교사는 수업의 초점을 문제해결법을 적용하는 능력에서 그러한 기법을 단순히 이해하는 것으로 변경했다.

문적인 판단을 대체하라는 것을 의미하는 것이 아니라 전문적인 판단을 보충하거나 지원하라는 것이다. 여러분의 선택 폭을 좁히기 위해 이 체크리스트를 사용하고, 경험이나 판단에 따라 최종적인 결정을 내릴 것을 권한다. 물론 가르치는 경험이 많아질수록 이러한 결정은 쉬워질 것이다.

테크놀로지 코디네이터 코너

이 교사는 약간 흥분해 있다. 그녀는 교육심리학 수업에서 사고를 촉진하는 토론을 막 끝냈다. 12명 정도의 수업 구성원들과 교사는 교육에 대한 행동주의 관점과 구성주의 관점의 장점과 한계에 대해 논쟁했다. 이 논쟁은 매우 생기 있었고, 적극적이었으며 흥미 있었다. 이 교사는 두 주장에 대해 많이 학습했다고 확신한다. 토론을 마무리할 때, 이 교사는 학생들이 토론 형태를 통해 발견한 것들이 얼마나 효과적인가에 대해 강조했다. 그리고 농담처럼 다음과 같이 말했다. "자, 이 학습은 하드웨어를 전혀 사용하지 않고 이루어졌다. 때로는 테크놀로지가 방해가 되기도 한다."

이 교사는 고등학교에서 영어교사를 3년 동안이나 했으며, 이미 테크놀로지의 통합에 대해 지지하지만, 테크놀로지를 언제 사용해야 하는지 또는 테크놀로지를 자신의 수업방법과 통합해야 하는지 결정하기 위해 더 많은 식견이 필요한지가 궁금했다. 고등학교 테크놀로지 코디네이터인 한 교사에게 그녀가 이러한 경험을 의논할 때, 한 교사는 이 교사에게 몇 가지 사항을 생각하도록 했다. 첫째, 학습은 복잡하다. 따라서 최대의 효과성을 얻으려면 많은 다양한 교수방법과 테크놀로지가 필요하다. 한 가지 테크놀로지 방법이 적합할 때, 다른 것은 적합하지 않을 수 있다. 둘째, 학생과 학습목표는 학습에서 이를 성취하기 위해 어떤 유형의 방법이 요구되는지를 알려 준다. 다양한 유형의 교수방법을 이해하고 적합한 선택을 하는 것이 중요하다. 셋째, 학습을 위한 기본적인 수단으로 테크놀로지가 필요하지 않을 때도 있다. 하지만 테크놀로지는 학습에서 여전히 다른 중요한 보조적 역할을 할 수 있다. 예를 들어, 이 교사의 야간 수업에서 있었던 실제 토론에는 어떤 테크놀로지도 사용되지 않았다. 그러나 필요한 사전 정보의 수집을 촉진하고, 토론자의 입장을 효과적으로 전달하기 위한 준비를 위해 테크놀로지가 사용되지 않았는가? 테크놀로지는 다른 효과적인 교수방법을 지원함으로써 학습에 강력한 영향력을 준다.

요 약

여행을 갈 때 다양한 여행 형태를 확인했듯이, 학습을 위한 다양한 유형의 방법이 있다. 가장 보편적으로 사용되는 10가지 교수방법을 제시하고, 각 교수방법의 사례, 장점과 한계점을 제시했다. 학생에게 적합한 교수방법을 선택할 필요가 있다. 교수방법을 조합하여 사용할 수도 있다. 어떤 교수 상황에서나 가장 좋은 한 가지 방법은 없다. 각 수업에 대해 교수목표, 학생, 자신이 편하게 느끼는 교수방법을 고려해야 할 것이다.

교사용 자료 B를 참조하고, 수업지도안을 검토하라. 각 부분별로 사용된 교수방법을 기억하라. 어느 부분에서 다른 어떤 교수방법의 활용을 고려하겠는가? 그 이유는 무엇인가? 또는 그렇게 하지 않는 이유는 무엇인가?

추천 자료

CD 자료

학습내용의 기억과 전이를 돕기 위해, 이 책에 동봉된 CD 안에 있는 제6장의 성찰적 사고를 위한 질문 및 활동을 읽어 보라〔장에 대한 정보와 활동(Chapter info and Activities)≫제6장(Chapter 6)≫성찰적 사고를 위한 질문 및 활동(Reflective Questions and Activities)〕.

또한, 이 장의 CD 안에는 관련 지도서(tutorials), 인터넷 웹사이트, 국가교육공학표준과의 연계 연습문제, 이 책 저자들의 이메일 주소에 대한 정보가 수록되어 있다.

웹사이트 자료

이 책의 웹사이트(www.prenhall.com/newby)에 접속하여 제6장과 관련된 학생의 질문과 저자들의 답변을 실은 질의응답 코너를 읽어 보라. 질문이 있으면 저자들에게 직접 보내도 좋다. 이 장에 관한 저자들의 프레젠테이션도 볼 수 있으므로, 이 장의 내용에 관한 저자들의 견해도 살펴보라.

인쇄 자료

Barell, J. (1995). *Teaching for thoughtfulness: Classroom strategies to enhance intellectual development.* White Plains, NY: Longman.

Borich, G. D. (2004). *Effective teaching methods* (5th ed.). Upper Saddle River, NJ: Pearson.

Dallmann-Jones, A. S. (1994). *The expert educator: A reference manual of teaching strategies for quality education.* Fond du Lac, WI: Three Blue Herons.

Freiberg, H. J., & Driscoll, A. (2000). *Universal teaching strategies* (3rd ed.). Needham Heights, MA: Allyn & Bacon.

Jacobson, D. A., Eggen, P., & Kauchak, D. (2002). *Methods for teaching: Promoting student learning* (6th ed.). Upper Saddle River, NJ: Pearson.

McKeachie, W. J. (Ed.). (2001). *McKeachie's teaching tips: Strategies, research, and theory for college and university teachers.* Boston, MA: Houghton Mifflin.

Sharan, Shlomo. (Ed.). (1990). *Cooperative learning: Theory and research.* Westport, CT Praeger.

제7장

교수매체:
학생의 다중 감각 연계

핵심어와 개념

매체
텍스트
시각자료
인쇄된 시각자료
투사된 시각자료
OHP
파워포인트
게시된 시각자료
오디오테이프
CD
비디오테이프
DVD
실물
모형
멀티미디어
컴퓨터 소프트웨어

학습목표

이 장은 다음 사항을 목표로 한다.

- 교수방법, 교수매체, 교수자료의 개념을 구별할 수 있다.
- 교수매체를 정의하고, 교수 · 학습에서 매체의 중요성을 정당화할 수 있다.
- 이 장에서 논의한 교수매체와 각 교수매체의 활용 사례, 활용을 위한 안내 지침을 서술 · 설명할 수 있다.
- 이 장에서 논의한 각 교수매체 활용을 위한 올바른 절차를 시범 보일 수 있다.
- 교수목적에 적합한 교수매체를 선택 · 조합하기 위한 교수기법을 논의할 수 있다.
- 특정 수업에 가장 적합한 교수매체를 선택할 수 있다.

머리말

처음으로 자동차를 구입한다고 가정해 보자. 어떤 종류의 자동차를 구입하느냐는 여러분의 요구를 어떻게 정의하느냐에 따라 달라질 것이다. 가족이 있는가? 그렇다면 아마도 2인승 스포츠카는 요구에 맞지 않을 것이다. 여행을 자주 가는가? 그렇다면 많은 사람이 탈 수 있고 많은 짐을 실을 수 있는 대형차나 밴을 원할 것이다. 만약 트레일러나 캠핑용 자동차를 가지고 있다면, 용량이 큰 차 하나를 원할 것이다. 예산이 넉넉하지 않은가? 그렇다면 연비가 좋고 유지비가 상대적으로 적게 드는 가격이 저렴한 소형 자동차를 찾을 것이다. 안전을 최우선으로 생각하는가? 그렇다면 ABS, 에어백, 측면 충격 보호 같은 안전장치를 갖춘 자동차를 찾을 것이다.

여러분은 자신의 요구를 정의한 후에 구입 가능한 자동차의 범위를 스스로 확인해야 한다. 자신의 요구에 부합하는 자동차를 선택하려면 준비한 각 자동차의 특징, 장점, 한계점을 먼저 확인해야 한다.

▲ 적합한 교수매체의 선택은 운송수단을 선택하는 것과 같다. 어떤 교수매체를 사용할 수 있는가, 누가 사용할 것인가, 어떤 조건에서 사용할 것인가, 어떻게 사용할 것인가와 같은 요인에 의해 결정된다.

제6장에서는 교수방법이 여행 경로와 어떻게 비슷한지를 살폈다. 이 장에서는 교수매체가 운송수단과 비슷하다는 것을 논의한다. 교수매체는 교사와 학생의 학습에서 길(방법)을 따라 내용(정보)을 운반하는 데 도움을 준다. 모든 운송수단이 모든 길을 통과할 수 있는 것처럼, 모든 교수방법에 모든 교수매체가 사용 가능하다. 이 장에서는 학생들의 학습을 돕기 위해 교수매체를 어떻게 선택하고 사용할 것인지에 대해 학습한다.

이러한 관점에서 보면, 교수방법은 학생들이 교수목표를 성취하거나 교육내용을 이해하도록 도와주기 위해 선택한 수업 절차다(예: 프레젠테이션, 시뮬레이션, 반복 연습, 협동학습). 교수매체는 학생에게 전달되어야 하는 정보에 대한 메시지와 의미를 운반하는 의사소통 통로(예: 텍스트, 시각자료, 비디오, 멀티미디어)며, 교수자료는 수업에서 사용되는 특정한 자료를 말한다(예: 책 *World History*, 컴퓨터 소프트웨어 *Where in the World is Carmen Sandiego?*, 다양한 곤충 유형을 보여 주는 차트).

[그림 7-1]과 같이 전체 계획 퍼즐의 핵심적인 조각이

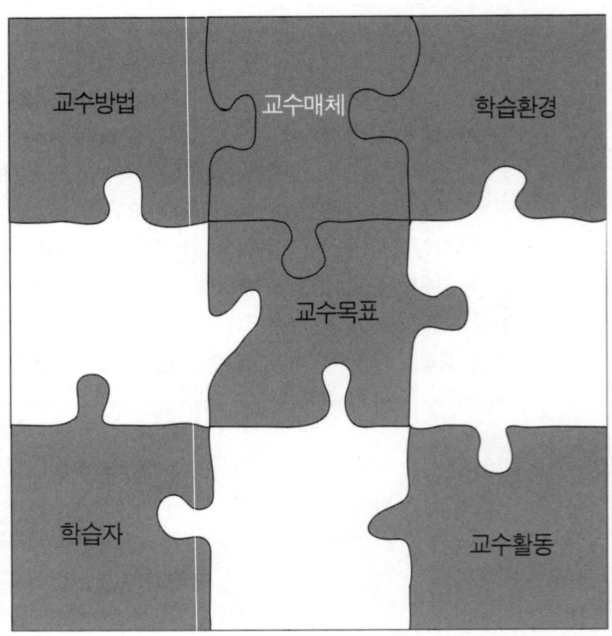

[그림 7-1] 계획 퍼즐의 한 조각으로서의 교수매체

'교수매체' 조각이다. 제6장에서 다양한 교수방법에 대해 논의했듯이, 제7장에서는 활용 가능한 다양한 교수매체를 설명하는 것에 초점을 둔다. 교수매체는 교수 메시지가 학생에게 전달되는 방법과 그것이 학생에게 주는 전체적인 영향력을 결정하는 데 도움을 준다. 전략적인 교수매체의 선정은 어떤 교수방법과 활동이 지원되는지뿐만 아니라 학생의 요구, 원하는 학습 결과, 환경적인 제약을 근거로 하여 이루어진다.

교수매체

교수매체(instructional media)는 좋은 수업을 위한 기본으로, 올바르게 선정되고 효과적으로 사용되어야 한다. 이 장에서는 교수매체의 다양한 유형에 대해 논의하는데, 각 교수매체에 대한 설명과 활용 사례, 그 교수매체를 사용하는 방법도 함께 다룬다.

매체(medium, 복수형 media)는 의사소통의 통로며, '정보원과 수신자 사이의 정보 운반자' (Smaldino, Russell, Heinich, & Molenda, 2005: 9)다. 매체의 예에는 파워포인트 슬라이드, 비디오테이프, 도표, 인쇄자료, 컴퓨터 소프트웨어가 포함된다. 이러한 것들이 교수목적의 메시지를 전달할 때 **교수매체**(instructional media)로 간주된다. 이렇게 교수매체의 목적은 의사소통을 촉진하고 학습을 향상시키는 것이다.

교수매체는 교육에서 다양한 역할을 제공한다. 교수매체의 기본적인 역할은 **학생의 학습을 돕는 것**이며, 이러한 역할을 수행하는 한 가지 방법은 풍부한 정보환경을 제공하는 것이다. 교수매체는 흥미 있는 경험을 제공할 수 있는데, 학생들이 단지 외국을 '보기' 위해서 그곳에 가야 하는 것은 아니다. 시각자료는 단어에 의미를 추가하여 제공한다. 학생들은 대상에 대한 언어적 설명만을 듣거나 보기만 하는 것이 아니라 새로운 발명품인 것처럼 볼 수 있으며, 비디오나 연속된 일련의 사진은 일의 진행 과정을 제시한다. 만약 학생에게 기능을 연습하기 전에 그것에 대한 시범을 보게 한다면 더 효과적일 것이다. 시범은 직접 보여 주거나 비디오테이프, 연속된 일련의 사진을 통해 보여 줄 수 있다. 또한 색상, 소리, 움직임은 학습에 대한 학생들의 흥미와 동기를 증대시킬 것이다.

지금까지 간과되었던 교수매체의 또 다른 역할은 평가에서의 활용이다. 여러분은 사진에 있는 사물이나 사물의 일부분을 학생들에게 확인하도록 하거나 오디오테이프에 녹음된 음악 작곡의 변화를 설명하라고 할 수 있다. 비디오테이프로 문제 상황을 이끌어가는 사건을 보여 주고 학생들에게 그 문제에 대한 반응을 설명하라고 할 수도 있다.

텍스트, 시각자료, 오디오테이프, 비디오테이프, 실물과 모형 및 멀티미디어를 포함하는 교수매체는 초등학교와 중학교에서 일반적으로 활용된다. 이러한 교수매체 각각을 학교현장에서의 적용 사례와 함께 논의한다.

텍스트

텍스트(text)라는 용어는 일반적으로 인쇄자료나 컴퓨터 스크린 형태로 제시되는 철자, 숫자와 관련된다. 텍스트에는 학습 안내서, 지침서, 워크시트(work sheet), 교과서, 컴퓨터 화면 등이 포함된다. 교과서는 학습 과정에서 오랫동안 사용된 텍스트이며, 여러분은 교과서와 함께 이 책에서 논의한 다른 많은 교수매체와 컴퓨터 형태를 사용할 수 있다.

텍스트의 가장 일반적인 활용은 정보를 제시하는 것이다. 학생들은 교육내용을 학습하기 위해 텍스트를 읽는다. 학생들은 읽기 과제를 받고 토론과 평가가 이루어지는 동안 그 자료에 대해 책임을 진다. 텍스트는 프레젠테이션을 보완할 수도 있다. 학생들은 교사가 언어적인 방법으로 제시하거나 다른 교수매체를 통해 제시한 정보를 향상시키기 위해 학습 안내서나 워크시트를 사용할 수 있다. 워크시트는 학생들이 학습한 것을 연습하고 피드백을 받을 수 있게 한다. 또한, 학생들은 특정 주제에 대한 정보를 찾기 위해 도서관 매체센터에서 참고자료를 사용하거나 컴퓨터 데이터베이스를 검색할 수 있다.

텍스트 사례

① 김 교사의 4학년 학생들은 아프리카 국가에 대한 교재 내용을 읽는다. 김 교사는 같은 자료를 읽은 다른 학생들과 의견을 공유할 수 있다면, 책을 읽는 것도 매우 흥미 있을 것이라고 말했다. 학생들은 소집단에서 함께 활동하고, 각 소집단은 서로 다른 나라를 학습한다. 학생들은 교과서의 일정 부분을 읽은 후에 그 내용을 교대로 토론을 이끌어 간다. 몇몇 학생들은 추가정보를 얻기 위해 교실에서 CD-ROM으로 제공되는 백과사전을 참고한다.

② 학생들은 인공심장에 대한 비디오를 감상한 후 관련 주제에 대한 워크시트를 작성한다. 워크시트는 비디오를 보는 동안에 감상문 역할을 한다. 학생들은 제시된 정보를 적용하는 연습을 하고 교사로부터 즉각적인 피드백을 받는다.

③ 경도 산업장애 교육생들은 소책자가 지시하는 대로 자전거를 조합한다. 이 활동의 목적은 읽기를 촉진하여 학생들이 지시에 따르도록 격려하는 것이다. 이들은 자전거를 조합한 후 자전거를 다시 분해하여 다른 학생들이 이 과정을 반복할 수 있게 한다.

텍스트 활용을 위한 원리

교과서와 다른 텍스트 기반 자료는 학생이 할 것을 알려 주기보다는 학생의 요구에 부합해야 한다. PIE 모형에서 설명하였듯이(제4장 참조), 학습목표를 결정한 후에 학생들의 교수목표 성취를 촉진할 교수자료를 선정해야 한다. 그러나 텍스트가 먼저 선택되고, 텍스트에 의해서 학생들이 학습해야 할 것이 결정되는 경우가 많다.

- 교수목표와 질문을 함께 읽도록 지시한다.
- 텍스트 기반 자료와 함께 시각자료의 활용을 강조한다.
- 추가 자료와 활동을 위해 교사의 안내를 확인한다.
- 다른 교수매체로 텍스트를 보완한다.

시각자료

시각자료(visuals)는 학생들에게 메시지를 전달하기 위해 설계된 이차원적 수업자료다. 시각자료는 일반적으로 그래픽 요소(그림이나 그림과 같은 것)뿐만 아니라 언어적인 요소(텍스트나 단어)를 포함한다. 이 책에서 사용된 그림이나 표가 시각자료의 좋은 예다.

우리는 매우 시각적인 사회에 살고 있다. 조간신문의 사진부터 도로표지판, 인터넷에서 다운로드한 그래픽까지 우리는 매일 지속적으로 시각자료를 본다. 이렇게 시각자료가 빈번하게 사용되는 이유는 무엇보다 효과가 있기 때문이다! 시각자료는 그래프, 도형, 차트, 도표의 활용을 통해 개념을 강조함으로써 교육적 효과성을 증대시킬 수 있다. 시각자료는 텍스트에서 표현한 정보에 대한 요약이나 시각적 표상을 제공함으로써, 보는 사람의 이해를 향상시킨다. 예를 들어, 시각자료는 실물이나 추상적인 항목을 보여 주고, 절차를 나타내며, 사례를 제공하고, 부분과 부분을 확인하고, 다양한 대상 간의 유사점과 차이점에 관심을 갖게 한다. 또한 시각자료는 수백, 수천 개의 단어를 사용하여 설명하는 것을 하나의 형태로 표현함으로써 효율성을 증대시킬 수 있다. 결국, 시각자료는 사고와 탐구를 자극할 뿐만 아니라 관심을 이끌어서 매력성을 증가시킨다.

또한 시각자료는 다양하게 응용된다. 한 예로 과정을 설명하는 특정 수업 주제를 표현하기 위해 사진이나 그림을 사용할 수 있다. 시각자료는 학생들이 사람, 장소, 사물을 확인하는 학습에 도움을 준다. 글을 쓰거나 시를 짓는 것과 같은 창조적인 표현을 자극하기 위해 시각자료를 사용할 수도 있다. 또한 과거나 미래 현장에 대한 경험을 검토하거나 미리 확인하는 데도 유효하다. 시각자료는 또한 시험이나 평가적인 목적에 대해 흥미를 불러일으키고 특별한 정보를 제공한다('도구상자기법: 교수자료에서 시각자료의 활용' 참조).

시각자료의 몇 가지 유형이 교수·학습에 활용되었다. 이하에서는 인쇄된 시각자료, 투사된 시각자료, 게시된 시각자료 유형을 살펴본다.

인쇄된 시각자료

인쇄된 시각자료(printed visuals)는 그림, 차트, 그래프, 포스터와 만화를 포함한다. 시각자료의 출처는 교사와 학생이 만든 것뿐만 아니라 교과서, 참고자료, 신문, 잡지에 있는 것을 포함한다. 시각자료의 몇 가지 유형이 교수·학습에 사용된다.

인쇄된 시각자료 사례

① 김 교사는 2학년 학생들이 좋아하는 책인 『Alexander and the Terrible』, 『Horrible』, 『No Good』, 『Very Bad Day』 중 하나를 소집단에 읽어 주려고 선택한다. 이야기를 시작하기 전에, 이야기의 내용을 미리 확인하기 위해 학생들에게 책에 있는 그림을 보여 준다. 이러한 활동은 학생들이 이야기 구성에 초점을 두도록 하는 데 도움이 될 것이다. 학생들은 이야기를 읽은 후에 이야기의 주요 부분을 토대로 자신만의 그림을 그릴 것이다.

② 학생들은 중학교 과학 수업에서 식물의 산소 생성과 관련된 주요 단계를 보여 주는 일련의 그림을 받았다. 학생들은 적절한 순서대로 낱장의 시각자료를 배열하고 시각자료의 조절을 통해 토론과 학습을 자극한다.

③ 학생들은 고등학교 역사 수업에서 군대가 스위스를 침략하기 어렵다는 것을 나타내기 위해 지형도를 사용한다. 컴퓨터상의 지형도 활용은 과거에 침략자들이 실제로 사용한 경로를 교사가 알려 주기 전에 학생들이 찾아보도록 시도한다.

인쇄된 시각자료 활용을 위한 원리

다양한 사진, 그림, 차트와 기타 시각자료를 교실에서 활용하기 위해 입수하거나 준비할 수 있다. 그래픽은 교과서와 다른 인쇄자료에서, 컴퓨터 소프트웨어와 멀티미디어 프로그램에서, 그리고 개별적인 종이 형태의 시각자료에서 얻어 활용할 수 있다.

- 모든 사람이 볼 수 있도록 간단한 시각자료를 사용한다.
- 시각자료의 중요한 측면을 강조하기 위해 글이나 언어적 단서를 제공한다.

도구상자 기법

교수자료에서 시각자료의 활용

교수자료를 선택하거나 새로 만들 때 시각자료의 선정과 활용은 중요하다. 적합한 시각자료가 수업의 효과성, 효율성, 매력성을 증가시키듯이 적합하지 않은 시각자료는 학생에게 어려움과 혼란을 야기한다. 교수자료로 시각자료를 선정할 때 스스로에게 다음 질문을 해 보라.

- 시각자료가 교수 결과와 관련이 있는가?
- 정보를 정확하게 묘사하는가?
- 정보가 현재의 것인가?
- 정보를 정확하고 간결하게 나타내는가?
- 묘사하고 있는 것을 학생이 이해할 수 있는가?
- 교수목적과 학생 수에 비해 자료가 너무 크거나 작지 않은가?
- 미적 감각이 있는가?

- 비교하는 상황을 제외하고는 한 번에 하나의 시각자료만을 사용한다.
- 시각자료를 일정 시간 동안 보여 준다.

투사된 시각자료

투사된 시각자료(projected visuals)는 투시물 환등기와 마이크로소프트 파워포인트와 같은 컴퓨터 프레젠테이션 소프트웨어를 포함한다. **투시물 환등기**(overhead transparencies: OHP)는 여러 가지 장점 때문에 교실에서 폭넓게 사용되었다. 기본적으로 OHP는 윗부분에 넓은 '유리판' 을 가진 상자다. 상자 안에 있는 강력한 램프에서 나오는 빛이 유리판 위에 놓여 있는 투시자료(일반적으로 20×25cm 크기)를 통과한다. 렌즈와 거울 장치는 빛을 90°로 전환하는 상자 위의 받침대로 싸여 있고, 스크린이나 빈 벽에 이미지를 투사한다(OHP를 보여 주는 [그림 7-2] 참조).

투시물 환등자료는 투명비닐, 사진필름이나 많은 다른 투명한 자료로 만들 수 있다. 투명비닐에 컬러 마커로 쓰거나 컴퓨터를 이용하여 인쇄할 수 있다. 또한 작은 불투명 물체, 투명한 물체의 많은 유형을 포함하는 다양한 자료를 투사할 수도 있다. 투시자료는 개별적으로 사용하거나 연속적인 이미지를 만들어 사용할 수 있는데, 복잡한 주제를 설명할 때는 기본 도식에 한 번에 하나씩 겹쳐가면서 단계별로 설명할 수 있다([그림 7-3] 참조).

OHP는 사용하기 가장 쉬운 장비 중 하나다. 비록 연습이 부족하더라도, 학생을 포함한 누구라도 OHP를 활용하여 전문적인 프레젠테이션을 할 수 있다.

OHP는 집단 수업에 많이 활용된다. 투시자료를 상업적으로 판매하는 사람들은 유치원부터 성인교육에 이르기까지 모든 교육과정 영역에 활용할 수 있는 실질적인 자료를 만들어야 한다. 이 자료들은 하나의 단순한 투시자료에서 다양한 오버레이를 가진 정교한 세트까지 그 범위가 다양하다.

파워포인트(PowerPoint)는 데이터 프로젝트에 컴퓨터를 연결하여 사용하는 프레젠테이션 소프트웨어의 한 예다. 이것은 특별한 훈련을 받지 않은 사용자들도 다채롭고 생기 넘치는 시각자료를 만들어 투사할 수 있다. 교사뿐만 아니라 학생들도 매우 전문적인 프레젠테이션을 만들기 위해 템플릿을 사용할 수 있다. 파워포인트는 텍스트, 그림, 사진, 만든 도표, 다른 프로그램에서 가져온 사진을 포함하고, 음악과 새롭게 만든 애니메이션도 포함한다.

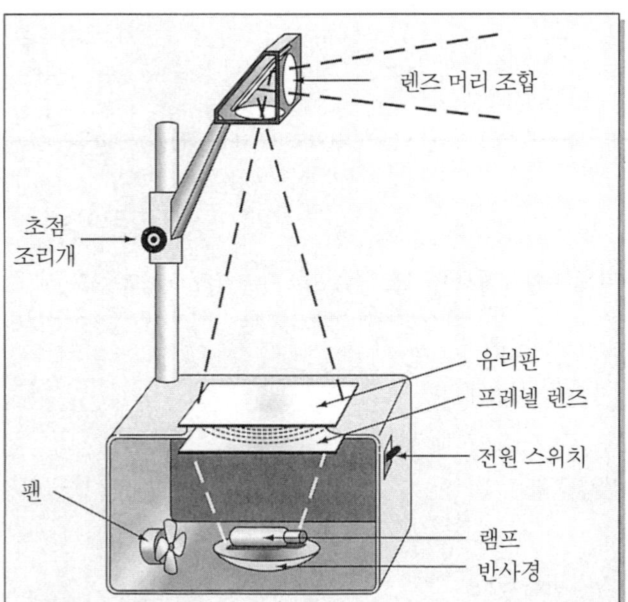

[그림 7-2] OHP의 주요 부분

▲ OHP는 집단에 시각자료를 보여 주기 위해 쉽게 사용할 수 있다.

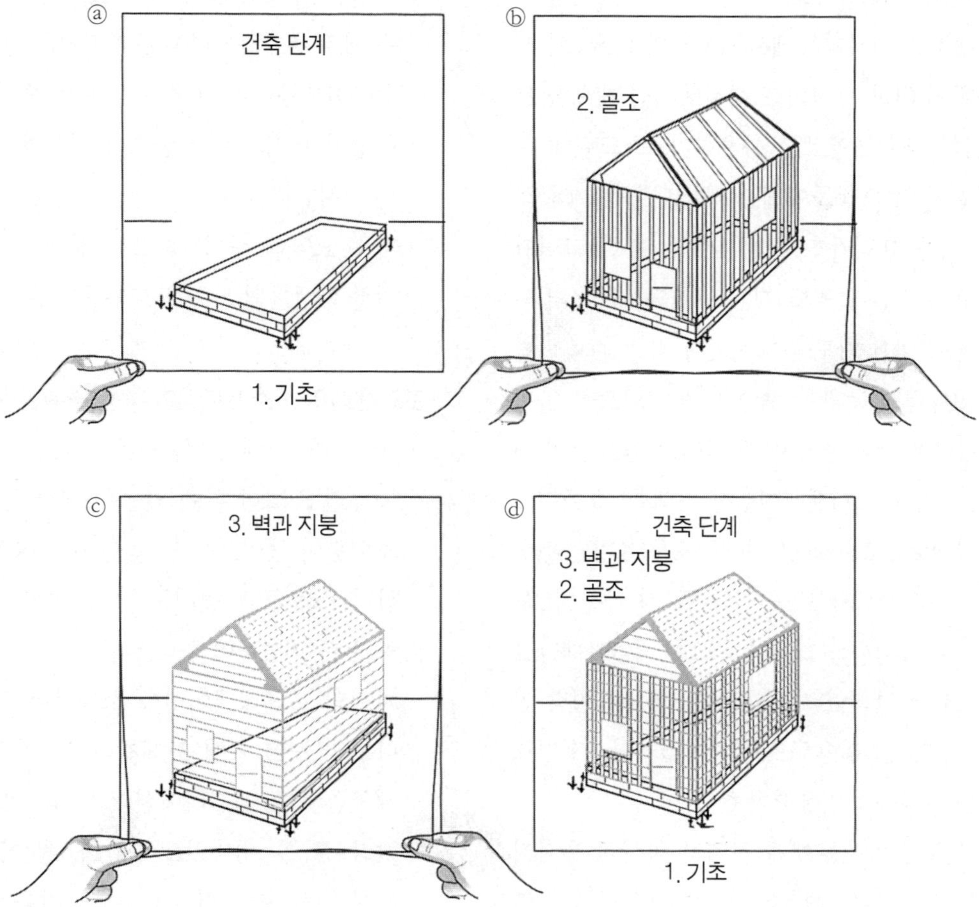

[그림 7-3] 투시물의 겹치기는 복잡한 시각자료를 단계별로 만들기 위해 사용할 수 있다.

투시물 환등기 사례

① 오 교사는 물리과목 문제해결 수업을 위해 칠판과 OHP를 자주 사용한다. 심화문제를 해결하는 방법에 대해 시범을 보여 준 후 OHP를 통해 비슷한 문제들을 투사한다. 수업 전에 문제를 투시자료에 18폰트의 크기로 준비하여 모든 학생이 보고 읽을 수 있게 한다. 스크린은 교실 앞쪽 구석을 이용하여 칠판을 가리지 않게 한다. 교사는 칠판에서 문제를 풀 몇 명의 학생을 무작위로 선택하고, 이들에게 교실에 있는 모든 학생이 문제를 푸는 것을 볼 수 있도록 크게 쓰면서 풀라고 말한다. 나머지 학생들은 자신의 자리에서 똑같은 문제를 푼다. 모든 학생이 문제를 풀고 나면, 오 교사는 그 문제를 푸는 다양한 방법에 대한 토론을 유도한다. 학생들은 다른 사람의 문제풀이 기법과 계산 과정에서 발견된 실수를 지적한다.

② 학생들은 투시자료에 화살표를 그려서 컴퓨터의 CPU와 그것의 무선적 접근과 ROM 사이의 정보 흐름을 표현한다. 모든 학생은 이 단원의 마지막에 지필평가를 통해 흐름을 반복하게 될 것으로 기대한다.

③ 유치원 어린이들은 OHP 위에 놓여 있는 원, 삼각형, 사각형, 직사각형과 같은 다양한 항목을 분류한다. 학생들은 밝은 색상의 투명 비닐 모양과 OHP를 전환할 자신들의 차례를 기다려 그 항목을 조작하는 것 때문에 매우 재밌어 한다.

프레젠테이션 소프트웨어 사례

① 이 교사는 2학년 역사과목에서 Lewis 와 Clark 의 서부개척 탐험에 대한 자신의 프레젠테이션 개요를 보여 주기 위해 파워포인트를 사용한다. 스크린에 나타나는 표현들은 학생들에게는 핵심단어를 제공하고, 자신에게는 요점카드를 제공한다. 또한 그녀가 그들의 주요 여정을 설명할 때, Lewis 와 Clark 의 서부개척 진행에 대한 지도를 제시한다.

② 안 교사는 8학년 공통과학 수업을 네 집단으로 나누었다. 각 집단은 전체 학급에 책임지고 발표할 주제를 그린다. 그들은 프레젠테이션을 위해 학교 매킨토시 컴퓨터의 *Apple Keynote*를 사용하도록 요청받았다. 과학과목은 시각자료와 도표에 의존하기 때문에, 학생들은 스스로 그림을 그리거나 학교 디지털카메라로 사진을 찍도록 권장되었다. 안 교사는 경우에 따라 인터넷에 있는 자료를 활용하도록 허락했지만, 그 정보들은 출처를 적절하게 인용해야 한다.

③ 박 교사는 4학년 학생들에게 지역의 역사적 유적지 '관광' 에 대한 정보를 제공하기 위해 몇 명의 지역 교사들이 개발한 파워포인트 프레젠테이션을 사용한다. 오래된 운하와 수문은 현장견학으로 방문했지만, 다른 현장견학보다 많은 시간과 돈을 사용했다고 생각한다. 그래서 박 교사는 학생들에게 유적지를 소개하기 위해 사운드와 애니메이션이 함께 들어있는 멀티미디어 프레젠테이션을 만들어 사용한다. 또한 수업 후에는 부모들과 함께 그곳을 방문하도록 권장한다.

OHP 활용을 위한 원리

- 이미지를 강조하고 스크린에 가득 나타나게 한다.
- 가능하면 스크린 위에 있는 조명을 끈다. 학생들은 필기를 할 수 있고, 교사는 학생들을 볼 수 있어야 한다.
- 학생들을 마주보고 진행한다. OHP를 사용할 때 특히 스크린을 가리지 않도록 한다.
- 적절한 속도로 진행한다. 일반적인 경우에 투시자료를 새로 추가하거나 다음 슬라이드로 바꾸지 않고, 한 슬라이드를 20～30초 이상 보여 주지 않도록 한다.
- 학생이 투시자료의 중요한 부분에 주의를 집중하도록 지시한다.
- 자주 요약해 준다. 때로는 전체 맥락을 '파악하기' 위한 학생들의 노력을 도와준다.

프레젠테이션 소프트웨어 활용을 위한 원리

- 교실을 어둡게 한다. 모든 조명을 끄지는 않는다. 가능하면 스크린 위에 있는 조명만 끈다. 창문을 통해 자연광이 들어오는 낮 동안에는 교실 조명을 끄도록 한다. 청중들은 필기를 할 수 있고, 교사는 청중들을 바라볼 수 있어야 한다.
- 자신의 프레젠테이션을 소개한다. 유인물을 사용한다면 나누어 주어 프레젠테이션의 전체적인 개요를 제공한다. 프레젠테이션의 목적(목표)을 표시한다.
- 슬라이드를 읽지 않도록 한다. 청중들도 스스로 텍스트를 읽을 수 있다. 슬라이드 내용을 설명하기 전에 학생들이 읽을 수 있는 시간을 준다. 발표자는 슬라이드에 제시한 내용을 정교화하고 향상시켜야 한다. 추가적인 정보를 제공하고 내용을 명확하게 하여야 한다.
- 스크린을 쳐다봐야 할 필요성을 최소로 줄인다. 기록을 하거나 슬라이드를 바꿀 때 단서가 되는 개요를 보면서 설명한다.
- 적절한 속도로 진행한다. 슬라이드를 새로 추가하거나 다음 슬라이드로 바꾸지 않고, 한 슬라이드를 20～30초 이상 보여 주지 않는다.
- 자주 요약해 준다. 때로 전체 맥락을 '파악하기' 위한 학생들의 노력을 도와준다. 파워포인트의 '슬라이드 요약' 은 이러한 활동에 도움이 된다.

게시된 시각자료

교실 안에는 칠판, 다용도판, 게시판을 포함하여 **게시된 시각자료**(displayed visual)를 위한 많은 표면이 있다. 교실에서 가장 일반적인 교수매체는 칠판이다. 칠판은 한때 흑판, 초크판이라 불렸으며, 지금은 다양한 색상이 나왔다. 칠판이 언어적 의사소통을 위한 교수매체로 가장 일반적으로 사용되기는 했어도, 시각자료를 붙이거나 그리기 위한 교수매체로 사용할 수도 있다. 사진을 칠판에 붙이거나 칠판 가장자리에 놓아 두고 수업에서 사용하는 개념을 보여 주거나 언어적 의사소통을 지원할 수 있다. 학급에 보여 주기 위해 칠판에 스케치, 도표, 차트, 그래프와 같은 시각자료를 그릴 수도 있다.

일부 교실에는 칠판 대신에 다용도판(화이트보드나 마커보드)이 갖추어져 있다. 이름이 암시하듯, 다용도판은 한 가지 이상의 목적을 갖는다. 부드럽고 하얀 표면은 분필이 아닌 특별한 마커(marker)를 필요로 한다. 표면은 슬라이드나 OHP를 투사할 수 있는 스크린으로도 적합하다. 사진이나 편지와 같이 얇은 자료는 표면에 문질러서 붙일 수 있다. 이러한 다용도판은 강철로 된 받침대를 가지고 있고, 게시된 시각자료를 위한 자석판으로 사용할 수도 있다.

게시판 표면은 판을 손상시키지 않는 핀, 압정, 스테이플, 다른 날카로운 것들을 포함한 재료로 만들어졌다. 실제로 게시판의 전시는 장식적 목적, 동기유발적 목적, 교육적 목적이라는 세 가지 폭넓은 목적을 제공하는 경향이 있다. 아마도 학교에서 가장 일반적인 것이 장식적인 게시판일 것이다. 이 기능은 기발한 문구나 포스터를 활용하여 환경에 시각적 자극을 주고자 하는 것이다. 학생들의 작품을 전시하는 것은 게시판의 동기적 목적을 보여 준다. 이러한 전시를 통해 제공되는 공적인 인식은 교실 생활에서 중요한 역할을 한다. 이는 성취감을 촉진하고 학생들이 좋은 작품을 만들도록 격려한다.

게시판의 세 번째 목적은 공식적인 교육과정의 교육적 목표를 보완하는 교육적인 것이다. 게시물을 정적인 정보의 메시지를 단순히 보여 주는 것보다는 참여할 수 있도록 설계할 수 있다. 이러한 게시는 질문을 하고 그 질문에 대한 대답을 확인하기 위해 게시물의 일부분을 조작함으로써 관람자에게 의미를 준다(예: 플랩, 포켓, 다이얼, 이동 가능한 부분). 학생들은 게시물의 실제적인 구성에 참여할 수도 있다. 예를 들어, 초등학교 교사는 학생들에게 동물을 소개하기 위해 좋아하는 동물 사진을 가져오도록 한다. 학생들은 모든 사진을 종합하여 게시판을 만들 수 있다.

게시된 시각자료 사례

① 한 교사의 5학년 학생 3명은 고릴라의 특성에 대한 자신들의 프레젠테이션 개요를 칠판에 적는다. 그리고 각 특성을 설명한 후, 한 학생이 개요의 해당하는 부분에 표시를 해서 학급 학생들이 그 프레젠테이션을 쉽게 따라갈 수 있게 한다.

② 오 교사는 몇 가지 컴퓨터 응용프로그램의 다양한 구성요소 간의 관계를 마커보드에 다양한 색상의 마커를 이용하여 도표로 그린다. 수업 중에 학생들이 이 도표를 참고할 수 있도록 지우지 않고 마커보드에 남겨 둔다. 또한 학생들이 쉽게 참고하도록 보드에 주요 명령어도 적어 둔다.

③ 학생들은 게시판에 안전하게 게시된 화성암, 변성암, 퇴적암의 다양한 유형을 분류한다. 그리고 이동할 수 있는 플랩에 제공된 정답에 비추어 자신들의 반응을 확인한다. 학생들은 수업을 하는 동안 교실 안에서 게시물을 활용할 수 있기 때문에, 모든 유형의 돌을 이해했다고 자신할 수 있을 때까지 스스로 확인하고 재확인할 수 있다.

④ 학생들은 다용도판에 나타낸 높은음자리표를 보고 노래한다. 교사가 샤프와 플랫을 추가할 때, 이러한 특수기호는 학생의 주의를 끌기 위해 다른 색상을 사용해서 그린다. 이 기호는 보드판에서 쉽게 이동할 수 있다.

점검사항

시각자료의 효과성 평가

부록 CD의 매체 미리보기 형식〔장의 정보와 활동(Chapter info and Activities) ≫ 제7장(Chapter 7) ≫ 매체 미리보기 형식(Media Preview Forms)〕에서 시각자료와 OHP 내용에 접속한다.

① 시각자료를 위한 미리보기 형식을 활용하여, 교과서의 한 장(Chapter)을 점검하고, 그 장에 포함된 시각자료를 평가한다. 그 장에 있는 시각자료를 각 준거(점수척도는 1~5점으로 하면 쉽다)에 따라 점수를 준다. 구체적인 준거점수에 대한 예와 비예로서 제공된 사진에 대한 의견을 포함한다. 만약 가능하다면, 평가한 장의 시각자료 질을 높이기 위해 저자에게 어떤 제안을 하겠는가?

② 여러분이 참여한 수업이나 구두 프레젠테이션이 진행되는 동안, OHP 자료에 대한 미리보기 형식을 활용한다. 프레젠테이션을 하는 동안 미리보기 형식 준거로 제시된 시각적 투시자료의 질을 평가한다. 그 프레젠테이션 시각자료의 질을 높이기 위해 발표자에게 어떤 제안을 하겠는가?

게시된 시각자료 활용을 위한 원리

교실에서 가장 폭넓게 사용되는(혹은 잘못 사용되는) 도구가 칠판이다. 몇몇 교실에서 칠판을 먼지가 없는 다용도판으로 교체한다 하더라도, 똑같은 간단한 기법이 두 도구의 효과성을 높일 수 있다.

- 교실의 여러 지점에서 판을 볼 수 있는지 확인한다.
- 사전에 판을 어떻게 사용할 것인지에 대한 계획을 결정한다.
- 모두 대문자로 쓰거나 직접 손으로 쓰지 말고, 대문자와 소문자를 사용하여 출력한다.
- 청중들을 마주본다. 학생들을 뒤에 두고 칠판을 보면서 말하지 않는다.

오디오

교사의 목소리 외에도 교실에서 들을 수 있는 소리(동물 소리, 유명인의 연설, 외국어)는 다양하다. 가장 일반적인 것이 **오디오테이프**(audiotape)다. 오디오테이프는 학생과 교사가 모두 녹음하여 교실에서 공유할 수 있다. 또 다른 교수매체로는 **콤팩트디스크**(compact disc: CD)가 있는데, 두 교수매체는 모두 매우 영구적이다.

실제적인 학습을 위해 학생들의 교수내용을 단계별로 테이프에 녹음할 수 있다. 학생들은 학습의 효율성과 효과성을 위해 교과서나 지침서를 참고하지 않고 학습에 대해 손과 눈이 자유로워야 한다. 오디오테이프는 학생들이 자신의 속도대로 학습할 수 있기 때문에 교사가 교실을 자유롭게 순회하면서 각 학생의 학습에 대해 개별적으로 토론할 수 있다.

학습에 어려움을 느끼는 학생들은 오디오테이프를 활용한 교실 프레젠테이션을 반복하여 들을 수 있다. 이들은 어려운 부분을 필요한 만큼 반복하여 들을 수 있으므로 학생들은 테이프에 녹음된 이야기, 시, 수업을 통해서 자신의 듣기능력을 연습하게 된다. 교사의 지시를 받으면서 학생들이 듣기능력을 연습한 후에, 교사는 테이프를 활용하여 이전에 듣지 않은 내용을 가지고 평가할 수 있다.

▲ 학생들은 오디오 경험을 공유할 수 있다.

오디오 사례

① 한국중학교 2학년 학생들은 자기 지역에서 구전되는 역사를 수집하기 위해 카세트테이프 녹음기를 사용한다. 이 프로젝트는 모든 2학년 사회 교사들과 학생들이 함께하는 협동적인 작업이다. 교사들은 교통, 행정, 상업, 산업, 여가와 같은 지역의 역사에서 핵심적인 측면을 한 가지씩 선택한다. 학생들은 자신의 학급에 배정된 영역에서 중요한 주제를 결정하는 데 많은 시간을 보낸 후, 면담 대상자에게 질문할 일련의 질문을 함께 개발한다. 학생들은 테이프 녹음기를 사용하여 지역인사들을 면담한다. 어떤 시민은 직접 학교로 찾아오고, 또 어떤 시민은 학생들이 방문한다. 학생들은 개별 녹음을 하나의 테이프로 편집하여 지역 역사의 중요한 측면을 강조한다. 최종본은 지역 집단과 조직에서 활용할 수 있다.

② 고등학교 학생들이 오디오테이프를 활용하여 스페인어 대화를 배우고 연습한다. 학생들은 테이프로 녹음하고 듣는 것을 좋아한다. 학생들은 이 기법을 활용하여 스페인어 회화를 학습한다.

③ 시각장애가 있는 학생들은 문학 수업에서 논의한 소설을 녹음하여 듣는다. 다른 학생들도 테이프 듣기를 선택한다. 학생이 소설을 읽거나 혹은 테이프를 통해 듣는다. 모든 학생은 자신들의 해석을 공유한다.

오디오 활용을 위한 원리

공교육에서는 읽기와 쓰기에 많은 관심을 갖는 반면, 말하기에는 적은 관심이, 듣기에는 거의 관심이 없다. 모든 기능이 그렇듯 오디오를 통한 듣기와 학습도 연습을 통해 향상될 수 있다.

- 사용 전에 오디오 자료에 대한 단서를 제공한다.
- 참석한 모든 학생이 들을 수 있고, 다른 학생들을 방해하지 않도록 한다.
- 오디오 매체를 통한 학습을 최대화하기 위해 유인물이나 학습지를 활용한다.
- 오디오 수업 후에는 사후활동을 활용한다.

비디오

동영상은 비디오테이프, DVD, 웹사이트에 녹음할 수 있다. 이 모든 형식은 소리와 함께 동영상을 저장하고 보여 주는 방식을 제공한다. 형식에 따라 비용, 편리성, 융통성에 상당한 차이가 있다.

비디오(Video)는 텔레비전과 같은 화면에 녹화된 사진을 보여 주는 것이다. 사진을 보여 주기 위해 텔레비전 화면이나 모니터를 사용하는 교수매체 형식은 비디오테이프, DVD, 웹 캐스트와 같은 비디오와 관련된다.

VHS 1/2인치 **비디오테이프**(videotape)는 동영상의 상업적인 보급을 위해 사용되며, VHS는 교육 분야에서 비전문가의 비디오 제작을 위해서도 사용된다. 그러나 이것은 새로운 비디오 매체 유형인 DVD에 의해 빠르게 교체되고 있다. 어떤 전문가들은 DVD를 **디지털비디오디스크**(digital video disc)라고 하고, 다른 사람들은 **디지털다기능디스크**(digital versatile disc)라는 용어를 사용하기도 한다. DVD는 움직임을 보여 주기 위한 콤팩트디스크다. 이것

▲ DVD는 학생들이 컴퓨터를 통해 전체 동작 화면을 볼 수 있도록 한다.

점검사항

Microsoft의 *Powerpoint*와 *Producer*

Microsoft의 *Office* 애플리케이션 패키지는 교사와 학생에게 생산성에서 가장 대중적인 소프트웨어 중 하나다. 그 애플리케이션 패키지 중, 가장 일반적인 프로그램이 *PowerPoint*다. 이 애플리케이션 프로그램의 사용을 위한 학습은 다음의 책 제5장에서 활동 수준 1과 수준 2를 마치면 된다.

Newby, T. J.(2004). *Teaching and learning with Microsoft Office and FrontPage: Basic building blocks for computer integration*. Upper Saddle River, NJ: Merrill/Prentice-Hall.

파워포인트 프레젠테이션을 만드는 것에 익숙하다면, 마이크로소프트 웹사이트에 가서 *Producer*라는 프로그램을 검색하여 다운로드 한다. 프로듀서는 파워포인트와 연결하여 작업하기 위해 개발된 무료 비디오 편집기다. 프로듀서 프로그램을 이용하여 컴퓨터 화면에 오디오, 비디오, 파워포인트 슬라이드를 동시에 통합하는 결과물을 만들 수 있다. [그림 7-4]는 프로듀서 소프트웨어 편집 화면의 예이며, [그림 7-5]는 그 결과물 화면이다.

파워포인트에 프로듀서를 추가하는 것에 대한 정보와 무료 다운로드를 위해 마이크로소프트의 웹사이트를 접속하라. http://www.microsoft.com/office/powerpoint/producer/prodinfo/default.mspx. 이 프로그램에 대한 추가적인 목록과 업데이트, 비슷한 소프트웨어에 대해서는 '*Microsoft Producer*' 라는 검색어를 사용하여 검색할 수 있다.

주: 앞에 설명한 활동도 이 책의 CD-ROM에 있다. CD를 준비하고 다음 링크를 클릭한다[장의 정보와 활동(Chapter info and Activities) ≫ 제3장(Chapter 3) ≫ 프레젠테이션 소프트웨어(Presentation software)]. 자료를 읽고 학습한 후 다양한 '연습문제' 를 통해 학습한다.

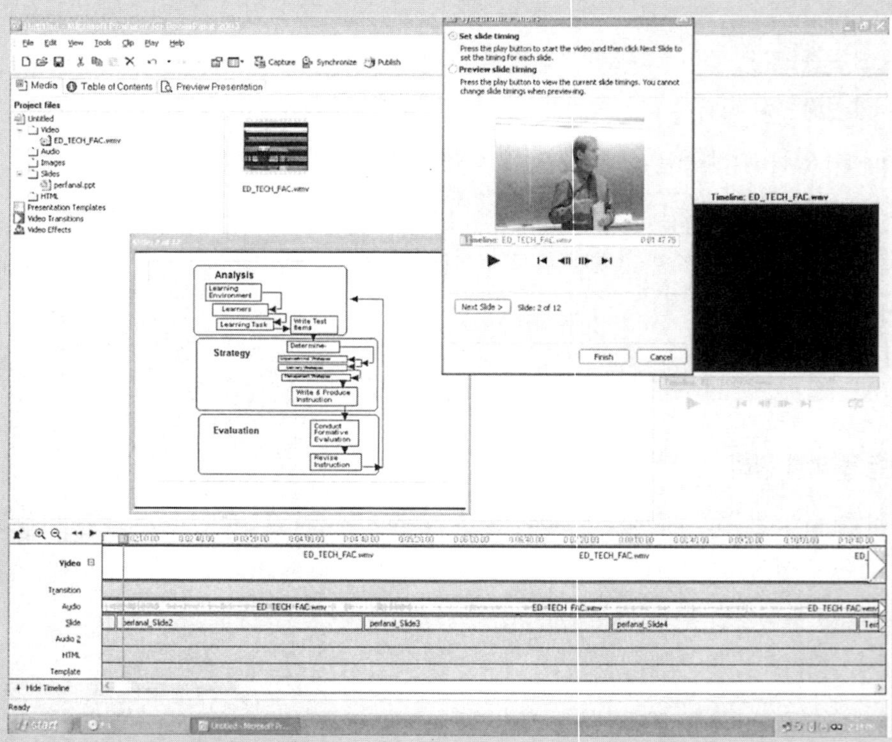

[그림 7-4] Microsoft *producer* 비디오 편집 소프트웨어

점검사항

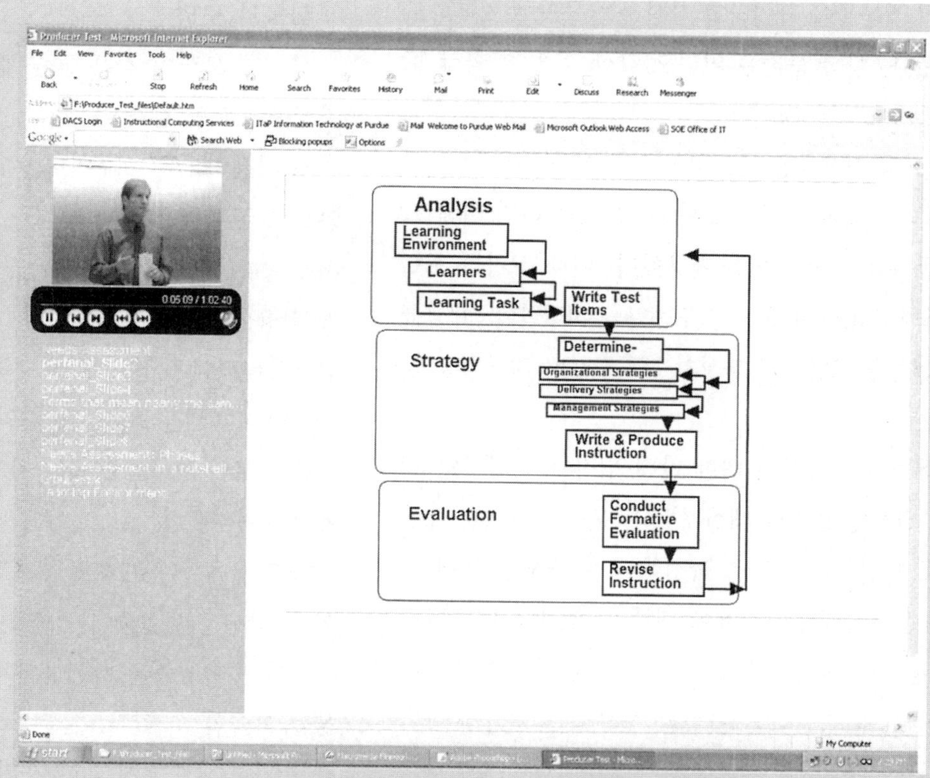

[그림 7-5] Microsoft *producer*를 사용하여 편집된 비디오

은 디지털적이고 광학적인 녹화와 저장을 제공하고, 풀모션(full-motion) 비디오와 CD-ROM과 같은 컴퓨터 자료를 재생한다. 디스크는 오디오 CD나 CD-ROM과 크기가 같다. 현재 사용되는 DVD는 영화 한 편, 약 2시간 정도의 자료를 저장하기에 충분하다. 어떤 DVD는 약 4시간에 해당하는 자료를 저장할 수도 있다. CD와 CD-ROM처럼 DVD도 무선적 접근이 가능하고 영구성이 높다. 녹화 가능한 DVD도 활용할 수 있다. CD가 음악을 위한 것처럼 녹화 가능한 DVD는 비디오를 위한 잠재력을 가지고 있다.

비디오테이프와 DVD는 모두 자료를 빠르게 앞뒤로 검색할 수 있다. 비디오 형식, 특히 DVD는 프로그램의 특정 부분을 찾아 표시하는 검색 능력이 있다. 느린 동작, 정지 화면과 같은 특정 효과도 비디오를 보는 동안 활용할 수 있다. 비디오는 장치를 쉽게 작동할 수 있기 때문에 개별 학생들도 활용할 수 있다.

비디오 사례

① 한국사범대학의 수학방법론 수업에서는 *Good Morning, Miss Tolliver*라는 인기 비디오를 감상한다. 그 비디오는 공영 TV에서 처음 방영했는데, 학생들의 영감과 동기를 불러일으키기 위해 Kay Tolliver와 East Harlem 수학 교사가 수학과 의사소통기술을 어떻게 조합하는가에 대한 매력적인 내용이다. 김 교수는 이 비디오가 다음 학기에 실습을 가게 될 학생들에게 영감을 주고 동기를 유발시키기를 희망한다. 김 교수는 학생들의 비디오 감상을 지시하기 위한 일련의 질문을 만들었고, 비디오 감상 전

에 이 질문들을 확인하고 감상하는 동안에 기록하도록 했다. 이 질문들은 비디오 감상 후에 할 학급 토론의 기초가 될 것이다.

② 체육교육 학생들은 골프 비디오 감상을 통해 골프 전문가의 그립과 스윙을 모방하도록 연습하기 위해 느린 동작과 정지 화면을 활용한다. 이때 코치는 프로 골퍼의 스윙에서 중요한 부분만을 지적한다. 학생들은 스윙을 모방하고 자신의 동료로부터 피드백을 받는다.

③ 학생들은 벌목업에 대한 반대 입장과 미국 북서부 지역 원시림 보호에 대한 환경론자의 비디오를 감상한 후 자신들의 견해를 작성한다. 비디오를 통해 실제 숲을 보는 것과 주제에 대한 두 견해의 대표적인 입장을 보고 듣는 것으로, 이 주제에 대해 학생들이 조사하도록 자극하고 자신의 생각을 보고서에 적도록 자극한다.

비디오 활용을 위한 원리

비디오는 형식과 무관하게 동작, 색상과 소리를 제공한다. 학생들은 집에서 수동적으로 TV를 보는 것에 익숙해져 있다. 따라서 교사들은 학생들이 교실에서 비디오를 적극적으로 관람하도록 준비해야 한다.

- 감상 전에 조명, 좌석, 소리 등을 확인한다.
- 이전에 배웠던 내용을 검토하고 새로운 질문을 함으로써 학생들을 준비시킨다.
- 토론을 위해 적절한 지점에서 비디오를 중지한다.
- 칠판이나 OHP에 주요사항을 기록함으로써 내용을 강조한다.

교육용 비디오(VHS, DVD, 인터넷)가 있는 위치를 확인한다. 학교의 매체센터나 인터넷을 확인한다. 비디오가 학생들의 학습에 얼마나 효과적인가? 무엇을 잘 하는가? 얼마나 향상되는가? 오디오는 학습에 얼마나 기여하는가?

실물과 모형

실물과 모형이 간혹 교수매체로 고려되지는 않지만, 학생에게 모든 감각, 즉 시각, 청각, 후각, 촉각과 미각까지도 사용하도록 요구한다. 이것들은 외부 세상을 교실 안으로 끌어들인다. 동전, 도구, 식물, 동물과 같은 **실물**(real objects)은 학생들의 학습을 촉진하기 위해 가장 쉽게 활용할 수 있는 자원이다. **모형**(models)은 실물에 대한 3차원적인 표상으로, 교수목적을 위해 자세하게 또는 단순화하여 만들 수 있다. 거의 모든 모형은 교사가 제공하는 것부터 회사나 장난감 가게에서 제공하는 것까지 활용 가능하다.

때로 실물이나 모형을 가지고 새로운 주제를 소개할 수 있다. 학생들은 실물이나 모형을 보고 만질 수 있다. 초등학생과 중학생들은 자신들의 환경과 외국문화로부터 사물을 학습할 수 있다. 실물과 모형은 학생들에게 관련성을 추가하여 주제에 대한 흥미와 열정이 일어나게 한다. 만약 실물을 교실에 가져올 수 없다면, 학생들에게 현장학습을 하도록 할 수 있다. 이러한 자료의 또 다른 효과적인 활용은 학생들이 사물을 분류하고, 그 기능을 설명하며, 그것의 구성요소를 확인하는 것과 같은 평가에 활용하는 것이다.

실물과 모형 사례

① 고등학교 직업기술 프로그램 교사인 김 교사는 자동차 기화기가 어떻게 작동하는지에 대해 시범을 보여 주어 학생들이 그것을 조절하고 수리할 수 있게 하였다. 그녀는 수업을 시작할 때 학생들의 흥미를 유발시키기 위해 다양한 기화기를 교실로 가져왔다. 학생들은 수업 시작 전에 기화기를 만져 본 후 한쪽에 두었다. 김 교사는 기화기의 내부기관들이 작동하는 것을 보여 주기 위해 실제보다 큰 기화기를 사용한다. 기화기의 어떤 부분은 투명비닐로 만들어졌고, 쉽게 확인할 수 있게 다양한 색상이 사용되었다.

▲ 실물과 모형은 실제 세계를 교실 안으로 끌어 온다.

학생들은 실제 기화기를 확인하고 조작해 보았기 때문에 기화기가 얼마나 크고 무엇을 닮았는지를 알게 된다. 확대된 모형은 각 부분의 기능을 설명할 때 모든 학생들이 다양한 부분을 볼 수 있게 해 준다.

② 초등학교 학생들이 물의 순환을 관찰하기 위해 유리온실을 만들었다. 모든 학생은 유리온실 속에 식물과 동물을 배치할 때 흥미로워했다. 학생들은 유리온실을 완성하기 위해 교사의 지도 아래 팀을 이루어 함께 작업했다.

③ 다문화 과정 학생들은 다른 문화의 생생하고 다양한 인공물(도구, 접시 등의 실물이나 복사물)의 영향에 대해 토론한다. 그리고 박물관을 방문한다. 인공물들은 모든 학생의 흥미와 주의를 끈다. 실물과 모형은 문화를 '되살아나게' 한다.

실물과 모형 활용을 위한 원리

환경 속에는 셀 수 없이 많은 사물이 있고, 교사와 학생들은 학습을 위해 나뭇잎, 천체, 인형, 모조품(교육적인 용도를 위해 설계된 대상), 도구 등을 사용할 수 있다. 그러나 실물과 모형은 이것들이 적절하게 사용될 때만 효과적이다.

- 실물, 모형에 스스로 정통해야 한다.
- 실물은 볼 수 있도록 충분히 크게 만든다.
- 모형으로 표현할 때는 실물의 실제 크기, 모양, 색상을 알려 준다.
- 교실 주변에 실물만을 두지 않는다. 이는 혼란을 야기할 수 있고, 교사가 수업에 활용하려 할 때 학생들이 이것을 가지고 장난칠 수 있기 때문이다.

멀티미디어

멀티미디어(multimedia)는 비디오, 그래픽, 오디오, 텍스트, 실물과 모형을 포함하는 다양한 교수매체 유형의 복합체다([그림 7-6] 참조). 이러한 교수매체들은 멀티미디어로서 함께 사용하거나 개별적으로 사용할 수 있다. 멀티미디어는 때로 컴퓨터에 의해 조절된다. 학생 입력에 대한 즉각적인 반응, 많은 용량의 정보 저장과 조작, 다양한 개별 학생에게 동시에 서비스하는 개별화된 능력을 가진 컴퓨터는 수업에서 다양하게 활용된다. 컴퓨터는 키보드와 마우스를 통해 들어온 학생의 반응을 저장 · 분석 ·

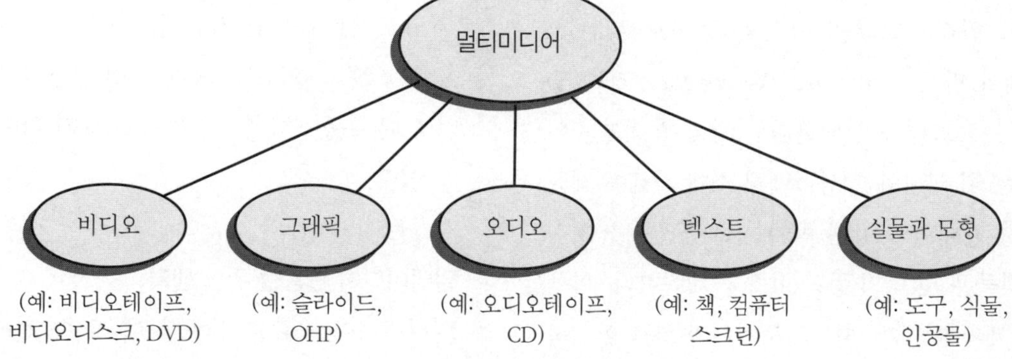

[그림 7-6] 멀티미디어는 다양한 매체 유형의 조합이다.

반응한다. 어떤 화면 스크린은 학생의 손가락 터치에 반응한다. **컴퓨터 소프트웨어**(computer software)는 컴퓨터가 무엇을 해야 하는지를 알려 주는 프로그램이나 명령을 포함한다. 멀티미디어는 일반적으로 교수용 소프트웨어를 활용한 컴퓨터를 통해 비디오, 그래픽, 오디오, 텍스트를 전달하는 것이다.

▲ 멀티미디어를 활용할 때 학생들은 다양한 자원을 통해 학습한다.

멀티미디어 사례

① 스페인어 회화 수업에서 학생들이 멀티미디어 시스템 앞에 앉아 있다고 상상해 보자. 멀티미디어 시스템은 전형적인 컴퓨터 시스템과 매우 비슷해 보이는데, 몇 가지 추가적인 장비가 장치되었다. 학생들은 컴퓨터 화면에 나타나는 지시문을 읽고 마우스를 클릭하여 수업을 시작한다. 수업은 2명의 스페인 사람이 하는 대화를 보여 주는 비디오로 시작한다. 비디오는 스페인 지역에서 촬영되었기 때문에 스페인 사람들의 대화를 보고 듣게 할 뿐만 아니라 문화적 배경까지도 제공한다. 학생들은 수업이 진행되는 동안 CD-ROM에 저장된 스페인어 사전을 사용할 수 있는데, CD-ROM은 각 단어의 정의와 의미뿐만 아니라 실제 발음까지도 제공한다. 컴퓨터는 학생들이 이 모든 정보에 접속할 수 있게 하고 이들의 진행에 대해 주기적인 확인 질문과 피드백을 제공한다. 이는 상호작용적인 멀티미디어의 한 가지 사례일 뿐이다.

② 이 교사는 중학교 2학년 사회과목 수업에서 폭력, 자유 발언, 검열제도와 TV 산업에 대한 TV 편성을 보여 주고 있다. 그녀는 편성의 핵심으로 Tom Snydler에서 만든 *Rainforest Researchers*라는 멀티미디어 프로그램을 선택한다([그림 7-7] 참조). 이 프로그램은 이 교사와 학생들에게 소개 자료를 제공한다. 교사 안내서와 학생 책자는 교수활동을 지시한다. 학생들은 몇 학기 동안 학습을 계속한다. 학생들은 생태계가 어떻게 변하고 무엇이 변화를 야기하는지에 대해 생각한다. 이 교사는 개별 학습지와 팀워크를 통해 학생들에게 접근한다.

③ 안 교사의 중학교 수학교과 수강생들은 다양한 수학적 기능과 연습 기능을 개발하기 위한 컴퓨터 시뮬레이션인 *Hot Dog Stand*를 사용한다. 시뮬레이션은 다양한 유형의 음악회가 유행하는 동안 *Hot Dog Stand*를 관리하여 가능한 많은 돈을 벌기 위해 계산 기능을 토대로 한 판단뿐만 아니라 계획과 기록의 보존을 필요로 한다. 무작위적인 변인 생성은 동일한 학생들이 그 프로그램을 반복하여 사용할 수 있게 한다. 참여한 학생들은 다른 학생들이 다양한 활동을 하는 동안 교실 한쪽에 있는 컴퓨터 주변에 모이게 된다. 안 교사는 모든 학생이 다른 학생들의 방해를 받지 않으면서 화면을 보고 상호작용할 수 있도록 확인한다. 학생들은 자료를 저장하고, 스프레드시트에 있는 자료에 접속하여 그래프를 만든다. *Hot Dog Stand*를 통해 어떤 집단의 학생들이 가장 많은 돈을 '벌 수' 있는가를 보기 위한 선의의 경쟁이다.

멀티미디어 활용을 위한 원리

멀티미디어 자료를 활용할 때, 교수 전에 멀티미디어 시스템의 모든 구성요소가 잘 되는지 점검해야 한다. 모

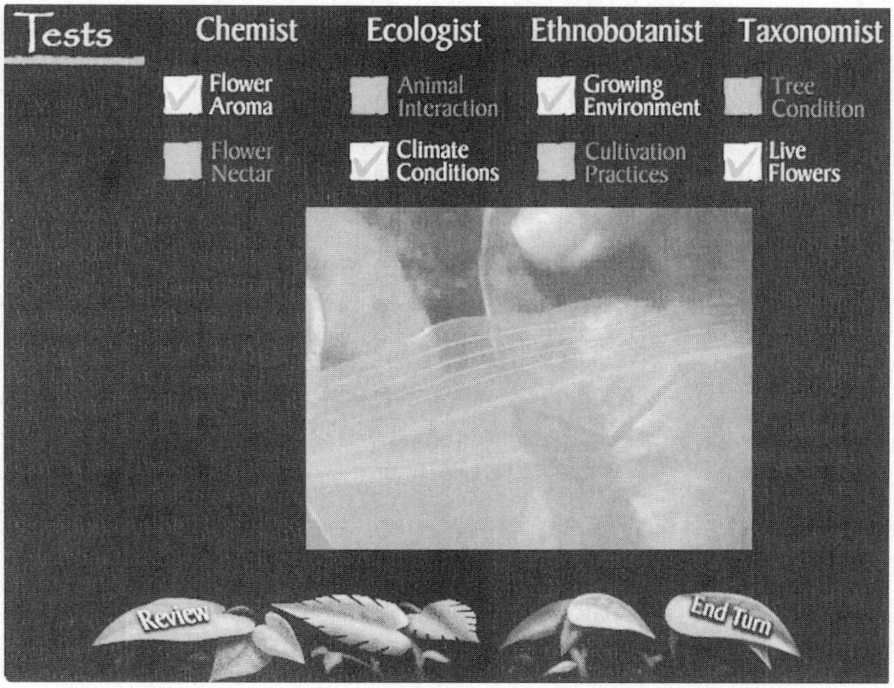

[그림 7-7] *Rainforest Researchers*는 Tom Snydler에서 개발한 교수용 학습경험 멀티미디어다. 학생들은 주제에 대해 더 많은 이해를 얻기 위해 다양한 교수매체와 상호작용한다.

점검사항

교수매체 확인

각 설명 앞에 있는 빈 칸에 설명하고 있는 교수매체의 이름을 써라. 교수매체는 텍스트, 시각자료, 오디오, 비디오, 실물과 모형, 멀티미디어에서 선택한다. 정답은 이 장의 끝에 있다.

_____ 1. 마케팅 수업 학생들은 극적인 음악과 상품의 효과성, 가치에 대한 언어적 설명을 조합함으로써 특정 상품을 사고자 하는 소비자의 동기 수준을 증가시키는 방법을 학습한다.

_____ 2. 학생들은 배의 구조에 대한 그림, 배의 개별 출항에 대한 기록, 구조 작동에 대한 정보, 항해 길이와 난파 잔해물 발견에 대한 비디오를 제공하는 상호작용적인 프로그램을 사용하여 타이타닉 호를 학습한다.

_____ 3. 학생들은 건축 양식에 대한 특성을 나타내기 위해 지방 건물의 사진을 활용한다.

_____ 4. 고등학교 학생들은 1800년대 그들의 선조에 대한 정보를 찾기 위해 법정 속기록에 대한 복사본을 구해 연구한다.

_____ 5. 3학년 언어학 수업 학생들은 창조적인 이야기 쓰기를 위한 영감을 얻기 위해 박물관의 공룡 전시실을 방문한다.

_____ 6. 학생들은 타이완, 독일, 에티오피아, 페루와 미국 어린이들의 전형적인 학교생활에 대한 짧은 장면들을 감상하고 비교한다.

국가교육공학표준과의 연계

NETS와 연계

교사를 위한 국가교육공학표준 중 몇 부분(Ⅰ, Ⅲ, Ⅳ, Ⅴ)의 핵심은 **테크놀로지의 활용을 통해 창의성을 촉진하고 학문적 학습을 촉진**할 수 있도록 하는 것이다. 이 점을 고려하면서 다음을 가정해 보자. 여러분은 중학교 학생들 두 집단에게 지역 동물원이나 공원을 방문한 후 그들이 발견한 흥미 있는 것에 대해 두 쪽 분량의 글을 써 오도록 했다. 한 집단의 학생들에게는 디지털 카메라를 제공하고 보고서에 사진을 함께 제시하는 방법에 대해 지시와 격려를 하였다. 보고서에 포함한 내용과 보고서의 질에 차이가 있는가? 테크놀로지는 학생들에게 창의적인 보고서를 만들기 위한 새로운 방법을 찾게 하고 다른 방식으로 세상을 보게 하는가? 만약 그렇다면, 이는 학문적으로 장점이 되는가? 아니면 오히려 방해가 되는가?

여러분이 이러한 질문을 고려할 때, 본문 내용에 주목하라. 다른 형태의 테크놀로지에도 확장해 보자. 예를 들어, 창의성과 디지털 비디오카메라, 비디오 편집을 위한 소프트웨어, 몇 가지 프레젠테이션 유형 내에서 비디오를 통합하기 위한 프로덕션과 프레젠테이션 소프트웨어의 활용은 어떠한가? 이것은 현장체험의 기본적인 사실에 대한 보고를 넘어서는 거대한 양의 작업이 된다. 이러한 노력을 할 가치가 있는가? 어떤 사례는 그러한 가치가 있고, 어떤 사례는 그러한 가치가 없는가?

▲ 교수에 적합한 교수자료를 선정하는 것은 중요한 과정이다.

든 학생을 위해 인쇄자료와 같은 보조자료를 활용한다. 멀티미디어 시스템은 작동이 어렵기 때문에, 활용을 위해 준비할 때 모든 것이 잘 작동하는지 확인해야 한다.

- 많은 학생을 위해 전시 테크놀로지(컴퓨터 모니터, 프로젝션 시스템)를 활용하는 것이 적합하다. 모든 학생에게 투사된 컴퓨터 이미지를 볼 수 있게 해야 한다.
- 프레젠테이션 전에 모든 소프트웨어를 설치하고 점검한다.
- 가능하면 플로피 디스크보다는 하드 드라이브로 소프트웨어를 작동한다. 컴퓨터 프로그램이 보다 빨리 반응할 것이다.
- 질문을 통해 학생들의 참여를 격려하고 학생들이 다음 단계를 결정하게 한다.

어떤 교수매체를 활용할 것인가

여러분이 결정해야 할 내용은 어떤 교수매체를 사용할 것인가다. 이제는 여섯 가지 교수매체인 텍스트, 시각자료, 오디오, 비디오, 실물과 모형 및 멀티미디어에 대해 익숙해졌다. 활용할 교수매체 유형을 잘 결정하기 위해 각 교수매체의 장점과 한계점을 알아야 한다. 〈표 7-1〉에서는 이 장에서 설명한 각 교수매체의 주요 장점과 한계점을 제시한다. 이러한 장점과 한계점은 특정 수업에서 사용할 교수매체 선택에 대한 기초를 제공한다.

교수방법처럼 [그림 7-8]에서는 다양한 교수매체의 장점에 대한 확인사항을 정리해 놓았고, 이는 특정 수업을 위한 적합한 교수매체의 선택을 촉진할 것이다.

〈표 7-1〉 교수매체의 장점과 한계점

교수매체	장 점	한계점
텍스트	• 활용의 용이성: 인쇄자료는 다양한 주제와 형식에 쉽게 사용할 수 있다. • 융통성: 인쇄자료는 밝은 환경에서도 사용할 수 있다. 이동이 용이하다. 적절하게 설계된 텍스트는 내용을 잘 조직하고 사용자들에게 매우 친숙하다. • 경제성: 텍스트는 많은 학생에게 반복해서 사용할 수 있다.	• 학생의 읽기 수준: 많은 학생이 글을 못 읽거나 익숙하지 못하다. • 기억: 교과서는 고차원적인 사고기술보다는 단순한 기억만을 촉진한다. • 수동성: 텍스트가 협동적인 집단 과정보다는 학생 개별 학습을 촉진하는 것에 만족한다. 교과서는 교육과정을 지원하기보다는 교육과정을 지시하기 위해 사용된다.
시각자료		
인쇄된 시각자료	• 현실적인 형태: 시각자료는 언어적 정보에 대한 표상을 제공한다. • 활용의 용이성: 시각자료는 책, 잡지, 신문, 카탈로그, 달력에 쉽게 사용할 수 있다. • 사용의 용이성: 시각자료는 특별한 장비를 요구하지 않기 때문에 사용하기 쉽다. • 비용이 상대적으로 저렴: 대부분의 시각자료는 비용이 거의 없거나 적은 비용으로 얻을 수 있다.	• 크기: 어떤 시각자료는 대집단에 사용하기에 너무 작거나 확대하기에는 비싸다. 그러나 문서 카메라는 확대한 이미지를 투사할 수 있다. • 2차원: 시각자료는 실물이나 장면을 3차원으로 제시하지 못한다. 그러나 동일한 대상이나 장면을 몇 가지 다른 각도에서 찍은 연속된 시각자료의 제공은 이러한 한계점을 보완할 수 있다. • 움직임 부족: 시각자료는 정적이어서 움직임을 보여 줄 수 없다. 그러나 순서적으로 제시되는 연속된 사진은 움직임을 보완할 수 있다.
투사된 시각자료	• 다용도: OHP는 일반적인 교실 조명에서도 사용할 수 있다. 발표자가 청중을 마주보면서 프로젝터를 교실 앞에서 작동할 수 있다. 모든 프로젝터는 작동이 간단하다. • 교사 통제: 발표자는 투사자료를 조작하고, 중요한 부분을 지적하고 강조하며, 감추어야 할 메시지와 점차적으로 드러내야 할 정보에 대해 컬러 펜을 사용해 자세한 설명을 추가할 수 있다. • 교사 준비: 교사는 프레젠테이션을 위해 적절한 시간을 이용하여 미리 자신의 투사 자료를 쉽게 준비할 수 있다.	• 교사 의존적: OHP 정보가 자동으로 제시되도록 프로그램할 수 없다. OHP 시스템은 독립적인 학습이 가능하지 않다. 프로젝션 시스템은 대집단 프레젠테이션을 위해 설계된다. • 사전 준비 필요: 인쇄자료, 잡지나 그림과 같은 비투사자료를 바로 투사할 수 없고, 먼저 투사자료로 만들어야 한다. 이것은 컬러 복사기를 사용하여 가능하다.
게시된 시각자료	• 다용도: 학생과 교사 모두 다양한 목적을 위해 게시판을 사용할 수 있다. • 다양한 색상: 게시판에 색상을 사용하여 교실이나 복도에 흥미를 갖게 한다. • 참여: 학생들은 게시판 설계와 활용을 통해 이점을 얻을 수 있다.	• 평범함: 교사들은 가끔 게시판에 주의를 주지 않고, 교수장치로서 사용할 가치만 생각한다. 자료를 게시판에 너무 오래 게시하면 효과성을 빨리 잃는다. • 이동 불가능: 대부분의 게시판은 이동이 불가능하다.

오디오		
오디오테이프	• 학생과 교사의 사전준비: 학생과 교사는 자신의 테이프를 쉽고 경제적으로 녹음할 수 있고, 자료가 오래되었거나 더 이상 사용할 수 없을 경우 쉽게 지우고 재사용할 수 있다. • 친밀성: 대부분의 학생과 교사들은 매우 어렸을 때부터 오디오 카세트 리코더를 사용해 왔다. • 언어적 메시지: 글을 읽을 수 없는 학생도 오디오 매체를 통해 학습할 수 있다. 오디오는 영어가 모국어가 아닌 학생에게 기본적인 언어 경험을 제공한다. • 활동성: 오디오 매체는 교사에게 읽기와 듣기에 대한 활기있는 대안적 방법을 제공할 수 있다. 오디오는 텍스트보다는 더 극적인 언어적 메시지를 제시한다. • 이동성: 오디오 카세트 리코더는 이동성이 높고 심지어 배터리를 가지고 '현장(in the field)'에서도 사용할 수 있다. 많은 학생이 자신의 녹음기를 가지고 있기 때문에 카세트 녹음은 가정 학습에 이상적이다.	• 순서 고정: 원하는 부분을 찾기 위해 되감기나 빨리 감기가 가능하기는 하지만, 오디오테이프는 제시 순서가 고정되어 있다. 인쇄자료에서 자료를 찾는 것처럼 오디오 자료의 내용을 찾는 것은 어렵다. • 주의집중 부족: 학생들이 오디오테이프를 듣는 동안 주의를 집중하지 못한다. 메시지를 듣기는 하지만, 그것을 이해하지는 못한다. • 속도: 적당한 속도로 정보를 제시하는 것이 학생들의 기능과 배경 경험이 다양하기 때문에 어렵다. • 부주의에 따른 삭제: 오디오테이프가 더 이상 필요하지 않을 때 빠르고 쉽게 지울 수 있는 것처럼, 자료를 보관해야 할 때도 사고로 지워질 수 있다.
CD	• 위치 선택: 학생과 교사는 CD에서 원하는 위치를 쉽게 선택할 수 있고, 자신이 원하는 순서로 진행할 수 있다. 학생들에 의해 정보가 선택적으로 인출되거나 교사에 의해 선택적으로 프로그램화된다. • 손상 보호: 긁힘에 의한 흠이나 테이프 엉킴이나 손상이 없다. 얼룩은 물로 씻으면 되고 일상적인 흠집은 작동에 영향을 주지 않는다.	• 비용: CD 플레이어의 가격이 교육 분야에서의 활용에 제한이 된다. • 녹음 능력 제한: 카세트를 만드는 것처럼 학생과 교사가 싸면서도 쉽게 CD를 만들 수가 없다.
비디오		
비디오테이프	• 동작: 동영상은 동작이 기본이 되는 절차를 효과적으로 묘사할 수 있다. 과학 실험처럼 순서적인 움직임에 대한 작동은 비디오를 통해 보다 효과적으로 보여 줄 수 있어서 중요하다. • 실제 세계 경험: 비디오는 학생들이 직접적으로 관찰하기에 위험한 현상(일식, 화산 분화, 전쟁)을 관찰하게 한다. • 반복성: 반복적인 관찰과 연습을 요구하는 신체적 기술의 숙달에 효과적이다. 비디오는 경쟁을 위한 수행의 반복적인 관람이 가능하다.	• 속도 고정: 비디오테이프 프로그램은 고정된 속도로 작동한다. 어떤 관람자는 뒤처지는 반면, 다른 사람들은 다음 장면을 참지 못하고 기다리게 된다. • 일정: 교사들이 자신의 계획대로 비디오를 사용하기 위해서는 사전에 주문을 해야 한다. 사용하기 위해 필요한 장비도 준비되어야 한다. 세부 계획의 복잡성이 사용에 방해가 되기도 한다.
DVD	• 저장 용량: 각 디스크는 풀 모션 비디오를 2~8시간 저장할 수 있다. • 높은 질의 오디오: CD와 비교하여 오디오가 고성능이다. • 디지털 형식: DVD가 디지털 매체이기 때문에 컴퓨터에서 바로 구현할 수 있다.	• 자료 제한: 교육용으로 활용할 수 있는 자료가 제한되어 있다. • 활용 가능한 플레이어 제한: 많은 학교가 DVD 플레이어나 플레이어가 장착된 컴퓨터를 거의 가지고 있지 못하다.

실물과 모형	• 추상성이 낮고 구체적: 실물과 모형은 직접적인 학습경험을 제공하고 실제 세계에의 적용을 강조한다. • 활용 용이성: 자료를 학교나 집 같은 환경에서도 쉽게 활용할 수 있다. • 학생 주의집중: 학생들은 실물과 모형 모두에 긍정적으로 반응한다.	• 보존: 대상이 큰 경우 특별한 문제를 야기한다. 식물이나 동물 같은 생명체에 대한 보호는 많은 시간이 걸린다. • 손상 가능성: 자료가 복잡하고 깨지기 쉽다. 일부분이 없어지거나 깨질 수 있다.
멀티미디어	• 학습과 기억에 효과적: 상호작용적인 멀티미디어는 다양한 학습양식과 학생의 적극적인 참여를 제공한다. • 다양한 학습양식과 선호도 설명: 다양한 학습양식의 통합은 개별 학생을 위한 교수기회를 제공한다. 예를 들어, 읽기능력이 낮은 학생에게는 언어적 정보의 진행을 위해 청각적 기술과 시각적 기술을 사용할 수 있다. • 현실성: 상호작용적인 멀티미디어는 높은 수준의 현실성을 제공한다. Luther King 연설에 대한 단순한 읽기자료 대신에, 학생들은 그가 원래 연설했던 것을 실제로 보고 들을 수 있다. • 다양한 학습 영역에 효과적: 상호작용적인 멀티미디어 수업은 모든 학습 영역에서 효과적이다. 멀티미디어는 CPR 기법 학습과 같은 심동적 훈련, 문제해결과 고차원적 사고기능을 위한 기회를 제공하는 모의 상황 제시, 심지어는 학습에 대한 정서적인 요소를 설명하기 위해 사용할 수 있다. • 동기유발: 학생들은 상호작용적인 멀티미디어에 대해 일관되게 긍정적인 태도를 보인다. MTV-conscious youth에 따르면, 멀티미디어 수업은 정보 혁명 탐험에 대한 자연적인 방법을 나타낸다. • 상호작용성: 컴퓨터의 중심 요소는 사용자와의 상호작용이다. 컴퓨터는 정보를 나타내고, 학생의 반응을 유도하고, 그 반응을 평가한다. • 개별화: 컴퓨터의 부가적인 능력은 수업을 학생에게 맞출 수 있다는 것이다. 컴퓨터는 즉각적인 피드백을 제공하고 학생의 수행을 확인한다. • 일관성: 개별화는 다양한 학생에 맞는 다양한 수업경로를 만든다. 그러나 이는 특정 주제를 모든 학생에게 같은 방식으로 다루는 것을 보장하는 것만큼 중요하다. • 학생 통제: 컴퓨터는 사용자에게 수업의 속도와 순서에 대한 통제권을 줄 수 있다. 학습 속도가 빠른 학생은 프로그램을 통해서 빠르게 진행하는 반면, 속도가 느린 학생은 그들이 필요로 하는 만큼 더 많은 시간을 사용할 수 있다.	• 장비 요구: 멀티미디어를 위해 장비가 요구되는 것이 장애요소가 될 수 있다. 기본적인 시스템은 컴퓨터와 그 구성요소와 관련된 것인 반면, 보다 복잡한 시스템은 외부에 장치하는 DVD 플레이어, CD-ROM 플레이어, 오디오 스피커 등이다. 이것들을 설치하고 유지하기가 어렵다. • 초기 비용: 초기 비용이 많이 소요된다. 컴퓨터 자체만으로도 비싸고 다른 요소와 소프트웨어의 추가는 훨씬 많은 비용을 요구한다. • 복잡성과 표준화 결여: 상호작용적인 멀티미디어 시스템은 매우 복잡하다. 때로 개별적인 구성요소를 함께 조합하여 작동하는 것만으로도 도전적인 일이기 때문에 초보자들에게는 희망적이지 않다. 이는 사실 매우 복잡하고 오늘날 멀티미디어의 많은 측면에서 표준화된 것이 거의 없다. • 호환성: 다양한 개인용 컴퓨터 제품 간에 호환성 결여는 멀티미디어 확산에 제한이 된다. 개발자가 모든 컴퓨터 유형에 작동하는 하나의 패키지를 항상 만들 수는 없다. • 능력 제한: 대부분의 컴퓨터 소프트웨어는 학생과 진지하게 상호작용하는 능력이 제한되어 있고, 가끔 단순한 선다형이나 진위형 질문에만 의존한다.

점검사항

교수매체 선정

다음의 세 가지 시나리오를 검토해 보자. 각 상황에 가장 적합한 교수매체는 어떤 것인지 결정해 보자. 그리고 다음 질문에 대답해 보자. 그러한 선정을 한 이유는 무엇인가? 여러분의 선정이 가지는 잠정적인 문제점을 확인하였는가? 만약 그렇다면, 그 문제는 무엇인가? 다른 어떤 교수매체를 선정해야 하는가? 어떤 조건하에서 그러한 대안적 교수매체로 전환할 수 있는가?

- 시나리오 A: 6학년 콘서트 밴드 교사인 심 교사는 학생들이 음악 기호인 샤프(sharps), 플랫(flats), 간음(natural notes)을 잘 구별할 필요가 있다고 결정했다. 그 밴드에는 현재 56명의 학생이 있고, 수업은 약 125 좌석 이상이 되는 교실에서 할 것이다.
- 시나리오 B: 고급 생존 훈련 과정 교사는 6명의 참가자에게 미국 남서부에서 발견된 먹을 수 있는 사막 식물과 먹을 수 없는 사막 식물을 인식하는 방법에 대해 가르치려고 한다. 이 과정이 사막에서 살아남기 위한 훈련과 관련된 것이기는 하지만, 오하이오의 작은 대학에서 진행될 것이다.
- 시나리오 C: 박 교사와 25명의 학생들은 성찰적 사고기술을 개발하는 단원을 공부하고 있다. 내용의 한 부분은 잘 정의되지 않은 문제를 해결하기 위해 사용되는 방법들을 강조하고, 박 교사는 학생들이 공부할 때 서로 다른 기법을 활용하여 연습할 수 있는 기회를 주기로 결정했다.

앞의 시나리오에서 교수매체 선정에 학생, 교수목표, 학습환경과 같은 요인이 어떻게 영향을 주는지에 대해 이해하도록 하기 위해, 다음 측면이 달라짐에 따라 여러분의 선택이 어떻게 변화하는지를 고려해 보자.

- 시나리오 A: 심 교사는 밴드 지휘자가 아니라, 플루트 개인 교사다. 그는 개인 수업을 위해 하루 중 아무 때나 찾아오는 나이가 서로 다른 12명의 학생을 가르친다. 그의 목표는 학생들이 샤프, 플랫, 간음을 구별할 수 있는 능력을 향상시키는 것이다.
- 시나리오 B: 생존 수업은 큰 사막에서 몇 분 떨어지지 않은 라스베이거스의 네바다 대학교에서 진행된다.
- 시나리오 C: 박 교사는 수업의 초점을 문제해결법을 적용하는 능력에서 그러한 기법을 단순히 이해하는 것으로 변경했다.

점검사항

노 교사의 수업지도안

① 교사용 자료 B를 참조하라. 이 교사용 자료는 노 교사가 6학년 사회과목 수업을 위해 개발한 수업지도안을 설명하고 있다.

② 이 장의 테크놀로지 코디네이터 코너를 다시 참조하라.

③ 만약 중학교 3학년 멀티미디어 개발자인 철수와 영희가 노 교사의 수업지도안 검토를 요청받았다면, 그의 지도안에서 테크놀로지 사용과 관련하여 어떤 유형의 변화를 제안할 것이라 생각하는가? 어떤 부분에 동의할 것이라 생각하는가? 이들이 테크놀로지 사용에 대해 어떤 유형의 제안을 할 것이라 생각하는가? 그들의 제안이 적합하다고 생각하는가?

테크놀로지 코디네이터 코너

두 명의 학생이 안 교사를 기다리고 있다. 철수와 영희는 모두 중학교 3학년이고, 그들은 안 교사에게 자신들이 지형학 프로젝트를 함께하고 있다고 설명했다. 그들의 과제는 아프리카와 관련된 주제에 대한 몇 가지 연구를 완성하여 그것을 학급에 발표하는 것이다. 대부분의 학생들은 자신들의 보고서를 말로 읽음으로써 프레젠테이션을 하려고 계획 중이다. 영희는 다른 팀의 구어적 프레젠테이션을 앉아서 듣는 것이 매우 힘들다고 설명했다. 그들은 자신들의 프로젝트를 발표하기 위한 보다 흥미 있고 즐거운 다른 방법을 찾고 싶었다.

안 교사는 이들에게 프레젠테이션을 위해 몇 가지 유형의 멀티미디어를 활용하는 것에 대한 생각을 물었다. 예를 들어, '세렌게티의 동물과 식물'이라는 주제에 대해서는 모든 종류의 사물을 사용할 수 있다. 그들은 *Windows Movie Maker*나 *Apple iMovie*를 사용하여 자신들의 주제에 대한 간단한 영화를 만들 수 있다. 그들은 책에 있는 사진, 인터넷에 있는 비디오, 세렌게티에서 사는 야생동물에 대해 가까운 동물원에서 찍은 비디오까지도 통합할 수 있다. 소프트웨어를 활용하여 사진 클립을 조합하고, 제목, 장면 전환, 내레이션을 추가하고 배경으로 아프리카 전통음악을 추가한다. 몇 가지 추가적인 작업이 있기는 하지만 안 교사는 그들에게 그럴 만한 가치가 있다는 것을 약속했다. 그들은 프로그램 내용에 대한 연구뿐만 아니라 성공적인 교수용 프로그램을 설계하기 위해 무엇을 해야 하며, 정보를 어떤 순서로 제시하며, 내레이션을 어떻게 작성해야 하는지와 같은 것들을 학습할 필요가 있다. 또한, 그들은 비디오를 촬영하는 것과 편집 소프트웨어를 사용하는 방법을 학습하게 된다. 그는 학생들과 만날 때 그들의 진행 상황을 점검하고 사용하는 소프트웨어와 테크놀로지를 그들에게 보여 주기 위해 학생들이 꼭 해야 할 것과 프로젝트 계획을 개괄하는 것에 대한 일정을 제안하였다. 비록, 이것을 처음에는 간과했지만, 철수와 영희도 곧 성공적인 프로젝트가 진행되고 있다는 것을 알았다.

오래지 않아, 자신들이 참여한 프로젝트에 어떤 유형의 멀티미디어를 선택해야 하는지를 도와달라는 요청이 다른 학생들에게서 왔다. 많은 사례를 통해, 철수와 영희는 자신들이 다른 프로젝트를 위한 안내와 도움을 제공하는 컨설턴트의 역할을 하고 있다는 것을 알게 되었다.

어떠한 교수매체를 선택해야 하는가?

교수를 계획할 때, 주제를 향상시킬 수 있는 교수매체를 선택하는 것이 중요하다. 교수매체 선정 체크리스트는 이러한 과정에 도움이 될 것이다.

각 교수매체 유형은 일련의 장점(예: 움직임, 현실성)과 일련의 교육적 한계점(예: 교실 크기, 집단 크기)을 가지고 있다. 이러한 자세한 설명이 다음 표의 첫 번째 칸에 제시되었다. 각각의 설명 옆으로 7개의 칸이 있다. 여러분의 교육적 요구나 상황을 가장 잘 설명하는 여백에 '√' 표시하라.

예를 들어,

만약 프레젠테이션을 하는 동안 핵심단어를 그리거나 쓰는 것이 중요하다면, 표의 7번 항목으로 가서 여백의 오른쪽 세 번째 칸에 '√' 표시한다. 교육적 상황이나 요구를 가장 잘 설명하는 각 요구조건이나 항목에 대해 이러한 과정을 계속한다. 전체 내용을 다 점검한 후에, 어떤 칸에 '√' 표시가 가장 많은지를 알아보고 '√' 표시가 가장 많은 교수매체를 선택한다.

'√' 표시가 가장 많은 것	교수매체 유형 선정
T	텍스트(유인물, 책, 컴퓨터 화면)
V-Print	인쇄된 시각자료(그래픽, 사진, 차트, 도표)
V-Prj	투사된 시각자료(OHP 투사 자료, 파워포인트 형식 슬라이드)
A	오디오(테이프, CD)
Vid	비디오(DVD, 테이프, TV)
RO	실물과 모형
MM/CS	멀티미디어와 다른 컴퓨터 소프트웨어

여백에 '√' 표시 수가 하나 이상 나올 수도 있다. 이러한 경우 어떤 교수매체가 가장 적합한지 선택하거나 또는 프레젠테이션에서 다양한 교수매체 유형의 활용을 고려할 필요가 있다.

교수매체 선정 체크리스트

다음의 교수매체를 통해 학습이 향상된다	T	V-Print	V-Prj	A	Vid	RO	MM/CS
1. 학생이 실제 대상을 보거나 만질 수 있다.							
2. 교실에서 수업자료를 받을 수 있다.							
3. 수업 후 참고자료, 안내서, 작업 안내서로 사용할 수 있다.							
4. 여러 참가자가 동시에 반응할 수 있다.							
5. 쉽게 지우고 변경할 수 있다.							
6. 최소한의 경비를 필요로 한다.							
7. 수업 중 핵심 단어를 그리거나 쓰는 것이 가능하다.							
8. 소집단(25명 이하)에 적합하다.							
9. 준비하기 쉬운 시각자료를 사용한다.							
10. 시각자료의 사전준비가 가능하다.							
11. 단어 단서나 수업 개요를 제시한다.							
12. 휴대가 가능하다.							
13. 상업적으로 준비된 시각자료를 제공한다.							
14. 자료의 순서를 쉽게 바꿀 수 있다.							
15. 사용자가 속도를 조절하고 프레젠테이션의 일정 부분을 다시 진행할 수 있다.							
16. 영어 읽기나 이해에 어려움이 있는 학생에게 적합하다.							
17. 정확한 소리를 재생한다.							
18. 교사나 학생이 쉽게 사용한다.							
19. 고화질, 실제적인 이미지를 제시한다.							
20. 교사가 독립적으로 사용할 수 있다.							
21. 순차적인 동작을 포함한 움직임을 보여 준다.							
22. 위험한 진행 과정의 관찰, 실제 세계의 재연이 가능하다.							
23. 발견학습 환경을 제공한다.							
24. 집단 토론을 유도하는 문제해결 상황을 제시한다.							
25. 개인적 태도와 사회적 태도를 형성한다.							

[그림 7-8] 교수매체 선정 체크리스트

요 약

이 장에서 여러분은 학생, 교수목표, 학습환경, 교수활동에 부합되는 교수매체를 선정함으로써 교수계획을 완성하는 것에 대해 학습했다. 우리는 다양한 교수매체의 장점과 한계점을 살펴보았고, 교수매체 선택을 위한 체크리스트도 소개하였다.

추천 자료

CD 자료

학습내용의 기억과 전이를 돕기 위해, 이 책에 동봉된 CD 안에 있는 제7장의 성찰적 사고를 위한 질문 및 활동을 읽어 보라 〔장에 대한 정보와 활동(Chapter info and Activities) ≫ 제7장(Chapter 7) ≫ 성찰적 사고를 위한 질문 및 활동(Reflective Questions and Activities)〕.

또한, 이 장의 CD 안에는 매체 미리보기 형식, 파워포인트 슬라이드 개발을 위한 지도서(tutorials), 관련 인터넷 웹사이트, 국가교육공학표준과의 연계 연습문제, 이 책 저자들의 이메일 주소에 대한 정보가 수록되어 있다.

웹사이트 자료

이 책의 웹사이트(www.prenhall.com/newby)에 접속하여 제7장과 관련된 학생의 질문과 저자들의 답변을 실은 질의응답 코너를 읽어 보라. 질문이 있으면 저자들에게 직접 보내도 좋다. 이 장에 관한 저자들의 프레젠테이션도 볼 수 있으므로, 이 장의 내용에 관한 저자들의 견해도 살펴보라.

인쇄 자료

Fleming, M., & Levis, W. H. (Eds.) (1993). *Instructional message design: Principles from the behavioral and cognitive sciences* (2nd ed.). Englewood Cliffs, NJ: Educational Technology.

Forcier, R. C., & Descy, D. E. (2005). *The computer as an educational tool: Productivity and problem solving* (4th ed.). Upper Saddle River, NJ: Merrill/Prentice Hall.

Kearny, L. (1996). *Graphics for presenters: Getting your ideas across*. Menlo Park, CA: Crisp.

Lever-Duffy, Judy, McDonald, Jean B., & Mizell, AI. P. (2005). *Teaching and learning with technology* (2nd ed.). Boston: Allyn & Bacon.

Moore, D. M., & Dwyer, F. M. (Eds.) (1994). *Visual literacy: A spectrum of visual learning*. Englewood Cliffs, NJ: Educational Technology.

Robyler, M. D., & Edwards, J. (2000). *Integrating educational technology into teaching* (2nd ed.). Upper Saddle River, NJ: Prentice Hall.

Seamon, Mary Ploski, & Levitt, Eric J. (2003). *Digital cameras in the classroom*. Worthington, OH: Linworth.

Smaldino, S. E., Russell, J. D., Heinich, R., & Molenda, M. (2005). *Instructional technologies and media for learning* (8th ed.). Upper Saddle River, NJ: Pearson.

Volker, R., & Simonson, M. (1995). *Technology for teachers*. Dubuque, IA: Kendall/Hunt.

전자 자료

http://online.fsu.edu/learningresources/handbook/instructionatfsu/

Instructional media: Chalkboards to videos(제9장). (2004). 2004년 9월 27일 검색, 플로리다 주립대학교, Office for Distributed & Distance Learning website.

점검사항 정답: 매체 확인

1. 오디오
2. 멀티미디어
3. 그래픽
4. 텍스트
5. 실물과 모형
6. 비디오

제8장

공학과 교수자료 선택, 적용, 창출

핵심어와 개념

교수자료
형성평가
저작권
공개 저작물
공정이용

학습목표

이 장은 다음 사항을 목표로 한다.

- 교수방법, 교수매체, 교수자료의 개념을 구별할 수 있다.
- 특정 수업에 가장 적절한 교수자료를 선택할 수 있다.
- 현재 가지고 있는 교수자료의 정보원을 구별할 수 있다.
- 특정 수업을 위한 교수자료를 선택 · 수정 · 설계할 수 있다.
- 배우고자 하는 컴퓨터 소프트웨어의 절차를 개괄할 수 있다.
- 현행 저작권을 위반하지 않고 교수자료를 획득할 수 있다.

머리말

여러분이 고등학교 연극반의 의상담당자라고 가정해 보자. 학교에서는 매년 겨울에 연극을 하고 봄에 음악제를 한다. 행사 때마다 다양한 역할을 하는 배우들을 위해 독특한 의상이 필요하다. 여러분의 일은 모든 의상이 현재의 연극과 잘 어울릴 수 있는지, 연극의 흐름에 따라 의상이 적절하게 들어 맞는지, 의상에 소요되는 비용이 전체 연극 제작비 내에서 가능한지를 확인하는 것이다.

이를 위해서는 다음과 같은 중요한 두 가지 질문을 해야 할 것이다.

〈첫 번째 질문 유형〉

ⓐ 어떤 유형의 의상이 연극과 맞을 것인가?

ⓑ 각 배우들의 특별한 요구사항 중 고려해야 할 것은 무엇인가? (예: 등장인물의 역할, 각 배우의 신장)

ⓒ 의상에 영향을 받을 행위와 장면은 무엇인가? (예: 더 많은 움직임을 줄 수 있는 융통성, 빠른 의상 전환)

〈두 번째 질문 유형〉

ⓐ 이 연극을 제작하는 데 이미 보유하고 있는 의상은 무엇인가?

ⓑ 현재 가지고 있는 의상을 고쳐 사용해도 연극이 가능한가?

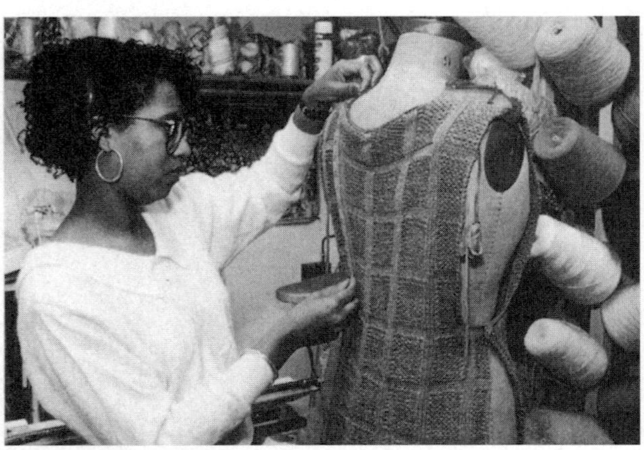

▲ 드라마 제작을 위해 의상을 선택하고 적용하고 새로 제작하기로 결정하는 과정은 교사가 필요한 교수자료를 얻는 것과 비교할 수 있다.

ⓒ 새로 만들어야 할 의상은 무엇인가?

첫 번째 질문 유형은 연극 제작의 목적과 배우와 무대/장면에 초점을 둔 것이고, 두 번째 질문 유형은 제한된 예산으로 필요한 의상을 찾고, 맞춰 보고, 만들어야 하는 실제적인 면에 초점을 두고 있다. 성공적인 연극 제작을 위해서는 경험 있는 의상담당자가 앞의 두 질문에 대한 답을 알고 있어야 한다.

교수설계와 개발은 교사들에게 앞의 질문에 답을 찾도록 요구한다. 적절한 교수자료를 효과적으로 선택하기 위해서는 학생의 요구, 학습환경의 요구뿐만 아니라 교수목적과 목표를 분명하게 이해해야 한다. 또한 의상담당자의 현실적인 제한점(시간과 돈에 대한 예산)이 교육과 학습경험의 개발 과정에서도 똑같이 나타난다. 교사가 학습경험을 개발하려면, 바람직한 학습을 성취하기 위해서는 특정 교수자료가 필요하다. 그러한 교수자료는 이미 사용하고 있을 수도 있고 현재 개발하는 수업에서 사용할 수도 있을 것이다. 그러나 어떤 경우에는 사용 가능한 그 자료를 어떤 형태로 바꿔야 하는 것도 있다. 다른 상황에서는 여

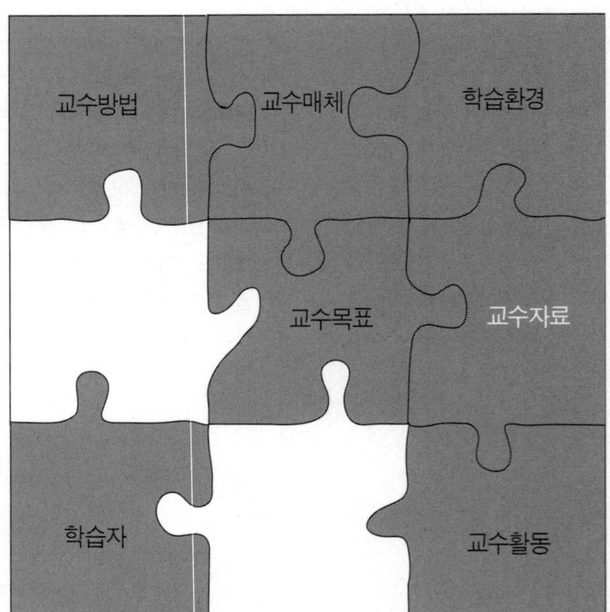

[그림 8-1] 계획 퍼즐의 한 조각으로서의 교수자료

전히 사용할 수 있는 그 자료를 더 이상 사용할 수 없어 새롭게 만들기도 한다. 의상담당자가 기존의 옷을 사용하기보다 새로 옷을 만들어야 한다면 경비가 훨씬 더 많이 들 것이다.

이 장에서는 계획과 개발 과정을 마치려고 한다. 이러한 작업은 제5장에서 개괄적으로 제시한 계획과 제6장과 제7장에서의 교수방법과 교수매체 측면에서 추가된 것을 면밀하게 살펴보도록 요구할 것이다. 우리는 다시 [그림 8-1]에 퍼즐 한 조각을 추가한다. 이 퍼즐 조각은 적절한 교수자료를 구별하고 포함하려는 계획에 '중요한 내용' 추가의 필요성을 보여 준 것이다. 그렇게 함으로써 우리는 학습계획의 목적과 학습자 특성의 요구, 학습이 일어날 환경을 완전하게 이해하게 된다. 더욱이 우리는 현재 사용할 수 있는 것을 고려해야 한다. 그것을 어떻게 구별하고 접근할 수 있는지, 그것을 적용하는 데 필요로 하는 것은 무엇인지, 그리고 추가적인 자료가 있다면 무엇이 필요한지를 고려해야 한다. 또한 계획대로 제시하여 성취하였는가를 확인하기 위해 자료를 평가할 필요가 있다.

교수자료

교수자료(instructional materials)는 수업시간에 학생들이 경험하는 학습에 영향을 주는 특정한 항목이다. 예를 들어, 초등학교 저학년 수업시간은 단순한 덧셈 문제에 초점을 둘 것이다. 이것을 성취하기 위해서 학생들에게 실전문제 제시를 반복적으로 경험하게 하고 그러한 문제에 대한 반응과 피드백을 받도록 하기 위해 컴퓨터 소프트웨어 프로그램을 이용하게 할 것이다. 학생들이 이 소프트웨어를 통해서 경험하는 특정한 수학문제와 피드백이 교수자료다. 다른 예로는 여러분이 지금 읽고 있는 장(章)이 바로 교수자료가 될 수 있다. 이러한 교수자료는 문자정보로 구성되고, 연습도 이렇게 페이지에 제시된다. 그러한 교수자료와 학생 간의 상호작용은 실제적인 학습을 불러일으키고 강화하기 때문에 중요하다. 만약 자료가 빈약하며, 부적절하게 구조화되고, 조잡한 형태로 배열되었다면, 제한적인 학습이 일어날 것이다. 잘 설계된 교수자료는 바로 부호화되고, 습득 가능하며, 재생할 수 있고, 다양한 방식으로 사용될 수 있다. 이러한 교수자료는 학생의 필요에 맞게 만들어 통합적으로 제시해야 한다.

학습을 보장하기 위해 교수자료, 교수방법, 교수매체를 어떻게 활용할 것인가

효과적인 학습경험을 위해 교수자료, 교수매체, 교수방법이 연계된 방식으로 함께 운영되어야 한다. 예들 들어, 교수자료는 다양한 다른 교수매체를 통해 학생들에게 전달되고 경험될 것이다(제7장 참조). 그 예로, 학생들은 교수자료의 일부 또는 전체를 비디오로 경험할 것이고, 다른 경우에는 자료의 일부를 텍스트로 읽거나 그래픽을 보거나 심지어는 오디오 CD를 들음으로써 경험할 것이다. 몇 가지 교수매체를 함께 묶을 때는 학생이 효과적으로 경험할 수 있는 일련의 교수자료 순서가 필요하다.

필요한 상호작용, 대상 학습 집단의 크기, 학습환경 등의 수준에 적응하기 위해 교수매체에 다양한 교수방법(예: 협력적 소집단, 반복 연습, 시뮬레이션 토론 등, 제6장 참조)이 하나의 수업 내에서 합쳐진다. 예를 들어, 어떤 경우에는 성공적인 토론을 위해 교수자료에 필수 선결적인 정보가 필요할 것이다. 반면, 다른 상황에서는 구조화된 개인지도 교수방법 내에 자료를 제공함으로써 교수자료의 효과성이 높아질 것이다.

학생과 학습 상황은 상당히 다양할 수 있다. 일관성 있고 의미 있는 학습은 명확하게 동기를 부여해 주며, 이해할 수 있는 형식으로 제시된 잘 설계된 교수자료를 요구한다. 적정하게 선택된 교수매체와 교수방법의 통합과 사용은 교수매체가 학생들에게 효과적이고 효율적이며 매력적인 방식으로 영향을 줄 수 있음을 확신하게 한다.

다음의 교실 학습 상황을 검토해 보자. 교수방법, 교수매체, 교수자료가 최종 학습경험을 산출하기 위해 어떻게

점검사항

교수자료, 교수방법, 교수매체

다음 상황을 읽고 다음과 같은 질문에 답하라.

김 교사는 살아 있는 사물이 서로 영향을 준다는 점을 학생들에게 학습시키려고 했다. 그녀는 최근에 학교 교수매체센터에서 '바다 속 현장여행' 이라는 시뮬레이션 소프트웨어를 발견하여 그 프로그램을 검토한 후에 그녀는 학생들의 특성에 맞춰 보려고 결심했고, 바람직한 내용을 가르쳤다. 그녀는 그 소프트웨어가 학생들이 볼 수 없는 생생한 생물을 인식하도록 도움을 주어 학생들을 동기화시켰다고 확신한다.

- 김 교사의 학생들이 이 수업 동안에 경험할 교수자료는 무엇으로 구성되었는가?
- 김 교사가 학생들에게 '바다 속 현장여행' 을 보여 줌으로써 활용하려고 한 교수 원리는 무엇인가?
- 학생에게 교수자료를 전달하는 주요한 교수매체는 무엇인가?
- 만일 다른 교수자료를 전체 수업의 추가적인 부분으로 포함했어도 김 교사의 학생들은 교수자료의 이해를 증진시킬 수 있었겠는가?
- 다양한 교수방법과 교수매체를 알고 있다는 것의 가치는 무엇인가? 그것은 다양한 교수자료의 유형에 어떻게 사용될 수 있는가?

통합되었는지 주목하라.

오 교사는 점심 바로 이전 시간에 중학교 3학년 영어 수업 시간에 문장구조를 가르치고자 한다. 그는 주제를 흥미롭게 하려고 게임을 사용하기로 결정했고, 학생들에게 기술을 연습하고 피드백을 받을 수 있는 기회를 주려고 했다. 학교에서는 어떠한 교수자료도 찾을 수 없었기 때문에, 그는 학생들이 카드에 강조된 문장 일부분을 정확하게 구별할 수 있다며, 학생들이 주사위를 굴리고, 카드를 그릴 수 있는 보드 게임을 직접 설계하려고 결심했다.

이러한 상황에서 **교수자료**(materials)는 게임 속의 개별 카드에 있는 내용과 연습이다. 이것이 전체적인 학습과제의 초점이다. 이것을 흥미롭고 매력적인 방법으로 전달하기 위해 게임**방법**(methods)을 어떻게 진행하고 완성해 나가야 할지에 대한 규칙과 방향을 적용한다. 손으로 잡을 수 있는 게임판과 주사위와 같은 실제적인 객체들이 학생에게 교수경험을 전달하는 데 사용되는 **교수매체**(media)다.

교수자료는 학습계획 중 언제, 어디에 포함되어야 하는가

학습계획은 학생들이 경험하면서 겪는 역할과 궁극적으로 배워야 하는 다양한 주 활동으로 구성된다. 모든 수업에 이러한 활동이 모두 포함되지는 않지만 대다수의 요소는 가장 효과적인 학습경험 속에서 나타난다. 여러분은 대략적인 수업계획을 통해 교수자료를 교수활동으로 구체화할 수 있다. 예를 들어, 빛의 속성에 대한 물리 교과를 설계한다면 교재에서 필요로 하는 몇 가지 수업 요소를 갖춰야 한다. 각 교수자료는 많은 다른 교수매체를 통해 제시되고 다양한 교수방법 속에서 통합되어야 한다.

- 동기유발 수업활동: 주어진 다른 환경에서 빛의 특성을 나타내는 교수자료의 주제에 주의를 집중시킨다.
- 오리엔테이션 수업활동: 교수자료는 단원 학습목표를 나타내고 설명하는 데 초점을 두고 통합되어야 한다.
- 정보제공 수업활동: 교수자료는 학생들에게 빛이 어떻게 반사되고 굴절되고 또한 다양한 다른 빛의 근원에 따라 다른 결과를 낳는 경험 등을 제공해야 한다.
- 적용 수업활동: 빛과 관련된 많은 문제를 해결하기

위해 다양한 형태의 렌즈와 거울, 프리즘, 레이저를 조작하고 사용할 수 있는 방법에 대한 안내와 지침서를 제공한다.

- 평가 수업활동: 교수자료는 학생의 의문점을 해결해 주고, 학생들에게 자기 성찰적인 질문을 하게 하며, 그들이 문제에 접근하고 해결방법을 찾을 수 있도록 한다.

교수자료의 가치 결정

적절한 교수자료를 선택하거나 만들 때는 몇 가지 준거에 기반을 두어야 한다. 이러한 준거는 주어진 시간과 비용의 제한 속에서 그 자료가 의도하였던 것을 실제로 만들 수 있는지를 결정할 수 있게 한다. 〈표 8-1〉은 교수자료의 선택과 창출을 고려할 때 사용할 일련의 중요한 준거를 나타낸다.

이러한 선택 준거를 사용하는 하나의 예로써 해양생활을 시뮬레이션한 소프트웨어를 사용한 김 교사의 예(앞의 점검사항 참조)를 다시 살펴보면, 그 소프트웨어의 일부분을 선택하기 전에, 김 교사는 자신이 무엇을 필요로 하는지 결정해야만 한다. 그리고 선택된 소프트웨어가 자신이 원하는 것을 전달하도록 하기 위해 먼저 그 단원의 전체적인 목표를 검토해야 할 필요가 있으며, 소프트웨어가 제공하는 것이 학습목표를 성취하는 데 도움이 되는지를 결정해야 한다. 만일 소프트웨어와 학습목표 간에 일치감이 적다면, 김 교사는 그 소프트웨어를 포기하거나 보다 더 적절한 소프트웨어를 찾아야 한다. 둘째, 일단 학습목표와 일치하는 교수자료를 몇 가지라도 찾았다면, 김 교사는 그러한 교수자료가 특정 학생들에게 잘 맞을 것이라는 확신을 가질 필요가 있다. 이 사례에서의 주요한 준거는 교수자료의 언어 수준이 학생들에게 이해될 수 있는가다. 이때 교수자료는 학생들이 이미 알고 있는 어떤 것을 전체적으로 반복하지 않는 것이어야 하고, 학생들이 이해할 수 없는 수준을 제시해서도 안 된다. 셋째, 선택될 교수자료가 어디에서 사용될지를 고려할 필요가 있다. 학습 환경이 학생들에게 교수자료를 전달할 수 있는가? 이와 같은 경우, 만일 컴퓨터나 컴퓨터 랩에 접근할 수 없다면, 소프트웨어 자료가 실제로 얼마나 효과적일 수 있겠는가?

〈표 8-1〉 교수자료의 선택과 제작을 위한 준거사항

준 거	고려사항
교수목표	• 이 수업의 교수목표는 무엇인가? • 요구되는 학습 유형은 무엇인가(예: 문제해결학습, 개념학습, 기계적 암기학습)? • 학생들이 갖춰야 할 인지요구 수준은 무엇인가?
학 생	• 학생들의 일반적인 특성은 무엇인가(예: 연령, 성적 수준, 사회경제적 지위, 사전 경험, 특수한 요구)? • 학생들이 이미 소유한 특정 지식이나 기능은 무엇인가? • 학생들의 학습 스타일이나 선호도는 무엇인가? • 얼마나 많은 학생이 학습경험에 참여할 것인가?
학습 환경	• 공간이 얼마나 큰가? • 그 공간에 어떤 방해 요소가 있을 수 있는가? • 이용 가능하고 접근할 수 있는 공학 유형은 무엇인가?
이용 가능한 자원	• 자료, 장비, 돈을 포함해서, 자유롭게 이용할 수 있는 자원은 무엇이 있는가? • 자원을 이용하는 데 제한점은 무엇인가? • 그 자료를 만들어 내는 데 얼마나 많은 시간이 걸리는가? • 그 자료를 준비하고 이용하는 데 얼마나 많은 시간이 걸리는가?

마지막으로, 교수자료의 시간과 비용을 항상 고려해야 한다. 대단한 교수자료를 구입했지만, 그 교수자료를 사용하는데 너무 긴 시간이 필요하고, 많은 비용이 든다면 결국 그 교수자료는 사용할 수 없을 것이다.

이러한 준거와 더불어서 고려해야 할 세 가지 중요한 일이 있다. 첫째, 일반적으로 교수자료와 이러한 준거 간의 완벽한 조화는 존재하지 않을 것이다. 보다 밀접한 사항은 있겠지만 항상 모든 부분이 일치하지는 못하므로 교수자료는 부분적으로 약간의 수정이 불가피할 것이다. 둘째, 여러분이 학생들에게 긍정적으로 영향을 끼칠 수 있는 훌륭한 교수자료를 발견하였더라도 그것이 현재의 교수목표와 맞지 않을 수도 있다. 그러한 경우 여러분은 교수목표를 교수자료에 효과적으로 적용시켜 보고자 할 것이다. 최종적으로 교수자료의 화려한 외양에 조심해야 한다. 여러분은 그 내용을 면밀하게 검토하여 표지의 화려함과 반짝거림에 마음을 빼앗기지 말아야 한다. 무엇보다 중요한 것은 교수자료 내용의 정확성 여부다.

교수자료를 어디서 구할 수 있는가

이 장의 첫 부분에서 학교 연극반 의상담당자의 예를 들었는데, 의상담당자의 주요한 역할 중 하나는 남자배우와 여자배우에 맞는 적절한 의상을 구하는 것이다. 그 부분에서 설명한 것처럼 만일 사람들이 학교의상 보관실 목록 중에서 현재 필요한 의상의 형태와 의상 사이즈를 선택할 수 있다면 그 일은 비교적 쉬운 일이고 비용도 적게 들 것이다. 그러나 대다수의 고등학교와 지방 시립 연극협회는 의상 보유 항목이 매우 적다. 그러한 경우의 다른 대안은 필요한 것을 빌리거나 적절한 스타일로 바꾸는 것이다. 최종적으로 이러한 모든 것이 불가능하다면 의상담당자는 특정 의상을 만들 수밖에 없는데, 이는 지금까지 열거한 방법 중 시간과 전체적인 비용 측면에서 가장 비싼 것이 될 것이다.

이러한 대안은 적절한 교수자료를 찾는 개개인이 직면하는 상황과 유사하다. 어떤 경우에는 그 자료가 가까운 데 있고 바로 사용할 수 있기도 하지만, 다른 경우에는 자료를 사용할 수는 있지만 원본을 수정해야 할 때도 있다. 마지막으로, 실제로 자료를 만드는 것이 유일한 대안일 경우에는 시간이 많이 든다. 각각의 대안이 단점을 가지고 있지만 이들 각각은 또한 흥미로운 학습의 가능성을 제공한다.

국가교육공학표준과의 연계

NETS와 연계

교사를 위한 국가교육공학표준 중 몇 부분(Ⅰ, Ⅳ, Ⅴ)은 **교사가 테크놀로지를 사용하는 다양한 자원의 정보를 탐색 · 수집 · 평가할 수 있어야 함**을 강조한다. 이 표준과 수행지표를 읽고 검토한 후(부록의 교사용 자료 A 참조) 다음의 질문에 답하라.

- 여러분(그리고 여러분의 학생들)이 필요한 교수자료에 접속하기 위해 이러한 테크놀로지를 보다 효과적으로 사용할 수 있도록 해 주는 간단한 웹 검색 입문서(primer)를 만들라.
- 입문서에 열거되어야 할 잠정적인 몇 가지 것(예: 신뢰할 만한 검색 용어를 생성하는 방법, 여러분이 선택한 검색엔진을 위한 최상위 검색기법들, 대안적인 검색엔진, 웹 교수자료에 관한 웹검색과 평가를 도와주기 위한 개인 교수자료(tutorials 등)에 관한 브레인스토밍을 하라.
- 두 가지 다른 교수자료를 위한 검색을 완료하라. 검색을 마칠 때, 입문서에 어떤 추가정보가 포함되어야 하는지를 결정하고 도움이 되는 단계들을 열거하라. 이 입문서를 계속 간직하고, 여러분이 필요한 교수자료를 탐색 · 수집 · 평가할 때 그것을 수정하라.

도구상자

기법

적절한 교수자료 찾기

사람들이 교수자료가 있는 곳을 파악할 수 있다면, 수천 개의 교수자료를 다양한 학습환경에서 이용할 수 있고, 실제로 이러한 자료에 바로 접근하여 얻는 것은 그다지 어렵지 않다.

학교에서: 대다수의 학교는 학교 도서관이나 매체센터에 컴퓨터 데이터베이스를 가지고 있다. 몇몇 교육청은 또한 주요한 교수자료를 수집 · 관리하고 있다. 아울러, 그러한 자료를 지역 교수매체센터나 교수자료 저장 서비스센터에 보관하여 서로 통합 · 관리하기도 한다.

마을에서: 많은 지역 도서관은 방문하는 사람들에게 책뿐만 아니라 다른 형태의 교수자료를 제공한다. 많은 경우 그러한 자료는 온라인상에서도 구할 수 있다.

인터넷에서:

ⓐ www는 교수자료의 가치 있는 자료원이다. 〈표 8-2〉에서는 다양한 활동을 위한 교수용 자료를 다운받을 수 있는 많은 유명한 교사 웹사이트를 제공한다. 일반적인 검색엔진의 사용은 '교수자료' 라는 검색용어나 여러분의 관심사(예: science)를 쳐서 결과를 얻을 수 있다.

ⓑ 많은 박물관과 도서관은 수많은 교수자료를 소장하고 있다. 스미소니언박물관, 과학과 산업 박물관, 국회도서관 등의 웹사이트를 검색해 보면 교육에 공헌하는 유의미한 자료를 발견할 수 있고, 교사가 다양한 교과내용과 활동을 가르치고자 할 때 교수자료로 접근하여 사용할 수 있는 방법도 제공되어 있다. 예를 들어, 스미소니언박물관 사이트(http://www.si.edu)를 방문하면 교사 사이트 링크를 찾을 수 있을 것이다. 이 위치에서 여러분은 교수자료와 연결된 모든 유형의 수업계획과 박물관 내의 유물과 관련된 활동을 찾을 수 있다.

ⓒ 여러분은 교수자료를 찾기 위해 몇 개의 포괄적인 데이터베이스를 사용할 수 있다. 예컨대, *A-V Online*은 상업적으로 사용할 수 있는 자료의 자동화된 지표다. *A-V Online*을 이용해서 여러분은 다양한 매체 포맷으로 기록된 교육용, 정보용, 문서자료에 대한 배포 자료원을 찾을 수 있을 것이다. 데이터베이스는 유치원에서 대학원, 전문직업교육에 이르는 다양한 계층을 위한 자료를 망라하고 있다. *A-V Online*은 생산자, 배포자 카탈로그, 국회도서관, 매체센터, 많은 다른 자료원에서 제공하는 정보에 기반하여 지속적으로 갱신작업을 한다. 또한, 교육용소프트웨어 선택자(The Education Software Selector: TESS)는 유치원에서 대학까지, 다양한 내용 영역의 모든 수준의 교육용 소프트웨어에 관한 정보를 담고 있는 포괄적인 데이터베이스다. 소프트웨어의 각 부분은 주제, 학습 접근, 학년 수준, 컴퓨터 플랫폼, 가격, 출판자 연결의 측면에서 기술되어 있다. 또한 소프트웨어의 기술에 교육저널, 국가평가국, 공학저널에서의 교육적 인용 등이 포함되었다.

전문기관에서: 전문가 회의와 무역 전시회는 지역, 주 정부, 국가 수준에서 개최되고 국가 수준은 판매상과 회담할 기회가 제공되고 다른 교사들은 이용할 만한 것이 무엇인지를 찾게 된다.

상업적인 판매자:

ⓐ 대부분의 교과서 회사는 현재 교과서에 소프트웨어, 워크북, 차트, 지침서 등을 포함한 부록을 포함해 생산하고 있는데, 이러한 부록 자료는 교실수업에서 활용할 수 있는 풍부한 추가 자료를 제공할 수 있다.

ⓑ 교수자료의 상업적 생산자와 배포자는 여러분이 경우에 따라 구입하거나 빌려 쓸 수 있게 카탈로그를 출판한다. 예를 들어, 교육용 소프트웨어를 얻으려면, 검색엔진(예: Google)을 사용하여 'Educational Software catalogs' 와 같은 용어로 검색할 수 있고, 많은 웹사이트에서 어디에 있으며, 상업적 생산자, 배포자에게 어디에서 어떻게 구입할 수 있는지를 알려 준다. 그러한 사이트(www.buyersindex.com)에서는 모든 온라인에 있는 거대한 상업 사이트와 카탈로그가 항목별로 제공된다.

〈표 8-2〉 교수자료가 있는 교육 웹사이트

사이트 이름	웹주소	인쇄 가능	수업계획	온라인 활동	전문성 개발	도구
Scholastic Teacher	http://teacher.scholastic.com/	그래픽 조직자, 워크시트, 읽기 계약 및 효과적이고 효율적인 학습을 위한 많은 인쇄 가능한 자료	과목, 주제, 학년으로 검색	상호적인 시간표, 교육계 뉴스, 학생 참여를 위한 다른 자원	Tips and topics, 공지사항, 이론. 이 사이트는 교사 개발을 도울 수 있는 많은 링크와 정보가 있다.	수업 계획수립자, 시험과 퀴즈 생성자, 웹사이트 작성자 등 그 외 많은 도구들
Teachers.Net	http://teachers.net/	캘린더에서 체크리스트까지 상당량의 자료 인쇄 가능. 단 검색 기능은 제외 됨	과목, 주제, 학년으로 검색	교사를 위한 토론 게시판과 대화 기능	교육실천가를 위한 월별 뉴스	도구 없음
Houghton-Miffin Education Place	http://www.eduplace.com/	단지 교사만이 사용할 수 있는 PDF 포맷의 그래픽 조직자, 텍스트북과 관련된 많은 도움이 되는 활동	주별로 정리된 훌륭한 수업계획과 링크가 있으며 검색이 가능하다.	이 섹션에는 교육게임이 포함되어 있다. 주제에 따른 온라인 활동은 제한되어 있지만 퀴즈, 토론, 게시판 등은 제공됨	있다고는 하지만 찾기가 어렵다.	사용할 만한 도구 없음
Web for Teachers	http://www.4teachers.org/	교사들이 사용하도록 만들어진 인쇄물은 없지만 교사가 직접 자신의 용도에 맞게 인쇄해 사용할 수 있는 도구를 제공한다.	주제에 맞는 훌륭한 수업계획안을 검색할 수 있다. 내용정보와 혁신적인 아이디어로의 링크를 제공한다.	학생을 위한 상호작용은 온라인과 협력 포맷으로 제공된다.	교사의 전문성 개발과 관련 있는 웹사이트와 논문으로의 수많은 링크가 되어 있다.	RubiStar, Assign-A-Day, Quiz-Star, Web Worksheet Wizard 및 그 외에도 많은 놀랄 만한 도구가 있다.
Discovery Learning	http://www.school.discovery.com/	교사의 사용 용법에 따라 인쇄할 수 있는 도구가 있다.	이 웹사이트는 많은 수업계획은 제공하지 않지만 검색할 수는 있다.	짧은 비디오, 퀴즈, 간단한 교육용 게임이 제공되고 있다.	이 웹사이트의 Kathy Schrock 부분에 많은 정보가 있으나 여러분이 이 링크를 찾기는 어렵다.	퍼즐 만들기, 수업계획서 만들기, 퀴즈센터, 워크시트 생성기와 같은 도구가 있다.
ABS Tech	http://abcteach.com/	이 사이트는 주로 인쇄할 수 있다.				
Technology	http://www.technology.com/	교사들이 사용할 수 있는 몇 개의 일반적인 인쇄자료가 있다.	대부분의 수업계획이 외부 웹사이트와 연결되어 있고, 검색할 수 있다.	학생을 위한 몇몇 게임이 있지만 상당수는 교육적이지 않다.	튜토리얼, 메시지 게시판과 다른 교수 아이디어가 웹사이트에 제공되어 있다.	이런 도구를 이용하여 여러분 자신의 워크시트, 항목(rubrics), 그래픽 조직자를 만들 수 있다.
A to Z Teacher Stuff	http://www.atozteacherstuff.com/	초등학생용으로 제한되어 있지만, 인쇄할 수 있는 자료가 주제별로 조직화되어 있다.	수업계획은 주제별로 조직화되어 있고, 학년별로 분류될 수 있다. 주제는 특정영역이고 그 영역의 폭이 좁다.	다른 토론 포럼이 유일한 상호작용 자원이다.	이 사이트는 다른 주제를 제공하는 직업군이나 그들의 전문성을 개발하고자 하는 교사를 위한 것이다.	사용할 수 있는 도구는 없다.

도구상자

기법

소프트웨어 평가와 구입

여기서는 일반적인 교수자료와 특히 다른 매체를 선택할 때의 관련된 쟁점을 검토한다. 여기서 저자들이 논의한 것은 컴퓨터 소프트웨어 평가와 선택이다.

오늘날 대부분의 교육청에서는 하드웨어 결정이 중요한 일이다. 개별적으로 교사는 교실에서 컴퓨터를 가지고 나가거나 특정 컴퓨터를 바로 선택할 수도 없다. 소프트웨어 구입에서 테크놀로지 코디네이터, 공학위원회, 행정가와 관련된 일반적인 승인 과정이 있지만 소프트웨어 구입은 보통 개별 교사에게서 시작한다. 그러므로 교사가 다음의 단계를 거쳐 소프트웨어의 평가방법과 선택방법을 아는 것이 중요하다.

① 요구를 결정한다. 여타의 교수활동 결과처럼 컴퓨터 소프트웨어의 사용을 통해 우리가 할 수 있는 것이 무엇인지 필요한 것을 평가하면서 시작한다.

② 바람직한 소프트웨어 특징을 구체화한다. 요구사정은 원하는 소프트웨어 유형의 전반적인 아이디어를 제공해야 한다.

③ 평가 서식을 얻거나 구성해야 한다. 많은 유용한 소프트웨어 평가 서식은 다양한 자원으로부터 이용할 수 있다. 저자들이 제공하는 CD〔장에 대한 정보와 활동(Chapter informations and Activities)≫제7장(Chapter 7)≫매체 시연 서식(Media Preview Forms)〕에 하나의 예가 있다.

④ 이용할 수 있는 소프트웨어 자원을 조사한다. 소프트웨어는 다양한 자원으로부터 이용할 수 있다. 출판사의 카탈로그를 살펴보고 저널이나 잡지에 출판된 소프트웨어 평가를 읽어 보아야 한다. 동료에게 소프트웨어에 대해 물어보고, 전문 회합 장소에 있는 판매상 코너를 방문해서 소프트웨어의 전체적인 측면을 점검해 보아야 한다.

⑤ 시연을 위한 소프트웨어를 구입한다. 많은 소프트웨어 회사는 현재 시연을 위해 특별한 시범 디스켓을 제공한다. 몇몇 회사는 CD-ROM으로 시범을 제공하고 있다. 만일 여러분이 그 소프트웨어가 맘에 들어 시범 CD를 구입하면 그 회사는 패스워드를 제공하고, 그 소프트웨어 CD에 전체적으로 접근할 수 있도록 해 준다. 다른 방법으로는 지연구매 주문지불(delayed purchase-order billing)을 통해 소프트웨어를 미리 점검할 수 있다. 이 경우, 미리 상품을 점검하고자 하는 목적하에 상품에 대한 구매 주문서와 명세서를 함께 제출한다. 판매상은 일정 기간, 보통 30일 정도 돈 지불을 유예한다. 만일 구매를 원치 않으면 유예기간 내에 소프트웨어를 반환하면 구매 주문은 취소된다. 구입을 원한다면 소프트웨어를 갖고 판매상은 유예기간 말쯤에 구매 주문을 진행한다.

⑥ 문서를 읽는다. 즉시 소프트웨어를 구입하고 싶은 생각이 들 수도 있지만 프로그램에 대한 추천 사용자를 알 수 있으며 소프트웨어를 적절하게 사용할 수 있는 방법을 제시한 문서를 항상 잘 읽어야 한다.

⑦ 소프트웨어로 여러 번 예행연습을 해 보아야 한다. 최초로 소프트웨어를 처음부터 끝까지 시행할 때는 프로그램이 정확하게 사용되는지를 중점적으로 살펴야 한다. 소프트웨어가 잘 작동되는가? 여러 번 시행해 보면서 그 소프트웨어가 '위험성이 없는 완벽한' 것으로 예기치 않은 오류가 발생하지 않는다는 것을 확인해야 한다. 문제를 찾기 위한 목적적인 검사, 즉 그 프로그램이 '1부터 4까지 넣으시오.' 라고 지시한다면 5를 넣고 그 결과가 어떠한지를 살펴본다. 결국 프로그램을 교육학적인 접근이 타당하고 매력적인 것인지, 사용하고 있는 소프트웨어 평가 서식에 어떻게 교육학적인 준거를 넣을 수 있는지 교육학적인 시선으로 철저하게 검토해야 한다.

⑧ 학생들이 프로그램을 좋아하고 프로그램을 통해 배울 수 있는지 시연해 보도록 한다.

⑨ 평가 서식을 완성한다. 소프트웨어 점검에서 얻은 정보를 이용하여 평가 서식을 완성한다.

⑩ 어떤 비교할 만한 프로그램 평가에 대한 과정을 반복해 본다. 다른 소프트웨어를 더 구입할 수 있다면 똑같은 방식으로 각각의 소프트웨어를 평가한다.

⑪ 선택한다. 바람직한 소프트웨어 패키지를 선택하고 학교에서 소프트웨어 평가서를 동봉하여 판매자에게 보낸다.

기존의 교수자료 선택하기

이 장의 서두에서 지적한 것처럼 교수자료를 만들기 위한 가장 간단하고 비용효과적인 방법은 현재 있는 자료를 사용하는 것이다. 교수자료 선택은 다음 단계를 따른다.

① **요구를 결정한다.** 여러분이 달성하려는 것은 무엇인가? 특정 교수자료에서 전달하려는 요구는 무엇인가?

② **다양한 정보원을 확인한다.** 많은 교수자료가 있다. 적절한 교수자료에 접근하기 위한 몇 가지 중요한 방법은 이 장의 '도구상자 기법: 적절한 교수자료 찾기'에 있다.

③ **자료를 찾고 검토한다.** 어떤 자료를 사용하고자 할 때 그 자료가 여러분의 요구와 학생들의 요구에 맞는 것인가를 항상 정확하게 검토한다. CD에 있는 텍스트로 가서 검토 양식을 찾아보면〔장 도입과 활동(Chapter info and Activities)≫제7장(Chapter 7)≫매체 검토 서식(Media Review Forms)〕, 단일한 교수자료나 두 개의 세트로 된 교수자료를 평가할 수 있다.

④ **학생들과 함께 자료를 찾는다.** 학생들이 그 자료를 얼마나 잘 다루는지, 그 자료가 학생들의 학습을 얼마나 효과적으로 돕는지를 살펴본다.

⑤ **다른 비슷한 자료와 비교한다.** 만일 여러분이 적용할 만한 자료를 하나 이상 갖고 있다면 반복적으로 검토하고 그것의 효과성을 비교하는 과정을 가지며 학생들이 매력을 갖도록 해야 한다.

⑥ **선택한다.** 여러분이 처한 상황에서 최선이 될 수 있다고 생각하는 교수자료를 선택하기 위해 수집한 정보를 사용한다.

⑦ **정확한 기록을 남긴다.** 여러분이 자료를 선택했다면 그 자료의 효과성에 관한 추후 결과를 확인하고 기록을 남겨야 한다. 그러한 기록을 통해 다른 수업에서 매체를 효과적으로 사용하는 방법을 결정할 수 있다.

여러분이 찾은 교수자료의 내용이 교수계획의 목표와

점검사항

소프트웨어 평가 서식 사용하기

미리보기 서식을 사용하여 좋은 아이디어를 얻기 위해서는 여러 번 사용할 수 있는 시간을 가져야만 한다. 제8장 폴더에 있는 CD 안에는 '소프트웨어 평가 서식'이라는 하위폴더가 있다. 그 링크로 가서 소프트웨어 평가 서식 A를 클릭하라〔장 소개 및 활동(Chapter info and Activities)≫제8장(Chapter 8)≫소프트웨어 평가 서식(Software Evaluation Forms)≫서식 A(Form A)〕. 교육용 소프트웨어가 있을 것이다. 그것을 평가하라. 예를 들어, 여러분은 River Deep 웹사이트로 가서 그들의 교육용 소프트웨어를 검토할 수 있다(여러분은 또한 '교육용 소프트웨어 데모'라는 용어를 사용하여 웹 검색을 할 수 있고 다른 사이트의 교육용 소프트웨어를 검토할 수 있다). 하나의 서식을 활용하여 어떤 소프트웨어 가치의 좋은 아이디어를 얻는 것이 용이한지 어려운지를 검토할 수 있다. 일단 그 작업을 마치면, 소프트웨어를 다시 검토하라. 이번에는 소프트웨어 평가 서식 B를 사용하라. 서식 B〔장 소개 및 활동(Chapter info and Activities)≫제8장(Chapter 8)≫소프트웨어 평가 서식(Software Evaluation Forms)≫서식 A(Form B)〕는 CD의 텍스트를 제공한다. 이 두 서식의 차이에 주목하라. 한 서식을 활용해서 배울 수 있는 것을 결정한 다음 다른 서식을 활용하여 배울 수 있는 것을 비교하라. 여러분의 사용을 보다 의미 있게 만들기 위해 한 폼에 또는 두 서식에 모두 추가해야 할 준거가 있는가? 만일 프로그램 형태가 변경되면, 준거에 대한 변화가 필요한가? 이러한 서식이 소프트웨어의 검토와 비교를 위해 구성되었다고 하지만 이러한 서식이 교수자료의 다른 형태를 평가하는 데에 어떤 방법으로 적용되는가?

맞지 않다면 다음과 같은 두 가지 대안이 있다. ① 자료를 목표에 맞게 수정하거나 ② 새로운 교수자료를 만드는 것이다. 이러한 두 가지 선택에 대해 다음에서 논하고자 한다.

활용할 만한 교수자료 수정하기

여러분이 적당한 교수자료를 찾지 못했다면 활용할 만한 자료를 수정해야 한다. 시간과 비용 측면에서 새로운 자료를 만드는 것보다 쓸 수 있는 자료를 수정하는 것이 훨씬 더 효율적이다. 이 또한 창출을 위한 하나의 기회다. 여러분은 거의 모든 자료를 수정할 수 있다. 예를 들어, 중학교 기술·가정 시간에 사용된 기자재 중 유일하게 사용할 만한 시각자료가 수선지침서라고 가정해 보자. 이 수선지침서 사진은 유용하지만 학생들이 사용하기에 너무 구체적인 사건과 복잡한 용어로 되어 있다. 이에 대한 가능한 한 가지 해결책은 제목을 수정해서 사진을 사용하는 것이고, 라벨의 일부분을 단순화하거나 제거하는 것이다.

또 다른 상황은 유일하게 사용할 수 있는 비디오테이프가 필요한 비디오 순서를 보여 주지만 어휘·수준이 너무 높거나 낮아서 학생들에게 부적절한 경우다. 이러한 경우에는 사운드를 켜지 않고 비디오테이프만을 보여 줄 수 있고, 사운드를 직접 전달할 수도 있다. 비디오테이프를 하나하나의 분절 화면으로 보여 줄 수도 있다. 비디오테이프의 일부를 보여 줄 수도 있고 VCR을 중지하고 보았던 것을 토론할 수도 있다. 그런 후 다른 짧은 분절을 계속 보면서 추가적인 토론을 진행할 수 있다.

때로 외국어 자료(또는 이중언어 수업을 위한 영어 자료)의 오디오 부분을 수정할 수 있다. 내레이션이 한 언어에서 다른 언어로 변화될 수도 있고 보다 고급 단계의 언어 연출에서 더 단순한 단계로 변경될 수도 있다.

만일 자료를 수정한다면 그 자료가 여전히 정교하지 않으면 학생들의 정확한 요구와 일치할 때까지 학생의 반응을 살피면서 더 수정을 할 수 있다. 상업적으로 생산된 자료를 수정할 때에는 보다 신중해야 하는데, 그러한 자료의 사용이 저작권법과 규정에 위배되지 않는지 확인해야 한다. 만약 의심스럽다면 학교매체 전문가에게 의뢰하여 검토해 보라.

새로운 교수자료 만들기

교사들은 사용할 수 있는 도구의 창의적인 사용과 교수자료를 만들 수 있는 자원에 대해 오랜 시간 배워 왔다. 교실은 항상 구체적인 물건에서부터 포스터, 게시판, 모든 종류의 인쇄자료에 이르는 다양한 교수자료로 가득 차 있다. 교수자료를 만들 수 있는 도구가 상대적으로 적어서 타자기와 디토복사기로 몇십 년간 많은 교수자료를 만들어 왔는데, 이제 시대가 바뀐 것이다.

학교 밖 사회에서 일반적으로 오랫동안 사용해 왔던 사진복사기(스캐너)가 지금은 교실의 표준장비가 되었다. 등사판과 디토복사기와 비교하면 사진복사기로 복사물을 준비하는 것이 훨씬 더 간단하다. 또한 교수자료를 만들기 위한 도구도 컴퓨터에 의해 급속도로 향상되어 왔다. 컴퓨터 기반 도구를 가지고 양질의 전문가 수준의 자료를 보다 쉽게 만들 수 있게 된 것이다.

효과적인 자료를 어떻게 만드는가

학생 학습에 영향을 주는 창의적인 방법이라는 것은 많은 교사가 왜 그들이 교직을 선택했는가에 대한 중요한 명분이 된다. 자료를 만든다는 것은 여러분에게 필요한 것을 반성적으로 생각해 보고, 과거로부터의 경험을 이용해 보고, 새로운 자료를 종합해 볼 수 있으며, 효과적인 학습경험을 함께 연결할 수 있는 기회를 갖게 한다. 물론 효과적인 교수를 만들기 위한 하나의 처방책은 없다. 마치 다른 여러 학습 스타일이 있는 것처럼 학습경험을 창출할 때도 다양한 방식이 있을 뿐이다. 이러한 과정에서 여러분에게 도움이 될 만한 것이 일반적인 절차라는 것이다. 그것은 단지 지침일 뿐이며 교수자료를 성공적으로 구축하기 위한 유일한 방식은 아니다.

- 교수계획을 반복적으로 참고하라. 계획은 학생들의 요구를 결정하는 방향과 활동을 포함한다. 마치 대형 사무실 건물의 공사 시공자가 건물의 청사진 없이 건축공사의 시작을 하지 않는 것처럼 여러분도 면밀하게 교수계획을 검토해야 한다.
- 계획 속에서 전체적인 학습목표와 중요한 활동을 자세히 살펴보고, '활동을 성공적으로 하기 위해서는 무엇을 구축할 필요가 있는가?' 를 스스로에게 질문하라. 예를 들어, 학생들이 설명, 지시, 예, 비예 또는 안내된 실습이 필요한가? 피드백이 필요한가? 만일 필요하다면, 학생들에게 이러한 요구를 얼마나 빠르게 전달해야 하는가(제5장 '도구상자 기법: 질문, 예: 피드백 효과적으로 사용하기' 참조)?
- 여러분이 이미 알고 있는 것과 보았던 것을 반성적으로 생각해 보라. 만일 자료가 이미 없어졌다고 판단되면, 필요로 하는 것을 구성하는 데 통찰을 줄 수 있는 다른 자료를 본 적이 있는가? 여러분은 이것과 비슷한 개념을 가르쳐 온 누군가와 이야기할 수 있는가?
- 학생 입장에서 생각해 보라. 이 자료를 효과적으로 학습하기 위해 무엇을 경험하고자 하는가? 이러한 자료와 학생들과의 관련성을 찾아보라.
- 자료의 개요를 그려 보라. 여러분이 생각해 온 것을 학생들에게 검토하게 하고 변경될 것이 무엇인지를 결정하라.
- 자료 구성의 초안을 구성하라. 창의적인 개발능력을 증진시키도록 도구(복사기, 컴퓨터, 클립아트)를 사용하라.
- 여러분이 필요로 하는 모든 변화를 확신할 수 있게 자료를 검토하라. 대부분의 경우에 첫 번째 시도로 완전한 자료가 만들어지지는 않을 것이다.

교사들은 어떻게 교수자료를 만드는가

홍 교사는 낙원초등학교에서 여러 해 동안 5학년을 가르쳤다. 홍 교사는 과학교과 '곤충' 단원을 공부하면서 학생들의 학습경험을 높여야 할 필요성을 시간이 지남에 따라 더 느꼈다. 홍 교사는 많은 시각자료와 문자자료를 학생들에게 제시하였지만 그 자료들은 대부분 학생들의 이해 수준보다 높은 것이었다.

점검사항

사용할 수 있는 자료를 수정하고 사용하기

새로운 테크놀로지를 교육방법에 통합한 것(*Integrating New Technologies into the Methods of Education: InTime*)이 교실 내에 교사들의 비디오를 온라인으로 제공할 수 있는 웹사이트다. 이 웹사이트의 흥미로운 부분은 여러분이 그 비디오에 접근하여 검토할 수 있도록 하는 도구다. 그러나 보다 중요한 것은 여러분이 교수자료 내에 선택한 비디오를 통합하는 것이고 또한 교수자료나 사례연구를 만들어 내는 것이다. 여러분이 브레인스토밍과 문제해결에 관한 단원에 대하여 몇 가지 자료를 제작하려면, 여러분은 *InTime*에 있는 적절한 교사용 비디오에 접근할 수 있다. 공학을 활용하여 적절한 비디오클립을 다운받을 수 있고, 여러분 수업에 맞게 개조할 수도 있다.

InTime 웹사이트(http://www.intime.uni.edu)에 가서 사용할 수 있는 비디오를 검토하라. 'Build Your Own Case Study' 에 가서 여러분이 관심 있는 주제에 대한 적절한 정보를 선택하고 규명하는 과정을 경험하라. 웹사이트에 제공된 비디오를 여러분의 수업계획에 맞게 하나 혹은 그 이상을 바꾸도록 노력하라.

다음과 같은 문제에 대해 생각해 보라.

- 비디오를 적정하고 효과적으로 만들기 위하여 지원할 수 있는 추가적인 매체는 없는가?
- 그러한 비디오가 합법적으로 교실에서 사용되었을 때 해결되어야 할 저작권 문제는 무엇이 있는가?
- 다른 내용 영역에서 추가적인 비디오를 제공하거나 추가적인 자료를 제공하는 웹사이트를 알고 있는가?

홍 교사는 과거의 '곤충학습' 계획을 검토·반성하면서 학생들이 곤충 몸체의 다른 부분 때문에 곤충을 확인하고 기술할 때 문제가 있음을 알았다. 홍 교사는 학습을 촉진하기 위해 학생들에게 살아 있는 곤충(근처 애완용 가게의 큰 바퀴벌레)을 나눠 주려고 결정했다. 학생들은 곤충 단원의 나머지 짧은 기간에 날마다 '애완용 곤충'을 관찰했을 것이다. 학생들은 관찰기간에 그들의 곤충에 이름을 붙여 줄 수 있고 다양한 그림을 그릴 수도 있었다. 더욱이 홍 교사의 계획은 학생들이 '애완용 곤충'을 소개하고, 그들이 관찰했던 것을 보여 줄 수 있도록 짧은 멀티미디어 프로그램을 설계하게 하는 것이었다. 특히, 홍 교사는 곤충의 특정 부분을 구별하는 법, 곤충 몸체 부분을 강조하여 각 부분의 기능을 설명하는 다양한 사진과 그림을 기획하였다.

프로그램 개발 동안 홍 교사는 다양한 여러 흥미로운 단계를 완성했다. 첫째, 곤충 단원의 전체적인 수업계획을 면밀히 검토하면서 그 계획의 약점과 교수의 효과성을 위해 몇 가지 추가적인 정보가 필요한 영역에 주목했다. 홍 교사는 과거의 경험을 통해, 질문하기, 사례 제시, 실습하기, 피드백 제공을 통해 학생들을 주의집중시킬 필요가 있음을 알았다. 또한, 중요한 특징을 효과적으로 강조하기 위해 청각이나 시각적 시뮬레이션 기법을 사용하는 것이 중요함을 알았다. 멀티미디어 소프트웨어는 학생들에게 그들 자신의 학습을 검토할 수 있도록 지도서 내에 그러한 특징을 포함시키는 것이 가능하다. 홍 교사는 프로그램의 성공을 확신하기 위해 추가적인 일을 하나 더 했는데, 그것은 3.5인치 카드에 중요한 모든 개념을 적는 것이었다. 홍 교사는 실제 프로그램에서 보이는 모습을 대략적으로 스케치하였다. 이러한 몇 개의 카드를 개발한 후, 홍 교사는 학생들에게 스케치 모양이 맘에 드는지 아

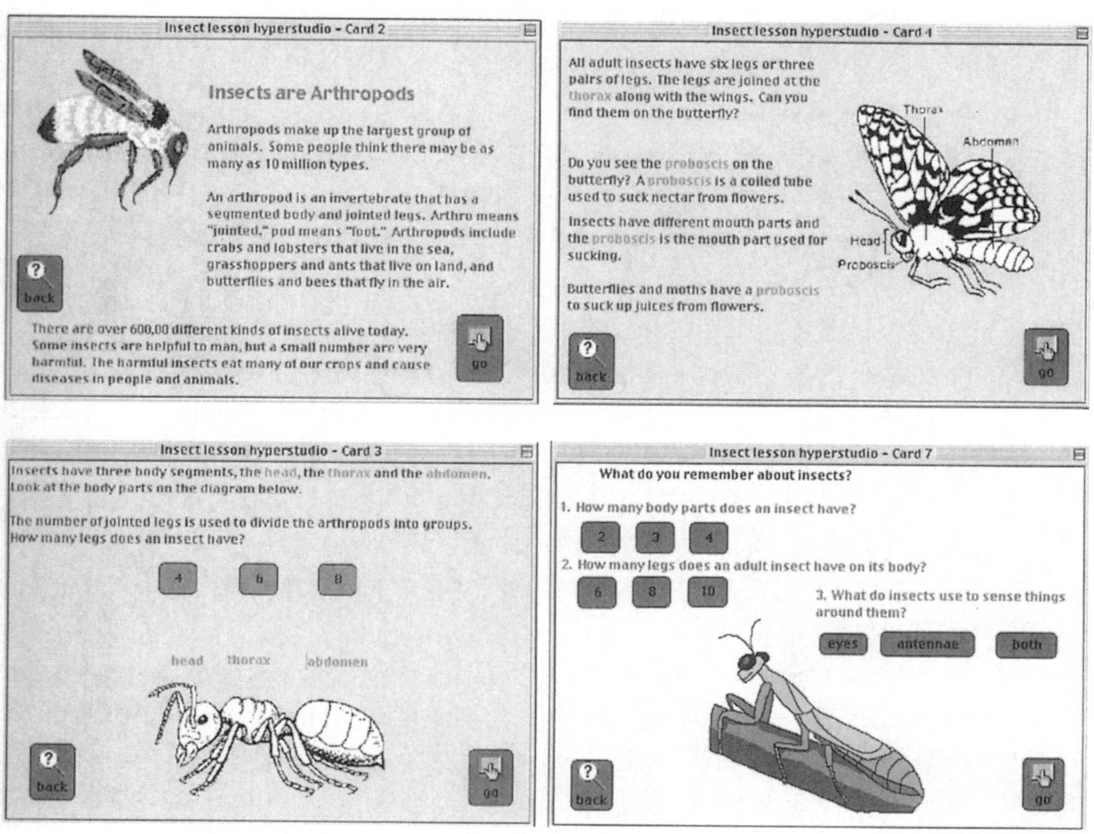

[그림 8-2] '곤충' 프로그램의 교수자료 화면

닌지를 몇몇의 학생들에게 말해 보도록 요구했다. 학생들은 보다 많은 설명이 필요할 때와 너무 많은 설명이 주어졌을 때를 결정하는 데 실제적인 도움을 주었다. 실제로 컴퓨터에 앉았을 때, 홍 교사는 프로그램 길이에 대한 좋은 아이디어를 갖고 있었고, 그것은 효과적이었다. [그림 8-2]는 학생들이 이 프로그램을 공부하면서 보았던 화면의 몇 가지 예다.

시작에서부터 마무리까지 홍 교사는 이 프로젝트를 완성하는 데 많은 시간을 들였다. 사실, 매년 곤충 단원을 시작할 때 학생들이 제시한 권고와 홍 교사가 발견한 새로운 정보에 따라 새로운 자료를 첨가하는 자신을 발견하였다. 홍 교사는 이 단원이 정말로 곤충에 관한 학생들의 지식을 높이는 데 도움이 되었고, 그들의 흥미와 동기를 유발했음을 발견하였다.

교수자료의 형성평가

교수자료를 수정하거나 만들고자 할 때 학생들의 학습을 **이전**(before)보다 얼마나 더 효과적으로 돕는가를 평가해야 한다. **형성평가**(formative evaluation)는 교수자료의 계획이나 개발 동안에 행해지는 평가로, 분명하지 않고 혼란스런, 진부한 자료 또는 학생에게 도움이 되지 않는 자료를 구별할 수 있게 한다. 제12장에서는 교수자료의 형성평가를 수행할 수 있는 여러 가지 기법에 대한 지침

국가교육공학표준과의 연계

NETS와 연계

교수계획 과정의 다양한 측면을 토론하면서 저자들은 반복적으로 공학의 잠재력 있는 역할을 소개해 왔다. 교사를 위한 국가교육공학표준안에서 Ⅰ과 Ⅱ는 **교사가 공학이 교수기획 과정에 어떻게 영향을 미치는가를 분석**할 수 있어야 한다는 것이다. 이 준거들(전체 준거 항목과 그것의 수행지표는 교사용 자료 A 참조)을 읽고 검토한 후 다음의 질문에 답하시오.

- 저널에 항목을 기입하는 것으로서, 두 칸의 표를 만들고 '컴퓨터가 있을 때'와 '컴퓨터가 없을 때'를 각각의 칸에 적는다.
- 작은 규모 교수자료(예: 일식에 관한 수업)의 설계, 창출, 생산에 대해 생각하라. '컴퓨터가 있을 때' 칸에는 컴퓨터와 또는 그와 관련된 테크놀로지를 사용했을 때 가능한 설계를 항목별로 쓰고, '컴퓨터가 없을 때' 칸에는 이러한 테크놀로지의 접근 없이 이루어질 수 있는 주요 과정을 항목별로 적어 보라.
- 두 칸에 아이템 수를 항목별로 적은 후에 수직선을 긋고 그 선 아래에 컴퓨터 유무에 따른 각 설계의 이점과 한계점을 항목별로 적는다. 여러분은 한눈에 컴퓨터가 있는 교수설계가 이점이 더 많을 것이라고 생각할 수 있겠지만, 제한점이 열거된 이점을 압도하는가를 살펴보라.
- 교수자료를 테크놀로지적 접근을 통해 개발할 때 접할 수 있는 다음의 문제에 대해 생각해 보라.
  ① 검색하는 사람들이 압도당할 수 있을 정도로 많은 자료를 볼 수 있는 전자검색
  ② 필요한 소프트웨어 기술을 얻기 위해 과도한 시간을 투자하여 제품의 질을 '높이는' 데 대한 테크놀로지의 사용
  ③ 만일 여러분이 양질의 학습자료를 제작하고 교사와 학생을 도우며 멘터링할 수 있는 추가적인 책무성을 위해 효과적으로 테크놀로지를 활용하는 기술을 개발한다면, 그것은 '상을 받을' 일이다.
- 여러분이 설계와 개발 과정에서의 테크놀로지 활용을 분석하고자 한다면, 먼저 테크놀로지 사용에서 결정적인 시간이 있다는 것과 테크놀로지를 사용하는 경우가 반드시 필요하지 않거나 결과를 보장하지 못한다는 것을 분명하게 인식해야 한다.

을 제공한다. 여기서 해야 할 요점은 현재 있는 자료를 수정할 때나 새로운 자료를 만들 때 모두 매우 중요한 단계라는 것이다.

하나의 예로, 앞서 언급한 것처럼 현재 있는 자료를 수정하는 가장 보편적인 방법은 학생들의 어휘 수준에 더 어울리는 다른 해설을 들려주기 위해 비디오테이프의 음성을 끄고 보여 주는 것이다. 이러한 상황에서 형성평가는 학생의 어휘 수준과 더 잘 맞는 해설을 검토하고, 이 비디오테이프의 유용한 사용을 위해 필요한 수정이 무엇인지를 구별하게 한다.

저자들이 이전에 또한 언급하였듯이 교사들은 보통 자신들의 교수자료를 제작한다. 예를 들어, 그들은 특정 수업을 위해 스스로 교수자료 게임을 제작한다. 이러한 상황에서의 형성평가는 학생의 흥미와 요구, 그리고 수업목표와 게임이 적절한지를 검토한다. 만일 게임이 학생들의 교수목표와 일치한다면 게임을 사용해도 된다. 만일 게임이 학생이나 목표의 어떤 측면에서 맞지 않는다면 게임을 교수에 사용하기 전에 수정해야 한다.

점검사항

교수자료와 공학

컴퓨터의 사용과 다양한 소프트웨어는 교수자료에 매우 중요해지고 있다. 〈표 8-3〉은 특정 소프트웨어의 사용이 교수자료를 찾고 활용하는 과정에 다양한 단계를 촉진할 것임을 강조한다. 표에서 제시한 아이디어를 검토한 후에 세 개의 다른 시나리오를 읽고 이 장에 있는 자료를 근거로 어떤 공학 방식이 필요로 하는 교수자료의 접근, 저장, 창출, 출판과 평가를 촉진하는 데 활용될 수 있는지를 결정하라.

각각의 상황에 대하여 다음의 문제를 고려하라.

- 적절한 교수자료를 획득할 방법을 결정했을 때 제일 먼저 고려할 것은 무엇인가?
- 자료를 접근하고, 검토하고, 개조하고, 산출하고, 전달하고, 평가할 때 적절한 방법은 무엇인가?
- 공학이 교수자료를 기획하고, 적용하고, 산출하고, 전달하는 과정에 어떻게 도움을 줄 수 있는가?

상황 A: 한 고등학교 선생님은 일반적인 재활용품이 수많은 다른 생산적인 방식으로 이용될 수 있음을 학생들에게 가르칠 단원 학습목표를 가지고 있다. 현재 과학 교과서는 재활용 단원이 한 단원뿐이어서 재활용을 적용하고 사용하는 것의 진술이 부족하다. 학생들의 바람직한 목적 달성을 위해 이 수업에 추가적인 교수자료가 포함될 수 있는가?

상황 B: 현재 지방 중학교의 한 선생님은 과학 수업 시간에 학생들에게 달의 변화와 조수와의 관계를 설명하기 위한 근사한 파워포인트 프레젠테이션을 제작해 두었다. 그러나 그 프레젠테이션의 사용에 대한 지난 학기의 피드백에서 일부 학생들이 그 프레젠테이션만으로는 달과 조수간만의 차를 완벽하게 이해할 수 없다고 하였다. 학생들은 중요한 개념에 대한 연습이 더 많이 필요하고 조수간만의 차를 신뢰할 수 있게 예측할 수 있는 방법을 설명할 때는 잘 이해하지 못했다고 하였다. 이 수업에 추가적인 교수자료로 어떤 방식이 포함되어야 하는가?

상황 C: 초등학교 고학년 교사들은 학생들이 소집단 내에서 적절하게 상호작용할 수 있는 건강한 방법을 개발하고 의사소통 속에서 다양한 질병에 대해 배울 수 있었으면 하는 요구가 있었다. 특정 질병 유형에 관한 프로젝트의 소집단에서 함께 일함으로써, 학생들은 수업내용에 대한 통찰을 얻을 수 있고 연구기술을 개발할 수 있으며, 협력적으로 배울 수 있고 또한 작문능력도 개발할 수 있으며, 타인을 위한 효과적인 학습경험을 산출하고 제시할 수 있을 것이다. 이러한 소집단 내의 학습을 도울 수 있는 몇 가지 기본적인 자료는 무엇인가?

〈표 8-3〉 교수자료와 테크놀로지의 활용

교수자료 기획	
필요한 것	**활용 가능성 있는 소프트웨어**
• 학생들의 정보를 얻기 위한 설문지 개발	• 워드프로세싱(예: MS *Word*)
• 수집된 정보를 나열하고 분류하고 저장하고 분석하기 위한 수단	• 데이터베이스(예: MS *Access*), 스프레드시트(예: MS *Excel*), 워드프로세싱
• 각 수업마다 학생들이 필요로 하는 가능성 있는 자료 유형 결정	• 브레인스토밍 소프트웨어(예: *Inspiration*)
• 기본적인 개요, 흐름도와 필요한 자료의 계획 카드 개발	• 흐름도 소프트웨어(예: *Inspiration*, MS *PowerPoint*, MS *Word*)
가능성 있는 교수자료 규명하고 접근하기	
필요한 것	**활용 가능성 있는 소프트웨어**
• 가능성 있는 자료 찾고 검토하기	• 인터넷 브라우저(예: *Internet Explorer*), 웹사이트 검색엔진(예: *Google*, *Yahoo*), 도서관 검색엔진
• 전에 그 자료를 사용한 사람들이 제공한 비판 검토하기	• 인터넷 브라우저와 검색엔진
가능성 있는 교수자료 창출하고 적용하기	
필요한 것	**활용 가능성 있는 소프트웨어**
• 활용을 위한 텍스트, 문항, 문자로 된 예시, 연습, 지시사항	• 워드프로세싱
• 필요한 오디오, 시각물, 그래픽과 비디오를 만들어 통합하기	• 워드프로세싱, 그래픽, 비디오와 오디오 편집 소프트웨어 –스캔 소프트웨어 –클립아트 소프트웨어
• 그래픽 추가하기	• 스프레드시트
• 실제적인 프레젠테이션 · 출판	• 프레젠테이션 소프트웨어(예: MS *PowerPoint*), 데스크톱 출판(예: MS *Publisher*, Adobe *PageMaker*)
교수자료 전달하기	
필요한 것	**활용 가능성 있는 소프트웨어**
• 문자 자료 전달	• 워드프로세싱, 데스크톱 출판
• 웹기반 자료 전달	• 웹 편집 소프트웨어(예: Macromedia *Dreamweaver*)
• 프레젠테이션 전달	• 프레젠테이션 소프트웨어
교수자료 평가하기	
필요한 것	**활용 가능성 있는 소프트웨어**
• 자료 검토 완성	• 워드프로세싱
• 다른 유사한 자료 결과와 비교	• 웹 검색 소프트웨어
• 향후 이용과 수정을 위해 결과 저장	• 워드프로세싱, 데이터베이스

교수자료의 사용처를 결정하고, 적용 · 창출 · 평가하기: 테크놀로지는 어떻게 도움을 줄 수 있는가

교수자료를 발견하고, 선택하고, 적용하고, 창출하는 과정은 모두 시간과 노력을 필요로 한다. 테크놀로지의 어떠한 측면이 이러한 과정에 도움이 되는가? 테크놀로지를 이용할 수 있는 많은 방법이 있다. 첫째, **필요한 자료에 접근**할 수 있는 테크놀로지적 방법을 생각해 볼 수 있다. 예를 들어, 인터넷 검색엔진을 이용하여 이미 준비된 거대한 자료를 찾을 수 있고 검토할 수 있다(보다 자세한 정보는 제10장 참조). 교사들은 자신들이 발견한 자료를 효과적으로 보내기 위해 웹을 이용할 수 있다. 학생들도 교실에서 이러한 자료에 접근할 수 있고 사용할 수 있고 적응할 수 있다. 더구나 웹사이트의 이용할 만한 자료에 접근할 수 있으면 앞으로의 신속한 이용을 위해 전자 저장을 할 수도 있다. 큰 전자 저장장치(예: 하드 드라이브, CD, DVD)의 사용과 데이터베이스의 결합은 **엄청난 양의 교수자료를 저장**할 수 있게 하고, 키워드, 주제어, 그리고 등급에 따른 탐색을 통해 즉시 접근할 수 있게 한다.

둘째, 테크놀로지가 **자료를 제작하고 수정**하는 데 어떻게 사용되는가? 워드프로세서에서 전기적으로 자르고 붙이는 능력과 데스크톱 출판 프로그램을 통해서 여러분은 빠르게 시각자료를 추가할 수 있고, 텍스트를 변경할 수 있고, 필요한 순서를 바꿀 수 있다. 심지어 비디오와 오디오 교수자료의 개발과 편집도 비교적 쉽게 할 수 있다. 자료를 만들기 위해 공학의 편리성을 이용함으로써 **교수자료의 출판**이 또한 간단해졌다. 프린터, 복사기, LCD 프로젝터의 사용과 웹에 글을 올리는 것은 모두 자료를 제작하는 우리의 능력을 향상시켰고 학생들에게 자료에 더 빠르고 더 쉽게 보다 비용 효과적인 방법으로 접근할 수 있게 하였다.

셋째, **교수자료의 평가**를 통해 학습경험의 향상이 지속적으로 이루어져야 한다. 테크놀로지는 자료가 언제, 왜, 어떻게 실행되었는지에 대한 통찰력을 얻기 위해, 그리고 자료 사용자들 간에 정보를 전달하기 위해 이용될 수 있다. 예를 들어, 인터넷상에서 자료의 효과성, 효율성, 매력성에 대한 간단한 논평, 평점, 등급을 신속하게 만들 수 있고, 자료 사용 전에 신속하게 검토하기 위해 저장할 수도 있다.

저작권 문제

컴퓨터와 디지털 재생산 시대에 교수자료의 획득 창출과 관련된 가장 중요한 논지 중의 하나가 저작권(copyrights)이다. **저작권**은 원작에의 법적 권리를 말한다. 학교에는 규정이 있는데, 이러한 법적 테두리 안에서 윤리적 준거로부터 적절한 행동규범을 가지고 학생을 가르친다.

저작권 위배에 대한 벌칙은 점차 가중될 수 있다. 많은 학교와 기업체가 경험해 왔듯이 출판사들은 저작권을 위반한 집단에 대해 적극적인 행위를 할 것이다. 이러한 문제를 피하려면, 학교는 분명한 저작권 정책을 만들어야 하고, 그러한 정책을 교사와 학생에게 알려야 한다.

저작권의 기원은 미국 헌법에서 찾아볼 수 있는데 제1조 8항에 "저자와 발명가에게 그들 각각의 저작과 발견에 대한 배타적인 권리를 제한적인 시간 동안 보호해 줌으로써 과학과 유용한 인문과학의 발전을 증진하기 위해 의회는 힘을 가져야 한다."라고 명시되어 있다. 저작권을 관할하는 현재 법은 미국 헌법의 제17조에서 볼 수 있다(http:// www.law.cornell.edu/uscode/17/). 저작권에 대한 완전한 토론이 이 책의 범위를 넘는 것이지만, 이 부분에서 저자들은 몇 가지 기본적인 지침을 제공하고자 한다. 더 자세한 정보가 필요하면 학교 도서관이나 매체전문가, 교재의 참고문헌을 참조하라. 다음의 질의응답은 저작권의 가장 중요한 몇 가지를 제시한 것이다.

- 저작권이 있는 자료는 무엇인가?

  저작권이 있는 자료라는 것은 실재하는 매체 속에서 고정된 저작권자의 원본을 말한다. 여기에는 문학작품, 미술, 음악작품, 사진 그리고 컴퓨터 소프트웨어 등이 포함되며, 기본적으로 실재로 만들어진 작품의 질을 보장하는 것이다. 각각의 아이디어, 개념, 절차를 보호하도록 저작권으로 등록할 수는 없다. 왜냐하면 그러한 과정은 작품이 만들어졌을 때 자동적으로 작품의 창작자에게 보장되기 때문이다. 이것은 저작권 마크 ©가 편리함(convenience)의 상징이지 저작권이 있는 자료임을 나타내는 것은 아님을 의미한다.

- 저작권은 얼마나 지속되는가?
  현행법에는 저작권이 있는 작품은 저자의 생애에 70년이 더 보장된다. 임차한 작품들은 출판 연도부터 95년 동안 또는 최초 창작된 날로부터 120년 동안 보호된다. 이러한 규정들은 1978년 이전에 만들어진 작품부터 적용된다.

- 저작권법은 저작권 소유자에게 무슨 권리를 주는가?
  저작권 소유자는 저작권을 활용할 수 있는 사람이나 실체다. 이것은 임차 작품의 경우와 저작권이 양도된 경우(예: 출판사)를 제외하면 대개 작품의 소유자다. 작품에 대한 저작권 소유자는 다음과 같은 배타적인 권리를 갖는다.
  - 작품을 재생산(복사)할 수 있다.
  - 관련 상품을 만들 수 있다.
  - 작품을 판매하거나 배포할 수 있다.
  - 대중에게 작품을 공연하거나 보여 줄 수 있다.

- 저작권 소유자의 권리에는 어떤 한계와 예외가 있는가?
  법은 저작권 소유자의 배타적인 권리에 몇 가지 특정한 예외를 자세하게 설명한다. 예를 들어, 도서관은 특정 상황에서 복사할 수 있고, 도서관 내의 자료 대출을 통해 자료를 이용할 수도 있도록 한다. 또한 미국 정부가 만든 자료는 저작권을 가질 수 없다. 왜냐하면 그것은 **공개 저작물**(public domain)이기 때문이다. 즉, 학생이나 교사들은 멀티미디어 프로젝트 시간(공개 저작물로 생각되므로)에 특별한 허락 없이도 나사(NASA)의 사진자료를 이용할 수 있다. 그러나 소프트웨어 저장, 교수, 자료의 공정한 사용과 관련하여 중요한 예외가 있다. 왜냐하면 이것은 교사와 학생에게 관련된 것이기 때문에 저자들은 이에 대해 심도 있게 논의한다.

소프트웨어 저장

저작권에서는 특정 컴퓨터에 소프트웨어의 사용이 반드시 필요하거나 원본이 손상되어 소프트웨어의 백업 복제를 해야 할 상황이라면 컴퓨터 소프트웨어의 복제를 허용한다. 특정 소프트웨어의 인가(license)를 받은 경우를 제외한 다른 컴퓨터 소프트웨어의 복사는 불법이다. 이는 네트워크에 접속되지 않는 컴퓨터뿐만 아니라 네트워크에 연결된 컴퓨터 모두에 해당된다. 네트워크 파일 서버가 어떤 프로그램에 대해 오직 하나의 복사(copy)권 만을 가지고 있지만 여러 장의 복사본이 네트워크에서 작동될 수도 있다. 그러나 그 소프트웨어에 대해 단일 복사권만 구입했다면 그것은 불법이다. 학교는 네트워크 인가나 네트워크상에서의 여러 복사를 할 수 있는 권리를 획득해야만 한다. 그리고 네트워크는 특정 복사본의 수를 제한하고 있다면 위법을 막기 위해 소프트웨어의 사용을 감시해야 한다.

수 업

여러 해 동안 교사들은 면대면 수업이라는 목적을 위해 저작권이 있는 제품을 어느 정도 사용할 수 있는 재량권이 있었다. 예를 들어, 교사들은 **'가정용' 라벨이 붙은** 비디오테이프를 합법적으로 구매했을 경우에 한해서, 그리고 가르치고자 하는 내용과 관련된 교수자료일 때, 또한 비영리적인 교육기관에서 면대면 수업에 사용하고자 할 때 교실에서 학생들에게 사용할 수 있었다.

저작권법에서 이 특별한 예외는 최근 테크놀로지, 교육, 저작권 일치법(Technology, Education, and Copyright Harmonization Act: TEACH Act)을 통한 원격교육에도 어느 정도는 확대되었다. 이것은 원격수업을 하는 교사는 현재 원격수업 강좌의 학생들에게 자료를 전달할 수 있음을 의미한다. "TEACH 법은 교사들이 미술사나 시 읽기 수업 속의 예술작품에 영화, 음악클립, 이미지를 보여 주고 들려줄 수 있는 것을 망라하고 있다. 그러나 TEACH 법은 학생들이 수업 외의 시간에 학생들이 그러한 자료를 사용하도록 허용하지는 않는다"(Harper, 2001). 이러한 예외적인 일들은 보통 수업에서 학생들이 일반적으로 구입하는 항목에도 포함되어 있다(예: 교과서나 수업용 여러 가지 자료 묶음들). 저작권이 있는 자료가 전달되는 방법에 대한 추가적인 제한점과 기관과 수업에 따라 가능한 유형, 자료에 대한 저작권 유지 기간 역시 TEACH 법에 자세하게 명시되어 있다. Crews(2003)는 TEACH 법에 대한 의미와 중요성, 교사들을 위한 시사점에 대해 전체적인 논의를 제공하였다.

▲ 교사가 학생들을 위해 교과서의 삽화를 복사하고 있다.

공정 이용

공정 이용(fair use)은 비평, 논평, 뉴스 보고, 교육적 사용, 저작권 연구와 관련된 상황에 적용하는 것을 말한다. 예를 들어, 연구자들은 자신의 연구 영역의 도서관 저널을 가지고 단일본의 논문을 만들 수 있다. 비평가는 출간된 작품의 서문의 일부에서 대화를 발췌할 수 있다. 공정 이용은 역시 교육에도 적용될 수 있는데, 교사와 학생들은 가장 중요한 예외 중의 하나다. 그러나 교육 상황에서의 공정한 상황이 무엇인지를 결정할 수 있는 절대적인 지침은 없다.

- 사용의 목적과 특성(예: 교육목적을 위해 저작권이 있는 제품을 사용하는 것은 교육목적이 상업적인 이익을 위해 사용하는 것보다 더 고려되어야 한다는 것이다.)
- 저작권 있는 제품의 특성(예: 만일 그 제품 자체가 특성상 교육적이라면, 이는 공정 이용의 판단을 지지할 것이다.)
- 전체와의 관계 속에 활용된 제품의 양(예: 전체 제품의 양보다 적게 사용하는 것은 더 많은 양을 사용하는 것보다 더 공정하게 여겨진다.)
- 잠재적인 시장에서의 제품 사용 효과(예: 만일 그 사용이 원본 제품의 잠재적인 판매에 부정적인 영향을 준다면 이는 공정 이용에 위반되는 것이다.)

공정 이용 지침은 사례에 따라 적용되어야 한다. 그러나 주체에 관한 지침은 저작권이 있는 작품의 교육적 사용을 다음과 같은 지침으로 지키고 있다. ① 간략한 기본적인 발췌만이 사용되었을 때(예를 들어, 1,000단어 이하 또는 전체 작품의 10% 이하로 발췌하였을 때), ② 자발적인 이용(만일 논문을 사용하고자 하는 결정이 순간적으로 이루어졌고 합리적으로 허락을 구하기에 너무 늦었을 때, 교사는 수업을 위해 논문을 복사할 수 있다). ③ 누적적인 결과는 없다(수업에서 한 번 이상 사용하지 않는다. 구매의 대체 수단으로 반복되어 제공하지 않는다). 다른 규칙은 테이프로 제작된 텔레비전 방송과 같은 특정 매체의 사용을 통제한다. 특정 지침에 대해서는 매체 전문가에게 조언을 구하라.

디지털 매체 디지털 매체와 인터넷의 도래로 저작권은 아주 더 많이 중요해지고 있고, 분류하기도 훨씬 더 어려워졌다. 이미지를 스캔하거나, 비디오와 오디오를 디지털화하고 디지털 화상(representation)을 멀티미디어나 World Wide Web 페이지로 통합하는 이러한 일련의 작업이 합법적인지에 대한 질문의 답은 대부분 '아마도 그러지 않을 것'이다. 수많은 집단이 저작권법을 수정하고 있거나 특정 상황 해석에 대한 지침을 만들고 있으며, 디지털 매체와 다른 새로운 공학과 관련된 문제도 이를 명확히 해야 할 것이다. 그러나 이러한 문서처럼 안정적인 것은 없다.

최고의 충고는 공정 이용 지침의 설정에 따라 교사와

학생들이 디지털 매체를 취급하도록 하는 것이다. 말하자면, 디지털로 만들어진 저작권이 있는 자료(텍스트, 오디오 또는 비디오)는 다음과 같은 상황에서 공정 이용을 고려해야 할 것이다. ① 교육적 상황에서의 이용이다(예: 학생이 만든 프로젝트를 포함해서 교실 수업의 일부분). ② 자료 자체가 특징상 교육적이다. ③ 임시적으로 원본을 사용하는 것이 비교적 적다(자료원에 대한 판매권이 주어진다). ④ 원본의 시장판매에 불리한 영향을 주어서는 안 된다. 그러나 교실 외의 이용과 배포의 경우 문제가 될 수 있다. 예를 들어, 허가 없이 웹에서 저작권 있는 자료를 올리는 것은 거의 확실하게 저작권법을 위배하는 것이다.

문제 피하기 교사와 학생들이 저작권 있는 자료가 지닌 문제를 피할 수 있는 몇 가지 방법이 있다. 하나의 해결책은 자료 사용을 위해 허가 신청을 요구하는 것이다. 출판자들은 기꺼이 저작권 있는 자료를 교실에서의 비영리적인 교육적 목적으로 사용하는 것을 무료로 제공하고자 한다. 다른 해결책은 '사용료가 없는' 매체를 구입하는 것이다. 많은 판매자는 사용료 지불이 없는 프레젠테이션이나 다른 제품에 시용할 수 있는 이미지나 사운드를 포함한 CD-ROM을 판매한다. 그러나 자세한 설명을 읽는 것이 중요하다. '지불료가 없다.'가 의미하는 것은 하나의 제품에서 다른 제품에까지 다양하기 때문이다. 몇몇 경우에는 자료 사용에 거의 제한점이 없지만 또 다른 경우에는 특정 온라인 작품에는 사용이 허락되지 않는 것도 있을 것이다.

국가교육공학표준과의 연계

NETS와 연계

교사를 위한 국가교육공학표준 IV(사회적, 윤리적, 법적, 인권문제)는 **저작권과 저작권과 관련된 윤리적 법적 문제를 규명하고 이해할 필요가 있음**을 강조한다. 이 법에 충실하게 따른다는 것은 혼란스럽고 어려울 수 있다. 이러한 어려움을 탐색하는 방법 중 하나는 몇몇 인터넷 사이트 중 하나를 방문하여 짧은 '저작권 퀴즈'를 풀어 보는 것이다. 다음의 질문에 답하여 보라.

① 아래의 사이트를 하나 이상 검토하라.
- http://www.esu7.org/~sgsweb/copyquiz.html
- http://www.mediafestival.org/quiz1.pdf
- http://www.techlearning.com/db_area/archives/TL/2002/10/copyright quiz.html

더 많은 저작권 퀴즈는 저작권 퀴즈와 같은 검색어를 이용해 인터넷을 검색(예: Google)해 보면 찾을 수 있을 것이다.

② 여러분이 제시한 정답과 퀴즈 내에 제시된 정답을 비교하고, 그 차이를 살펴보라.

③ 저작권과 공정 이용에 관한 법에 대한 오해를 해결하려면 몇몇 인터넷 정보와 튜토리얼 사이트를 검토하라.
- http://fairuse.stanford.edu/
  저작권과 공공 이용에 관한 스탠퍼드 대학교의 포괄 사이트
- http://www.utsystem.edu/OGC/intellctualProperty/cprtindx.htm#top
  저작권에 관한 텍사스 대학교의 분쟁 코스
- http://www.copyright.iupui.edu/
  인디애나 대학교 저작권 관리 센터에 있는 인디애나 대학교와 퍼듀 대학교

④ 저작권에 관한 저널 총체를 기술하고 왜 교사들이 이런 방식으로 올바른 행동을 만들어야 하는지를 기술해야 한다.

〈표 8-4〉 저작권 및 공공 이용과 관련된 웹사이트

웹사이트	URL
U.S. Code 제17조 저작권 법	• http://www.law.cornell.edu/uscode/17/
U.S. 저작권 사무소 저작권과 관련된 미국 정보 공식 웹사이트	• http://www.copyright.gov/
스탠퍼드 대학교 저작권과 공공 이용 사이트 저작권과 교육에 대한 가장 포괄적인 사이트임. 적극 추천함	• http://fairuse.stanford.edu/
저작권 관리 센터 인디애나 폴리스에 있는 퍼듀 대학교와 인디애나 대학교에 소재. 교육자와 사서를 위한 저작권의 모든 것을 제공하는 우수한 사이트	• http://www.copyright.iupui.edu/
저작권 빠른 안내 저작권과 그 쟁점에 관한 빠른 참조. 저작권 관리 센터의 일부분임	http://www.copyright.iupui.edu/quickguide.htm/
저작권 분쟁 코스 모든 저작권 형태와 공공 이용과 관련된 텍사스 대학교의 튜토리얼과 퀴즈	http://www.utsystem.edu/OGC/IntellctualProperty/cprtindx.htm

이미지와 다른 자료의 많은 수집처가 웹인 관계로 웹상에서 이용할 수 있는 이미지들은 가끔 '공개 저작물'이라고 진술된 것도 있고, 그러지 않은 것도 있다. 웹에서 이미지들을 사용할 때는 이러한 경우를 항상 주의해야 한다. 어떤 웹사이트는 여러분의 웹페이지에 적절한 속성과 링크를 만들어 놓으면 그 사이트의 자료를 사용하도록 허용한다. 이것은 좋은 자료에 대한 조그마한 감사의 표시일 수 있다. 웹상에서 이미지나 다른 자료를 '가져올 수 있는' 다른 방법은 원본 출처와 여러분 사이트를 링크시켜 놓는 것이다. 이러한 방법으로 여러분은 원본을 실제로 복사하지 않고 정보에 접근할 수 있다. 만일 여러분이 이러한 접근을 한다면 출처 사이트에 링크를 걸기 위한 허락을 정직하게 요청해야 할 것이다. 그리고 출처 사이트의 어떤 변화에 의해 여러분 링크가 깨지지 않도록 주의해야 할 필요가 있다.

저작권에 대한 더 많은 정보를 위해 또는 저작권과 새로운 공학에 대한 논쟁의 최근 상황을 보려면 〈표 8-4〉의 웹사이트를 방문해 보라.

테크놀로지 코디네이터 코너

최근에 장 교사는 2학년 교사인 한 교사에게서 전화를 받았다. 2주 전에 한 교사는 교실에서 일어나는 활동과 어린이를 위한 중요한 과제 설명, 자신의 교육철학, 학생들이 참여했던 몇 개의 현장활동에 대한 보고서를 학급 웹사이트에 올렸다. 한 교사는 자신의 학습 사이트를 개설하였고, 장 교사에게 자신의 사이트와 학교 웹사이트를 연결해 달라고 요청했다. 지난 금요일까지는 모든 것이 잘 진행되고 있는 것처럼 보였다. 바로 그날 한 교사는 한 어린이의 할머니로부터 전화를 받았다. 그 아이는 자기 할머니에게 그가 학급에서 어떻게 지내고 학교에서 그 학급이 어떻게 운영되고 있는가를 보려면 학급 웹사이트를 방문하시라고 말했다.

그러나 할머니는 웹사이트를 보고 나서 많은 걱정을 했다. 먼저 할머니는 왜 교사가 그러한 사이트를 만드는 데 그토록 많은 시간을 소비했는지에 대해 우려를 나타냈다. 할머니는 웹사이트가 매우 예쁘지만 그 사이트의 교육적 가치를 찾지 못했고 그 사이트에 투자된 시간이 교실에서 교사가 아이들에게 들여야 할 시간이 아닌지에 대해 걱정했다. 보다 중요한 것은 프로젝트 활동을 하는 몇 개의 학급 아이들과 자기 손자 사진 아래에 그 아이들의 이름이 뚜렷하게 나타난 것이다. 할머니는 그것은 활동 읽기를 흥미롭게 하지만 손자의 이름과 학교 주소 등이 인터넷을 통해서 전 세계에 그림으로 알려지는 것이 어떤 측면에서는 손자를 위험하게 만들 수 있다는 것을 걱정했다. 할머니는 교사에게 손자의 사진 사용에 대한 허가를 받았는지와 안전문제에 대해 관심을 가졌는지를 물었다.

한 교사는 교과 웹사이트의 가치에 대해 철저하게 알고 있지는 않았다. 한 교사는 사이트 내에서 가야 할 것과 그것이 어떤 가치를 가졌는지를 장 교사와의 논의 속에서 찾았다. 한 교사는 학교에서 웹사이트가 학생들에게 과제를 기억하는 데 얼마나 도움을 주었는지 또한 웹사이트가 부모를 학생들의 학교활동과 작업에 연계시켜 주는 효과를 목격해 왔다. 게다가 한 교사는 빠른 시일 내에 사이트에 추가되어야 할 다른 일들, 즉 추가적인 상호작용활동, 사례, 보다 많은 연습활동 등을 기획했다. 각각의 이러한 활동은 현재 교실에서 일어나는 학습을 확장시켰다. 공학 코디네이터들은 이러한 사이트의 가치를 완벽하게 이해하고 방문하는 사람들을 위해 그 사이트가 담고 있는 것이 무엇이고, 인덱스 페이지에 왜 그 자료가 포함되어야 하는가에 대한 추가적인 설명을 포함해야 한다고 제안하였다. 그러나 안전성에 대한 문제는 테크놀로지 코디네이터가 명확하게 보기를 원하는 부분이다. 요즘 세상은 사람들에게 매우 신중해야 함을 요구한다. 다른 사람의 사진을 올리기 전에 허락받아야 하고, 사소한 경우에도 사진을 익명으로 두거나 신분, 위치를 밝히지 않아야 한다. 장 교사는 교사들이 사이트를 검토하고 사진을 구별하여 학생들의 이름을 지우거나 바꿔야 한다고 제안했다.

요 약

이 장에서는 교수목표, 학습환경, 교수활동에 맞는 교수자료를 선택하여 교수계획을 완성하도록 배웠다. 교재를 구하려면 가능한 한 언제나 현재 있는 자료를 선택한다. 만약 적절한 자료를 사용할 수 없다면 학생들 요구에 맞게 현재 자료를 수정한다. 최후의 수단으로, 새로운 자료를 개발해야 한다. 선택 · 수정 · 개발하는 모든 경우에 여러분은 설정된 저작권 지침을 따라야 한다.

추천 자료

CD 자료

학습내용의 기억과 전이를 돕기 위해, 이 책에 동봉된 CD 안에 있는 제8장의 성찰적 사고를 위한 질문 및 활동을 읽어 보라 〔장에 대한 정보와 활동(Chapter info and Activities) ≫ 제8장(Chapter 8) ≫ 성찰적 사고를 위한 질문 및 활동(Reflective Questions and Activities)〕.

또한, 이 장의 CD 안에는 관련 인터넷 웹사이트, 국가교육공학표준과의 연계, 이 책의 저자들의 이메일 주소에 대한 정보가 수록되어 있다.

웹사이트 자료

이 책의 웹사이트(www.prenhall.com/newby)에 접속하여 제8장과 관련된 학생의 질문과 저자들의 답변을 실은 질의응답 코너를 읽어 보라. 질문이 있으면 저자들에게 직접 보내도 좋다. 이 장에 관한 저자들의 프레젠테이션도 볼 수 있으므로, 이 장의 내용에 관한 저자들의 견해도 살펴보라.

인쇄 자료

Clark, R. C., & Lyons, C. (2004). *Graphics for learning: Proven guidelines for planning, designing, and evaluating visuals in training materials*. San Francisco: Jossey-Bass/Pfeiffer.

Crews, K. D. (2000). *Copyright essentials for librarians and educators*. Chicago: American Library Association.

Fleming, M., & Levie, W. H. (Eds.). (1993). *Instructional message design: Principles from the behavioral and cognitive sciences* (2nd ed.). Englewood Cliffs, NJ: Educational Technology Publications.

Kearny, L. (1996). *Graphics for presenters: Getting your ideas across*. Menlo Park, CA: Crisp.

Layng, J. M., & Rosner, R. (2004). *Media design: The practice of communication technologies*. Upper Saddle River, NJ: Pearson/Prentice Hall.

Moore, D. M., & Dwyer, F. M. (Eds.) (1994). *Visual literacy: A spectrum of visual learning*. Englewood Cliffs, NJ: Educational Technology Publications.

Smaldino, S. E., Russell, J. D., Heinich, R., & Molenda, M. (2005). *Instructional technology and media for learning*. Upper Saddle River, NJ: Merrill/Prentice Hall.

제3부

테크놀로지의 유의미한 통합

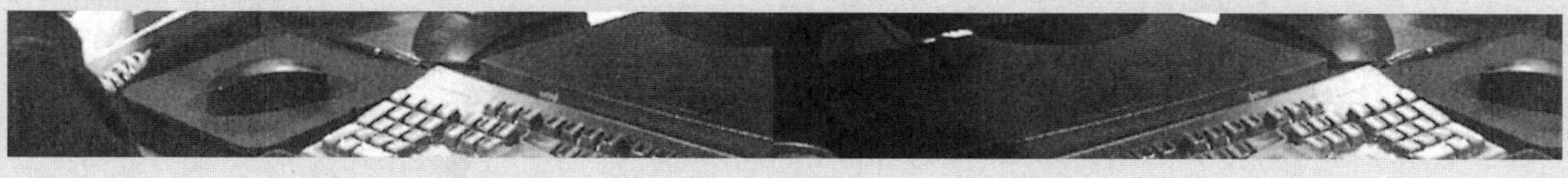

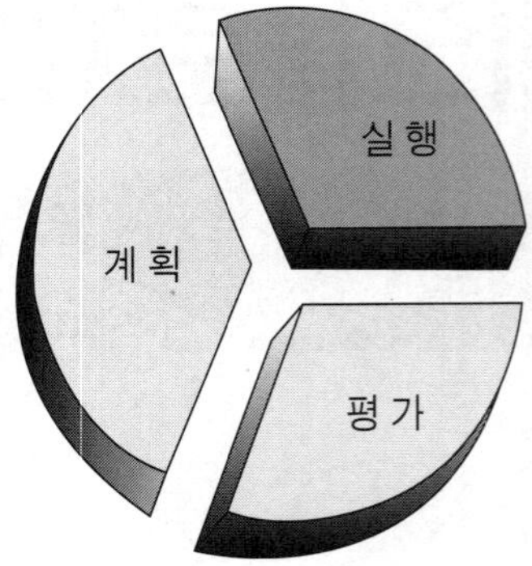

저자들은 테크놀로지의 유의미한 통합의 다양한 배경에 대해 다루어 왔지만, 현재 우리의 질문은 '학생들이 교재와 상호작용하면, 그들은 배울 수 있는가?' 다. 그 대답은 '상황에 따라 다르다.' 다. 제3부에 나오는 PIE 모형에서 'I(실행)' 로의 이행은 교수자료가 **잘 실행될 수 있는 방법**에 집중했다. 저자들은 학생들이 높은 수준의 학습을 성취하도록 훌륭한 계획과 교수자료와의 통합 및 실행 전략이 조화를 이루도록 할 것이다. 교수에서 저성취의 경험이 적지 않음을 생각해 보라. 학습이 빈약하게 계획된 교수자료, 교수자료의 통합과 실행되는 방식 때문에 또는 몇 가지 조합에 의해 방해받고 있는가? 예를 들어, 낮은 질의 비디오, 접근 불가한 웹사이트, 해석할 수 없는 오디오, 제시된 정보와 적절하지 않은 시각물 때문에 혼란이 있었는가? 결석한 학생들은 이용할 수 없는 수업 토론과 제한된 소프트웨어 접근 때문에 실습하지 못했던 실습실 경험 또는 인터넷 접근이 느리거나 중단되는 네트워크상의 문제점은 없었는가? 요점은 여러분이 이전에 없었던 최신의 교수안과 굉장히 훌륭한 교재 세트를 갖추어도 그것을 적절히 실행하지 못하면 학생들은 할 수 있는 만큼 학습하지 못한다는 것이다.

제3부에서 학습은 내용과 학생들이 상호작용하는 방식의 함수임을 강조한다. 학습이 일어날 수 있음을 확신하게 하는 활용의 원리가 있다. 사용 가능한 테크놀로지 도구의 다양한 유형과 그것이 사용될 때를 아는 것으로는 충분하지 않다. 그것을 효과적으로 사용하는 법을 알아야만 하는 것이다.

제3부를 시작하면서, 제9장에서는 학생 학습을 지원하는 수단으로써 컴퓨터를 세부적으로 검토한다. 제10장에서는 인터넷을 다루며, 인터넷이 교실환경 속에서 교사와 학습에 효과적으로 영향을 주기 위해 어떻게 통합되어야 하는가를 다룰 것이다. 통합과 실행에 관한 제3부는 원격교육에 관한 초점으로 결론 내려지는데(제11장), 여기에서는 교재를 전달하기 위해 사용되는 독특한 방법과 독특한 방식으로 학생에게 영향을 주는 것이 설명된다.

제9장

학습지원을 위한 컴퓨터의 통합

핵심어와 개념

통합학습 시스템
단일 컴퓨터교실
프로그래밍 언어
하이퍼미디어

학습목표

이 장은 다음 사항을 목표로 한다.

- 컴퓨터 보조교수의 각 특성과 일반적인 범주 중 적어도 하나의 예를 들어 기술할 수 있다.
- 학생들이 멀티미디어와 하이퍼미디어 프로젝트를 스스로 개발하는 과정에서 학습이 이루어진다는 이론적인 근거를 논의할 수 있다.
- 학생들이 컴퓨터를 교사로서, 보조자로서, 학습자로서 활용함으로써 학습할 수 있는 방법을 논의할 수 있다.
- 교실에서 컴퓨터 사용과 관련된 문제를 확인하고 논의할 수 있다.

[그림 9-1] 학습경험 퍼즐의 한 조각으로써 테크놀로지 도구

이 장에서는 학습경험을 향상시키기 위해 테크놀로지를 통합하는 방법을 탐색한다. [그림 9-1]에 나타난 것처럼 이러한 테크놀로지 도구의 통합은 학습경험의 설계, 개발, 실행에서의 중요한 퍼즐 조각으로 보일 수 있다. 이 장은 특히 컴퓨터에 초점을 두고 학생들이 학습을 위하여 교실에서 컴퓨터를 어떻게 이용할 수 있는가를 살핀다. 교육에의 컴퓨터를 도입과 사용을 소개한 제3장을 상기해 보라. 저자들은 컴퓨터의 사용을 교사, 보조자, 학습자로서의 세 가지 방식으로 간략하게 설명하였다. 이 장에서는 학생들의 학습을 증진시키기 위한 컴퓨터 사용에 특별한 초점을 두고 분류 틀을 다시 검토해 보고 확장한다. 제10장에서는 특히 인터넷을 살펴보고, 교실에서의 인터넷 사용 방식을 검토한다. 제11장에서는 학습을 향상시키기 위한 원격교육 테크놀로지 통합방법을 검토한다.

머리말

체스를 해 본 적이 있는가? 만일 있다면(아마도 해 본 적이 없더라도) 여러분은 체스가 상대편의 말에 대항해서 자신의 말을 움직이는 전략 게임이라는 것을 알고 있을 것이다. 게임의 목적은 상대편 왕을 쓰러뜨리는 것인데, 이 목적은 수백만 가지의 방법으로 이루어질 수 있다.

체스에서 움직이는 각각의 말은 그 자신의 고유한 특징적인 방식과 다른 장점을 가지고 있다. 예를 들어, 비숍(bishops)은 대각선을 따라 움직이며, 체스판의 가장 먼 곳까지 영향력을 행사할 수 있다. 루크(rooks)는 체스판의 먼 곳까지 영향력을 행사할 수 있으나 행을 따라 또는 열을 따라서 직선으로만 움직일 수 있다. 나이트(knights)는 다른 말들이 갈 수 없는 지점으로 들어가는 것이 허용되며 L자 형태로 움직인다. 체스에 능통한 사람들은 지위가 낮은 졸부터 강력한 여왕까지 각 말들의 독특한 장점을 이해하고 결과적으로 그들은 게임의 목적을 성취하기 위해 이러한 말들을 성공적으로 이용할 수 있다.

체스 게임이 교육에 컴퓨터를 활용하는 것과 무슨 관련성이 있는지 의아해 할 수도 있다. 물론 교육은 학습에 관한 것이지 적수를 물리치는 것은 아니다. 그러나 교실에서 컴퓨터를 사용하는 데는 체스를 할 때처럼 학습목표를 성취하기 위한 여러 가지 방법이 있다. 체스를 하는 사람은 상대편 왕을 물리치기 위한 방법을 찾기 위해 각 말의 장점을 이해해야 하며, 제3장에서 언급한 것처럼 교실에서 컴퓨터를 사용하는 다양한 방법과 그와 연관된 테크놀로지가 있다. 여러분은 그것을 효과적으로 가르치기 위해 다른 컴퓨터 애플리케이션의 장점을 이해해야 한다. 그렇게 함으로써 여러분은 교실에서의 궁극적인 목적인 학습향상 달성에 컴퓨터를 이용할 수 있다.

제3장에서 컴퓨터의 교육적 적용에 대한 Taylor의 단순하지만 유용한 범주, 즉 교사로서, 보조자로서, 학습자로서의 컴퓨터를 소개하였다. 첫 번째 범주에서 컴퓨터는 교사나 튜터가 할 수 있는 수업을 학생에게 제시한다. 두 번째 범주에서 컴퓨터는 쓰고, 계산하고, 정보를 제시하는 것과 같은 판에 박힌 과제를 수행하도록 학생을 도와준다. 마지막 범주에서 학생들은 과제를 수행하거나 또는 다른 사람들을 교수하기 위해 컴퓨터로 '가르치는 일'을

▲ 체스의 말처럼 교수공학 도구는 서로 다른 장점을 갖고 있다.

하면서 교사의 역할을 한다.

체스의 말처럼 교육에 컴퓨터를 활용하는 각각의 방법은 다른 교실 학습 상황에 적절한 장점을 갖는다. 이 장에서는 학생의 학습을 향상시키기 위한 컴퓨터 활용방법을 더 잘 이해할 수 있도록 조직적인 틀을 검토한다.

테크놀로지 통합 과정: 학습경험 속에 컴퓨터를 통합하기 위한 준비

이 장에서는 학생의 학습경험을 향상시키고자 교실에서 컴퓨터를 통합할 때의 여러 가지 고려사항에 대해 살펴본다. 여러분이 학습활동에 교사, 보조자, 학습자로서 컴퓨터를 통합하고자 계획할 때에는 무엇을 고려해야 하는가?

첫째, 학생들의 지식, 기술, 성향을 고려해야 한다. 학생들이 학습활동을 할 때 처리할 수 있는 능력은 무엇인가? 오늘날 컴퓨터를 사용하려면 학생들은 마우스를 사용하고 메뉴에서 옵션을 선택하고 인터페이스를 이용해서 다른 정보를 탐색할 수 있는 최소한의 능력이 있어야 한다. 사람들이 체스를 할 때 체스의 모든 복잡한 규칙을 알 필요가 없듯이, 컴퓨터를 사용할 때 특정 애플리케이션의 세부적인 지식을 반드시 알아야 하는 것은 아니다. 그러나 마치 체스의 말이 게임에서 어떻게 움직일 수 있는지를 알 필요가 있는 것처럼 사용하려는 소프트웨어가 무엇이든 기본적으로 알아야 할 것이 있다. 만일 학생들이 기본적인 지식과 기술이 없다면 여러분은 수업의 일환으로 그것을 가르치는 계획을 세워야 한다.

교수목표를 고려하라. 학생들은 무엇을 배우고 싶어 하고, 컴퓨터는 어떤 이점을 줄 수 있는가? 이 장을 통해 알 수 있는 것처럼 컴퓨터는 많은 교수목표를 전달하는 데 도움을 준다. 그러나 모든 교수목표에 적합한 것은 아니라는 것도 분명하다. 컴퓨터는 학생들로 하여금 과일을 향기로 구별하게 하거나 주차장의 길이를 추정하게 하는 데는 별로 효과적이지 않다.

물론, 컴퓨터를 사용하려면 적어도 하나의 컴퓨터를 가지고 있어야 한다. 학교에서 사용할 수 있는 컴퓨터 테크놀로지는 교실에 있는 한 대의 컴퓨터('도구상자 팁: 컴퓨터가 하나뿐인 교실' 참조)부터 학생 스스로 접근 가능한 교실의 여러 대의 컴퓨터 또는 도서관 컴퓨터, 컴퓨터실('도구상자 팁: 컴퓨터실 이용하기' 참조)까지도 포함된다.

다른 교수활동처럼 학생들과 함께 컴퓨터를 이용할 때에는 교재와 학습환경, 교수자료를 준비해야 한다. 학습환경을 준비하면서는 컴퓨터가 잘 작동되는지도 점검해야 한다. 사용하려는 소프트웨어에 익숙한지도 점검하고, 컴퓨터가 교수용 패키지인지, 사무용 애플리케이션인지, 멀티미디어 저작도구인지도 확인해야 한다. 학생활동을 준비하도록 하며, 필요하다면 학생활동을 잘 하도록 그 소프트웨어의 기본 작동법을 소개해 주어야 한다. 교수활동을 위해 교수목적을 논의하고 문자적인 교수자료와 보완적인 교수자료를 개발한다. 아울러, 학생들에게 컴퓨터 사용과 적절한 사용 규칙을 상기시킨다.

컴퓨터를 활용한 수업의 향상을 위해 개별 학생들이 이해하고 있는지를 점검하고, 그 소프트웨어를 사용하면서 나타나는 문제를 해결해 주어야 한다. 학생들이 질문이나 문제가 있다면 서로 자원으로 활용할 수 있도록 격려해 주어야 한다. 다른 교수방법에도 컴퓨터 사용을 통합하도록 확인하고, 컴퓨터를 잘 활용하고 있는지를 평가할 시간이 필요하다. 컴퓨터 사용이 학습에 도움이 되었는가? 앞으로 컴퓨터가 어떻게 수업을 개선할 수 있는가?

교사로서의 컴퓨터

교육에서 가장 오래된 컴퓨터 활용은 1960년대 초까지 거슬러 올라가는데, 그것은 수업을 학생에게 직접 제시하는 하나의 도구로서였다. 이러한 사용은 보통 컴퓨터보조수업(Computer-assisted instruction: CAI), 컴퓨터기반수업(Computer-based instruction: CBI), 컴퓨터보조학습(Computer-assisted learning)이라 불린다. 이러한 분위기에서 컴퓨터는 수업을 제시할 수 있고, 다양한 매체를 사용할 수 있고, 교수활동이나 교수 상황 및 퀴즈를 제공할 수 있고, 학생으로부터 상호작용을 요구할 수 있으며, 학생 반응을 평가할 수도 있고, 피드백을 제공할 수 있으며, 적절한 추후활동을 결정할 수도 있다.

컴퓨터의 중요한 이점은 컴퓨터가 가진 상호작용성이다. 인쇄된 학습지는 학생들의 답을 위한 공간을 둘 수 있으나 교수용 비디오는 시청자를 위한 질문을 줄 수도 있는데, 학생들의 질문에 실제로 반응할 수는 없다. 컴퓨터는 반응을 필요로 하며, 학생의 능동적인 참여를 요구할 수 있다. 컴퓨터를 교수기계로 사용하면, 컴퓨터는 상당히 상호작용적이고, 개별화되며, 참여적이고 무한한 인내심을 갖고 있다. 전통적인 방법과 CAI를 비교하는 연구를 분석한 결과(Kulik & Kulik, 1991; Niemiec & Walberg, 1987), CAI가 약간 높은 학업성취를 보이고 시간도 적게 걸리며, 컴퓨터와 수업내용에 대한 향상된 태도를 나타내었다. 긍정적인 결과는 낮은 성적 집단에서 다소 높게 나타났는데, 보다 최근의 분석(Kulik, 2003)에서는 수업에서 교수공학을 통합한 결과가 혼합되어 나타났지만, 과거 10년 동안의 교수공학의 통합은 초창기 시도보다 더 성공적인 것으로 나타났다.

시나리오: 도와 도청 소재지

하 교사는 서광초등학교의 5학년 교사다. 교육청 사회연구 교육과정 안내서는 모든 5학년 학생들에게 우리나라 도와 도청 소재지를 모두 정확하게 알고 구별할 수 있도록 요구하고 있다. 하 교사는 학생들이 이 목표를 성공적으로 달성하기 위해 몇 주에 걸쳐 일련의 활동을 만들었다.

하 교사는 우리나라 지리에 관한 단원 시작 부분에서 학생들에게 우리나라 지도와 함께 각 도와 도청 소재지 항목을 적은 인쇄자료를 나누어 주었다. 그리고 학생들에게 각 도와 도청 소재지를 정확하게 알고 구별할 수 있어야 한다고 설명했다. 하 교사는 그 목표를 보다 쉽게 달성할 수 있는 방법을 찾았고, 연습을 위한 충분한 기회를 주었다.

첫째, 하 교사는 과제를 보다 잘 처리할 수 있는 집단으로 나누었다. 그녀는 24명의 학생들을 6명씩 총 4집단으로 나누었다. 각 집단의 학생들은 우리나라의 북부, 남부, 서부, 동부의 각 지역에 할당되어 '전문가' 집단이 되었다. 각각의 학생들은 그들이 할당받은 지역의 도와 도청 소재지에 관한 학습에 책임감을 갖게 되었다. 하 교사는 학습이 이루어지는 교실에 2대의 컴퓨터를 설치하였다. 한 컴퓨터에서는 각 도의 연구를, 즉 각 도의 흥미로운 풍습, 인구 등을 탐색할 수 있는 CD-ROM을 설치하였다. 다른 컴퓨터에는 개별 학생들이 스스로 반복하여 각 도와 도청 소재지를 학습할 수 있는 반복 연습 프로그램을 사용하도록 하였다. 하 교사는 학생들이 공부를 진행하는 동안 도움이 필요한 학생들을 도와주면서 교실을 돌아다녔다.

학생들에게 그들의 전문적인 지식을 개발할 수 있는 시간을 준 후, 하 교사는 한 집단의 학생들이 다른 집단의 학생들과 짝을 지어 학습할 수 있는 순회 시스템을 만들었다. 학생들은 순회 계획에 따라서 번갈아서 동료 튜터링과 그들 각각 지역에서의 도와 도청 소재지에 대해 서로 연습하여 주말에는 모든 학생이 도와 도청 소재지를 연습할 수 있었다. 매주 하 교사는 학생들에게 도와 도청 소재지의 하위 요소를 완성하는 학습지를 나누어 주었고, 매주 금요일에는 이에 대한 퀴즈를 주었다. 특별히 학습장애가 있는 학생들을 돕기 위해 하 교사는 그 학교의 특수교사인 정 교사와 세심하게 작업을 하였다. 몇몇 특수아동을 위한 특별한 활동이 주어졌고, 이들의 특수한 요구를 충족할 과제가 조정되었다. 하 교사는 음악 선생님인 박 교사에게 노래를 이용해 각 도와 도청 소재지의 이름을 학생들이 모두 외울 수 있도록 도움을 청했다.

하 교사는 그 단원을 수업하는 컴퓨터실에서 몇 개의 수업을 계획했다. 컴퓨터실에서 수업하던 날, 학생들은 하 교사가 제작한 '내 친구는 어디에 있을까?' 라는 프로그램을 공부했다. 이 프로그램에서 학생들은 실종된 친구를찾기 위해 한국의 지형적 단서를 사용해야 한다. 하 교사는 컴퓨터실에서 수업하면서 학생들에게 짝을 지어 게임을 하도록 하였다. 그러면서 그는 학생들이 짝을 지어 게임을 하면 게임을 운영하는 방법도 훨씬 빨리 알게 되고 발생하는 문제도 더 빨리 해결한다는 것을 알았다. 그 이후에는 학생들을 혼자 작업하게 해서 개별 학생들이 문제를 얼마나 잘 해결할 수 있는지를 파악했다.

몇 주 후, 대다수 학생은 각 도와 도청 소재지를 외워 그 이름을 아주 능숙하게 적을 수 있게 되었다. 하 교사는 그러한 과정이 매우 즐거웠고 수업 단원이 교육청의 목표에 부합하는 아주 성공적인 것이었다고 만족해했다. 최고의 활동을 위해 그 학급은 '한국의 날' 을 지정했다. 각 학생들은 각 도 중 하나를 준비해 와서 그것에 대한 간단한 구술발표를 하였다. 미술교사인 최 교사가 발표에 필요한 그림 그리는 것을 도와주었다. 많은 학생이 그들 도의 지도를 그렸지만 몇몇 학생들은 다른 작업을 하였다. 한 학생은 강원도를 발표하기 위해 설악산의 울산바위를 만들었다. 부모님을 초대하였고, 모든 학생은 발표를 하였으며 프로그램 마지막에는 그들이 배웠던 노래를 하였다. 이 날은 학생들과 부모들에게 대단히 인상적인 날이 되었고, 그 단원을 정리하는 훌륭한 방법이 되었다.

이 시나리오는 교사로서 컴퓨터를 활용하는 것에 대해 우리에게 무엇을 말할 수 있는가? 우리는 다음과 같은 것을 지적할 수 있다.

- **CAI는 항상 지원적 · 보조적 역할로 활용된다.** 예를 들어, 교육용 소프트웨어는 교실활동의 보다 폭넓은 전략의 한 부분이다. CAI가 처음 사용된 이후, 컴퓨터는 완벽한 교수기계가 될 것이며, 언젠가는 인간 교사를 대체할 것이라는 믿음이 지속되어 왔다. 그러나 그러한 일은 일어나지 않았으며 가까운 미래에도 발생하지 않을 것이다. 인간 튜터의 능력을 가지고 접근하는 컴퓨터 프로그램은 거의 없으며, 컴퓨터가 교사를 대체했다고 주장하는 증거를 보지 못했다. CAI는 학생들이 학습하도록 임의로 도울 수 있는 단지 하나 이상의 도구일 뿐이다.
- **CAI의 특정 유형은 특정 학습목표에 적합하다.** 이 예에서, 교육청의 교수목표는 모든 학생이 각 도와 도청 소재지를 학습하는 것이었다. 하 교사는 각 학생들이 이러한 기계적인 과제를 숙달할 수 있는 기회를 갖기를 원했다. 그녀가 사용했던 CAI는 반복 연습 프로그램과 교수용 게임은 이 교수목표에 적절했다. 이러한 프로그램은 연습과 반복 기회를 제공하는 동안 학생들에게 흥미를 갖게 할 수 있다. 다른 형태의 CAI는 고차원적인 교수목표에 적합할 것이다.
- **CAI는 학생을 돕고 교사들에게 시간적인 여유를 줄 수 있다.** 학생들은 소프트웨어로부터 이점을 얻을 수 있고, 교사는 이를 통해 개별 학생의 요구를 수용할 수 있다. CAI를 활용하면서, 하 교사는 가장 도움이 필요한 학생들을 도울 수 있었다. 나중에 학생들 대부분은 게임을 하고 있었고, 하 교사는 개별 학생들의 진도를 평가하기 위한 시간을 가질 수 있었다.

제6장에서는 여기에서 활용한 반복 연습형과 교수용

게임을 포함한 다양한 교수방법을 소개하였다. 교육용 소프트웨어에 포함된 다른 일반적인 방법은 개인교수형, 시뮬레이션형, 문제해결형이다. 시범, 내용 검토, 시험 프로그램, 대화, 맥락 의존적인 도움 시스템과 같이 교사로서의 컴퓨터를 사용할 수 있지만, 이러한 유형에 적합하지 않는 경우에도 교사로서의 컴퓨터를 사용하고 있음을 염두에 두어야 한다. 여러 가지 유형의 CAI에 관해 논의하는 것도 중요하지만, 그것이 컴퓨터의 교육적 활용에 대한 사고를 제한시켜서는 안 된다. 많은 유형의 CAI가 있고, 교육에서의 컴퓨터의 역할을 조명하는 방법 역시 다양하다. 저자들은 소프트웨어와 인간 학습을 관련지어 새로운 유형을 만들어 내며, 오래된 유형을 교실 실제에 더 잘 반영할 수 있도록 변경해 보면서 컴퓨터 기반 교수방법의 특징과 가장 보편적인 CAI 유형의 사례를 모색해 본다.

CAI의 유형

반복 연습형

제6장에서 학습한 것처럼 **반복 연습형**(drill and practice)은 학생들에게 반복적인 작업을 통해 이미 소개된 기본적인 기능이나 지식을 숙달하도록 설계되었다. 컴퓨터를 활용하지 않는 반복 연습형과 비교해 볼 때, 컴퓨터를 활용한 반복 연습형은 다음과 같은 장점이 있다.

- **상호작용성:** 컴퓨터는 많은 문제를 제시할 수 있고 학생의 반응을 요구할 수 있다.
- **즉각적인 피드백:** 컴퓨터는 학생에게 답이 맞았는지 틀렸는지를 즉시 알려 줄 수 있다. 잘 설계된 프로그램에서는 학생에게 그 이유도 설명해 줄 수 있다. 많은 반복 연습형 프로그램들은 학생들이 숙달될 때까지 틀린 문제를 자동적으로 계속 제시한다.
- **무한한 인내심:** 컴퓨터 반복 연습형 프로그램은 피곤하거나 짜증내는 일 없이 하루 종일 진행할 수 있다.
- **다양한 난이도 수준:** 컴퓨터는 난이도 수준을 조절할 수 있다. 이는 교사나 학생의 수행 정도에 따라 자동적으로 조절된다.
- **동기부여:** 도전의 활용과 게임 요소를 통해서 또는 컴퓨터상이라는 이유로, 컴퓨터 반복 연습형 프로그램은 비슷한 지필연습 상황에서보다 더 동기를 높여 줄 수 있다.

이러한 특성은 컴퓨터가 반복 연습 애플리케이션의 훌륭한 도구고, 반복 연습이 교육에 활용된 초등학교에서 왜 가장 대중적인 것이 되었는지를 설명해 준다. 앞의 시나리오에서 하 교사는 교실 학습 상황에서 각 도와 도청 소재지를 배우는 데 반복 연습을 활용하였다. 반복 연습형 프로그램은 다양한 주제 영역에서 기본적인 정보와 기술을 익히기 위해 사용된다. 반복 연습형은 기계적인 암기학습이나 자동화된 학생 반응이 필요할 때 가장 효과적이다. 미국 초등학교에서 많이 사용하는 수학 계산과 읽기 기술 입문 단계에 효과적인 *Stickybear Typing*이나 *Reader Rabbit*과 같은 프로그램이 반복 연습형 프로그램의 예다. *Reader Rabbit*은 초보적인 단어 인지와 단어 구성을 학생들에게 연습하도록 돕는다. *Stickybear Typing*은 학생에게 기본적인 타자연습을 하도록 만들었다. 학생들이 각 질문에 답하면 프로그램은 강화를 제공한다. [그림 9-2]는 *Stickybear Typing*의 간단한 화면이다.

학생들은 심지어 수업시간마다 그러한 화면을 많이 접하지 않고서도 반복 연습형으로부터 몇 가지 이점을 얻을 수 있다. 결론적으로, 그러한 프로그램은 컴퓨터 하드웨어가 부족했을 때 대중적으로 많이 사용되었다. 일반적인 전략은 프로그램을 통해 개별 학생들을 번갈아 가면서 각 학생에게 한 번에 10~20분간의 연습시간을 주는 것이다. 지속적이고 반복적인 짧은 연습 기간이 기술을 형성시킬 수 있다. 제6장의 이용 지침에서 반복 연습형 사용에 대한 많은 팁을 제시하였으며, 이 장에서도 다른 방법을 논의했다.

[그림 9-2] 유명한 반복 연습형 컴퓨터 프로그램인 *Skickybear Typing* 화면

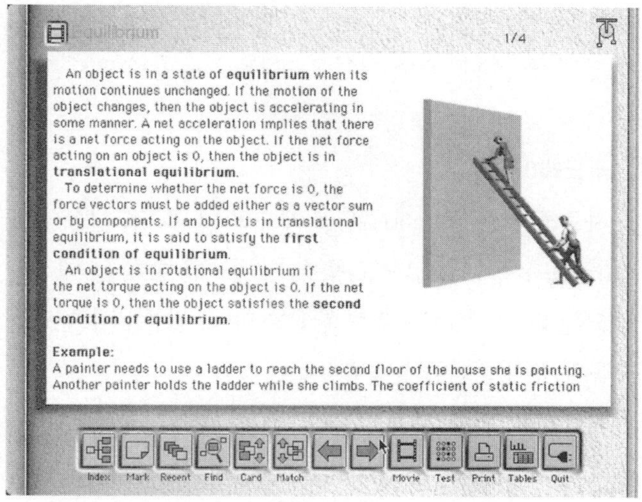

[그림 9-3] 유명한 개인교수형 프로그램인 *Science Smart* 화면

개인교수형

개인교수형 애플리케이션에서 컴퓨터는 교사 튜터의 중요한 교수적인 역할을 가정한다. **개인교수형**(tutorials)은 전형적으로 지식을 통한 하나 이상의 경로, 특정 교수 목표, 학습에 대한 검사 문항의 조직화된 지식 총체를 포함한다. 컴퓨터 기반 개인교수형은 다음과 같은 많은 장점이 있다.

- **질문 포함:** 개인교수형은 반복 연습형처럼 상호작용적인 이점을 가지고 있다. 학생들은 제시되는 질문에 대답하는 적극적인 역할을 해야 하는데 반복 연습형과 마찬가지로 즉각적인 피드백이 제공된다.
- **분지화:** 컴퓨터 개인교수형은 자동적으로 분지(branch)를 만들 수 있다. 다시 말해서, 제시되는 문항에 대한 학생의 반응에 따라 내용 제시 순서를 조절할 수 있다.
- **역동적인 제시:** 컴퓨터는 학생의 주의를 끌기 위해 화면상의 주요 내용을 강조할 수 있는 것처럼 내용을 역동적으로 제시할 수 있다.
- **기록 보관:** 컴퓨터 개인교수형은 자동적으로 학생기록을 유지하여 그러한 과정을 학생에게 알려 줄 수 있다. 더 나아가, 학생들이 그 과정을 만족스럽게 했는지를 확인하기 위해 기록을 점검할 수 있다.

잘 설계되지 않은 개인교수형은 전자 페이지 넘기기에 지나지 않는다. 잘 설계된 개인교수형은 개별 학생의 요구와 결손에 반응하는 매우 상호작용적이고 효과적인 교수 형태다. 개인교수형은 광범위한 주제와 모든 등급 수준에서 활용 가능하다. 사회과학과 자연과학에서 개인교수형을 사용하는 것이 효과가 있다는 일관성 있는 보고도 있었다(Kulick, 2003). 그것은 *Science Smart*의 해부학 핵심 개념을 가르치도록 설계된 개인교수용 프로그램([그림 9-3] 참조)이었다. Fair Field Language Technologies의 *Rosetta Stone*은 외국어 학습을 위한 유명한 개인교수용 시리즈다. ABC CLIO의 *World History*는 1500년경부터 현재까지의 역사적 발전 과정을 보여 준다. 또한 많은 대중화된 컴퓨터 오피스 애플리케이션은 해당 패키지의 사용에 대한 정보를 주는 개인교수형 자료를 제공한다.

대부분 학교의 컴퓨터 개인교수형은 정규 수업을 대체하기보다는 보충하기 위해 이용된다. 개인교수형 자료는 이해하는 데 많은 시간을 투자해야 하기 때문에, 대다수의 학생은 컴퓨터실을 이용하지 않고서는 해당 자료를 효과적으로 사용하기 어렵다. 컴퓨터 하드웨어가 제한된 곳에서 학생들과 함께 작업을 교정하고 풍부하게 하며 짜임새 있게 구성하기 위해 개인교수형을 사용할 수 있다.

시뮬레이션

시뮬레이션(simulation)은 실제 시스템, 상황, 현상의 표상(representation)이나 모형이다. 이러한 표상은 대부분 학습을 더 쉽게 하기 위해 단순화되며, 컴퓨터의 능력을 다음과 같이 최대한 활용한다.

- **다양한 변인 통제:** 컴퓨터는 동시에 다양한 변인을 관리할 수 있다. 컴퓨터는 도시의 성장과 변화, 운동의 물리학적 체제와 같은 복잡한 현실을 실제처럼 묘사할 수 있다. 학생들은 시스템에 형성된 이러한 효과를 관찰하기 위해 변인을 조작할 수 있다.
- **역동적인 제시:** 개인교수형처럼 정보를 역동적으로 제시하는 컴퓨터의 능력은 시뮬레이션에서도 중요하다. 시뮬레이션 도구는 식물의 성장 과정을 그림으로 묘사할 수 있는 것과 같이 실제 사물의 변화 과정을 그대로 묘사·제시할 수 있다.
- **시간 통제:** 컴퓨터는 보통의 교실 관찰로는 너무 느리거나(예: 인구 증가) 너무 빠른(예: 화학 반응) 현상을 연구하기 위해 시간을 줄일 수도, 늘릴 수도 있다. 컴퓨터는 또한 역사적인 상황(예: 19세기 미국 서부 개척 시기의 포장마차 대열)을 묘사할 수 있다.
- **기회 효과:** 많은 시뮬레이션은 학생들에게 여러 가지 요소를 서로 다른 상황에서 서로 다르게 통합하여 보다 현실감 있게 만들기 위해 우연적 요소와 무작위성을 포함한다.

[그림 9-4] 유명한 교육용 시뮬레이션 프로그램인 *Oregon Trail* 화면

시뮬레이션은 자연과학과 사회과학에서 가장 많이 활용되어 왔다. 시뮬레이션 효과성에 대한 평가는 일관되지 않지만(Kulik, 2003; Lee, 1999), *SimCity*(성장하는 도시 관리), *CatLab*(고양이 숨쉬기 과정), *Decisions, Decisions*(역할활동 모의화 사회과학 연구 시리즈), *The Oregon Trail*(포장마차 여행)은 교육용 시뮬레이션의 좋은 사례다. 대부분의 시뮬레이션은 정보의 적용, 사고, 문제해결 기능을 촉진하도록 설계되었다. 학생들에게 시뮬레이션 사용 전에 시뮬레이션의 기본적인 개념을 잘 구축하도록 하는 것이 일반적으로 중요하다. 예를 들어, *The Oregon Trail*은 19세기에 포장마차를 타고 미국을 횡단했던 개척자를 시뮬레이션화한 것이다. 학생들은 시뮬레이션화를 시작하기 전에 음식과 탄약의 양을 결정해야 하고 그들이 횡단하면서 다양한 문제와 기회에 직면하였을 때 무엇을 해야 하는지를 결정해야 한다. 그러나 역사적인 전문지식을 의미 있는 경험으로 만들기 위해서는 서부 개척과 그것을 촉진시켰던 요인과 19세기의 일반적인 삶에 대한 학생들의 배경지식이 필요할 것이다. [그림 9-4]는 *The Oregon Trail*의 간단한 화면이다.

시뮬레이션은 그들이 모델링하고자 하는 것을 정확히 묘사하는 정도에 따라 다양하다. 교육용 시뮬레이션은 단순하고 학생들이 이것을 알고 시뮬레이션화해야 한다. 몇몇 과정의 단순한 시뮬레이션은 학생들에게 아주 적은 시간만을 요구할 것이고 복잡한 것은 몇 시간 정도를 필요로 할 것이다. 개인이나 소집단 학생들은 컴퓨터 시뮬레이션을 효과적으로 활용할 것이다.

교수용 게임

교수용 게임(instructional game)은 CAI에 재미있는 요소를 추가한 것이다. 대부분의 게임은 CAI의 반복 연습형이나 시뮬레이션 유형을 수정한 것이다. 그러나 교수용 게임은 다음과 같은 특징을 가지고 있어 반복 연습형이나 시뮬레이션과 구별된다.

- **동기부여**: 컴퓨터 게임의 중요한 이점은 경쟁, 협력, 도전, 환상, 인지, 보상을 통한 다양한 동기부여적인 요소다.
- **게임 구조**: 게임 구조는 경기의 규칙과 최종 목적이 있음을 의미한다.
- **감각적 호소**: 컴퓨터 게임은 때로 그래픽, 애니메이션, 사운드 그리고 다른 감각적 요소를 통해 흥미를 끈다.

앞서 언급한 것처럼 컴퓨터 게임은 보통 다른 컴퓨터 보조수업(CAI) 유형을 수정한 것이다. 교수형 게임은 반복 연습형과 문제해결 시뮬레이션 프로그램에 게임 요소를 가미한 것이다. *Physicus*는 신비로운 섬에서 물리학의 원리를 적용하는 컴퓨터 게임이다. *Where in the world is Carmen Sandiego?*는 유명한 지리 컴퓨터 게임이다. 시뮬레이션 게임에서 학생은 세상 도처의 도둑을 추적하기 위해서 지리학적인 단서를 이용해야만 한다. 이러한 학생들의 역할 경험은 환상적인 요소다. 게임을 하는 학생은 게임 속에 있는 단서를 이용해서 정해진 시간 내에 도둑의 위치를 알아내야 한다. 학생들은 서로 최대한 빨리 문제를 해결하기 위해 경쟁하며, 또한 도둑을 잡기 위해 협력한다. 이러한 모든 요소는 프로그램을 흥미로운 게임으로 만든다. 이 게임은 매우 인기 있어서 *Where in the USA is Carmen Sandiego?*와 같은 다른 유사한 게임과 다양한 상업용 상품, 텔레비전 시리즈를 만들었다.

컴퓨터 게임은 시간 요구량에 따라 다양하다. 어떤 것은 단지 몇 분 정도만을 필요로 하고, 보다 복잡한 게임은 몇 시간 또는 며칠 정도를 필요로 한다. 아마도 교수용 컴퓨터 게임에 대한 가장 큰 우려는 교육이 게임 때문에 뒷전으로 밀려서는 안 된다는 것이다. 여러분은 이 점을 고려하여 게임을 교육과정에 신중하게 통합시켜야 할 것이다.

문제해결형

어떤 CAI 애플리케이션은 학생들의 문제해결기술을 증진하기 위해 설계되었지만 이전 유형의 어디에도 맞지 않을 수 있다. 컴퓨터 문제해결형 애플리케이션은 다음과 같은 장점이 있다.

- **구체적인 문제 유형에 초점**: 구체적인 문제해결형 프로그램은 때로 특별한 기술(예: 공간능력, 논리)에 초점을 둔다.
- **양**: 컴퓨터 문제해결형 애플리케이션은 다른 CAI 유형처럼 학생들에게 피드백을 제공하거나 상호작용을 하면서 짧은 시간에 많은 문제에 대한 연습을 제공할 수 있다.
- **다양성**: 컴퓨터 문제해결형 애플리케이션은 다양한 문제를 제시할 수 있다. 이는 학생들의 문제해결기술을 일반화하도록 돕는다.

문제해결형 애플리케이션은 논리, 추론, 패턴 인식과 전략 같은 학생들의 고차원적인 사고력을 증진하게 위해 설계된다. 문제해결형 소프트웨어는 추상적 개념의 구체적인 표상을 제공하도록 돕는다. 이러한 문제해결형 프로그램의 예는 *Zoombinis Island Odyssey*(과학 추론과 논리)와 *Geometric Supposer*(기하학)가 있다. 몇몇 교사들은 이러한 소프트웨어를 학생들의 문제해결기술을 높이기 위한 목적으로 사용한다. 또 다른 교사들은 이러한 프로그램을 수학처럼 적합한 다른 교육과정 영역과 관련지어 활용한다.

대부분의 문제해결형 프로그램은 반복 연습형처럼 사용상 비교적 적은 시간을 요구한다. 결과적으로 이러한 프로그램은 컴퓨터 하드웨어가 제한되어 있으며, 번갈아

국가교육공학표준과의 연계

NETS와 연계

국가교육공학표준 중 몇 부분(II, III, IV, V)은 교사들이 **자기주도적인 학생 학습에 참여하고 동기를 부여하며, 격려하기 위해** 테크놀로지 활용과 관련된 수업을 만들 필요성을 강조한다. 그러한 수업을 만들고자 하는 노력 속에 학생 교사를 멘터(mentor)로 활용하는 데 필요한 것을 생각해 보라. 이러한 표준안과 수행지표(전체 항목을 보려면 교사용 자료 A 참조)를 읽고 검토한 다음, 다음 질문에 답하라.

- '자기주도적 학생 학습'을 정의하고 설명하는 이메일을 멘티(mentee)에게 보내라. 또한 그러한 학습을 개발하는 데 잠재력 있는 테크놀로지의 역할을 제안하라. 학습자 통제 학습환경이 주는 이점과 도전을 분명하게 설명하라.
- 멘티들은 높은 질의 소프트웨어 사례를 보고, 그것이 학습자의 자기주도적 학습을 증진시키기 위해 교수활동에 어떻게 통합되는지를 살펴봄으로써 많은 것을 얻게 될 것이다.

가면서 개별적으로 또는 소집단으로 이용할 수 있다.

통합학습 시스템

통합학습 시스템(Integrated Learning Systems: ILSs)은 교사로서 기능하는 가장 복잡하고 정교한 컴퓨터 시스템이다. ILSs은 이전에 언급하였던 모든 유형의 CAI를 일부분 또는 전부를 포괄적으로 합친 것이고, 또한 단일망 컴퓨터 전달 시스템에 컴퓨터 관리적 특징을 결합한 것이다. 이것은 특정 교과 내용에 대한 수업주기, 평가, 처방을 할 수 있도록 설계되어 있다.

ILSs은 일반적으로 필요한 하드웨어와 소프트웨어의 모든 것을 제공하는 단일 생산업체(vendor)에 의해 제공된다. 오늘날 선도적인 ILSs 생산업체는 CompassLearning과 Pearson Digital Learning이 있다. ILSs는 비싸지만 많은 돈을 벌게 하는데, 하드웨어는 모든 소프트웨어를 담고 있는 대용량 파일 서버에 연결된 컴퓨터 근거리 통신망(LAN)을 구성한다. 소프트웨어에는 수학, 언어학과 같은 특정 교과목을 완벽하게 조율한 교육과정뿐만 아니라 학생을 추적하고 그들의 과정을 관리할 수 있는 소프트웨어가 포함된다.

ILSs가 있는 학교의 학생들은 일반적으로 그 시스템을 하루에 한 번 또는 주당 2회 정도 정기적으로 이용한다. 개인교수, 반복 연습, 시험 그리고 시험 채점 등이 모두 컴퓨터 시스템에 의해 관리되고 수업이 이루어진다. 교육과정이 잘 통합되어 있고, 다양한 학년을 포괄하기 때문에 학생들은 오랫동안 ILSs에서 공부할 수 있고 자신의 능력에 맞춰 과정을 진행할 수 있다. 교사들은 수업이 개별화되었다는 사실을 좋아한다. 게다가 컴퓨터가 교수와 평가 모두를 관리하기 때문에 교사들은 개별화된 학습보조를 할 수 있고, 부수적인 학습활동을 계획할 수 있으며, 학습과정을 안내할 수 있다. 행정가들은 ILSs가 학생 성취수준에 대한 세부적인 정보를 제공할 수 있기 때문에 좋아한다. 초등학교와 중학교에서의 교수공학 효과는 ILSs의 활용이 학생들 읽기 성취에 교육적인 의미를 주기에는 너무 미약하다고 보고했다(Kulick, 2003). 그러나 ILSs의 활용은 수학 성취에 긍정적인 결과를 보여 주었다.

문제점과 함정

우리는 컴퓨터를 교사로서 이용하는 것의 많은 이점을 강조해 왔다. CAI는 제공하는 이점도 많지만 고려해야 할 걱정거리도 있다. 비평가들은 CAI가 낮은 수준의 컴퓨터 사용이라고 비난한다. 즉, 바쁘기만 하고 성과 없는 해묵은 일에 새로운 일을 단순히 첨가하는 것이지, 지식 구성과 같은 학습의 관점과는 맞지 않다는 것이다. 이러한 비난 중 일부분은 상당히 정당한 것이다. 단순한 반복 연습형 프로그램은 전자적인 학습지에 지나지 않는다. 몇몇 개인 교수용 프로그램은 단지 전자 페이지 넘기기에 지나지 않는다. 새로운 테크놀로지의 초창기 이용은 기존의 형태를 단순하게 재창출하려는 경향을 띤다. 예를 들어, 많은 초창기 영화와 텔레비전 프로그램은 단지 연극 무대를 카메라 앞으로 옮겨온 것에 불과했다. 즉, 연극의 독특한 특성을 개발하기 위해 텔레비전과 같은 매체를 받아들인 것이었다. 비슷한 형태로 초기의 많은 CAI 프로그램은 단지 지필 학습지와 같은 과거의 교수 형태를 적용한 것이었다. 보다 새로운 소프트웨어의 발매는 컴퓨터의 사용을 더 좋게 만들 것이다. 그러나 교실에서 CAI가 학생들의 학습을 돕고, 성과 없는 귀찮은 일이 아닌 생산적으로 이용되게 하려는 책무성이 남아 있다.

교실관리 역시 CAI의 사용에서 중요한 고려사항이다. 효과적인 사용은 때로 특별한 교실관리 전략을 요구한다. 만일 교실에 오직 한두 대의 컴퓨터를 가지고 있다면 여러분은 각 학생이 접근할 수 있는 방법을 강구해야 한다 ('도구상자: 컴퓨터가 한 대뿐인 교실' 참조). 컴퓨터실이 있다면 학교 테크놀로지나 매체 코디네이터와 미리 상담을 하여 컴퓨터 활동을 계획해야 한다. 컴퓨터실을 설치할 때도 여러 가지 문제가 있다('도구상자: 컴퓨터실 이용하기' 참조). 학생들이 과제를 생산적으로 해 내도록 방향을 제공하려면 신중한 계획과 구조화된 활동이 필요하다.

보조자로서 컴퓨터

보조자로서의 컴퓨터는 학생이 판에 박힌 과제를 수행하도록 돕는다. 제3장에서 워드프로세서, 그래픽 도구, 프레젠테이션 소프트웨어, 컴퓨터 데이터베이스, 전자 스프레드시트 그리고 원격통신/인터넷 도구와 같은 범주에 해당하는 중요한 컴퓨터 애플리케이션을 소개하였다. 교사와 학생 모두 이러한 프로그램을 다양한 방식으로 이용할 수 있다.

이 장에서는 학생을 도울 수 있는 컴퓨터 생산성 도구의 사용에 관해 초점을 둔다. 교실에서의 컴퓨터 사용은 가장 중요한 일 중 하나일 뿐만 아니라 가장 일반적인 일 중 하나인 자연스러운 일이다. 컴퓨터를 직장에서 사용하면, 컴퓨터는 흔히 노동자를 도울 수 있는 도구로 사용된다. 비서들은 워드프로세서를 이용해 문서를 준비하며, 기업인들은 데이터베이스에 고객 기록을 저장하고, 회계사는 계산을 위해 스프레드시트를 사용하며, 그래픽 아티스트는 그리기 프로그램을 이용한다. 그러므로 직장에서 컴퓨터를 사용하는 것처럼 학생들은 학교에서 컴퓨터를 활용하여 학습하는 것이 당연하다.

제3부에서는 제3장에서 소개한 일반적인 컴퓨터 애플리케이션에 대해 다시 논의한다. 논의를 시작하기 전에, 다음 시나리오를 읽고 학생들이 보조자로서 컴퓨터를 활용하는 예를 살펴보자.

시나리오: 주식시장 게임

임 교사는 가을고등학교 경제·사회과목 교사다. 지난 몇 년 동안 그는 경제 단원 수업시간에 유명한 몇 개의 단원을 활용해 왔다. 이 단원에서 학생들은 투자 포트폴리오를 창출하고 추적하면서 주식시장 '게임'을 한다. 임 교사는 학생들이 투자에 대해 배우고, 정보를 제공하며, 시장, 자본 추적과 같은 활동을 종합화하고자 이 단원을 활용한다. 다음은 작년에 진행된 경제 단원 수업 과정을 보여 준다.

임 교사는 학생들이 적절하게 준비하도록 경제 단원 두 번째 학기에 게임을 시작하려고 기다렸다. 그러나 일단 시작하면 전체 학기에 걸친 활동을 하였다. 그 단원의 시작부분에서 학생들은 각각 3~4명의 팀으로 나뉘었다. 각 팀은 돈을 운영하기 위한 초기 투자금으로 10만 원을 받았다. 팀은 그들이 원하는 방식으로 주식시장에 투자할 수 있고, 그들은 게임 중에 주식을 사거나 팔아 투자를 변경할 수도 있다. 각 팀의 목적은 게임이 끝났을 때 초기 자본을 가능한 최대로 불리는 것이다. 각 팀은 가장 우수한

도구상자

팁

컴퓨터가 한 대뿐인 교실

교실에 컴퓨터가 단 하나뿐인 상황은 많은 학교에서 흔히 있는 일이다. 수많은 컴퓨터가 학교에 설치되어 있다는 사실에도 불구하고 컴퓨터가 하나밖에 없는 교실이 있다. **교실에 있는 단 하나의 컴퓨터**로 무엇을 할 수 있는가? 대답은 '많이 있다!' 다.

이 장에서 논의하는 교실에서 활용하는 모든 컴퓨터는 단일 컴퓨터가 있는 교실에 적용될 수 있다. 학생들은 개인적으로 또는 소집단으로 CAI를 할 수 있다. 예를 들어, 과학실험 결과를 그래프로 그릴 수 있거나 교실에서 멀티미디어 프레젠테이션을 할 수 있는 생산성 있는 도구로서 이용할 수 있다. 하나의 컴퓨터로도 적절한 관리만 하면 '학생으로서의 컴퓨터' 활동도 능히 할 수 있다.

제한된 하드웨어를 활용하는 단순하면서도 유용한 하나의 접근은 순서대로 번갈아 하는 학생 접근방법이다. 이 모형은 특히 초등학교 수준에서 잘 사용하는 방법인데 학생들이 많은 학습센터를 도는 것으로 흔히 만들어져 있다. 예를 들어, 기본적인 수 연산 기술을 배우는 초등학생들은 구체적인 조작을 나타내는 몇 개의 관련된 학습 스테이션과 전통적인 플래쉬 카드, 컴퓨터 반복 연습 프로그램 등을 순환한다. 이러한 접근은 컴퓨터 사용시간이 제한적이므로 전 학급에 최소한 적어도 몇 번의 시도만 주어질 것이다. 교사들은 학생들의 컴퓨터 접근을 원활하게 하기 위해 효과적으로 컴퓨터를 관리하고, 컴퓨터에서 생산적인 활동을 하지 않는 학생을 다른 활동에 참여하도록 해야 한다. 활동을 확인하는 출석 계획표, 고정된 시간 간격, 그리고 다른 유사한 기법이 관리상의 어려움을 해결해 줄 것이다.

학생들은 역시 소집단으로 컴퓨터를 사용할 수 있다. 연구들은 개별적인 CAI의 결과와는 반대로 많은 CAI의 유형이 소집단 수업을 하는 데 이점을 갖고 있다고 주장한다(Johnson, Johnson, & Stanne, 1985; Lou, Abrami, & d'Apollonia, 2001). 개개인이 혼란스럽거나 고착상태에 빠질 수도 있는 상황에서 협력적인 학생들은 서로에게서 배울 수 있고 서로 도울 수 있다. 소집단 학습에서 학생들은 심지어 프레젠테이션을 만들거나 하이퍼미디어 프로젝트를 개발하는 일을 컴퓨터로 할 수 있다. 심지어는 단 하나의 컴퓨터로 전체 학급이 사용하는 것도 가능하다.

*The Oregon Trail*과 같은 프로그램의 일부분을 적절하게 대집단용 제시 자료로 사용함으로써 교사는 학생들에게 시청하는 동안 의사결정을 하도록 요구하면서 학급을 이끌어 갈 수 있다. 몇몇 CAI는 단일 컴퓨터로 전체 학급 대상으로 설계되기도 한다. 그 대표적인 사례가 Tom Snyder Productions 사의 *Decisions Decisions* 소프트웨어다. 이러한 역할활동을 하는 시뮬레이션의 전체 학급활동은 단일 컴퓨터로 조율된다.

마지막으로, 이 장에서의 강조점이 학생들의 학습에 관한 것이라고는 하지만 교사는 교실에 있는 단일 컴퓨터가 교사를 위한 도구임을 간과해서는 안 된다. 워드프로세스는 인쇄자료를 만드는 좋은 자료다. 워드프로세서 소프트웨어가 장착되고 프린터가 있는 단일 컴퓨터로 교사는 인쇄용 교재를 만들 수 있고, 전체 학생이 사용할 수 있는 자료를 복사할 수 있다. 오늘날 많은 교과서는 문제은행을 컴퓨터를 이용해 해결하도록 하고 있다. 교사는 검토활동을 안내하고 돕기 위해 선택된 질문 문항을 복사해서 만들 수 있다. 또한 학생기록과 학생성적관리를 위해 데이터베이스 등을 사용할 수도 있다. 몇몇 전문가들이 논의해 왔던 것처럼 교실에 컴퓨터가 단 하나만 있다면 그것을 이용할 수 있는 가장 유용한 장소는 교사의 책상일 것이다.

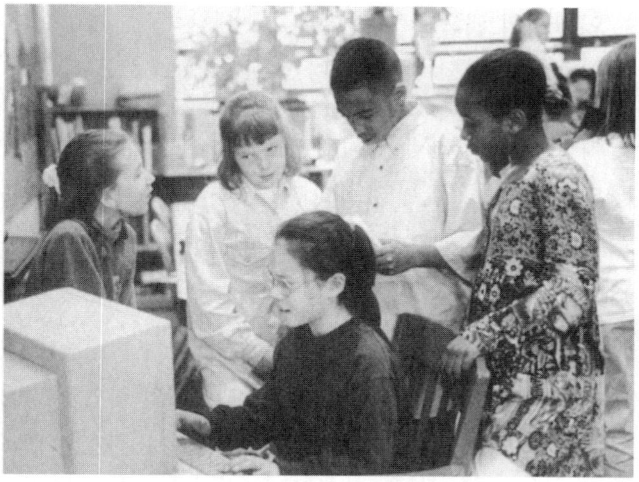

▲ 한 팀의 학생들이 주식시장 게임 수업의 일부분으로서 그들 투자를 보여 주는 그래프를 준비하기 위해 컴퓨터 스프레드시트를 활용한다.

수행을 위해 서로 경쟁하였고, 임 교사는 학기 말에 승리팀에게 피자를 제공하는 특별한 이벤트를 제공하였다.

임 교사는 각 팀이 실제로 첫 번째 투자를 하기 전 2주 동안 조용히 지켜보았고, 이 기간에 각 팀은 구매하고자 하는 주식을 탐색했다. 학생들은 컴퓨터를 활용해 다양한 회사와 뮤추얼 펀드의 온라인 연구를 위해 인터넷을 사용했다. 임 교사는 수업시간에 온라인 중개업의 URL과 웹상에서의 투자정보에 대한 다른 자원을 제공했다. 팀들이 유망한 투자처를 찾아냈을 때, 그들은 더 많은 온라인 정보와 더 많은 정보를 요구하는 편지를 쓰기 위해 교실의 컴퓨터를 사용했다. 임 교사는 학생들에게 투자에 대해 말해 주기 위해 지방 주식중개인을 초청했고, 가능한 투자 선택 종목에 대한 몇 가지 유용한 자료를 제공하고자 했다. 2주의 연구 기간 마지막 시점에 각 팀은 모의 구매를 했고, 게임은 그렇게 진행되었다.

임 교사와 각 팀은 투자를 유지하려고 투자 스프레트시트를 만들었다. 임 교사는 소프트웨어 사용법을 배우려는 학생을 돕기 위해 수업시간에 그것을 분명하게 설명했고, 기본적인 것을 포함한 인쇄자료를 제공했다. 그는 학생들이 세부사항을 알 수 있도록 하였고, 그들은 잘하고 있는 것처럼 보였다. 임 교사는 학생들에게 팀 스프레드시트를 설계하도록 했고, 전체 포트폴리오의 값을 산정하도록 했다. 그는 각 팀이 게임에 매우 열심히 몰두하여 매일 그들의 주식을 점검했더라도 각 팀에게 매 주 스프레드시트를 갱신하도록 요구했다. 각 팀은 게임 시작부터 현재까지의 전체적인 성과를 보여 주기 위해 스프레드시트에서 그래프를 만들었다. 이러한 그래프를 매주 금요일에 교실 게시판에 붙여 각 팀의 모든 구성원이 그것을 확인하게 하였다. 몇몇 팀원들은 시장 조건의 변화를 예상하여 계산하고, 훨씬 더 많이 진행하고 예측하기 위해 스프레드시트를 사용했다. 그들은 특정 주식을 살 건지 팔 건지를 결정하기 위해 프로젝션을 사용했다.

학기 말의 최종 활동에서 각 팀은 게임 동안 자신들이 사용했던 전략과 결과 등과 같은 투자를 요약하기 위해 프레젠테이션을 준비했다. 학생들은 컴퓨터실에서 파워포인트를 활용하여 프레젠테이션을 제작했다. 프레젠테이션 소프트웨어를 사용하여 스프레드시트에 중요한 그래프를 그릴 수 있었다. 최종적으로, 각 팀은 휴대용 LCD 프로젝터와 교실 컴퓨터를 활용해서 최종 보고서를 발표했다. 그 단원은 잘 진행되었고, 임 교사는 앞으로 몇 년 동안 그의 경제 단원 수업 교육과정의 일부가 될 것이라고 기대했다.

이 시나리오에서 보조자로서의 컴퓨터의 활용에 대해 무엇을 배울 수 있는가?

다음의 요점을 고려해 보자.

- **내용이 먼저 나온다.** 컴퓨터가 보조자로서 사용될 때, 컴퓨터와 소프트웨어는 교과내용 자체에 대한 2차적인 역할을 한다. 이러한 사례에서 활동목표는 학생들이 경제학을 배우는 것이다.
- **보조자로서 컴퓨터는 전통적인 도구 이상의 이점을 제공한다.** 이 사례에서 학생들은 스프레드시트 자료가 있기 때문에 매주 투자기록에 관한 그래프를 쉽게 만들 수 있었다. 손으로 이러한 작업을 할 수도 있겠지만 컴퓨터는 이 작업을 더 빠르고 더 쉽게 할 수 있다. 그리고 컴퓨터가 만들어 내는 그래프는 직접 손

으로 그린 그래프보다 훨씬 더 산뜻하고 정확하다. 그러나 컴퓨터 작업이 때로는 전통적인 도구에서 요구하는 것 이상으로 초기 시간과 노력이 필요하다는 것을 지적하는 것은 중요하다. 학생들은 스프레드시트가 제공하는 이점을 알기 전에 스프레드시트를 만들 수 있어야 한다.

- **보조자로서 컴퓨터는 다양한 교수목표를 성취할 수 있도록 돕는다.** 몇몇 애플리케이션이 비교적 기본적인 학습을 촉진하는(예: 주식 포트폴리오 가치 산정하기) 반면, 다른 애플리케이션은 보다 고차원의 학습(예: 시장 변화에 기초한 프로젝션을 짜고 청중에게 정보를 알리기 위해 스프레드시트 활용)을 촉진할 수 있다. 다양한 컴퓨터 도구 사용법에 대해서는 다음 부분을 참고하라.
- **광범위한 소프트웨어 수업이 반드시 필요한 것은 아니다.** 몇몇 교사들은 학생들이 소프트웨어에 대한 폭넓은 지식이 없으면(교사도 마찬가지다) 학생들에게 보조자로서 컴퓨터를 활용하는 것을 꺼린다. 그러나 시나리오에서의 임 교사처럼 많은 교사는 학생들이 컴퓨터에 대해 기본적인 것만 알더라도 컴퓨터를 적절하게 활용할 수 있음을 알고 있다. 학생들은 컴퓨터 애플리케이션을 빨리 배우는 경향이 있고 컴퓨터를 사용하는 동안 그들이 알아야 할 것을 학습한다.

저자들은 제3장에서 가장 일반적인 컴퓨터 생산성 도구를 여러 가지 소개했다. 제3장에 그 도구들의 특징과 장점에 대한 정보가 있다. 여기서는 학생들이 다음과 같은 도구를 보조자로서 어떻게 사용할 수 있는지를 보기 위해 워드프로세서, 그래픽 도구, 프레젠테이션 소프트웨어, 데이터베이스, 스프레드시트와 같은 도구를 검토한다. 저자들은 인터넷을 검토하고, 그것을 제10장의 학습경험에 어떻게 통합시켜야 하는지를 검토한다.

일반적인 컴퓨터 보조도구

워드프로세서

제3장에서 언급한 것처럼 워드프로세서는 문서를 만들고 편집하는 많은 일을 한다. 결과적으로 워드프로세서는 문해력과 관련된 다양한 학생 학습활동에 유용하다. 학생들은 다음과 같은 일에 워드프로세서를 사용할 수 있다.

- **논문, 이야기, 시와 그 외의 수업에서의 작업을 작성한다.** 학생들은 문서작업을 연습하거나 새로운 문서를 만들고자 할 때 대부분 워드프로세서를 사용한다. 워드프로세서 사용상의 편리성이 학생들에게 더 많이 사용하고 더 많은 수정을 할 수 있도록 격려해 준다.
- **편지를 쓴다.** 주식시장 게임에서 학생들은 연구 초반에 정보를 얻기 위해 편지를 쓴다. 이것은 교실 밖의 세상으로 학생들을 나아가게 하는 한 가지 방법이다. 많은 교사는 펜팔을 통해 다른 학생에게 편지를 쓰도록 하는데, 다른 학생에게 편지를 쓰게 하는 것은 학생에게 최선을 다하도록 여타의 동기부여를 제공하는 것처럼 보인다.
- **작문과 관련된 활동을 한다.** 워드프로세서는 작문 관련 활동에 유용하다. 학생들은 필기를 하거나 실험이나 프로젝트의 진도를 기록하기 위해 또는 브레인스토밍에서 나온 아이디어를 수집하기 위해 워드프로세서를 혼자서 혹은 집단으로 사용할 수 있다.
- **개별적인 언어기술 연습을 한다.** 학생들은 언어기술을 연습하는 방법으로써 워드프로세서를 사용한다. 단어 철자 입력하기, 과학 어휘 타이핑하기, 외국어 연습이 그 예다.
- 학습방법으로써 인쇄자료를 만든다. 워드프로세서로 자신의 인쇄자료를 만들어서 학생들은 학습을 강화할 수 있고 시험공부를 할 수 있다.

작문수업에서 워드프로세서의 효과성에 관한 연구는

명확하지 않지만, 적절하게 사용하면 효과적일 수 있다. Bangert-Drowns(1993)는 32개의 논문에 있는 통계를 검토한 후 작문수업에서 워드프로세서를 사용하면 평균적으로 더 긴 문서를 만들거나 양질의 작문을 한다고 결론지었다. 그러나 많은 연구는 여러 변인이 혼합되었기 때문에 교실에서의 워드프로세서의 사용이 더 나은 학생 수행을 자동적으로 가져다준다고 가정해서는 안 된다고 하였다. 수업에서 워드프로세서의 효과는 교수방법과 교실 조직화에서 나온다(Cochran-Smith, 1991). 결론적으로, 워드프로세서를 작문에 잘 조직화하여 하나의 과정으로 접근하는 것이 중요하다. 즉, 학생들에게 소프트웨어 사용법을 배울 수 있는 적절한 기회를 제공하고 워드프로세서를 사용하는 특별한 교실환경을 고려해야 한다.

그래픽 도구

그래픽 도구는 학생들에게 모든 유형의 이미지(사진, 클립아트, 차트, 그래프) 작업을 가능하게 한다. 그래픽 도구에 대한 기본적인 정보는 제3장을 참조하라. 학생들은 그래픽 도구를 사용함으로써 다음과 같은 것을 배울 수 있다.

- **창의적인 그리기:** 학생들은 독창적인 미술작품을 만들기 위해 데생을 하거나 그림을 그릴 수 있는 프로그램을 사용할 수 있다.
- **삽화 작업:** 학생들은 이야기, 보고서, 하이퍼미디어 프로젝트에 삽화를 그려 넣기 위해 클립아트를 사용하거나, 데생을 하고 그림을 그릴 수 있는 프로그램을 사용할 수 있다.
- **차트 만들기 또는 그리기:** 주식시장 게임 시나리오처럼 학생들은 차트나 그래픽 자료를 사용할 수 있다. 이러한 작업은 자료가 풍부한 과목인 수학, 과학, 경제학에서 특히 활용할 만하다.

그래픽 도구가 학생들이 시각자료를 만드는 데 드는 노력을 덜어 주었다고는 하지만, 학생들이 효과적으로 이러한 도구를 활용하는 데는 많은 개인적 능력이 필요하다. 교사들은 시각자료를 제시하는 데 최선의 방법을 찾도록 학생들을 도와줄 필요가 있다.

프레젠테이션 소프트웨어

제3장에서 언급한 것처럼 프레젠테이션 소프트웨어는 컴퓨터 문자와 이미지의 생성과 제시, 특히 집단을 위한 제시를 위해 설계된 것이다. 적절한 프레젠테이션 하드웨어는 집단용 제시를 위해 필요하다. 이에 대한 더 많은 정보는 '도구상자 도구: 프레젠테이션 하드웨어'를 참조하라. 프레젠테이션 애플리케이션이 때로 교사를 위해 강의와 다른 프레젠테이션의 질을 높이기 위하여 사용된다고 하지만, 학생들도 이것을 사용할 수 있다. 일반적으로 이러한 패키지들은 이 장의 뒷부분에서 논의할 하이퍼미디어 저작도구와 상당 부분 유사하다. 학생들은 다음의 일을 하기 위해 프레젠테이션 소프트웨어를 사용할 수 있다.

- **교실 내에서의 프레젠테이션이나 보고서를 만든다.** 프레젠테이션 패키지는 학생들에게 전문가에 버금가는 전자 리포트를 완벽하게 제작할 수 있게 한다.
- **전자 포트폴리오를 저장하고 제시한다.** 프레젠테이션 패키지들이 멀티미디어 요소를 다룰 수 있기 때문에 학생들은 텍스트, 그래픽, 디지털 오디오나 비디오까지를 포함하는 작업 포트폴리오를 사용할 수 있다.
- **다른 매체로의 작업을 전환한다.** 많은 프레젠테이션 패키지는 전자 슬라이드를 인쇄나 사진 슬라이드 또는 웹페이지로 전환하게 한다.

프레젠테이션 소프트웨어의 멀티미디어적 능력은 그래픽 소프트웨어와 하이퍼미디어 저작 소프트웨어가 가진 특징을 공유하고 있다. 이러한 모든 프로그램에 대해 학생들이 내용보다 형식에만 사로잡히지 않도록 하는 것이 중요하다. 교사는 학생들에게 어떻게 제시하는 것보다 무엇을 제시하는 것이 훨씬 더 중요하다는 것을 강조해야 한다. 교사와 학생들은 프레젠테이션이나 다른 멀티미디

도구상자

도구

프레젠테이션 하드웨어

컴퓨터를 이용해서 집단에 정보를 제시하려면, 몇 개의 하드웨어 중 하나를 선택해야 한다. 가장 일반적인 선택은 컴퓨터와 비디오 전환 하드웨어, 비디오 프로젝터가 딸린 비디오 모니터, 대형 텔레비전이 될 것이다. 다음에서 이러한 옵션을 각각 살펴보자.

대형 텔레비전 또는 비디오 모니터

대부분 학교는 대형 텔레비전이나 비디오 모니터가 있는데, 교실 내에 설치되어 있거나 VCR이나 비디오 프로그램을 보기 위해서 카트로 옮겨 사용하기도 한다. 교실에서 사용하려면, 교실 크기에 따라 21~35인치 정도가 적당하다. 대형 화면 텔레비전은 아직 보편화되지는 않았지만 대집단 정보 제시를 위해 사용된다.

오늘날 대부분의 개인용 컴퓨터는 특별한 하드웨어 없이는 표준 비디오 모니터나 텔레비전을 작동할 수 없다. 그러나 많은 판매상들은 컴퓨터의 결과물을 비디오로 전환하는 데 필요한 하드웨어를 공급한다. 이러한 장치들을 스캔 컨버터(scan convertor)라고 하며, 이것은 컴퓨터의 결과물을 표준 비디오(가끔 미국 비디오 표준인 NTSC로 언급되기도 한다)로 전환한다. 일반적으로 몇십 만 원 정도 하는 이러한 대다수 제품은 복합적인 비디오 결과물을 제공하고, 어떤 것은 S-비디오 결과물(슈퍼 VHS 비디오, 더 나은 질)을 지원한다. 이러한 결과물은 대집단 프레젠테이션을 위해 큰 비디오 모니터나 비디오 프로젝터로 제시될 수 있다.

컴퓨터에서 비디오로의 전환장치는 교실에서 컴퓨터 이미지를 제시하기 위한 하나의 편리한 옵션을 제공하지만 표준 비디오는 오늘날의 대다수 개인용 컴퓨터의 높은 해상도를 재생할 수 없다는 단점이 있다. 결론적으로, 컴퓨터 이미지가 비디오로 전환되면 화질이 다소 저하된다. 결과물은 다소 흐려지기도 하고 작은 글자는 완전히 읽을 수 없을지도 모른다. 이러한 해상도 저하를 보완하기 위해 몇몇 스캔 컨버터들은 이미지 확대를 지원한다. 만일 이러한 옵션 없이 비디오 스캔 컨버터가 있는 컴퓨터를 사용하려면 보다 큰 텍스트 크기(18포인트 이상)를 사용하여야 한다.

비디오 프로젝터

비디오 프로젝터는 이미지를 화면에 보여 주는 많은 활동사진 프로젝터처럼 스크린에 비디오나 컴퓨터 이미지를 투사할 수 있다. 오늘날 대부분의 프로젝터는 LCD 테크놀로지인데, 이것은 랩톱(laptop)에서 사용한 기술을 컴퓨터 디스플레이에 사용한 것이다. 그러나 몇몇 최신의 테크놀로지들이 프로젝터에서 사용하고 있다. 비디오 프로젝터가 매우 큰 이미지, 즉 약 6m나 그 이상의 이미지를 산출할 수 있기 때문에, 이러한 장치들은 대집단용 옵션으로 제공한다. 사실 비디오 프로젝터는 교실, 강의실, 강당 등 대집단을 위한 시설로 많이 사용된다.

[그림 A] LCD 프로젝터

다른 비디오 프로젝터들은 최대 스크린 해상도가 지원되고 대부분의 색채가 동시에 제시되는가, 그리고 컴퓨터 스크린에서 마우스 커서와 같은 빠른 움직임을 추적할 때 중요한 고려사항인 얼마나 빨리 '재생' 하거나 갱신하는가와 같은 특질이 구별된다.

컴퓨터를 이용해서 집단에 정보를 제시하려면 여러분은 몇 개의 하드웨어 중 하나를 선택해야 한다. 가장 일반적인 선택은 컴퓨터와 비디오 전환 하드웨어, 비디오 프로젝터가 딸린 비디오 모니터, 대형 텔레비전이 될 것이다. 오늘날 대부분의 프로젝터는 적당한 케이블 연결선만 있으면 비디오뿐만 아니라 윈도우즈 기반 또는 맥 운영체제

기반 컴퓨터에서의 결과물을 재현할 수 있다. 가격대도 다양하지만 전형적으로 백여만 원 또는 그 이상이면 구입이 가능하다.

몇몇 LCD 프로젝터는 아주 밝아서 완전하게 빛이 있는 방에서도 효과적으로 사용할 수 있다. 보통의 다른 프레젠테이션 장치는 이러한 기술이 불가능한 것도 있다. LCD 프로젝터는 운반 가능하고 대부분 무게가 9kg 이하이고 보통 운반할 수 있도록 외장도 만들어졌다(그림 A 참조). 교실에서 항구적인 설치를 위해 천정에 매달 수도 있고 카트에 올려 자리를 이동할 수도 있다. 많은 프로젝터는 그 자체의 스피커로 오디오와 비디오를 내보낼 수 있다. 프로젝터는 컴퓨터 이미지의 교실 제시를 위한 가장 매력적인 옵션이다.

어 제품의 저작권이 있는 자료의 부적절한 사용을 막기 위해 저작권 규정을 알 필요가 있다.

데이터베이스

이미 배운 것처럼 컴퓨터 데이터베이스 소프트웨어는 조직화된 정보 집합체를 만들고, 편집하며, 조작하는 능력을 제공한다. 학생들은 다음과 같은 작업을 하기 위해 데이터베이스를 사용할 수 있다.

- **준비된 데이터베이스에 정보를 지정한다.** 오늘날 컴퓨터 데이터베이스의 폭넓은 사용 때문에 학생들은 정보를 찾기 위해 적어도 데이터베이스 소프트웨어를 사용할 수 있다(예: 도서관의 전자카드 카탈로그에서 책이 있는 위치를 찾거나 대통령의 데이터베이스에서 14대 대통령의 이름을 찾는다). 학생들은 수준에 따라 AND, OR과 같은 논리연산자나 검색 범위를 줄이거나 넓혀서 할 수 있는 방법을 각각 배워야 한다.
- **문제해결과 고차원적인 사고기술을 개발한다.** 데이터베이스는 문제해결과 고차원적인 사고기술 개발을 위한 훌륭한 도구를 만들 수 있다. 예를 들어, 학생들은 대통령 데이터베이스를 이용하여 '대통령 선거가 전쟁에 어떻게 영향을 주는가?' 또는 '정부 지출 증가 비율과 대통령의 정당과 관계가 있는가?' 와 같은 자료를 탐색할 수 있다.
- **독창적인 데이터베이스를 개발한다.** 학생들은 자신의 데이터베이스를 개발함으로써 연구, 정보조직화, 그리고 특정 내용 영역에 대한 많은 것을 배울 수 있다. 예를 들어, 사회과학 프로젝트를 할 때 학생들은 학급 내에서 역사에 관한 데이터베이스를 개발할 것이다.

교실에서의 데이터베이스 사용에 관한 연구는 학생이 데이터베이스에서 정보를 얻을 수 있고 배울 수 있지만, 학생이 데이터베이스를 효과적으로 사용하려면 도움이 필요하다고 주장한다(Collis, 1990; Ehrman, Glenn, Johnson, & White, 1992; Maor & Taylor, 1995). 데이터베이스에의 학생 접근성이 단지 학습을 보장하지는 않는다. 학생은 가끔 서투른 탐색기술을 보인다. 학생은 적절한 질문을 만들어 내고, 데이터베이스에서 요구하는 탐색을 하며, 결과를 해석하는 데 어려움을 겪을 수 있다. 교사는 학생이 데이터베이스 구조와 조직을 이해하도록 도와야 하고 데이터베이스 사용 과정을 안내해야 한다.

스프레드시트

제3장에서 언급한 것처럼 스프레드시트는 계산을 위한 도구다. 많은 경우에 스프레드시트는 데이터베이스 요소를 가질 수도 있고 데이터를 그래픽으로 묘사할 수도 있다. 학생들은 이러한 유용성이 있는 도구를 다음과 같이 사용할 수 있다.

- **재정적인 정보를 추적한다.** 스프레드시트는 먼저 회사의 자금을 추적하는 데 도움을 주는 대중적인 도구

국가교육공학표준과의 연계

NETS와 연계

교수기획 과정의 다양한 측면을 논의함으로써 우리는 잠재력 있는 공학의 역할을 계속적으로 제시했다. 국가교육공학표준 Ⅰ,Ⅲ, Ⅳ 그리고 Ⅴ. 이러한 표준안과 수행지표(전체 항목을 보려면 교사자료 A 참조)는 **자료를 처리하기 위해, 결과를 보고하기 위해, 출판을 준비하기 위해, 현실세계의 문제를 해결하기 위해, 창의적인 작업을 하기 위해, 고차원적인 사고능력을 촉진하기 위해** 교사들이 공학을 사용해야 한다고 강조한다. 가끔 그러한 도구를 사용하는 데서의 제한점은 그것이 사용되는 시기와 방법에 대한 생각을 할 때다. 데이터베이스를 사용할 때의 다양한 방법을 다음과 같이 열거하였다. 몇몇 과제는 시간과 에너지를 절약할 수 있는 상당히 일상적인 것이다. 반면에 몇몇 과제는 실제문제를 해결하는 방법에 도움을 줄 것이다.

데이터베이스 도구

- 스토리 라인, 제작 연도, 적합성 등을 분류하도록 개별 DVD 소장품을 조직화하라.
- 학생 이름, 부모, 주소, 위급한 상황에서의 연락처, 좋아하는 애완견, 생일 등의 학생 개인 정보를 허용되는 범위 내에서 만들어라.
- 모든 수업계획에 포함될 수 있는 자료와 부수적인 자료(인쇄물, 웹 링크 등)에 대한 저장, 인출 데이터베이스를 만들고 내용, 학생, 교수방법 및 교수매체에 따라 분류하도록 한다.
- 학생들에게 세계 최고의 테마파크를 비교할 수 있는 데이터베이스를 만들도록 하고 위치, 바람직한 운송 수단, 공원의 청결도, 공원 방문자 유형 등을 고려한 휴가계획을 짜도록 한다. 덧붙여서 그들은 새로운 놀이공원을 만들 수 있는 장소와 어떤 유형의 놀이공원이 개발되어야 할지에 대한 권고사항을 주기 위해 데이터베이스에 있는 자료를 이용할 수 있다.
- 약사들은 약의 상호작용을 비교하기 위해 데이터베이스를 만들 것이다. 다양한 약의 유형, 환자의 특별한 유형과의 밀접한 연계성에 대한 정보를 고려하여 특정 상호작용을 예측할 수 있는가?

다른 소프트웨어 애플리케이션은 단순한 이용부터 보다 복잡하고 현실적인 문제 유형에 이르는 연속선을 가지고 이용할 수 있다. 이러한 문제에 대해 저널 전체를 만들 수 있고, 또한 아이디어 중 일부를 기록할 수 있다.

다. 학생들도 개인적인 예산에서 학생 클럽과 조직의 재정, 이전의 주식시장 게임 시나리오와 같은 학습 프로젝트에 이르기까지 다양하게 스프레드시트를 사용할 수 있다.

- **기록을 보관한다.** 계산하는 도구라고 할지라도 스프레드시트는 빨리 분류할 수 있고, 그렇지 않으면 조작할 수 있도록 정보 목록을 기록하는 것과 같은 단순한 기록을 위해서도 이용할 수 있다.
- **차트와 그래프를 만든다.** 앞서 언급한 그래픽 소프트웨어처럼 스프레드시트는 데이터에서 차트와 그래프를 빨리 만들 수 있는 도구다. 주식시장 시나리오에서 학생들은 투자 자료를 스프레드시트를 이용해서 그릴 수 있다.
- **복잡한 계산을 수행한다.** 스프레드시트는 복잡한 계산의 결과를 빨리 내놓을 수 있다. 예를 들어, 경제학이나 경영학 학생들은 대출법인의 부동산 양도표를 만들 것이다. 반면, 삼각법 수업을 받는 학생들은 다양한 삼각형의 삼각법 함수를 계산할 수 있다.
- **'만약 ……이라면' 식의 시뮬레이션이나 가설검증 활동을 수행한다.** 이러한 활동의 빠른 재계산력 때문에 스프레드시트는 한 요인이 다른 요인에 어떤 변화를 초래하는지와 같은 문제를 탐색하는 데 아주 적당

도구상자

팁

컴퓨터실 이용하기

컴퓨터실은 대부분의 학교에 흔히 있는데, 개개인에게 또는 짝을 이룬 학생들에게 개별 컴퓨터를 사용할 수 있도록 한다. 컴퓨터실은 전체 학생들에게 CAI를 동시에 접속하고, 워드프로세서나 스프레드시트, 멀티미디어 저작도구와 같은 오피스 애플리케이션을 사용할 수 있도록 해 준다. 그러나 교실에서 단 하나의 컴퓨터를 사용할 때처럼 컴퓨터실에서 전체 학생들이 컴퓨터를 사용할 때도 그러한 문제점이 발생한다. 어떻게 하면 컴퓨터실을 효과적으로 사용할 수 있는가?

컴퓨터실을 처음 사용하는 사람들은 컴퓨터실의 형태를 고려해야 한다. 컴퓨터실의 형태는 학교마다 다르다. 이러한 컴퓨터실의 형태에 따라 교수목표도 달라진다. [그림 B]는 네 가지 컴퓨터실의 형태를 보여 준다. 그림에서 볼 수 있는 것처럼 책상을 교실 주위로 배치한 벽면배치형이 컴퓨터실 활동을 통제하기에 가장 좋다. 교실 형태는 컴퓨터 애플리케이션을 가르치는 데 효과적이다. 책상을 마주보게 배치한 맞배형 형태는 개별적인 학생활동 상황에서의 공간 이용을 최대화한다. 군집형 형태는 소집단 활동을 지원한다. 어떤 형태든 여러분이 가장 잘 활용할 수 있는 계획을 짜도록 하라.

컴퓨터실은 학교 내의 자원을 공유한다. 대부분의 학교에서는 학급마다 컴퓨터실을 사용할 것이다. 결론적으로, 여러분은 컴퓨터실 사용을 미리 계획해야 하고, 시간이 제한될 수 있음을 생각해야 한다. 몇몇 학교에서는 컴퓨터실이 테크놀로지 코디네이터나 매체전문가의 요구에 맞춰 예약될 수도 있다. 다른 학교에서는 컴퓨터실을 사용할 수 있는 수업의 고정된 순환 스케줄이 사용될 것이다. 특별한 방법에도 불구하고 여러분은 제한된 시간만큼만, 즉 며칠 동안 연속적으로 하루에 한 시간 정도 또는 주당 한 시간 정도만 이용할 수 있을 것이다. 따라서 여러분은 가능한 시간대에 수업계획을 짜서 효과적으로 컴퓨터실을 이용할 수 있도록 준비해야 한다.

많은 학생이 컴퓨터를 동시에 사용하고 서로 도움을 주어야 하기 때문에 컴퓨터실에서의 수업은 혼란스러울 수도 있다. 교사가 컴퓨터실 환경을 어떻게 관리하면 시간을 생산적으로 사용할 수 있는가? 다음 팁은 컴퓨터실을 최대로 잘 활용하고자 하는 것이다.

- 가능하면 보조해 줄 수 있는 인력을 획득해야 한다. 컴퓨터실에서는 더 많은 인력을 갖는 것이 결코 해가 되지 않는다. 학교의 테크놀로지 코디네이터는 컴퓨터실 활동에 도움을 줄 수 있는데, 교사, 학생 또는 다른 사람들을 도울 수 있을 것이다.
- 컴퓨터실 경험을 위해 학생들을 준비시켜야 한다. 컴퓨터실에 가기 전에 교실에서 완벽한 준비를 해야 한다. 학생들에게 컴퓨터실에서 어떻게 활동해야 하는지의 규칙(예: 시간을 절약하는 것과 인쇄하는 것과 같은 랩 활동을 준비시키기)과 그들이 컴퓨터실에 들어가면 무엇을 해야 하는지를 알려 주어야 한다. 학생들의 활동을 안내하기 위한 수업, 작업지, 체크리스트 및 다른 자료를 만들어야 한다. 학생들과 활동시간의 양을 의논하고 동시에 컴퓨터실 활동 계획을 알려야 한다.
- 학생들이 과제에 몰두하도록 컴퓨터실 활동 동안에 관리해야 한다. 정해진 컴퓨터실 이용 시간에 학생들이 각 단계의 과제를 적절하게 하고 있는지 점검하고 완전한 작업을 하도록 휴식시간을 갖는다.
- 교사가 전체 학생에게 전달할 것이 있다면, 학생들에게 모니터를 끄게 하고 교사에게 집중하도록 한다.
- 학생들이 서로 돕도록 격려해 주어야 한다. '내 판단 이전에 세 사람에게 물어보라.' 는 것이 교사들이 자주 사용하는 컴퓨터실 규칙이다. 이는 학생들이 질문이 있거나 문제가 생겼을 때 교사에게 질문하기 전에 다른 학생 3명에게 물어봐야 한다는 것이다. 이는 특정 컴퓨터 애플리케이션에 대해 지식이 있는 학생 '전문가' 를 만들고 서로 도울 수 있게 한다.
- 학생들에게 도움이 필요함을 나타내는 시각적 신호를 사용하도록 한다. 예를 들어, 중요하지 않은 질문이나 문제라면 컴퓨터 모니터 위에 노란색 카드를 놓도록 한다. 이러한 시각적 신호가 교사활동을 더 용이하게 해

주고 즉각적인 도움의 필요를 결정하는 데 도움이 된다.

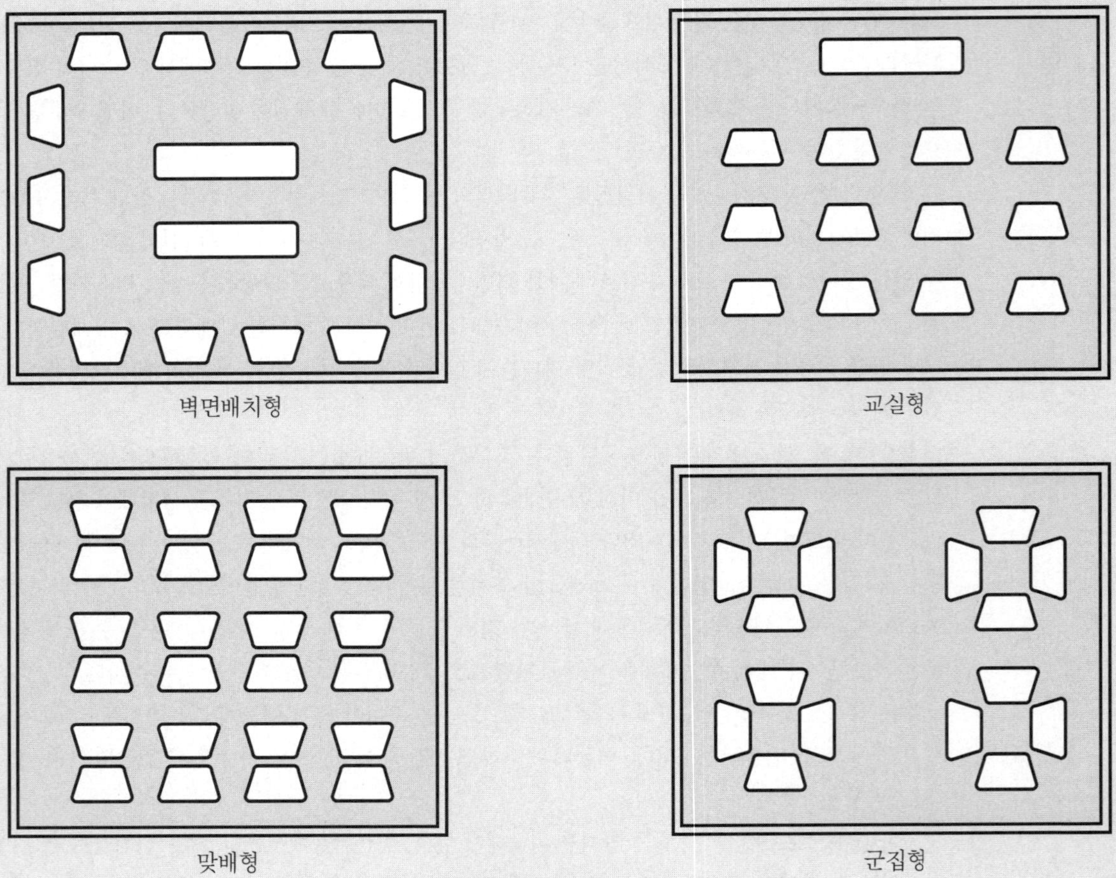

[그림 B] 컴퓨터실 형태

하다. 즉, '내가 만일 ……한다면 무슨 일이 일어날까' 와 같은 상황을 말한다. 예를 들어, 경영학 수업을 하는 학생들이 스프레드시트를 이용하면 자동차를 소유하고 사용하는 비용에 관한 변동보험 비율의 계산을 검토할 수 있을 것이다. 생물학 수업을 받는 학생들은 인구 증가에 따른 출생과 사망 비율의 효과를 탐색할 수 있다. 기하학 수업을 받는 학생들은 다양한 기하학적 모양 속에서 구역과 경계선과의 관계를 검토할 것이다.

스프레드시트는 학생들을 계산에 빠져 힘들게 하지 않고 실제 생활 문제에 집중할 수 있도록 해 준다. 그러나 교사는 학생들에게 스프레드시트 결과는 학생들이 입력한 자료와 형식에 따른 것이라는 것을 확실하게 이해시킬 필요가 있다. 부정확한 형식과 잘못된 데이터는 오류 투성이의 결과를 만들 수 있다. 이럴 때 컴퓨터 세계에서는 "쓰레기가 들어가면 쓰레기가 나온다."라고 표현한다. 여러분이 시작하고자 하는 것이 잘못되었다면 컴퓨터는 요술처럼 그것을 교정할 수 없다. 스프레드시트는 다른 컴퓨터 도구처럼 굉장한 도구지만 적절하게 사용하여야 한다.

문제점과 함정

여기서 논의하는 문제점과 함정은 보조적인 생산도구로서 각각의 컴퓨터와 관련된 것이다. 각 소프트웨어의 유형과 관련된 특별한 관심에 대해서는 이 장의 논의를 참고하라. 여타의 다른 교수도구처럼 기억해야 할 중요한 일은 컴퓨터 사용이 특정 교수목표에 적절해야 한다는 것이다. 학생들의 특별한 요구에 맞는 특별한 하드웨어나 소프트웨어가 필요하다는 것을 염두에 두어야 한다. 이에 대한 더 많은 정보는 제3장의 보조공학 부분을 참조하라.

학습자로서의 컴퓨터: 교사로서의 학생

컴퓨터가 학습자로서 역할을 하면 우리가 전통적인 CAI에서 보아 온 컴퓨터와 학습자의 역할이 반대가 될 것이다. 컴퓨터는 '학습자'가 되고, 학습자는 '교사'가 된다. 목적은 학생에게 어떤 과제(예: 기하학적인 그림 그리기)를 수행하도록 컴퓨터를 가르치거나 적절한 내용을 다른 사람에게 가르치는 것이다. 이러한 목적을 달성하기 위해 학생들은 문제나 내용을 이해해야만 하거나 컴퓨터를 통해 이것을 의사소통할 수 있어야 한다. 이것은 조직화, 논리적 사고, 문제해결력을 요구한다. 즉, 결론적으로 많은 전문가들은 이것이 교육에서 컴퓨터를 사용하는 가장 가치 있는 방법 중 하나라고 믿는다.

학습자로서 컴퓨터를 사용하는 것은 학생들이 컴퓨터 사용방법과 학습내용에 대한 이해를 학습자의 능력에 따라 구성하게 하는 개방적인 접근법이다. 교실에서 이러한 접근은 학생들에게 전통적인 **컴퓨터 프로그램 언어**(computer programing language)인 *Logo*, *BASIC*, *C* 언어를 이용해 컴퓨터를 하게 함으로써 수행될 수 있다. 교실에서의 문제해결을 위해 컴퓨터를 가장 대중적인 방식으로 사용하며, 오늘날 과학 수업에서 컴퓨터를 사용하지 않는 수업은 거의 없다. 그러나 이러한 접근을 수행하는 다른 방법은 학생에게 상호작용적인 멀티미디어와 하이퍼미디어 도구인 *HyperStudio, eZedia, Flash*를 사용하도록 하는 것이다. 멀티미디어 저작도구를 사용하려면 학생들은 내용을 수집하고, 조직화해야 하며, 프로그램을 멀티미디어 형식으로 입력해야 하고, 내용과 상호작용할 수 있도록 소프트웨어 내의 체제를 만들어야 한다. 이러한 접근은 오늘날 많은 수업에서 주로 사용하는 것이다.

여기에서는 학생들이 컴퓨터로 결과물을 만들면서 배울 수 있는 방법을 살펴본다. 다음의 시나리오를 읽으면서 학생들이 다른 사람들에게 내용을 전달하기 위해 컴퓨터를 어떻게 사용하는지 살펴보자.

시나리오: 멀티미디어 리포트

오 교사는 시설이 완비된 산들중학교 3학년 교사다. 작년에 학교로부터 수학, 과학, 테크놀로지에 대한 더 많은 강조가 있어, 오 교사는 학생들을 위한 새로운 활동을 개발했다. 이러한 활동 중 하나가 작년에 사용했던 역사와 과학 과제의 수정이었다. 작년에 오 교사는 학생들에게 유명한 한 '산악인'에 대한 보고서를 쓰는 과제를 주었다. 작년의 주제에 새로움을 주기 위해 오 교사는 학생들 둘에 하나씩 했던 과제를 변경했고, 유명한 수학자나 과학자에 대한 상호작용 멀티미디어 프로그램을 만들게 했다.

오 교사는 2주 반 동안의 활동 기간의 초기에 과제를 하도록 했고 학생들을 두 명씩 짝지었다. 각 조의 초기 과제는 보고서의 주제를 결정하는 것이었다. 오 교사는 그들의 선택을 돕기 위해 자신의 방 벽에 유명한 수학자와 과학자 사진을 걸어 장식했다. 학교 사서인 김 교사의 도움으로 유명한 과학자와 수학자에 관한 인쇄자료를 모았다. 이용할 수 있는 자료를 조사한 후에 각 팀은 가장 선호하는 네 명의 과학자와 수학자의 인쇄물 위쪽에 이름을 적어 오 교사에게 주었다. 오 교사는 이러한 요구를 모두 살펴본 후 각 팀의 주제를 할당해 주었기 때문에 반에서 중복되는 주제는 없었다. 그리고 모든 팀은 주제에 대한 첫 번째, 두 번째, 세 번째까지의 선택을 할 수 있었다.

첫째 주의 나머지 시간에 학생들은 자신들이 선택한 자료를 탐색했다. 학생들은 매일 도서관에 오는 시간을 정했다. 모든 학생은 관련된 인쇄자료에 접근하여 웹에서 정보를 찾기 위해 온라인을 할 수 있었다. 모든 사람이 온라인 연구의 기회가 있다는 것을 확인해 주기 위해 김 교사는 각 팀에게 주당 30분씩 2회 온라인 연구를 하도록 시간을 정해 주었다. 김 교사는 탐색하는 동안 학생들에게 도움을 주어 이들이 제한된 시간에 필요한 자료를 사용할 수 있도록 하였다.

둘째 주에는 학생들이 교실에 있는 두 대의 컴퓨터뿐만 아니라 학교의 작은 컴퓨터실에서 유명한 저작도구인 *Hyperstudio*를 이용하여 멀티미디어 프로그램을 만들었다. 오 교사는 *Hyperstudio*의 전문가는 아니지만 기본적인 것은 할 수 있었다. 학생들은 1년 전에 몇 개의 사례에서 *HyperStudio*를 이용했었다. 그래서 오 교사는 학생들에게 *HyperStudio* 사용법에 대해 가르치는 시간을 할애하지 않았고, 학생들은 바로 프로그램을 사용하였다. 오 교사는 학생들에게 보고서를 준비할 어느 정도의 시간을 주었다.

모든 팀 구성원이 몇 개의 카드로 구성된 스택(Stacks)이라고 하는 *HyperStudio* 프로젝트를 만들었다. 오 교사는 멀티미디어 보고서를 만드는 데 몇 가지 일반적인 지침을 제시했다. 오 교사는 학생들이 매우 열심히 작업하고 평소 리포트를 작성할 때보다 훨씬 창의적인 과제를 하는 데 놀랐다. 각 팀은 주제에 대한 문자정보와 각 화면으로 이동할 수 있는 내비게이션 버튼, 멀티미디어 요소를 포함하여 만들었다. 예를 들어, 많은 다른 학생처럼 김지민과 한현숙 학생은 제인 구달(Jane Goodall)에 관한 리포트를 작성하기 위해 책을 스캔했다. 그리고 새로운 화면으로 이동할 때는 적절한 사운드가 나도록 했다. 박해성과 김선 학생은 인터넷에서 찾은 퀴리부인의 사진을 사용했고, 송지원과 노중석 학생은 프로젝트에 그들의 내레이션을 추가하는 *HyperStudio*의 기능을 사용했다. 최시원과 박민서 학생은 리포트에 넣을 아인슈타인의 비디오 클립을 찾아냈다.

프로젝트의 마무리로 학급 발표회를 가졌다. 오 교사는 교실에 있는 컴퓨터와 미디어센터의 LCD 프로젝터를 연결해서 모든 학생이 볼 수 있도록 했다. 학생들은 자신들의 과제에 몰두했고 그들은 프로젝트를 서로 공유했다. 학교 '과학의 날'에 학생들은 컴퓨터에 그들의 프로젝트를 설치해서 부모들이 볼 수 있도록 했다. 오 교사는 몇몇 부모에게서 감사의 편지를 받았으며, 이러한 새로운 학습활동이 즐거웠고, 자신이 그러한 일을 했다는 것이 기뻤다.

이 시나리오는 우리가 학생으로서 컴퓨터를 사용하는 데 있어 무엇을 말해 주고 있는가?

다음과 같은 몇 가지 주목해야 할 점이 있다.

- **학생들은 내용과 내용을 전달하는 방법을 배워야 한다.** '학습자'로서 컴퓨터가 기능할 때, 학생들은 '교사'가 되고 두 가지 영역의 과제를 갖게 된다. 그들은 바로 내용을 배워야 하고, 그것을 컴퓨터를 통해 어떻게 전달해야 하는지를 배워야 한다. 이것은 조직적, 논리적 사고, 문제해결력을 필요로 한다.
- **학생들은 적극적으로 참여해야 한다.** 이것이 목적을 성취하는 유일한 방법은 아닐지라도, 학생들은 컴퓨터 기반 프로젝트를 함으로써 학습에 능동적으로 참여한다. 이러한 작업은 동기를 부여해 주고, 학습을 이해의 구성으로 보는 관점과 일치한다.
- **성공하기 위해서는 한 가지 방법만 있는 것이 아니다.** 학생들이 컴퓨터를 이용하여 교사의 역할을 해야 하는 대부분의 상황에서 성공할 수 있는 많은 방법이 있다. 앞의 시나리오에서도 두 학생의 프로젝트가 같지 않았고 모두가 교수목표에 도달한 것은 아니다. 많은 '실제 세계' 문제해결처럼 다른 접근을 할 수 있고, 다른 일을 할 수 있다.
- **폭넓은 사전지식이 반드시 필요한 것은 아니다.** 보조자료서 컴퓨터를 사용하는 것처럼 교사들은 사전지식 없이 학생으로서 컴퓨터를 활용하는 데 때로 망설인

다. 그러나 컴퓨터가 가진 생산성 도구의 특성 때문에 학생으로서의 컴퓨터를 활용하면 적은 지식이 교실에서 폭넓게 확장될 수 있다. 이러한 예로, 오 교사는 소프트웨어의 전문가라고 느끼지는 않았지만 학생들을 소프트웨어 작업에 참여시키고 작업을 했다.

학생들에게 *Logo, BASIC, C*와 같은 프로그래밍 언어를 사용해 컴퓨터를 '가르칠 수' 있지만, 프로그래밍은 오늘날 컴퓨터 시간이나 테크놀로지 시간에만 배울 수 있다. 그러나 학생들은 서로 가르칠 수 있는 상호작용 멀티미디어를 만들기 위해 멀티미디어 저작도구를 사용하여 교사의 역할을 가정할 수 있다. 다음에서는 학교에서 많이 사용하고 있는 멀티미디어와 하이퍼미디어 저작도구인 *HyperStudio*를 살펴본다. 웹페이지 저작도구도 유사한 방식으로 사용될 수 있다. 이 부분은 제10장에서 논의한다.

멀티미디어와 하이퍼미디어 저작

멀티미디어(multimedia)는 단일 프레젠테이션이나 프로그램에서 다양한 멀티미디어 형식(텍스트, 그래픽, 오디오, 비디오)을 말한다. **하이퍼미디어**(hypermedia)는 정보가 **노드**(node)라는 상호 연결된 **청크**(chunk) 속에 디지털화 되어 저장되는 멀티미디어 정보 재생 시스템을 말한다. 멀티미디어나 하이퍼미디어 산출물을 만드는 과정을 **저작**(authoring)이라고 한다. 멀티미디어와 하이퍼미디어의 성장과 사용 인구의 증가 때문에 많은 학교에서는 요즘 학생들에게 멀티미디어와 하이퍼미디어를 저작하는 방법을 가르치고 있다.

하이퍼미디어 저작 기초

많이 사용하는 단독 하이퍼미디어 프로그램에서 노드는 보통 하나의 스택(색인카드와 같은) 안에 있는 카드로 보거나 또는 한 권의 책 속의 페이지로 본다. 웹은 웹사이트에 있는 웹페이지를 말하는데, 노드의 개념은 이와 같다. 여러분은 하이퍼미디어 노드를 다양한 부류의 정보를 넣을 수 있는 카드나 페이지로 생각할 수 있다. 그리고 카드와 페이지는 관련된 정보가 있는 하나 혹은 다른 많은 카드와 페이지로 서로 연결되어 있다. 그러나 인쇄 책과는 달리 하이퍼미디어의 노드는 가끔 비선형적인 형태로 다른 노드와 연결된다.

사람들은 노드에서 텍스트, 그래픽, 다른 노드와의 연결(가끔씩은 버튼 그리기와 같은)과 같은 일을 할 수 있다. 하나의 노드 위에 놓이는 각각의 것은 '객체(object)'다. 텍스트 필드(텍스트를 포함하는 필드), 그래픽(그림 객체), 버튼이나 링크(연결되게 하거나 행동하게 하는 객체), 사운드, 비디오 등과 같은 다른 객체들이 있을 수 있다. 이러한 프로그램은 사물을 객체로 취급하는데, 하이퍼미디어 시스템은 **객체지향 시스템**(Object-oriented programming systems: OOPs)으로 알려져 있다. 하이퍼미디어 시스템은 또한 **이벤트 주도형**(event-driven)인데, 이는 컴퓨터 환경 내의 이벤트에 반응함을 의미한다. 예를 들어, 사용자가 버튼을 클릭하거나 핫링크(강조된 문자로 나타나고, 다른 노드로 연결하기 위한 능동적인 링크)를 클릭하면, 이는 마우스 클릭 이벤트를 만들어 낸다. 하이퍼미디어 시스템은 몇 가지 액션을 가지고 이벤트에 반응할 수 있다.

하이퍼미디어 저작도구를 가지고, 학생들은 하이퍼미디어 산출물을 만들 수 있다. 카드와 페이지에 텍스트와

▲ 하이퍼미디어 프로젝트를 하고 있는 학생

그림 같은 객체를 삽입하고 링크를 만드는 일을 함으로써 기능적이고 효과적인 하이퍼미디어 프로젝트를 쉽게 만들 수 있다. 프로그램 지식이 필요한 경우는 매우 드물다. 그러나 하이퍼미디어 저작도구는 학생들이 뭔가를 복잡하게 작업하고자 할 때 이용할 수 있는 프로그래밍을 가지고 있다. Macromedia의 *Director*는 *Lingo*라고 하는 스크립트 언어를 사용한다. *HyperStudio*는 로고 프로그래밍 언어의 버전인 *HyperLogo*라는 스크립트 언어를 사용한다. 다음 절에서는 하이퍼 저작도구의 사례로 *HyperStudio*를 논의한다. *HyperStudio*는 사용상의 용이함과 많은 특징, 다른 컴퓨터 형태에 대한 이용 가능성 때문에 학교에서 대중적인 도구가 되었다. 제10장에서 웹기반 하이퍼미디어 자료 저작에 대한 도구와 기법을 살펴본다.

HyperStudio

*HyperStudio*는 Roser Wagner에서 만든 대중적인 하이퍼미디어 저작도구다. 이 프로그램은 맥 운영체제나 윈도우 운영체제에서 모두 이용 가능하다.

*HyperStudio*를 이용하여 학생은 혼자서 운영할 수 있는 하이퍼미디어 프로젝트를 만들 수 있고 인터넷에서 공유할 수도 있다. 저작을 위해서는 완전한 *HyperStudio* 패키지가 필요한 반면, 무료로 배포되는 재생 프로그램은 완전한 프로그램이 설치되어 있지 않은 컴퓨터에서도 만들어진 프로젝트를 재생할 수 있다.

HyperStudio 노드는 **카드**(card)라고 할 수 있는데, 완전한 프로젝트를 스택이라고 한다. 카드에 내용을 만드는 과제는 비교적 간단하다. 새로운 스택을 처음 만들면 빈 페이지에 워드프로세싱 소프트웨어가 시작되는 것처럼 첫 번째 카드가 만들어진다. 더 많은 카드가 필요하면 추가할 수 있다. 메뉴 선택과 도구의 조화를 통해 하이퍼미디어 저자들은 객체를 카드에 추가할 수 있고 계속적으로 그것을 편집할 수 있다. 저자들은 필드라고 하는 텍스트 객체와 그림과 클립아트와 같은 그래픽 객체, 내비게이션과 행위를 유발하는 버튼을 추가할 수 있다. [그림 9-5]는 다양한 하이퍼미디어 객체가 있는 *HyperStudio*의 예다.

이 프로그램은 저자가 몇 개의 옵션을 이용하여 시각적 흥미를 가진 카드를 만들 수 있다. 카드 위에 있는 객체들은 배경 위쪽의 레이어에 있다. 저자는 배경에서 색깔, 패턴을 줄 수 있고 그래픽을 삽입하여 흥미로운 외양을 갖춘 카드를 만들 수 있다. 텍스트 객체에서 저자는 텍스트의 색깔과 텍스트가 있는 백그라운드 필드 색깔을 조절할 수 있다. 버튼에도 색깔을 줄 수 있고, 버튼을 나타내는 많은 아이콘을 선택할 수 있다. 그림과 클립아트를 들여오는 능력은 *HyperStudio*에 기본적인 그리기도구를 제공하여 학생들은 자신들의 삽화를 만들 수도 있다.

*HyperStudio*는 높은 수준의 멀티미디어를 지원한다. 특별한 멀티미디어 옵션은 버튼과 관련된 행위를 할 수 있게 만들어졌다. 사용할 수 있는 버튼은 디지털 사운드, 디지털 영화, 디지털 애니메이션을 재생하고 그 밖에 몇 가지 특별한 기능(영화 마지막 장면처럼 스크린을 따라 자막이 올라간다)을 포함한다. *HyperStudio*는 심지어 퀴즈를 풀 수 있도록 하는 기본적인 검사 추적도 할 수 있다. 마지막으로, 프로그램에서 사용할 수 있는 옵션에 만족하지 못하는 학생들을 위해 버튼은 *HyperStudio*의 내장된 스크립트 언어인 *HyperLogo*를 사용할 수 있다.

교실에서의 하이퍼미디어 저작

학생들의 하이퍼미디어 개발은 교실활동에 많은 기회를 제공한다.

- **하이퍼미디어 프로젝트:** 교실에서 가장 보편적인 하이퍼미디어 저작의 적용은 아마도 하이퍼미디어 프로젝트 학생 개발이나 리포트일 것이다. 하이퍼미디어 프로젝트는 학생들에게 개별적으로 또는 집단적으로 과학 경험이나 간학문적 프로젝트와 같은 중요한 효과를 요약하는 리포트를 만들 때 사용된다. 그러한 내용을 단지 글로 적기보다는 그림, 사운드 클립, 비디오, 그것이 무엇인지를 잘 드러낼 수 있는 링크와 배경지식 등을 포함할 수 있다. 이러한 응용이

[그림 9-5] 텍스트, 그래픽, 디지털 비디오 클립, 내비게이션 버튼을 포함한 멀티미디어적 요소를 보여 주는 *HyperStudio* 스택 화면

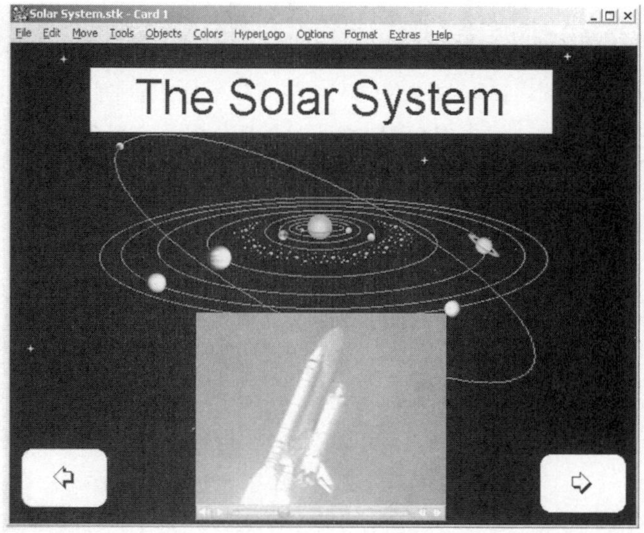

프레젠테이션 소프트웨어와 유사하지만, 학생들은 이미 제작된 문제를 이용해 상호작용 프로젝트를 만들 수도 있고 다른 학생들이 그 내용을 학습하는 데 사용할 수 있도록 폭넓은 링크를 만들 수도 있다.

- **멀티미디어 프레젠테이션:** 학생들과 교사들은 멀티미디어 프레젠테이션이나 슬라이드쇼를 만들기 위해 하이퍼미디어 저작도구를 이용할 수 있다. 프레젠테이션 소프트웨어(예: 파워포인트)가 선형적인 제시를 위해 편리하게 사용할 수 있는 반면, *HyperStudio*와 같은 도구들은 하위 경로를 만들거나 다른 프레젠테이션을 연결하는 데도 적합하다.
- **비선형적인 픽션:** 몇몇 교사들은 비선형적인 픽션을 만드는 데 하이퍼미디어의 잠재력을 시험하기 시작했다. 하이퍼미디어의 하위 경로를 만들 수 있는 능력은 학생들에게 결론이 하나 이상인 이야기를 만들 수 있는 옵션을 제공한다.
- **학생 작업 포트폴리오:** 하이퍼미디어 저작도구는 많은 교과의 학생 포트폴리오를 만드는 데 탁월하다.

점검사항

멀티미디어 프로젝트

학생과 교사들이 멀티미디어/하이퍼미디어 저작도구를 어떻게 사용할 수 있는가? 더 많은 자료가 필요하다면, 멀티미디어 프로젝트의 예를 포함하고 있는 다음의 웹사이트를 찾아보라.

웹 사이트	URL
HyperStudio Showcase	http://www.hyperstudio.com/showcase/index.htm
eZediaMX Showcase	http://www.ezedia.com/support/resources/showcase/

이 사이트에서 멀티미디어 학습의 예를 살펴보라. 여러분이 특정 교과와 학년의 교사라고 가정하고서 CD가 있는 멀티미디어 부분의 학습내용[장에 대한 정보와 활동(Chapter info and Activities) ≫ 제7장(Chapter 7) ≫ 매체 미리보기 서식(Media Preview Forms)]을 검토하라. 그 부분이 얼마나 효과적이라고 생각되는가? 여러분은 그것을 자신의 수업에 어떻게 통합시킬 것인가? 교실에서 멀티미디어 개발 프로젝트에 대한 여러분의 아이디어는 무엇인가?

국가교육공학표준과의 연계

NETS와 연계

국가교육공학표준(II, III)은 교사가 학생들에게 **협동적인 학습활동을 통해 실제적인 문제를 전달하고 해결하도록 공학을 사용**하는 데 초점을 두고 있다. 교사용 자료 A의 관련된 표준안과 수행지표를 검토하고, 테크놀로지의 개념, 실제인 문제, 학생 협동적 학습과 같은 개념에 주목하라.

여러분이 학습에서 협동적 노력을 촉진할 수 있는 다른 공학의 사용이 가능한지를 고려하라. 또한 학생들이 다음과 같이 할 가능성을 성찰해 보라.

- 관심 있는 주제에 대한 학습자 중심의 개별화된 교수자료를 만들기 위해 *HyperStudio*, *powerpoint* 또는 그와 유사한 소프트웨어를 이용해 협동적으로 작업하기 위한 학생집단을 조직할 계획을 세워라.
- 오늘날 학생들은 다른 학생들과 의사소통하기 위해 IM(instant message) 소프트웨어를 흔히 사용한다. 학생들에게 IM의 정의와 IM 사용에 대한 간략하고 핵심적인 수업을 만들어 부모/교사 회합에서 발표하게 하라. 실제적인 프로젝트를 개발하기 위해 IM을 학생들이 사용할 수 있는 방법을 만들고, 그러한 과정에서 무엇이 잘 실행되고 실행되지 않았는가에 대한 보고서를 작성하도록 하라.
- 학생들에게 의사소통과 프로젝트의 목표를 성취하도록 도울 수 있는 도구로서 IM이나 이메일을 이용한 다른 프로젝트를 개발하도록 하라.

연구논문에 그러한 활동의 잠재적인 가치와 도전을 기술하라. 여러분은 학습한 것을 전달할 필요성을 어떻게 강조할 수 있고, 학생들은 도구의 유용성을 살피고 집단활동을 하면서 무엇을 학습할 수 있는가?

문제점과 함정

프로그래밍은 교육에서의 컴퓨터 사용에 대한 논쟁을 어느 정도 제공할 수 있고 앞으로도 그럴 것이다. 이를 비판하는 사람들은 학생들이 결코 프로그래머가 되지 않을 것이라고 지적하면서 프로그래밍 학습이 문제해결에 이점을 준다는 초기의 주장은 연구 결과 나타나지 않았다고 주장한다. 학생들에게 하이퍼미디어 프로젝트를 개발하게 하는 것은 그것의 목적이 프로그래밍과 비슷하지만 덜 논쟁적인 것처럼 보인다. 학생들은 하이퍼미디어 프로젝트를 개발하면서 동기부여를 받을 수 있고, 교육적인 장점을 얻을 수 있다는 근거가 있다(Ayersman, 1996; Chen & McGrath, 2003). 그러나 교실에서의 하이퍼미디어 교육적 효과를 얻기 위해서는 순서대로 계획하고 준비해야 한다.

학생들이 하이퍼미디어 프로젝트를 개발할 때 구조와 사전계획이 중요하다. 프로그래머나 교수설계자가 이용하는 사전계획의 두 형태는 학생들이 컴퓨터 작업을 시작하기 전에 그들의 프로젝트에 대해 생각하게 하는 데 도움을 준다. 이러한 두 기법이 스토리보드를 만드는 것과 흐름도를 작성하는 것이다. 소프트웨어 설계자들은 가끔 애니메이터나 영화 제작자에게서 유래한 스토리보드를 사용한다. 스토리보드 만들기는 종이 위에 그리는 하나의 기법인데, 프로그램의 컴퓨터 스크린이 어떻게 구성되었는가를 그리는 것이다. 예를 들어, 학생들은 실제 작업을 하기 전에 색인 카드 위에 *HyperStudio* 프로젝트를 설계할 수 있다. 그들은 컴퓨터에서 프로젝트를 만드는 노력을 하기 전에 카드를 재설계할 수 있고 재배치할 수 있다. 대다수 프로그래머들은 프로그램의 순서와 흐름을 표현하는 그래픽적인 수단인 흐름도를 이용해서 프로그램의 논리를 기술한다. 흐름도는 하이퍼미디어 스택이나 웹페이지에서 링크가 어디로 연결되는지를 나타낸다. 흐름도는 연결된 풍부한 하이퍼미디어 프로젝트에서 특히 중요하다. [그림 9-6]은 *HyperStudio*의 한 카드에 있는 스토리보드 카드와 흐름도의 한 예다.

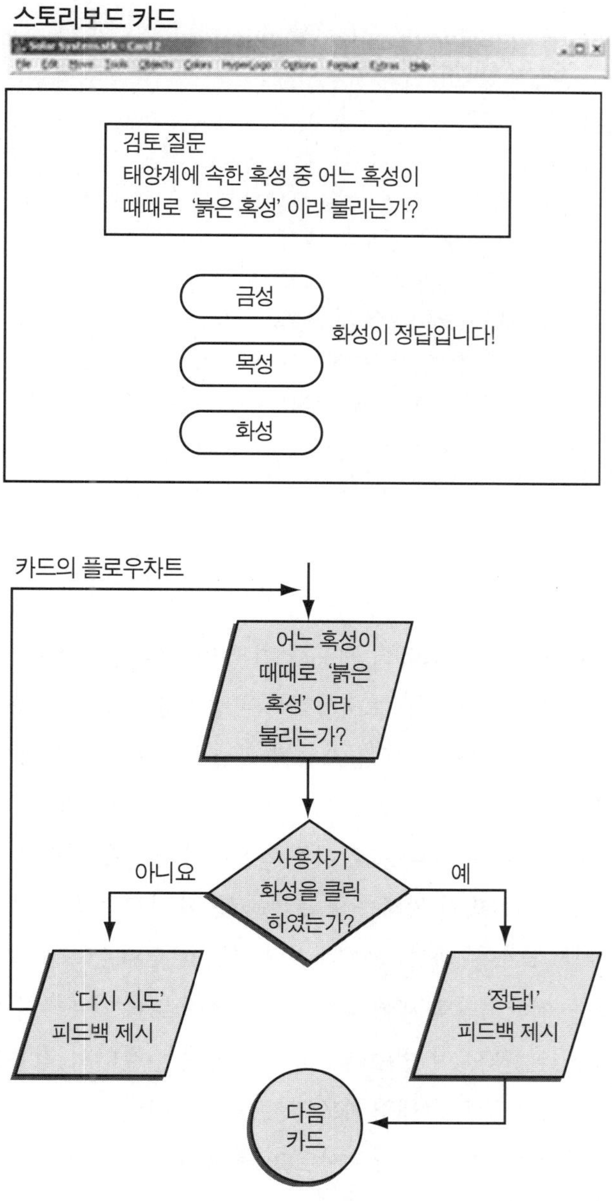

[그림 9-6] 예제 흐름도와 *HyperStudio* 프로젝트에서 상호작용 문항에 대한 화면

컴퓨터 사용 통합에 관련된 논쟁

이 장에서는 학생들이 컴퓨터를 사용하여 학습할 수 있는 방법에 대한 많은 아이디어를 제공하고자 했다. 이것은 마치 체스에서 이길 수 있는 올바른 방법이 하나만 있지 않은 것처럼 학생들의 학습을 도울 수 있는 방법은 한 가지만 있는 것은 아니다. 서로 다른 체스 말처럼 서로 다른 접근은 각각 장점과 약점을 가지고 있다. 선택을 결정하는 방법은 환경, 학생, 목표에 따라 달라진다. 체스에서 졸은 보통 단 한 칸만 움직일 수 있는 비교적 약한 말이다. 그러나 어떤 상황에서는 작은 졸들을 연속적으로 움직임으로써 승리를 불러 올 공격력을 올릴 수도 있다. 교실에서 체스판의 하나의 졸처럼 하나의 반복 연습 세션이 많은 것을 성취할 수는 없을 것이다. 그러나 많은 반복 연습은 체스 졸의 열처럼 학생의 학습에 큰 영향을 줄 수 있다. 중요한 것은 교수 상황의 학습 요구를 특정 컴퓨터 사용법과 연결하는 것이다.

CAI를 사용할 때 학습 요구에 가장 잘 맞는 목록을 선택하라. 반복 연습 프로그램은 학생이 기본적인 기능을 숙달하도록 할 수 있고, 개인교수는 학생들에게 개념을 학습하도록 할 수 있다. 시뮬레이션과 문제해결형 소프트웨어는 학생들에게 문제를 해결하도록 학습해 온 것을 적용할 기회를 제공한다. 그러나 어떤 형태의 컴퓨터 보조수업의 사용도 교실에서의 전체 학습전략의 부분일 뿐이라는 것을 항상 명심해야 한다. 적절한 준비와 추후활동이 성공에 필수적이다.

컴퓨터의 생산적인 적용은 학생들이 어떤 내용 영역을 학습할 때 보조자 형태로써 컴퓨터 내에서 사용할 수 있다. 저자들이 이 장에서 제시한 것처럼 학생들은 컴퓨터를 효과적으로 사용하기 위해 특별한 생산성 적용에 대한 폭넓은 지식을 반드시 가질 필요가 없다. 적은 지식으로도 얼마든지 시작할 수 있다. 이러한 방식으로 컴퓨터를 사용할 때, 초점은 소프트웨어에 있는 것이 아니라 학습과제에 있어야 한다는 것을 유념해야 한다.

멀티미디어와 하이퍼미디어 프로젝트를 개발할 때 학생들은 교사의 역할을 할 수 있다. 학습이론의 관점에서 보면, 이것은 학생에게 내용에 대한 이해를 돕기 위해 그 내용을 다른 학생과 효과적으로 의사소통하도록 하는 것이다. 이러한 방법으로 컴퓨터를 사용하면 학생들이 저작권을 의식하면서 만들도록 해야 한다(제8장의 논의 참조). 멀티미디어 프로젝트를 개발할 때, 저작권 있는 자료의 교실 사용은 저작권의 공정 이용하에 보호될 것이다. 그들이 저작권 있는 자료를 사용하는 데 위임장을 쓸 필요가 없다는 것을 학생들에게 이해시키는 것이 중요하다. 이러한 방법으로 컴퓨터를 사용하면 교사들은 그 내용이 학생들 노력으로 남는다는 것을 확실히 해야 한다. 때때로 학생들은 멀티미디어 프로젝트를 개발하는 데 있어 내용보다는 형식을 강조하는 잘못을 저지를 수 있다.

테크놀로지 코디네이터 코너

최근에 테크놀로지 코디네이터인 황 교사는 4학년 교사인 강 교사와 상담을 했다. 그들은 강 교사 교실에서의 컴퓨터 사용 과정에 대해 이야기했다. 강 교사는 처음 수업을 할 때, 교수기계로서의 컴퓨터 역할만을 생각했다고 말했다. 강 교사는 학생들과 편리하게 사용했던 몇 개의 CAI 패키지를 어떻게 찾았는가를 기술했다. 그 당시 강 교사는 학생들에게 수학문제와 과학 시뮬레이션을 주당 1회쯤 연습하게 했다. 그러한 시도는 좋았고 몇 가지 CAI 활용은 여전히 강 교사의 교실활동의 일부가 되었다. 그러나 강 교사는 황 교사와 더 많은 어떤 것을 공유하고자 했다.

몇 년 전에 시작된 황 교사의 권유에 강 교사는 학생들에게 작문과제를 워드프로세서로 작성하라고 요구했다. 또한 강 교사는 학생들에게 파워포인트를 이용해서 과제를 구두 발표하도록 했다. 강 교사와 학생들은 교실이나 학교 컴퓨터실에서 그러한 작업을 하는 것이 점차적으로 익숙해졌다. 그러한 성공적인 경험이 강 교사에게 다른 단계의 경험을 갖도록 하는 용기를 주었고 올해는 하이퍼미디어를 활용하도록 했다. 강 교사는 역사 교육과정의 일부로 역사적 유적지의 상태에 관한 하이퍼미디어 스택을 개발하도록 했다. 그러나 그녀는 이러한 작업이 부담스러웠고 그 부분에 대해 황 교사에게 조언을 구했다.

황 교사는 강 교사에게 용기를 주었고 학교에서 사용할 수 있는 하이퍼미디어 저작도구 사용상의 권고사항을 제시했다. 첫째, 황 교사는 강 교사에게 소프트웨어의 튜토리얼을 처음부터 끝까지 읽게 했고, 소프트웨어의 기본적인 운영법을 익히기 위해 워크숍에 참여하라고 권유했다. 다음으로, 황 교사는 강 교사에게 학생들에게 취미활동이나 애완동물 기르기와 같은 작은 하이퍼미디어 프로젝트 만들기 준비 과정을 통해 그 소프트웨어에 친숙해지라고 조언했다. 황 교사는 강 교사의 학생들이 빨리 프로그램을 배울 것이라고 했다. 역사 수업 동안에 황 교사는 강 교사에게 학생들이 컴퓨터에서 바로 작업하기 전에 노트 카드에 자신들의 프로젝트를 설계하도록 하라고 권유했다. 이것은 학생들에게 교실에서의 준비 작업을 하도록 한 것이어서 컴퓨터실 활용 시간에는 그 내용을 하이퍼미디어 저작 프로그램에 내실 있게 옮길 수 있었다. 그들이 컴퓨터로 작업을 시작했을 때 황 교사는 강 교사에게 컴퓨터실에서 학생 도우미를 지정하라고 했다. 이러한 학생 도우미들은 소프트웨어에 대해 잘 알고 있고 학생들의 질문에 대한 해결을 할 수 있다. 이러한 방법으로 강 교사는 컴퓨터실을 다니면서 시간을 보낼 수 있었고 도움이 필요한 학생들을 최대한 도와줄 수 있었다. 강 교사는 학생들의 학습을 돕기 위해 컴퓨터 활용과 같은 새로운 방법의 시도에 찬성하였다.

요 약

이 장에서는 컴퓨터 사용의 기본적인 세 가지 범주, 즉 교사로서의 컴퓨터, 보조자로서의 컴퓨터, 그리고 학생으로서의 컴퓨터를 검토함으로써 학생들이 학습을 위해 컴퓨터를 사용하는 방법을 탐색했다. 교사로서의 컴퓨터는 흔히 CAI라고 부르는데, 이는 컴퓨터가 수업을 전달한다. CAI의 일반적인 형태는 반복 연습형, 개인교수형, 시뮬레이션, 교수용 게임, 문제해결형이다. 보조자로서의 컴퓨터는 일반적인 과제에 대한 생산성 도구로써 컴퓨터의 사용을 말한다. 이 범주에서의 전형화된 컴퓨터의 적용은 워드프로세서, 그래픽 패키지, 프레젠테이션 소프트웨어, 데이터베이스, 스프레드시트다. 컴퓨터가 학생의 역할을 할 때는 학생이 *HyperStudio*와 같은 하이퍼미디어 저작도구를 이용해서 '교사'의 역할을 가정하는데, 이는 높은 내용 전문성과 그것을 조직화된 형태로 다른 사람과 의사소통할 수 있는 능력을 요구한다.

추천 자료

CD 자료

학습내용의 기억과 전이를 돕기 위해, 이 책에 동봉된 CD 안에 있는 제9장의 성찰적 사고를 위한 질문 및 활동을 읽어 보라〔장에 대한 정보와 활동(Chapter info and Activities) ≫ 제9장(Chapter 9) ≫ 성찰적 사고를 위한 질문 및 활동(Reflective Questions and Activities)〕.

또한, 이 장의 CD 안에는 관련 인터넷 웹사이트, 국가교육공학표준과의 연계, 이 책의 저자들의 이메일 주소에 대한 정보가 수록되어 있다.

웹사이트 자료

이 책의 웹사이트(www.prenhall.com/newby)에 접속하여 제9장과 관련된 학생의 질문과 저자들의 답변을 실어 놓은 질의응답 코너를 읽어 보라. 질문이 있으면 저자들에게 직접 보내도 좋다. 이 장에 관한 저자들의 프레젠테이션도 볼 수 있으므로, 이 장의 내용에 관한 저자들의 견해도 살펴보라.

인쇄 자료

Chen, P., & McGrath, D. (2003). Moments of joy: Student engagement and conceptual learning in the design of hypermedia documents. *Journal of Research on Technology in Education, 35* (3), 402-422.

Johnson, R. T., Johnson, D. W., & Stanne, M. B. (1985). Effects of cooperative, competitive, and individualistic goal structures on computer-assisted instruction. *Journal of Educational Psychology, 77* (6), 668-677.

Jonassen, D. H. (1999). *Computers as mindtools for schools: Engaging critical thinking* (2nd ed.). Upper Saddle River, NJ: Prentice Hall.

Kulik, C. C., & Kulik, J. A. (1991). Effectiveness of computer-based instruction: An updated analysis. *Computers in Human behavior, 7*, 75-94.

Kulik, J. A. (2003). *Effects of using instructional technology in elementary and secondary schools: What controlled evaluation studies say.* Arlington, VA: SRI International. Available: http://www.sri.com/policy/csted/report/ sandt/it.

Lee, J. (1999). Effectiveness of computer-based instructional simulation: A meta-analysis. *International Journal of Instructional Media, 26*, 71-85.

Lockard, J., & Abrama, P. D. (2004). *Computers for twenty-first century educators* (6th ed.). New York: Allyn & Bacon.

Lou, Y, Abrami, P. C., & d'Apollonia, S. (2001). Small group and individual learning with technology: A meta-analysis. *Review of Educational Research, 71* (3), 449-521.

Roblyer, M. D. (2004). 2004 Update: *Integrating educational technology into teaching* (3rd ed.). Upper Saddle River, NJ: Prentice Hall.

Taylor, R. (1980). *The computer in the school: Tutor, tool, and tutee.* New York: Teachers College Press.

전자 자료

http://www.ezedia.com
eZedia

http://www.hyperstudio.com
HyperStudio

http://www.macromedia.com
Macromedia

http://www.yahoo.com/Computers/
Yahoo Computers and Internet

http://www.yahoo.com/Education/
Yahoo Education

제10장

학습지원을 위한 인터넷의 통합

핵심어와 개념

인터넷
인스턴트 메시지(IM)
월드와이드웹
북마크
전자우편
뉴스그룹
브라우저
홈페이지
리스트서브
채팅
URL
HTML

학습목표

이 장은 다음 사항을 목표로 한다.

- 교육에서의 인터넷 적용을 다음의 범주에 맞춰 논의할 수 있다.
  ① 의사소통, ② 정보인출, ③ 정보출판
- 인터넷 의사소통의 동시적 · 비동시적 형태를 구별할 수 있다.
- 학생 연령대에 맞는 교육적 주제를 학생들이 찾을 수 있도록 3~4개의 웹사이트를 명시할 수 있다.
- WebQuest를 정의하고, WebQuest의 일반적인 요소를 기술할 수 있다.
- 교사와 학생이 정보출판을 위해 인터넷을 어떻게 사용해야 하는가를 기술할 수 있다.
- 교실에서의 인터넷 사용과 관련된 문제점을 규명하고 논의할 수 있다.

이 장은 학습 과정을 증진하기 위한 도구인 인터넷과 월드와이드웹의 사용에 초점을 둔다. 제9장에서는 교사로서, 학습자로서, 보조자로서 활용할 수 있는 도구로서의 컴퓨터 사용을 검토했다. 여기서 우리는 인터넷 사용을 포함하기 위해 개념을 확장한다. 제11장에서 저자들은 원격교육 테크놀로지를 고려함으로써 테크놀로지 통합에 관한 우리의 관점을 확장한다.

머리말

학교나 지역사회에 있는 도서관에 대해 생각해 보자. 도서관 서고에서 여러분은 다양한 유형의 많은 정보자원을 찾을 수 있을 것이다. 서고에는 사전, 백과사전과 같은 참고서적들이 있고, 오늘날 대부분의 도서관에는 음악 CD와 비디오 같은 비인쇄 매체가 있다. 도서관은 축적된 지식의 실제적인 소장품을 찾을 수 있으며, 흥미로운 항목에 대한 검색을 할 수 있는 곳이다.

어떤 측면에서 인터넷은 방대한 도서관과 같다. 인터넷은 전 세계로부터 텍스트, 그림, 사운드, 비디오와 같은 정보자원을 교실이나 집으로 가져온다. 도서관에서처럼 여러분은 인터넷에서 흥미로운 주제와 학습할 필요가 있는 것, 학습경험과 수업을 만들 수 있는 가능한 정보자원을 찾을 수 있다. 많은 인터넷 정보자원은 매우 최신의 정보를 위해 매일 심지어는 분 단위로 갱신된다. 그러나 도서관과는 달리 인터넷을 위한 카드 카탈로그가 없고 자료를 찾는 것을 도와주는 사서도 없으며, 여러분이 찾게 될 자료의 질을 보장할 수도 없다. 사실상 인터넷에는 학생들이 찾아서는 안 되는 많은 자료가 있기도 하지만 여전히 무한한 정보자원이다.

인터넷은 정보 저장소 이상의 의미가 있다. 인터넷은 여러분과 학생들에게 세계의 사람들과 상호작용할 수 있는 능력을 부여하는 의사소통 도구다. 또한 인터넷은 지역 도서관 선반에 여러분 자신의 책을 올려놓을 수 있는 것처럼 다른 사람에게 유용한 자료를 만들 수 있는 정보출판을 위한 도구다. 이러한 힘과 다양한 유용성이 인터넷을 교사와 학생을 위한 진정한 혁명적 도구가 되게 한다.

▲ 인터넷은 모든 종류의 자원을 이용할 수 있는 방대한 도서관과 비슷하다.

테크놀로지 통합 과정: 학습경험 속에 인터넷을 통합하기 위한 준비

어떤 교수활동을 계획할 때처럼(제4장과 제5장 참조), 교실에서 인터넷을 활용하기 위한 계획을 개발해야 할 필요가 있다. 첫째, 학생 특성을 고려해야 한다. 의사소통, 정보인출, 정보출판을 위해 인터넷에 접근하는 학생의 능력에 특별한 주의를 가져야 한다. 만일 학생이 그러한 기능을 갖추고 있지 않다면 그것을 가르칠 필요가 있다.

학생을 위한 교수목표를 명세화하여 인터넷을 활용하는 것이 교수목표에 맞는 능력을 향상시키는지 결정하라. 많은 경우, 인터넷은 학습하는 내용에 관한 최신의 정보를 제공할 수 있다. 교실에서 인터넷을 활용해야 하는 명분이 있지만 학생에게 인터넷을 자기 자신만의 이익을 위해서 사용하게 해서는 안 된다. 학생이 인터넷을 교실에서 즉시 사용할 수 있는 정보를 찾기 위해 사용해서는 안 된다. 인터넷 활용이 수업에 진정한 가치를 줄 때 인터넷을 사용해야 한다.

물론 인터넷을 사용하려면 인터넷에 접근되는 컴퓨터가 있는 학습환경이 필요하다. 그것은 모든 학생이 동시에 인터넷에 접근할 수 있는 교실이나 랩에 있는 하나의 컴퓨터일 수 있다. 인터넷 연결방식에 따라 사용 가능한 선택이 제한된다는 것을 알아야 한다. 전화선을 이용한 인터넷 연결은 느릴 수 있고, 수업시간에 사용하는 데 제한이 있을 수 있다. 심지어는 빠른 속도도 학급 전체 학생이 동시에 같은 웹사이트를 접근하면 속도가 느려질 수 있다.

특정 교수활동뿐만 아니라 방법과 매체를 선택하는 데서도 여러분은 내용과 목적에 맞는 인터넷 자료를 미리 점검할 필요가 있다. 이것은 여러분이 학생에게 보여 주고자 결정한 비디오테이프를 미리 보는 것과 다르지 않다. 수업을 위한 웹사이트를 선택할 때, 제8장에서 기술한 것처럼 어떤 교수자료(텍스트 북, 비디오테이프, 오디오 리코딩)를 선택하더라도 차이는 없다. 웹페이지 평가에 대한 준거를 보려면 이 책에 동봉된 CD〔장 소개와 활동(Chapter info and Activities) ≫ 제7장(Chapter 7) ≫ 매체 사전검점 서식(Media Preview Format)〕의 '웹페이지 평가 서식'을 보라. 교사와 학생을 위한 수많은 웹사이트가 있는데, 우리는 이 장에서 몇 개의 선호하는 사이트를 포함했다.

학생들에게 인터넷을 활용할 때도 다른 수업을 실행할 때 여러분이 하는 것과 같은 일반적인 과정을 따른다. 즉, 교재 준비하기, 학습환경 준비하기, 학생 준비하기, 수업 진행하기와 같은 과정이다. 준비는 성공을 위한 중요한 핵심적 요소다! 학습환경을 준비하는 동안에 컴퓨터와 컴퓨터가 인터넷에 접속하면서 제대로 잘 작동하는지를 점검해야 한다. 많은 학생에게 동시에 인터넷에 접근하도록 하려면 컴퓨터실 사용 계획을 세워야 한다. 인터넷 내용을 수업시간에 보여 주고자 한다면 컴퓨터 프로젝터 장비가 적절하게 작동하는가를 확인하고 모든 학생이 이미지를 볼 수 있는가를 확인해야 한다. 인터넷 자료를 준비한다는 것은 여러분이 사용하고자 하는 웹사이트가 여전히 이용 가능하게 운영되어야 한다. 또한 여러분은 학생들에게 그 사이트를 활용할 날짜 이전에 활용이 가능한지의 여부를 점검해야 한다. 수업활동을 위한 인터넷 사용을 개별적으로 할지, 소집단으로 할지, 학급에 동시에 할 것인지를 결정해야 한다. 수업의 목적(목표)를 논의하고 활동에 대한 지침 인쇄물을 제공하며, 학생들에게 저작권 지침과 학교에서 사용 가능한 범위를 상기시킨다.

수업이 시작되면 개별 학생이 인터넷을 과제를 위해 사용하는지를 감독하며 학생이 학교 지침에 따라 인터넷을 사용하는지를 확인해야 한다('도구상자 팁: 수용 가능한 활용 정책' 참조). 교사는 학생이 인터넷을 집단으로 사용할 때, 학생의 활동을 통제하여 학생이 적절하지 않은 사이트나 다른 사이트를 마음대로 돌아다녀서는 안 된다는 것도 주지시켜야 한다. 표준적인 백과사전에서 정보를 찾고자 하는 학생조차도 관련성 없는 그림과 내용에 현혹될 수 있는 것처럼 인터넷에서도 혼란을 겪을 수 있다.

물론, 다음 내용에서는 인터넷이 수업내용의 적합성 여부를 평가할 시간을 가질 필요가 있다. 여러분은 학생이 경험을 통해 학습되었는지를 결정할 필요가 있으며, 그 학습이 기대보다 덜 성공적이었다면 앞으로 인터넷 사용을 향상시킬 수 있는 방법을 생각해야 한다.

교사와 학생은 인터넷의 현실적인 기대를 가져야만 한다. 인터넷이 모든 학습문제에 답해 줄 수 없고, 해결해 줄 수 없다는 것이다. 인터넷은 (틀림없이 강력한) 학습도구다. 모든 학습도구처럼 인터넷을 적절하게 사용해야 한다. 교사는 학생들을 태만하게 이끌어서는 안 되고 최선을 다하도록 해야 한다.

인터넷은 무엇이고, 어떻게 연결되는가

제3장에서 학습한 것처럼 **인터넷**(Internet)은 세계 도처 사람들의 많은 컴퓨터로 연결된 컴퓨터 망이다. 인터넷은

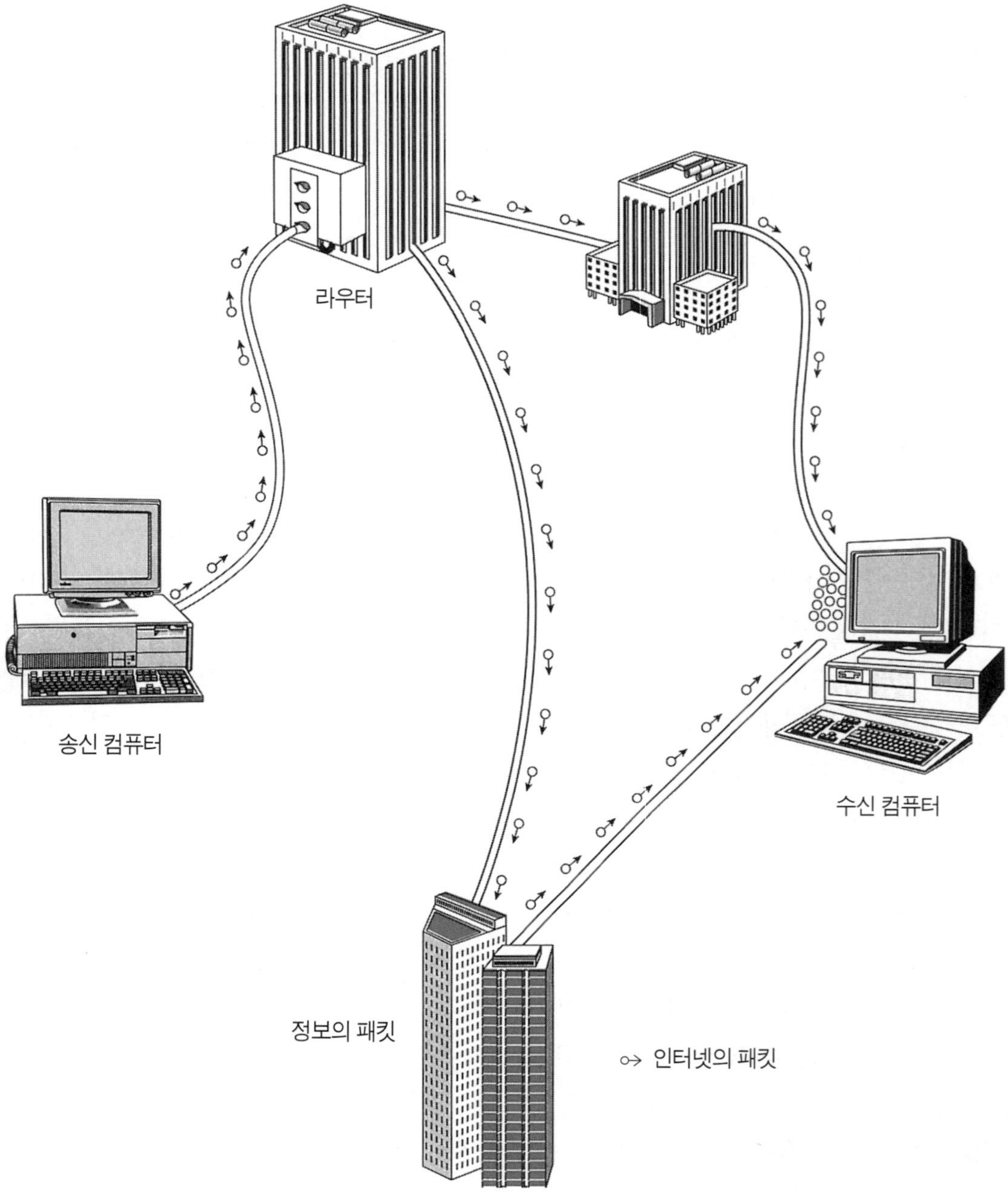

[그림 10-1] 정보가 인터넷에서 어떻게 연결되는가? 한 컴퓨터에서 다른 컴퓨터로 여행하는 정보는 패킷으로 분리된다. 각각의 패킷은 독립적으로 여행하며 때로는 다른 경로를 거치기도 한다. 패킷은 목적지 컴퓨터에서 다시 재조정된다.

'망', '정보 초고속도로', '가상공간' 으로 언급된다. 인터넷상에 있는 많은 다른 종류의 컴퓨터들은 흔히 **TCP/IP**로 알려진 컴퓨터 프로토콜 의사소통을 통해 서로 연결되며 인터넷상에 있는 모든 컴퓨터는 IP 주소라 부르는 숫자 형태의 특정 주소를 갖는다. 인터넷상에 있는 컴퓨터는 IP 주소로 정보를 보냄으로써 다른 컴퓨터와 의사소통한다.

인터넷을 통해 정보는 정보의 작은 단위인 **패킷**(packets)

도구상자

팁

전화선을 이용한 컴퓨터 의사소통

케이블 TV 네트워크나 전화 디지털 접속선(DSL)을 통해 항상 인터넷에 연결되어 있는 인구가 증가하고 있지만 대다수의 사용자는 전화선을 이용해 개별 컴퓨터에서 인터넷에 접근할 수 있다. 이러한 접속은 컴퓨터 자체 모뎀이 있어야 하고, 의사소통 소프트웨어, 명확한 전화선이 구비되어야 한다. 두 개의 컴퓨터가 의사소통을 하려면 각각의 컴퓨터가 그렇게 장비를 갖추어야 한다([그림 A]).

전화선은 두 지점 간의 인간의 소리를 전달하도록 설계되었다. 의사소통을 위해 전화선을 이용하는 컴퓨터는 이러한 포맷에 정보를 적응시켜야 한다. 모뎀(모듈레이터와 디모듈레이터의 축약어)은 컴퓨터에서 송출하는 디지털 정보를 아날로그 포맷으로 전환하여 전화선으로 전달하도록 하고 컴퓨터로 들어오는 신호는 반대로 바꾸는 작업을 한다. 모뎀은 컴퓨터 내에 설치하는 내장형과 케이블을 통해 컴퓨터의 시리얼 포트에 설치하는 외장형이 있다. 모뎀은 매초 전송되거나 수신되는 비트 수인 보드율(baud rate)로 측정되는 최대 전송속도에 따라 다른 종류와 구별된다. 오늘날의 거의 모든 모뎀은 표준 전화선에서는 이론상의 최대치인 초당 56킬로바이트 용량이 불가능한 것이지만, 56kbps 전송을 할 수 있다.

의사소통 소프트웨어는 모뎀과 컴퓨터와 컴퓨터의 의사소통을 제어한다. 만일 여러분이 상업적 서비스 제공자인 American Online이나 MSN에 가입한다면 그 회사들은 의사소통을 위해 특별히 설계한 의사소통 소프트웨어를 제공할 것이다. 만일 여러분이 다른 인터넷 서비스 제공자(Internet Service Provider: ISP)를 이용하고자 한다면, 윈도우나 맥 기반 운영체제 컴퓨터 내에 TCP/IP 소프트웨어를 이용하여 연결을 할 수 있다. 여러분은 컴퓨터의 IP 주소(자동적으로 할당되지 않았다면), 도메인 이름 서버(DNS), 숫자로 된 IP 주소를 인터넷 이름으로 바꾼 컴퓨터(ISP)와 같은 정보와 이메일 서버 주소와 그 외 다른 특정한 정보를 형성하여 넣어야 한다. 여러분의 인터넷 서비스 제공자는 적절한 연결을 설정하는 데 필요한 정보를 제공할 것이다. 설치마법사와 도움말이 이러한 과정을 돕게 될 것이다.

마지막으로, 전화회선에 대해 언급하자면, 많은 컴퓨터 의사소통 문제는 회선상의 문제에서 기인한 것이다. 빈약하고 '소음이 끓는' 전화회선은 온라인 의사소통을 느리게 하거나 방해한다. 만일 소음 회선이 대화 세션을 혼란스럽게 하면 다시 다이얼링을 하라. 왜냐하면 통화는 다이얼을 돌리는 시간에 따라 다르게 연결되기 때문이다. 전화 대기와 같은 것이 온라인 의사소통을 힘들게 할 수도 있고 임시적으로 온라인을 사용할 수 없게도 한다. 또한 공유되는 회선들이 문제를 만들 수도 있다. 몇몇 학교에서는 하나의 전화회선으로 건물 내에 있는 몇 대의 전화를 공유하기도 한다. 그러한 회선을 사용하게 되면, 건물 안의 다른 곳에서 누군가가 전화통화를 하게 되면 온라인 연결이 안 될 것이다. 그러한 장애물로부터 온라인 회선을 보호하기 위한 스위치나 장치가 필요할 것이다.

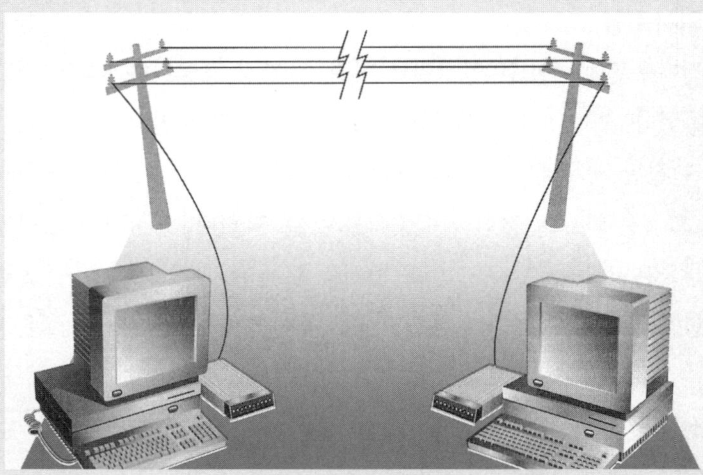

[그림 A] 모뎀을 통한 컴퓨터와 컴퓨터 연결

내의 인터넷([그림 10-1] 참조)을 통해 보내진다. 한 개별 메시지의 패킷들은 가상공간의 이용 가능한 경로를 따라 보내진다. 패킷은 목적지 컴퓨터에 도착하면 다시 재조정된다. **라우터**(router)라는 네트워크 장치가 인터넷상의 혼잡을 조절하고 각 패킷의 가장 효율적인 라우터를 정한다. 예를 들어, 여러분이 이메일을 보내면 메시지는 패킷으로 나뉘어 지역 네트워크 망(LAN)을 따라 보내지고, 목적지에서 패킷이 다시 연결된다. 패킷들은 많은 컴퓨터 네트워크를 따라 여행을 할 것이다. 그러나 전기 속도의 여행이기 때문에 보통 몇 초간의 여행이 될 것이다. 오늘날 대다수의 학교, 교실 및 가정은 인터넷으로 연결되어 있다.

인터넷 사용

교사와 학생들은 다양한 방법으로 인터넷을 이용할 수 있다. 제3장에서 언급한 것처럼 대부분의 일반적인 애플리케이션은 세 개의 범주인 의사소통, 정보인출, 정보출판으로 나눌 수 있다. 여기서는 이것을 소개하고 논의한다.

의사소통

전자우편(이메일)은 인터넷 서비스 중 가장 광범위하게 사용된다. 인터넷에 연결된 컴퓨터를 가진 사람은 인터넷에 연결된 세계 어디에 있는 사람과도 의사소통할 수 있다. 그것은 빠르고 저렴하며 종이를 아낄 수 있다. 교사와 학생들은 질문을 할 수 있고, 문제를 토론할 수 있으며, 경험을 공유할 수 있는 토론집단에도 참여할 수 있다.

정보인출

인터넷에는 학생과 교사가 이용할 수 있는 흥미롭고 다양한 많은 정보가 있다. 대다수 이러한 정보는 최신의 것이며 무료로 이용할 수 있는 것이며 몇 초 내에 빠르게 접근할 수 있다. 수업계획과 워드프로세서, 데이터베이스, 스프레드시트와 같은 컴퓨터 프로그램을 이용할 수 있다.

정보출판

교사와 학생들은 인터넷에서 자료를 출판할 수 있다. 인터넷 출판은 전통적인 출판보다 더 빠르다. 복사기를 이용한 '출판' 보다 훨씬 값이 저렴하고 메일을 통해 문서를 보낼 수도 있다. 부모가 허용하면, 학생들의 작문이나 시를 사람들이 읽을 수 있도록 인터넷에 올릴 수 있다. 교사는 자신의 교육관과 훈육방식을 다른 사람과 공유할 수 있다.

의사소통을 위한 인터넷 애플리케이션

인터넷의 가치 있는 측면은 인간 상호작용을 촉진할 수 있는 능력과 자료와 아이디어의 교환이다. 교사와 학생들은 인터넷을 통해 다른 학생, 교사, 세계 도처의 특정 분야 전문가와 의사소통할 수 있다. 의사소통의 세 가지 기본적인 유형은 이메일과 메일링 리스트, 뉴스그룹, 인스턴트 메시지와 채팅이다. 이메일을 통한 의사소통은 사람에게 편지를 쓰는 것과 유사하다. 리스트서브라는 메일링 리스트는 벌크 메일링(bulk mailing)과 같다. 교사와 학생들은 자신들의 메일로 전달해 줄 (잡지처럼) 특정 주제의 정보를 받을 수 있다. 뉴스그룹은 교사와 학생들이 일반적인 관심사를 서로 의사소통할 수 있도록 하는 토론그룹(discussion group)이다. 이러한 사이트들은 일반적으로 단일한 주제만을 다루고, 교사와 학생들은 논평, 질문을 올릴 수 있으며, 자신의 의견을 내놓을 수 있다. 뉴스그룹은 비동시적인 반면, 인스턴트 메시지나 채팅은 즉시적인

〈표 10-1〉 저자들의 이메일 주소

저 자	전자우편 주소
Tim Newby	newy@perdu.edu
Don Stepich	dstepich@boisestate.edu
Jim Lehman	lehman@perdu.edu
Jim Russel	jrussell@perdu.ed

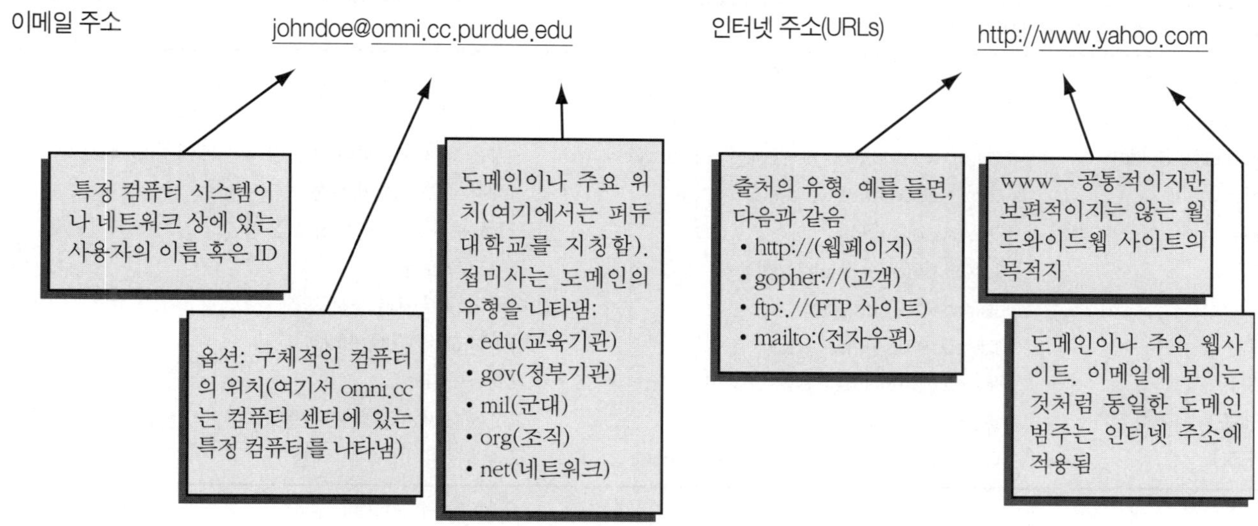

[그림 10-2] 사이버공간에서 길 찾기: 이메일 주소와 URL 구조

(동시적인) 의사소통을 지원한다. 다음에서는 이러한 각각의 의사소통에 대한 보다 세부적인 사항을 살펴본다.

전자우편과 메일링 리스트

한 개인이나 집단이 컴퓨터 네트워크를 통해 다른 개인이나 집단에게 보내는 의사소통을 **전자우편**(e-mail)이라 한다. 전자우편은 학교에 있는 다른 교사나 학생 혹은 남극 대륙에 있는 과학자도 보내거나 받을 수 있을 것이다. 모든 개인이나 회사 인터넷 계정은 적어도 하나의 독특한 전자우편 주소를 가지고 있다(〈표 10-1〉, 〈표 10-2〉 참조). 전자우편은 전화선이나 네트워크 선으로 전송되기 때문에 우편물로 보내는 시간보다 훨씬 빠른 수 초 내에 전송된다. 전자우편은 보통 개인과 개인 간의 의사소통이고 여러분은 편지 내에 **첨부**(attachments)라고 하는 '동봉(enclosures)'을 제공할 수 있다. 또한 우편물로 보내는 편지를 복사해서 보내는 것처럼 같은 내용의 전자우편을 많은 사람에게 동시에 보낼 수 있다. 전자우편을 이용하면 여러분과 학생들은 세계 어디에 있는 사람과도 정보를 교환할 수 있다. 전자우편을 쓰고 송수신하기 위한 대중적인 프로그램은 *Qualcomm Eudora, Microsoft Outlook, Outlook Express*, *Netscape Messenger*이고, 이외에도 *America Online*과 *MSN*은 전자우편 소프트웨어를 서비스에 내장하고 있다. 웹상의 개인은 *Yahoo! Mail*과 *MSN Hotmail* 같은 무료 전자우편 계정을 이용하는 것이 가능하다.

메일링 리스트(mailing lists)는 특정 주제의 정보를 규칙적으로 전자우편에 전달하는 것이다. 메일링 리스트의 메시지는 그 메시지의 내용이 메일링 리스트에 있는 모든 사람에게 똑같이 전달된다. 메일링 리스트를 신청하려면, **리스트서브**(listserv, 특정 주제에 대해 들어오는 정보를 통제하고 분류하며 분배하는 컴퓨터)에 메시지를 보내는 것이다. 교사와 학생들이 이용할 수 있는 작은 메일링 리스트의 예는 [그림 10-2]를 보라. 리스트서브에 등록하려면, 관심 있는 항목을 관리하는 컴퓨터로 접근하라. 여러분은 단지 전자우편 본문에 다음과 같은 메시지를 보낸다. 즉, '등록'이라는 단어와 여러분이 등록하고자 하는 리스트의 이름, 여러분의 이름(전자우편 주소가 아님)을 전자우편에 적어야 한다. 전자우편 공란의 주제선을 남겨 두어라. 메시지를 보낸 후 여러분은 등록되었다는 승인을 받을 것이다. 여러분은 받은 환영 메시지를 보관해야 한다. 왜냐하

〈표 10-2〉 교사와 학생을 위한 메일링 리스트 예제

리스트서브	인터넷 주소	기 술
Community Learning Network	http://www.cln.org/lists/home.html	교육용 메일링 리스트 위치에 대한 좋은 정보원
The Teacher's Guide	http://www.theteachersguide.com/listserve.html	수많은 교육지향적인 메일링 리스트에 대한 정보
ACSOFT-L	listserve@wuvmd.wustl.edu	교육용 소프트웨어 토론
AERA-A	listserve@asu.edu	AERA 분과 A: 교육행정학 포럼
ECENET-L	listserve@listserve.uiuc.edu	유아교육 토론
EDINFO	listproc@inet.ed.gov	미국 교육부에서 정보 갱신
EDNET	listproc@lists.umass.edu	다양한 교육 주제에 대한 토론
EDTECH	listserve@h-net.msu.edu	교육공학 토론
TEACHNET	listserve@byu.edu	교수에 대한 아이디어, 논문, 연구, 경험 및 질문 교환하기
WWWEDU	wwwedu-subscribe@yahoogroups.com	교육에서의 월드와이드웹

면 그 메시지에는 리스트에 대한 정보와 여러분이 그 리스트의 구독을 더 이상 하고 싶지 않을 때 취소할 수 있는 방법이 포함되어 있기 때문이다. 마치 잡지에 출판할 수 있는 것처럼 여러분은 리스트서브에 '글을 올릴 수' 있다. 이렇게 함으로써 잡지의 구독을 갱신할 필요가 없고, 호스트 컴퓨터에 '구독취소' 신청 메시지를 보냄으로써 리스트서브 구독을 중단할 수 있다.

뉴스그룹

뉴스그룹(newsgroups)은 특정 주제만을 다루는 게시판과 같다. 많은 교실에 있는 게시판처럼 UseNet이라고 하는 서비스를 통한 인터넷상의 게시판들이 있는데, 인터넷 서비스 공급자가 그것을 지원하도록 설정하였다면, 전자우편 클라이언트를 통해 UseNet 뉴스그룹에 접근할 수 있다. 뉴스그룹과 게시판은 교사와 학생들에게 정보와 메시지를 올릴 수 있게 하고, 다른 사람의 메시지를 읽을 수 있게 한다(〈표 10-3〉 참조). 여러분은 마치 매일 여러분이 지나치는 홀에 있는 게시판을 보는 것처럼 전자게시판을 '보러 갈' 수 있다. 예를 들어, 여러분은 미술교육과 초등학생에게 색감을 가르치는 데서의 아이디어를 얻기 위해 전자게시판에 메시지를 쓸 수 있다. 메시지를 작성한 그 날이나 며칠이 지난 후에 여러분이 뉴스그룹에 들어가면 하나 이상의 여러 가지 권고사항을 발견하게 될 것이다. 여러분이 게시된 모든 질문과 정보를 읽게 되면 여러분

〈표 10-3〉 교사와 학생을 위한 뉴스그룹 예제

뉴스그룹	설 명
http:/groups.google.com	인기 있는 Google 사이트를 통한 UseNet 토론 포럼에 대한 웹 접근
K12.chat.teacher	유치원~중학교 교사들의 일상적인 대화
K12.ed.math	유치원~중학교의 수학 교육과정
K12.ed.music	유치원~중학교의 음악 교육과정
Alt.parents-teens	10대 양육에 관한 토론
Alt.education.distance	인터넷을 통한 원격교육
Alt.prose	글짓기와 소설, 논픽션
Soc.culture.german	독일 문화와 역사

자신의 질문과 정보를 올리게 되고 여러분 질문에의 답을 받게 될 것이다. 전자우편 리스트와는 달리 여러분은 뉴스그룹에 가입할 필요가 없다. 여러분 학교에 전자게시판이 있다면, 원하는 어떤 때나 읽을 수 있고, 뉴스그룹에 의견을 제시할 수도 있다. 단, 많은 뉴스그룹이 학생들에게 부적절한 내용을 담고 있기 때문에 학생용 뉴스그룹을 선택할 때에는 주의를 기울여야 한다.

인스턴트 메시지와 채팅

전자우편과 뉴스그룹이 비동시적인 의사소통을 지원한다면, **인스턴트 메시지**(instant messaging: IM)는 인터넷상의 두 사용자가 실시간으로 의견을 주고받거나 메시지를 타이핑하면서 동시에 의사소통을 한다. 대다수의 의사소통이 말이 아니라 문자로 이루어진다는 점만 제외하면 IM은 전화통화와 비슷하다. 그러나 IM 소프트웨어의 최근 발달은 문자 의사소통뿐만 아니라 오디오와 비디오 의사소통까지도 가능하다. 동시에 온라인상에 있는 불특정 다수의 사람들과 의사소통하는 것도 가능하다. 그리고 같은 IM를 사용하면 대다수의 IM 사용자는 주기적으로 의사소통하게 될 특별한 사용자나 친구 사용자의 리스트를 갖게 된다. 일반적인 메시지 프로그램으로는 AOL 인스턴트 메신저와 *MSN Messenger, Yoboo! Messenger*, *ICQ* 등이 있다.

IM처럼 **채팅**(chat)은 사용자들이 서로 메시지를 타이핑하면서 의사소통하는 동시적 의사소통 형태다. 그러나 채팅방에서 교사와 학생들은 동시에 일대일, 일대다로 '채팅' 을 할 수 있다. *Blackboard*와 *WebCT* 같은 다양한 인터넷 채팅 소프트웨어는 다양한 코스 관리 시스템에 포함되어 이용할 수 있다. 몇몇 채팅 소프트웨어는 개인 채팅을 나타내는 아바타(avatars)를 사용한다. 전자우편 리스트처럼 채팅방은 특정 주제로 이루어질 수 있다(〈표 10-4〉 참조). 채팅이 시간을 소비하는 것일 수 있고 의사소통하는 데 혼란스러운 방식일 수 있지만, 대부분의 어린이는 이것을 좋아한다. 채팅은 전 세계 사람들이 실시간으로 서로 의사소통하게 해 준다. 그러나 채팅방은 중독적일 수 있고, 어떤 대화는 학생뿐만 아니라 심지어는 어른에게도 적절하지 않을지도 모른다. 그러므로 "낯선 사람에게 이야기하지 마라." "개인적인 정보를 주어서는 안 된다."라고 학생들에게 경고해야 할 것이다.

이메일, 인스턴트 메시지, 채팅이 면대면 대화의 분위기가 부족하기 때문에 문자를 통해 감정을 전달하기 위해 이모티콘(emoticons)이 개발되었다. **이모티콘**은 '전자우편의 몸짓언어(body language)' 이고, 보통 옆모습의 사람 얼굴을 닮은 듯한 특징의 조합이다(〈표 10-5〉 참조). 우리는 채팅방에서 글쓴이를 볼 수 없고, 목소리 억양을 들을 수 없으며, 이메일을 전달할 수 없기 때문에 글 쓰는 사람의 감정을 나타내기 위해 이모티콘을 사용한다. 또한 일반적으로 전자우편이나 IM에서 감정을 전달하기 위해 두음을 사용하거나 일상적인 표현을 위해 짧은 단축어를 사용하기도 한다.

〈표 10-4〉 교사와 학생을 위한 채팅방 예제

명 칭	웹 주소	설 명
About.com	http://kidswriting.about.com/mpchat.htm	10대를 위한 창의적인 글쓰기 채팅방
Big Pond	http://bigpond.com/chat/rooms/default.asp?k=Education	영재학생, 학부모, 교사를 위한 채팅방
ESL Chat Central	http://www.eslcafe.com/chat/chatpro.cgi	제2외국어로서의 영어(ESL)는 전 세계 ESL/EFL 학생과 교사들에게 채팅을 위한 포럼을 제공한다.
Tapped In	http://ti2.sri.com/tappedin/	국제 교육전문가 공동체
Teachers Net Chatboard	http://www.teachers.net/chatboard/	전 세계 교사들 간의 공개 담론의 장

〈표 10-5〉 이모티콘과 메시지

:-)	행복	:-D	웃음
:-(	슬픔	;-)	윙크
:' -(	울음	:-I	무관심
:-X	작가의 입이 봉해짐	:-O	놀라움
:-/	회의적 혹은 혼란	:-&	혀가 굳음
BBFN	이제 안녕	BTW	그런데
FYI	당신의 정보를 위해	〈G〉	씩 웃음
IMHO	대략 말하자면	JK	그냥 농담이야
LOL	큰 소리로 웃음	ROF	바닥을 구름
TTYL	나중에 이야기하자	TY	감사합니다

다른 도구

많은 사람은 인터넷을 단지 문자자료의 전달로만 생각한다. 그러나 그래픽, 사운드, 비디오 정보가 인터넷을 통해 전송될 수 있다. 여러분 컴퓨터에 마이크와 스피커가 연결되어 있으면 여러분은 그와 같은 장비가 부착되어 있는 컴퓨터를 가진 누군가와 전화로 이야기하는 것처럼 할 수 있다. 장거리 전화비를 지불할 필요도 없다. VoIP라는 인터넷 전화는 사업과 소비자를 위한 대중적인 선택으로 증가하고 있으며, 많은 회사는 현재 이 서비스를 제공하고 있다. 각자의 시스템에 저렴한 카메라를 추가하면 '비디오폰' 이 된다. Polycom과 Sony 같은 회사의 빠른 속도의 인터넷 연결과 좋은 장비를 갖추면 인터넷에서 높은 화질의 비디오 컨퍼런싱이 가능하다.

▲ '비디오폰' 은 인터넷을 통해 소리와 그림을 전송할 수 있다.

인터넷 의사소통의 다른 형태는 P2P 네트워크다. P2P 네트워크에서는 인터넷상의 개별 컴퓨터가 서버의 도움 없이 정보를 얻기 위해 직접 다른 컴퓨터와 연결된다. P2P가 불법적인 음악파일 공유 때문에 많은 부정적인 압박을 받아 오고 있지만 그 기술은 인터넷 의사소통을 교환하는 데 상당한 잠재력이 있다. Groove Network의 *Groove Virtual Office* 같은 프로그램은 P2P 기술을 개인이나 집단이 데이터를 공유하도록 하고 문서를 저장하거나 의사소통을 관리하기 위한 중앙서버의 필요 없이 프로젝트를 협력적으로 운영한다.

교실 적용

학습경험은 인터넷 의사소통 적용을 통한 다양한 방법 속에서 향상될 수 있다. 다른 사람과 집단 간의 의사소통은 아이디어, 통찰, 문화를 교환하도록 한다. 다음은 의사소통을 위한 인터넷의 일반적인 애플리케이션이다.

- 아이디어, 문화 교류 목적의 전자펜팔을 하기 위해 전자우편을 사용한다. 이러한 일은 두 명의 중학교 2학년 학생에게 일어날지도 모른다. 또는 다른 나라 학생 간에, 심지어는 다른 연령대 집단에서 효과적으로 이용될지도 모른다.
- 많은 지역의 학생들이 자료를 공유하도록 과학실험과 관련된 뉴스그룹을 사용한다. 예를 들어, 뉴욕 시 중학교 학생들은 뉴욕의 공기 질(air quality)에 관한 자료를 측정할 수 있고 그것을 멕시코의 멕시코시티와 호주의 시드니에서 받은 자료와 비교해 볼 수 있다.
- 학생과 교사가 현재 교실환경에서 부딪힌 문제를 이미 경험한 다른 학생과 교사와 토론할 수 있도록 실시간 대화방을 만든다.
- 스페인 클럽과 같은 보통의 집단에 있는 개인을 위해 또는 방과 후에 모든 구성원에게 정보를 빠르게 전달하기 위해 전자우편 리스트를 만든다. 예를 들어, 모

든 구성원이 적절한 정보를 빨리 받아 보고 그들이 필요하다고 생각되는 부분에 논평을 할 수 있다. 예를 들어, 다음 회의 시간, 토론 주제, 사전 읽을거리, 몇 가지 반성적인 질문을 스페인 클럽 리스트서브에 올릴 수 있다.

- 과학 수업에 지역 연구소에 있는 과학자나 학교 과학 동아리와 연결하기 위해 '비디오폰'을 사용하라. 그리고 학생들에게 비디오 원격회의 동안에 과학자에게 할 질문을 미리 준비시켜라.

정보인출을 위한 인터넷 활용

교사와 학생들은 인터넷에서 가치 있는 자원과 풍부한 최신의 정보에 접근할 수 있다. 여러분은 더 이상 교과서와 도서관의 자원에 한정되어 있지 않다. 오늘날 교사와 학생들은 학교 건물 벽을 훌쩍 넘어 가장 최근의 많은 최신 정보에 접근할 수 있다([그림 10-3] 참조). 이 장의 서두에서 우리가 논의했던 도서관처럼 인터넷은 세계 도처 정보자원의 활용이 가능하다. 데이터베이스, 문서, 정부 정보, 온라인 서지학, 출판, 컴퓨터 소프트웨어의 형태로 된

국가교육공학표준과의 연계

NETS와 연계

학생, 동료, 전문가와 다른 청중들과 상호작용하고 협력하기 위해 원격통신을 활용하는 능력은 교사를 위한 국가교육공학표준(NETS) I 과 IV에서 초점을 두고 있다.

다음의 항목은 많은 원격통신의 형태다. 각각에 대해서 생각해 보고 교사와 학생 간, 학생과 학생 간, 교사와 다른 교사 간의 상호작용을 증진하는 데 사용될 수 있는 하나 혹은 그 이상의 방법을 만들어 보라.

인터넷 웹사이트

교사와 학생 간의 협력:
학생과 학생 간의 협력:
교사와 교사 간의 협력:

전자우편

교사와 학생 간의 협력:
학생과 학생 간의 협력:
교사와 교사 간의 협력:

대다수 코스 관리 시스템에 있는 토론 게시판(예: *WebCT, Blackboard, Angel*)

교사와 학생 간의 협력:
학생과 학생 간의 협력:
교사와 교사 간의 협력:

실시간 'NET' 미팅

교사와 학생 간의 협력:
학생과 학생 간의 협력:
교사와 교사 간의 협력:

[그림 10-3] 인터넷에서 정보인출을 위한, 교사와 학생들에게 흥미로운 웹사이트

Funbrain
http://www.funbrain.com

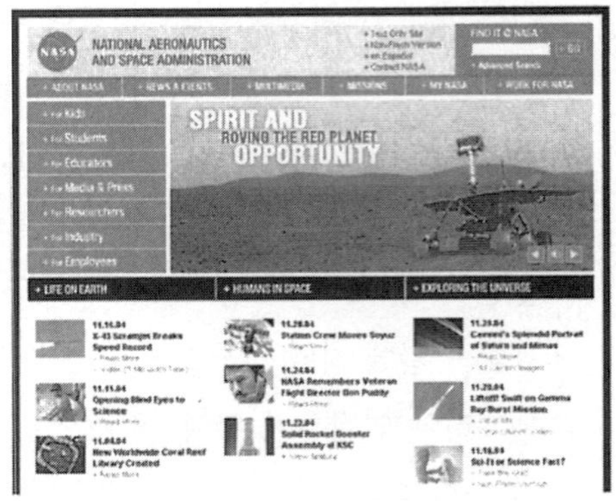

NASA
http://www.nasa.gov

Online frog Dissection
http://curry.edschool.virginia.edu/go/frog

Discovery School
http://school.discovery.com/

웹상의 정보는 이용 가능하다.

월드와이드웹(보통 간단히 WWW 혹은 웹이라고 함)은 인터넷의 일부분이다. 무수한 정보자원(문자, 그래픽, 사운드, 비디오, 심지어는 가상현실을 포함한)은 **웹페이지**(web pages)라 불리는 문서 형태로 세계 도처의 컴퓨터에 저장된다. **웹사이트**(websites)는 학교, 대학, 정부단체, 회사나 개인이 유지하는 웹페이지의 묶음이다. 홈페이지(home page)는 한 웹사이트의 첫 페이지나 주요 페이지다. **웹 서버**(Web server)는 웹페이지를 만들고 다른 컴퓨터의 웹사이트를 이용하도록 인터넷에 연결된 하나의 컴퓨터다.

개인적으로 접근 가능한 웹페이지 요소인 각 웹페이지는 **URL**(Uniform Resource Locator)이라고 하는 독특한 인터넷 주소를 갖고 있다. URL에 대해서는 [그림 10-2]를 보라. 웹페이지는 하이퍼텍스트 문서인데, 이는 웹에서 다른 페이지로 연결하는 강조된 문자를 포함하고 흔히 다른 다양한 위치로 갈 수 있음을 의미한다. 하이퍼텍스트는 한 웹페이지에서 다른 웹페이지로 빠르게 움직일 수 있게 한다.

웹상에서 특정 정보가 위치한 곳으로 옮겨 가게 하는 소프트웨어 프로그램을 웹 브라우저(Web browser)라고 한다. 브라우저(browser)는 교사와 학생들이 비계열적인 경로를 선택함으로써 웹상에서 정보 사이를 항해할 수 있게 한다. 대중적인 브라우저는 Microsoft사의 *Internet Explorer*와 Netscape사의 *Navigator*, Apple의 *Safari*, Mozilla의 *Foxfire*와 *Opera*가 있다. 대다수의 브라우저는 무료이거나 웹상에서 저렴한 가격으로 사용 가능하고 하

도구상자

팁

네티켓

인터넷상에서의 적절한 에티켓에 관한 비공식적인 규칙을 흔히 네티켓이라고 한다. 다음 지침은 인터넷에서 메일을 보내거나 다른 문자 메시지를 쓸 때 교사와 학생들에게 언제라도 적용되는 것이다([그림 B] 참조).

- 메시지는 짧고 간결하게 쓰고, 한 스크린에서 볼 수 있도록 하라. 메시지는 요점만 명확하게 기술하라.
- 송신자로서 자신을 밝혀라. 자신의 이름과 학교 우편주소, 학교 인터넷 주소를 포함하라. 교사와 학생들의 집 주소와 전화번호를 사용하지 마라.
- 메시지에 답을 보낼 때, 원래 메시지를 일정량 포함하라.
- 여러분이 원하지 않는 어떤 것을 다른 사람이 읽도록 쓰지 마라. 전자우편은 해석될 수 있고 전달될 수도 있다.
- 뉴스그룹이나 리스트서브에 합류했을 때, 메시지를 쓰기 전에 주제와 전형적인 패턴에 익숙해질 시간을 갖고, 만일 FAQ 파일이 있다면 그것을 먼저 읽어라.
- 철자, 문법, 구두점을 점검하지만 다른 언어 용법에 관대하라. 인터넷 의사소통 시대에는 철자와 문법이 흔히 매우 비공식적이다.
- 적정한 이름과 문장의 첫 부분을 제외하고는 소문자를 사용하라.
- 다른 사람들을 잘 배려하라. 특히 사회적, 문화적, 윤리적 차이를 언급할 때 존경과 호의를 갖고 대우하라.
- 유머를 포함하되 신중하게 사용하라. 그것은 양날의 칼이다. 읽는 사람은 여러분의 얼굴 표정, 몸짓, 목소리의 이점을 볼 수 없다. 여러분의 의도를 명확히 하기를 원한다면 이모티콘을 사용할 수 있다.
- 협력적이고 공유적인 태도를 보여라. 마치 여러분이 다른 사람의 집에 있는 것처럼 자신을 시스템상의 손님으로 고려하라. 여러분이 받는 도움과 정보의 교환에 대해 기꺼이 질문에 답하고 여러분의 자원을 공유하라.
- 여러분의 학생들이 인터넷을 사용하기 전에 네티켓을 분명히 알 수 있도록 하라.

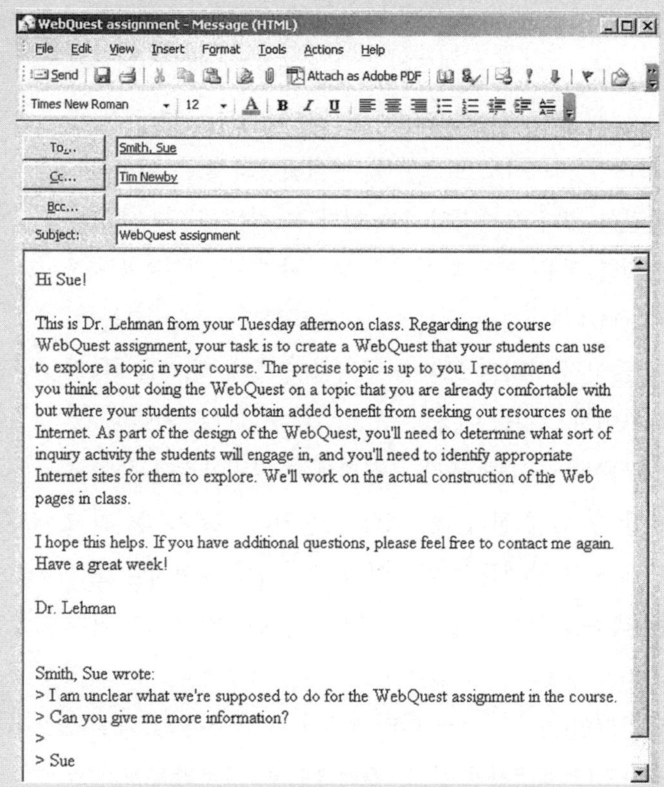

WebQuest assignment - Message (HTML)

To... Smith, Sue
Cc... Tim Newby
Bcc...
Subject: WebQuest assignment

Hi Sue!

This is Dr. Lehman from your Tuesday afternoon class. Regarding the course WebQuest assignment, your task is to create a WebQuest that your students can use to explore a topic in your course. The precise topic is up to you. I recommend you think about doing the WebQuest on a topic that you are already comfortable with but where your students could obtain added benefit from seeking out resources on the Internet. As part of the design of the WebQuest, you'll need to determine what sort of inquiry activity the students will engage in, and you'll need to identify appropriate Internet sites for them to explore. We'll work on the actual construction of the Web pages in class.

I hope this helps. If you have additional questions, please feel free to contact me again. Have a great week!

Dr. Lehman

Smith, Sue wrote:
> I am unclear what we're supposed to do for the WebQuest assignment in the course.
> Can you give me more information?
>
> Sue

[그림 B] 적절한 네티켓을 보여 주는 전자우편 메시지

나 혹은 둘 이상의 브라우저가 이미 집이나 학교 컴퓨터에 설치되어 있을 것이다.

여러분은 웹을 탐색하는 동안 관심 있는 사이트를 찾을 수 있을 것이다. 여러분이 갔던 곳이나 여러분의 경로를 기억할 필요 없이 앞으로 그 사이트로 다시 돌아갈 수도 있다. **북마크**(bookmark)는 URL을 기억하거나 다시 타이핑할 필요 없이 관심 있는 사이트로 돌아가게 한다. 브라우저는 북마크를 만들고, 저장하고, 인출하는 데 용이한 방법을 제공한다. 컴퓨터는 웹사이트 주소를 저장하고 풀다운 메뉴를 이용하여 그것을 쉽게 재생할 수 있게 한다. 북마크는 또한 파일로 만들 수 있고 보다 쉬운 접근을 위해 많은 다른 파일 폴더로 분류할 수 있다. 수업을 위해 각 학생은 자신의 파일 폴더를 원할 것이다.

브라우저의 또 다른 특징은 이미지 캡처(image capture)인데, 이는 교사와 학생들이 다른 웹페이지에서 이미지를 '복사' 해서 자신의 페이지에 붙이는 것이다. 저작권에 관한 고려가 여기서도 필요한데, **인터넷상의 모든 이미지는 저작권이 있다고 생각하여야 한다**. 여러분은 인터넷상의 이미지를 사용하는 데 허가를 받아야 한다(뒷부분의 저작권과 인터넷에 관한 논의 참조). 또 **클립아트**(clip art)라는 이미 만들어진 이미지 모음을 구입할 수 있는데, 이는 특정 목적하에서 그것을 이용할 수 있음을 허락받은 것이다. 몇몇 웹사이트에서는 특정 목적하에서 클립아트를 무료로 사용할 수 있게 한다. 이 외에는 심지어 교육목적이라고 해도 교사와 학생들은 자신의 웹페이지에 이미지나 또는 다른 객체를 사용하기 **전**에 저작권자에게 허락을 받아야 한다.

플러그인(plug-ins)은 인터넷에서 특정 유형의 파일을 제시하거나 재생하게 한다. 플러그인은 웹 브라우저가 그 자체로 실행할 수 없는 작업을 수행한다. 특정 파일을 작동하기 전에 적절한 플러그인을 설치해야 한다. 예를 들어, Adobe의 *Acrobat Reader*는 PDF 파일을 볼 수 있고 인쇄할 수 있게 한다. PDF 파일은 포맷된 문서의 클로스 플랫폼 배포를 위한 인터넷 표준이다. *Acrobat Reader*는 http://www.adobe.com에서 무료로 이용할 수 있다. *Shockwave*와 *Flash* 플로그인(http://www. macromedia.com)은 웹 브라우저를 통해 어떤 종류의 애니메이션과 상호작용 애플리케이션을 볼 수 있게 한다. 웹에서 몇 가지 멀티미디어 프레젠테이션을 보려면 *QuickTime* 플러그인이 필요할 것이고, 비디오 파일을 보려면 *RealPlayer* 플러그인(http://www.real.com)이 필요할 것이다. 브라우저의 홈 웹사이트에는 줄잡아 수백 개의 이용할 만한 플러그인이 있다.

인터넷에서 이용할 수 있는 정보자원이 광범위하고, 흔히 비구조적이므로 그것의 효과적인 사용을 위해서는 학생들에게 안내와 구조화가 필요하다. 학생들은 적절한 정보 위치의 파악을 위해 검색엔진을 사용할 필요가 있다('도구상자 팁: 검색엔진 활용하기' 참조). 교사들은 또한 온라인상에서 Scavenger hunts나 WebQuests와 같은 활동을 함으로써 온라인 자료를 만들 수 있고 학생들에게 그 사용을 안내할 수 있다.

Scavenger Hunts

scavenger hunts나 보물찾기는 인터넷에서 활용할 만한 정보자원을 찾는 방법과 사용법을 학생들에게 가르치는 대중적인 방법의 하나다. 실제 삶과 닮은 부분으로써 온라인 Scavenger hunts는 특정 아이템을 찾는 것과 관련된다. 그러나 학생들은 실제 세계의 탐색보다는 오히려 웹상에서 정보를 탐색한다. 초등학교 학생들은 우림지역의 특정 동물에 대한 사실을 탐색할 것이고, 사회를 배우는 중학생들은 미국 대통령에 대한 정보를 검색할 것이다. 또는 고등학생들은 토착 미국인이 직면한 문제를 조사할 것이다.

Scavenger hunts는 학생을 위한 일련의 문제와 탐색 과제를 중심으로 구조화된다. 학생들은 질문에 답하거나 과제를 완성하는 데 필요한 정보를 찾기 위해 그러한 사이트를 검색해야 할지라도, 교사나 Scavenger hunts 설계자에게는 학생이 정보 위치를 찾도록 하기 위해 특정

도구상자

팁

검색엔진 활용

검색엔진은 인터넷상의 관심 있는 정보 위치를 알려 주도록 설계한 웹사이트다. 검색엔진은 실시간으로 인터넷을 검색하지 않는다. 대신 각각의 검색엔진은 인터넷에 축전된 정보 데이터베이스를 유지한다. 여러분이 검색엔진을 사용하여 찾고자 하는 것을 입력하면 데이터베이스는 찾으려는 준거에 맞는 웹페이지, 다른 정보원(뉴스그룹, 이미지)을 산출하도록 검색한다. 이것들은 검색엔진에 적용한 준거에 따라 '가장 잘 들어맞는' 순서대로 결과물을 양산한다. 다른 검색엔진은 다른 정보 데이터베이스를 유지하고 있고, 그것은 가능성 있는 사이트 항목의 서열에 대한 다른 준거를 적용한다. 그러므로 요구에 가장 잘 맞는 검색엔진과 여러분이 정보를 찾을 때 다양한 검색엔진을 활용하는 것은 좋은 일이다.

검색엔진마다 정보탐색 방법이 다르지만, 기본적인 기법은 대부분 비슷하다: 검색엔진은 중심어를 사용해 주제를 검색하도록 한다. 중심어로써 관련성 있는 명사와 적절한 이름을 선택하라. 너무 많은 결과물을 내놓을 것 같은 일반적인 단어(교육, 컴퓨터)는 피하라. 검색을 좁힐 수 있는 몇 개의 중심어를 함께 사용하고(교과, 생물학, 식물, 초등학교), 특정 용어나 문구에 대해 검색한다면 인용부호를 붙여라(예: '학습계획', '미국역사'). 많은 검색엔진은 중심어와 함께 +를 포함해 검색하고, −로 중심어에서 제외시켜 검색한다(예: '요리법, 쿠키 + 오트밀, − 건포도', 쿠키를 만드는 요리법에서 오트밀을 추가검색하나 건포도가 들어가는 요리법은 제외함을 의미). 많은 검색엔진은 검색 범위를 넓히기 와일드카드(*)를 사용한다(예, 'planet*' 이라는 용어는 planet, planets, planetary 등이 모두 포함된다). 몇몇 검색엔진은 각각의 중심어를 확장하거나 좁혀 검색하기 위한 연산자인 OR, AND를 사용한다. 다음 표는 널리 활용되고 있는 검색엔진이다.

검색엔진	URL
Altavista	http://www.altavisita.com
Dogpile	http://www.dogpile.com
Excite	http://www.excite.com
Google	http://www.google.com
Hotbot	http://www.hotbot.com
infospace	http://www.infospace.com
Lycos	http://www.lycos.com
Metacrawler	http://www.metacrawler.com
Netscape	http://www.netscape.com
Vivisimo	http://www.vivisimo.com
Yahoo	http://www.yahoo.com

주: 띄어쓰기 없이 URL을 쓰고 쓰인 대로 구두점을 정확하게 적는다.

이와 같은 검색엔진과 더불어 현재 있는 검색엔진의 하위요소가 있는데, 예를 들어 어린이를 위해 특별히 설계한 Ask Jeeves for kids(http://www.ajkids.com), KidsClick!(http://kidsclick.com), Yahooligans (http://www.yahooligans.com)가 있다. 이러한 사이트는 어린이에게 부적절한 내용을 담고 있는 사이트를 걸러준다.

인터넷 탐색방법에 대한 더 많은 정보는 앞에 열거된 검색엔진을 이용하거나 이에 관련된 안내지침을 살펴보라. 여러분은 웹상의 정보 위치와 검색엔진을 사용하는 방법에 관한 정보를 알려 주는 많은 사이트를 방문할 수 있는 데, 그러한 사이트는 Search Engine Showdown(http://www.searchengineshowdown.com)과 최고의 검색엔진을 안내하는 버클리 도서관(http://www.lib.berkeley.edu/TeachingLib/Guides/Internet/SearchEngines.html)이 있다.

〈표 10-6〉 Scavenger Hunts 웹사이트

사이트	인터넷 주소	기 술
Education World	http://www.education-world.com/a_curr/curr113.shtml	인터넷 자료 모으기와 관련된 교육과정 자원
LT Technologies Internet Hunts	http://www.lttechno.com/links/hunts.html	자료 모으기에 대한 정보와 다양한 교육과정 영역의 예
Internet Hunts by Cindy O' Hora	http://homepage.mac.com/cohora/ext/internethunts.html	교육과정 영역에 관해 정리된 인터넷 자료 모으기 총합
Vicki Blackwell' s Internet Guide for Educators	http://www.vickiblackwell.com/hunts.html	다양한 주제에 대한 인터넷 자료 모으기 총합
Yahooligans Scavenger Hunt	http://yahooligans.yahoo.com/tg/basil.html	*From the Mixed Up files of Mrs. Basil E. Frankweiler*와 관련된 자료 모으기

한, 관련 웹사이트 URL이 제공된다. 학생들은 Scavenger hunts를 통해 웹 검색 기술을 연습하면서, 재미있게 많은 정보를 얻을 수 있을 것이다. Scavenger hunts는 모든 학년 수준의 아이들과 모든 교육과정 영역에 적용될 수 있다. Scavenger hunts에 관한 몇 가지 사이트가 〈표 10-6〉에 있다.

WebQuests

WebQuests는 학생이 웹상에 있는 자료원을 이끌어 내는 데 활용하는 몇 가지 정보나 모든 정보 내의 탐색 지향적인 활동이다([그림 10-4] 참조). 이 방법은 샌디애고 대학교의 Bernie Dodge와 Tom March가 개발한 것인데, 교육에서 웹을 이용하는 가장 대중적인 방식 중 하나가 되었다. WebQuests는 다음에 기술한 것과 같은 몇 가지 특정 요소를 포함하고 있다.

- 소개: 학생을 참여시키기 위해 활동을 소개하고 무대를 설정하고 기본적인 배경 정보를 제공한다.
- 과제: 학생이 해야 할 것과 학생이 수행해야 할 것 또

[그림 10-4] 교실에서의 탐색기반 학습을 위해 인터넷을 활용하는 가장 대중적인 방식인 WebQuests의 화면

점검사항

WebQuests 설계

여러분이 교과 영역의 특정 주제와 학년을 선택하여 가르칠 기회를 갖게 되었다고 가정해 보자. WebQuests에 관해 제공된 정보를 공부한 후, 학생들이 그 주제를 학습하는 데 사용할 수 있도록 WebQuests를 설계하라. 소개, 과제, 과정, 평가, 결과 그리고 교사 정보를 결정하라. 여러분의 주제에 관한 정보를 얻기 위해 학생들이 WebQuests를 사용하는 동안 사용할 수 있는 온라인 자원을 적어도 3~5개로 구별하여 제공하라.

일단 WebQuests를 설계하였으면 웹 저작 소프트웨어를 사용해서 그것을 실제로 개발하라. WebQuests 저작에 관한 더 많은 정보는 〈표 10-7〉을 참조하라.

는 활동의 최종 산출물을 기술한다.

- 과정: 학생이 따라야 할 단계를 개략적으로 설명하며, 사용해야 할 자원을 알려 주며, 학생을 위한 안내나 도움을 제공한다.
- 평가: 활동에 적용된 평가준거를 기술하는데, 이것은 때로 평가항목 형태로 되어 있다.
- 결론: WebQuests 종결을 제공하고 학생에게 활동에 대한 반성을 독려한다.
- 교사 페이지: 다른 교사를 위해 WebQuests에 관한 중요한 정보를 제공한다(예: 대상 학생, 표준 설명, 실행을 위한 권고사항).

WebQuests는 하나의 활동 속에서 다양한 역할을 하는 다양한 학생의 집단활동용으로 설계되었다. 이러한 접근은 협력적 학습을 지원할 뿐만 아니라 활동에 대한 맥락으로 현실적인 시나리오를 제공함으로써 학생의 동기부여에 도움을 준다. 가장 좋은 WebQuests는 인터넷 자원을 활용하여 학생들의 고차원적인 사고기술을 개발하는 데 초점을 둔다. Scavenger hunts처럼 WebQuests는 거의 학년을 초월하여 또는 모든 교육과정 영역을 위해 사용할 수 있고 개발할 수 있다. WebQuests 사례가 있는 몇 가지 사이트를 〈표 10-7〉에서 참조하라.

교실 적용

인터넷의 정보인출 측면은 모든 교실에 흥미로운 적용 가능성을 제공한다. 이렇게 많은 정보에의 접근과 더불어 교사와 학생들은 모든 가능성을 효과적으로 이용할 수 있는 기술을 개발할 필요가 있다. 즉, 가장 적절한 것을 찾

〈표 10-7〉 WebQuests 자원

사이트	인터넷 주소	기 술
The WebQuest potal	http://webquest.org	WebQuest에 관한 최신 뉴스와 정보, 학년 수준과 교육과정 영역에 따른 사례 제공
San Diego State University WebQuest site	http://Webquest.sdsu.edu	WebQuest에 관한 기사와 자원이 있는 독창적인 웹사이트
BestWebQuests.com	http://bestwebquests.com	WebQuest 개발자의 한 사람인 Tom March가 관리하는 가장 훌륭한 WebQuest 소장
WebQuest Direct	http://www.webquestdirect.com.au/	교사가 검토하고 교사와 관련된 수천 개의 WebQuest 디렉터리를 검색 가능함
Saskatoon East School Division Teacher resources	http://sesd.ca/teacherresource/webquest/webquest.htm	1,000개 이상의 WebQuest 소장

고, 그것의 질을 결정할 수 있는 기술을 개발해야 한다. 학생의 학습경험을 높이기 위해 이러한 무제한적인 정보에의 접근에 활용할 수 있는 몇 가지 방법은 다음과 같다.

데이터베이스와 다른 온라인 자원을 활용하여 온라인 연구를 수행한다. 교사와 학생들은 다양한 자원으로부터 어떤 주제에 관한 정보에 빠르게 접근할 수 있다. 고래, 세법, 축구 규칙, 방정식, 유치원의 안전문제 같은 주제에 관한 수많은 정보를 찾는 것은 더 이상 어려운 일이 아니다. 또한 이러한 정보는 자주 문자를 넘어 시각적, 청각적 그리고 다른 매체 형태로 제공된다.

- 온라인 신문과 잡지를 통해 현재 일어나는 사건을 점검한다. 인터넷의 접근은 교사와 학생을 중요한 뉴스에 대해 시시각각 변화하는 정보에 접하게 해 주고, 다양한 자료에서 주는 정보를 읽게 해 준다. 현재 학생들은 몇몇 현재 사건에 대해 지역신문이 말하고자 하는 것에 접근할 수 있고 읽을 수 있다. 그리고 학생들은 전국 신문에 나온 것과 심지어는 세계 다른 나라의 신문기사와도 비교해 볼 수 있다.
- 교육과정의 특정 영역에 관한 온라인 탐색을 하게 하려면 Scavenger hunts나 WebQuests를 이용할 수 있다. 다양하고 폭넓은 활동이 이미 활용 가능하고 여러분 자신이 개발하는 것도 쉽다.
- 교수방법, 교수전략, 수업계획의 웹 기반 아카이브(archive)에 접근한다. 무엇을 가르치고 어떻게 가르쳐야 할 것인가에 관한 정보를 찾는 것은 이제 쉬운 일이다. 손쉬운 과학 실험부터 드라마 기법이나 수업계획까지 초임교사와 경력교사가 제공하는 정보를 이용할 수 있다.
- 가능한 직업 기회에 관한 정보를 인출한다. 구직 면담을 위해 즉시 이용할 수 있는 잠재적인 고용과 개별적인 접촉, 그리고 어떻게 준비해야 하는가(예: 이력서 작성)에 관한 정보가 이미 준비되어 있다.

정보출판을 위한 인터넷 활용

모든 사람은 '인쇄' 형태로 된 자신들의 작문을 보고자 한다. 교사와 학생들은 인터넷상에서 작품을 출판할 수 있다. 인터넷은 아이디어를 공유하는 빠르고 값싼 도구다. 학생들의 짧은 이야기와 시를 부모의 허락하에 세계 도처의 사람들이 읽을 수 있게 인터넷에 올릴 수 있다. 여러분은 교육적 아이디어를 해당 학문 영역의 사람들과 나눌 수 있다.

인터넷상에서의 출판 절차는 점점 용이해지고 있다. 인터넷상에서의 출판은 전자우편 의사소통을 하는 것만큼이나 쉽다. 많은 학교, 교사, 심지어 학생들은 그들 자신의 홈페이지를 가지고 있다. 사람들은 흔히 개인 홈페이지에 자신의 취미, 사진 그리고 가족에 대해 올려놓기도 한다. 그러나 학교에서 만든 홈페이지에 사진이나 학생의 개별 정보를 올리는 것이 항상 좋은 것만은 아니다.

웹의 폭발적인 성장은 K-12 학교까지 웹페이지 저작에 대한 엄청난 관심을 불러일으켰다. 대부분의 학교는 그들 자신의 홈페이지를 갖게 되었고, 많은 사람이 학생들에게 공적인 일을 알리기 위한 수단으로서 웹을 사용하는 중이다. 결과적으로 교사와 학생들의 하이퍼미디어 프로젝트는 요즘, 세상 누구나 보고 활용할 수 있게 되었다. 물론 현실적으로 세상은 사이버상에 있는 모든 학교 홈페이지의 전자적 경로를 공격하지는 않을 것이다. 그러나 세계가 그들의 작업을 볼 수 있다는 단순한 생각, 즉 부모, 조부모, 지역사회의 구성원에게 학교에서 일어나고 있는 것을 알리기 위해 학생들의 하이퍼미디어 프로젝트를 웹에 올리는 것은 학생들에게 동기를 부여해 준다.

웹 저작(Web Authorivy)

웹이 최초로 1990년대에 등장했을 때, 웹페이지를 만들 수 있는 도구들은 매우 드물거나 전혀 없었다. 결과적으로 많은 사람이 웹페이지의 근간이 되는 HTML을 공부

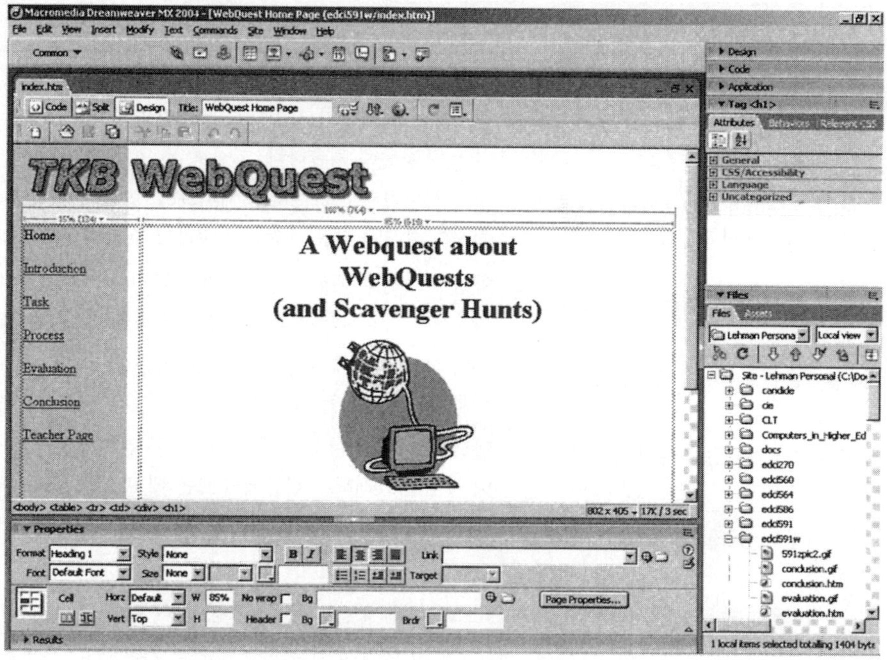

[그림 10-5] 인기 있는 웹 저작 소프트웨어 도구인 Adobe *Dreamweaver* 화면

하려고 뛰어 들었다. HTML을 조금이라도 이해하고 있으면 몇 가지 장점이 있기는 하지만, 오늘날은 웹페이지를 기능적이고 매력적으로 만들기 위해 반드시 HTML을 익힐 필요는 없다. 웹페이지 저작도구들이 워드프로세서나 프레젠테이션 패키지와 유사한 단순한 인터페이스를 활용하여 페이지를 작성하도록 도와준다.

HTML 문서를 작성하는 모든 도구 중 가장 단순한 것이 기본적인 워드프로세서다. 가장 대중적인 워드프로세서의 최신 버전들(예: Microsoft의 *Word*, Corel의 *WordPerfect*)이 웹페이지와 같은 문서를 저장하기 위한 옵션을 현재 제공한다. 여러분이 원하는 대로 웹페이지나 HTML로 저장하는 옵션을 선택하여 간단히 웹문서를 만들 수 있다. 이것은 단순하고 쉬운 일이다. 그러나 워드프로세서는 웹페이지 창출을 위해 설계된 것은 아니기 때문에 쉽기는 하지만 웹페이지 설계를 목적으로 한 제품만큼 좋은 결과물을 낼 수는 없다.

오늘날 시장에는 웹페이지를 만들기 위해 특별히 설계된 많은 프로그램이 있다. 가장 유명한 웹 저작도구 중에는 Adobe의 *Dreamweaver*, Microsoft의 *FrontPage*와 Netscape의 *Composer*가 있다. 이 프로그램들은 시각적으로 설계할 수 있고 개별적인 웹페이지로 저장이 가능하다([그림 10-5] 참조). 몇몇 패키지에 포함된 더 향상된 특징은 템플릿, 웹사이트 관리도구, 사이트의 광범위한 철자 점검, 링크 테스트, 탐색, 대체 등이다. 오늘날 더 나은 웹 저작도구들은 웹 창출에서의 가장 최신의 개발인 자바, 자바 스크립트 언어지원, CSS(cascading style sheet), 역동적인 HTML에 대한 지원을 제공하고 있다.

웹페이지를 만들 때 학생들은 이점을 경험하고 다른 하이퍼미디어 저작 형태와 유사한 어려움에 직면한다(제9장 참조). 학생들이 웹페이지를 만들 때 학생들은 궁극적으로 주제에 관한 정보를 수집하고 평가하고 조직한다. 이러한 작업은 학생들에게 논리적인 사고와 기획기술을 요구하고, 그러한 과정은 능동적이고 때로는 학생을 동기부여한다. 교사들은 학생들이 계획 과정 없이 웹페이지 제작에 바로 뛰어들어 작업하지 않도록 안내하는 것이 중요하다. 다른 개발처럼 초기 계획 과정에 대한 어느 정도의 투자가 나중의 결과에 많은 영향을 미친다. 또한 다른 시각적 표현의 경우처럼 학생들에게 좋은 설계 지침을 제시해 줄

〈표 10-8〉 웹페이지/사이트 설계를 위한 지침

사용자와 함께 시작하라.	사용자가 누구인가와 그들이 무슨 학습에 관심 있는가를 알아야 한다.
목적을 확실히 하라.	여러분이 웹페이지/사이트를 설계하면서 목표로 한 것을 유지하기 위해 사용자가 여기에서 얻고자 하는 것을 글로 기술하라.
원칙을 존중하며 학생들에게 그것을 간결하게 지키게 하라.	정보를 명확하고 간략하게 제시하라. 또한 사용자들이 여러분 웹페이지/사이트를 접근하는 데 가장 최신의 빠른 공학을 가졌을 것이라고 추정해서는 안 된다.
명확하고 간결하게 써라.	학생이 스캔하기에 쉽게 명확하고 간결한 스타일로 작성하라. 내용 조직화를 도울 수 있는 머리말을 사용하고 사용자들이 그것이 원하는 것을 찾기 쉽게 만들어라.
각 페이지에 대한 정보를 제한하라.	56Kb의 모뎀을 사용했을 때, 페이지는 다운로드 하는 데 합당한 50Kb 보다 크지 않아야 하고 보통 10초를 초과해서는 안 된다.
빨리 처리될 수 있는 단순한 그래픽을 사용하라.	빨리 처리될 수 있도록 작은 페이지를 유지하기 위해서는 그래픽의 수와 유형을 제한하라. 인쇄를 위해 설계된 그래픽은 웹상에서 보는 데 필요한 보다 낮은 해상도를 위해 파일 사이즈를 줄인다.
문자 개발과 시각물 설계에 대한 지침을 따르라.	제8장의 〈표 8-3〉 '교수자료 설계를 위한 지침' 을 참고하라.
다른 정보와의 링크 수를 제한하라.	구조와 지침 없는 너무 많은 링크는 사용자에게 사이버 공간에서의 길을 잃게 한다.
내비게이션 지원을 제공하라.	명료하고 일관성 있는 항해 요소를 사용하라. 사용자가 여러분의 사이트를 알 것이라고 생각해서는 안 된다. 문자 연결을 사용하고 목적지를 기술하라. 그리고 설명 없이 '여기를 클릭하라.' 를 사용해서는 안 된다.
쓸모없고 귀찮은 애니메이션을 피하라(깜빡거림과 움직임).	내용에 대한 강조를 해야지 화려함을 위한 강조를 해서는 안 된다.
최신 공학의 사용을 제한하라.	플러그인을 요구하며 많은 대역폭을 사용하는 공학의 사용을 최소화하라. 많은 사용자들은 이러한 공학에 접근할 수 없을 것이다.
페이지를 접근할 수 있게 하라.	모든 사람이 여러분의 웹페이지에 접근할 수 있도록 접근 가능성 지침(http://www.w3.org/WAI/)을 따라라.

필요도 있다(〈표 10-8〉 참조).

웹이 공공 매체라는 것을 교사와 학생들이 기억해야 하는 것은 또한 매우 중요한 일이다. 학생들이 교실에서 노트에 남긴 오류는 아마도 그 교실의 학생과 교사만이 보게 될 것이다. 웹페이지상의 오류는 많은 사람이 보게 됨으로써 그 파급효과도 크다.

웹상에서의 저작권 위배로 학생들이 곤란스러워 할 가능성도 매우 크다(저작권에 관한 논의는 제8장 참조). 교실에서 과제를 위해 백과사전에 있는 사진을 스캔해서 가져온 학생은 아마도 공정 이용 지침에 의해 보호받을 것이다. 그러나 허가 없이 웹상에 스캔한 사진을 게재한 것은 명백히 저작권 위배가 될 것이다. 일반적인 규칙으로서 여러분은 웹 자체를 포함해 다른 자원으로부터 수집한 자료는 저작권이 있기 때문에, 허가 없이 웹에 게재할 수 없을 것이다. 의심이 간다면 신중하게 사용해야 한다.

교실 적용

학생들의 웹페이지 개발은 우리가 앞서 하이퍼미디어 저작도구 패키지에서 언급한 것과 동등한 교실활동에 대한 많은 기회를 제공한다. 정보출판에 관한 웹페이지의 일반적인 적용은 다음과 같은 것을 포함한다.

- 학생들은 웹상에서 *HyperStudio*와 같은 하이퍼미디어 저작도구 사용처럼 하이퍼미디어 프로젝트나 보고서를 제작할 수 있다. 그러한 프로젝트는 문자정

보, 그림, 다른 멀티미디어 요소를 포함할 수 있다. 유의미하게 웹에서도 이러한 정보를 그 사이트나 다른 웹사이트에의 더 많은 정보와 연결하기 위해 포함할 수 있다.

- 웹은 학생들의 활동 사례를 제시하기 위한 아주 훌륭한 도구다. 부모와 지역사회 구성원들은 웹에 게재된 작업 등을 통해 학교에서 이루어지고 있는 상황을 알 수 있다. 웹에 무엇인가를 올리기 전에는 학생, 부모 또는 보호자의 허락을 얻어야 한다는 것을 유념해야 한다.
- 웹페이지를 개발하는 방법을 학습하는 것은 그 자체로 하나의 교육목적이 될 수 있다. 예를 들어, 학생들은 학교 웹사이트 일부를 구성하고 유지하는 데 도움을 줌으로써 웹페이지 개발 기술을 배울 수 있다. 이러한 '윈윈' 상황이 학생들에게는 경험을 제공하고 학교로서는 저렴한 학생 인력을 이용해 학교 웹페이지를 유지하도록 도움을 받는다.

문제점과 함정

교사와 학생에게 인터넷은 풍부한 정보자원이다(〈표 10-9〉 참조). 인터넷은 빠른 의사소통과 자료를 제시('출판')할 수 있는 장소를 제공할 수 있다. 그러나 이러한 이점은 또한 단점을 가질 수 있다. 그중 하나가 인터넷에 접근하는 데 드는 경제적 비용이다. 비용은 지역 인터넷 서비스 제공자와의 계약조건에 따라 학교마다 매우 다양하

도구상자

팁

HTML, 웹 언어

HTML(Hypertext Markup Language)은 모든 웹페이지의 근간이 되는 언어다. 각각의 웹페이지는 HTML 문서로 만들어지는데, 여러분의 웹 브라우저 내에서 페이지 소스를 보는 옵션을 선택함으로써 어떤 페이지가 만들어진 양식을 볼 수 있다(이것은 HTML을 배울 수 있는 좋은 방법이다). HTML은 Logo나 BASIC과 같은 컴퓨터 언어 측면에서 보면 언어가 아니다. 오히려 HTML 문서는 평범한 문서파일이기 때문에 *Windows WordPad*(더 이전의 *NotePad*) Apple의 *SimpleText*와 같은 간단한 문서편집기로 HTML 문서를 만들 수 있다. 이외에도 학생들은 문서 포맷 plain text(혹은 ASCII)로 저장되면 HTML 문서를 어떤 워드프로세서로도 만들 수 있다. 오늘날 웹페이지를 만들 때 HTML을 반드시 알아야 할 필요는 없지만 HTML에 대해 조금만 알아도 유용할 수 있다. Blackboard와 WebCT처럼 유명한 코스 관리 시스템뿐만 아니라 다른 웹 기반 프로그램들도 가끔 사용자들이 쓰는 문서에 HTML 태그를 사용하도록 요구한다.

HTML 태그는 웹 브라우저에 그것이 나타내고자 하는 텍스트를 어떻게 해석해야 하는지를 알린다. 대부분 태그는 브라우저에 컴퓨터 스크린 위에 정보를 재현하는 방법과 다른 웹페이지에 링크를 어떻게 작동시킬 것인가도 알린다. 대부분의 태그는 시작하는 태그와 끝나는 태그로 쌍을 이루고 있다. 예를 들면, 태그 〈b〉와 〈/b〉 텍스트를 진하게 표시하고자 할 때 사용한다(예: 〈b〉 어떤 문자 〈/b〉하면 웹 브라우저가 어떤 문자를 진하게 제시할 것이다). 모든 태그는 각진 괄호(〈 〉)로 설정되고 태그의 대문자는 무시된다. 태그는 혼합된 효과를 만들기 위해 다른 태그 안에 만들어질 수 있다(예: 〈b〉〈i〉 진하게와 이탤릭체〈/i〉〈/b〉는 진한 이탤릭체를 만들 것이다). 게다가 문자 포맷에서 〈IMG〉 태그는 그래픽 이미지를 삽입하는데, 링크는 앵커태그(〈A〉)를 사용해 이루어진다. 웹페이지 보기와 그에 상응하는 HTML은 [그림 C]에 있다.

HTML의 최근 개발에 관한 더 많은 정보는 World Wide Web Consortium의 웹사이트(http:// www.w3.org/)를 방문하라.

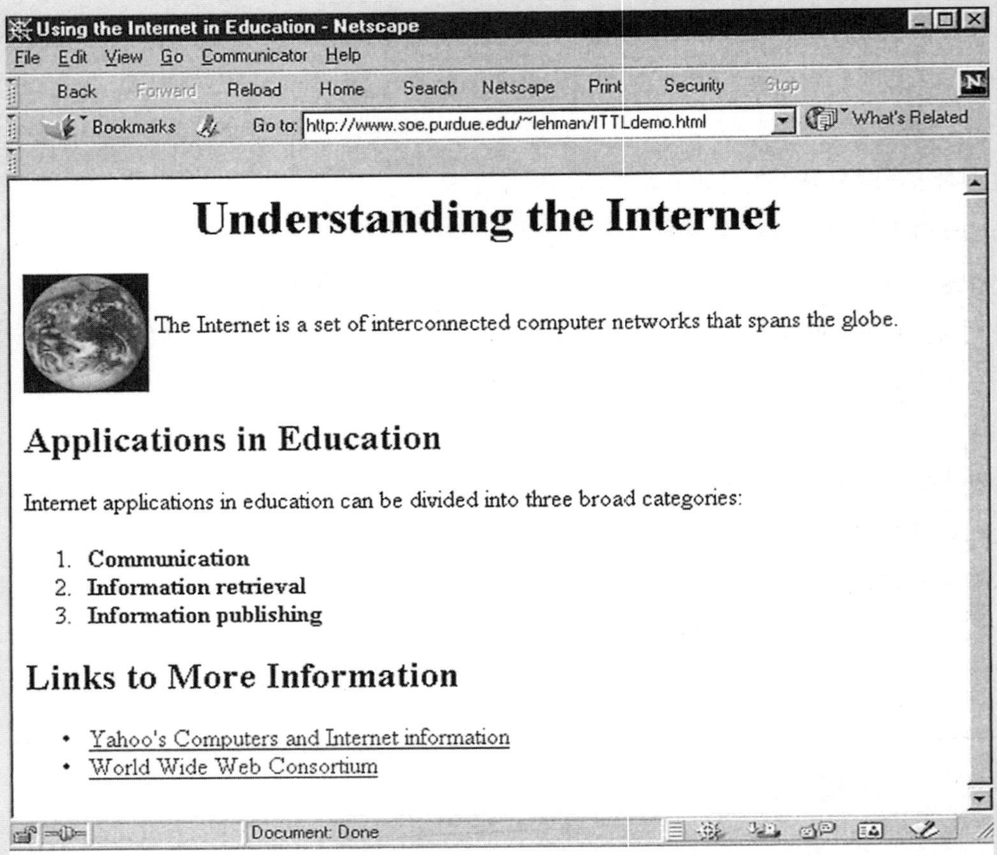


```
<HTML>
<HEAD>
<TITLE>Using the Internet in Education</TITLE>
</HEAD>
</BODY>
<CENTER><H1>Understanding the Internet</H1></CENTER>
<IMG SRC="apollo17_earth.gif" ALIGN=CENTER> The Internet is a set of interconnected
computer networks that spans the globe.
<H2>Applications in Education</H2>
<P>Internet applications in education can be divided into three broad categories:</P>
<OL>
<LI><B>Communication</B></LI>
<LI><B>Information retrieval</B></LI>
<LI><B>Information publishing</B></LI>
</OL>
<H2>Links to More Information</H2>
<UL>
<LI><A HREF="http://www.yahoo.com/Computers_and_Internet/">Yahoo's Computers and
Internet information</A></LI>
<LI><A HREF="http://www.w3.org/">World Wide Web Consortium</A></LI>
</UL>
</BODY>
</HTML>
```

[그림 C] HTML 문서에 상응하는 웹페이지 예

〈표 10-9〉 유명한 교육용 웹사이트

사이트	인터넷 주소	설 명
The CIA World Factbook	http://www.cia.gov/cia/publications/factbook/	세계 각국의 인구, 경제, 지도와 자료를 포함한 잘 조직화되고 사용하기 쉬운 웹사이트
CNN.com	http://www.cnn.com	TV 네트워크에서 온 뉴스, 날씨, 스포츠, 그 외 정보에 대해 시시각각 갱신되는 정보원
The Crayola Site	http://www.crayola.com/	젊은이를 위한 활동, 이야기, 게임에 관한 생기 있는 사이트
Department of Education	http://www.ed.gov/	미국 교육부 프로그램과 서비스에 관한 정보를 담고 있는 미국 교육부 웹사이트
Discovery Channel School	http://school.discovery.com/	교사와 학생을 위한 디스커버리 채널의 자원
Educator's Reference Desk	http://www.eduref.org/	ERIC 교육 데이터베이스의 안내, 학습계획, 접근에 대한 안내
Kathy Schrock's Guide	http://school.discovery.com/schrockguide	모든 영역의 교육자를 망라하는 잘 조직된 인터넷 사이트
Library of Congress	http://www.loc.gov/	미국 역사와 문화, 미국 입법부 정보에 대한 온라인 소개, 정보를 담고 있는 미국 국회 웹사이트
LION(Librarians Information Online Network)	http://www.librarion.phila.k12.pa.us/lion/	K-12에 이르는 학교 도서관에 대한 정보
National Education Association	http://www.nea.org/cet/	학교 분과의 NEA 공학
TeachNet's Teacher Activities	http://www.teachnet.org/	교사들이 흥미를 가질만한 수업계획, 온라인 교과, 그리고 다른 정보원의 소장처

주: 띄어쓰기 없이 하나의 단위로 URL을 친다. /, - 등 쓰여진 대로 정확하게 구두점을 따르고 대소문자를 구별해 사용한다.

며 일단 연결이 되면 돈을 지불해야 하고, 접속에도 여전히 문제가 있다. 학교에 있는 동안 인기 있는 교육용 인터넷 사이트를 이용할 때에는 괜찮지만, 다른 시간대에 학교의 인터넷 연결이 잘 안 될지도 모른다. 교실에서 인터넷 사용을 계획할 때는 백업 시스템을 갖는 것이 중요하다. 학생들이 인터넷상에 있는 정보에 쉽게 접근하는 것이 가끔은 해가 될 수 있다. 연구를 위한 과제를 진행하는 학생들이 인터넷만을 검색하고 그들이 찾아야 하는 모든 것이 다 포함되었다고 생각할 수도 있다. 인터넷은 흔히 굉장한 연구도구이기도 하지만 학생들은 정보를 찾기 위해 도서관 자원을 여전히 이용할 필요가 있다. 더욱이 인터넷 자원은 전통적 인쇄자원보다 훨씬 많지만, 부정확하고, 편파적이며, 잘못된 정보가 많다. 학생들은 그들이 찾은 인터넷 자원의 질을 평가할 방법을 이해할 필요가 있다. 웹사이트 질 평가에 관한 다음의 논의를 살펴보라.

교육자들은 학생들이 인터넷을 사용할 때 역시 신중해질 필요가 있다. 많은 교육자들은 인터넷이 가진 최대의 문제점을 학생들의 부적절한 정보에의 접근이 신중하게 또는 우연적으로 이루어지는 것이라고 보았다. 결코 완전하게 막을 수는 없지만, 이러한 학생들의 사용을 막으려면 모니터를 폐쇄해야 한다. 학생들은 인터넷상에서 '놀기'를 선택하고, 교수내용에 적절하지 않은 자료에 접근할 것이다. 예를 들어, 제2차세계대전을 배우는 사회과목 시간에 학생들은 'Hot Wheels' 사이트나 스포츠 웹사이트에 접근할 것이다. 학생들이 의사소통을 위해 인터넷을 사용할 때도 관리·감독이 중요하다. 학생들은 다른 사람들에게 부적절한 전자우편을 보내기도 하고, 채팅방이나 토론 게시판을 통해 부적절한 메시지를 받을 수도 있다.

국가교육공학표준과의 연계

NETS와 연계

국가교육공학표준 V와 VI에서 부분적으로 **교사를 위해 안전한 모형을 만들고 테크놀로지 사용에 책임져야 한다**고 강조한다. 그러한 준거를 읽고 그 수행지표(교사용 자료 A 참조)를 학습한 후, 다음 질문에 답하라.

- 여러분 학교의 수용 가능한 이용 정책(Acceptable Use Policy: AUP)을 얻어서 검토하라. 이것은 일반적으로 학교나 교육청 웹사이트에서 찾을 수 있을 것이다. 거기에 나온 주요한 안전 논쟁거리를 규명하라.
- AUP에 기반하여 인터넷에서 '해야 할 일'과 '하지 말아야 할 일'의 항목을 개발하라.
- 여러분 리스트가 포함된 저널 목록을 만들어라. 만일 여러분이 해당 교육청 초등학교에서 가르쳐야 한다면 어떻게 그러한 행동을 모델링할 수 있는지 생각하라. 중학교 수준에서 가르칠 것과 무엇을 달리 만들고 어떻게 해야 되는지를 생각하라. 왜 해야 하며, 왜 안 되는지를 설명하라.

학생들에게 인터넷상에 개인 정보를 남겨 놓아서는 안 된다고 항상 경고하며, 인터넷 저편에 있는 누군가를 믿어서도 안 된다는 것을 알려 주어야 한다.

일반적으로 인터넷 사용은 바이러스, 스팸(원하지 않은 전자우편 및 광고), 컴퓨터 공격과 같은 문제에 취약하게 놓여 있다. 다운받는 파일 속에 바이러스가 있을지도 모른다고 학생들에게 경고해야 한다. 학생들에게 광고를 클릭하지 말고 그들이 받은 전자우편 광고에 응답하지 말라고 충고하며, 컴퓨터 안전 유지의 중요성을 이해하도록 가르쳐야 한다. 안전성과 개인정보 보호에 대해 다음의 논의를 참고하라.

교실에서 인터넷 활용과 관련된 문제

교실에서의 인터넷 사용은 앞서 언급한 문제와 함정 외에 몇 가지 특별한 논쟁점과 우려를 가지고 있다. 이러한 중요한 몇 가지 논쟁점을 다음에서 규명하고 명확하게 논의한다.

웹 자료의 저작권과 공정 이용

교사들은 학생들에게 저작권에 대해 알리고 인터넷에서 저작권을 적용할 방법을 가르칠 의무를 가지고 있다. 인터넷상의 모든 자료는 저권권이 있다! 그것은 교과서에 출판된 자료와 차이가 없다. 무엇인가를 온라인상에서 복사할 수 있다는 사실이 저작권자의 허락 없이 합법적으로 배포할 수 있다는 것을 의미하는 것은 아니다. 교사와 학생들은 개인적으로 인터넷 자료를 사용하겠지만 저작권자의 허락 없이 그것을 복사하거나 수정하거나 상업적 자료로 사용해서는 안 된다.

마찬가지로, 웹사이트에 학생의 부모나 보호자의 문서적인 허락 없이 학생이 만든 자료(소설, 미술작품, 사진, 시 등)나 학생의 사진을 올려서는 안 된다. 교사들은 저작권과 그 지침에 대해 학생들과 논의할 시간을 가져야 한다. 구체적인 정책에 대해서는 학교 행정실과 논의하고, 제8장의 저작권에 대한 정보를 다시 한 번 살펴보라.

보안과 사생활 정보

교사는 학생들이 웹을 사용할 때 항상 살펴봐야 한다. 학생들이 우연히 또는 고의적으로 부적절한 웹사이트를 보지 못하게 해야 한다. 현재 많은 학교에서 적절하지 않은 사이트를 막기 위한 여과장치 소프트웨어를 사용하고 있지만 학생들은 여전히 적절하지 않은 내용과 만나고 있다. 교사의 모니터링 양과 수준은 학생의 성숙 정도와 지역 학교 정책에 따라 결정될 것이다('도구상자 팁: 수용 가능한 정책 사용' 참조).

학생들에게 컴퓨터 보완이 중요하고 개인적으로 의미 있다고 확실하게 이해시켜야 하며, 인터넷에서 전화번호와 주소 같은 개별 정보를 주지 않도록 지도해야 한다. 만

도구상자

팁

수용 가능한 이용 정책(AUP)

웹상의 몇몇 정보는 학생들에게 부적절하다. 여러분이 적절하다고 고려한 것이 부모나 학교 당국에서는 부적절하다고 고려될 수도 있다. 교육구의 수용 가능한 이용 정책을 설정하는 것은 학교 교육위원회의 책임이다. 수용 가능한 이용 정책은 학생, 부모/보호자, 모든 사람이 관여하여 인터넷과 웹의 적절한 사용에 대한 정책을 만들었고, 이를 학교 행정 당국이 서명한 것이다([그림 D] 참조). 학생들과 함께 인터넷이나 웹을 이용하기 전에 지역 정책을 매우 신중하게 읽어 봐야 한다. 공동체에 따라 약정은 다양할 것이다.

인터넷 사용 협정

이 약정의 의미는 학생들이 그 지역에서 승인하는 네트워크와 인터넷의 수용 가능한 이용 정책을 따르도록 한 것이다. 학교나 또는 그 학교 밖의 네트워크 자원 사용의 교환에서 나는 다음 것을 이해하고 동의한다.

A. 교육구는 네트워크 이용을 언제라도 어떤 명분에 의해 취소할 수 있는 특권이 있다. 취소할 수 있는 적절한 명분은 시스템 소프트웨어 대체나 권한 없는 정보, 컴퓨터 바이러스, 컴퓨터 시스템을 통해 공적, 사적 메시지나 파일을 옮기는 유해한 프로그램에 한정하여 사용할 수 있다. 교육구는 파일을 지우거나 접근을 제한하고 거부, 학생들에게 다른 교육활동을 하도록 할 권리가 있다.

B. 교육구는 일반적으로 다른 사람들이 접근할 수 있는 파일에 저장된 자료에 대한 모든 권리를 갖는다. 교육구는 불법적, 외설적, 포르노 사진, 욕설 또는 이의를 제기할 만한 내용이라고 생각할 만한 자료를 단독 결정하여 삭제할 수도 있다. 학생들은 이러한 자료에 접근하여 보고, 다운받고, 그러한 자료를 배포하고, 전송할 때, 그들의 교육구에서 승인한 컴퓨터 계정/접근을 이용해서는 안 될 것이다.

C. 교육구나 네트워크 자원에 포함된 모든 정보 서비스와 특징은 등록한 사용자의 사적 이용을 위한 것이다. 상업적 이익을 위해 이러한 자원을 사용하거나 다른 어떤 형태의 승인받지 못한 목적(예: 광고, 정치 로비)들은 특별히 금지되어 있다.

D. 교육구나 네트워크 자원은 등록한 사용자만 사용하는 독점적 사용이 목적이다. 학생들은 계정/패스워드/접근할 수 있는 특권에 책무성이 있다. 학생들 계정 사용에서 비롯된 문제는 계정 유지의 책무성이다. 등록한 계정 사용자 이외의 사람에 의한 자료, 정보, 파일의 사용이나 허가 없이 다른 사람의 계정에 접속하는 것은 금지되고 접근 권리를 박탈하는 원인이다.

E. 어떤 계정의 잘못된 사용은 계정 특권과 교육구에서 결정한 다른 훈육 행위에의 권리를 박탈하게 될 것이다. 잘못된 사용은 다음의 내용에 제한되어서는 안 된다.

① 다른 사용자의 자료를 찾아 복사를 하고, 다른 사람의 파일, 다른 자료, 패스워드를 수정하는 것
② 네트워크에서 다른 사용자를 잘못 표현하는 것
③ 하드웨어나 소프트웨어를 빼앗고, 해를 입히고, 불능화하여 네트워크 작동을 파괴하는 것
④ 네트워크에서 증오적인 메일, 괴롭힘, 신성모독, 속어적 표현, 차별적인 언행 사용
⑤ 다른 사람의 네트워크 사용 방해
⑥ 교육과정과 관련 없는 의사소통의 폭넓은 사용
⑦ 저작권 있는 컴퓨터의 불법적 설치
⑧ 권한 없는 다운받기, 복사, 라이센스가 필요하거나 저작권이 있는 소프트웨어 사용, 표절 자료 사용
⑨ 계정이 없는 타인에게 계정을 사용하도록 허용하는 것
⑩ 교사의 허가 없이 인터넷을 사용하는 것
⑪ 지역, 주, 연방 법을 위반한 것

[그림 D] 크로포드빌 지역 학교 연합의 수용 가능한 이용 정책의 진술문 예제

일 학생들이 학교 프로젝트를 위한 정보를 수집하기 위해 인터넷을 사용하는 중이라면, 그들에게 학교 전자우편 주소와 우편번호를 이용해서 학교에서 정보를 받도록 지도해야 한다.

원치 않는 전자우편 광고인 **스팸**(spam)은 교사와 학생을 포함하여 모든 전자우편 사용자가 겪는 문제다. 스팸은 완전하게 제거될 수 없기 때문에 메일박스에 들어오기 전에 스팸을 잡을 수 있는 필터를 사용해야 한다. 스팸 리스트의 대상이 될지도 모르기 때문에, 전자우편 주소를 온라인에 올리는 것을 피해야 한다. 몇몇 스팸 이용자들이 웹페이지를 통해 전자우편을 수집하기 때문에 웹페이지에 교사와 학생의 전자우편 주소를 올려서는 안 된다. 스팸에는 절대로 응답하지 말고 반드시 삭제해야 한다. 스팸에 대응하는 것은 여러분의 전자우편 주소가 정확하다는 것을 증명하는 것이며, 이것은 더 많은 스팸을 불러오게 된다.

바이러스 문제를 피하기 위해서는 학생들에게 인터넷에서 프로그램을 절대 다운받지 않도록 주의를 주어야 한다. 화면보호기처럼, 분명히 악의적인 프로그램이 아닐지라도 바이러스나 정보를 모아 변형하여 그것을 인터넷 사용자에게 전송하는 **스파이웨어**(spyware)가 함께 실려 있을 수 있다. 마찬가지로 잘 모르는 출처나 실행파일이 포

점검사항

웹사이트 질 평가

인터넷의 통제력 부족 때문에 누구나 인터넷상에 어떠한 정보라도 올릴 수 있다. 그러므로 사용자에게 웹상의 정보 질을 판단하도록 가르치는 것이 중요하다. 웹사이트 평가는 교사와 학생 모두에게 중요한 평가다. 다음은 웹사이트 평가에 대해 정보를 제공하는 사이트다.

- http://school.discovery.com/schrockguide/eval.html
  (Kathy Schrock의 교육자를 위한 가이드)
- http://www.lib.berkeley.edu/TeachingLib/Guides/Internet/Evaluate.html
  (UC 버클리 대학교 도서관의 지침)
- http://lib.nmsu.edu/instruction/evalcrit.html
  (뉴멕시코 주립대학교 도서관의 웹 평가 준거)
- http://www.library.cornel.edu/olinuris/ref/research/webeval.html
  (코넬 대학교 도서관의 웹 준거와 도구)

다음의 웹사이트를 평가하기 위해 '미리보기폼: 웹페이지/사이트'를 사용하라.

사이트	URL
Boilerplate: Mechanical Marvel	http://www.bigredhair.com/boilerplate/
Dihydrogen Monoxide	http://www.dhmo.org/
Faked Moon Landings	http://batesmotel.8m.com/
Gettysburg Address	http://www.loc.gov/exhibits/gadd/
Harriet Tubman and the Underground Railroad	http://www2.lhric.org/pocantico/tubman/tubman.html
Institute for Historical Review	http://www.ihr.org/
Martin Luther King	http://www.martinlutherking.org
Tobacco Control Archives	http://www.library.ucsf.edu/tobacco/index.html
U.S. Holocaust Memorial Museum	http://www.ushmm.org/

위의 웹사이트 중 어떤 것이 신뢰할 만하고 또는 신뢰할 수 없는가? 그 이유는 무엇인가?

함된 전자우편(확장자가 .exe, .com, .bat, .pif, .ocx, .vbs 등)의 첨부파일을 열지 말라고 알려 주어야 한다. 물론 바이러스 제거 소프트웨어가 항상 설치되어 있어야 하고 지속적으로 갱신해야 한다.

학교와 집 컴퓨터 접속에서 외부에서 오는 문제를 최소화하기 위해 인터넷 방화벽을 설치해야 한다. 대부분의 학교는 현재 방화벽을 유지하고 있다. **방화벽**(firewalls)은 인터넷에 연결된 개별 네트워크에 접근하려는 외부인을 차단하려는 하드웨어와 소프트웨어의 조합이다. 바이러스나 해커로부터의 위험에서 벗어나려면, 네트워크 수준의 방화벽에 개인적 방화벽이 설치되어야 할 것이다. 학생들에게 학교 컴퓨터 안전을 유지하기 위해 패스워드를 개인적으로만 알고 있어야 한다는 것을 인식시키는 것이 중요하다. 교사와 학생들은 패스워드를 짐작하기 어렵게 설정해야 하고(대문자와 소문자, 연관성 없는 숫자의 조합), 가끔씩 패스워드를 바꿔야 한다. 패스워드는 결코 다른 사람과 공유해서도 안 되고 누군가가 그것을 가질 수 있도록 종이에 적어 두어서도 안 된다.

웹사이트의 질 평가하기

우리는 교육에서의 인터넷 활용에 대한 논의를 PIE 모형 E의 평가(evaluation) 부분을 살핌으로써 결론 짓고자 한다. 이 장의 서두에서 언급한 것처럼 인터넷은 도서관과는 달리 사서도 없고 질 검증도 없다. 따라서 인터넷을 통해 여러분이 얻는 자원을 평가해야만 한다. 교사와 학생들은 어떻게 인터넷상의 정보가 신뢰할 만하고 질이 높은지를 결정할 수 있는가? 교과서와 같은 대부분의 인쇄 매체에서는 자료를 검토하고 제시된 내용이 정확한가를 확인하는 편집자가 있다. 그러나 인터넷 대부분의 사이트에는 이러한 경우가 없다. 교사와 학생들은 인터넷에서 읽은 것이 정확하지 않을 수도 있다는 것을 이해할 필요가 있다. 여러분을 돕기 위해 우리는 동봉된 CD〔장 소개와 활동(Chapter info and Activities) ≫ 제7장(Chapter 7) ≫ 매체 검토 서식(Media Review Format)〕 안에 '검토양식: 웹페이지/사이트' 를 포함해 두었다. 그러나 웹페이지가 이러한 준거를 맞추었다 할지라도 그 속의 정보가 갱신되고 반편견적이고 정확하다고 보장할 수는 없다.

가장 중요한 규칙 중 하나가 내용을 평가하는 것이고, 그것은 화려한 외관으로부터 분리하는 것이다. 즉, 옛날 속담인 '책 표지를 보고 책을 평가하지 마라.' 처럼 외양을 보고 인터넷 자료를 평가해서는 안 될 것이다. 많은 웹사이트들이 예쁘지만 내용은 상당히 빈약하다. 아름답게 포장된 부정확하고 적절하지 않은 내용은 여전히 부정확하고 적절하지 않다! 그러므로 웹사이트의 내용을 자세하게 검토하고, 질 평가 지표와 저자의 자질에 주의를 기울여야 한다. 웹 자원 평가 시 포함해야 할 전형적인 준거는 다음과 같다.

- 권위: 사이트의 저자가 누구인가? 그 사이트를 제작한 사람이나 조직에 관해 그 웹사이트에서 알 수 있는가? 그 사이트가 다른 명성 있는 사이트와 연결되어 있는가?
- 정확성: 사이트의 내용이 정확한가? 내용의 정확도를 평가할 수 있는가? 저자가 문서정보 지원을 제시하였는가? 다른 유명한 사이트의 정보를 제공하고 있는가?
- 현재성: 그 사이트가 갱신되고 있는가? 페이지를 마지막으로 최근에 또는 언제 수정하였는가?
- 목적성: 현재 사이트에 편파적이거나 왜곡된 관점이 있는가? 여러분은 어떻게 말할 수 있는가?
- 범위: 그 사이트의 주제가 해당되는 범위는 무엇인가? 그 사이트는 누구를 위해 제작된 것인가?

웹사이트의 질 평가를 연습하기 위해 '점검사항: 웹사이트 질 평가' 를 참고하라.

테크놀로지 코디네이터 코너

지역 컴퓨터 코디네이터인 박 교사는 학급에서의 인터넷 사용방법에 대한 충고를 듣고자 각각 방문한 두 교사를 사무실에서 만났다. 그들은 다른 요구와 경험의 수준을 가졌지만 인터넷을 통합하고자 하는 공통의 열망이 있었다.

5학년 교사인 정 교사는 교실에서의 테크놀로지 사용 경험이 별로 없었고, 교육과정 지원을 위해 인터넷을 통합하는 방법을 찾고자 했다. 정 교사는 앞으로 열대우림에 관한 단원을 가르치는데, 수업에서 인터넷을 활용하는 방법을 박 교사에게 질문했다.

박 교사는 정 교사와 인터넷에서 모든 종류의 주제에 대한 정보를 모으기 위해 지역을 넘어 의사소통하는 다른 방법을 논의했다. 박 교사는 정 교사에게 학생들에게 최근에 갱신된 웹 정보를 사용하는 것이 열대우림 수업에 인터넷을 유의미하게 통합하는 쉬운 방법이 될 것이라고 말했다. 정 교사는 이것이 인터넷을 시작할 수 있는 좋은 방법이 될 것이라고 동의했다.

박 교사는 정 교사에게 활동을 위한 준비를 해야 한다는 충고를 했다. 그는 학생들이 열대우림에 관한 적절한 정보를 찾을 수 있는 웹사이트를 알려 줄 수 있도록 준비하라고 권유했다.

박 교사는 정 교사에게 그러한 웹사이트를 기록하고 학생들을 위해 워크시트로 만들어서 학교에서 필요할 때 컴퓨터에 올릴 수 있는 북마크처럼 저장해 두었다. 이 북마크 파일을 가지고서 학생들은 빨리 적절한 사이트에 접근할 것이고, 이것은 학생들을 목적 없이 돌아다니지 않게 할 것이며, 과제에서 멀어지는 것을 예방할 것이다. 박 교사는 정 교사에게 열대우림에 관한 단원을 공부할 수 있는 현존하는 WebQuests 위치를 알아두라고 제안했다. WebQuests는 몇 가지 탐색활동의 맥락 내에서 학생 연구에 이용할 만한 사이트를 만들어 줄 것이다. 박 교사는 정 교사에게 앞으로를 위해 자신의 WebQuests를 만들 수 있어야 한다고 충고했다. 정 교사는 박 교사의 제안에 동의했고 그에게 감사 인사를 하고 사무실을 나갔다.

몇 분 후에, 고등학교 사회 교사인 최 교사가 박 교사의 사무실에 들렀다. 정 교사와는 달리 최 교사는 몇 년 동안 수업시간에 정보인출을 위해 인터넷을 사용해 오고 있었다. 그러나 그는 앞으로 배우게 될 시민권운동 역사 단원에서는 과거에 해 온 것 이상의 어떤 것을 해 보고 싶었다.

박 교사는 최 교사에게 학생들이 1차 자료원에 관심을 두어 생각해 보게 하라고 제안했다. 웹은 수업 단원의 사회과 목적에 맞는 수많은 자료들의 저장고다. 예를 들어, 국회도서관(http://memory. loc.gov)에 있는 *American Memory Collection*은 많은 훌륭한 1차 자료원 보고다. 웹을 잘 사용할 수 있는 학생들과 함께 보고서를 만들기 위해 1차 자료원 자료를 찾는 과제는 도전적이지만 해 볼 만한 일이다. 학생들은 전문가들이나 시민권리운동에 관여된 사람들과 의사소통하기 위해 전자우편을 사용할 수 있다. 박 교사는 최 교사에게 인터넷 사용의 다른 방법을 권유했는데, 웹상에 다른 사람들이 보도록 그들의 연구 결과를 올리게 하는 것이다. 단지 교실에서만 리포트를 할 것이 아니라 학교 웹 컴퓨터에서 이용할 수 있는 웹 편집 소프트웨어(예: *FrontPage, Dreamweaver*)를 이용해서 웹 리포트를 설계할 수 있다.

최 교사는 이것이 흥미로운 제안이라고 동의했다. 최 교사는 학생들에게 서로 전자우편을 통해 각각의 프로젝트 정보를 공유하여 함께 작업해야겠다고 생각했다. 박 교사는 이것이 좋은 결과를 가져올 것이라고 했다. 박 교사는 최 교사에게 저작권 있는 어떤 자료를 웹에 올릴 때 허락을 받도록 하는 것을 확실하게 하라고 상기시켰다. 박 교사는 또한 현재 웹사이트에 적절하다고 하여 원래 사이트를 복사할 것이 아니라, 저작권을 피하려면 원래 사이트에 링크를 만들라고 일러 주었다. 최 교사는 그들 학생에게 저작권에 대해 알려 주는 것에 대해 동의했고 박 교사의 도움에 감사의 말을 전하면서 시민권에 대한 수업을 설계하기 위해 떠났다.

요 약

이 장에서는 학습을 향상하기 위한 인터넷 사용을 검토하였다. 교육에서의 인터넷 활용은 세 가지의 유형, 즉 의사소통, 정보인출, 정보출판으로 볼 수 있다. 의사소통의 비동시적 형태는 전자우편, 이메일링 리스트, 뉴스그룹이 있고 동시적 의사소통 형태는 인스턴트 메시지와 채팅이 있다. 이러한 테크놀로지는 개인과 집단 간의 빠른 의사소통을 가능하게 하며, 학생과 교사들은 텍스트, 그래픽, 오디오, 비디오 정보를 웹에서 인출할 수 있다. 교육용 수업에서 정보인출을 통합하기 위한 구조화된 접근은 Scarenger Hunts와 WebQuests가 있다. 인터넷은 정보출판에도 사용될 수 있다. 웹 저작도구를 이용하여 학생과 교사들은 인터넷에 다른 사람이 접근할 수 있는 자료를 만들 수 있다.

교사와 학생들은 교실에서 인터넷 사용과 관련된 문제를 알 필요가 있다. 저작권은 인터넷상의 자료와 관련되는데, 그것은 마치 다른 매체 속의 자료와 같다. 보안과 사생활 정보도 인터넷을 사용할 때 우려되는 일이고 예방만이 문제를 최소화하는 일이다. 마지막으로, 인터넷 상의 정보자원이 부정확하거나 편파적이기 때문에 학생들은 웹사이트의 질을 평가하는 방법을 알아야 한다.

추천 자료

CD 자료

학습내용의 기억과 전이를 돕기 위해, 이 책에 동봉된 CD 안에 있는 제10장의 성찰적 사고를 위한 질문 및 활동을 읽어 보라〔장에 대한 정보와 활동(Chapter info and Activities) ≫ 제10장(Chapter 10) ≫ 성찰적 사고를 위한 질문 및 활동(Reflective Questions and Activities)〕.

또한, 이 장의 CD 안에는 관련 인터넷 웹사이트, 국가교육공학표준과의 연계, 이 책의 저자들의 이메일 주소에 대한 정보가 수록되어 있다.

웹사이트 자료

이 책의 웹사이트(www.prenhall.com/newby)에 접속하여 제10장과 관련된 학생의 질문과 저자들의 답변을 실은 질의응답 코너를 읽어 보라. 질문이 있으면 저자들에게 직접 보내도 좋다. 이 장에 관한 저자들의 프레젠테이션도 볼 수 있으므로, 이 장의 내용에 관한 저자들의 견해도 살펴보라.

인쇄 자료

Ackerman, E., & Hartman, K. (2002). *Learning to use the Internet and World Wide Web*. Wilsonville, OR: Franklin, Beedle, & Associates.

Bissell, J. S., Manning, A., & Rowland, V. A. (2001). *Cybereducator: The Internet and World Wide Web for K-12 and teacher education with free student CD-ROM and PowerWeb*. New York: McGraw-Hill.

Ertmer, P. A., Hruskocy, C., & Woods, D. M. (2002). *Education on the Internet, 2002-2003 update*. Upper Saddle River, NJ: Prentice Hall.

Heide, A., & Stilborne, L. (2004). *The teacher's Internet companion*. Markham, Ontario: Trifolium Books.

Herring, J. E. (2004). *The Internet and information skills: A guide for teachers and school librarians*. New York: Neal Schuman.

Lamb, A., Smith, N., & Johnson, L. (1998). *Surfin' the Internet: Practical ideas from A to Z* (2nd ed.). Emporia, KS: Vision to Action.

Miller, E. B. (1997). *The Internet resources directory for K-12 teachers and librarians, 2000-01*. Englewood, CO: Libraries Unlimited.

Nielsen, J. (2000). *Designing Web usability*. Indianapolis, IN: New Riders Publishing.

Provenzo, E. F. (2004). *The Internet and online research for teachers*. Boston: Allyn & Bacon.

Rivard, J. D. (1997). *Quick guide to the Internet for educators*. Needham Heights, MA: Allyn & Bacon.

Roblyer, M. D. (2002). *Starting out on the Internet: A learning journey for teachers* (2nd ed.). Upper Saddle River, NJ: Prentice Hall.

Ryder, R. J., & Hughes, T. (2000). *Internet for educators* (2nd ed.). Upper Saddle River, NJ: Prentice Hall.

제11장

학습지원을 위한 원격교육의 통합

핵심어와 개념

원격교육
동시적
비동시적
혼합형 수업
오디오 원격회의
비디오 원격회의
컴퓨터 매개통신
온라인 학습
탁상비디오 원격회의

학습목표

이 장은 다음 사항을 목표로 한다.

- 원격교육을 정의하고, 원격교육이 전달하고자 하는 요구를 밝힐 수 있다.
- 원격교육 테크놀로지를 능력, 이점, 제한점에 근거하여 비교할 수 있다.
- 오디오 기반, 비디오 기반, 컴퓨터 기반 원격교육 테크놀로지의 예를 기술할 수 있다.
- 교수 · 학습에서 원격교육 테크놀로지의 활용을 위한 기본적인 활용 지침을 밝힐 수 있다.
- 원격교육의 사용과 관련된 쟁점을 논의할 수 있다.

앞의 두 장에서 저자들은 교실에서 컴퓨터와 인터넷을 통합하는 방법을 탐색하였다. 이 장에서는 테크놀로지의 교실 통합에 관해 계속 논의한다. 이 장은 특히 원격교육 테크놀로지에 초점을 둔다. 오늘날 원격교육은 빠르게 성장하고 있고, 교실에서도 다양한 원격교육 테크놀로지를 활용할 수 있다. 이 장은 오디오, 비디오, 인터넷 기반 원격교육 테크놀로지와 그것들의 활용을 요약한다.

머리말

여러분은 식료품점에서 제공되는 쇼핑의 편리성에 대해 생각해 본 적이 있는가? 가게는 여러분이 많은 장소를 돌아다녀야만 구입할 수 있는 것을 한곳에 모아 두어 시간을 절약할 수 있게 해 준다. 여러분은 가게의 선반에서 콜롬비아산 커피를 구할 수 있고, 위스콘신의 치즈, 하와이 푸줏간의 고기, 파인애플, 일본산 쌀, 캘리포니아에서 생산한 빵과 신선한 농산품들을 구할 수 있다. 여러분이 필요로 하는 신선한 물건들이 세계 도처에서 와서 손으로 잡을 수 있는 한 장소에 모두 모여 있다.

마치 식료품점에서 세계 도처의 물건을 구할 수 있는 것처럼 원격교육은 교수·학습자원을 여러분 교실이나 집으로 가져올 수 있다. 학생은 다른 도시, 다른 주, 다른 나라를 여행하지 않고서도 그림, 오디오, 비디오와 같은 다양한 학습자원을 구할 수 있다. 원격교육은 교실에서나 얻을 수 있는 교수자료와 경험을 원격지에 있는 학생에게 전달할 수 있다. 또한 전통적인 교실환경에서의 경험을 보완할 수도 있고 풍부하게 할 수도 있다. 식료품점처럼 학습을 위한 원격교육은 학생이 특정 장소로 이동하지 않고도 자신이 원하는 교육을 받을 수 있게 해 준다.

▲ 식료품점은 세계 각처에서 온 상품을 한 장소에서 이용할 수 있다. 원격교육은 학생이 교수·학습자료를 편하게 이용할 수 있도록 해 준다.

테크놀로지 통합 과정: 원격교육을 학습경험에 통합하기 위한 준비

저자들이 이 책에서 강조해 온 것처럼 계획은 어떤 교수 활동에서나 매우 중요하다. 계획은 원격교육에서도 의심할 여지없이 중요하다. 이것은 마치 특별한 요리법에 필요한 모든 재료를 가지고 있는 식료품점에 갈 계획을 짜는 것처럼 여러분은 중요한 요소를 빠뜨리는 실수를 하지 않기 위해 원격교육 경험을 계획할 때 신중해야 하며, 교수활동을 미리 철저하게 계획해야 한다. 교실에서 학생들과 있는 교사들은 계획된 활동을 조절할 수 있지만 그러한 조절이 원격지에서는 어렵거나 불가능할 수 있다. 원격지에서 생물학 공부를 하는 학생이 수업시간 중 어떤 시점에서 식물종을 비교하고자 했는데, 만일 원격지에 있는 교사가 수업 장소에서 식물종을 이용할 수 있도록 올려놓는 것을 잊어버렸다면 그 학생은 원하는 것을 학습할 수 없다. 따라서 원격수업도 신중한 사전계획이 필요하다.

어떤 학습경험에서처럼 원격교육에서도 학생, 학습환경, 학습자료를 준비해야 한다. 학생들은 원격교육에 낯설 수도 있기 때문에 원격교육을 경험하는 동안 기대한 것을 제공받아야 한다. 그들은 사용되는 테크놀로지가 무엇이든지 사용법을 알아야 하고(예: 설명이나 질문을 하기 위해 마이크 켜기, 비디오 화상회의 카메라 통제하기, 온라인 수업에서 비동시적 토론 게시판 사용하기), 스스로 참여(예:

오디오 원격화상회의에서 궁금한 질문 적어보기)할 필요가 있음을 알아야 한다. 물론 학습환경이 원격교육 경험을 촉진하도록 만들어져야 한다. 학생들은 온라인 수업을 위해 자신들의 브라우저 환경을 조정하여 수업관리 소프트웨어가 적절하게 작동되도록 해야 한다. 마지막으로, 학습자료는 원격지에 있는 학생들이 원격교육 경험 시 제시간에 사용할 수 있도록 미리 제시되어야 한다.

교사는 원격교육 수업 시 수업 실행과 동시에 사용되는 원격교육 테크놀로지를 관리해야 한다. 이것은 교사에게 복잡한 원격교육 경험의 일부분이 될 것이다. 이는 특히 학생의 이해와 참여를 점검하기 위해 이용 가능한 의사소통을 사용하고자 하는 교사에게 중요하다. 교실에서는 학생의 표정과 몸짓을 살펴봄으로써 학생의 이해를 반영하는 것이 비교적 쉽다. 그러나 원격교육 환경에서는 흔히 이러한 단서가 없기 때문에, 교사들은 학생들의 이해 정도를 질문하거나 적극적으로 점검하는 것이 중요하다.

원격교육 학습경험을 하면서, 여러분이나 학생들에게 원격경험의 성공을 평가할 시간을 가질 필요가 있다. 교사와 학생이 분리되어 있기 때문에, 이는 전통적인 교실에서보다 훨씬 더 도전적이다. 따라서 교사를 위해 원격교육 환경에서 정보를 평가 · 수집하는 것을 미리 계획하는 것이 중요하다.

원격교육이란 무엇인가

원격교육(distance education)은 교사와 학생이 물리적으로 떨어진 조직화된 교수 프로그램을 말한다. 원격교육은 교육적 접근 문제를 가지고 있다. 원격 자체는 분명히 교육 접근에 있어 주요한 장애가 된다. 마치 시골 지역이나 멀리 떨어진 지역에 있는 사람들이 흔히 도시 지역 사람들보다 식료품의 선택권이 훨씬 더 제한적인 것처럼 교육적 접근도 시골 지역이나 멀리 떨어진 지역에서 더 많이 제한될 것이다. 자원이 매우 적을 것이고, 최악의 경우에는 학생을 가르칠 교사도 충분하지 않을 것이다. 예를 들어, 작은 시골 학교는 고급 물리학이나 상당히 많은 아이들이 관심을 가지는 일본어 교육을 가르칠 교사 비용을 감당하기 어려울 것이다. 접근의 문제는 다른 부분에서도 나타날 수 있다. 예를 들어, 질병이나 신체적 장애 때문에 집에 머무를 수밖에 없는 학생들도 교육기관으로부터 외면당해서는 안 된다. 교육받고자 하는 성인은 전통적인 교육과정을 이수하기 위해 지역 학교나 대학을 방문할 시간이 없을 것이다.

[그림 11-1]은 시간과 장소의 요인이 교차함으로써 형성되는 교육환경 행렬표다. 전통적인 교실수업은 교사와 학생의 만남의 시간과 장소가 동시에 일어난다. 시간 이동 교실수업은 교사가 비디오테이프를 다른 시간에 와서 볼 학생을 위해 틀어 주는 것처럼, 교사와 학생이 같은 장소에서 다른 시간대에 만난다는 것이다. 물론 원격교육은 교사와 학생들이 다른 장소에 있을 때 일어난다. **동시적**(synchronous) 원격교육은 생방송 비디오 방송이나 오디오 화상회의처럼 교사와 학생이 같은 시간대, 다른 장소에서 만나는 것을 말한다. **비동시적**(asynchronous) 원격교육은 대부분의 웹기반 원격교육 사례처럼 시간과 장소가 다른 상황을 말한다.

전통적으로 원격교육은 전통적인 교실 학습경험과 떨어진 교육경험을 말한다. 대부분의 사람이 원격교육을 생각할 때 한 지점의 교사가 다른 지역의 학생을 가르치거

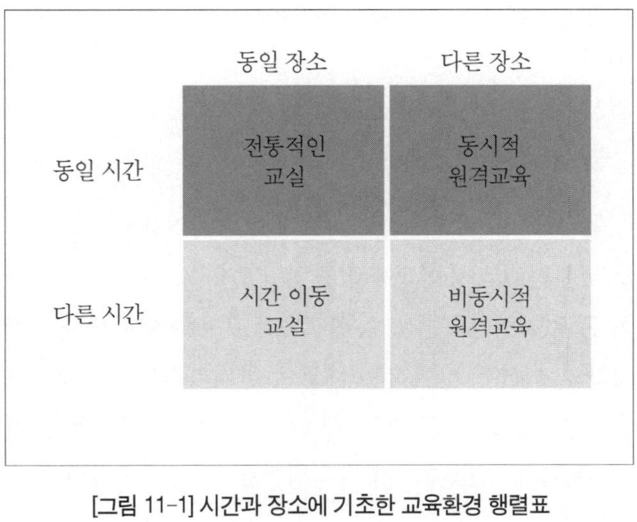

[그림 11-1] 시간과 장소에 기초한 교육환경 행렬표

점검사항

원격교육 정의하기

원격교육의 개념은 이 분야의 전문가들 간에도 다양하다. 원격교육의 정의에 관한 정보를 제공하는 다음의 웹사이트를 검토하라.

웹사이트	URL
Distance-Educator.com Knowledge Netbook(정의 링크를 따라가라)	http://www.distance-educator.com/knb/
Instructional Technology Council Definition of Distance Education	http://144.162.197.250/definition.htm
University of Idaho Engineering Outreach Distance Education	http://www.uidaho.edu/eo/disglan.html
University of Wisconsin Distance Education Clearinghouse Definitions	http://www.uwex.edu/disted/definition.html

원격교육 정의에 차이가 있는 이유는 무엇이라고 생각하는가? 대다수 원격교육 정의에서 공통적인 요소는 무엇인가? 여러분은 개인적으로 원격교육을 어떻게 정의해야 한다고 생각하는가?

나 또는 텔레비전이나 인터넷, 다른 커뮤니케이션을 통해서 이루어지는 것을 말한다. 그러나 원격교육 테크놀로지는 전통적인 교수에의 논쟁을 증진시킨다. 소위 혼합형 교수는 면대면 교실수업과 원격교육 요소를 지닌 학습을 결합시킨다. **혼합형 강좌**(hybrid courses)는 대학 수업뿐만 아니라 심지어 K－12 교육에도 나타나기 시작했다. **분산교육**(distributed education)이라는 용어는 가끔 원격교육에서 상호 교환적으로 사용되기도 하지만, 지역이나 원거리에 있는 학생을 지원하기 위해 배분된 학습자원의 사용을 뛰어넘는 훨씬 넓혀진 사고를 말한다. 이 장에서 저자들은 원거리의 교육을 지원하는 테크놀로지와 접근법을 검토하지만, 대부분 전통적인 면대면 교육경험을 향상시키기 위해 사용될 수 있는 것들이다.

원격교육 테크놀로지

원격교육의 초기 노력들은 개개인이 인쇄자료를 스스로 공부하였던 통신교육과 관련이 있다. 오늘날에도 여전히 존재하는 인쇄 기반 통신교육은 유용하지만 교사와 학생간의 제한된 상호작용 때문에 한계가 있다. 오랫동안 원격교육을 발전시키기 위해 라디오, TV, 전화 등을 포함한 다양한 테크놀로지가 사용되었으며, 오늘날 다양한 원격커뮤니케이션 테크놀로지는 원격교육을 지원하는 데 사용된다. 이러한 중요한 테크놀로지는 때로 교사와 학생, 다른 지역에 있는 학생 간의 의사소통 능력을 증진시켜 준다. 저자들은 원격교육 테크놀로지의 세 가지 광범위한 범주인 오디오 기반, 비디오 기반, 컴퓨터 기반 테크놀로지를 살펴본다.

오디오 기반 테크놀로지

오디오 테크놀로지는 원격교육에 오랫동안 사용되어 왔다. 오디오 테크놀로지에는 오디오 카세트, CD, 라디오, 오디오 원격회의와 같은 것들이 포함된다(〈표 11-1〉 참조). 오디오 테크놀로지는 익숙하여 바로 이용할 수 있다.

비디오 기반 테크놀로지

비디오는 오디오 기반 원격교육의 시각적 요소의 결핍을 극복한 것이다. 비디오는 비디오카세트, 방송국 위성과 단파전송(microwave transmission), 텔레비전, 폐쇄회로, 케이블 시스템을 포함한 다양한 전달수단을 통해 지역적 거리를 뛰어넘어 전달된다. 다양한 비디오 원격교육 옵션 간의 차이점은 내적 활동의 정도에 있다(〈표 11-2〉 참조). 비디오 테크놀로지는 원격교육을 위한 가장 대중적인 선택 중 하나로 친숙하며 널리 이용되고 있다.

▲ 스피커를 이용해서 학생들이 원격지에 있는 사람과 오디오 원격회의에 참여하고 있다.

▲ 쌍방향, 상호작용 비디오 교실

비디오 테크놀로지는 K-12 학교에서 널리 활용되고 있으며, 그것의 가장 진보된 형태가 쌍방향 비디오다. 이 매체는 현재 고등학교에서 널리 사용되고 있으며, 그것의 활용 잠재력에 많은 기대를 하고 있다. 그러나 이 테크놀로지는 여전히 최신의 공학임을 인식해야 한다. 전화선이나 인터넷을 통한 쌍방향 비디오 전송에 필요한 비디오 압축은 특수한 장치가 필요하고, 사운드와 화상의 질도 문제가 될 수 있다. 몇몇 쌍방향 상호작용 비디오 장치는 상당히 복잡하고, 설치 · 작동하는 데 많은 비용이 든다. 폴리콤(http://www.polycom.com)과 같이 비교적 사용하기 쉬운 인터넷 기반 비디오 화상회의 장치의 개발은 비디오 원격회의를 보다 더 자주 사용할 수 있도록 해 줄 것이다. 교실과 교실 간의 비디오 원격회의는 디지털 전화선이나 인터넷을 통해 비디오를 전송할 카메라, 마이크, 내장된 코덱이 필요하다. 이러한 테크놀로지를 탐색하는 데 관심 있는 학교는 장치와 사양에 관해 조언해 줄 수 있는 전문가와 상의해야 한다.

〈표 11-1〉 오디오 기반 원격교육 테크놀로지

테크놀로지	설 명	사 례
오디오 카세트와 CD	오디오 카세트와 CD는 가끔 인쇄매체를 보완하는 자료로 사용되며, 오디오 기반 교수를 전달하는 데 편리하고 손쉬우며 저렴하다.	• 외국어 자기학습 프로그램 • 교수모듈 '어떻게 할 것인가?'
라디오	라디오는 TV와 같은 전달 테크놀로지에 비해 상대적으로 적은 비용으로 비교적 넓은 지역에 도달할 수 있는 능력이 있다. 라디오 방송국은 고정된 계획을 가지고 있으며, 라디오는 일방향적인 매체다. 라디오는 메시지를 교사에서 학생에게로는 전달하지만, 역으로 학생이 교사에게 메시지를 보낼 수는 없다.	• 국영 라디오의 교육용 프로그래밍 • 몇몇 개발도상국의 오지에 보내는 교수 강의
오디오 원격회의	오디오 원격회의는 두 지역 혹은 더 많은 지역에서의 개인과 교수와의 상호작용을 허용하기 위해 기본적인 전화통화를 확장한 것이다. 학생들은 스피커나 더 정교화된 오디오 장비(예: 마이크, 앰프, 고화질 스피커)를 이용하여 상호작용할 수 있다. 오디오 원격회의는 미리 양 원격지에 배포된 인쇄자료나 그래픽 자료로 보완될 수 있다. 청각적 그래픽은 팩스나 컴퓨터를 이용해 정지 사진이나 그래픽을 전송하여 오디오 원격회의에 사용하는 것을 말한다.	• 학급에서 최근에 읽은 아동도서 저자와 대화하는 시간을 갖는다. • 외국인 학생과 그 언어의 모국어 화자가 대화를 한다. • 두 다른 지역에 있는 학생들 간에 협력적 프로젝트를 한다.

〈표 11-2〉 비디오 기반 원격교육 테크놀로지

테크놀로지	설 명	사 례
비디오카세트, CD, DVD	비디오카세트는 오디오처럼 편리하고 사용하기 쉬운 테크놀로지다. VCR은 가정에서 널리 사용된다. 그래서 비디오카세트는 집 안에서 교수를 전달하는 데 익숙한 방식을 제공한다. DVD가 VCR을 대체하면서 더 많은 교육자료가 새로운 매체에 의해 전달될 것이다.	• 기본적인 기술과 문해력을 가진 자기학습교과 • 집에서 배우는 악기 (예: 기타, 피아노) • 경력개발 훈련 과정
일방향 비디오	방송 비디오는 라디오처럼 오디오와 비디오 정보를 대중에게 동시에 전송하는 동시적 테크놀로지다. 그것은 폭넓은 지리적 영역에 접근하는 데 비교적 비용 효과적인 방식이다. 주요한 제한점은 시간 의존성(예: 프로그램이 정해진 시간에만 방송된다)과 교사와 학생 간의 상호작용 부족이다.	• 공공 TV에서 교육용 프로그램 반영 • Whittle Communication's Channel One과 CNN's CNN Newsroom에서 학교 대상의 방송을 한다. • 교수 자료를 지역케이블 회사에서 제공한다.
쌍방향 오디오가 가능한 일방향 비디오	이 테크놀로지는 오디오 '상호 교신(talkback)' 기술과 일방향 비디오가 결합한 것으로, 보통 비디오 위치와 수신 위치에 간단한 전화 연결을 추가한 것이다. 학생들은 교사에게 질문이나 논의거리가 있으면 전화할 수 있고, 비디오 기반 메시지의 수동적인 전달자라기보다는 능동적인 참여자가 될 수 있다. 제한점은 상호 교신하는 기술에 추가 비용이 들고, 전화를 건 학생과 교사 간의 시각적 접촉이 부족하며, 단 하나의 송신자로 많은 수신자가 전화를 했을 때 접근의 문제가 있다.	• 한 지역에 있는 소수 전문가 집단이 다양한 수신 지역에서의 정보 입력을 받아들인다. • 대학 수업을 다양한 수신 지역에 생방송한다.
쌍방향 비디오	쌍방향 상호작용 비디오는 비디오 화상회의라 불리는데, 송신 사이트와 수신 사이트가 카메라, 마이크, 비디오 모니터로 연결되어 있다. 인공위성, 단파, 케이블, 디지털급 전화선 또는 인터넷과 같은 전송수단이 두 지역의 높은 상호작용 수준을 허용하면서 연결된다. 이것은 테크놀로지적 수단을 통해 면대면에 가장 근접한 것이다.	• 한 선생님이 한 지역에서 가르치던 고급물리학 수업을 두 다른 지역 학교 학생들도 배우고 상호작용할 수 있다. • 똑같은 과학 프로젝트를 공부하는 두 다른 학교 학생들이 그들의 연구 결과물에 대해 서로 생방송 프레젠테이션을 할 수 있다.

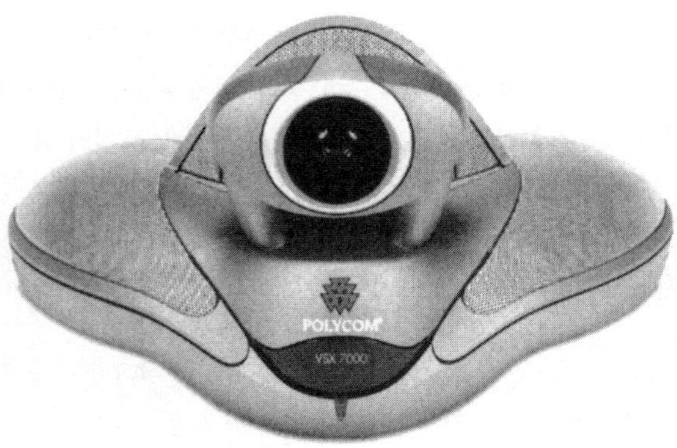

▲ 폴리콤의 이 장비는 디지털 전화선이나 인터넷을 이용해 비디오 원격회의를 지원한다.

컴퓨터 기반 테크놀로지

컴퓨터는 원격교육에서 가장 최신의 도구 중 하나다. 통신 과정의 일부로 패키지화된 소프트웨어의 사용에 컴퓨터가 의사소통 도구와 정보와 자원을 모으는 도구로 사용될 수 있다. 컴퓨터 매개 의사소통(computer-mediated communication: CMC)은 거리를 넘어 교사와 학생 간, 학생 간에 의사소통을 중재하는 장치로서 컴퓨터를 이용하는 데 사용되는 용어다. 보통 CMC 적용은 전자우편, 컴퓨터 원격회의, 채팅, 웹을 포함한다(〈표 11-3〉 참조).

컴퓨터는 현재 원격교육 전달에 있어 가장 폭넓게 사용되는 플랫폼이다. 웹이 출현한 이후 지난 10여 년간 온라인 교육(online education)과 가상학교(virtual school)가 널리 확산되었다. 피닉스 대학교(University of Phoenix)와 서부 주지사 대학교(Western Governors University)처럼 원격교육을 전담하는 기관들도 급속히 성장하였다. 현재는 많은 주에 가상고등학교(virtual high school)가 있으므로, 그 매력을 이해하는 것도 어려운 일은 아니다. 컴퓨터 테크놀로지는 전통적으로 원격교육에 사용되어 온 많은 다른 테크놀로지를 포함하면서 성장해 왔다. 컴퓨터와 웹

〈표 11-3〉 **컴퓨터 기반 원격교육 테크놀로지**

테크놀로지	설 명	사 례
디스켓, CD-ROM, DVD-ROM	오디오카세트와 비디오카세트가 인쇄 기반 통신교육을 대체하기 위해 이용된 것처럼 컴퓨터 디스켓, CD-ROM, DVD-ROM은 학생에게 집에 있는 컴퓨터로 통신학습을 하도록 자료를 메일로 보내 줄 수 있다. 오늘날 웹 기반 교수가 가끔 패키지화된 소프트웨어로 대치될 수 있지만 디지털비디오처럼 대역폭이 높은 애플리케이션은 컴퓨터로 읽을 수 있는 매체로 전달하는 것이 더 좋다.	• 다양한 컴퓨터 애플리케이션을 활용하는 기술적인 기능을 가르치는 교과 • 외국어 학습이나 경영학과 같이 자기학습이 가능한 교과
전자우편	전자우편은 교사와 학생, 교사와 학부모 또는 개별적인 학생 간의 비동시적 개별 의사소통을 지원하다. 전자우편은 원격교육 교과뿐만 아니라 전통적인 교육환경에서도 필요한 의사소통을 신속하게 할 수 있다.	• 교사와 학생 또는 교사와 학부모 간의 전자통신 • 이메일 리스트를 통한 학급 '토론'
컴퓨터 원격회의 시스템	토론, 포럼이나 전자게시판으로 알려진 컴퓨터 원격회의 시스템은 비동시적 텍스트 기반 대화에 두 명 혹은 그 이상의 참여를 허용한다. 참여자는 메시지를 타이핑하고, 그것을 언제라도 협의에 올릴 수 있으며, 컴퓨터는 메시지를 유지하고 조직화한다. 컴퓨터 원격회의 토론은 인쇄된 형태의 대화와 같고 참여자들은 언제라도 들어오고 나갈 수 있다. 몇몇 회의 시스템은 네트워크 연결을 통해 사용자가 접근하는 지정된 컴퓨터에서만 작동할 수 있다. *Blackboard* 나 *WebCT* 처럼 유명한 전자학습 지원 시스템은 컴퓨터 원격회의 시스템을 내장하고 있다.	• 온라인 수업 토론, 포럼, 논쟁 • 동료 검토나 비평을 허용하고 논문, 프로젝트처럼 학생들의 작업을 공유한다.
채팅이나 인스턴트 메시지	개인이 메시지를 타이핑해 다른 사람과 메시지를 주고받으며 상호작용하는 동시적 또는 실시간 상호작용이다. 채팅방 상호작용은 인쇄 형태의 대화라는 것만 제외하면 집단 대화와 비슷하고 채팅방은 전자적 사회화의 대중적인 장소가 되었다. 인스턴트 메시지는 채팅과 유사하나 보통 일대일 의사소통이 이루어진다. *Blackboard*나 *WebCT*처럼 학습지원 시스템은 비동시적 토론과 채팅 기술도 포함하고 있다.	• 과학자와 같은 전문가가 실시간으로 학생들과 상호작용한다. • 상호 프로젝트를 위한 다른 지역 학생들의 협력 • 원격지 학생들이 교사와 접촉하기 위한 온라인 '사무실 시간' 지정
웹 기반 교수	온라인 학습으로 알려진 웹 기반 교수는 내용을 제시할 수 있고, 다른 지역에서도 정보를 제공할 수 있으며, 원격교육에 대한 중심점의 역할을 할 수 있다. 웹 강좌와 프로그램은 모든 교육 수준에 급속하게 펴지고 있다. *Blackboard* 나 *WebCT* 같은 온라인 학습관리 시스템은 교사가 원하는 많은 기능(내용 제시, 토론 포럼, 생방송 채팅, 퀴즈와 성적)을 포함하고 있다('도구상자: 학습관리시스템' 참조). *Tegrity*와 *Breeze* 같은 최신 테크놀로지는 프레젠테이션을 캡처할 수도 있고 웹상에 올릴 수도 있다. Lotus Notes와 Groove 소프트웨어 도구들은 원래 협동학습을 위해 설계되었는데, 온라인 학습도 지원할 수 있다.	• 거의 모든 주제에 관한 완벽한 수업 • 전통적인 면대면 수업에 온라인을 보완함
인터넷 기반 오디오와 비디오 원격회의	인터넷에 연결된 컴퓨터는 다른 시각적 · 청각적 장비를 대체하여 오디오와 비디오 원격회의로 사용될 수 있다. 인터넷 기반 전화는 인터넷을 통해 멀리 있는 지역으로 전화를 할 수 있게 했다. 컴퓨터는 알려진 대로 **탁상 비디오 원격회의**로 사용될 수 있는데, 비디오 원격회의와 똑같은 것이거나 또는 비디오 전화 테크놀로지라 불린다. 인터넷을 위한 소프트웨어나 IP 기반 비디오 원격회의는 White의 *CuSeeMe* 와 Microsoft의 *NetMeeting*, Polycom의 *ViaVideo* 패키지가 있다.	• 앞의 오디오 기반, 비디오 기반 사례 참조

국가교육공학표준과의 연계

NETS와 연계

교사를 위한 국가교육공학표준 중 하나(V)는 **테크놀로지 기반 기회를 포함하는 평생학습에 참여하는 테크놀로지의 위력**에 초점을 두고 있다. 표준(교사용 자료 A 참조)에 대해 살펴보고, 다음 질문에 답하라.

- 가장 가까운 전문대학이나 대학에서 멀리 떨어진 지방에 교직을 얻었다고 생각해 보자. 여러분은 교직을 얻는 동시에 여러분 분야의 변화에 발맞출 학급을 가질 필요성을 발견할 것이고, 계속적으로 교직 능력을 향상시켜야 할 필요성도 가질 것이다.
- 이러한 관점에서 몇몇 온라인, 졸업자 수준, 원격교육 수업의 가능성을 탐색하라. 여러분은 수업을 어떻게 찾고 선택할 것인가? 여러분은 그러한 프로그램의 질을 어떻게 결정할 것인가?
- 2~3개의 원격교육 프로그램을 찾아보고 적절한 수업을 열거하라. 만일 하나 이상의 프로그램을 탐색할 수 있는 수업의 예를 제공한다면, 그 수업의 예를 검토하라.
- 여러분이 그러한 수업을 받아들이도록 인식하는 것이 얼마나 어려운가? 여러분이 극복해야만 할 몇 가지 장벽은 무엇이 될 것인가? 몇 가지 장점은 무엇인가?
- 여러분이 물리적으로 출석하지 않아도 수업이 정말로 가능하다고 생각하는가? 이러한 원격교육 환경에서 배우기 위해 '정상' 적인 학습 상황에서 취해야 할 방법은 무엇인가?
- 여러분은 언젠가 원격수업을 실제로 할 가능성을 볼 수 있는가? 그러한 교과의 교사가 되려면 무엇이 변화해야 하는가?

은 원격지에 있는 학생에게 문자정보와 그래픽, 오디오, 심지어는 비디오까지도 전달할 수 있다. 원격교육은 교육을 이전보다 더 쉽고 편리하게 접근할 수 있도록 해 주었다.

원격교육 계획

원격교육은 학생들에게 전통적인 수업의 보강부터 수업과 학위 프로그램까지, 학생들에게 편리한 시간과 장소를 제공하면서 학습경험을 얻도록 하는 것이다. 원격교육 테크놀로지는 전통적인 교실에서 얻을 수 있는 교육목적 중 어떤 것을 성취하고자 사용될 수도 있다. 그러나 원격교육 환경을 위해서는 몇몇 전통적 접근이 수정되어야 한다.

원격교육의 이점

다음에 열거된 원격교육의 이점을 고려해 보자.

- 원격교육은 거리, 지리, 다른 장벽, 비전통적인 학생 인구(성인학생, 집에만 있어야 하는 학생)에서 소외된 개인에게 교육적 접근을 제공해 준다.
- 원격교육은 지리적으로 접근할 수 없는 학생들에게 교육개선을 해 줄 수 있고 풍부한 교육을 제공해 줄 수 있다(예: 고급수학이나 외국어처럼 전문화된 주제 영역에서의 교수).
- 테크놀로지는 외부에 있는 전문가와 컨설턴트, 또는 교실 밖에 있는 개인을 교실로 초대하는 방법을 제공한다(예: 어린이 책 저자와 그 책을 이제 막 읽은 초등학교 학생들과 교실에서 상호작용하는 것).
- 원격교육공학은 분리된 지점에서 둘 혹은 그 이상의 교실을 서로 연결할 수 있다. 학생들은 서로 문제를 배우고 해결하기 위해, 그리고 의사소통하기 위해 상호작용할 수 있다(예: 다른 두 나라 또는 같은 나라에서도 두 개의 다른 지역 간의 문화교류).
- 원격교육공학을 이용하여 교사들은 원격지에 있는 전문가나 동료와 교수방법, 교육과정, 연구 등에 관

한 의견을 나눌 수 있다.

원격교육 학습자 이해

원격교육공학은 다양한 학년과 교과목에 두루 사용될 수 있다. 이러한 이유 때문에 원격 학생에 대한 단일한 특징의 소개는 어렵다. 그러나 원격지에서 수업을 받는 대다수의 학생들은 일하는 성인이다. 이러한 학생 특성은 전통적 환경의 학생 특성과 다르다. 심지어 K-12 학교에서도 원격교육 학생들은 일반적인 학생들과 다른 특징을 갖는다. 그러므로 원격교육을 계획할 때, 이러한 학생의 특징을 고려하는 것이 중요하다.

- 성인 원격교육 학습자는 대개 나이가 많고 낮에는 직장에서 일하며, 가족도 부양해야 한다. 결과적으로, 이들은 시간과 장소 측면에서 융통성 있는 학습환경을 찾을 것이다. 그들은 경력 또는 직장 경험에 도움을 주기 때문에 원격교육을 선택한다.
- 많은 원격교육 학습자는 고급 단계의 학습을 원하는 K-12 학생들 또는 일하는 성인이다. 이들은 개인적·전문가적 요구를 충족하기 위해 학습경험을 선택한 사람이기 때문에 높은 동기를 가지고 있고, 자기주도적이다.
- K-12 기간에 전통적인 교실환경에 적응하지 못하고 학교를 떠났던 몇몇 원격교육 학습자들은 원격교육 수업이나 프로그램을 처음 시작할 때 자신의 능력에 대해 불안해한다.
- 교정적 원격교육 수업에 등록하는 K-12 학생들은 학업적으로 어려움을 지니고 있다. 결과적으로, 그들은 보통의 학생보다 더 높은 지원과 도움을 필요로 할 것이다. 다른 한편 원격교육에서 고급 단계 수업(예: AP 물리학 수업)을 원하는 학생들은 보통의 학생보다 도전감이 더 높은 강한 학생들일 것이다.
- 모든 환경을 넘어 원격교육 학습자는 전통적인 학생보다 스스로 의무를 지켜야 하고, 원격지에서 자기 스스로 학습해야 하며, 적절한 지원을 받기 힘들기 때문에 학습을 완성하는 데 실패하거나 중도 탈락할 가능성이 더 많다.

원격교육 준비

앞서 언급한 것처럼 계획과 준비는 원격지에서의 성공적인 학습을 위해 중요하다. 다음은 원격교육을 위한 학습자료, 학습환경, 학습자 준비를 위한 정보다.

학습자료 준비

- 명시적인 지시사항, 명확한 시간표, 참여방법과 성적 공지에 대한 지침, 기술적인 문제에의 대처, 도움을 받을 곳 등에 대한 정보를 제공한다. 포괄적인 수업계획서, 원격교육 안내서, 웹사이트에서 필요한 정보를 제공할 수 있다. 온라인 수업을 할 때는 학생 접근을 위한 FAQ 파일을 만들어야 한다.
- 원격교육 자료를 준비할 때는 매체의 이점을 취한다. 예를 들어, 비디오는 관심 있는 부분에 대한 행동을 확대해서 또는 축소해서 볼 수 있다. 금방 학생들이 지루해질 수 있는 '화면 해설'은 하지 않는 게 좋다. 웹에서 가르칠 때는 정보자원에 연결하고 학생 간 의사소통을 촉진할 수 있는 웹의 이점을 취한다. 또한 책 페이지에 대한 개선이 없는 웹 콘텐츠의 정지된 페이지를 지양한다.
- 원격지에 있는 학생이 필요로 하는 학습자료를 미리 모두 얻을 수 있는가를 확인한다. 이것은 원격지에 자료를 보내거나 그것을 웹에서 이용할 수 있는 것을 말한다.
- 기술적 문제 발생에 대비하여 백업저장을 하고, 학생에게도 예기치 않은 문제에 대한 대비책을 알린다.

학습환경 준비

- 원격교육 테크놀로지를 사용하기 전에 여러 가지를 미리 조정한다. 방송과 쌍방향 비디오와 같은 몇몇 테크놀로지는 스튜디오를 활용할 시간이 필요하고,

도구상자

도구

학습관리 시스템

학습관리 시스템은 온라인 환경에서 교수・학습활동을 지원하는 다양한 기능을 통합하는 소프트웨어 프로그램이다. 대표적인 학습관리 시스템에는 *Blackboard, WebCT, Angel* 등이 있다([그림 A] 참조). 대다수 학습관리 시스템은 내용 조직, 프레젠테이션, 학생기록/성적관리, 의사소통도구(이메일, 채팅, 비동시적 토론), 온라인 퀴즈/시험, 다른 교수내용과 활동관리 도구를 포함하는 다양한 학습지원 기능을 통합한다. 최근 몇 년 동안에 이러한 시스템은 온라인 수업을 제공하고 전통적인 면대면 수업을 지원하기 위해 고등교육에서 매우 인기를 끌고 있다. 또한 이러한 시스템은 K-12 교육에서도 사용하기 시작했다.

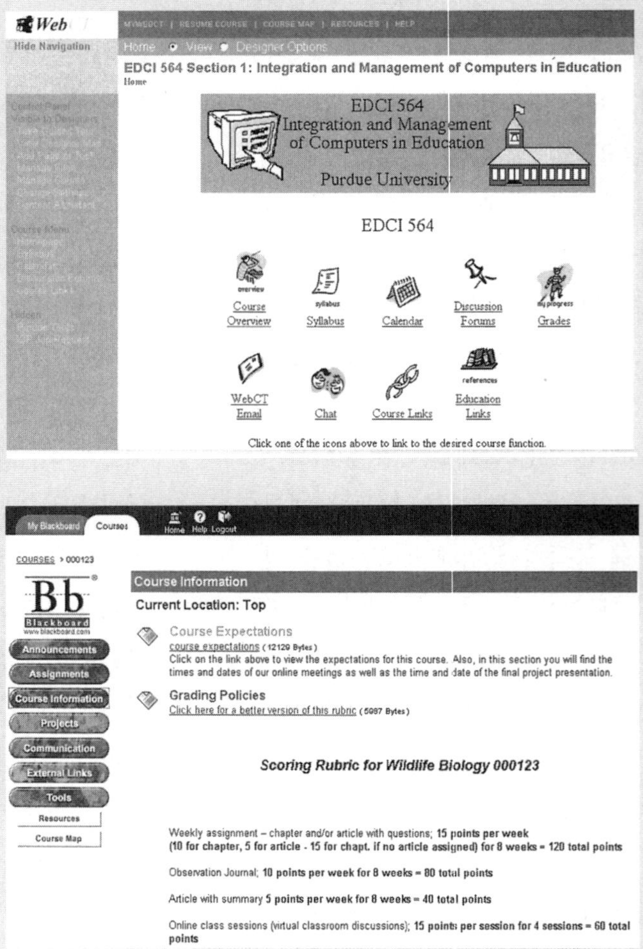

[그림 A] 유명한 학습관리 시스템인 *Blackboard*와 *WebCT*의 화면

학습관리 시스템은 학습자들이 교수에 대한 정보접근을 하는 데 초점을 둔다. 교사에게는 안전한 웹 인터페이스를 이용하여 교수내용을 만들 수 있는 도구를 제공하고, 학생들이 접근할 수 있는 정보를 제공할 수 있게 한다. 인터넷상에서 정보가 포함된 장소에 접근하는 일반적인 웹페이지와는 달리, 학습관리 시스템은 실제로 수업에 등록하는 학생만이 접근할 수 있다. 학생들은 자신들의 ID와 비밀번호로 로그인한다. 또한 온라인 시험, 토론 게시판과 같은 특징은 전형적인 교실수업활동을 수행하는 방식과는 다른 새로운 방식을 제공한다. 이러한 시스템이 계속적으로 진화함에 따라 향후 더 많은 기능을 보게 될 것이다.

국가교육공학표준과의 연계

NETS와 연계

교사를 위한 몇몇 국가교육공학표준(I: 테크놀로지의 효과와 개념, III: 교수 · 학습, 그리고 교육과정, IV: 사정과 평가, V: 생산성과 전문가 실천)은 **학생들에 의한 학습 수준을 증진하고 개인적인 생산성을 높이기 위한 테크놀로지 사용의 필요성**을 강조한다. 이 표준들(교사용 자료 A 참조)을 살펴보고, 다음의 질문에 답하라.

- 다음과 같은 표를 만들고 한 칸에는 학생으로서 여러분이 수강한 현재 교과목을 쓰라. 만일 그런 과목이 없다면 지난 학기(또는 고등학교 때)에 받았던 모든 교과목을 생각해 보고 항목을 만들어 보라.
- 다른 칸에는 만일 다른 전문가들이 그 수업을 방문하여 그 사람들의 지혜와 경험이 합쳐지면 그 수업이 향상될 수 있는 방법을 열거해 보라. 예를 들어, 만일 여러분이 어린이 문학수업을 한다면, 여러분은 자신들의 문학작품을 방문해 설명해 주고, 현재 프로젝트, 열정, 도전 등을 말해 줄 한 명 이상의 저자를 고려해 볼 수 있다.

문학작품 수업에 방문해서 설명해 줄 수 있는 사람들을 다음 표에 적고, 앞으로 여러분 수업에 초대하려면 테크놀로지를 어떻게 사용해야 할 것인지를 기록하라. 테크놀로지는 거리적 차이에 따른 문제를 어떻게 제거할 수 있으며, 여러분은 지식 전문가의 수업 참여를 어떻게 하겠는가? 이것이 여러분의 학습과 앞으로 학생의 학습에 주는 이점은 무엇인가?

수업 항목	교실에서의 학습이 교과내용 전문가를 갖게 됨으로써 향상될 수 있다. 참여할 수 있는 전문가 리스트는……

네트워크 시간을 획득하는 데도 시간이 필요하다.

- 원격교육 수업 전에 장비가 잘 작동되는지도 확인해야 한다. 여러분이 웹 자원을 사용하고자 한다면, 그것이 잘 연결되는지를 확인해야 한다. 또한 브라우저 환경이 여러분이 접근하는 자원을 활용할 수 있도록 설정되어 있는지도 확인해야 한다.
- 오디오와 비디오 테크놀로지를 사용하려면, 오디오와 비디오 설정을 조절하여 모든 학생이 볼 수 있게 해야 한다.

학습자 준비

- 원격교육 동안에 학습자가 배우게 될 것을 알려야 한다. 오디오 원격회의, 쌍방향 비디오 원격회의, 온라인 토론 포럼을 사용하면, 학생들은 원격교육이 익숙하지 않을 것이므로 사전교육을 시켜야 할 것이다.
- 학생들에게 미리 기자재를 사용하도록 연습시켜서 그들이 기자재가 어떻게 작동하는지에 익숙해지도록 한다. 예를 들어, 비디오 원격회의 장비를 사용한다면, 실전에 앞서 미리 연습을 하기 위해 지역 연결을 조정한다. 또는 첫 시간에는 준비시간으로 학생들에게 연습하는 시간을 갖도록 하고 학생들에게 온라인 토론 포럼에 개인 전기를 써서 올리는 것과 같은 성적과 무관한 활동을 하게 해야 한다.
- 기대를 설정하고 참여를 위한 규준을 설정한다(사용자에게 온라인 토론 포럼에 언제, 얼마나 자주, 그들이 참여해야 하는 정도를 알려 주어야 한다.).
- 원격지에 있는 학생들에게 그들이 필요로 하는 자원에의 접근, 여러분과의 접촉방법, 다른 도움을 받는

방법, 문제 상황에서 해야 할 것을 확실하게 알려 주어야 한다.

문제점과 함정

- **금전적 비용:** 모든 원격교육 테크놀로지는 약간의 실제적인 금전적 비용을 요구한다. 오디오 원격회의처럼 다소 단순한 테크놀로지 경우의 비용은 장거리 전화 요금만큼 적게 들 것이다. 그러나 그것만으로 몇몇 학교에서 원격교육을 실행하기에는 문제가 있을 것이다. 인공위성을 사용한 쌍방향 상호작용 비디오나 디지털 전화선 전송과 같은 보다 발달된 원격교육 테크놀로지는 비용이 매우 많이 든다. 여기에 필요한 장비는 때로 비싸고, 실제로 두 지점을 연결하는 비용이 상당히 높다. 학교는 특정 테크놀로지 사용 비용을 신중하게 고려해야 한다.
- **기술적인 어려움:** 원격교육 테크놀로지는 기술적으로 복잡하다. 오디오 원격회의는 설정하는 데 아주 어렵지 않지만 비디오 원격회의는 전문가와 지역 요원, 판매자, 원격통신회사 기술자 등 다른 사람들의 도움을 필요로 할 것이다. 이러한 원격교육의 복잡함은 무엇인가가 잘 작동하지 않을 가능성도 높아진다.
- **계획의 필요성:** 저자들이 강조하는 것처럼 원격교육은 신중한 설계를 필요로 한다. 이것은 가장 단순한 원격교육 형태에도 해당되며, 장비와 시설을 미리 계획하는 것이 필요하다. 자료는 미리 준비되고 원격지에 있는 학생에게 미리 보내야 할 필요가 있다. 많은 경우에 교사는 원격교육 매체의 이점을 얻고 조정하기 위해 교육과정과 학습활동을 재설계할 필요가 있다.
- **훈련과 지원의 필요성:** 교사는 효과적으로 원격교육 테크놀로지를 지원하기 위해 훈련을 받아야 한다. 학생들은 이러한 익숙하지 않은 장비를 통해 학습을 할 때 도움을 필요로 할 것이다. 이것은 사이트 코디네이터, 전화 도움, 전자우편 등이 될 것이다. 요약하면, 원격교육에는 많은 것이 있다. 교사와 학교는 유의미한 노력 없이 원격교육에의 참여를 기대해서는 안 된다. 어떤 다른 교육적 일을 하는 데서, 원격교육은 시간, 노력, 헌신과 자원을 필요로 한다. 이 테크놀로지는 학교가 현재 요구를 맞추도록 도울 수 있는 유일한 도구다.
- **모든 내용이 잘 운영되지는 않음:** 원격지에서 효과적으로 가르칠 수 없는 내용도 있다. 예를 들어, 여러분은 원격교육으로 비행기 엔진을 배운 사람이 운행하는 비행기를 타고 싶지는 않을 것이다. 이러한 학습은 실제적인 경험이 필수적이기 때문이다.

▲ 학생들은 비디오 원격장비의 작동에 익숙해지기 위해 실제 사용에 앞서 미리 연습해야 한다.

원격교육 실행

다음은 원격교육 테크놀로지가 원격지에서 교수 · 학습을 위해 실행될 수 있는 몇 가지 사례다. 다음에서는 이러한 사례에 대한 교수전략과 원격교육을 위한 유용한 지침에 대해 논의한다.

원격교육 사례

- 고등학교 교사는 쌍방향 오디오가 연결된 일방향 비디오를 사용하여 자신의 학교뿐만 아니라 몇몇 다른 학교의 관심 있는 학생들에게 특별수업(예: 물리학, 라

틴어, 러시아어)을 제공한다.

- 교사는 스피커폰을 이용한 오디오 원격회의를 통해 자신의 학생들과 상호작용하도록 원격지에 있는 전문가(예: 책 저자, 과학자, 지역 인사)를 초대한다.
- 수학에 재능이 있는 고등학교 학생이 미리 미적분학을 받기를 원한다. 그러나 학교에서는 그 수업을 제공하지 않는다. 이 학생은 가까운 대학의 웹 기반 수업에 등록하고 집의 컴퓨터를 이용해서 온라인 강좌를 듣는다.
- 메트로폴리탄 센터에 있는 동물원에서 주 전체의 학교수업에 가상현장학습을 제공한다.
- 예비교사들이 탁상 비디오 원격회의와 전자우편을 이용하여 초등학교 학생에게 읽기와 수학기술이 향상되도록 도움을 준다.
- 영어교사가 수업 아이디어 탐색을 위해 인터넷 토론 집단에 질문을 올리고 그 나라의 다른 교사들로부터 몇 개의 도움이 될 만한 시사점을 받는다.
- 두 개의 다른 고등학교 교실의 학생들은 공동의 프로젝트(예: 지역 수질검사)를 하고 그들은 인터넷을 통한 탁상 비디오 원격회의를 이용하여 서로 공유한 프레젠테이션을 준비한다.
- 학부모에게서 작품 전시 허가를 받은 후, 학생들은 그들의 작품을 보여 줄 웹사이트를 만들어 학교 웹서버에 올렸다. 그 작품을 부모, 지역공동체 구성원 그리고 다른 학교 학생들이 검토하였다.
- 연구를 실행하고 프레젠테이션을 위해 중학교 학생들은 초등학생에게 동물에 관한 정보적 프레젠테이션을 준비한다. 그들은 교육청 내의 케이블 텔레비전을 활용해 몇 개의 초등학교 교실에 동시에 보여 주기 위해 그들 학교의 텔레비전 스튜디오에서 프레젠테이션을 준비한다.

▲ 학생들은 지역에서 접근할 수 없는 특별한 내용 영역을 온라인 수업으로 들을 수 있다.

원격지에서 교수를 위한 전략

많은 방법을 통해 원격지에서의 교수와 면대면 수업과의 차이를 없앨 수 있다. 전통적 교실에서 일상적으로 사용하는 교수방법, 즉 프레젠테이션, 시범, 토론, 협력학습의 몇몇 부분을 수정하면 원격교육에서도 사용할 수 있다. 가령, 학급토론은 오디오 원격회의나 쌍방향 비디오를 사용하여 원격지에서도 실행할 수 있다. 그러나 교사는 원격지 학생들이 토론에 적극적으로 참여하고 있는지를 확인할 필요가 있다. 온라인 수업에서 토론은 채팅이나 말하기보다는 개인이 토론 참여를 타이핑하여 전달하는 비동시적 토론을 통해서 할 수 있다. 일방향이나 쌍방향 비디오를 통해서 학생에게 비디오테이프를 보내거나 웹사이트에 *Tegrity* 나 *Breeze* 프레젠테이션(비디오와 오디오가 합쳐진 파워포인트)을 웹사이트([그림 11-2] 참조)에 올림으로써 프레젠테이션이나 시범을 원격지에서 할 수 있다. 협력학습은 쌍방향 비디오나 인터넷 기반 협력 도구를 이용하여 가능하다.

원격지에서 교수를 위한 전략은 사용되는 구체적인 테크놀로지에 따라 달라진다. 예를 들어, 원격교육에서 비디오를 사용하려면, 이 매체의 특징을 이해하는 것이 중요하다. 비디오는 시각적 매체여서 정보를 전달하는 데 시각물(예: 그림, 그래픽 조직자)을 사용하는 것이 중요하다. 비디오를 위한 시각물(예: 파워포인트 슬라이드)을 만들 때에는 큰 폰트 사이즈를 선택하고 비디오 모니터 특성과 유사한 스크린 테두리는 피해야 한다. 비디오로 수업을 할 때 카메라에 눈을 맞추고 크고 명료하게 말해야 하며 텔레비전에서 시각적 효과를 일으킬 수 있는 의상(예: 체크나 흰색 옷)은 피한다. 카메라 잡는 위치와 설치 장소가 다양하고 원격지 학생의 흥미를 유지하기 위해 적절히 변화하면 좋다.

온라인 수업을 하면, 자원을 온라인에서 사용할 수 있도록 해야 한다. 이것은 웹페이지 설계에 부가될 것이고 *Blackboard* 나 *WebCT* 와 같은 학습관리 시스템에 자료를 만들어 올리도록 한다. 규칙적인 사무실 근무시간을 설정하여 원격 학생들이 메일, 채팅, 전화로 접촉할 수 있도록 한다. 온라인 토론을 할 때에는 지침을 만들고 참여에 대한 규칙을 마련한다(예: 토론시간을 정하고, 참여 수, 게시글의 길이, 온라인 에티켓에 대한 지침 마련, '도구상자 팁: 비동시적 온라인토론 관리하기' 참조).

특정한 전달 시스템과 무관하게, 원격지에서의 교사는 학생을 위한 내용과 교사와 학생 간에 상호작용할 수 있는 방법을 고안해야 한다. 교사는 학급토론을 설정하고 조정해야 하며, 개인적 또는 집단과제를 확인하고, 사용되는 테크놀로지나 수업에 대한 질문에 답해야 한다. 교사의 일은 학생들의 상호작용을 북돋아 주고, 동기를 부여하며, 학습에 참여하도록 하는 것이다. 교사는 성적을 위해 학생들이 제출한 학습과제에 대한 체제를 설정해야 한다. 물론 교사는 과제를 평가하고 그것을 학생에게 돌려주어야 한다. 규칙적인 피드백을 주는 것은 원격학생들의 소외감을 줄여 줄 수 있기 때문에 필수적인 것이다.

원격교육에서 학생 수행평가

원격지에서의 교수 접근방법처럼 원격교육에서의 학생 수행을 평가는 면대면 교육환경과 차이가 없다. 원격지에서의 교수를 위해 흔히 교수법이 수정되는 것처럼 원격지에서의 효과적인 사용을 위해 평가기법도 수정되어야 할 것이다.

[그림 11-2] 온라인 전달을 위해 오디오와 비디오로 향상된 파워포인트 슬라이드를 보여 주는 Macromedia *Breeze* 프레젠테이션의 화면

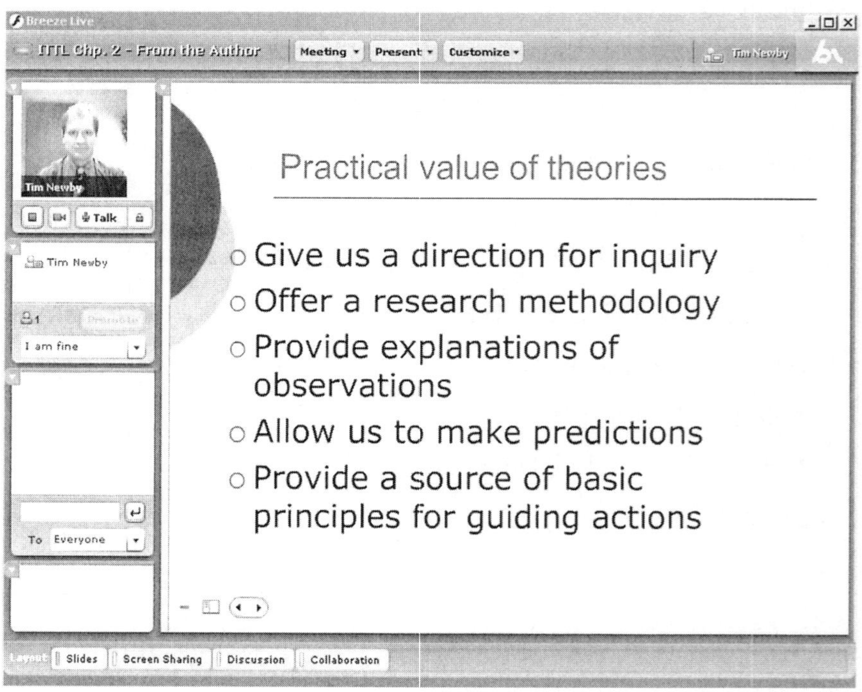

국가교육공학표준과의 연계

NETS와 연계

교사를 위한 국가교육공학표준(III: 교수 · 학습, 그리고 교육과정, VI: 사회적, 윤리적, 법적, 인간적 문제)은 **학생 학습을 증진시키기 위해 테크놀로지 자원을 활용하면서 특정 학생 요구를 전달하고 다양하게 연결할 수 있는 능력**을 특히 강조한다. 이 표준(교사용 자료 A 참조)을 살펴보고, 다음의 질문에 답하라.

- 물리적으로 교실에 출석할 수 없는 학생이 있는 수업을 가정해 보라(아마도 신체적인 장애, 질병, 학교와의 거리 등). 이 학생들을 '정규적' 수업에 참여하여 필요로 하는 것을 경험하고 배우도록 하려면 원격교육 공학 중 무엇이 활용되어야 하는가?
- 여러분은 원격교육이 정규적인 수업에서 받는 교수 부담 외에 어떤 도전과 부담이 있으리라고 생각하는가? 예를 들어, 원격테크놀로지를 활용하는 데 추가적으로 필요한 훈련은 어떤 것인가? 여러분이 정규 수업을 위해 마련한 교수자료, 집단활동 교실 상호작용, 토론 외에 무엇이 더 보완되어야 하는가?
- 저널 내에 여러분의 생각과 아이디어를 기록하라.

선다형, T/F 문항, 단답형, 논술형과 같은 전통적인 검사가 교육평가의 중요한 부분 중 하나다. 일반적인 교실 환경에서의 시험은 시험감독을 하는 교사에 의해 시행되고 특정 시간 제한이 있다. 원격지에서 학습이 되었을 때 검사를 시행할 수 있는가? 시행 가능성과 검사 보안상의 문제가 있지만 대답은 시행할 수 있는 것이다. 원격수업에서 검사방법에 대한 전통적인 해결책은 원격지의 시험감독관을 활용하는 것이다. 문항이 원격지 시험감독관에게 메일로 전달되고, 학생들은 보통의 방법대로 시험감독관을 통해 시험을 치른다. 이 방법은 학생들이 동일한 지역의 원격지에 있을 때 잘 활용할 수 있는 방법이다.

온라인 학생들이 나라 전체나 전 세계적으로 흩어져 있을 때 시험감독관을 사용하는 것은 적절하지 않다. 그러나 온라인 시험은 다양한 옵션이 증가하고 있다. 학습관리 시스템인 *Blackboard* 나 *WebCT* 와 단일한 검사 소프트웨어는 온라인상에서 퀴즈를 만들 수도 있고 시험을 시행할 수도 있다([그림 11-3] 참조).

문제은행을 만들기 위해 검사 소프트웨어 패키지 내에 있는 다양한 옵션을 이용하는데, 이용할 수 있는 문제은행에서 검사 질문을 가져오고 선다형 문항 순서 등을 무작위로 만든다. 또한 온라인 검사 시행은 특정 시간에 제한될 수 있으며, 특정 인터넷 도메인이나 제한된 접근 주소에 제한될 수도 있다. 온라인 학생 인증 문제는 시스템 로그인과 개별 정보 확인 과정(예: 어머니의 이름을 물어본다)을 거칠 수 있다. 그러나 우리는 집에서 학습하는 온라인 학생이 시험을 볼 때 다른 누군가의 도움을 받고 있는지 여부를 확인할 수 없다. 많은 원격교육 교사들은 다른 방법을 이용함으로써 온라인 시험문제를 피하고자 한다. 예를 들어, 정해진 시간에 시험을 보거나 수업내용의 단순 기억보다는 수업자료의 적용, 분석, 종합, 평가를 강조

점검사항

원격교육 관찰

원격교육실제는 무엇과 같은가? 가까운 학교에 원격교육 교실이나 시간에 가서 앉아 있어 보라. 만일 여러분이 K-12 학교에서 원격교육을 관찰할 수 없다면 전문대학이나 종합대학의 원격교육 수업을 관찰해 보라.

정보전달과 의사소통을 위해 사용되는 테크놀로지는 무엇인가? 여러분은 학생을 어떻게 규정할 것인가? 교사는 학습자료, 학습환경을 어떻게 준비하고, 학습자는 원격교육을 위해 무엇을 해야 하는가? 수업이 진행되는 동안 극복해야 할 문제나 어려움은 없는가?

도구상자

팁

비동시적 온라인 토론 관리

많은 온라인 원격교육 수업의 일반적인 특징은 비동시적 토론이라는 것이다. 온라인 수업을 받는 학생들은 일반적으로 교사와 학생 간에 서로 떨어져 있기 때문에 상호작용과 교류 기제의 유일한 방법을 제공한다. 그것은 교실에서의 전통적인 실시간 토론을 대체할 뿐만 아니라 수업과 과제에 대한 의사소통, 협력학습을 고무하고 학생 작업을 공유하는 등 정보의 전달수단이기도 하다. 비동시적 토론이 특정 주제에 따라 다양하겠지만 온라인 토론 시행을 위한 몇 가지 일반적인 팁은 다음과 같다.

- 각 온라인 토론에 대한 명확한 시간계획을 설정한다. 학생들이 언제, 얼마나 자주 참여해야 하는가에 대한 것도 명확하게 진술한다. 메시지 길이와 양에 대한 매개변수도 정해야 한다.
- 수업의 특정 주제를 토론으로 설정한다. 이것은 초점을 제공하고 명확한 계획을 설정하는 데 도움을 준다.
- 학생들 참여에 대한 양과 질을 평가하도록 한다. 만일 여러분이 토론을 평가한다면 학생들은 역시 토론에 더 많은 가치를 둘 것이다.
- 온라인 토론 참여와 예절에 대한 기본적인 규칙을 설정하고 적절한 행동모델을 만든다. 이것은 문제와 오해를 불식시키는데 도움을 준다.
- 토론을 위한 개방적이고 호혜적인 분위기를 만들어 주고, 공동체적 분위기를 만들기 위해 학생들 이름을 불러 주며, 적절한 개인적 경험을 공유한다.
- 온라인 토론 구조의 기법을 사용한다(사례연구, 논쟁, 학생들에게 역할 할당).
- 학생들에게 응답을 할 때 원래 메시지를 적절하게 인용하면 독자들이 논의를 진행하는 데 도움이 된다.
- 학생들에게 토론 주제를 시작하거나 토론 질문을 할 때, 학급 친구들에게 논평을 종합하고자 할 때 등 항상 리더십을 갖도록 해야 한다.
- 학생들이 토론 주제를 제대로 토론하는지 확인하며, 본래의 목적에서 벗어나지 않도록 하고, 토론에 너무 빨리 관여하는 것을 피한다. 교사의 이른 토론 참여는 종종 이후의 토론을 억제하는 일이 된다.
- 사고와 토론을 진작시킬 좋은 질문을 한다. 종종 진행 중인 토론을 요약하는 것이 주제를 전체적으로 종합하는 데 도움이 된다. 토론의 마지막에는 중요한 점들을 간추려서 요약하고 토론을 종결 짓도록 한다.
- 학생에게 피드백을 제공한다. 여러분은 학생들이 올린 모든 메시지에 답할 필요는 없지만 규칙적인 피드백은 학생들에게 그들이 어떻게 하고 있는지, 참여를 잘하고 있는지를 알리기 위해 필요하다.
- 토론장 밖에서 여러분에게 접촉하고자 하는 학생들을 이용하고, 전자우편으로 관리하면서 학생들과 접촉할 수 있게 사무실이나 온라인에서 정기적인 시간을 만든다.

하는 집에서 해 오는 시험을 원격교육 수업을 듣는 학생들에게 실시할 수 있다. 전통적인 교실에서의 시험 형태인 지필검사와 프로젝트가 원격교육에서도 활용될 수 있다. 따라서 교사들은 원격교육에서 학생의 수행을 평가하는 데 도움이 되는 다양한 선택 범주가 있다.

원격교육을 위한 활용 지침

- 미리 철저하게 준비하라. 이 장의 처음 부분에서 언급한 것처럼 좋은 교수는 항상 계획을 필요로 하는데, 원격교육에서는 훨씬 더 중요하다. 원격지에서 '서둘러 바쁘게' 가르치는 것은 불가능한 것은 아니지만 어려운 일이다. 여러분은 미리 스케줄을 마련해

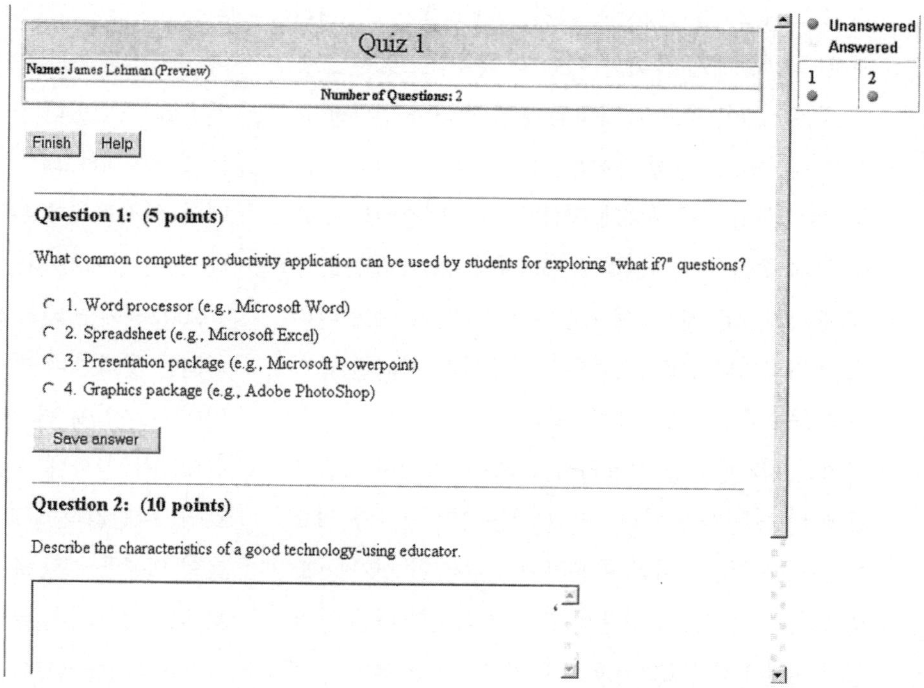

[그림 11-3] *WebCT*에서 상호 작용 퀴즈 화면

야 하고, 자료를 준비해야 하며, 원격지에 있는 학생들이 필요한 자원에 접근하고 있는지를 확인해야 하고, 원격지 학생을 위해 사무실 근무시간을 정하여 도움을 주며, 동시적 접근을 위해 조정을 해 주고, 장비를 실습해 보는 등의 준비가 필요하다. 신중한 계획은 여러분이 학생들과 성공적인 원격교육 경험을 하는 데 단연 가장 중요한 일이다.

- 우발적인 사고에 대비하는 계획을 세워라. 원격교육과 관련된 공학은 성공할 수도 있고 실패할 수도 있다. 오디오 원격교육에서 스피커가 작동하지 않을 수도 있고, 원격지와의 비디오 연결이 잘 안 될지도 모르며, 인터넷 연결이 '끊어질 수' 도 있다. 그러므로 여러분과 학생들이 예기치 않은 상황에 대처할 수 있는 예비 계획이 항상 있어야 한다.
- 매체를 사용하라. 특별한 의사소통 매체를 효과적으로 사용하라. 비디오 기반 원격교육을 활용할 때 효과적인 시각물을 준비하여 시범을 보이고, 그렇지 않으면 비디오가 제공하는 것을 사용하라. 원격수업을 할 때 웹 자원과 연결하고, 자원을 저장할 수 있는 컴퓨터의 이점을 이용하며, 그것을 원하는 때 언제라도 접근할 수 있게 하라.
- 적극적인 참여를 유도하라. 특정한 의사소통 매체와 상관없이 적극적인 학생 참여를 유도하라. 동시적 오디오, 비디오 회의 동안에는 학생들 이름을 불러 주어라. 만일, 수업을 원격지의 사람에게 듣는다면 각 학생들은 수업자에게 물을 질문을 준비해야 한다. 비동시적 온라인 토론 동안 학생들에게 직접적으로 논평하게 한다. 즉, 망설이는 학생들을 보다 적극적으로 참여하게 하려면 개인적인 전자우편을 사용하라.
- 활동과 접근을 다양하게 하라. 비디오로 '내레이션 자막' 을 듣는 것만큼 지루한 것도 없다. 활동과 교수법을 다양하게 변화시키고, 학생들 관심을 유지하라. 오디오, 비디오 원격회의 동안 매 15분에서 30분마다 활동을 변화시키라. 온라인과 오프라인 활동을 혼합하여 사용하라. 웹 기반 교수에서는 자기학습 내용 모듈, 웹 정보 재생, 비동시적 토론 포럼, 동시적 채팅, 학생들이 관심 있는 일을 유지해야 한다.
- 학생들을 안내하라. 원격지 학생들은 가끔 소외되었

다고 느끼고, 접촉에서 떨어져 있다고 느낀다. 여러분은 학생들에게 명확한 지침을 제공함으로써 도움을 줄 수 있다. 앞으로 진행될 수업에 대한 명확한 계획을 제공하고, 언제 과제를 제출해야 하는지를 알려 주어야 하며, 학생들에게 적합한 형식과 참여의 수준을 알려 주어야 한다(비디오 원격회의 동안에 질문을 할 때, 온라인 토론 게시판에 의견을 올릴 때). 오디오/비디오 원격회의나 온라인 토론은 학생들의 이해를 돕기 위해 주요한 요지를 요약해 준다.

- 적절한 평가방법을 사용하라. 모든 수업에서 학습목표에 맞는 평가를 하라. 만일 전통적인 평가가 필요하다면, 시험감독자를 활용하거나 온라인 평가를 고려하라. 수업내용과 학생의 요구에 적절한 다른 평가형태(집에서 시험보고 가져오기, 지필시험, 프로젝트, 포트폴리오)를 사용하라.

원격교육과 관련된 쟁점

저작권

앞서 학습한 것처럼 저작권은 원래 작품의 저자가 갖는 가시적인 매체에 대한 합법적인 권리를 말한다(저작권에 대한 정보는 제8장 참조). 저작권은 저작권 소유자가 작품을 복사하고, 작품에 따른 파생 상품, 작품 판매와 배포, 대중에게 작품을 공연하고, 전시하는 것에 대한 모종의 독점적인 권리를 행사하게 한다. 이러한 권리는 공정 사용과 면대면 교수에서의 면제를 포함한 어떤 제한점을 갖는다. 왜냐하면 그들은 저작권자로부터 허가 없이 저작권 있는 작품을 허용받기 때문에 교사는 공정 사용과 면대면 교수에서의 면제로 이점을 얻을 수 있다.

그러나 원격교육자들은 원격교육 환경에서의 저작권 면제가 면대면 교수보다 제한적이라는 것을 인식해야 한다. 2002년 이전의 저작권법은 원격교육과 같은 면대면 교수가 이루어지지 않은 상황에서의 시청각자료 전송을 허용하지 않았다. 더 나아가, 오직 비드라마적인 문학이나 음악작품(드라마 희곡은 안 됨)만 교실 또는 수업 장소로 전송할 수 있었다(장애나 특수한 환경 때문에 교실에 올 수 없는 것만 제외하고). 말할 필요도 없이, 이것은 학생들이 집에서 원격교육자료에 접근하는 온라인 교육이 성장하는 데 많은 장애가 되었다.

2002년에는 테크놀로지, 교육, 조화법(TEACH)이 미국 국회를 통과하여 법으로 시행되었다. 그것은 저작권법이 면대면 수업에 면제해 주었던 많은 보호장치를 수정하여 원격교육 상황에 적용한 것이다. TEACH 법이 제공됨으로써, 비영리적인 교육기관에서 교사의 감독하에 교수자료의 일부를 사용하는 것처럼 원격교육에서 법적으로 보호되는 작품의 일부분을 수행하거나 제시하는 것이(전송하거나 디지털 네트워크로 공유) 저작권에 위배되지 않게 되었다. 이후 이 법은 저작권과 관련된 정책이 기관에 의해 시행되어야 한다는 것을 명시하게 되었다. 그리고 학생들은 수업에 사용되는 자료가 저작권 보호하에 있는 것이라는 설명을 제공받아야 한다. 더 나아가 기술적으로 실행 가능한 정도, 원격교육과 관련된 작품의 수행은 공식적으로 수업에 등록된 학생에 한정되어야 한다. 저작권 있는 작품이 그 수업에만 사용되고 배포될 수 있도록 하는 기술적인 어떤 장치가 제공되어야 할 것이다.

그래서 원격교육은 현재 교실에 있는 교사와 같은 많은 똑같은 적응성을 갖게 되었지만 저작권자의 이익을 보호하기 위한 제한점도 설계되어야 한다. 예를 들어, 사람들은 온라인 수업의 일부분으로 저작권 있는 자료를 보호되지 않은 웹페이지에 올릴 수 없다. 왜냐하면 학생들 외의 사람들이 쉽게 그 자료에 접근할 수 있고 복사할 수 있기 때문이다. 패스워드 같은 보호장치들이 교실에 있는 학생만 제한적 접근을 하도록 하고 인증받지 않은 경우 사용을 못하도록 마련되어야 할 것이다. 이에 대한 더 많은 자료는 '점검사항: 저작권과 원격교육'을 참조하라.

점검사항

저작권과 원격교육

저작권은 익숙하지 않은 사람들에게는 특히 혼란스러울 수 있다. 저작권에 대해 더 많이 배우고 원격교육에 적용하려면 다음의 웹사이트를 검토하라.

웹 사이트	URL
Copyright Management Center at Indiana University Purdue University at Indianapolis	http://www.copyright.iupui.edu/
North Carolina State University Libraries TEACH Act Toolkit	http://www.lib.ncsu.edu/scc/legislative/teachkit/
University of Idaho Engineering Outreach Distance Education at a Glance Guide #12	http://www.uidaho.edu/eo/dist12.html
University of Wisconsin Distance Education Clearinghouse Intellectual Property and Copyright	http://www.uwex.edu/disted/intprop.html

어떤 교사가 학교에서 온라인 수업을 계획하고 있는데, 원격교육과 저작권에서 가장 중요한 점이 무엇이냐고 질문한다면, 여러분은 무엇을 말해 줄 수 있는가? 어떤 점을 주의해야 한다고 말해야 하는가?

지 원

지원은 성공적인 원격교육의 중요한 요소다. 기술적인 지원은 가끔 전달 공학(예: 비디오, 웹)을 향상하고 운영하는 데 필수적이다. 또한 기술지원 인력은 원격교육 과정이나 수업 동안에 문제가 발생하면 학생을 돕기 위해 필요할 것이다. 왜냐하면 학생들은 원격교육 수업이 이루어지는 캠퍼스나 학교에서 너무 멀리 떨어져 있기 때문이다. 지원은 학생의 등록, 책과 다른 자료를 구입 혹은 저자들이 언급한 것처럼 자료를 배포하고, 학생을 돕고, 시험감독을 하기 위해 원격지에 지원 인력을 두는 것이 반드시 필요할 것이다. 원격교육을 하는 많은 기관은 원격교육에 도움이 되는 전담 지원구조를 가지고 있다. 새로운 원격교육을 준비하려는 학교들은 원격교육의 시행 전에 지원 인력을 신중히 검토해야 한다. 원격교육의 다른 측면과 더불어 지원을 위한 계획은 성공적인 경험을 위해 중요하다.

정책 쟁점

원격교육과 관련된 몇 개의 정책 쟁점이 떠오를 수 있다. 하나의 근본적인 문제가 원격교육 수업과 프로그램의 학위인정과 인가다. 원격교육 학생들이 전통적인 교실에서의 학습보다 더 나은 수행을 보인다는 연구 결과가 있지만(Bernard et al., 2004; Machtmes & Asher, 2000; Neumann & Shachar, 2003; Russell, 1999), 일반적인 교실

▲ 수업 부담 증가와 지적재산권은 원격수업 교사가 직면한 주요한 문제다.

수업의 질과 비교하였을 때 원격교육 경험의 질에 대해서는 전통적으로 회의적이다. 결과적으로 원격교육자들은 원격수업이 면대면 수업과 동등하다고 인정하는 학위기관이나 인정기관을 설립해야 한다. 원격교육 수업이 엄격하게 관리되고 전통적 교육만큼 효과적이라고 밝혀짐에 따라, 최근 몇 년 사이에 원격교육에 대한 인증 장애도 많이 줄었다.

교수(faculty) 문제 또한 원격학습 상황에서 떠오르는 문제다. 교사의 부담이 원격교육 수업에 어떤 요인으로 작용하는가? 원격으로 가르치는 많은 교수요원은 전통적 교수보다 더 많은 시간과 노력을 필요로 한다. 원격지에서의 교수 수업에 대한 지적재산권도 하나의 쟁점이다. 원격교육 수업을 누가 소유하는가? 교수인가, 기관인가? 이것은 교육정책에서 해결해야 할 중요한 문제다.

기본적인 행정적 문제가 정책에 의해 해결될 필요가 있다. 원격교육과 관련된 프로그램의 비용을 어떻게 결정하고 수익을 어떻게 나누어야 하는가? 전달공학, 지원구조의 비용 때문에 원격교육 프로그램은 전통적 프로그램보다 더 비싸다. 더욱이 대부분의 비용은 원래의 사이트에서 나타나지 않을 것이다. 원격교육 프로그램이 원격지로 전달되면, 원격지와 관련된 비용이 발생한다(예: 지원 인력, 시험감독자). 이것은 전통적 교육을 하는 사람들과 다른 수익분배의 모형이 될 것이다.

테크놀로지 코디네이터 코너

고등학교 스페인어 교사인 전 교사는 새로운 교육경험을 가진 고급 스페인어 수업을 학생들에게 제공하기 위해 원격교육공학을 사용하고자 했다. 전 교사의 수업은 멕시코 온라인 신문기사를 포함해서 다양한 사이트를 보기 위해 웹을 브라우징하고, 다양한 멕시코 지역에 관한 기사를 읽으면서 멕시코의 문화를 공부한다. 전 교사는 멕시코에 사는 사람들과 직접 상호작용할 수 있는 기회를 제공할 단원을 만들기로 결정했다. 전 교사는 멕시코시티에서 고등학교 영어교사인 친구 세뇨라 디에고에게 전자우편을 보냈다. 세뇨라 디에고의 영어 수업시간의 학생들과 전 교사의 고급 스페인어 수업시간 학생들 간의 '실시간' 대화가 가능한지를 메일로 물었다. 세뇨라 디에고는 그 아이디어에 대해 매우 열광했고 전 교사가 시차와 환경 조절을 할 수 있다면 돕겠다고 약속했다.

전 교사는 교장에게 그 수업의 원활한 운영을 위해 함께 점검을 했다. 교장은 전 교사에게 여타의 비용이 요구되지 않는 한 그 수업을 지원하겠다고 했다. 그 후 전 교사는 무엇을 할 수 있는가를 점검하기 위해 자기 학교의 공학 코디네이터인 오 교사에게 갔다. 전 교사는 오 교사에게 수업시간에 학생들이 스페인 원어민 학생들과 이야기하는 경험을 갖게 하는 것이 목적이라고 설명했다. 전 교사는 오 교사에게 우리나라 학교와 멕시코에 있는 학교 간의 실시간 비디오 연결을 해 주기를 희망했다. 오 교사는 그 방법을 검토하겠다고 하였고, 세뇨라 디에고 학교의 테크놀로지 지원 인력과 협의하여 결과를 전 교사에게 알려주겠다고 했다.

며칠 후 오 교사는 전 교사에게 옵션을 설명했다. "선생님께서는 몇 개의 선택을 할 수 있는데, 난 비디오 원격회의의 잠재력을 살펴보았습니다. 우리는 위성 업 링크를 할 수 있지만, 멕시코시티의 학교에는 위성 수신장치가 없습니다. 수업은 수신장치가 있는 대학에 가서 받아야 하는데, 이것은 문제가 있을 것 같습니다. 그래서 저는 웹 기반 비디오 원격회의의 가능성을 검토해 보았습니다. 불행하게도 세뇨라 디에고의 학교는 인터넷 연결이 상당히 느린 것 같습니다. 우리는 작은 PC 기반 비디오 원격회의를 사용할 수 있지만 화질은 매우 좋지 않을 것이며, 특히 전체 학생 대상은 힘들 것 같습니다. 다른 선택은 오디오 원격회의의 사용일 수 있습니다. 그것은 실제로 장거리 전화에 스피커폰을 사용하는 것입니다. 국제전화 통화 요금이 들겠지만 선생님은 학생들이 원어민 스페인 학생들과 이야기할 수 있는 기회를 제공할 수 있을 것입니다."

오 교사의 선택에 힘을 얻어 전 교사는 오디오 원격회의를 하고자 결심했다. 교장은 스페인 클럽이 통화료를 지불하겠다고 하자 그 아이디어에 찬성했다. 오 교사는 전 교사에게 그 수업을 계획하기 전에 몇 가지를 고려하라고 충고했다. 오 교사는 시차를 지적했고, 학생들에게 수업에 앞서 질문을 미리 준비하도록 하라고 했다. 오 교사는 전 교사에게 이 수업이 계획대로 안 될 경우를 대비하라고 했다.

1주일 후에 미디어센터에서 빌린 스피커폰을 이용하여 전 교사는 세뇨라 디에고에게 정해진 시간에 전화를 걸었다. 학생들은 돌아가면서 준비한 질문을 하였고 멕시코 학생들은 질문에 대한 대답을 해줬다. 전 교사의 학생들은 스페인어로 이야기를 했고, 세뇨라 디에고의 학생들은 영어로 이야기를 했다. 그것은 상당히 정신없는 상황이기도 했지만 학생들 모두는 서로 이해하려고 노력했다. 추후활동으로 전 교사의 학생들과 세뇨라 디에고의 학생들은 전자펜팔(e-mail penpal)을 하게 되었다. 그래서 학생들은 말하기 기술뿐만 아니라 쓰기 기술도 연습하게 되었다. 그들은 다른 편에 있는 누군가와도 알게 된 것 때문에 잘 해 보고자 하는 동기부여가 되었다. 이것은 원격교육공학의 힘이 교실학습경험을 보다 실제적이게, 보다 참여적이게 하고 더 재미있게 만드는 좋은 방법임을 증명한 것이다.

요 약

이 장에서 우리는 교수 · 학습이 물리적으로 분리된 원격교육과 어떤 조직화된 교수 프로그램을 검토하였다. 원격교육은 거리, 신체장애, 일과 가족에 대한 의무, 그 외 다른 일에서 비롯된 교육 접근의 문제를 해결한다. 테크놀로지는 때로 교사와 학생 간의 의사소통을 촉진하기 위해 원격교육 테크놀로지에 사용된다. 우리는 원격교육 테크놀로지의 세 범주의 특징인 오디오 기반, 비디오 기반, 컴퓨터 기반을 검토하였다. 성공적인 원격교육을 위해 계획은 특히 중요하다. 원격교육 수업을 계획할 때 테크놀로지의 이점을 취해야 하며, 원격교육 학생의 특성을 이해하고, 경험을 준비하며, 문제점과 함정을 피해야 한다. 원격교육의 사례가 제시되었고, 원격교육 수행전략을 설명했다. 원격지에서의 학생 수행평가의 고려와 원격교육 활용 지침도 제시하였다.

또한 원격교육과 관련된 쟁점들을 제시하였다. 이러한 쟁점은 저작권, 지원에 대한 필요성, 정책과 관련된 문제를 포함하고 있다.

추천 자료

CD 자료

학습내용의 기억과 전이를 돕기 위해, 이 책에 동봉된 CD 안에 있는 제11장의 성찰적 사고를 위한 질문 및 활동을 읽어 보라〔장에 대한 정보와 활동(Chapter info and Activities)≫제11장(Chapter 11)≫성찰적 사고를 위한 질문 및 활동(Reflective Questions and Activities)〕.

또한, 이 장의 CD 안에는 관련 인터넷 웹사이트, 국가교육공학표준과의 연계, 이 책의 저자들의 이메일 주소에 대한 정보가 수록되어 있다.

웹사이트 자료

이 책의 웹사이트(www.prenhall.com/newby)에 접속하여 제11장과 관련된 학생의 질문과 저자들의 답변을 실은 질의응답 코너를 읽어 보라. 질문이 있으면 저자들에게 직접 보내도 좋다. 이 장에 관한 저자들의 프레젠테이션도 볼 수 있으므로, 이 장의 내용에 관한 저자들의 견해도 살펴보라.

인쇄 자료

Berge, Z. L., & Collins, M. P.(Eds.). (1994). *Computer-mediated communication and the online classroom(Vol. 1)*. Cresskill, NJ: Hampton Press.

Bernard, R. M., Abrami, P. C., Lou, Y., Borokhovski, E., Wade, A., Wozney, L., Wallet, P. A., Fiset, M., & Huang, B. (2004). How does distance education compare with classroom instruction? A meta-analysis of the empirical literature. *Review of Educational Research, 74* (3), 379-439.

Bonk, C. J., & King, K. S.(Eds.). (1998). *Electronic collaborators: Learner-centered technologies for literacy, apprenticeship, and discourse*. Mahwah, NJ: Erlbaum.

Cyrs, T. E. (1997). *Teaching at a distance with the merging technologies: An instructional systems approach*. New Mexico State University: Center for Educational Development.

Harasim, L., Hiltz, S. R., Teles, L., & Turoff, M. (1995). *Learning networks: Afield guide to teaching and learn online*. Cambridge, MA: MIT Press.

Kearsley, G. (2000). *Online education: Learning and teaching in cyberspace*. Belmont, CA: Wadsworth.

Keegan, D. (1996). *Foundations of distance education*. London: Routledge.

Machtmes, K., & Asher, J. W. (2000). A meta-analysis of the effectiveness of telecourses in distance education. *The American journal of Distance Education, 14* (1), 27-46.

Moore, M., & Kearsley, G. (2005). *Distance education: A systems view* (2nd ed.). Belmont, CA: Thomson Wadsworth.

Neumann, Y., & Shachar, M. (2003, October). Differences between traditional and distance education academic performances: A meta-analytic approach. *International Review of Research in Open and Distance Learning, 4*(2). Available at http://www.irrodl.org/content/v4.2/shachar-neumann.html.

Russell, T. L. (1999). *The no significant difference phenomenon*. Available at http://www.nosignificantdifference.org/.

Simonson, M., Smaldino, S., Albright, M., & Zvacek, S. (2003). *Teaching and learning at a distance: Foundations of distance education* (2nd ed.). Upper Saddle River, NJ: Merrill/Prentice-Hall.

전자 자료

http://www.ed. psu.edu/ acsde/
(American Center for the Study of Distance Education, Penn State University)

http://www.adec.edu/
(American Distance Education Consortium)

http://www.uidaho.edu/evo/distglan.html
(Distance Education at a Glance, University of Idaho Engineering Outreach)

http://www.uwex.edu/disted/home.html
(Distance Education Clearinghouse, University of Wisconsin-Extension)

http://www.distance-educator.com/
(Distance-Educator. com)

제4부

성공적인 테크놀로지 기반 학습경험의 확인

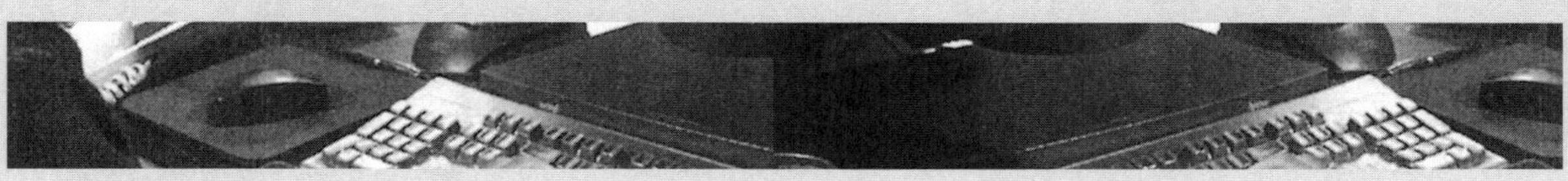

제12장 학생과 교수자료 평가

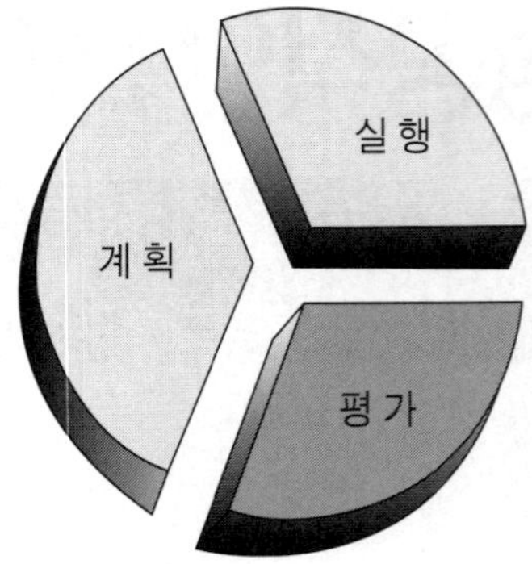

사람들은 평가라는 말을 들으면 걱정하는 경향이 있다. 즉, '다음 주에 ……에 대해 시험을 치르도록 하겠습니다.' '……에 대한 당신의 실력을 평가하겠습니다.' 또는 '……를 얼마나 잘 숙지했는지 보여 주십시오.' 와 같은 이야기를 들으면 대부분의 사람은 민감해진다. 왜 그럴까? 그것은 바로 평가가 능력을 판단하는 주요 수단이며, 이를 통해 부족한 점들이 드러날 수 있기 때문이다.

많은 학생이 평가는 단지 학생을 힘들게 하기 위해 만들어진 것이라고 생각할지 모르겠지만, 대부분의 경우 평가를 실시하는 데에는 선의의 이유가 있다. 그것은 바로 평가가 피드백을 제공하기 때문이다. 여러분이 자신의 현재 능력 수준에 대한 피드백을 얻게 되면 구체적인 목표에 도달하는 데 필요한 것들을 수정, 보완할 수 있다. 제4부의 제목이 '성공적인 테크놀로지 기반 학습 경험 확인' 임을 다시 한 번 상기해 보자. 평가는 목적이 성공적으로 이루었는지 확인하는 주요 수단이다.

학생 개개인이 피드백의 가치를 알게 될 때, 평가는 학습을 촉진하는 매력적인 도구로 자리매김하게 된다. 요리나 교육, 인사관리, 예술 등 어떤 분야의 전문가와 만났던 경험에 대해 생각해 보자. 이 전문가들 대부분은 자기평가에 정통한 사람들이다. 이들은 작은 단점을 일찍 제거하거나 보완함으로써 나중에 더 큰 문제가 일어나는 것을 방지한다. 이는 평가의 핵심으로, 평가는 학생들이 자신의 현재 상태를 진단하고 앞으로 무엇을 해야 하는지를 계획할 수 있도록 돕는다.

제12장에서는 향상을 돕는 수단으로써 평가에 초점을 맞춰 학생 및 교재 평가에 대해 알아본다. 학습이 일어난 후 뿐만 아니라 학습이 일어나는 동안 피드백을 제공할 수 있는 여러 방법에 대해 논의하며, 컴퓨터가 평가 과정에서 어떤 도움이 될 수 있는지에 대해서도 살펴본다.

제12장

학생과 교수자료 평가

핵심어와 개념

평가
연속 향상 사이클
사전검사
진도확인검사
사후검사
전이
예비검사
형성평가
총괄평가
삼각측정법
사정 항목

학습목표

이 장은 다음 사항을 목표로 한다.

- ✔ 교수평가의 목표를 비롯하여 교수 전, 교수 중, 교수 후 평가의 효과에 대해 설명할 수 있다.
- ✔ 학생과 교수를 평가할 수 있는 다양한 방법을 나열하고, 각각의 장단점을 설명할 수 있다.
- ✔ 개발 지침에 따라 평가도구를 고안하고 평가할 수 있다.

머리말

평가는 흔히 있는 일이다. 한 예로, 최근에 샤워했던 때를 생각해 보라. 여러분은 한 치의 오차도 없이 옷을 벗고 들어가서 샤워기를 틀고, 거품을 내어 씻고 나왔는가? 아마도 그러지는 않았을 것이다. 우리 대부분은 샤워기 바로 앞에 서서 물을 틀라고 배우지는 않았다. 대신 우리는 옆으로 비켜선 채 물을 틀어 손이나 발로 물의 온도를 확인한 다음, '딱 좋다' 싶을 정도로 물의 온도를 조절한다. 이처럼 우리는 샤워하는 동안 물이 너무 뜨겁거나 차면 적당한 온도로 조절한다. 또한 우리는 몸의 비눗물을 다 씻어 냈는지, 다음 사람을 위해 따뜻한 물을 충분히 남겨 두었는지, 너무 오랫동안 샤워를 해서 다른 사람을 깨우는 것은 아닌지, 오늘의 일과는 무엇인지를 생각해 보기도 하고 노래를 부르기도 한다.

앞의 예는 평가의 기본 절차를 보여 준다. 평가는 원하는 것을 얻었는지 확인하는 것이며, 원하는 것을 얻지 못했다면 어떻게 해야 얻을 수 있는지를 모색하는 것이다.

이 장에서는 평가가 **무엇**(what)이며, **왜**(why) 해야 하며, **어떻게**(how) 해야 하는지를 설명할 것이다. [그림 12-1]에 나타난 것처럼 학생 및 교수자료 평가는 학생의 학습경험을 계획하고 실행하는 데 중요한 역할을 한다. 교수자료는 학생의 학습경험을 강화하기 위한 기초를 제공하는 데 그 목적이 있다(제1장 참조). 평가는 학습경험이 최상의 학습 결과를 가져오는지 확인하는 데 도움이 된다.

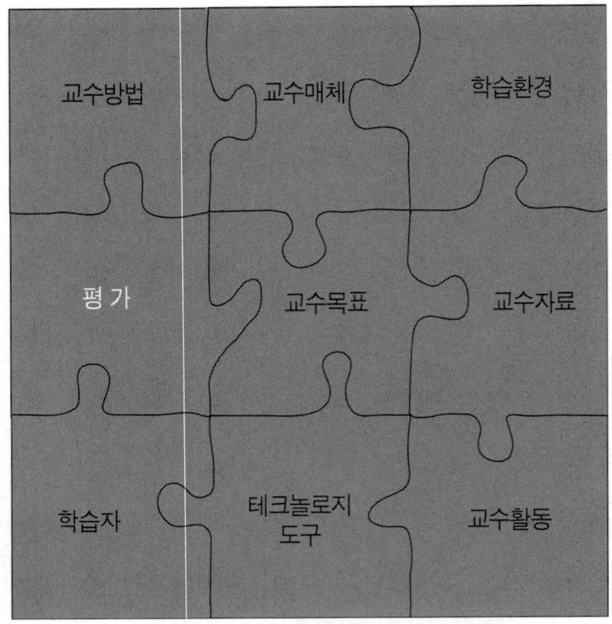

[그림 12-1] '평가'는 설계, 개발, 실행 과정을 이해하는 데 중요한 역할을 한다.

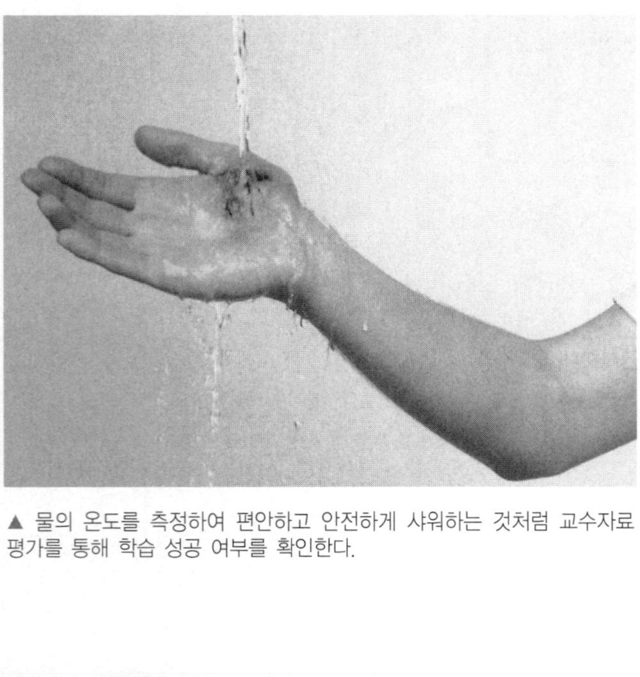

▲ 물의 온도를 측정하여 편안하고 안전하게 샤워하는 것처럼 교수자료 평가를 통해 학습 성공 여부를 확인한다.

평가란 무엇인가

평가(evaluation)는 가치나 품질 향상을 위해 관련 정보를 모으는 과정이다.

교육에서 평가는 진행 중인 과정이다. 앞서 예로 들었던 샤워할 때를 다시 한 번 가정해 보라. 평가는 한 번만 일어나지 않았다. 평가는 샤워하기 전, 하는 동안, 끝난 후에 일어났다. 좋은 평가의 전형적인 예다.

제1장에서 설명한 것처럼 평가는 장점과 단점에 대해 생각해 보고 수업을 향상시킬 수 있는 방안과 관련된 정보를 얻는 것이라고 했다. 이와 같은 관점에서 철저히 평가하고자 한다면, 모든 교수요소(목표, 학습활동, 방법, 매체, 교수자료)뿐만 아니라 이들을 통합하여 학생에게 전달하는 방식도 평가 대상이 된다. 이러한 평가는 학습이 진행되는 동안 언제든지 일어날 수 있는데, 이를 일컬어 **연**

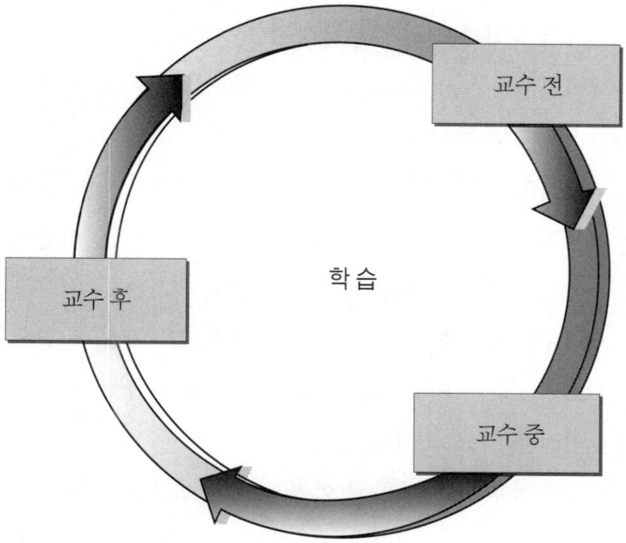

[그림 12-2] 연속 향상 사이클

속 향상 사이클(cycle of continuous improvement)이라 하며, [그림 12-2]처럼 나타낼 수 있다.

연속 향상 사이클에는 세 가지 중요한 특징이 있다. 첫째, 평가는 교수 과정의 끝에 실시되지 않고 교수를 계획하고 실행하는 데 통합되어 있다. 평가가 '행동을 뒤돌아보는 데(reflection in action)' (Schön, 1983) 중요한 역할을 함으로써 교사는 계속해서 자신의 행동을 모니터하여 학생에게 더 나은 수업을 제공할 수 있다.

둘째, 평가를 함으로써 다음 학습 과정으로 넘어가며 수정할 수 있다. 평가 결과는 다음 학습 과정에 반영될 수 있고, 이에 대한 평가와 수정이 뒤따를 수 있다. 이러한 과정은 교수 과정 전반에 걸쳐 반복되며, 평가는 시행 시점별로 조금씩 다르다. 교수 전 평가는 미래 지향적인 성향을 띠며, 교수가 어떻게 작용할 것인가에 초점을 맞춘다. 이는 교수의 효과성, 효율성, 매력성에 대해 평가할 수 있는 하나의 틀을 제공함으로써 사전 계획을 돕는다. 교수 중 평가는 현재 지향적이며, 교수가 어떤 영향을 미치는지에 초점을 둔다. 교수가 실시되는 동안 평가를 계속하게 되면 교수를 듣는 학생을 위해 적절한 시기에 교수를 수정할 수 있다. 교수 후 평가는 과거 지향적으로, 교수가 어떻게 작용했는지 알고자 하는 것이다. 교수 후 평가는 교수의 효과성, 효율성, 매력성에 대해 숙고해 봄으로써 다음에 더 나은 교수를 제공할 수 있도록 돕는다.

셋째, 학생과 교수 모두에 초점을 맞춘 평가가 가능하다. 일반적으로, 교사가 학생에게 성적을 주기 위해 평가한다고 생각하지만, 교사는 자신의 수업도 평가한다. 결과적으로 평가는 학생이 교수내용을 얼마나 잘 배웠으며, 교수는 학생의 학습을 얼마나 효과적으로 도와주었는지의 두 가지 사항을 판단하는 데 초점을 맞출 수 있다.

왜 평가하는가

이 질문은 보이는 것처럼 단순하지만은 않다. 때때로 평가 결과가 "모두 훌륭하다."라고 나오기도 한다. 그러나 평가는 문제점과 약점을 지적하며, 변화를 위해 투자해야 하는 시간과 노력을 제시하기도 한다. 이러한 결과가 항상 나오는 것은 아니다.

평가를 하면 여러분의 약점이 지적되고, 그래서 여러분이 해야 할 일이 늘어나게 되는데, 왜 평가를 해야 하는 것일까? 그것은 바로 더 나아지기 위해 어떻게 노력해야 하는지를 알려 주기 때문이다. 이러한 정보는 평가를 받을수록 더욱 늘어나게 된다. 지속적인 평가활동에서 평가의 목적은 교수의 효과성(학습목표를 충족시키는가), 효율성(제한된 시간과 자원을 잘 활용하고 있는가), 매력성(학생의 관심과 학습동기를 지속시키는가)을 계속 평가함으로써 학생의 학습량을 증가시키는 것이다. 평가는 반복하면 눈덩이가 굴러 내려가듯 힘을 얻게 된다. 몇 번 실시되고 평가된 적 있는 교수가 첫 번째 교수보다 더 나은 것은 이상한 일이 아니다. 반복되는 평가를 통해 정보는 축적되고 긍정적인 측면과 부정적인 측면 모두가 밝혀진다. 새로이 드러나는 사항을 토대로 교수내용 및 방법, 매체, 활동, 교수자료를 수정하고 새로운 것을 추가할 수 있다. 엄정한 평가를 계속하면 다음과 같은 이점이 있다.

- 불명확하거나 혼란스러운 내용, 또는 도움이 되지 않는 부분을 가려낼 수 있다.
- ① 가장 중요한 부분이다, ② 가장 배우기 어렵다, 또는 ③ 학습에 가장 큰 영향을 미칠 수 있다와 같은 이유에 따라 최우선으로 수정해야 하는 교수내용을 확인할 수 있다.
- 수정해야 하는 이유와 근거를 볼 수 있다.

따라서 평가자처럼 생각한다는 것은 평가를 하나의 향상방법으로 간주하고 여러분의 노력을 평가할 수 있는 기회를 찾는 것이다.

평가 대상이 학생인지 교수(instruction)인지에 따라 평가의 목적은 매우 달라진다. 이제 학생평가부터 살펴보자.

학생평가

최근 있었던 학부모-교사 간담회에서 월출고등학교의 영어 교사인 정 교사는 학생들에게 부과했던 과제와 시험에 대해 설명하였다. 첫 번째 에세이 시험에 대해 언급하면서, 이 시험이 대부분의 학생에게는 에세이 문제로만 구성된 첫 시험이었다는 것을 설명했다. 학생들이 얼마나 놀라운 실력을 보여 주었고, 기대했던 목표를 얼마나 이루었는지 덧붙이면서, 그 평가방법이 여러 면에서 얼마나 도움이 되었는지를 설명하였다. 첫째, 그녀는 그 시험이 학생들의 학습동기를 촉진하는 데 매우 도움이 되었다고 생각하였다. 그 시험으로 학생들은 수업시간에 논의했던 내용에 대해 생각해 보고 다양한 정보를 통합해 볼 수 있었다. 둘째, 그 시험은 학생들이 중요한 정보를 얼마나 잘 기억하고, 분석하며, 종합할 수 있는지를 알려 주었다. 셋째, 학생들의 답변에서 그들의 작문 실력을 살펴볼 수 있었다. 넷째, 그 시험을 통해 학생들은 자신의 공부 습관이 얼마나 효율적인지를 알아볼 수 있었다. 질문 내용과 자신의 공부방법을 비교함으로써 학생들의 노력이 성공적이었는지를 판단할 수 있었다. 마지막으로, 정 교사는 그 시험을 통해 학생들에게 유용한 피드백을 줄 수 있었다. 에세이 시험에 대한 그녀의 자세한 첨삭지도는 학생들의 글쓰기의 강점과 약점을 부각시켰다.

사전검사(pretest)라고 부르는 교수 **전**(before) 평가의 목적은 다음과 같다.

- 학생의 사전지식과 능력의 수준을 판단한다. 즉, ① 학생이 선수지식 및 기술을 가지고 있는지, ② 학습내용을 이미 알고 있는지를 평가한다.
- 교수에서 다룰 주요 내용에 학생이 집중하도록 함으로써, 교수 중에 주요 사항을 인지할 수 있도록 준비시킨다(Fleming, 1987).
- 교수에 따라 증가한 지식과 기술의 수준을 가늠할 수 있는 기준을 마련한다. 한 가지 주의할 것은 교수 전에 실시하는 평가이기 때문에 사전검사 점수가 낮을 것으로 예상된다는 것을 학생에게 알려 주어야 한다. 또한 아직 학생이 배우지 않은 내용에 대해 학생이 죄책감을 느낄 필요는 없다는 것을 분명히 해야 한다.

예를 들어, 영어 교사인 정 교사는 학생들의 사전지식을 점검하고 학생들이 앞으로 배울 내용을 알려 주기 위해 에세이 형태의 사전검사를 실시하였고, 학습내용을 이미 아는 학생들에게는 심화학습활동을 하도록 하였다.

진도확인검사(embedded test)라고 부르는 교수 **중**(during) 평가의 목적은 다음과 같다.

- 지금까지 학생이 무엇을 배웠는지 알아본다. 평가 결과에 따라 교사와 학생은 새로운 내용의 학습이 가능한지, 아니면 앞서 배운 내용에 대해 보충학습이 필요한지를 판단할 수 있다.
- 학습 과정에 따라 피드백을 제공한다. 이 피드백은 평가 시점까지 학생이 숙지한 내용에 대해 학생의 자신감을 높이며, 문제가 더 심각해지기 전에 교정할 수 있다.
- 언제, 어떤 종류의 보충학습이 필요한지를 알 수 있다. 학습진도가 나아감에 따라 평가를 통해 학생이 사전에 배운 내용과 새로 배운 지식 및 기술을 통합

하며, 필요 시 학습한 내용을 적용할 수 있음을 확인한다.

- 학생의 주의를 환기시킨다. 학생이 학습목표 및 목적을 잠시 간과한다면, 형성평가가 학생의 주의를 환기시키는 데 효과적이다.

예를 들어, 정 교사는 학생이 교수 중 얼마나 잘 배우고 있는지를 평가했다. 그녀는 새로 배운 내용에 대해 학생이 한두 문단으로 간략히 정리하는 식으로 형성평가를 실시했다. 교수 중 평가의 목적은 ① 학생이 학습내용을 얼마나 잘 배우고 있는지를 알아보고, ② 학생이 자신의 학습 정도를 스스로 확인할 수 있도록 격려하는 데 있다.

사후검사(posttest)라고 부르는 교수 **후**(after) 평가는 다음과 같은 역할을 한다.

- 학생이 무엇을 배웠는지를 평가한다. 공식적인 평가로 가장 널리 사용된다. 학생의 학습 정도를 보여 주는 것 외에 학생으로 하여금 학습한 것에 대해 생각해 보고 종합해 볼 수 있는 기회를 제공한다.
- 점수, 학점 인정, 진급 또는 보충에 대해 결정한다.
- 중요한 지식과 기술을 검토하고 새로운 상황에 전이한다. 새로운 지식과 기술의 가치는 다양한 상황에서 활용될 수 있을 때 증가하는데, 총합평가가 이러한 전이를 촉진할 수 있다.

예를 들어, 정 교사는 에세이 시험을 실시하여 교수 후 학생의 수행능력이 어느 정도인지를 판단할 수 있었다. 에세이 시험은 학생의 향상도와 다음 학습 단계로 이동할 수 있는지를 보여 주었다.

교수평가

천 교사는 매 학기 약 25명의 고등학교 3학년 학생들에게 세계사를 가르친다. 학습단원 중 하나는 1960년대를 결정 지었던 여러 가지 사회 쟁점이 사회 전반에 미친 영향에 관한 것으로, 인종차별철폐와 남북전쟁, 냉전, 가난과 사회복지정책, 미국과 소련 간의 우주개발 경쟁 등을 다룬다. 천 교사는 수업 준비의 일환으로 미국 역사 CD-ROM을 살펴보았다. CD에는 파워포인트와 같은 발표용 프로그램에서 사용할 수 있도록 사진과 짧은 동영상, 음성 파일들이 들어 있었다. 사진과 비디오 클립은 시간 순으로 정렬되어 있었고, 설명은 부록에서 찾아볼 수 있었다. 천 교사는 CD에 담겨 있는 이미지들이 1960년대에 일어났던 사건들에 대해 좀 더 구체적으로 강의하는 데 도움이 되었으므로 학생 간의 토론을 활성화하는 데 도움이 될 것으로 생각하였다.

교수 **전**(before)에 천 교사는 같은 학교에서 세계사를 가르치는 이 교사와 교수 중 사용할 이미지에 대해 논의하였다〔교수 전에 하는 이 같은 평가활동을 **예비검사**(pilot test)라고도 한다〕. 두 사람은 어떤 쟁점이 학생에게 가장 흥미로울 것인지, 어떤 점이 가장 혼돈스러운지, 그리고 토론에서 학생이 어떤 입장을 보일 수 있을지에 대해 논의하였다. 천 교사는 이를 바탕으로 프레젠테이션 파일에 몇 개의 이미지를 더하기로 결정하고 예상되는 학생의 견해에 걸맞은 이미지를 찾았다.

교수 **중**〔during, 흔히 **형성평가**(formative evaluation)라고 불림〕에 천 교사는 각각의 쟁점과 관련된 몇 개의 이미지를 선별하여 보여 주고, 각각의 이미지에 대해 간략히 설명했다. 그녀는 '이 사건들 가운데 1960년대 미국 사회에 가장 큰 영향을 미친 사건은 어떤 것인가?' 라는 질문을 던지며 학급토론을 시작하였다. 천 교사는 토론이 진행되는 과정을 유심히 관찰하였다. 토론이 옆길로 새지 않고 초점을 유지할 수 있도록 하고, 학생이 요구할 때 추가 정보를 제공하며, 학생이 중요한 사항을 지적할 때 시각적으로 돕기 위해 CD에서 가져온 이미지를 활용하였다.

교수 **후**(after) 천 교사는 교수 중에 다룬 쟁점 중 하나를 선택하여 그 영향력의 범위와 정도에 대해 에세이를 써 오라는 과제물로 내 주었다〔교수 후 일어나는 이 같은 활동은 **총괄평가**(summative evaluation)라고 불림〕. 에세이를 읽으면서 그녀는 학생의 에세이가 대체로 깊이 있고 통찰력이 있으며, 이미지 없이 가르쳤을 때보다 사람, 장소, 사건과의 구체적 연관이 더 많이 포함되어 있음을 발견하였다. 이를 통해 그녀는 프레젠테이션을 다시 해도 좋겠다는 판단을 내리고, 프레젠테이션의 활용 빈도를 늘려야겠다고 결심했다. 그녀는 학생들이 1960년대와 1930년대의 사회적인 쟁점의 비교를 돕기 위해 CD를 사용하는 것을 고려해 보았다. 열띤 토론을 가져왔던 쟁점 및 질문과 두 시대를 연관 짓는 데 도움이 될 이미지, 에세이 숙제 수정안 등에 관해 학습계획서에 메모해 두었다.

다음 해 교수 전에 천 교사는 적어 두었던 것을 고려하여, 1960년대와 1930년대 간의 연계를 강조하는 방향으로 교수계획을 수정했다. 학생에게 보여 줄 사진과 비디오 클립을 다시 선별하고, 토론용 질문과 에세이 숙제를 수정했다.

〈표 12-1〉은 교수 전, 교수 중, 교수 후에 학생과 교수 모두 평가하고자 할 때 고려해야 할 주요 사항이다.

평가방법

지금까지 평가가 무엇이고, 왜 해야 하는지에 대해 알아보았다. 이제 평가에 사용할 수 있는 구체적인 방법에 대해 살펴보자. 평가방법을 선택하고 사용할 때 여러분이 명심해야 할 세 가지 기본 원칙이 있다. 첫째, 지속적인 향상을 위해서는 정보가 계속 필요하다. 평가의 목적이 끊임없는 자기 계발을 통한 학생의 학습량 증가라는 점을 기억하자. 이와 같은 지속적인 향상은 교수 전, 교수 중, 교수 후에 끊임없이 생성되는 정보에 따라 결정된다. 시간이 지남에 따라 이러한 정보는 점차 세분화되고 교수에서 수정되는 부분은 그 규모가 점차 작아질 수 있지만, 그 크기만으로 덜 중요하다고 말할 수 없다(보다 자세한 논의는 Stiggins, 2005 참조).

둘째, 학생을 격려하여 스스로 평가하게 한다. 평가는 교사가 하는 것이라고 생각하곤 한다. 교수전문가로서 교사가 평가의 책임을 지지만, 평가 사이클 전반에 걸쳐 학생도 학습을 돕기 위해 자신의 학습 정도와 교수를 평가할 수 있다. 평가방법의 선택 및 사용법에 대한 지도를 필요로 할 수 있지만, 학생도 유능한 평가자가 될 수 있다.

학생은 교수 **전**(before)에 "나에게 무엇이 효과적인가?"라고 물을 수 있다. 이 질문은 학생으로 하여금 학습목표에 이르는 데 도움이 될 교수방법 및 교수매체, 학습

〈표 12-1〉 **학습과 교수 평가 시 고려해야 할 핵심적인 질문들**

	학습평가	교수평가
교수 전	• 학생이 사전지식과 기술을 가지고 있는가? • 학생이 학습할 내용을 이미 알고 있는가? • 학생의 현재 수행능력 수준은 어느 정도인가(기준선)?	• 교수가 얼마나 잘 진행될 것인가? • 교수가 학생에게 흥미로울 것인가? • 이용 가능한 시간과 자원을 더 잘 활용할 수 있는 다른 방안이 있는가?
교수 중	• 학생이 새로 배울 학습내용에 대해 준비가 되어 있는가, 아니면 보충학습 및 피드백이 필요한가? • 구체적으로 어느 부분에서 학생이 보충학습과 피드백을 필요로 하는가? • 어떤 종류의 보충 또는 심화학습 활동이 필요한가?	• 학생이 겪는 어려움은 무엇이며, 해결방법은 무엇인가? • 학생의 학습동기를 유지할 수 있는 방법은 무엇인가? • 교수 진도를 촉진하기 위해 학생을 도울 수 있는 방법은 무엇인가?
교수 후	• 학생은 배우고자 했던 내용을 배웠는가? • 학생의 학업 이수를 인정하거나 '통과' 시킬 수 있는가? • 학생이 배운 내용을 일반화하고 새로운 상황으로 전이하는 것을 돕기 위해 무엇이 필요한가?	• 어떻게 하면 교수를 향상시킬 수 있는가? 가장 우선적으로 수정되어야 할 것은 무엇인가? • 학생에게 재미있고 유익하며 의미 있는 교수이었는가? • 교수방법, 교수매체 및 교수자료는 학습에 도움이 되었는가?

활동, 교수자료를 찾아보도록 함으로써 학생 스스로 전략을 모색하도록 격려할 것이다. 학생은 교수 중 "내게 효과가 있는가?"라고 물을 수 있다. 이 질문은 학생으로 하여금 무엇을 배우고, 어떤 어려움을 겪고 있는지를 생각해 보도록 함으로써 어떤 보충내용이 필요하며 다른 공부기술이 필요한지를 판단하는 데 도움이 될 것이다. 학생은 교수 후에는 "내게 효과적이었나?"라고 물을 수 있다. 이 질문은 학생으로서 자신의 학습기술과 학습전략에 대해 생각해 보게 한다. 그러면 학생은 자신의 학습전략을 향상시키는 데 꾸준히 노력을 기울이며 보다 우수한 학생이 될 것이다. 마지막으로, 학생은 다음 학습 전에 "지금 나에게 가장 효과적인 것은 무엇인가?"라고 물을 수 있다. 이 질문은 학생으로 하여금 자신의 새로운 학습기술 및 전략에 대해 미리 생각해 보게 하고, 자신만의 학습기술과 전략에 걸맞은 교수방법 및 교수매체, 학습활동, 교수자료에 대해 살펴보도록 권장할 것이다.

셋째, 정보 수집방법을 '다각화' 한다면 정보는 무게를 더 할 것이다(Morrison, Ross, & Kemp, 2004). 삼각측정법(triangulation)이란 다수의 방법을 이용하거나 여러 출처에서 정보를 수집하는 과정을 일컫는다. 모든 정보가 유용하지만, 다른 방법이나 출처에서 얻은 정보의 지지를 얻을 때 설득력이 더해진다. 마찬가지로, 다른 기법이나 정보원에서 얻은 정보가 상반된 입장을 보인다면 정보의 설득력은 떨어지게 된다. 따라서 단일한 정보원에 의존하기보다는 가능하면 서로 다른 출처에서 정보를 수집해야 한다.

학생의 학습평가를 위한 기법

학생에게 가져다 대면 언제 학습이 일어났는지를 말해주는 기계가 있다면 좋을 것이다. 이와 관련하여 쉽지는 않지만, 언제, 어느 정도 학습이 일어났는지를 판단하는 데 도움이 되는 방법이 있다.

이 절에서는 학생의 학습을 평가하는 데 사용되는 방법을 비롯하여 각각의 장단점 및 선정과 사용법에 대해 살펴본다. 우선, 전통적인 평가방법(예: 다지선택형, 에세이, 진위형 시험)에 대해 설명하고, 대안적인 평가방법〔예: 포트폴리오, 일지(logs), 저널〕에 대해서도 살펴본다. 두 종류의 평가방법에 대해 살펴보는 데는 중요한 이유가 있다. 바로, 평가방법이 달라지면 수집되는 정보의 종류도 달라지기 때문이다. 개별 학생에게 적합한 학습이 일어나도록 돕기 위해 다양한 교수방법과 교수매체를 알 필요가 있다고 언급했던 것처럼 최선의 정보를 얻을 수 있는 방법에 대해 판단을 내리기 위해서는 다양한 평가방법에 대해 알아 두어야 한다. 평가방법의 종류뿐만 아니라 적절한 사용 조건에 대해서도 숙지하고 있어야 한다. 예를 들어, 일반적인 평가기법(예: 다지선택형 또는 진위형 시험)이 학습 중인 학생의 학습 정도에 대해 언제나 최선의 정보를 제공하는 것은 아니라는 것을 배우게 될 것이다. 경우에 따라서는 포트폴리오나 저널 같은 대안적인 평가방법이 더 적합할 수도 있다. 따라서 적절한 평가방법을 선택하고자 할 때, 학생 및 상황, 원하는 정보의 종류에 대해 이해하는 것이 필수적이다. 서로 다른 평가기법과 각각의 장단점에 대해 알아야 더 나은 선택을 할 수 있다.

표준 평가방법

진위형(True-False) 이 방법은 두 답안 중 하나를 고르는 식으로 기술하며, 참/거짓, 동의/반대, 예/아니요 형태로 답하게 한다. 예를 들어,

- 노예는 미국 남북전쟁의 주요 원인이었다.
- '노부부는 천천히 계단을 올라갔다.' 에서 '천천히'는 형용사다.

이러한 진위형으로 묻는 질문의 경우 다음과 같은 장점이 있다.

- 질문과 대답이 짧은 편이어서 한정된 시간 안에 더 많은 질문을 던질 수 있다.
- 채점이 상대적으로 쉽고 간단하다.

그러나 진위형으로 묻는 질문의 경우 다음과 같은 단점이 있다.

- 왜 학생이 오답을 선택했는지 알 수 없다. 그러므로 학생의 답변을 검토하여 학습장애를 규명하기가 어렵다.
- 단순 암기를 강조하는 경향이 있다. 이해와 분석 및 응용능력을 평가할 수 있는 진위형 문항을 만들기가 어렵다.

연결형(Matching) 문항에 적합한 답을 다른 열에서 찾도록 하는 것이다. 예를 들어,

다음에 나열된 전쟁의 주요 원인을 찾아 답하라.

전쟁

______ ① 미국 독립전쟁

______ ② 미국 남북전쟁

______ ③ 스페인 대 미국 전쟁

주요 원인

ⓐ 미국에 유리한 무역협정안에 대한 영국의 서명 거부

ⓑ 미국의 쿠바에 대한 인도주의식 내정간섭과 영토 합병의 필요성을 주장한 언론의 선정주의

ⓒ 사우스 캐롤라이나 주가 연방정부의 관세법 무효를 주장했던 연방법 무효화 논란

ⓓ 납세인 대표단 부재하의 세금 부과

연결형 문항은 다음과 같은 장점이 있다.

- 관련 항목 간의 관계에 대한 학생의 이해도를 측정하기에 적합하다.
- 학생들이 신속하게 답변할 수 있기 때문에 더 많은 내용을 다룰 수 있다.

그러나 연결형 문항은 다음과 같은 단점이 있다.

- 사소한 정보를 연결 짓는 데 사용되는 경향이 있다.
- 정답을 생각해 내기보다 추측해 내는 능력을 측정한다.

완성형/단답형(Completion/Short Answer) 이 문항은 학생에게 단답이나 구문을 구체적으로 생각해 내어 답하도록 한다. 완성형 문항과 단답형 문항은 유사하다. 완성형 문항은 하나의 단어나 짧은 문구로 문장을 완성할 것을 요구하며, 단답형 문항은 하나의 단어나 문구로 답할 수 있는 질문을 제시한다. 예를 들어,

- 미국 남북전쟁의 주요 원인은 ______이다.
- 연방법 무효화 논란은 미국 어떤 전쟁의 주요 원인으로 작용하였는가? __________

완성형 및 단답형 문항은 다음과 같은 장점이 있다.

- 학생으로 하여금 이름이나 날짜, 장소 및 사건, 정의 같은 구체적인 사실을 기억하도록 할 때 유용하다.
- 추측해서 정답을 맞힐 가능성이 없어진다.
- 다른 종류의 문항보다 읽고 답하는 데 시간이 적게 걸리기 때문에 더 많은 문항을 다룰 수 있다. 따라서 많은 학습내용을 다룰 때 유리하다.

완성형 및 단답형 문항은 다음과 같은 단점이 있다.

- 고차원적 인지력을 측정하기 어렵다.
- 채점에 어려움을 겪을 수 있다. 예를 들어, 다음 질문의 정답은 무엇인가?
  Abraham Lincoln은 ______에(서) 태어났다.
  (켄터키 주, 침대, 통나무집, 1809년).

다지선택형(Multiple Choice) 다지선택형 문항은 가장 널리 사용되는 평가방법 중 하나다. 각 항목은 두 부분, 즉 질문과 여러 선택지로 구성되는데, 일련의 선택지에는 정답 또는 '최선의' 답이 포함되어 있다. 정답 이외의 모든 오답 또는 덜 적절한 답은 틀린 선택지(distractors) 또는 포일(foils)이라 불린다. 예를 들어,

- 미국 남북전쟁의 주요 원인은 다음 중 무엇인가?
  ⓐ 미국에 유리한 무역협정안에 대한 영국의 서명 거부

국가교육공학표준과의 연계

NETS와 연계

국가교육공학표준 IV(진단 및 평가)을 살펴보면, **테크놀로지에 기초한 진단전략 통합과 그에 따른 학습활동 평가의 촉진**이 명시되어 있다. 테크놀로지를 이용하여 평가/진단자료를 수집하고 분석 및 보고할 수 있는 방안에 대해 생각해 보라. 예를 들어, 다이빙이나 춤, 연설과 같은 구체적인 운동능력의 학습에 대한 피드백을 시각적인 형태로 제공할 수 있는 비디오카메라의 가치에 대해 생각해 보라. 일련의 학습활동을 나열한 표가 다음과 같다. 이러한 활동평가를 도울 수 있는 테크놀로지의 종류를 오른쪽 칸에 적어 보라.

학습활동	평가보조 테크놀로지
연설	비디오를 사용하여 성량 및 몸짓, 청중에 대한 반응과 관련된 피드백을 시각적으로 제공함
웹사이트 개발	
조각 작품 판별	
신문 편집 기술	
형용사와 부사의 활용	
음식 준비	
회 계	
소의 주요 질병을 나타내는 증상 구분	
색깔 개념에 관한 과잉일반화와 과소일반화	

ⓑ 미국의 쿠바에 대한 인도주의식 내정간섭과 영토 합병의 필요성을 주장한 언론의 선정주의

ⓒ 사우스 캐롤라이나 주가 연방정부의 관세법 무효를 주장했던 연방법 무효화 논란

ⓓ 납세인 대표단 부재하의 세금 부과

- 가열 중인 액체가 담겨 있는 용기의 뚜껑을 자주 열어 볼 경우, 액체가 끓기까지 더 많은 시간이 걸린다. 그 이유는 무엇인가?

  ⓐ 압력이 증가하면 끓는점의 온도가 높아지기 때문이다.

  ⓑ 증기가 액체의 열기를 빼앗아가기 때문이다.

  ⓒ 증기를 빠져나가게 하면 액체의 부피가 감소하기 때문이다.

  ⓓ 증기의 온도는 증기의 부피에 비례하여 증가하기 때문이다.

  ⓔ 공기를 유입시키면 액체에 가해지는 압력을 높이기 때문이다.

다지선택형 문항은 다음과 같은 장점이 있다.

- 단순 암기를 요하는 것부터 복잡한 인지력 처리를 요구하는 능력까지 다양하게 사용될 수 있다.
- 학생이 저지르는 일반적인 실수를 찾아낼 수 있도록 오답을 준비한다면 학생의 학습과 관련된 문제점을 발견할 수 있다.
- 정확도에서 차이가 나는 선택지 중 '최선의' 답을 선택하도록 함으로써 절대적인 답을 요구하는 진위형 또는 연결형 문항의 한계를 극복할 수 있다.

다지선택형 문항은 다음과 같은 단점이 있다.

- 제작하기 어렵고 시간이 많이 요구된다. 그럴듯한 오답을 서너 개 마련하는 것이 가장 힘든 부분이다.
- 학생이 하나 이상의 답이 가능하다고 여길 수 있는데, 이는 정답의 차별성에 대한 불만을 가져올 수 있다.

에세이 문항(Essay) 학생으로 하여금 하나 이상의 질문에 대해 답을 쓰도록 하는 것이다. 초등학교 학생을 대상으로 할 경우, 답은 문장 하나에 그칠 수 있고, 고학년 학생의 경우, 한두 문장에서 몇 장에 이르기까지 답의 분량이 다양해질 수 있다. 에세이 문항은 비교, 정당화, 대조, 종합 및 해석을 요구하거나 타당한 결론을 내리도록 하는 등 고차원적 인지력의 활용을 요구할 수 있다. 예를 들어,

- 왜 노예제도만으로는 미국 남북전쟁의 시작을 설명할 수 없는가?

에세이 문항은 다음과 같은 장점이 있다.

- 다른 평가방법에 비해 학생에게 기대되는 역량을 보다 깊은 수준에서 세심하게 측정할 수 있다.
- 광범위한 한도 내에서 답할 수 있도록 함으로써 독창성과 창의성 및 다양한 사고를 장려할 수 있다.
- 학생의 표현능력을 효과적으로 측정할 수 있다.

에세이 문항은 다음과 같은 단점이 있다.

- 채점이 어렵고 많은 시간이 요구된다. 채점 시 편견이 개입될 수 있고, 신뢰도와 일관성이 떨어질 수 있다.
- 질문의 요지를 잘못 이해하거나 본래의 목적에서 벗어날 우려가 있는 학생, 언어 및 쓰기에 어려움을 겪는 학생에게는 어려울 수 있다.

지금까지 살펴본 표준평가항목 개발에 관한 지침은 [그림 12-3]을 참조하라.

대안적인 평가방법

앞서 다룬 전통적인 평가기법과 관련하여 대안적인 평가방법이 존재한다. 특히, 수행평가와 포트폴리오 평가방식은 최근에 널리 알려지기 시작했다. 이제, 이들의 목적, 장단점 및 사용법에 대해 살펴본 후 면담, 저널, 저술물, 자유답변형 경험담, 장기 프로젝트와 같은 기법에 대해 살펴보자(이 기법에 대한 자세한 설명은 Stiggins, 2005 참조).

수행평가 수행평가의 목적은 구체적인 과제를 수행하는 데 필요한 기술(일반적으로 심리운동적 또는 신체적 능력)을 측정하는 데 있다. 학생은 특정 상황에서 자신이 학습한 기술(예: 설득력 있는 연설하기, 산술평균 구하기, 평행 주차하기)을 보여 준다. 앞서 다루었던 평가방법과 달리, 수행평가를 받을 때 학생은 무엇을 해야 하는지뿐만 아니라 어떻게 하는지도 알고 있음을 보여 주어야 한다. 예를 들어, 교사는 학생에게 미국 남북전쟁과 관련하여 남부지역 주(州)들이 연방정부에서 분리되어 나갔던 것이 어떻게 정당화될 수 있었는지를 설득력 있게 발표해 보라고 요구할 수 있다. 또 다른 예로, [그림 12-4]는 수영실력평가용 수행점검표를 보여 준다.

수행평가는 다음과 같은 장점이 있다.

- 수행이나 제작물의 객관적인 평가를 가능하게 한다. 특히, 점검표가 많은 도움이 된다.
- 학생이 실제로 수행을 보여 줄 수 있다.
- 점검표를 참고함으로써 검사에 대비하며 친구나 부모, 교사, 또는 학생 스스로 타당한 피드백을 구할 수 있다.

수행평가는 다음과 같은 단점이 있다.

- 일반적으로 한 번에 한 사람만 검사할 수 있기 때문에 시간 소모적일 수 있다.
- 여러 명의 수행평가자가 필요할 수 있다(예: 스케이트 시합, 다이빙 시합).
- 특정 장소에 특정 기구가 필요하며, 준비시간이 길어질 수 있다.

포트폴리오 Arter와 Spandel(1992)에 따르면, 포트폴리오란 "학생의 노력, 진도, 학업성취 등을 보여 주기 위한 학생의 저작물 모음"(p. 36)이라고 한다. 즉, 포트폴리오는 학생의 지식과 수행을 보여 주는 자료모음집이다. 예술가들은 오래 전부터 자신의 능력의 깊이와 폭을 보여

일반적인 지침	☐ 평가항목마다 목적이 있도록 하라. ☐ 지시내용을 분명하게 기술하라. ☐ 선택지들이 같은 페이지에 보이도록 하라. ☐ 학생에게 적합한 단어를 사용하라. ☐ 교수자료의 문구를 사용하지 마라.
진위형	☐ 분명히 참 또는 거짓인 답을 선택하라. '언제나' '모두' '결코 ~아니다' 와 같은 단어는 피하라. ☐ 이중부정은 피하라(예: "영국의회의 과도한 조치에 대한 대응의 일환으로 첫 번째 미국 대륙회의를 소집한 것이 바람직하지 않은 것은 아니었다.'). ☐ 정답과 오답의 수가 대략 비슷하도록 하라.
연결형	☐ 연결 기준을 설명하고, 선택지를 한 번 이상 사용할 수 있는지, 또는 하나 이상의 선택지를 선택해야 하는지를 분명히 표시하라. ☐ 타 항목의 정답을 배제함에 따라 정답 선택의 가능성을 제거할 수 있도록 선택지를 문항보다 많이 제공하라. ☐ 6~8개 정도의 연결을 제공하라. ☐ 선택지들을 논리적인 순서로 배열하라(가나다 순, 연대기 순 등).
다지선택형	☐ 의견을 피력하는 항목은 피하라. ☐ 가능하다면 항목에 그래픽, 도표, 표를 삽입하라. ☐ 질문을 분명하고 간략하게 제시하라. ☐ 질문에 언급된 단어를 선택지에 반복해서 사용하지 마라. ☐ 부정문은 최소한으로 사용하라. 질문에 부정어가 사용되었다면 이를 강조하여 학생들이 간과하지 않도록 하라. ☐ 정답이든 최선의 답이든 하나만 요구하라. ☐ 모든 선택지는 내용과 길이에서 비슷해야 하며, 문법상으로 질문과 조화를 이루어야 한다. ☐ 각 문항에 세 개에서 다섯 개 정도의 선택지를 제공하라. ☐ 선택지들은 줄을 달리하여 나열하라. ☐ 모든 선택지들이 그럴 듯하게 보이도록 하라. ☐ 오답에는 일반적으로 흔히 갖는 오해가 포함되도록 하라.
완성형 및 단답형	☐ 문항을 구체적으로 작성하여 오직 하나의 정답만이 있도록 하라. ☐ 완성형에서는 키워드만 생략하라. ☐ 문장의 앞부분보다는 뒤에 빈 칸을 두어라. ☐ 빈 칸을 너무 많이 만들지 마라. ☐ 한 단어만을 요구하거나 관련된 단어로 구성된 짧은 구문만을 요구하라. ☐ 빈 칸의 길이를 같게 하여 정답의 길이와 관련된 실마리를 주지 않도록 하라.
에세이 문항	☐ 학생이 기대하는 것이 무엇인지를 분명히 이해할 수 있도록 문항을 명료하게 작성하라. 예를 들어, '비교하라' '대조하라' '정의하라' '논의하라' '명확하게 말하라' 와 같은 단어를 사용하여 구체적으로 지시하라. ☐ 시간이 허락하는 한도 내에서 학생이 편히 답할 수 있도록 여러 에세이 문항을 제공하라. ☐ 학습목적이 견해나 입장을 세우고 피력하는 것이 아니라면 견해 및 태도에 초점을 맞춘 문항은 피하도록 하라. ☐ 가능하다면 상대적으로 쉽고 간단한 에세이 문항으로 시작하라. ☐ 요점 목록을 준비하고, 개념별 중요도를 결정하며, 익명으로 채점하고, 질문별로 모든 시험지를 채점하고 다음 질문으로 넘어감으로써 채점에 주관이 개입될 가능성을 최소화하라.

[그림 12-3] 일반적인 평가항목 개발 지침

	수영 팔 젓기: 자유형
구성요소	5등급
몸 위치	☐ 몸은 15° 미만으로 기울임
팔	☐ 원위치 시 팔꿈치 높이 ☐ 검지 손가락부터 입수 ☐ 당기는 동작이 끝날 때 팔은 쭉 뻗어 있을 것 ☐ S자 형태로 팔을 당김
발차기	☐ 내려치기 동작 중점 ☐ 힘이 들어가지 않은 발과 발목
숨쉬기/시간	☐ 숨쉬기 동안 머리들기 금지 ☐ 숨쉬기와 팔 동작의 병행

주기 위해 포트폴리오를 사용해 왔다. 이와 유사하게 학생은 포트폴리오를 이용하여 자신만의 독특한 문제해결력이나 비판적 사고기술을 비롯하여 창의적인 재능(예: 쓰기, 그리기, 디자인)을 보여 줄 수 있다. 또한, 포트폴리오가 현재의 수행 수준에 이르기까지의 학생의 발달 과정을 보여 주는 데 사용될 수 있다. 단원학습 끝에 실시하는 객관적인 평가와는 달리, 포트폴리오는 보다 광범위한 영역의 학생 능력이 장기간에 걸쳐 어떻게 발달했는지 보여 주는 데 그 목적이 있다. 포트폴리오는 또한 다른 사람에게 학생의 진도 상황을 보여 주는 것 외에도 학생으로 하여금 자신의 진도 상황을 가늠하게 하고, 앞으로 배우게 될 내용에 대해 생각해 보도록 한다. 구성주의 이론은 학생이 의미를 부여하고 이해하는 데 초점을 둔다고 제2장에서 설명한 것처럼 포트폴리오는 학생의 의미 부여와 이해가 어떻게 어느 정도로 발전해 왔는지를 효과적으로 보여 줄 수 있다(저널, 기록일지, 장기 프로젝트도 동일한 목적으로 사용될 수 있다). 또한, 포트폴리오는 배운 것과 더불어 추가적으로 할 수 있는 것에 대해 학생 스스로 생각해 보도록 함으로써 숙고하고 통찰력을 얻는 데 도움을 줄 수 있다.

D'Aoust(1992)에 따르면, 포트폴리오는 학생의 '과제물' 중 가장 우수한 것 또는 본보기가 될 만한 것이나 현재 수준의 능력에 다다를 때까지의 '과정' (즉, 학생 능력의 진도 상황을 보여 줄 수 있는, 교수 초 · 중 · 후의 과제물), 또는 이 두 종류를 모두 혼합한 형태로 만들어질 수 있다. 어떤 방식으로 포트폴리오를 구성하든, 포트폴리오의 주된 목적은 함께 모아 둔다는 데 있다. "학생이 포트폴리오를 통해 자신의 노력 및 학업성취도를 보여 주기 위해서는 체계적인 방식으로 목표를 분명히 정해야 한다. 이것이 진단평가의 핵심이다. 이와 같은 방식으로 준비된 포트폴리오는 단순히 학업성취도를 판단하는 데 그치는 것이 아니라 학업성취도를 향상시키는 데도 사용될 수 있다" (Arter & Spandel, 1992: 37).

포트폴리오는 학생 진단 수단으로써 교실수업에서 점점 더 빈번하게 사용되고 있다. 버몬트 주를 포함한 몇몇 주에서는 포트폴리오 사용을 의무화하고 있으며, 인디애나 주를 포함한 몇몇 주는 가까운 시일 내에 포트폴리오 평가를 실시할 예정이다.

포트폴리오 진단평가는 다음과 같은 장점이 있다.

- 학생이 무엇을 알고 무엇을 할 수 있는지 보여 준다.
- 학생의 수업과제물의 제작 과정을 보여 주는 동시에

점검사항

자동 평가

진단이나 평가는 시간이 걸리게 마련이다. 진단이나 평가 완료를 방해하는 주된 원인 중 하나는 전(全) 과정을 마치는 데 요구되는 시간과 관련이 있다. 평가방법을 선택할 때 평가자는 필요한 정보와 피드백을 얻을 수 있는지 외에도 평가 과정의 신뢰성과 타당성, 효율성이 높기를 기대한다. 테크놀로지는 효율성을 높일 수 있는 방안으로 여겨져 왔다. 예를 들어, 시험을 실시할 때, 특히 다수를 상대로 시험을 실시할 때, 시험제작 및 배포, 시험감독 및 실시, 시험지 수거 및 채점, 점수 배포에 이르기까지 여러 측면에서 도움이 될 수 있다. 다음의 지시사항에 따라 테크놀로지가 미치는 영향에 대해 알아보라.

① 온라인으로 시험을 볼 수 있는 웹사이트를 방문해 보라. 예를 들어, www.4tests.com은 여러 분야에 관한 다양한 종류의 단답형 검사를 제공한다.

② 이용 가능한 검사 중 하나를 고른 다음, 어떤 종류의 문제(예를 들어, 진위형, 다지선택형)가 사용되었는지를 살펴보라.

③ 간단한 검사를 실시하라.

④ 제공되는 피드백을 읽어 보라.

⑤ 다음의 질문에 대해 생각해 보라.

ⓐ 이런 종류의 진단을 실시할 때 교사와 학생에게 각각 어떤 장단점이 있는가?

ⓑ 여러분이라면 이러한 종류의 시험을 현재 여러분이 듣고 있는 수업에서 어떻게 사용하겠는가?

학습진도에 대해서도 알려 준다.

- 학생이 자신의 학습을 스스로 평가하게 하고 자신의 과제물과 학업능력에 대해 숙고하도록 장려한다.

포트폴리오 진단평가는 다음과 같은 단점이 있다.

- 포트폴리오 내용이 학생이 알고 있는 것과 할 수 있는 것을 전적으로 대표하지 않을 수 있다.
- 과제물 평가기준에 과제의 관련성이나 유용성이 크게 반영되지 않을 수도 있다.
- 포트폴리오 평가 결과가 평가자에 의해 크게 좌우될 수 있다.

수행평가 도구나 포트폴리오 평가도구 개발 시 주의해야 할 사항에 대해서는 [그림 12-5]를 참조하라.

포트폴리오는 여러 가지 장점 때문에 사용되고 있지만, 자주 지적되는 문제점은 주로 두 가지 사항과 밀접한 관련이 있다. 첫째, '포트폴리오가 학생 진단 및 평가에 도움이 될 수 있도록 유용하고 의미 있게 구성되어 있는가?', 둘째 '만들어진 포트폴리오는 내용을 첨가하고 필요 시 사용할 수 있도록 보관되어 있는가?'

최근에는 소프트웨어 프로그램을 이용하여 **전자포트폴리오**(electronic portfolio)를 제작할 수 있다(Baron, 2004; Bullock & Hawk, 2005). 예를 들어, Scholastic 사(社)의 *Electronic Portfolio*는 유치원생부터 고등학교 학생에 이르기까지 매년 학생 개개인의 기록을 더하고, 누적된 정보를 관리할 수 있도록 도와준다. 이와 같은 프로그램을 이용하면, 여러분이나 여러분의 학생이 포트폴리오를 제작하거나 다른 프로그램을 이용하여 제작한 과제물을 불러올 수도 있다. 저장된 포트폴리오는 과목, 프로젝트, 또는 주제별로 검색 및 분류가 가능하다.

전자포트폴리오 프로그램을 이용하면 학생의 이미지나 과제물 사진, 동영상 및 일반적인 모든 기록사항을 함께 관리할 수 있고, 학생의 학습 과정과 과제물을 함께 관리·감독할 수 있다. 전자포트폴리오는 교사 및 학생, 학

수행평가 지침	☐ 학생이 무엇을 할 것인지, 필요한 도구와 준비물, 수행이 어떻게 평가되는지를 구체적으로 정확히 기술하라. ☐ 수행평가 기준에 근거한 점검표를 개발하여 사용하라. 대부분의 경우, 점검표에는 점수계산 시스템이 포함되어 있어야 한다. ☐ 보여 주어야 하는 모든 중요한 행동을 점검표에 나열하라. 보여 주지 말아야 하는 행동도 분리하여 점검표에 나열하라. ☐ 성공적으로 수행하기 위해 요구되는 일련의 행동이 있다면 강조하라. ☐ 점수계산 시스템은 되도록이면 간단하게 만들라. ☐ 학생이 연습을 시작하기 전에 점검표와 점수계산 시스템을 주어 참조하도록 하라. ☐ 비디오나 오디오 테이프를 사용하여 수행을 녹화/녹음하라. 이는 매우 신속하게 행동하거나 매우 빠른 속도로 연속행동을 해야 할 때 많은 도움이 된다. 학생에게 피드백을 줄 때 이용해도 효과적이다.
포트폴리오 평가지침	☐ 포트폴리오를 제작하는 데는 여러 기술과 테크닉이 요구된다. 완성된 포트폴리오의 모델뿐만 아니라 다른 학생은 무슨 생각을 하며 어떻게 만들었는지 보여 줄 수 있는 참고자료가 필요하다. ☐ 포트폴리오에 무엇을 포함시킬 것인지 선별하는 과정에 학생이 참여해야 한다. 이는 학생의 숙고를 촉진한다. ☐ 포트폴리오에는 다음의 것이 포함되어야 한다. 즉, 근본적인 이유(포트폴리오를 제작하는 이유), 의도(포트폴리오의 목적), 내용(포트폴리오에 포함되는 것), 기준(우수한 수행을 구분하는 준거), 견해(포트폴리오 내용의 시사점). ☐ 포트폴리오에는 발전을 보여 주는 내용물이 실려야 한다. ☐ 학생의 사고와 자기평가를 돕기 위해 다음과 같은 질문에 대해 생각해 보도록 할 수 있다. 즉, 이 과제물을 최우수로 뽑은 이유는 무엇인가? 이 과제물을 완성하기까지 어떤 과정을 거쳤는가? 어떤 어려움이 있었는가? ☐ 시간의 흐름에 따른 진전도를 보여 줄 수 있도록 모든 과제물에는 날짜 표시가 되어 있어야 한다. ☐ 학생은 정기적으로 시간을 내어 자신의 포트폴리오를 살펴보고 재구성해야 한다. ☐ 포트폴리오는 체계적으로 구성되고, 관리 가능해야 하며, 읽고 싶은 맘이 들게 해야 한다. 교사와 학생 모두 편리하게 사용할 수 있는 보관 시스템을 준비하도록 하라. ☐ 학생에게 포트폴리오 평가기준을 알려 주어라.

[그림 12-5] 수행평가 및 포트폴리오 평가도구 개발 지침

부모로 하여금 학생 진도 상황에 대한 평가내용을 비롯하여 학생의 수행에 대해 신속히 알 수 있도록 도와준다. 전자포트폴리오 프로그램을 이용하면 포트폴리오의 일부분이나 전체를 비디오테이프에 옮겨 담아서 교실에서 보여 주거나 다음 해 담당교사에게 전해 줄 수 있으며, 집에 가져가서 볼 수도 있다.

[그림 12-6]은 예비교사들이 주로 사용하는 포트폴리오 프로그램인 *TaskStream: Tools of Engagement*다. 이 프로그램은 포트폴리오 개발을 도울 뿐만 아니라 웹사이트 개발 프로그램, 학습지도안 설계도구, 평가항목을 비롯하여 이메일, 토론 게시판과 같은 의사소통도구도 제공하고 있다.

포트폴리오를 보관하는 것이 보다 간소화되었다. 개별 학생용 폴더를 만들어 서랍장 안에 보관하던 것이 이제는 대부분의 정보를 CD-ROM에 전자파일 형태로 보관할 수 있다. 특히, CD-R과 CD-RW에는 많은 양의 정보를 저장할 수 있다. CD-R은 사용자가 정보를 선택하여 CD 위에 '굽거나' 쓸 수 있고, CD-RW는 정보를 쓰고 지웠다가 다시 쓸 수 있다. CD-R 및 CD-RW 리코더는 이제 대부분의 컴퓨터에 기본으로 설치되어 있는데, 이를 이용하면 많은 양의 텍스트와 사진, 동영상 등을 저장할 수 있다. CD-ROM 한 장이면 학생 한 명의 유치원부터 고등학교까지의 포트폴리오 전체를 보관할 수 있다. DVD에도 저장 가능한데, DVD는 더 큰 용량의 저장공간을 제공한다. 학생의 포트폴리오를 보관할 때, 저장용량은 이제 더 이상 문제되지 않는다.

면담과 구술평가 구술평가는 일반적으로 질문하는 사람과 대답하는 사람이 면대면으로 마주한 상태에서 진행된다. 면담이나 구술평가를 진행하기 위해서는 우선 구체

[그림 12-6] *TaskStream: Tools of Engagement*
전자포트폴리오 개발 프로그램

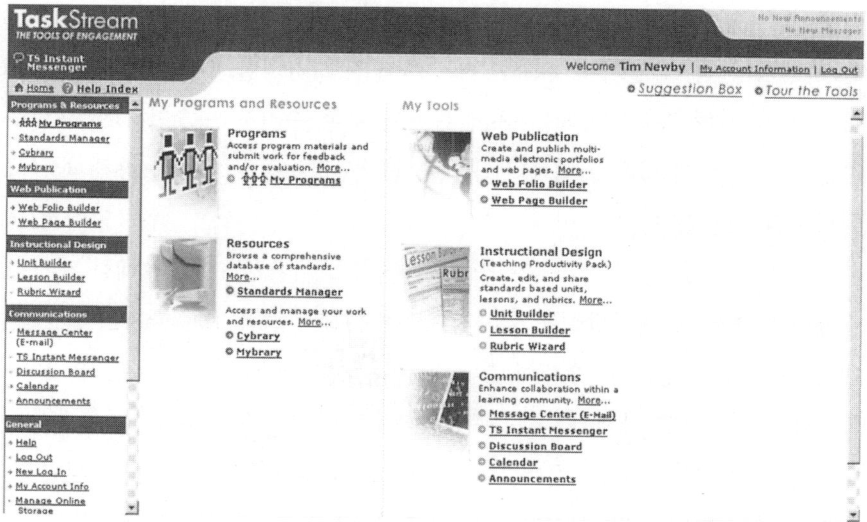

적인 목적에 상응하는 일련의 질문을 만든다. 질문은 매우 구조화되어 구체적인 답변을 요구하거나 반대로 개방형 질문(open-ended questions)이어서 길고 상세한 답변을 요구할 수도 있다. 에세이 평가에서 사용되는 질문처럼 면담이나 구술평가를 진행하는 사람은 질문을 던지고 학생이 답하도록 한다. 보다 깊이 있고 상세한 답변을 통해 명확하게 설명할 수 있는 기회로 작용하기도 한다. 답변 내용을 비디오나 오디오 테이프에 녹화/녹음하거나 요점을 기록할 수 있다. 이러한 종류의 평가는 두 명 이상의 사람을 중심으로 구술로 진행되기 때문에 전화상으로 진행할 수도 있다. 면담은 필요에 따라 보다 깊이 있는 질문을 즉석에서 할 수 있다. 그러나 많은 시간이 소요되고 다소 신뢰도가 떨어진다는 문제점이 있다.

▲ 면담과 구술평가는 정보를 심층적이고 동시에 수집할 수 있도록 해 준다.

일지 및 저널 일지와 저널은 오랜 시간에 걸친 경험에 대해 학생이 쓴 기록물이다. 예를 들어, 토의집단에 속한 학생이 토의가 끝날 때 집단에서 일어났던 일에 대한 자신의 생각과 경험, 예를 들어 토의 주제는 얼마나 잘 다루었는가, 토의를 하면서 어떤 느낌이 들었는가를 글로 쓸 수 있다. 자신의 생각을 정리하고 논리적인 글쓰기를 통해 보여 주는 것은 가치 있는 일이며, 나중에 저널을 다시 읽고 생각해 보는 것 또한 매우 유익한 일이다. 저널이나 일지는 학생이 경험한 것을 평가하는 수단으로 사용될 수 있으며, 학습의 형성 단계에서 사용하면 좋은 평가도구가 된다.

작문 예제 이 평가방법은 포트폴리오와 결부지어 자주 사용된다. 일반적으로 쓰기 과제물 중 하나 이상의 예제를 학생이 선택, 제출하여 평가받는다. 학습진도 상황을 보여 주기 위해 '최우수 작품'을 선택하여 보여 주기도 하는데, 이 평가방법은 기업체나 대학원 입학사정위원회에서 주로 사용된다.

개방형 경험 이 평가방식은 일반적으로 하나의 '정답'에 초점을 두지 않는다. 수행이 요구되는 독특한 상황을 학생에게 제시하고 학생이 반응하는 방식에 따라 수행을 평가한다. 일련의 가능한 '올바른' 결과를 비롯하여 여러 결과가 나타날 수 있다. 예로는 모의재판, 논쟁, 여러 종류의 가상경험이 있다.

장기 프로젝트 학기말 리포트, 과학 전시회 프로젝트, 단원활동은 모두 장기 프로젝트의 예가 될 수 있다. 장기적인 연구조사 활동 및 도서관 이용이 요구될 수 있으며, 집단 협동작업을 필요로 하기도 한다. Blumenfeld 등(1991)에 따르면, "이러한 체제하에서 학생은 흔하게 접할 수 없는 문제에 대해 질문하고 논쟁하며, 예측하고, 계획을 세우거나 실험을 준비하고, 자료를 수집하고 분석하며, 결론을 도출하고, 결과 및 자기 의견을 다른 사람에게 전하며, 새로운 질문을 하고, 무언가를 만들어 내는 과정을 통해 해결책을 구한다"(p. 371). 이 평가기법을 사용할 때는 일반적으로 프로젝트가 보여 주어야 하는 주요 속성에 대한 점검표가 필요하며, 저널이나 일지쓰기를 병행할 때 프로젝트의 효과가 증가한다.

〈표 12-2〉는 대안적 평가도구 사용의 예다.

평가 계획

지금까지 여러 종류의 평가도구에 대해 살펴보았다. 이제 평가를 계획할 차례다. 기억을 되살려 제5장에서 설명하였던 교수설계에 대해 생각해 보자. 평가는 계획에서 빠질 수 없는 부분이다. 제4장에서 우리는 교수자료가 의도하는 학습목표를 이루기 위해서는 계획이 중요하다는 것을 강조했다. 다음에 제시된 내용은 평가를 계획하고 실시할 때 고려해야 하는 주요 사항의 나열이다. 나열된 순서를 반드시 따라야 한다고 생각하지는 마라. 경험에 비추어 볼 때 유용하다고 증명된 지침인 만큼, 여러분의

국가교육공학표준과의 연계

NETS와 연계

국가교육공학표준 제4장(진단 및 평가)에서는 학생의 교수과제물을 이용한 **테크놀로지** 기반 포트폴리오 개발 능력을 강조하고 있는데, 전자포트폴리오를 실제로 제작하는 것이 이 표준안에 부응하는 하나의 방법이 될 수 있다. 다음 지시사항에 따라 생각해 보라.

- 교사용 자료 A7에 있는 국가교육공학표준안의 각 항목과 수행지표를 읽어 보라.
- 자신이 개발한 것 중에서 표준안에서 언급된 기술을 보여 줄 수 있는 것을 골라 보라.
- 지금까지 국가교육공학표준과의 연계에서 논의되었던 내용과 관련하여 자신이 작성했던 저널을 검토하라. 자신이 개발했던 구체적인 교수자료가 표준안에 어떻게 부응하는지 이야기할 수 있을 것이다.
- 표준안 및 자신이 선별한 저작물, 자신의 설명을 체계적으로 정리하여 보여 줄 수 있도록 간단한 흐름도를 하나 마련하라. 그리고 항목 간의 상호 관계를 보여 줄 수 있도록 흐름도를 준비하라.
- 마지막으로, 자신의 포트폴리오를 제작하는 데 사용할 수 있는 여러 종류의 소프트웨어에 대해 생각하라. 예를 들어, 웹 저작도구를 이용하여 웹페이지를 만들 경우, 다양한 표준안 및 관련 저작물을 고려할 때 장단점은 무엇인가? 데이터베이스 소프트웨어는 사용할 수 있는가? 워드프로세서나 프레젠테이션 소프트웨어(예: 파워포인트), 스프레드시트 소프트웨어는 사용할 수 있는가?

〈표 12-2〉 대안적인 평가도구의 활용 예

대안적인 평가도구	활용 예
포트폴리오	• 고등학교 2학년 학생에게 첫째 주, 아홉째 주, 학기말에 우수작문 예제를 모은 포트폴리오를 만들게 하여 한 학기 수업을 듣는 동안 향상된 작문 실력을 평가하라. • 학생이 교생실습을 하는 동안 자신의 교수철학을 어떻게 실천했는지를 보여 줄 수 있도록 자신의 교수철학을 비롯한 관련 자료 및 예를 모아 포트폴리오를 만들도록 하라.
면담과 구술평가	• 멕시코의 다양한 문화적 측면에 대해 3학년 스페인 학생과 면담하라. 모든 질문과 답변은 스페인어로 해야 한다. • 미취학 아동에게 분류하는 작업을 시키고, 어떻게 그 일을 마쳤는지 설명하도록 하라.
일지와 저널	• '갈등해결' 프로그램을 듣는 5학년 학생에게 수업에서 배운 내용 및 기술을 가족 및 친구에게 어떻게 활용했는지에 대해 저널을 쓰도록 하라. • 심리학 수업을 듣는 고등학교 학생에게 자신과 친구들 간의 상호작용에 대해 매일 저널을 쓰도록 하라. '그날 있었던 가장 중요한 상호작용' 에 대해 기술하고 왜 중요하다고 생각하는지에 대해서도 쓰도록 하라.
작문 예제	• 대학원 지원자에게 학부 시절 썼던 보고서 서너 개를 제출하도록 하여 작문 실력 및 논리적인 구성능력을 평가하라. • 학교 신문사에 지원하는 학생에게 최근 학교에서 일어났던 일에 대해 짧은 글을 써 내도록 하여 그의 능력을 평가하라.
개방형 경험	• 다른 나라의 학교에서 사용되는 체벌에 대해 조사하고 찬반 입장에 대해 논쟁하는 능력을 평가하라. • 학생에게 교실에 상점을 설치하도록 하고 주어진 상황이 변함(예: 다른 반 학생과의 경쟁, 상품 부족, 상품가격 상승)에 따라 어떤 일이 일어날지 보여 주도록 하여 수요와 공급의 개념에 대한 학생의 이해도를 평가하라.
장기 프로젝트	• 미국 인디애나 주(州)의 원주민 부족에 관한 프로젝트와 관련하여 학생을 마이애미, 포토와타미, 델라웨어 인디언 집단으로 나누고 각 부족의 생활에 대해 보고서와 짧은 연극을 준비하도록 하라. 마을을 설계하고, 부족민이 먹는 것과 비슷한 음식을 준비하고, 부족민처럼 옷을 입기도 해야 할 것이다. • 소리에 관한 과학 단원 학습이 끝난 후, 4학년 학생으로 하여금 주파수와 음의 고저 변화 법칙을 보여 줄 수 있는 방법에 대해 생각해 보도록 하라.

구체적인 상황에 맞게 적용하라.

① 스스로에게 물어보라. 학생이 배워야 하는 것은 무엇인가? 이 질문에 답하는 가장 빠르고 쉬운 방법은 교수목표를 참조하는 것이다. 제4장에서 설명한 것처럼 교수목표와 교수(instruction), 평가는 모두 서로 관련되어 있어야 한다. 즉, 평가도구는 교수 중 가르친 것을 측정해야 하고, 교수는 교수목표에 의거하여 개발되어야 한다.

② 각 교수목표의 상대적인 중요도를 결정하라. 각 교수목표와 관련하여 얼마나 많은 질문을 할 것이며, 각 질문별 평가에 얼마나 많은 시간을 요구할 것인지를 정하라. 이 두 가지 사항은 대체로 각 교수목표의 상대적인 중요도와 밀접한 관련이 있다.

③ 교수목표에 근거하여 가장 적합한 평가방법을 선택하고 평가문항을 만들어라. 평가문항은 앞서 논의했던 평가항목 개발 원칙에 따라 준비해야 한다. 평가항목의 내용은 교수목표에서 언급된 학습 상황과 행동에 일치해야 한다. 주어진 교수목표를 평가하는 데 사용할 수 있는 다른 평가기법에 대해서도 생각하라.

④ 평가항목을 모아라. 이때 다음 사항에 주의하라.

ⓐ 문항의 종류(예: 다지선택형, 진위형)에 따라 질문을 분류하여 학생이 답변 방식을 계속해서 바꾸어야 하는 일이 없도록 하라.

ⓑ 문항을 임의로 나열하지 마라. 수업에서 다루었던 순서나 어려운 순서대로 문항을 제시하라. 가능하면 학생이 자신감을 가질 수 있도록 쉬운 문제부터 배치하라.

ⓒ 어떤 문제의 답이 다른 문제의 답을 알아내는 데 도움이 되지 않도록 상호 관련된 질문을 나열하는 것은 피하라.

ⓓ 시험지를 검토하여 문항이 힌트를 제시하거나 다른 질문의 답을 알려 주지 않는지를 확인하라.

⑤ 평가 전체 및 부분에 대한 지시사항을 마련하라. 요구되는 답안의 종류에 대해 충분히 지시하라. 각 항목이나 일부 항목의 중요도에 대해 언급하고 싶을 수도 있는데, 이는 학생이 얼마만큼 중요하게 받아들여야 하는지 판단하는 데 도움이 된다.

⑥ 가능하면, 내용전문가나 다른 교사에게 문항이 정확하고 타당한지 점검하도록 하라. 문항과 지시사항 모두 검토할 수 있으면 좋다.

⑦ 가능하면, 실제로 평가하려는 대상과 유사한 몇몇 학생에게 시험을 실시해 보라. 지시사항이 분명한지, 언어 선택은 적절한지, 시험 길이는 적절한지, 채점 체계가 적합한지 확인할 수 있다.

⑧ 마지막으로, 평가 종료 후의 일에 대해 생각하라. 즉, 평가도구를 평가하라. 스스로에게 다음과 같은 질문을 해 보라. 학생이 얼마나 잘 했는가? 문제점이 있었는가? 평가도구를 다시 사용한다면 무엇을 고쳐야 하는가? 필요 시 참고하려면 평가도구와 변경 희망사항은 어떻게 보관해야 할 것인가?

학생 평가기법 요약

학생이 배운 것을 평가할 수 있는 여러 기법에 대해 알아보았다. 평가내용은 대부분의 경우, 학생이 가장 효과적으로 사용할 수 있다. 지속적인 향상 사이클이 적절히 작용하기 위해서 학생은 자기 자신이 얼마나 잘하고 있는지, 학습목표를 이루기 위해 무엇을 해야 하는지를 알아야 한다. 지금까지 설명한 평가기법이 올바른 방식으로 적합한 시기에 개발되고 사용되며, 결과에 대한 피드백이 시기적절하게 제공된다면 학생이 필요한 정보를 얻는 데 도움이 될 것이다.

교수평가기법

이제, 교수(instruction)를 평가하는 데 필요한 정보를 얻을 수 있는 기법에 대해 살펴보자.

검 사

여기서 **검사**(tests)는 일반적인 의미의 용어로써, 학생의 지식과 기술을 평가할 때 사용하는 일반적인 기법과 대안적인 기법 모두를 일컫는다. 앞서 언급했듯이 평가는 교수 전에 학생이 무엇을 알고 있는지를 판단하고, 교수가 진행되는 동안 배운 지식과 기술을 진단하며, 교수 후에 무엇을 배웠는지를 측정한다. 평가기법은 학생의 학습에 주로 초점을 맞추기 때문에 교수의 효과성에 대한 측정치를 직접적으로 제공한다. 이러한 점에서, 교수를 평가하는 방법의 일부로 검사 결과를 사용하는 것도 유용하다.

예를 들어, 김 교사는 4학년 학생에게 *Where in the World is Carmen Sandiego?* 라는 컴퓨터게임을 하게 하였다. 교수를 시작할 때 김 교사는 연결형, 다지선택형, 단답형 문제 등을 혼합한 사전검사를 실시하여 학생이 지리에 대해 얼마나 알고 있는지를 확인하고자 하였다. 그리고 교수가 끝나고 모든 학생이 게임을 마쳤을 때, 사후검사를 실시하여 지리에 대해 얼마나 많은 지식을 얻었는지를 알아보고자 했다. 김 교사는 모든 학생이 사전검사보다 사후검사에서 더 높은 점수를 기록했음을 발견했다. 이를 바탕으로 그녀는 게임이 학생의 학습에 도움이 되었다는 결론을 내리고, 교수에서 게임을 계속 사용하기로 결정했다.

학생 대상 실험적 시행

학생 대상 실험적 시행(student tryout)이란 교수 · 학습활동, 교수방법, 교수매체, 또는 교수자료를 다수의 학생을 상대로 사용하기 전에 소집단 학생에게 시험삼아 사용해 보는 것을 말한다. 실험적 시행은 일종의 연습으로, 교수에서 실제로 사용할 때 발생할 수 있는 문제점을 규명하는 데 목적이 있다. 실험적 시행은 다음과 같은 두 가지 장점이 있다. 첫째, 교수자료의 유용성에 대한 교사의 가정을 시험할 수 있다. 둘째, 교수자료의 문제점을 발견하도록 도와줌으로써 교실에서 해당 교수자료를 쓰기 전에 문제점을 고칠 수 있다.

박 교사는 중학교 2학년 사회과목 교수 시 사용할 보드게임을 만들었다. 그리고 교수에서 사용하기 전에 시험 삼아 사용해 보기로 하였다. 그는 14세인 딸과 친구들에게 부탁하여 게임을 해 보도록 했는데, 이를 통해 그는 게임의 법칙이 분명하며 게임이 흥미를 유발한다는 것을 알게 되었다. 그러나 게임의 속도가 떨어지면 어떤 이유에서인지 게임에 지루해한다는 것 또한 알게 되었다. 이 실험적 시행을 통해 박 교사는 수업시간이 간략하게 유지되는 한 게임이 유용할 것이라는 결론과 함께 이 게임을 상대적으로 짧은 복습활동으로 사용하기로 결정했다.

직접 관찰

용어 자체에서 분명하게 드러나듯이 **직접 관찰**(direct observation)은 학생이 교수를 듣는 동안 다른 학생을 관찰하는 것으로, 집단활동 시 학생을 관찰하는 것을 일컫기도 한다. 학생 관찰의 주요 장점은 학생의 학습 결과뿐만 아니라 교수 과정에 대한 정보도 얻을 수 있다는 점이다. 주의 깊은 관찰을 통해 학생이 교수자료를 어떻게 사용하며, 교수의 여러 부분에 대해 어떻게 반응하는지 알아보고, 학생에게 더 많은 정보나 안내를 제공해야 할 부분을 밝혀낼 수 있다.

이 교사의 고등학교 미술감상 수업을 듣는 학생은 협동학습활동을 통해 여러 형태의 창의적 예술에 대해 배우고 있다. 이 교사는 학생을 집단으로 나누고, 각 집단에 악기를 연주하는 학생, 그림을 그리는 학생, 조각하는 학생이 있도록 하였다. 그리고 학생으로 하여금 연구조사활동을 포함한 자신의 경험에 근거하여 이 세 가지 예술 형태 간의 유사점과 차이점을 구분하도록 하였다. 이를 통해 학생이 '예술' 이라는 개념의 근본적인 속성을 밝히도록 했다. 대부분의 연구조사활동은 교수 밖에서 일어나지만, 교수 동안에는 집단모임을 가져 자신이 알아낸 내용에 대해 논의하도록 했다. 이 교사는 각 집단과 시간을 보내며 학생이 이야기하는 내용에 귀를 기울였다. 대부분의 경우, 이 교사는 학생이 하는 대로 내버려 두었다. 그러나 학생이 개인별로 서로 다른 경험을 갖고 있기 때문에, 각 집단이 다소 상이한 쟁점을 관찰하고 다른 결론을 내리기도 했다. 그래서 이 교사는 이 학습활동을 수정하여 조금은 다른 방식으로 집단을 이끌었다. 그는 몇몇 집단으로 하여금 보다 광범위한 영역의 창의적인 예술을 통합하여 학생이 규정하는 예술의 정의를 시험해 보도록 했다. 다른 집단은 예술 간의 중요한 공통점에 더욱 초점을 맞추어 정의를 발전시키도록 했다.

학생과의 대화

학생과의 대화(talking with students)는 다양한 형태로 일어날 수 있다. 상대적으로 형식적인 논의를 수반할 수도 있고, 비형식적인 대화로 일어날 수도 있다. 형식적이든 비형식적이든 간에, 학생과의 대화는 교수에 대한 학생의 생각을 직접적으로 알아볼 수 있는 장점이 있다. 그러한 점에서 학생과의 대화는 특정 교수자료에 대한 학생의 호감도를 알아볼 수 있는 좋은 방법이다. 교수자료가 얼마나 효과적이며 얼마나 흥미로웠는지 학생의 관점에서 많은 것을 알 수 있다. 이와 같은 대화를 통해 학생은 자신의 학습을 다시 한 번 뒤돌아보고, 무엇이 도움이 되었는지를 생각해 볼 수 있다. 이 방법은 또한 학생에게 여러분의 관심을 전달함으로써 학생으로 하여금 여러분이 헌신적으로 학생을 돕고 있다는 생각을 갖게 할 것이다.

5학년 생태계 클럽이 학교 근처 계곡에서 현장실습 중이다. 클럽 지도교사는 클럽 학생에게 물에 떠 있는 기름의 원인에 대해 조사하고 어떤 조치를 취해야 하는지를 결정하도록 했다. 그는 또한 집단의 각 구성원에게 해야 할 일을 지시했다. 조사 결과를 모아 리포트를 작성하고 이를 공중보건부에 전달한 후, 지도교사는 클럽 학생을 모아 그 프로젝트에 대해 논의했다. 지도교사는 학생에게 구체적인 질문을 던지며 프로젝트를 수행하는 동안 수월했던 점과 어려웠던 점, 재미있었던 점과 지루했던 점, 유익했던 점과 비교육적이었던 점에 대해 이야기해 보도록 했다. 지도교사는 토론을 통해 그 프로젝트가 학생에게 유익한 경험이었다고 판단하고 유사한 프로젝트를 정기적으로 실시해야겠다는 결론을 내렸다.

동료평가

동료평가(peer review)는 동료(들)에게 교수자료를 검토하도록 하여 유용성에 대한 조언과 개선방안에 대한 조언을 구하는 것이다. 이 방법은 교수자료에 대한 다른 견해를 들어보는 것으로, 두 가지의 장점이 있다. 첫째, 여러분이 간과할 수 있는 문제를 규명하는 데 도움이 된다. 학습내용이 상대적으로 생소할 때 무엇을 해야 할지 확신이 서지 않을 수도 있다. 이와 반대로, 학습내용이 너무 익숙하면 문제점을 간과할 수도 있다. 어떤 경우든, 부정확성, 불일치 및 기타 문제점을 인식하지 못하고 지나칠 수 있다. 둘째, 동료의 검토는 교수자료에 대한 색다른 견해를 제시하고, 학습내용에 대한 학생의 반응과 관련하여 새로운 통찰력을 제공하며, 학습내용을 향상시킬 수 있는 방안 등을 제시할 수 있다.

전 교사는 5, 6학년 영어 수업에서 사용할 파워포인트 프레젠테이션 파일을 만들었다. 그가 미국 여행 중에 찍은 사진과 미국 음악을 넣고, 그가 사진 찍은 사람들, 장소, 사람들의 행동에 관해 직접 설명하는 음성파일도 첨부시켰다. 이 프레젠테이션 파일을 수업시간에 보여 주기 전에, 전 교사는 영어를 가르치는 한 교사에게 프레젠테이션 파일을 검토해 줄 것을 부탁했다. 그는 학생이 슬라이드에 관심을 가질지, 사진과 설명을 잘 결부시켰는지, 프레젠테이션의 기술적인 수준이 적합한지에 특히 관심이 있었다. 한 교사는 슬라이드가 학습내용에 대한 학생의 흥미를 불러일으킬 것이라는 데 동의했다. 그러나 위치와 경계표시에 대한 설명이 부족하여 학생에게는 혼란을 불러일으킬 수도 있다고 보았다. 이러한 견해에 근거하여, 전 교사는 프레젠테이션 슬라이드를 다시 배치하고 몇 군데에 설명을 추가하기로 하였다.

교실관찰

교실관찰(classroom observation)은 진행 중인 교수(instruction)를 동료교사가 참관하게 하여 교수자료와 학습활동이 효과적으로 사용되고 있는지에 대한 의견과 개선방안에 대한 조언을 구하는 것이다. 교실관찰은 동료평가와 유사하게 다른 견해를 제공하고, 교수 진행 시 간과될 수 있는 문제점을 찾는 데 도움이 된다.

정 교사는 학생에게 실제보다 크게 확대된 모형을 보여 주며 자동차의 기화기가 어떻게 작동하는지를 가르쳐 주었다. 상대적으로 새로운 학습내용이어서 정 교사는 조언을 얻고자 했고, 그래서 송 교사에게 그녀의 교수를 참관해 줄 것을 부탁했다. 건설방법을 가르치는 송 교사는 교수 동안 종종 모형을 사용하여 가르치기 때문에 정 교사는 자신이 기화기 모형을 효과적으로 잘 사용하고 있는지 궁금했다. 정 교사의 수업을 관찰한 후, 송 교사는 정 교사가 자동차 기화기 프레젠테이션을 향상시킬 수 있는 방안과 모형 사용에 관한 일반적인 제언을 몇 가지 제시하였다.

교사 시연

학습 과목에 상관없이 다양한 학습자료가 여러 곳에서 이용될 수 있다. 상업적으로 제작된 것도 있고, 교사가 제작하여 전문잡지나 인터넷에 게재한 것일 수도 있으며, 지난 학기에 여러분이 제작한 것일 수도 있다. 자료를 시연(preview)하는 것은 교수자료를 읽어 보거나 직접 사용해 봄으로써 자료의 수준과 유용성을 교수에서 사용하기 전에 판단하는 것이다(Smaldino, Russell, Heinich, & Molenda, 2005). 제8장에서 설명한 것처럼 교수자료를 선택할 때 학생, 학습내용, 교수방법, 교수환경 모두를 고려해야 한다. 철저한 시연은 교수자료가 이러한 고려사항에 얼마나 잘 부합하는지를 결정하는 첫 번째 단계로써 필요하며, 교수자료를 그대로 사용할 것인지, 일부분을 사용할 것인지, 수정해서 사용할 것인지, 아니면 전혀 사용하지 않을 것인지를 결정하는 데 중요한 역할을 한다.

안 교사는 우연히 알게 된 *Discover A Science Experiment* 라는 제목의 컴퓨터 소프트웨어가 고등학교 1학년 생물 수업시간에 유용할 것이라고 생각했다. 그러나 최종 판단을 내리기 전에 안 교사는 시연 차원에서 그 프로그램을 자신이 직접 사용해 보기로 하였다. 프로그램의 연습문제를 풀어 가면서 컴퓨터 소프트웨어 시연 체크리스트(preview checklist)에 메모를 하였다. CD에 첨부된 텍스트를 참조하라〔장에 대한 정보와 활동(Chapter info and Activities)≫제7장(Chapter 7)≫매체 시연 서식(Media Preview Format)〕. 안 교사는 이 프로그램이 교수목적에 잘 부합하는지, 협력을 통한 가설검증을 장려하는지, 현실적으로 복잡한 문제를 제시하는지, 학생의 흥미를 불러일으킬지 궁금하였다. 안 교사는 자신의 시연을 토대로 프로그램의 연습활동이 자신의 학습목적에 부합하며, 재미있고 흥미로우며 적당히 복잡하다는 결론을 내렸다. 그는 교수에서 이 프로그램을 사용하기로 결정하고, 교수 시 프로그램에 대한 소개를 덧붙이기로 하였다.

성 찰

경험은 효과를 가늠하는 최선의 방법이다. 제1장에서 논의한 것처럼 성찰(Reflection)은 교수 동안 있었던 일을 되새겨 보고, 경험과 지식에 근거하여 교수에서 효과적이었던 부분과 그렇지 않았던 부분을 가려내는 과정을 의미한다.

예를 들어, 중학교 역사 교사인 천 교사는 교수의 일환으로 논쟁시간을 마련했다. 두 집단의 학생을 선발하여 '한국전쟁의 주요 원인은 경제적인 것이었는가, 정치적인 것이었는가?' 라는 질문에 대해 논의하도록 했다. 나머지 학생들은 논쟁을 지켜보며 제시되는 사실과 주장에 근거하여 두 집단을 평가하고, '우승자' 를 결정했다. 천 교사는 학기 말에 이 논쟁활동에 대해 되새겨 보았다. 특히, 논쟁 주제의 명확도와 범위, 할당된 시간, 논쟁집단에 속하지 않았던 학생들의 참여도를 고려하여 교수지도안에 표기했던 내용을 다시 한 번 살펴봤다. 그리고 논쟁은 흥미로웠지만 많은 학생이 참여하지는 못했다는 판단하에, 이 논쟁활동은 대규모 수업에는 적절치 않으므로 소규모 학급을 가르칠 때 실시하기로 결론 내렸다.

[그림 12-7]은 지금까지 설명한 평가방법에 대한 지침이다.

국가교육공학표준과의 연계

NETS와 연계

국가교육공학표준 IV(진단 및 평가)에서는 **테크놀로지 기반 진단 및 평가방법을 논의할 수 있는 능력의 필요성**에 대해 강조하고 있다. 제1장에서 우리는 **테크놀로지** 통합의 이점으로 효과성, 효율성, 전이, 영향력, 매력성(〈표 1-1〉 참조)에 대해 설명했다. **테크놀로지** 기반 진단방법(예: 전자포트폴리오)이 진단 및 평가에 어떠한 긍정적인 영향을 미칠 수 있는지 생각해 보라. 다음과 비슷한 표를 만들어 다양한 종류의 진단방법과 각각의 잠재적 가능성에 대해 나열하라.

테크놀로지 기반 진단방법	효과성, 효율성 등에 미칠 잠재적 가능성
전자포트폴리오	

<table>
<tr><td>학생의
직접 관찰을
위한 지침</td><td>☐ 관찰에 앞서, 교수자료의 평가와 관련하여 관심사항을 나열하라.
☐ 학생을 관찰하라. 도움을 요청하거나 눈에 띄게 활동적인 학생을 관찰하는 것은 상대적으로 쉽지만, 여러 유형의 학생을 있는 그대로 관찰하는 것이 중요하다.
☐ 가능하면 눈에 띄지 않도록 하라. 관찰활동이 학생의 교수자료 이용을 방해하지 않도록 하라.
☐ 기억력에 의존하기보다는 좋은 점과 문제점, 어떤 유형의 학생에게 효율적 또는 비효율적이었는지를 기록하라.</td></tr>
<tr><td>학생과의
대화를
위한 지침</td><td>☐ 학생과 대화하기 전에 교수자료 평가와 관련하여 관심사항을 나열하라.
☐ 학생과 대화를 하라. 견해를 피력하는 학생은 대화하기가 쉽지만 여러 유형의 학생과 대화하는 것이 중요하다.
☐ 대화는 짧고 분명하게 하라. 대화가 주제에서 벗어나는 것을 방지하기 위해 교수자료의 구체적인 특징에 대해 질문하라.
☐ 듣기기법을 이용하고, 교수(instruction)를 옹호하는 것은 피하라. 개방형 질문하기, 말 바꾸어 설명하기 등을 사용하여 학생이 보다 적극적으로 대화할 수 있도록 장려하라. 필요 시에는 대화 내용을 명료하게 확인하라.</td></tr>
<tr><td>동료평가를
위한 지침</td><td>☐ 동료에게 교수자료에 대한 평가를 요청하기 전에, 평가와 관련하여 자신의 관심사를 나열하라. 나열한 내용을 동료에게 알려 주고 검토 시 유의해 줄 것을 부탁하라.
☐ 교수내용, 학생, 또는 교수방법 및 교수매체에 대해 잘 아는 동료에게 부탁하라.
☐ ① 가능하면 한 명 이상의 동료에게 평가를 의뢰하고, ② 교수내용, 학생, 교수방법 등에 대해 자신과 다른 견해를 가진 사람에게 부탁하며, ③ 교수자료를 주의 깊게 다른 측면에서 관찰해 줄 것을 요구함으로써 자신과 다른 견해를 구하라.
☐ 듣기기법을 이용하라. 필요 시 자신의 입장을 설명하되, 교수자료를 옹호하는 것은 피하라. 개방형 질문과 말 바꾸어 설명하기 등 여러 듣기기법을 사용하여 동료가 적극적으로 말할 수 있도록 권하라. 필요하다면 명료하게 다시 설명해 달라고 부탁하라.</td></tr>
<tr><td>수업관찰을
위한 지침</td><td>☐ 동료에게 수업관찰을 부탁하기에 앞서, 평가와 관련하여 자신의 관심사를 나열하라. 나열한 내용을 동료에게 알려주어 관찰하는 동안 유의해 줄 것을 부탁하라.
☐ 교수내용, 학생, 또는 교수방법 및 교수매체를 잘 아는 동료에게 부탁하라.
☐ 교수 종료 후 관찰자와 이야기를 나누라. 서두르지 말고 여유 있게 대화를 나누어라.
☐ 편하게 대화할 수 있도록, 관찰자로 하여금 '좋은 소식-나쁜 소식'의 형태로 수업의 강점과 향상시킬 수 있는 부분에 대해 이야기하도록 하라.</td></tr>
</table>

[그림 12-7] 교수자료의 효과성 평가를 위한 지침

점검사항

교수자료 사전 검토

교수자료 평가능력은 핵심기술이다. 교사와 학생 모두 교수자료의 우수성을 평가할 수 있어야 한다. 이를 위해 다음의 연습활동을 하라.

① 이 책에 동봉된 CD 안에 있는 파워포인트 파일, 'Cellular Division'을 열어 보라〔장에 대한 정보와 활동(Chapter info and Activites) ≫ 제12장(Chapter 12) ≫ 생물 과제평가(Evaluation of a Student Biology Project)〕.

② 제시되는 교수내용을 살펴보라.

③ CD 안에 있는 사전검토표〔장에 대한 정보와 활동(Chapter info and Activities) ≫ 제7장(Chapter 7) ≫ 매체 시연 서식(Media Preview Forms)〕를 이용하라. 예를 들어, 고등학교 생물시간에 사용할 경우에 대해 평가하라.

교수평가기법 요약

지금까지 교수의 효과를 평가할 수 있는 방법에 대해 살펴보았는데, 이러한 방법은 여러분의 학생 또한 사용할 수 있다. [그림 12-8]을 살펴보고, 교수평가와 PIE 모형간의 관련성에 대해 생각해 보라. 계획, 실행, 평가에서 해야 하는 것은 무엇인가? [그림 12-8]에 제시된 질문은 수업을 향상시키기 위해 여러분이 무엇을 할 수 있는지 묻고 있다.

테크놀로지 코디네이터 코너

송 교사는 6학년 학생 몇 명이 연구조사 보고서 작성을 위해 수집하는 정보의 수준에 대해 걱정하고 있었다. 정보는 대체적으로 좋아보였지만, 대부분이 여러 인터넷 웹사이트에서 수집한 것이었고, 학생들은 그것이 신뢰할 수 있는 정보인지 판단하지 못한 채 수집한 내용을 그대로 받아들이고 있었다. 이 문제는 그녀에게 비슷한 주제에 대해 두 학생이 상반된 정보를 수집하게 되고, 무엇이 '옳은지' 판단을 요구하면서 가시화되었다.

이에 대해 테크놀로지 코디네이터인 한 교사는 학생들이 인지하고 있는지의 여부에 상관없이 많은 학생이 직면한 문제라고 지적했다. 학생들은 수년에 걸쳐 교과서 및 기타 참고서 내용에 대해 신뢰하도록 배웠기 때문에 인터넷 웹사이트의 정보에 대해 의문을 갖도록 배우는 것은 받아들이기 쉬운 일이 아니며, 출처를 의심하는 것은 정보를 사실로 받아들이는 것보다 더 많은 것이 요구되는 일이었다.

한 교사는 송 교사에게 시간을 할애하여 학생들에게 인터넷에서 찾은 자료를 평가하는 방법에 대해 가르칠 것을 권했다(제10장에서 논의된 내용 참조). 그녀는 Alexander와 Tate(1999)가 저술한 *Web Wisdom: How to Evaluate and Create Information Quality on the Web*을 참고하여 전통적인 다섯 가지 평가기준에서 시작할 것을 추천하였다. 한 교사는 사무실로 돌아와, 웹사이트 평가와 관련하여 송 교사가 학생들을 가르치는 데 도움이 될 만한 *Web Wisdom*의 요점을 다음과 같이 간략하게 정리하여 김 군에게 이메일로 보내 주었다.

- 정확성(accuracy): 정보는 신뢰할 수 있으며 착오가 없는가?
- 권위(authority): 누가 제작한 것인가? 신원을 밝히며, 신뢰할 만한 정보를 제공할 수 있는 배경지식과 자격을 갖추고 있는가?
- 객관성(objectivity): 정보는 중립적으로 제시되고 있는가? 특정 견해를 전하는가?
- 현재성(currency): 정보는 얼마나 오래된 것인가? 출판날짜와 수정날짜가 표시되어 있는가? 웹사이트가 최근 며칠, 몇 주, 또는 몇 달 내에 수정된 적 있는가?
- 적용범위(coverage): 내용은 어느 정도 다루어지고 있는가? 제시된 내용에 깊이가 있는가?

끝으로, 한 교사는 웹사이트 평가능력 개발의 필요성에 대한 학생의 이해를 돕기 위해 이 주제에 관한 간단한 프레젠테이션을 준비할 수 있다고 제안했다. 학생에게 혹스(hoax) 사이트를 보여 주고(혹스 사이트에 관한 정보는 www.museumofhoaxes.com 참조), 사실로 받아들이기에 앞서 평가방법을 적용하여 면밀히 관찰해 볼 것을 제안했다.

계 획	☐ 교수자료 계획은 효과적이며 효율적이었는가? ☐ 어떻게 하면 교수를 보다 효과적이며 효율적으로 계획할 수 있었겠는가?
실 행	☐ 교수는 얼마나 잘 진행되었는가? ☐ 학생들이 교수자료가 학습에 대한 흥미를 불러일으켰다는 피드백을 주었는가? ☐ 학생들은 기대했던 학습 결과를 보여 주었는가?
평 가	☐ 어떻게 하면 교수자료를 향상시킬 수 있는가? ☐ 교수자료 평가는 적절했는가? ☐ 평가기준은 적합했는가?

[그림 12-8] PIE 모형에 따른 교수평가

요 약

이 장에서 저자들은 평가를 '연속 향상 사이클'로 간주하고, 학습경험 전 · 중 · 후에 다양한 평가기법을 사용할 수 있다는 것을 설명하였다. 전통적인 방법 및 대안적인 방법에 이르기까지 학생의 학습량과 교수의 효과성을 평가할 수 있는 여러 가지 방법에 대해 알아보았으며, 각 평가방법별로 장단점을 설명하고, 사용법에 대해서도 살펴보았다.

추천 자료

CD 자료

학습내용의 기억과 전이를 돕기 위해, 이 책에 동봉된 CD 안에 있는 제12장의 성찰적 사고를 위한 질문 및 활동을 읽어 보라〔장에 대한 정보와 활동(Chapter info and Activities) ≫ 제12장(Chapter 12) ≫ 성찰적 사고를 위한 질문 및 활동(Reflective Questions and Activities)〕.

또한, 주어진 프로젝트 및 포트폴리오 사례를 살펴보라. 사전점검표를 이용하여 교수자료를 평가하는 방법을 연습하라. 이 장의 CD 안에는 관련 인터넷 웹사이트, 국가교육공학표준과의 연계와 관련된 연습문제, 이 책의 저자들의 이메일 주소에 대한 정보가 수록되어 있으니 참조하라.

웹사이트 자료

이 책의 웹사이트(www.prenhall.com/newby)에 접속하여 제12장과 관련된 학생의 질문과 저자들의 답변을 실은 질의응답 코너를 읽어 보라. 질문이 있으면 저자들에게 직접 보내도 좋다. 이 장에 관한 저자들의 프레젠테이션도 볼 수 있으므로, 이 장의 내용에 관한 저자들의 견해도 살펴보라.

인쇄 자료

Blumenfeld, P. C., Soloway, E., Marx, R. W., Krajcik, J. S., Guzdial, M., & Palinscar, A. (1991). Motivating project-based learning: Sustaining the doing, supporting the learning. *Educational Psychologist, 26*, 369-398.

McMillan, J. H. (1997). *Classroom assessment: Principles and practices for effective instruction*. Boston: Allyn & Bacon.

Montgomery, K., & Wiley, D. (2004). *Creating e-portfolios using PowerPoint*. Thousand Oaks, CA: Sage Publications.

Stiggins, R. J. (2005). *Student-involved assessment for learning* (4th ed.). Upper Saddle River, NJ: Merrill/Prentice Hall.

Worthen, B. R., White, K. R., Fan, X., & Sudweeks, R. R. (1999). *Measurement and assessment in schools* (2nd ed.). New York: Longman.

제5부

테크놀로지, 그리고 학습의 현재와 미래

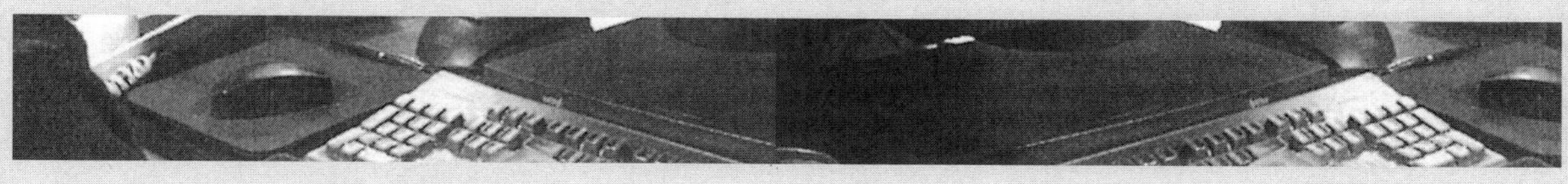

제13장 테크놀로지의 통합과 관련된 쟁점

제14장 교육공학의 동향

지금까지 우리는 학습의 효과성, 효율성, 전이, 영향력 및 매력도를 높이기 위해 하드웨어들을 어떻게 사용할 수 있으며, 원리 및 절차를 밝히기 위해 교육공학을 어떻게 활용할 수 있는지를 논의했다. 학생별 개인차, 다양한 수업내용과 환경, 제약점에 의해 학습은 복잡해지고 있으며, 21세기로 나아감에 따라 복잡성은 그 어느 때보다도 더욱 커질 것이다. 개별 학생은 사회의 복잡한 일들을 해결하고 업무를 성공적으로 수행하기 위해 보다 진일보한 교수도구와 기법을 사용할 수 있는 능력의 필요성을 그 어느 때 보다도 더욱 절실하게 느끼게 될 것이다.

우리는 지금 어디로 나아가고 있는가? 앞으로 성공하기 위해 어떤 기술과 도구가 필요한가? 이에 대비하기 위해서는 앞날에 대한 비전을 갖는 것이 중요하다. 이제 우리는 교육공학의 과거와 현재, 미래에 대해 살펴보며 이 책을 마치고자 한다. 과거를 돌아보는 일은 현재까지 어떻게 발달해 왔는가를 살펴보는데 유용할 뿐만 아니라, 앞으로 다가올 일을 예측하고 대비하는 데 도움이 된다. 미래를 정확히 예측하는 것이 쉬운 일은 아니지만, 이 점에 대해서는 조금 마음을 놓아도 좋다. 변화는 지속적으로 일어나고 여러분은 끊임없이 알아가게 될 것이기 때문이다.

가르치고 배우는 일을 계속해 나아감에 따라 새로운 문제와 쟁점들이 부상할 것이고, 새로운 도구와 기법도 등장하게 될 것이다. 새로운 도전을 극복하는 데 필요한 지식과 기술을 개발하고 수정 · 보완하며 해결방안을 모색하는 것은 우리의 몫이다. 교육공학은 학습을 촉진하는 데 도움이 되는 도구와 기법을 제공함으로써 새롭게 등장하는 문제를 해결하는 데 도움이 될 것이다.

제13장에서는 수업에 테크놀로지를 통합할 때 발생하는 여러 쟁점에 대해 살펴본다. 모든 사안에 정답이 있는 것은 아니지만, 해결방법을 구하고 문제의 재발을 방지할 수 있는 제언과 지침을 제공한다. 마지막으로, 제14장에서는 교육공학의 과거와 현재, 미래에 대해 살펴본다. 주요한 역사적인 사건들을 짚어 보면서 현재에 이르기까지의 발달 과정을 이해하고, 앞으로 다가올 변화를 예측하고 준비하는 데 도움이 되고자 한다.

제13장

테크놀로지의 통합과 관련된 쟁점

핵심어와 개념

테크놀로지 통합 계획
테크놀로지 통합 비전
자료실/매체 전문가
테크놀로지 코디네이터
정보 격차
해커
컴퓨터 바이러스
표절 확인 서비스

학습목표

이 장은 다음 사항을 목표로 한다.

- 테크놀로지 계획의 필요성을 기술하고, 계획에 내포된 비전의 역할과 가치에 대해 설명할 수 있다.
- 학교 또는 지역의 테크놀로지 계획 수립 절차를 관련자 및 절차 중심으로 기술할 수 있다.
- 테크놀로지 통합의 장애요인을 나열하고, 테크놀로지 통합 계획, 훈련 및 지원을 통해 이 장애요인을 어떻게 다룰 수 있는지를 논의할 수 있다.
- 테크놀로지 통합에 의해 발생하거나 악화된 쟁점들(예: 기회균등, 프라이버시, 보안, 표절, 고립)을 나열하고, 효과적인 해결방안에 대해 설명할 수 있다.
- 시간, 에너지, 자본을 투자하여 교실 및 기타 학습환경에 테크놀로지를 통합함에 따라 기대되는 주요 혜택에 대해 설명할 수 있다.

지금까지 우리는 다양한 형태의 테크놀로지와 이들이 학생에게 미치는 영향을 살펴보았다. 대부분의 경우 테크놀로지는 학습 결과를 향상시키는 수단으로 여겨졌다. 잔잔한 호수를 가르는 배가 수면 위에 자국을 남기는 것처럼 테크놀로지 사용은 환경에 변화를 가져온다. 이 변화는 반드시 필요한 것일 수도 있지만, 문제가 되는 것일 수도 있다. 이 장에서는 테크놀로지 통합에 따라 발생되는 몇 가지 쟁점에 대해 논의한다.

머리말

최근에 11세 어린이들과 하이킹/캠핑을 했을 때의 일이다. 인솔자로 나섰던 성인은 높은 산길을 오르면서 한 아이가 일행에서 뒤쳐진다는 것을 알아차렸다. 아이의 느린 걸음에 대해 묻자, 아이는 줄곧 걷기만 해야 하는 것에 대해 불평했다. 휴식을 취할 때, 인솔자는 아이의 큰 가방에 무엇이 있는지 물었다. 아이는 캠핑에 필요한 일반적인 도구 외에 '몇 가지'를 더 갖고 있다고 대답하였다. 인솔자가 살펴보니, 캠핑에 필요한 침낭, 덮개, 식기, 음식 외에 사탕 한 봉지, (아이가 좋아하는) 무거운 캔 두 개, 두루마리 휴지 세 개, 커다란 손전등과 여분의 건전지, 등산화 한 켤레, 테니스화 한 켤레, (시간이 있으면 숙제를 하기 위해 챙겨 온) 교과서 3권, 전자오락기와 여분의 건전지가 있었다. '그 외 몇 가지' 때문에 아이의 큰 가방은 15~20kg 정도 더 무거웠다. 그 물건들은 필요한 것처럼 보이는 듯 했지만, 그 총 무게는 아이의 하이킹에 장애물로 작용하고 있었다. 아이는 하이킹/캠핑의 즐거움을 배우기보다는 하이킹/캠핑이 얼마나 고통스러운 것인지에 대해서만 배우고 있었다. 하이킹이라는 목적에 집중하기 위해서는 불필요한 것들을 아이의 가방에서 덜어 내야만 했다.

여러 물건 때문에 고생했던 이 아이의 경우처럼 사람들은 테크놀로지가 여러 문제를 일으키고 일상에 부담만 되는 '부가적인 것들'이라고 간주해 버리곤 한다. 때때로 테크놀로지는 우리의 업무를 방해할 정도로 짐이 될 수도 있으며, 주의를 기울이지 않으면 테크놀로지 사용 목적조차 망각할 수도 있다. 테크놀로지 활용에 따른 문제점들을 방지하고 테크놀로지의 혜택을 잘 활용하기 위해서는 사전에 계획을 잘 세워 무게가 많이 나가는 '부가적인 것들'을 가려내어 제거하거나 다시 배치하는 노력이 선행되어야 한다.

▲ 계획을 잘 세우면 하이킹을 무사히 마칠 수 있듯이, 세밀한 계획은 효과적인 테크놀로지 통합에 꼭 필요한 요소다.

교사들이 테크놀로지를 통합하여 학습을 강화하고자 할 때 여러 난관에 직면하게 된다. 일선 학교에서 교수공학을 통합하려고 할 때 어떤 문제가 발생하는가? 다음 질문에 대해 생각해 보자.

- 어떻게 해야 테크놀로지를 효과적으로 통합할 수 있는가?
- 테크놀로지 통합에 방해가 되는 장애물은 무엇인가?
- 테크놀로지 통합의 장애물은 어떻게 해결할 수 있는가?
- 테크놀로지 통합에 따른 기타 쟁점은 무엇인가?
- 테크놀로지 통합에 왜 시간과 에너지, 자본을 투자해야 하는가?

이 장에서는 이러한 질문에 대해 자세히 다룬다. 모든 경우에 완벽한 해결안은 찾지 못했지만, 이 질문들에 대한 논의를 통해 여러분은 자신의 상황에 적합한 해결안을 찾을 수 있을 것이다.

어떻게 해야 테크놀로지를 효과적으로 통합할 수 있는가

우선, 테크놀로지 통합과 사용에 관한 계획을 수립하는 것이 중요하다. 앞서 우리는 계획 수립의 중요성을 강조했다. 테크놀로지 통합을 위한 계획 수립은 교사 개인에게뿐만 아니라 학교 및 지역사회에도 중요하다. 그렇다면, 일선 학교에서는 교수공학 계획을 어떻게 마련해야 할까? 개략적인 순서는 다음과 같다.

〈표 13-1〉을 살펴보면, 테크놀로지 통합계획의 수립과 실행을 돕기 위해 여러 기관에서 인터넷 사이트들을 운영하고 있다.

테크놀로지 계획 수립 과정의 첫 단계는 교육청 수준 또는 건물 단위의 테크놀로지 위원회를 설립하는 것이다. 위원회는 모든 구성원을 대표해야 하는데, 적절한 이해력과 성숙도를 갖췄다는 가정하에 학년별, 과목별, 학교별 교사부터 행정가, 학부모, 지역단체, 학교위원회 및 학생까지 고려되어야 한다.

① 학교 구성원을 대표하는 테크놀로지 위원회를 만든다.
② 교육에 대한 비전을 제시하고, 그에 적합한 테크놀로지의 역할을 기술한다.
③ 테크놀로지의 현재 사용 상황을 평가한다.
④ 전반적인 목표를 수립하고, 3~5년에 걸친 각 목표 달성 방안을 마련한다.
⑤ 구체적인 목적을 세우고, 교사로 하여금 실행계획을 마련한다.

[그림 13-1] 학교 테크놀로지 통합계획 마련에 필요한 주요 단계

〈표 13-1〉 테크놀로지 통합 계획 관련 웹사이트(Solomon, 2004에서 인용 및 수정)

테크놀로지 통합 계획을 지원하는 단체들

- National Center for Technology Planning (www.nctp.com)
- SouthEast Initiatives Regional Technology in Educational Consortium (www.seirtec.org/techplan.html)
- NetDayCompass (www.netdaycompass.org)
- North Central Regional Technology in Education Consortium (NCRTEC) (www.ncrtec.org/pe/index.html)
- North Central Regional Educational Laboratory (www.ncrel.org)

테크놀로지 통합에 관한 전반적인 안내:

Technology Planning Guide (www.apple.com/education/planning)
애플 컴퓨터가 개발한 계획 수립 안내서. 6단계로 나누어 계획 수립 과정을 설명하며, 참고자료와 사례를 제공한다.

Guidebook for Developing an Effective Instructional Technology Plan (www.nctp.com/downloads/guidebook.pdf)
미시시피 주립대학교의 Larry Anderson 교수와 그가 지도하는 대학원 학생들이 마련한 안내서. 테크놀로지 계획의 각 구성요소를 어떻게 만들고, 평가하며, 배포하는지 상세히 설명한다.

Learning Through Technology: A Planning and Implementation Guide (http://www.ncrel.org/tandl/homepg.htm)
North Central Educational Laboratory가 마련한 테크놀로지 계획 안내서. 테크놀로지 계획을 만드는 데 필요한 여러 과정을 설명하는 자료와 링크로 구성되어 있다.

Technology Planning Tools (http://www.nsba.org/sbot/toolkit/tpt.html)
National School Board Association이 제공하는 유용한 도구 모음. 테크놀로지 계획 마련에 필요한 단계를 보여 준다.

웹 검색어: Google이나 기타 웹 검색엔진에 테크놀로지 통합 계획 가이드(technology integration planning guides)를 입력하여 검색하면 최신 관련 사이트들을 볼 수 있다.

테크놀로지 위원회가 해야 하는 첫 번째 일은 교육에 대한 비전을 마련하고, 이와 관련하여 테크놀로지의 역할을 규정하는 것이다. 오늘날 시범학교와 일반 학교를 구분하는 것은 교수공학의 활용 여부가 아니라 교수공학 활용에 대한 비전이다. 테크놀로지 위원회는 학교의 전반적인 교육목표를 결정하고, 각 목표 달성에 테크놀로지가 어떤 역할을 할 수 있는지 정의해야 한다. 테크놀로지 통합비전이 마련되면 교수공학 통합계획 수립은 훨씬 수월하게 진행될 것이다. '도구상자 기법: 테크놀로지 통합비전 수립' 을 읽고, 계획 수립 과정에서 비전이 얼마나 중요한 역할을 하는지 알아보자.

이제 테크놀로지 위원회는 학교 또는 지역 내 테크놀로지 사용 현황을 진단해야 한다. 예를 들어, 하드웨어와 소프트웨어 자료 목록을 마련하고, 현재 사용 중인 테크놀로지를 파악하며, 교수진과 스태프들의 테크놀로지 사용 능력을 평가하고, 학생들의 테크놀로지 사용 현황을 평가해야 한다. 이를 통해 위원회는 몇 학년을 대상으로 하는 어떤 과목에서 어떤 테크놀로지가 어떻게 필요한지 보다 구체적인 정보를 얻을 수 있다. 학교 또는 지역 내 테크놀로지 훈련 현황 및 하드웨어 및 소프트웨어 목록 등을 평

도구상자 기법 테크놀로지 통합비전 수립

테크놀로지 통합비전이란 무엇인가?	테크놀로지 통합비전이란 지금 및 앞으로 테크놀로지를 어떻게 사용할 것인지 진술한 것으로, '나아가고자 하는 방향과 성취하고자 하는 것' 을 설명한다 (Technology Planning Guide, Apple, www.apple.com/education/planning/envision/index.html)
비전의 목적은 무엇인가?	• 교사, 행정가, 학생, 학부모 등 모든 관련자에게 목적과 방향을 제시한다. • 협력 및 의사 결정을 돕는다. • 높은 성취 결과를 이룰 수 있도록 장려한다.
어떻게 만드는가?	수용 가능한 비전을 만들기 위해서는 일반적으로 다음의 절차가 요구된다. • 비전에 반영되어야 하는 사항을 나열하라. • 개인 및 학교, 또는 기관으로부터 아이디어와 사례를 수집하라. • 초안을 작성하라. • 주요 관련자들의 의견을 토대로 초안을 검토하고 수정하라.
비전 개발 시 고려해야 할 주요 사항	• 어떤 능력을 가진 학생들이 되기를 원하는가? • 교수 · 학습에 무엇이 포함되어야 하는가? • 학습 향상을 위해 테크놀로지는 어떻게 통합하여 사용해야 하는가? • 테크놀로지 통합에 따라 장기적으로 해결 가능한 교수 · 학습 관련 요구에는 무엇이 있는가? 고려해야 할 추가 사항들은 http://www.nsba.org/sbot/toolkit/vft.html을 참조하라.
테크놀로지 통합비전의 예	"보다 효율적이고 효과적인 학습을 도모하는 동시에 학업성취도를 향상시키기 위해 테크놀로지를 교과과정에 통합할 것이다." (크로퍼즈빌 학교 연합) "엄격한 학업기준과 높은 기대 및 통합교과과정을 통해 Harlingen Consolidated Independent School District은 대학 교육 및 직장생활에서 성공하는 데 필요한 지식과 기술을 가진 학생을 배출할 것이다." "21세기로 나아가는 지금, 경쟁적인 국제화 사회의 일원이 될 수 있는 학생들을 배출할 수 있는 환경을 마련해야 하는 과제에 직면해 있다. 학구적인 문화의 일부로 테크놀로지를 흡수하고 학생들이 전통적인 테크놀로지와 새로운 테크놀로지를 이용하게 함으로써 전 과목에서 주에서 요구하는 학업 수준에 도달할 수 있도록 환경을 정비할 것이다. 물리적인 환경의 제약을 넘어 지역사회 및 전 세계에 퍼져 있는 자원의 혜택을 볼 수 있도록 학교 사회를 확장할 것이다. 기대 수준을 높게 세우고 문화의 다양성과 남녀평등에 대한 이해를 높여 효과적으로 의사소통하고 협력하며 효율적으로 문제를 해결할 수 있는 독립적이며 비판적인 사고가 가능한 평생 학생들을 육성할 것이다." (Harlingen Consolidated Independent School District, http://www2.harlingen.isd.tenet.edu/ 4yrplan/HCISD2002_2005TechnologyPlan.PDF)

가하는 도구들은 〈표 13-2〉를 참조하라.

이제 위원회는 앞으로의 계획을 세워야 한다. 총체적인 목표를 세우고, 이를 이룰 수 있는 방법에 대해 계획을 세워야 한다. 테크놀로지 활용계획은 합리적인 수준에서 단기간을 목표로 세워져야 한다. 일반적으로 3년에서 5년에 이르는 계획을 세우는 것이 바람직하다. 테크놀로지의 변화에 따른 급격한 변화의 위험성을 방지하기 위해 이 정도 기간이 적당해 보인다. 그러나 수년간에 걸친 계획을 예정대로 성공적으로 진행하기 위해서는 매해 실현 가능한 목표를 세우고, 진전 상황을 가시화하는 것이 중요하다.

마지막으로, 구체적인 테크놀로지 목적들이 위원회에서 정한 전반적인 목표에 부합해야 한다. 특정 목적을 실천에 옮기는 일은 교사에게 맡기는 것이 가장 좋다. 교사는 교실에서 막대한 권한을 지니고 있으며 각자 자기만의 수업방식을 가지고 있다. 테크놀로지 목표 및 목적을 달성할 때 리더십 공유를 강조하는 분권형 접근방식은 교사의 참여를 증가시킨다. 여기서 잠시, 앞서 제4장과 제5장에서 논의했던 계획 수립 관련 쟁점들을 되짚어 보자. 학생들이 학습 목표와 목적을 이룰 수 있도록 개별 교사들은 구체적인 학습계획안을 준비해야 한다.

〈표 13-2〉 계획 수립 과정의 자료 수집 단계에서 사용할 수 있는 도구들

자료 수집 도구의 종류	평가 도구의 예
학생 테크놀로지 기술 및 태도 자기평가 형식의 설문지를 통해 다양한 형태의 테크놀로지를 선별하여 사용할 때 학생 스스로 지각하는 편안함, 자신감, 바람, 전반적인 능숙도 등을 묻는다.	http://images.apple.com/education/planning/pdf/form2c.pdf 설문지 문항의 예: • 나는 학교 프로젝트를 할 때 컴퓨터를 사용한다. (항상 – 자주 – 가끔 – 전혀) • 컴퓨터는 자료를 조사할 때 도움이 된다. (매우 그렇다 – 그렇다 – 그렇지 않다 – 매우 그렇지 않다)
교사 테크놀로지 기술 및 태도 학생 테크놀로지 설문지와 매우 비슷하다. 다양한 형태의 테크놀로지를 선택하여 사용할 때 교사가 지각하는 수준의 편안함, 자신감, 바람, 전반적인 능숙도 등을 진단한다.	http://images.apple.com/education/planning/pdf/form2a.pdf 설문지 문항의 예: • 다음 중 여러분이 학교에서 사용하는 테크놀로지를 가장 잘 묘사한 것은 무엇입니까? – 나는 컴퓨터를 사용하지 않는다. – 반복 연습처럼 기초적인 기술이 요구될 때 컴퓨터를 사용한다. – 작문 실력을 향상시키는 데 컴퓨터를 사용한다. – 교과과정 전반에 걸쳐 컴퓨터를 사용한다. – 여러 분야의 문제해결 사례를 보여 줄 때 사용한다. • 직원 연수에 참여할 시간을 내기가 어렵다. (매우 그렇다 – 그렇다 – 그렇지 않다 – 매우 그렇지 않다)
하드웨어 목록 하드웨어 갯수, 브랜드, 종류, 크기, 구매일, 사용 시작일, 업그레이드 기록, 현재 이용 가능성 등을 표로 만들어 놓은 것	http://images.apple.com/education/planning/pdf/form5a.pdf
소프트웨어 목록 현재 이용 가능한 소프트웨어의 이름, 사용 허가증, 구매 가격, 판매자, 호환성, 평가자료 등을 나열한 목록	http://images.apple.com/education/planning/pdf/form5c.pdf

주: 다양한 도구의 개괄적인 요약은 Technology Planning Guide(www.apple.com/education/planning/assess/index2.html) 참조.

테크놀로지 통합에 방해가 되는 장애물은 무엇인가

효과적인 계획 수립은 구성원들이 원하는 것을 규명하고 목적과 방법을 정하는 데 도움을 주고, 학교행정가, 교사 및 학생들이 기대하는 수준의 테크놀로지 통합을 안정적으로 이루는 데 도움이 된다. 그러나 테크놀로지를 통합하는 과정에서 이를 방해하고 저지하는 장애물을 만날 수 있다. 이 장애물이 미치는 영향에 대해 알고 이해하는 것은 교육공학의 주요 논쟁 중 하나다. 어떤 장애물은 특정 도구를 사용하면 조속히 해결될 수 있지만, 어떤 장애물은 오랜 훈련과 시간, 경험이 요구될 수도 있다.

테크놀로지 통합 장애물들은 여러 방식으로 분류될 수 있다(Ertmer, 1999). 도구의 난해함, 시간 제한 또는 부적절한 훈련, 지원, 자금에 의해 파생되는 문제들은 주로 교사의 통제권 밖에 존재하는 것들이다. 이들과는 달리, 보다 직접적으로 교사와 관련된 장애물들이 있는데, 이들은 '주로 교수·학습에 관한 교사들의 기본적인 신념에서 기인' (Ertmer, 1999: 51)한다. 이 장애물들은 개인의 교수철학과 테크놀로지 사용이 충돌을 빚을 때 자주 발생한다.

점검사항

테크놀로지 통합계획 점검

테크놀로지 통합계획을 개발할 때 요구되는 과정과 노력을 충분히 이해하기 위해서는 여러 학교에서 개발되어 사용되는 테크놀로지 통합계획의 예를 살펴보는 것이 중요하다. 몇몇 교육청에 대해 웹으로 검색해보자. 자신 또는 자신의 아이들이 다녔던 학교나 자신의 주거지 혹은 근무지를 중심으로 알아보는 것도 좋다. 검색 결과 중에서 현재 실행 중인 테크놀로지 계획이 웹사이트에 게시된 경우가 있는지 살펴보자. 있다면 내용을 살펴보고 다음 질문에 답하라.

- 테크놀로지 통합계획개발위원회는 어떤 절차를 통해 형성되었는가?
- 하드웨어와 소프트웨어 목록을 포함하여 학교행정가, 교사, 학생들의 테크놀로지 사용능력에 관한 자료를 수집하여 분석하고 보고하는 데 어떤 절차를 거쳤는가?
- 테크놀로지 통합계획의 비전은 분명히 제시되어 있는가?
- 테크놀로지 통합계획의 목적과 목표가 비전과 직접적으로 관련되어 있음이 보이는가?
- 테크놀로지 통합계획의 목적과 목표는 분명히 기술되어 있는가? 적절한 노력과 자본, 시간을 투자하였을 때 그 목적과 목표를 이룰 수 있을 것처럼 보이는가?
- 현 계획에서 논의되고 있지 않은, 테크놀로지 통합계획개발위원회에게 묻고 싶은 질문이 있는가?

테크놀로지 통합계획을 웹에서 찾지 못했다면, 다음에 제시된 계획들을 살펴보자.

- Harlingen 지역학교연합
  http://www2.harlingen.isd.tenet.edu/4yrplan/HCISD2002_2005TechnologyPlan.PDF
- Tippecanoe 학교연합
  http://tsc.k12.in.us/techdept/techplan/Total%20Plan%20for%20Web%20Publication.pdf
- 공립학교연합
  http://www.fwps.org/dept/tech/techplan/index.html

부록으로 첨부된 CD 안에 크로퍼즈빌 학교연합의 테크놀로지 계획 전문이 있다[장에 대한 정보와 활동(Chapter info and Activities) ≫ 제13장(Chapter 13) ≫ 테크놀로지 계획(Technology plan)].

예를 들어, 전체 학급토론을 자주 활용하는 교사는 컴퓨터를 이용한 웹 검색과 개별 학습 프로그램을 통합하여 보다 개인적인 학습방식을 제공하는 방식에 이의를 제기할 수 있다.

테크놀로지 통합의 장애물 및 해결방안을 보다 잘 이해하기 위해 각 장애물별 주요 쟁점을 살펴보자.

관련 비용은 무엇인가

Tiene과 Ingram(2001)이 지적했듯이 테크놀로지 통합에는 몇 가지 비용이 발생한다. 이는 하드웨어 비용만 일컫는 것은 아니다. 〈표 13-3〉이 보여 주듯이 테크놀로지 통합계획을 세울 때는 모든 잠재적인 비용이 고려되어야 한다.

학생 다섯 명 당 컴퓨터 한 대를 제공한다고 가정할 경우 예상되는 테크놀로지 비용은 불특정 기간 동안 매년 100～200만 달러 정도라고 추정할 수 있을 것이다(Healy, 1998: 80). 이와 관련해서 사람들은 이 비용 자체뿐만 아니라 이 비용이 보다 효율적으로 사용될 수 있는 다른 방안이 있는지에 대해서도 의문을 제기할 수 있다. 이전보다 많은 곳에서 컴퓨터를 보다 쉽게 사용할 수 있겠지만, 이러한 결과는 미술대학이나 음악대학, 물리학과처럼 여러 학과가 그 비용을 부담하기 때문에 가능한 것일 수도 있다. 그렇다면 이처럼 여러 학과가 비용을 부담하면서까지 테크놀로지를 활용해야 하는가라는 질문은 중요할 수 있다.

다음으로 고려해야 할 비용은 테크놀로지의 수업 활용을 계획·실행하며, 그 효과를 평가하기까지 요구되는 시간이다(Chung, Thompson, & Schmidt, 2003a). 이 시간 비용은 세 가지 측면에서 볼 수 있다. 첫째로, 교수·학습 개발자들은 언제, 그리고 왜 특정 테크놀로지가 사용될 수 있는지, 사용되어야 하는지를 이해하고 있어야 한다. 다양한 종류의 테크놀로지가 어떤 도움을 줄 수 있고, 각각의 장단점은 무엇이며, 어떻게 선정하는지를 이해하는 데 시간이 걸린다. 둘째, 교사와 학생 모두 테크놀로지 사용 관련 지식을 습득하는 데 시간이 요구된다. 테크놀로

〈표 13-3〉 교육공학의 비용(Tiene & Ingram, 2001, p. 124 수정)

구분	내용
하드웨어	컴퓨터, 모니터, 프로젝터, 스캐너, 디지털카메라 등
소프트웨어	컴퓨터와 다른 하드웨어를 운영하는 데 사용되는 프로그램. 이러한 프로그램으로는 Microsoft *Office*와 같은 산출 소프트웨어를 포함할 수도 있지만, 학생들의 학습과 연습을 위해 사용되는 모든 교수용 소프트웨어를 포함할 수도 있다.
하부구조	테크놀로지를 설치하고 지원하기 위해 사용되는 방이나 가구와 같은 것들을 포함할 수도 있다. 아울러, 네트워크와 배선도 이러한 비용범주의 일부분으로 고려되어야 한다.
유 지	하드웨어와 소프트웨어는 종종 수리하고 주기적으로 업그레이드 할 필요가 있다. 테크놀로지의 유지는 비용뿐만 아니라 시간과 기술도 필요하다.
직 원	학교 시스템 내에서 사용되는 컴퓨터 시스템의 복잡성과 양뿐만 아니라 이제는 하드웨어와 소프트웨어가 적절하게 활용되고 유지되도록 하기 위하여 하드웨어와 소프트웨어를 이해하는 사람들을 갖는 것이 중요하다. 더 나아가, 컴퓨터실이 활용되고 적절하게 관리되기 위해서는 그것을 관리하는 사람이 필요할 수 있다.
교수자료	모든 하드웨어뿐만 아니라 하드웨어가 적절하게 기능하도록 하기 위해서는 필요한 많은 보조적인 설비가 있다. 이러한 것으로는 저장장치(예: CD, 디스켓), 케이블, 프린터 관련 기기(예: 잉크 카트리지, 종이), 기술 설명서 등이 있다.
훈 련	테크놀로지와 그러한 테크놀로지가 교실 내에서 어떻게 통합되어야 하고 통합될 수 있는지에 관한 이해 없이, 테크놀로지는 장점이 있다고 볼 수 없다. 실제로, 적절한 훈련이 없으면 개별 교사들은 테크놀로지를 시간과 돈, 노력을 낭비하는 주요 요인으로 볼 수 있다.
서비스와 부대 비용	인터넷 서비스 제공자 비용, 방세 뿐만 아니라 전기 서비스는 테크놀로지를 학습도구로 활용할 때 고려해야 할 지출이다.

지를 효과적으로 능숙하게 사용하려면 훈련과 연습이 필요하기 때문이다. 마지막으로, 테크놀로지 관리에 시간이 요구된다. 시설과 장비가 모두 문제 없이 작동하는지, 수업 후 제자리에 놓여 있는지 확인하는 데 시간이 소요된다. 예를 들어, 학생들에게 창의적인 글쓰기 및 자서전 쓰기를 가르친다고 가정해 보자. 비디오를 이용하여 자서전을 만들어도 좋다고 허락한다면 학생들이 계획을 세우고, 사용할 소프트웨어와 하드웨어를 선택하며, 테크놀로지 사용법을 익히기 위한 시간이 추가적으로 필요할 것이다. 또한, 비디오가 제대로 작동하는지 점검하고, 적절한 시간 내에 학생들이 계획한 대로 발표할 수 있도록 스케줄을 확인하는 일에도 시간이 소요될 것이다.

다음은 수업에 테크놀로지를 통합하고자 할 때 고려해야 할 시간의 예를 나열한 것이다. 시간이 요구되는 일들은 다음과 같다.

- 학생에게 필요한 것 분석하기
- 계획세우기
- 효과적인 테크놀로지 활용방안에 대해 생각해 보기

〈표 13-4〉 PIE 모형, 관련 절차 및 테크놀로지 통합 시 유의사항

수업 계획

학생 분석
- 학생들이 학습에 필요한 테크놀로지를 사용할 수 있는가?
- 학생들에게 요구되는 기타 선수지식/기술은 무엇인가?
- 훈련이 필요한가?

학습환경 결정
- 컴퓨터 랩이 필요한가?
- 학습환경을 사용하는 데 어떤 준비가 필요한가? (예: 스케줄 짜기)
- 테크놀로지를 사용하는 데 필요한 도구가 있는가? (예: 컴퓨터 이어폰) 그렇다면, 누가 언제까지 준비해야 하는가?

학습목표 수립
- 테크놀로지가 학습목표에 영향을 미치는가? 가령, 학습목표를 수정하거나, 덧붙이거나, 세분화하거나, 수정해야 하는가?
- 테크놀로지 통합을 위해 학습목표의 기준, 수행조건, 수행능력을 수정해야 하는가?

수업활동 결정
- 테크놀로지 통합은 각각의 수업활동에 어떤 영향을 미치는가?
- 계획 수립에 시간이 더 요구되는가?

교수매체 및 교수방법 선택
- 여러 테크놀로지를 더하면 수업방식에 어떤 변화가 생길 것인가?
- 선택한 교수매체를 원활히 사용하기 위해 어떤 준비가 필요한가?

교재 통합, 수정 및 제작
- 교재를 선정하고 수정, 제작하기 위해 교사/강사/수업개발자에게 테크놀로지 활용에 관한 연수가 필요한가?

수업 실행
- 수업에 필요한 테크놀로지는 어떻게 사용 스케줄을 잡겠는가?
- 준비시간이 얼마나 요구되는가?
- 연습시간이 필요한가?

평가
- 수업평가에 테크놀로지를 사용한다면 어떤 연수프로그램이 필요한가?
- 평가자료를 분석하고 종합하려면 어떤 연수프로그램이 필요한가?

- 테크놀로지의 성능과 쓰임새 확인하기
- 테크놀로지 사용 기술 익히기
- 학습단원 준비하기
- 수업 전달 전략 준비하기
- 테크놀로지 통합에 대해 평가하기
- 실제 수업에 활용하기

〈표 13-4〉는 교수 · 학습의 계획, 실행, 평가의 각기 다른 구성요소를 나열한 것으로, 각 구성요소별로 테크놀로지 통합 및 사용과 관련하여 고려해야 할 '시간' 요소를 기술하였다.

〈표 13-3〉과 〈표 13-4〉는 효과적인 테크놀로지 통합을 위해 해결해야 할 다양한 쟁점과 문제점을 보여 준다. 제시된 것들 이외의 다른 난관에 직면할 수도 있다. 예를 들어, 어떤 교사들은 테크놀로지를 사용하지 않아도 수업이 효과적일 수 있다고(또는 테크놀로지를 활용하지 않았을 때 수업이 더욱 효과적이었다고) 느낄 수 있다. 앞서 다양한 교수방법을 논의했던 제6장이나 여러 교수매체를 소개했던 제7장을 다시 한 번 떠올려 보자. 두 장에서 소개했던 대부분의 교수방법과 교수매체는 상황에 따라 효과적이었다. 항상 효과적인 교수방법이나 교수매체는 거의 없었다. 이 같은 사실은 수업에 테크놀로지를 통합할 때도 적용된다. 테크놀로지 통합방법도 중요하지만 언제, 왜 테크놀로지가 통합되어야 하는지가 더 중요하다. 컴퓨터나 테크놀로지를 통합하는 것이 부적절한 경우도 있을 수 있다. 학습 상황에 적합한 결정을 내리기 위해서는 테크놀로지의 장점과 약점, 혜택과 비용에 대한 이해가 필수적이다.

초임교사나 경험이 많은 교사 모두 낯설고 다르다는 이유로 테크놀로지 통합에 부정적일 수 있다. 변화는 우려를 수반하고 여러 문제를 낳을 수 있다. 다시 한 번 제언하건대, 테크놀로지 통합을 고려할 때, 학습 대상과 학습목표, 학습내용 및 학습환경을 면밀히 고려하기 바란다. 과연 시간과 노력을 투자해도 괜찮은지 판단하고자 할 때, 다음 질문을 던져 보자.

- 테크놀로지 통합이 학생들의 학습능력 향상에 도움이 되는가?
- 테크놀로지 통합이 보다 효율적인 학습에 도움이 되는가?
- 테크놀로지 통합이 학습의 전이에 도움이 되는가?
- 테크놀로지 통합(이전에 보지 못했던 것들을 보게 하고, 새로운 아이디어를 더 많이 접하게 하는 등)이 학생들의 통찰력 향상에 도움이 되는가?
- 테크놀로지 통합이 학생들에게 색다른 경험을 제공

점검사항

테크놀로지를 통합하는 교사

*VisionQuest*는 초 · 중 · 고등학교 교사 여섯 명의 숙련된 테크놀로지 통합 과정을 보여 주는 웹 기반 멀티미디어 도구다. *VisionQuest*를 보면 교실에서 어떻게, 그리고 왜 테크놀로지가 활용될 수 있는지 생각해 보는 데 도움이 될 것이다. 또한 *VisionQuest*는 테크놀로지 통합과 관련된 동기요인 및 장애물을 보여 준다. 무엇보다도 *VisionQuest*는 테크놀로지를 활용하는 교사들의 좋은 예를 보여 줌으로써 어떻게 하면 학습에 도움이 되는 방향으로 테크놀로지를 사용할 수 있는지 생각해 보는 데 도움을 준다.

http://tcct.soe.purdue.edu/visionquest/index.htm에서 *VisionQuest*를 살펴보자(교재의 CD에도 포함이 되어 있다) 〔장에 대한 정보와 활동들(Chapter Info and Activities) ≫ 13장(Chapter 13) ≫ *VisionQuest*〕. 특히, 'Road Map' 에서 여러 교사가 겪었던 난관과 장애물을 살펴보자. 'Path' 에 가서 수업에 테크놀로지가 어떻게 통합되었는지도 살펴보자. 여러분이라면 어떤 테크놀로지 통합계획을 세우고, 어떻게 난관을 극복하며, 어떻게 필요한 변화를 일으켜 기대하는 수준의 테크놀로지 통합을 이끌어 내겠는가?

함으로써 기억력 향상에 도움이 되는가?

- 테크놀로지 통합이 학습내용에 대한 학생들의 호기심, 자신감, 흥미, 관심을 증가시키는가?

테크놀로지 통합의 가능성과 잠재적인 문제점이 파악되고 나면, 몇 가지 방법을 동원하여 테크놀로지 통합을 도모할 수 있다. 이에 대해 Ertmer(1999: 55-56)가 제안하는 방법은 다음과 같다.

ⓐ 언제, 그리고 어떻게 테크놀로지를 사용할 수 있는가에 대해 같은 학년 또는 같은 교과 사람들과 이야기를 나눈다. ⓑ 테크놀로지를 처음 도입할 때 예상되는 행정적인 문제 및 기술적인 문제를 해결할 수 있는 방안(예: 팀으로 가르치기, 수업 보조교사로 학부모 구하기, 집단별로 우수학생 배치하기)에 대해 생각해 본다. ⓒ 교과과정에 테크놀로지를 통합할 때 소규모(예: 한 번에 한 단원씩)로 시작한다. ⓓ 테크놀로지 활용능력을 현 교과과정에 포함할 수 있도록 학교, 지역 및 시 단위 관계자들과 협의한다.

여기서 몇 가지 짚고 넘어가야 할 것들이 있다. 첫째, 앞서 논의하였듯이 작게 시작하라. 여러분과 학생들은 성공적인 결과를 확인하고 싶어 할 것이고, 이는 소규모의 경험에서도 확인할 수 있다. 일단 소규모의 프로젝트를 무사히 마치면, 보다 복잡한 프로젝트를 실행할 수 있을 것이다. 소규모의 프로젝트를 통해 여러분은 가능성과 잠재적인 문제점을 알게 될 것이고, 이는 보다 큰 규모의 테크놀로지 통합을 성공적으로 추진하는 데 도움이 될 것이다.

둘째, 가능하면 다른 사람들에게서 도움을 구하라. 학교 컴퓨터실 담당자나 과거에 테크놀로지 통합 프로젝트를 실시해 본 경험이 있는 사람들은 테크놀로지 통합 과정과 관련해서 여러분의 상황에 도움이 될 만한 정보를 가지고 있을 것이다. 여러분이 처한 상황에서 무엇이 효과적이고 무엇이 도움이 되지 않는지를 아는 것이 중요한 만큼, 이 사람들은 ⓐ 여러분에게 아이디어나 사례를 제공함으로써 올바른 결정을 내리는 데 안내자 역할을 할 수 있고, ⓑ 잠재적인 문제에 대해 주의를 줄 수 있으며, ⓒ 미처 생각하지 못한 아이디어를 제공하여 힘이 되어 줄 수 있다. 또한 ⓓ 문제해결방안을 모색하는 데 중요한 참고인이 될 수 있다.

테크놀로지 통합의 장애물은 어떻게 해결할 수 있는가

테크놀로지를 성공적으로 통합하는 학교에는 테크놀로지 전문가가 상주하며, 교사의 테크놀로지 통합 과정을 돕는다. 최근까지 학교 내 교수매체와 관련된 대부분의 업무는 자료실/매체 전문가들(library/media specialists)이 담당해 왔다. 자료실/매체 전문가들은 교사와 학생들에게 자료를 제공하고, 정보 검색 및 활용법을 설명하여 관심과 사용능력을 계발하며, 교사가 학생 개개인에게 적합한 학습전략을 개발할 수 있도록 돕는다.

지난 10여 년간 새로운 이름의 전문가가 등장했는데, 컴퓨터 또는 테크놀로지 코디네이터가 바로 그들이다. 테크놀로지 코디네이터(technology coordinator)는 전문가로서, 학교 또는 지역 내 컴퓨터 및 관련 테크놀로지를 관리한다. 어떤 지역에서는 테크놀로지 코디네이터가 항상 상주한다. 실제로, 다소 규모가 큰 지역에서는 테크놀로지

▲ 학교 내 테크놀로지 전문가, 자료실/매체 전문가, 또는 테크놀로지 코디네이터는 교사와 학생들이 교수 · 학습에 테크놀로지를 효율적으로 사용할 수 있도록 돕는다.

코디네이터를 여러 명 두기도 한다. 건물별로 테크놀로지 코디네이터가 있는 학교도 많이 있다. 건물 또는 작은 지역을 관리하는 테크놀로지 코디네이터는 컴퓨터 전문지식을 지닌 교사로서, 학교 업무와 함께 병행하는 경우가 대부분이다. 이러한 테크놀로지 코디네이터들은 일반적으로 수업시간을 다소 면제받거나 수당을 더 받는다. 어쩌면 여러분도 언젠가 시간제 테크놀로지 코디네이터로 일하는 자신을 발견하게 될지도 모르겠다.

테크놀로지 코디네이터의 업무는 학교별로 다양하다. 어떤 학교에서는 여러 사람이 일을 분담하기도 하고, 어떤 학교에서는 혼자서 모든 것을 책임지기도 한다. 테크놀로지 코디네이터가 주로 하는 일은 다음과 같다.

- 행정가 및 지역 내 테크놀로지 위원회와 협력하여 테크놀로지 계획 수립 및 실행
- 교사들과 협력하여 테크놀로지 통합 지원
- 하드웨어와 소프트웨어 구매 및 설치 계획, 감독
- 학교 컴퓨터 네트워크 관리
- 학교의 하드웨어 및 소프트웨어 목록 관리
- 장치 수리 · 관리
- 교수 · 학습 테크놀로지에 관한 정보 수집 및 배포
- 학교 테크놀로지 활동 관련 보조금 지원서 작성
- 교사 및 직원들에게 연수 프로그램 제공

학교 재정에서 교사 및 직원 연수에 할당되는 금액은 적지만, 최신 교육공학의 흐름을 익히기 위한 정기적인 교원연수는 필수적이다. 따라서 테크놀로지 계획 수립 시 정기적이고 지속적인 교원연수도 고려하여야 한다. 교원연수는 테크놀로지 통합계획에 기초해서 준비되어야 하며, 테크놀로지 통합계획이라는 전체적인 틀 안에서뿐만 아니라 교수목표에 적합한 범위 내에서 교사가 테크놀로지를 효과적으로 사용할 수 있도록 도와야 한다.

교육공학과 관련하여 교원연수 프로그램을 제공하는 몇 가지 방법이 있다. 한 가지 주제에 대한 프레젠테이션이나 워크숍은 교사들의 관심과 인지도를 높이는 데 유용하지만, 사후활동 없이는 장기적인 효과를 기대하기 어렵다. 설명과 연습 및 활용, 그리고 피드백의 기회가 주어지는 일련의 연수 프로그램이 보다 효과적이다. 지역 내 컴퓨터 전문가 및 교사들을 활용하고, 직접 실습할 수 있는

국가교육공학표준과의 연계

NETS와 연계

국가교육공학 표준(국가교육공학표준 II와 III 참조)에서 교사 관련 몇 가지 항목을 살펴보면, **이용 가능한 테크놀로지를 활용하여 학습 결과를 향상시키고 모든 학생이 테크놀로지를 사용할 수 있는 계획을 세우는 능력**이 강조되고 있다.

학교, 지역 및 주에서 글로벌 통합계획을 수립해야 하는 것처럼 교사 개개인도 가장 효과적인 방식으로 학생들에게 영향력을 미칠 수 있는, 개인을 위한 테크놀로지 통합방안에 대해 고민해 보아야 한다. 학급을 담당하는 교사로서 효과적인 테크놀로지 통합을 준비하는 첫 단계라고 가정하고, 자신의 경험에 기초하여 다음의 질문에 답해 보자. 여기 제시된 질문은 테크놀로지 계획 가이드(www.apple.com/education/planning)에서 발췌하여 수정한 것이다.

- 개인용 테크놀로지 통합에 대한 여러분의 비전은 무엇인가?
- 테크놀로지 통합에 대한 여러분의 입장은 무엇인가?
- 테크놀로지 통합과 관련하여 여러분이 지향하는 것은 무엇인가?
- 여러분이 기대하는 수준의 테크놀로지 통합을 이루어 내기 위해서는 어떤 절차가 필요한가?
- 여러분은 보다 수준 높은 통합을 지향하고 달성하기 위해 무엇을 할 수 있는가?
- 여러분은 어떻게 진행 과정을 감독하고 필요한 변화를 일구어 내겠는가?

기회를 제공하며, 교사들이 편리한 시간과 장소에서 이용 가능하고, 단계별로 숙달할 수 있는 기회가 있으며, 사후에도 도움을 주고 피드백을 제공할 때 더욱 효과적이었다. 교사와 학생들이 학습공동체를 이루어 서로 돕도록 하는 것도 좋은 결과를 가져온다(Chuang, Thompson, & Schmidt, 2003b)

연수 프로그램, 계획 수립 및 지원활동은 테크놀로지 통합 시 논의되어야 하는 주요한 쟁점이다. 이 쟁점을 무시하고 지나치게 되면 교사와 학생들의 불만이 커질 뿐만 아니라 테크놀로지 통합의 성공 가능성도 낮아지게 될 것이다. 또한, 다른 테크놀로지 통합이 필요하거나 제안해야 할 경우, 이전의 불만이 문제시되어 테크놀로지 통합에 장애로 작용할 수 있다.

이 외에도 테크놀로지 통합에 따른 여러 문제가 발생하거나, 강조되거나, 지연될 수 있다. 앞의 여러 장에서 논의되었지만, 저작권 문제(제8장 참조)가 한 예가 될 수 있다. 기술이 발달하여 교재를 복사하고 제작하는 것이 예전보다 훨씬 수월해짐에 따라, 저작권에 대한 이해의 요구가 증가해 왔다. 그럼, 교사 및 행정가, 학부모, 학생들이 고려해야 할 여러 다른 쟁점에 대해 살펴보자.

테크놀로지 통합에 따른 기타 쟁점은 무엇인가

형평성과 접근성

형평성은 교수공학을 준비하는 모든 학교에서 논의되는 주요 쟁점 중 하나다. 테크놀로지가 마련되어 있고 이를 적절히 사용할 수 있는 기회의 유무는 학생 개개인의 효율적인 학습 향상에 상당한 영향을 미칠 수 있다. 그러나 사회경제적인 차이에 의해 상당한 격차가 발생할 수도 있는데, 테크놀로지를 사용할 수 있는 사람들과 그렇지 못한 사람들 간의 이 '차이'를 가리켜 '**정보격차**(digital divide)'라고 부른다. 부유한 가정의 학생들은 집에 컴퓨터를 가지고 있는 반면, 저소득층의 학생들은 그렇지 못한 경우가 많다. 이와 같은 문제를 해결하기 위해서는 학교에서 책임을 지고 모든 학생에게 테크놀로지를 제공할 것이 요구된다.

〈표 13-5〉에 나타난 것처럼 미국 내 학교는 미국 사회 전체를 반영한다. 재정적으로 열악한 지역의 학교와 유색 인종 학생이 많은 학교는 학생 1인당 컴퓨터 수가 적을 뿐만 아니라 인터넷 연결도 부유한 지역에 비해 상대적으로 많이 부족한 상황이다. 그러나 다행스럽게도, 학생 수 대 컴퓨터 비율이 증가하고 있으며, 미국 내 모든 학교에 인터넷을 보급하는 노력이 성공적으로 진행되고 있다. 이것은 물론 학교 혼자서 해결할 수 있는 문제는 아니다. 학생들에게 필요한 테크놀로지를 제공하기 위해서는 정부, 사회단체 및 기업의 협조가 절실히 요구된다.

그러나 테크놀로지에 대한 접근성을 잘 갖추어도 형평성의 문제가 있을 수 있다. 경제적으로 넉넉하지 않고, 상대적으로 학습능력이 떨어지는 학생은 교정학습이나 반복학습 등 기본적인 지식 및 기술 습득에 컴퓨터를 사용할 가능성이 높은 반면, 보다 경제적으로 윤택하고 우수한 학생은 창의적이고 다양한 방식으로 컴퓨터를 사용할 기회가 많은 편이다. 이와 관련해서 교사는 특정 학생은 테크놀로지를 창의적으로 사용할 줄 모른다는 식의 편견을 가져서는 안 된다. 모든 학생이 창의적인 테크놀로지의 활용으로부터 혜택을 받을 수 있다.

테크놀로지와 관련하여 남녀 불균형도 문제시되어 왔다. 남학생들은 학교에서뿐만 아니라 학교 밖에서도 컴퓨터를 더 자주 사용하는 경향이 있는 반면, 여학생들은 컴퓨터 활용에 대해 상대적으로 낮은 자신감을 보이는 경향이 있었다. 이러한 경향은 보다 저학년부터 여학생들이 컴퓨터를 사용할 수 있는 기회를 제공하고, 이러한 기회를 교과과정 전반을 통해 꾸준히 제공함으로써 개선할 수 있었다(관련 증거는 〈표 13-5〉 참조). 학교에서는 학교생활 전반에 걸쳐 여학생과 남학생 모두 교수·학습 테크놀로지의 활용 기회를 가질 수 있도록 신경을 써야 할 것이다.

학교와 교사는 테크놀로지에 대한 접근성과 관련된 다

〈표 13-5〉 컴퓨터와 인터넷을 사용하는 아동 및 청소년의 비율(DeBell & Chapman, 2003)

특성	컴퓨터 사용률 (%)	인터넷 사용률 (%)
총계(5~17세)	89.5	58.5
아동 특성		
성별		
여	90.0	58.6
남	89.1	58.3
인종		
백인	93.4	66.7
흑인	85.0	45.3
히스패닉	78.7	37.2
아시아인	89.7	64.6
인디언	89.8	53.5
가족 및 가구 특성		
가족 수입		
$20,000 이하	80.1	36.5
$20,000~$34,999	86.3	48.8
$35,000~$49,999	92.0	62.8
$50,000~$74,999	93.6	67.1
$75,000 이상	96.2	75.4

른 여러 편견에도 주의를 기울여야 한다. 어떤 학교에서는 소수의 사용자들이 테크놀로지를 독점하듯이 사용할 수 있다. 이는 실습실 사용의 우선순위 기준이나 기존의 사용 관행, 기타 여러 사정에 따라 발생할 수 있다. 그 사정은 어느 정도 이해 가능하지만, 사용 우선순위를 결정할 때 모든 사용자를 고려할 수 있도록 노력해야 한다. 때로는 교사들이 특정 학생의 사용을 무의식적으로 금할 수도 있다. 예를 들어, 어떤 교사는 지시사항을 일찍 마친 학생들에게만 교실 컴퓨터 사용을 허락할 수 있다. 이 같은 행동이 괜찮은 경우도 있지만, 속도가 빠른 동일한 학생들이 반복적으로 사용 기회를 허락받을 수 있고, 이는 다른 학생을 배제하는 결과를 낳을 수 있다. 교사는 모든 학생이 동등한 기회를 가질 수 있도록 관심을 기울여야 한다.

법적 · 윤리적 보안 문제

학교와 교사는 교수 · 학습 테크놀로지와 관련된 법적 · 윤리적 문제에 관심이 많을 것이다. 예를 들어, 제8장, 제9장, 제11장에서 법적 · 윤리적 문제 중 하나인 저작권에 대해 설명하며 저작권이 학교와 교사에게 어떤 영향을 미치는지에 관하여 논의했다. 학교는 저작권과 관련된 정책을 마련하여 이를 교사와 학생들에게 분명히 전달해야 한다. 학교와 교사는 책임의식을 가지고 저작권 한도 내에서의 적절한 교수 · 학습 테크놀로지 활용법을 알려야 한다. 예를 들어, 저작권을 보호받는 교재를 사용하고, 공정이용법을 지키는 것이다. 소프트웨어 저작권 침해와 불법복사에 대해 엄중히 처벌하는 것도 한 예다. 죄의식을 느낀 교사들이 부족한 학교 예산과 값비싼 소프트웨어 가격을 핑계로 소프트웨어 불법복제를 합리화하려고 하지만 이는 용납될 수 없다. 소프트웨어 불법복제는 절도와 같다. 교사는 소프트웨어 불법복제를 하지 말아야 하며, 학

국가교육공학표준과의 연계

NETS와 연계

국가교육공학표준 VI(사회적, 윤리적, 법적, 인간적 문제, 국가교육공학표준 전체 항목 및 관련 수행 지표는 교사용 자료 A 참조)에는 **공평한 테크놀로지 사용에 대한 교사들의 이해의 필요성**이 명시되어 있다. 다음에 제시된 상황을 읽어 보고 접근성 문제에 대해 생각해 보자.

> 아프가니스탄에 위치한 카불대학교의 한 교수는 최근 면담에서 카불대학교 교수진과 학생들이 직면한 주요 문제 중 하나가 교재 접근성이라고 밝혔다. 수년에 걸친 전쟁과 탈레반 통치 이후 수업에 사용할 수 있는 교재는 교수 자신이 소유한 책이 유일한 경우가 많았고, 이런 경우 강의는 교수가 교재를 천천히 읽고 학생들이 받아 적는 식으로 진행되었다. 학생들의 노트 필기가 유일하게 이용 가능한 교수자료였다.

이처럼 교재와 관련 정보 이용에 제한이 따를 경우, 학습에 어떤 영향을 미치겠는가? 기본적인 정보 이용이 이처럼 제한된 경우는 거의 찾아보기 힘들겠지만, 테크놀로지(예: 컴퓨터 하드웨어 및 소프트웨어, 인터넷 등) 이용이 제한된다면 어떤 문제가 발생할 수 있는가?

- 테크놀로지 이용의 제한으로 나타날 수 있는 문제를 생각해 보고, 이들이 학습을 어떻게 저해할지 기술하라. 학교 및 지역사회, 가정환경 문제들도 고려하라.
- 접근성과 관련된 주요 문제를 해결할 수 있는 방안을 나열하라.

생들에게도 소프트웨어 복제가 불법이라는 사실을 단단히 일러두어야 한다.

교사는 학생들이 컴퓨터 및 여러 테크놀로지를 적절히 사용할 수 있도록 도와야 한다. 그러나 컴퓨터 이용 문화가 문제행동을 미화할 때는 학생지도에 어려움을 겪을 수 있다. 지적 도전이나 짜릿함 때문에 컴퓨터 시스템에 무단 침입하는 사람들, 일명 **해커**(haker)들이 컴퓨터 사용자들로부터 영웅으로, 일종의 현대판 로빈후드로 대접받고 있다. 나쁜 의도를 지니지 않은 해커들도 자주 있지만, 의도했든 의도하지 않았든 간에 침입했던 컴퓨터 시스템에 문제를 일으킬 수 있다. 재미로 컴퓨터를 해킹하는 것과 범죄 목적으로 해킹하는 것은 한 걸음 차이다. 학교와 교사는 해커들의 이러한 행동이 잘못된 것이라는 것을 숙지시켜야 한다.

컴퓨터 바이러스(computer viruses)는 학교 컴퓨터 환경을 위협하는 또 다른 요소다. 취학연령의 학생들은 바이러스 발생에 대한 책임이 거의 없지만, 학교 컴퓨터를 감염시키는 것에 대해서는 분명 책임이 있을 수 있다. 바이러스는 감염된 디스크로부터 학교 컴퓨터로 쉽게 옮겨지기도 하고, 사용자도 모르는 사이에 인터넷 사이트로부터 다운로드되기도 한다. 바이러스를 예방하기 위해서는 학교와 개인 모두 백신 프로그램을 사용해야 한다. 바이러스와 바이러스 예방에 대한 자세한 정보는 '도구상자 팁: 컴퓨터 바이러스'를 참조하기 바란다.

표 절

원문의 내용이나 일부분을 그대로 인용하여 자기 자신의 아이디어인 체하는 것을 **표절**(plagiarism)이라고 한다. 표절은 원문의 저자가 인정받아야 할 노력과 수고를 박탈해 간다는 점에서 부정한 행동이다. 원저자의 의도와는 다르게 표절자가 내용을 잘못 전달할 수도 있다는 점에서 표절은 옳지 않은 행위이기도 하다.

표절과 관련한 테크놀로지의 역할은 흥미롭다. 첫째, 표절은 일반적으로 무언가를 복제하는 것을 수반한다. 요즘 볼 수 있는 모든 소프트웨어는 빠르고 쉽게, 그리고 매우 저렴하게 똑같은 복제물을 만들어 낼 수 있다. 둘째, 표절을 위해서는 원본을 직접 보아야 한다. 오늘날 인터넷을 통해 이용할 수 있는 모든 종류의 전자화된 정보 덕

도구상자

팁

컴퓨터 바이러스

컴퓨터 바이러스는 컴퓨터 사용자 개인 및 학교 실습실에 심각한 영향을 미칠 수 있다. 생물학에서 바이러스는 유기체를 감염시키는 매우 작은 입자로써 질병을 유발할 수도 있고 그렇지 않을 수도 있다. 바이러스는 세포에 침입하여 더 많은 바이러스를 증식시키고 새로운 감염을 일으킨다. 컴퓨터 바이러스도 비슷한 기능을 한다. 컴퓨터 바이러스는 소프트웨어에 침입하여 별다른 조짐 없이 컴퓨터가 바이러스를 복제하고 퍼뜨리게 한다. 컴퓨터 바이러스는 미미한 증상(예: 감염된 컴퓨터 스크린에 나타나는 장난 문구)에서부터 상당히 심각한 결과(예: 컴퓨터 하드디스크를 손상시키거나 삭제)에 이르기까지 다양한 영향을 미칠 수 있다. 컴퓨터 바이러스는 학교를 비롯하여 여러 환경에서 컴퓨터를 사용하는 사람들에게 공통적인 문제로 남아 있다.

다음의 주의사항을 참조하여 컴퓨터 바이러스에 따른 문제를 줄여 보자.

- 백신 프로그램(예: *Norton Internet Security, PC-cillin Internet Security Suite, NOD32 Antivirus System, McAfee VirusScan*)을 사용하여 개인 컴퓨터 및 학교 컴퓨터를 점검하고 바이러스나 스파이웨어가 있으면 제거하라. 백신 프로그램을 이용하여 방화벽을 설치하고, 스팸 필터를 설정하며, 필요하다면 어른이 컴퓨터 사용을 감독할 수 있는 기능도 설치하라. 새로이 발견된 바이러스에 대처할 수 있도록 백신 프로그램을 정기적으로 업데이트하라.
- 신뢰할 수 없는 게시판이나 웹사이트는 바이러스 감염의 주된 장소로 언급되는 만큼, 이와 같은 곳에서 소프트웨어를 다운받는 것을 피하라. 소프트웨어를 다운받았다면, 사용에 앞서 다운받은 파일을 백신프로그램으로 점검하라.
- 학교에서 바이러스 확산을 줄일 수 있는 방안을 마련하라. 학생 개인이 사용하는 소프트웨어를 학교에 가져오는 것을 금지하라. 컴퓨터에 백신 프로그램을 설치하여 이용자가 컴퓨터를 시작할 때나 디스켓을 삽입할 때 자동으로 바이러스 스캔이 작동되도록 하라.

바이러스는 컴퓨터에 저장된 자료에 위협적인 존재다. 하지만 인터넷에서 유포되는 바이러스에 관한 소문 중에는 근거 없는 이야기도 많이 있다. 이러한 헛소문 중에는 특정 제목으로 전송되는 이메일을 읽기만 해도 엄청난 피해를 볼 수 있다는 것도 있다. 널리 사용되는 이메일 프로그램과 관련하여 보안문제가 보고될 때마다 제조회사들은 관련 기능 보완 프로그램을 제공해 왔다. 단순히 이메일을 읽는 것만으로 컴퓨터를 감염시킬 수 있는 바이러스에 관한 보고는 찾기 힘들다. 하지만 이메일 첨부파일에 실행파일이 포함될 수 있는 만큼, 바이러스 감염 가능성이 있다. 2001년에 보고되었던 코드 레드, 코드 레드 2 바이러스가 그 예로, 미국 및 여러 국가의 수많은 개인, 학교, 회사 컴퓨터에 오류를 일으키는 결과를 가져왔다. 이 두 바이러스에 의한 피해를 복구하는 데만 20억 달러 이상이 소요되었다(DeLong, 2001). 따라서 이메일 첨부파일을 열기 전에 백신 프로그램으로 점검할 것을 권한다. 실제 바이러스와 거짓 바이러스에 관한 더 자세한 정보는 미국 에너지부에서 운영하는 컴퓨터사고자문위원회 웹사이트(http://ciac.llnl.gov/)를 참조하기 바란다.

분에 정보의 검색 및 사용이 그 어느 때보다도 수월하다. 이러한 두 가지 사실을 함께 고려할 때, 여러분은 방대한 양의 정보와 그림, 비디오, 음악 등을 검색하고 복사할 수 있는 수단과 방법을 가지고 있다고 볼 수 있다. 여러분은 또한 정보를 복사하여 덧붙이는 것도 쉽게 할 수 있다. 이러한 환경과 여건을 적절히 활용하면 학습에 도움이 될 수 있지만, 그렇지 않은 경우에는 원자료를 잘못 사용하는 결과를 낳을 수 있다.

표절문제를 해결하는 방안으로 McCullen은 다음과 같은 사항을 제시하였다.

① 학생들에게 지적 재산권, 표절 및 표절과 관련된 문제점을 가르친다.
② 의도적, 비의도적인 표절의 예를 보여 준다.
③ 표절이 왜 허용되지 않는지, 이에 대한 여러분의 입장을 설명한다.
④ 노트필기 기법 몇 가지〔예: 코넬방법(Cornell Method)〕를 소개하여 학생들이 자신의 글만을 활용하고 참고자료는 출처를 밝힐 수 있도록 돕는다.
⑤ 참고자료의 출처를 적절히 표기한 다른 학생들의 예를 보여 준다.
⑥ 학생들이 정보수집, 노트필기, 초안 작성, 출처 표기를 연습할 수 있는 기회를 제공한다.
⑦ 컴퓨터를 사용하여 부적절하게 출처를 표기한 자료를 찾아내는 방법을 보여 준다('도구상자 도구: 표절인식 도구' 참조).

'표절'로 인터넷 검색을 하면 표절에 대한 정보와 학생들의 표절문제 해결을 돕는 방법에 대한 자료를 쉽게 찾을 수 있다. 관련 사이트의 한 예를 들면, 퍼듀 대학교 온라인 글쓰기 실습실(Online Writing Lab/OWL, http://owl.english.purdue.edu/handouts/print/research/r_plagiar.html)이 있다.

표절에 따른 문제 외에도 학생들이 과제물을 돈으로 사는 문제가 있다. 사회과목 리포트를 10장 정도 써야 하지만 시간과 의욕이 없는 학생이 있다고 가정해 보자. 과제

도구상자 도구

표절인식도구

표절이 어려운 일은 아니지만, 테크놀로지(예: 정보 검색이나 복사, 덧붙이기) 덕분에 훨씬 더 수월해졌다. 그러나 표절을 탐지하고 해당 부분이 어디인지 보고하는 전자도구가 개발되었다. 이 표절인식도구들은 제출된 문서를 거대한 전자 데이터베이스 및 인터넷과 비교하여 수 초 안에 확인·대조한다. 교사들은 의심스러운 리포트를 신속하고 수월하게 검사하여 인용이 적절히 되었는지 확인할 수 있다. 학생들은 자신의 글에서 문제가 될 만한 부분을 사전에 점검하여 표절을 방지할 수 있다.

표절인식도구의 종류

[간단 검색]

매우 간단한 방법으로 유명 인터넷 검색도구들(예: Google)을 사용하는 방법이 있다. 의심스러운 구문이나 문장 또는 단락을 인용부호 안에 포함하여 검색창에 입력하는 것이다. 그러면 인터넷에서 발견된 유사 문장을 가진 문서들이 밝은 색으로 표기되어 나열된다.

[고급 인식 서비스]

상업적으로 표절인식 서비스를 제공하는 업체들도 있다(주로 적은 비용에 이용 가능하지만, 무료 서비스를 제공하는 곳도 있다). 의심스러운 문서를 제공하면 짧은 기간 내에 해당 문서에 대한 보고서를 제공하는데([그림 13-1] 참조), 표절로 의심되는 부분을 밝은 색으로 표시하고 비슷한 자료의 출처를 제공한다. 이러한 서비스를 제공하는 회사 몇 군데를 예로 들면 다음과 같다.

- Turnitin.com(www.turnitin.com)
- MyDropBox.com(www.mydropbox.com)
- EVE2(www.canexus.com/eve/index.shtml)

이러한 회사들은 대부분 검색 결과의 예나 무료 서비스 기간을 제공한다. 무료 서비스(WCopyfind)는 http://plagiarism.phys.virginia.edu/에서 이용 가능하다.

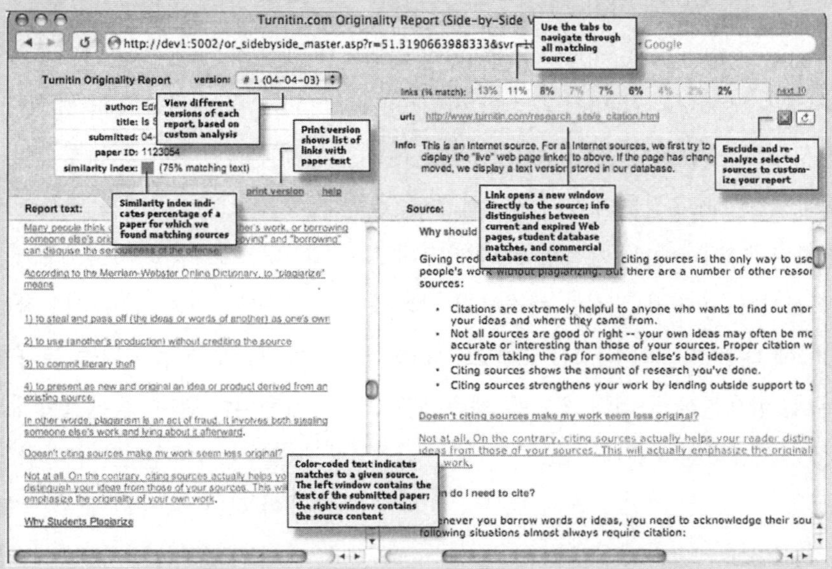

[그림 13-2] 상업용 표절인식 서비스 샘플의 예

표절인식도구의 장점과 단점

[장점]

• 표절된 문서를 빠르고 쉽게 찾아낼 수 있다. 학생에게 표절 증거를 제시하여 적절한 조치를 신속하게 취할 수 있다.
• 표절인식도구에 대해 학생들에게 알려 주고, 이 도구들을 자주 사용하겠다고 일러 두면 학생들이 표절 방지를 위해 노력하는 결과를 가져올 수 있다.
• 문서 작성자로 하여금 무의식적으로 첨가되어 문제가 될 수 있는 부분을 확인하는 데 도움이 될 수 있다.

[단점]

• 서비스 이용료가 부담으로 작용할 수 있다.
• 제시한 학생 보고서가 표절인식 서비스를 제공하는 회사의 데이터베이스에 저장되어 비교를 위한 참고자료로 활용될 수 있다(예: turnitin.com). 저작권 침해 문제가 제기될 수 있다.
• 관련 출처들은 모두 표시되기 때문에 적절히 인용된 출처들도 표시될 수 있다.
• 표절인식을 위한 검색이 제한적으로 일어날 수 있고, 그 결과 표절 사실이 드러나지 않을 수도 있다.
• 모든 학생의 과제물이 의심을 받고 검사 대상이 되기 때문에 교사와 학생 간의 신뢰도가 떨어질 수 있다.

[표절 인식 관련 참고자료]
Current Issues and Resources. Center for Intellectual Property. Retrieved November 5, 2004, from University of Maryland University College website: http://www.umuc.edu/distance/odell/cip/links.html.

물을 제출하지 못하는 대신, 학생들의 과제물을 판매하는 사이트를 찾아 리포트를 돈으로 사서 제출할 수도 있다. Thousands of Papers(www.termpapers-on-file.com)와 School Sucks(www.schoolsucks.com)가 그러한 사이트들의 예다. 이러한 사이트는 주로 다양한 분야와 관심 주제에 대한 논문 판매를 통해 학생들의 연구활동에 도움을 제공한다고 선전한다. 그러나 논문 제목만 바꿔서 그대로 사용되는 것이 현실이다. 이러한 문제를 해결하기 위해서는 교사/강사가 이에 대한 자신의 입장을 밝히고, 표절인식도구를 사용하며, 학생들에게 여러 초안을 제출하도록 하여 과제물 진전도를 점검해야 한다.

보 안

학교에서는 개인정보 보호와 보안에도 소홀히 해서는 안 된다. 학생 자료 보호는 수년간 학교에서 다루어 온 문제다. 학교에서는 학생들의 성적 및 기타 자료를 컴퓨터에 보관한다. 이 자료들은 학생들에게 공개되어서는 안 되는 것이다. 그러나 요즘 더 큰 걱정거리는 아마도 인터넷을 통해서 개인정보를 접할 수 있다는 점이다. 여러 인터넷 사이트가 개인정보를 수집하고 있는데, 이와 관련해서 정부는 인터넷 사이트들이 학생들로부터 정보를 수집하는 것을 불법으로 규정하는 법안을 마련하고 있다. 그럼에도 불구하고 채팅룸이나 온라인 포럼에서 학생들의 정보를 구하고자 노력하는 사람들이 있을 수도 있다. 마지막으로, 학교 웹사이트에 학생 정보를 올리는 학교들이 있는데, 이는 소아 성도착증 환자나 그밖의 사람들에게 학생들을 노출시키는 결과를 낳을 수도 있으므로 주의를 기울여야 한다. 학생들에게 인터넷상에서 자신에 대한 정보를 알려 주는 것이 위험함을 인지시키며, 주의를 당부해야 한다. 학교와 교사는 학생 및 보호자의 동의 없이 학생에 대한 정보나 학생의 저작물을 웹사이트에 올려서는 안 된다. 학생에 대한 정보가 타인에게 수집되어 다른 목적으로 쓰일 가능성이 있기 때문이다. 예를 들어, 학생의 건강 정보가 보안이 취약한 이메일로 전송될 때 우연히도 제3자의 필터에 걸려 들어간 적이 있었는데, 이 일 때문에 그 학생 가족의 건강보험 가입이 거절당한 경우가 있었

국가교육공학표준과의 연계

NETS와 연계

국가교육공학표준의 몇몇 장을 살펴보면(V와 VI 참조), 교사에게 **안전하고 분별력 있게 테크놀로지를 사용하여 수업을 개발할 수 있는 능력**이 기대되고 있다. 안전하지 않은 의사소통방법으로 개인정보를 전달하지 말아야 한다는 점은 이미 알고 있겠지만, 안전과 보안에 관련된 다른 문제들도 고려해야 한다. 다음에 제시한 웹사이트를 방문해 보거나 인터넷을 검색하라('인터넷 보안' 처럼 간단한 검색어를 입력하면 관련 사이트들을 볼 수 있다). 사이트에서 제공하는 내용을 살펴본 뒤, 수업 시 안전하고 분별력 있게 인터넷을 사용하는 방법에 대해 자기만의 행동지침을 만들어 보라.

http://www.4teachers.org/4teachers/inttech/aupis.php
(캔자스 대학교의 4teacher.org가 제공하는 인터넷 보안 관련 사이트 목록)

http://www.ou.edu/oupd/kidsafe/start.htm
(오클라호마 대학교의 공공안전학과가 제공하는 The Police Notebook 가운데 인터넷에서 어린이 보호하기 부분)

http://www.indianapolis.in.us/home/child.htm ('Child Safety on the Internet' tips)

'A Teacher's Guide to Internet Safety' (http://www.netalert.net.au/schools/NetAlert Guide a4.pdf)도 다운받아 안전에 대한 내용을 비롯하여 행동 지침도 살펴보라.

다. 개인정보를 보호하기 위해서는 조심하는 게 제일이다. 학부모, 교사, 테크놀로지 코디네이터가 알아두면 좋은 보안에 관한 보다 자세한 정보(예: 학습계획, 학습활동)는 Center for Education and Research in Information Assurance and Security(http://www. cerias.purdue.edu/K-12)를 참고하라.

마지막으로, 학교는 학생들이 정보를 구하는 방법을 비롯하여 학교 컴퓨터에서 학생들이 어떤 정보를 검색하는지에 관심을 기울여야 한다. 제10장에서 지적한 것처럼 인터넷에는 학생들에게 적합하지 않은 정보를 비롯하여 오용된 정보도 많이 있다. 따라서 학교는 학생들 교육에 힘을 기울여야 하며, 이와 관련하여 인터넷 사용 정책도 마련해야 한다.

테크놀로지 통합에 왜 시간, 에너지, 자본을 투자해야 하는가

이는 많은 사람에게 중요한 문제다. 매년 학교 내 테크놀로지 사용 및 관리에 수십 억이 지출되는 만큼 강력하고 설득력 있는 설명이 요구된다. 미국 교육부 산하 교육공학처에서 최근 발간한 보고서(Culp, Honey, & Mandinach, 2003)에 따르면, 근본적인 이유는 다음과 같다.

교수·학습 관련 어려움을 해결하는 하나의 방법으로서의 테크놀로지

제1장에서 지적했듯이 지난 세기 동안 학생들의 요구는 급변해 왔다. 테크놀로지의 발달은 학생들의 이러한 요구를 낳고 증폭시키는 동시에 학습에 대한 요구를 충족시키는 수단으로 제공되게 되었다. 예를 들어, 복잡한 학습환경에서 보다 높은 수준의 문제해결력을 보여 줄 것을 요구하는 사회에서 테크놀로지는 학생들이 자신의 문제해결방안을 분석하고 종합하여 전달할 수 있는 여러 방식을 제공하고 있다. 또한, 테크놀로지는 학습경험을 강화하여 문제 이해와 필요 기술 연마, 관련 답안 제시, 학습경험 평가를 도울 수 있다. 이 외에도 테크놀로지는 물리적, 지리적, 사회적으로 기회가 제한된 학생들에게 교육받을 수 있는 기회를 제공할 수 있다. 마지막으로, 테크놀로지 도구는 다양성을 강화시킨다. 보다 발달된 의사소통 방식을 통해 학생들은 여러 사람(예: 전 세계에 있는 전문가, 전문 기관, 학생들, 교사 및 행정가)을 접하고 관련 자료를 적절한 시기에 습득함으로써 보다 넓은 시야를 가질 수 있다.

변화 촉진제로서의 테크놀로지

테크놀로지 통합의 가치를 지지하는 또 다른 이유는 테크놀로지가 교사가 수업을 설계하고 전달하는 방식에 많은 영향을 미치기 때문이다. 학습환경에 테크놀로지를 접목시키면 종종 강의 중심 수업에서 구성주의, 탐구 중심 수업으로 변하는 결과가 일어난다(Culp et al., 2003: 5). 즉, 테크놀로지를 효과적으로 통합하고 사용하면 교사들은 우선 자신의 수업을 '보다 유연하고, 보다 흥미롭게'(Culp et al., 2003: 5) 만들 수 있다. 테크놀로지 통합은 학습에 대한 시각을 비롯하여 최적의 학습경험을 계획하고 조성하는 데 도움이 된다.

경쟁 우위를 유지하기 위한 방법으로서의 테크놀로지

경제환경의 급격한 변화는 많은 사람이 테크놀로지 관련 기술을 습득하고 강화하고자 하는 요구를 낳았다. 예를 들어, 제조업계에서 테크놀로지는 생산성을 증가시키고 생산에 소요되는 시간과 비용을 줄이는 역할을 한다. 임금과 원자재 값이 상승함에 따라, 테크놀로지는 값비싼 노동시간과 원자재 쓰레기를 줄이는 방향으로 사용되고 있다. 이처럼 끊임없이 테크놀로지가 활용되고 응용됨에 따라 근로자들의 기술을 배우고 자신의 능력을 향상시키고자 하는 욕구도 꾸준히 증가하여 왔다. 이와 비슷하게, 교육에서도 테크놀로지는 어떻게, 언제, 왜 배우는가에 영향을 미친다. 어떤 형태로든 테크놀로지를 사용하지 않고서는 더 이상 학습할 수 없다는 것을 의미하는 것은 아

점검사항

테크놀로지 통합 관련 다른 문제들

이 장은 물론 이외의 여러 장에서 테크놀로지 통합방식과 관련된 여러 쟁점을 비롯하여 테크놀로지 통합에 따른 여러 문제도 살펴보았다. 경우에 따라서는 테크놀로지 통합이 유의미하고 유익한 변화를 가져오기도 하지만, 기대와 다른 결과를 가져오기도 한다. 예를 들어, 온대 기후 지역에 사는 사람들에게 중앙통제형 냉난방 시스템은 매우 유익하게 여겨지지만, 집 밖에 있는 사람이나 서늘한 저녁에 산책을 나가 집 안의 더운 열기를 피하려는 사람들의 요구는 고려되지 않은 것이다. 이러한 사정은 개개인이 이웃과 교류를 하고 공동체 의식을 갖도록 하는 데 영향을 미친다는 점에서, 테크놀로지가 집 안 온도 이외의 것들도 바꾸었다고 볼 수 있다.

다음에 나열된 것은 최근에 일어난 테크놀로지 변화와 관련된 몇 가지 주제들로, 각 주제별로 생각해 보기 문제가 함께 제시되어 있다. 하나 또는 몇 가지 주제를 골라 각 주제별로 제시된 질문에 대해 생각해 보고, 도서관이나 인터넷 검색을 통해 각 주제에 대한 서로 다른 견해를 최소 두 개 이상 찾아보라.

- **인터넷 정보 검색:** 인터넷을 통한 방대한 양의 정보 검색이 학생들에게 미치는 영향은 무엇인가? 올바른 정보와 정확하지 않은 정보 모두 검색될 수 있다는 사실이 학생에게 어떤 문제를 일으킬 수 있는가? 인터넷상에서 표현의 자유가 어느 정도 제한되어야 하는가? 필터를 사용하여 학생들이 특정 정보를 검색하는 것을 막아야 하는가?
- **문화간 비교:** 테크놀로지가 어떻게 문화 간 비교를 도울 수 있는가? 문화 간 비교가 이해를 도울 것인가 아니면 차이를 강조하여 적대감을 증가시킬 것인가?
- **고립주의:** 쇼핑, 교육, 여가 및 직장 업무 모두를 집에서 해결할 수 있다면, 집 밖으로 나갈 필요가 있을까? 쇼핑몰에 가서 쇼핑을 하지 않고, 학교에서 친구들과 어울리지 않고, 직장에서 동료들과 일하지 않음으로써 우리가 잃는 것이 있는가?
- **의사소통:** 테크놀로지가 다른 사람들과 보다 효과적으로 의사소통하는 데 도움이 되는가? 우리는 일대일 의사소통 향상 방법을 배우고 있는가? 테크놀로지는 사회규범에 어떤 영향을 미쳤으며, 우리의 의사소통 향상에 어떤 영향을 미쳤는가?
- **연구방법:** 테크놀로지가 새로운 연구방법이 개발되고 사용되는 데 어떤 영향을 미쳤는가? 예를 들어, 인터넷을 통해 보다 여러 사람과 의사소통할 수 있는데, 이는 연구자에게 도움이 되는가 아니면 문제가 되는가?
- **테크놀로지 의존:** 테크놀로지에 너무 의존한 나머지, 필요한 능력을 잃어버리거나 개발하지 못하는 때가 있는가? 예를 들어, 철자 검사기는 보다 정확하게 단어를 사용하는 데 도움이 되는가 아니면 철자 사용 능력 발달을 저해하는가? 비슷한 예로, 계산기는 기본적인 산술능력 계발에 도움이 되는가 아니면 방해가 되는가?
- **'오래된 방식으로 지내기':** 항상 최신 테크놀로지에 대해 알고 있어야 하는가? 새로운 기기와 소프트웨어를 조금은 건너뛰는 것도 가능한가(그리고 괜찮은가)?
- **양과 질:** 테크놀로지 덕분에 보다 효과적으로 그리고 효율적으로 일하는 것이 가능한데, 우리는 왜 여전히 일을 마치기까지 시간에 쫓기는가? 테크놀로지가 우리 삶을 보다 '낫게' 만드는 데 도움이 되는가 아니면 보다 힘들게 만드는가?
- **테크놀로지 퇴출:** 테크놀로지가 사용되지 않아야 하는 때가 있는가? 어떤 경우에 테크놀로지 사용을 금하거나 퇴출을 고려해야 하는가?

니지만, 테크놀로지는 정보 활용 및 보다 광범위하고 현실적인 학습, 연습 양과 질의 증가, 보다 깊이 있는 피드백 제공을 가능하게 하여 더욱 효과적이고 효율적인 학습을 할 수 있도록 돕는다. 학생들은 테크놀로지 덕분에 질문을 하고, 새로운 견해를 배우게 되며, 보다 복잡한 문제의 해결방안을 발견하고, 변화에 잘 적응할 수 있게 되었다고 느낄 수도 있다. 정보사회에서 성공적으로 삶을 유지하고 학습하기 위해서는 이 모든 변화가 필수적이다.

교육공학에 투자해야 하는 이 세 가지 이유는 지난 20여 년간 계속해서 논의되어 왔다. 이들은 상호 밀접하게 연관되어 있는데, 이 세 가지 원칙의 중심에는 지난 세기 동안 일어난 여러 사회경제적 변화의 구현이자 방법이 테크

점검사항

테크놀로지 통합의 영향

교육과 테크놀로지에 대한 CEO 포럼은 1996년에 시작된 5개년 계획 프로젝트로써 미국 학교들이 기본적인 테크놀로지 기술, 비판적 사고력, 의사소통기술을 얼마나 잘 가르치고 있는가를 평가하는 데 목적이 있었다. 프로젝트를 마무리하며 제작된 최종 보고서에는 조사 결과와 제안서가 포함되어 있었다. 「학교 테크놀로지와 준비도에 관한 보고서」는 학교들이 테크놀로지를 얼마나 잘 통합하고 있는가와 그 결과를 설명하고 있다. 보고서에 대한 자세한 내용은 http://www.ceoforum.org/downloads/report4.pdf에서 볼 수 있으며, ISTE 웹사이트(http://www.iste.org/starchart/pdf/ceo-forum-star-report.pdf)에서도 이용 가능하다.

- **1부**: 앞의 웹사이트에서 보고서를 열어 보라. Executive Summary를 읽고, 전체 보고서의 여러 부분을 분석해 보라. 그리고 보고서 내용에 기초하여 다음에 보이는 것과 비슷한 표를 만들어서 테크놀로지 통합의 혜택과 보고서에 기술되었던 현재 문제점을 적어 넣어라.

테크놀로지 통합의 혜택	교실 내 테크놀로지 통합에 장애가 되는 요인들

- **2부**: CEO 포럼의 주요 성과는 학교 테크놀로지와 준비도(School Technology and Readiness: STaR) 차트를 개발한 것이다. 이는 자기진단도구로써 테크놀로지 통합과 관련하여 학교의 준비도(테크놀로지가 거의 사용되지 않는 '초기 테크놀로지' 학교부터 테크놀로지 통합과 활용의 모델이 되는 '타겟 테크놀로지' 학교까지 일직선상에서)는 어느 정도인지 가늠할 수 있도록 돕는다. STaR 차트는 인쇄물이나 온라인 문서로 이용 가능하다.

  '확인하기'의 일환으로, 여러분이 어떤 학교의 테크놀로지 코디네이터나 교사라고 가정해 보라(최근에 다닌 적이 있거나 일해 본 적이 있는, 또는 잘 아는 학교가 있다면 그중에서 하나를 선택하라). 다음의 웹사이트에 가서 학교의 현재 상황과 관련하여 질문에 답하라. 진단 후 제공된 피드백을 참고하여, 어떤 종류의 개선 조치가 필요한지, 어떻게 하면 계획 과정을 성공적으로 마칠 수 있는지 생각해 보라.

  온라인 문서 형식의 STaR 차트 자가진단도구는 http://www.iste.org/starchart/에서 이용 가능하다.

  STaR 차트를 볼 수 있는 다른 사이트들을 원하면, 인터넷 검색엔진(예; Google)에 다음 단어들을 입력해 보라. CEO Forum STaR Chart.

놀로지라는 인식이 자리 잡고 있다. 테크놀로지를 교수·학습에 통합하기 위해서는 각계 각층의 꾸준한 노력, 집중 및 지원이 요구됨은 모두 공감하는 바다(Culp et al., 2003: 6).

테크놀로지 코디네이터 코너

노 교사는 천년중학교의 테크놀로지 코디네이터라는 자신의 새로운 업무와 관련해서 희열에 가득 차 있었다. 천년중학교는 아직 공사 중이며, 공사가 끝나려면 1년은 더 기다려야 할 상황이다.

그러나 최근 들어 노 교사는 몇 가지 경고 조짐을 보면서 자신의 새로운 일에 대해 걱정이 들기 시작했다. 첫째, 건축 비용이 초과되면서 지역행정가들이 비용을 절감할 수 있는 방안을 찾기 시작했다. 건물에 사용하기로 계획했던 몇 가지 테크놀로지를 제거하는 방안이 고려되고 있다. 둘째, 전기설비 회사들이 각 교실별로 얼마나 많은 컴퓨터와 주변기기, 인터넷 연결선이 필요한지 묻고 있다. 그녀는 이 사안에 대한 결정이 학교 사정에 영향을 미칠 수 있기 때문에 신중히 고려해야 한다는 것을 알고 있다. 셋째, 이 학교에 새로 부임할 몇몇 교사들은 테크놀로지를 사용한 경험이 없으며, 사용하고자 하는 열의도 없는 것 같다. 이들 중 몇몇은 행정가들이 현재의 테크놀로지 예산을 나누어 다른 부분에 할당해야 한다고 제안하고 있다. 마지막으로, 최근에 열렸던 학교위원회 회의에서 천년중학교 학생들이 새로운 테크놀로지를 모두 사용하게 될 것인데 반해 인근 학교 학생들은 테크놀로지 활용 기회가 상대적으로 많이 부족하다는 사실에 대해 몇 가지 의견이 제기되었다. 즉, 새 학교 내에 있는 학생들과 새 학교 밖에 있는 학생들 간의 기회 불균형 가능성에 대한 경고가 제기되고 있다.

이처럼 복잡한 여러 사안에 절망한 노 교사는 해당 지역의 테크놀로지 코디네이터인 원 교사를 만나보기로 결심했다. 원 교사와는 친구로 수년간 알고 지냈으며, 실무와 관련해서 노 교사는 많은 조언을 구해 왔다. 노 교사의 설명을 들은 원 교사는 웃으며 노 교사가 세 가지를 확인할 필요가 있다고 답했다. ⓐ (테크놀로지 활용능력과 관련하여) 자신들이 어디에 있는가, ⓑ 어디에 있어야 하는가, ⓒ ⓐ에서 ⓑ로 어떻게 나아가는가. 그러면서 원 교사는 이 세 가지가 좋은 테크놀로지 계획의 주요 구성요소라고 강조했다.

원 교사는 노 교사에게 테크놀로지통합위원회를 조직하여 이 세 가지 요소를 바탕으로 계획을 개발할 것을 권했다. 첫 번째 요소는 미래의 천년중학교 교사, 행정가, 학생들의 현 테크놀로지 활용능력을 진단하는 것이다. 이를 바탕으로 노 교사는 테크놀로지 활용 능력 수준을 비롯하여 현재 수준에서 무엇을 기대할 수 있는지 알 수 있게 될 것이다. 또한, 이 정보를 바탕으로 미래의 교육 개발 프로그램을 선정할 수 있을 것이다. 두 번째 요소는 학교에서 테크놀로지를 어떻게 사용해야 하는가라는 비전에 집중하는 것이다. 이 요소는 노력을 기울여야 할 방향을 알려 준다. 교사와 행정가들이 테크놀로지 통합 노력의 중요성을 확인하는 데 도움을 준다. 마지막으로, 현재 상태와 기대하는 상태 간의 격차로, 대부분의 작업을 감독해야 하는 힘든 부분이다. 단기 목적과 목표를 수립하면, 단계적으로 필요한 절차들을 거치면서 기대하는 비전을 지각하고 성취하는 데 도움이 될 것이다.

원 교사가 제시한 조언과 예를 바탕으로 노 교사는 위원회를 조직하고 필요한 정보를 수집하여 학교 내 테크놀로지 통합을 안내할 수 있는 계획을 개발하였다. 노 교사는 계획을 통해 방향을 설정할 수 있었고, 이는 기대한 목표를 달성하기 위한 자원활용방법을 결정하는 데에도 자신감을 불어넣어 주었다.

요 약

이 장에서는 테크놀로지 통합을 통해 기대되는 몇 가지 주요 혜택에 대해 설명했다. 특히, 교육 내 테크놀로지 통합은 학생들이 직면한 문제들을 극복할 수 있는 방법이자 교사들이 보다 흥미로운 학습경험을 개발하고 실행하여 더욱 복잡하고 실제적인 학습경험을 제공하는 방법으로, 그리고 개별 학생들이 급변하는 경제사회에서 보다 생산적이고 경쟁우위를 유지할 수 있는 방법으로 제시되었다.

테크놀로지 통합이 중요한 일이긴 하지만, 통합에는 몇 가지 문제도 따른다. 예를 들어, 테크놀로지 활용 계획의 중요성이 부각된다. 계획 수립은 교사들이 자주 경험했던 주요 문제를 해결하는 데 도움이 된다. 이러한 장애물의 예로, 테크놀로지와 관련된 금전적 비용, 관련 기술을 배우고 실제 수업에 활용하는 데 소요되는 시간, 수업설계 방식에 의도하는 변화를 일으키는 방법 등이 있다. 테크놀로지 계획 수립 과정을 통해 지역 및 학교, 교사들은 테크놀로지에 의해 가능한 변화를 볼 수 있고, 목적과 목표를 설정하며, 기대하는 결과를 얻기 위해 필요한 방향을 설정할 수 있다.

테크놀로지 통합으로 인해 초래되는 다른 문제들도 논의되었다. 예를 들어, ⓐ 사회경제적 배경 및 문화의 차이, 테크놀로지 접근성의 차이에 따른 학생들의 분화, ⓑ 개인정보 보호와 보안관리의 필요성 증가, ⓒ 표절 증가 또는 완성된 보고서나 과제 구입과 같은 법적, 윤리적 문제 등의 시사점 등이다.

추천 자료

CD 자료

학습내용의 기억과 전이를 돕기 위해, 이 책에 동봉된 CD 안에 있는 제13장의 성찰적 사고를 위한 질문 및 활동을 읽어 보라〔장에 대한 정보와 활동(Chapter info and Activities) ≫ 제13장(Chapter 13) ≫ 성찰적 사고를 위한 질문 및 활동(Reflective Questions and Activities)〕.

또한, 학교 테크놀로지 계획의 예, *VisionQuest*, 인터넷 웹사이트들, 국가교육공학표준 문제들을 살펴보거나 교재의 저자들에게 직접 이메일을 보낼 수 있다.

웹사이트

이 교재의 웹사이트(www.prenhall.com/newby)에 접속하여 제13장과 관련된 학생들의 질문과 저자들의 답변을 실어 놓은 질의응답 코너를 읽어 보라. 질문이 있으면 저자들에게 직접 보내도 좋다. 이 장에 관한 저자들의 프레젠테이션도 볼 수 있으므로, 이 장의 내용에 관한 저자들의 견해도 살펴보라.

인쇄 자료

Frazier, M., & Bailey, G. (2004). *The technology coordinator's handbook*. Eugene, OR: International Society for Technology in Education.

Solomon, G. (2004). Drafting a customized tech plan. *Technology & Learning, 24*(7), 34-35.

Tiene, D., & Ingram, A. (2001). *Exploring current issue in educational technology*. Boston: McGraw Hill.

Tomei, L. A. (2002). *The technology façade: Overcoming barriers to effective instructional technology*. Boston: Allyn & Bacon.

전자 자료

http://nationaledtechplan.org
국가 교육공학 계획. 미국 교육부. 2005년 3월 11일 확인

http://nces.ed.gov/pubs2003/tech schools/
학교 내 테크놀로지: 초등 및 중등교육 내 테크놀로지 진단을 위한 제안, 도구 및 가이드라인. 국립 교육통계 연구소. 미국 교육부: Washington, D.C. 2004년 12월 15일 확인

www.apple.com/education/planning
테크놀로지 계획 수립 가이드. 2004년 11월 6일 확인

제14장

교육공학의 동향

핵심어와 개념

인공지능
지능형 개별교수 체제
음성인식
자바
개인휴대정보단말기
가상현실
유비쿼터스 컴퓨팅

학습목표

이 장은 다음 사항을 목표로 한다.

- 교수설계, 교육매체, 교육용 컴퓨터의 발달 과정을 논하고, 이 분야의 발달에 중요한 영향을 끼친 학자들과 연구들에 대해 기술할 수 있다.
- 오늘날 교육공학의 위치와 교육에서의 역할을 기술할 수 있다.
- 교육공학의 주요 경향을 밝히고, 앞으로 다가올 미래에 미칠 영향에 대해 기술할 수 있다.
- 중요하게 등장한 '첨단 테크놀로지(horizon technologies)' 를 세 가지 이상 선택하여 교육에 미칠 영향을 논의할 수 있다.
- 테크놀로지의 변화를 고려하여, 미래의 교육 및 학교교육에 관한 비전을 논의할 수 있다.

지금까지 교육공학을 소개하면서, 체계적인 준비, 실행, 평가 과정을 통해 수업 장면에 교육공학을 활용하는 방법에 대해 살펴보았다. 책 전반에 걸쳐, 개인용 컴퓨터에 많은 주의를 기울여 소개하였다. 왜냐하면 개인용 컴퓨터는 교사가 교수과정을 통해 활용할 수 있는 강력할 도구일 뿐만 아니라 학생들의 이해를 구성하고 의사소통을 위해 활용할 수 있는 도구이기 때문이다. 이 마지막 장에서는 교육공학의 과거를 돌아보며 현재를 되새겨 본다. 이는 교육공학의 주요 동향을 파악할 수 있는 좋은 기회가 될 것이다. 그리고 마지막으로, 테크놀로지를 활용한 교수 · 학습이 어떤 형태로 진화하게 될 것인지를 논의한다.

▲ 조랑말 속달우편배달 체제는 오늘날의 교육공학을 이해하는 데 교훈을 제공한다.

머리말

미국 서부 개척시대의 가장 오래된 전설 중 하나는 조랑말을 이용한 속달우편배달 체제다. 아마도 여러분은 공격의 위험에도 굴하지 않고 우편물을 신속하게 전달하기 위해 조랑말을 타고 용감하게 초원을 달리는 배달원의 모습을 그릴 것이다. 배달원들은 말을 바꾸어 타고 촌각을 다투며 달려 미주리 주부터 캘리포니아 주까지 6일에서 10일 사이에 우편물을 배달하곤 했다. 당시 조랑말 속달우편배달 체제는 매우 경이로운 것이었다.

그러나 여러분은 조랑말 속달우편배달 체제가 실제로는 18개월 동안만 운영되었다는 사실을 알고 있는지 모르겠다. 왜 이 전설적인 우편배달 시스템이 오랫동안 존재하지 않았을까? 이를 이해하기 위해서는 약간의 역사적 배경을 살펴볼 필요가 있다. 조랑말 속달우편배달 체제가 생겨나기 전까지 미국 동서부 간 의사소통은 매우 더디게 이루어졌다. 우편물은 배를 이용하여 남미를 돌아서 운송되거나 육로를 이용하여 파나마(파나마 해협이 생겨나기 전)를 지나 배로 운송되어야 했다. 배보다 마차가 빠르긴 했지만, 미주리 주부터 캘리포니아 주까지 우편물을 전달하는 데는 20일 정도가 소요되었다. 이에 비해, 이어달리기 하듯이 배달부를 바꿔 가며 운영된 조랑말 속달우편배달 체제는 우편물을 훨씬 빠르게 전달할 수 있었다. 적어도 한동안 조랑말 속달우편배달 체제는 속달우편배달에 대한 사람들의 요구를 충족시킬 수 있었다. 그러나 1861년 의사소통이라는 개념 자체가 급변하게 되었다. 미국 전역에 걸친 전신 연결망이 완성된 것이었다. 테크놀로지는 순식간에 삶을 송두리째 바꾸어 놓았다. 의사소통은 전혀 새로운 방식으로 일어났고, 조랑말 속달우편배달 체제는 기억 속으로 사라졌다.

역사적인 배경에 대한 이해가 조랑말 속달우편배달 체제에 발생한 일들을 이해하는 데 도움이 되는 것처럼, 역사적인 배경지식은 테크놀로지를 비롯하여 테크놀로지가 교육에 미친 영향을 이해하는 데 도움이 된다. 조랑말 속달우편배달에 대한 이야기는 현재 우리의 위치와 앞으로 우리가 지향할 곳을 아는 것이 중요하다는 것을 강조한다. 조랑말 속달우편배달체제 운영자들이 정말로 중요한 것은 단순한 우편배달이 아니라 의사소통이었다는 것을 알았더라면, 전신이 미칠 영향을 예측하고, 이에 적합한 조치를 취했을 것이다. 우리는 교수 · 학습에 관련된 일에 종사하고 있다. 오늘날 새로운 테크놀로지는 교수 · 학습을 변화시킬 가능성이 있다. 우리가 조랑말 속달우편배달 체제와 같은 행보를 반복하지 않으려면, 현재 무슨 일이 일어나고 있는지를 이해하고 앞날에 대비해야 한다.

여느 학문 분야와 마찬가지로, 이제 공부를 시작하는 학생들은 그 학문 분야를 고정된 상태로, 즉 지식과 실제, 법칙과 절차가 확립된 것으로 간주하는 경향이 있다. 물론, 교육공학을 비롯하여, 그 어떤 분야도 고정적이지 않다. 다른 분야와 마찬가지로, 지금 우리가 알고 있는 것은 오랜 세월에 걸쳐 여러 사람의 헌신적인 노력이 축적된 결과며, 이것은 지금도 성장과 발전을 거듭하고 있다. 분명 오늘날의 교육공학과 미래의 교육공학은 다를 것이다. 따라서 우리는 과거에서 현재 그리고 미래에 이르는 흐름을 이해할 필요가 있다.

이 장에서는 교육공학의 역사적인 흐름부터 살펴보기로 한다. 교수설계, 교수매체, 교육용 컴퓨팅의 기원을 살펴보고, 교육공학의 현재와 앞으로의 미래에 대해 논의해 보기로 한다. 교육공학의 현재는 어떠한가? 동향과 최신 경향을 나열할 수 있는가? 앞날을 예측할 수 있는가? 어떤 변화가 예상되고, 교육 및 학교교육에는 앞으로 어떤 영향을 미치겠는가?

교육공학의 과거

이 장에서 교육공학의 역사 전체를 다루기에는 그 뿌리가 깊고 내용 또한 광범위하다. 앞으로 소개할 교육공학의 역사와 관련하여, Anglin(1991), Gagné(1987), Shelly와 Cashman(1984)의 책들을 참고하였고, 특히 Saettler (1990)의 책이 많은 도움이 되었다. 보다 자세한 내용은 이 책들을 참조하기 바란다.

교육공학의 기원은 고대 그리스까지 거슬러 올라갈 수 있다. 실제로 테크놀로지라는 용어는 체계적인 조치 또는 기교(craft)를 의미하는 그리스어인 technologia에서 유래하였다. 명석한 논쟁과 현학적인 방식으로 유명했던 소피스트들은 논리적이고 설득력 있게 젊은이들을 가르치곤 했는데, 이들을 교육공학자들의 시초라고 주장할 수 있겠다. 소피스트들의 교수 스타일은 소크라테스, 플라톤, 아리스토텔레스에 이르기까지 영향을 미쳤고, 이는 서구 사상의 철학적 기초 형성을 돕는 결과를 낳았다.

교육공학의 시초는 고대 그리스에서 찾을 수 있지만, 근대 교육공학의 역사는 대체적으로 20세기에 형성되었다. 이 시기에 일어났던 교수설계, 교수매체 및 교육용 컴퓨터의 발달 과정에 대한 개요를 [그림 14-1]에 정리해 놓았다. 그럼, 이 세 분야의 토대에 대해 간략히 살펴보자.

교수설계의 기원

교수설계 분야의 초창기 주요 인물 중 하나는, 1899년에 미국 컬럼비아 대학교 사범대학 교수로 임명되었던 Edward L. Thorndike다. Thorndike는 동물 실험 후 사람을 대상으로 한 실험을 실시하는 방식으로 학습에 대해 과학적인 연구를 실시하였고, 오늘날 과학적 학습이론의 시초로 인정받는 이론을 개발하였다. Thorndike의 학습관은 자극과 반응 연결이라는 기본적인 개념에 근거한다. 모든 행동은 결과로 일어나며, 결과는 그 행동이 반복될 가능성에 영향을 준다. 요약하면, 특정 행동이 만족스러운 결과를 가져오면, 이 행동은 비슷한 상황에서 다시 일어나게 될 가능성이 높다. 어떤 행동이 불만족스럽거나 불쾌한 결과를 가져오면, 이 행동이 다시 일어날 가능성

▲ Edward L. Thorndike(왼쪽 측)은 과학적인 학습이론을 개발한 초기 연구자 중 한 사람으로, 흔히 '교육공학의 아버지'라 불린다.

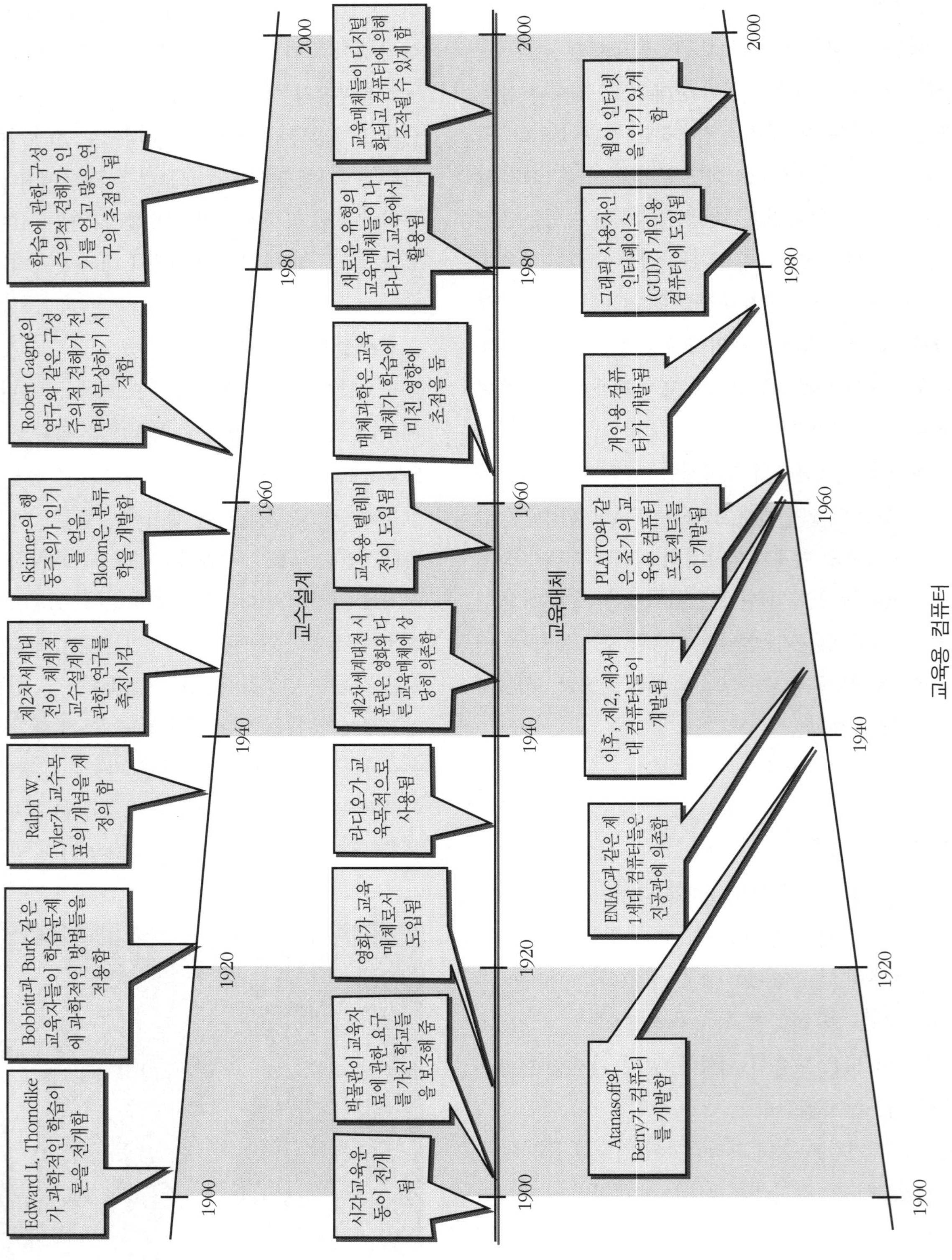

[그림 14-1] 교수설계, 교육매체 및 교육용 컴퓨터의 발달 과정에 대한 개요

은 낮다. 교육적 관점에서 보면, Thorndike의 이론은 교사들은 분명하고 적절한 자극-반응 결합을 조성하고(예: 2+2라는 자극과 4라는 반응 간의 결합), 학생들이 적절한 결합을 보이면 보상하고, 부적절한 결합을 보이면 장려하지 않을 것을 제안한다. 이러한 개념들은 오늘날 교실수업에서 분명하게 활용되고 있다. 행동주의 학습이론에 대한 논의는 제2장을 참조하기 바란다.

교육사에 가장 많은 영향을 미친 인물 중 한 사람인 John Dewey도 20세기 초에 컬럼비아 대학교 사범대학 교수로 재직했다. Dewey의 학습관은 여러 가지 면에서 Thorndik의 학습관과 대조를 이룬다. Thorndike가 자극과 반응에 초점을 맞춰 다소 기계적인 학습관을 제시한 반면, Dewey는 유기체가 자기안내활동을 통해 환경과 의식적으로 상호작용한다고 주장했다. 그는 경험, 상호작용, 성찰을 학습 과정의 핵심으로 간주했다. Dewey의 급진적인 견해 중 일부는 당시에 받아들이기 힘들었지만, 그가 강조하는 경험을 통한 학습(learning by doing)은 오늘날 다시 주목받고 있다. Dewey의 견해 중 많은 부분이 구성주의 학습이론의 토대로 간주되고 있다.

교육문제에 경험적인 연구에 근거한 방법들을 적용하자는 Thorndike의 주장은 1920년대에 널리 확산되었다. 학교교육은 실용적이어야 한다고 주장했던 Franklin Bobbitt는 성공적인 삶에 필요한 기술들을 중심으로 학교교육을 제공할 것을 제안했다. 이는 업무를 분석하여 더 좋은 교수를 설계하는 풍토를 조성하고, 교수 결과와 교수활동을 연결 짓는 결과를 가져왔다. 20세기 초에는 개별학습도 등장했다. Frederic Burk와 그의 동료들이 개별학습 프로그램을 개발하였고, 이는 훗날 개별화 학습 연구의 토대로 작용하였다.

1930년대에는 Ralph W. Tyler가 학습목표를 사용하여 학생들이 배울 내용을 기술하는 데 연구를 집중했다. Tyler는 학교에서 학습목표를 구체화하지 않거나 학습목표를 제대로 기술하지 않는 경우가 많다는 것을 발견했다. 이 문제를 해결하기 위해 Tyler는 학습목표 기술 과정을 세분화했다. 학습목표는 학생의 행동을 중심으로 분명하게 정의될 수 있으며, 분명하고 구체적인 학습목표는 교수자료를 평가하는 데 도움이 된다고 주장했다.

제2차세계대전 이후, 교육공학에 새로운 움직임이 일어났다. 1956년, Bejamin Bloom과 동료들이 교육목표를 위계적으로 분류한 교육목표 분류학(Taxonomy of Educational Objectives)을 발표했다. 처음에는 B. F. Skinner의 조작적 조건이론과 같은 행동주의적인 견해가 교수설계 분야에서 지배적이었다. 그러나 1960년대에 들어서면서 Robert Gagné와 같은 인지주의 이론가들의 연구가 더 많은 관심을 받기 시작했다. 연구개발자들이 교수체계에 초점을 맞추기 시작하면서 교수설계가 독자적인 학문 분야로 등장하게 되었다.

1960년대 이후 10여 년 동안 교육공학은 보다 세분화되며 그 범위를 확장하였다. 인지주의 학습이론을 비롯하여 구성주의 학습이론이 보다 중요하게 자리매김하게 되었으며, 발견학습(예: Jerome Bruner), 상황인지(예: Brown, Collins, & Duguid), 사회학습(예: Albert Bandura, Lev Vygotsky) 등 학습자 중심의 학습이론들이 보다 많은 관심을 받게 되었다. 군대와 기업교육에서 교수설계활동이 증가하였는데, 이는 초·중·고등학교 수업 장면에까지 영향을 미치게 되었다. 오늘날 교수설계는 광범위한 적용, 활발한 연구활동, 이론의 발전이 돋보이는 학문 분야로 인식되고 있다.

교육매체의 기원

교육매체와 교수설계는 따로, 또한 같이 발전했다. 문명화 사회가 도래한 이후, 물체, 그림 및 기타 매체가 교수에 활용되어 오긴 했지만, 교수설계의 역사와 마찬가지로 교육매체의 역사는 대체적으로 20세기에 형성되었다. 초기에는 박물관이 교육매체에 주요한 영향을 미쳤다. 1905년에는 미국 최초의 학교 박물관인 세인트루이스 교육박물관이 등장했다. 오늘날 매체센터의 선구자격인 이 박물관에는 전 세계에서 수집된 예술품, 모형, 사진, 차트, 실물 등이 보관되었고, 교사들의 지휘 아래 세인트루이스의 각 학교에 전시되었다. 처음에는 말과 마차를, 이후에는 트럭을 이용하여 교수자료들이 학교에 배달되었다. 교사들은 카탈로그를 참고하여 특정 자료를 요청할 수 있었다. 1943년에 이 박물관은 세인트루이스 학교들을 위한 시청각교육부로 그 이름이 변경되었다.

사물을 표현하는 데 문자보다 그림이 효과적이라는 생각에 기초하여, 19세기 후반에는 시각교육에 대한 관심이 증가했다. 슬라이드를 보여 주는 환등기(오늘날의 프로젝터), 실물환등기, 초기 형태의 3차원 영사기 등이 대중 강연 및 수업을 목적으로 20세기 초반에 자주 사용되었다. 영화도 20세기 초반에 수업에서 활용되었고, 라디오는 1920년대부터 1930년대까지 여러 교육용 실험의 대상이 되었다. 1950년대에는 텔레비전이 중요한 교수매체로 새롭게 등장하였고, 그 뒤를 이어 OHP, 비디오카세트리코더, 비디오디스크플레이어, 개인용 컴퓨터가 소개되었다.

제2차세계대전 동안, 교육용 필름 및 여러 매체가 전쟁을 위한 훈련에 활용되었다. 매체가 교수·학습에 광범위하게 활용되면서 교육 및 훈련에 매우 유용하다는 생각을 하게 되었고, 이는 교육공학에도 영향을 미쳤다. 전쟁이 끝난 후, 교육매체 분야는 학교교육과 관련하여 매체의 역할에 대해 집중적으로 연구되기 시작했다. 학습에 영향을 미치는 매체의 다양한 속성에 관한 체계적인 연구가 진행된 것이다. 시청각 과학과 커뮤니케이션 이론, 학습이론, 그리고 교수설계가 합쳐지게 되었고, 이는 지금까지 우리가 이 책에서 살펴본 교육공학의 기초가 되었다.

▲ 제2차세계대전이 일어나는 동안, 필름 같은 매체들이 미군 훈련에 집중적으로 사용되었다.

교육용 컴퓨터의 기원

1939년, 아이오아 주립대학교의 Johan Atanasoff와 Clifford Berry에 의해 전자 컴퓨터가 처음으로 발명되었다. ENIAC이라고 부르는 대규모의 일반 컴퓨터가 1946년 팬실베이니아 대학교 John W. Mauchly와 J. Presper Eckert에 의해 처음으로 사용되었다. ENIAC과 같은 1세대 컴퓨터들은 진공관을 바탕으로 작동되었고, 1950년대 후반과 1960년대 초반에 등장한 2세대 컴퓨터는 트랜지스터를 바탕으로 작동되었다. 1960년대 등장한 3세대 컴퓨터들은 솔리드스테이트 테크놀로지나 집적회로를 바탕으로 작동되었다. 1970년대에 등장한 4세대 컴퓨터들은 인텔(Intel)이 처음으로 개발한 마이크로프로세서를 바탕으로 작동되었고, 이는 1970년대 후반과 1980년대 초반에 개인용 컴퓨터가 등장하는 계기가 되었다.

교육용으로 컴퓨터를 처음 사용한 것은 1960년대까지

▲ ENIAC은 일반적인 목적으로 사용된 대용량 전자 컴퓨터의 시초였다.

거슬러 올라간다. 스탠퍼드 대학교의 Patrick Suppes와 동료들이 컴퓨터 보조학습 프로젝트를 시작하였다. 역사상 가장 큰 컴퓨터 보조학습 프로젝트인 PLATO (Programmed Logic for Automatic Teaching Operation) 프로젝트는 일리노이 대학교에서 시작되었다. PLATO를 위해 개발되었던 많은 코스웨어가 개인용 컴퓨터에 사용될 수 있도록 수정되었고, TUTOR라고 부르는 PLATO용 저작 언어들이 개인용 컴퓨터 저작도구 모음의 토대로 사용되었다.

1970년대에는 여러 개발 작업이 일어났다. 법칙과 예를 제시하는 방식으로 개념과 원칙을 가르치는 컴퓨터보조학습 시스템인 TICCIT(Time-Shared Interactive Computer Controlled Information Television)이 텍사스 대학교에서 시작되어 브리검 영 대학교에서 개발되었다. 또한, 1970년대에는 MIT의 Seymour Papert와 동료들이 Logo라는 컴퓨터 프로그래밍 언어를 이용하여 어린이들에게 학습기회를 제공하였고, 학교에서 자주 활용되었다. 교육용 컴퓨터와 관련하여, 주 정부 차원의 대규모 사업의 일환으로 미네소타 교육용 컴퓨팅 컨소시엄(Minnesota Educational Computing Confortium/MEEC)이 시작되었다. 1970년대 후반에 개인용 컴퓨터가 등장하였고, Apple, Commodore, Tandy/Radio Shack에서 구입할 수 있었다. 개인용 컴퓨터는 컴퓨터를 활용한 교육활동의 핵심으로 빠르게 자리매김하게 되었다.

1980년대에는 미국 학교 내 컴퓨터 수가 급속도로 증가했다. 처음에는 유용한 도구나 교육용 소프트웨어가 부족하여 컴퓨터 프로그래밍이나 컴퓨터에 대해 배우는 정도에 머물렀다. 읽고 쓰는 능력처럼 컴퓨터 사용능력(computer literacy)이라는 개념이 등장했다. 컴퓨터 사용이 증가하고 컴퓨터의 용량이 커지면서, 사용 가능한 소프트웨어도 늘어났다. 컴퓨터 보조학습 프로그램이 다양한 교과 영역에서 개발되었고, 워드프로세서, 전자 스프레드시트, 데이터베이스 관리도구 등 효율적인 저작도구들이 개발되었다. 1980년대에 이르면서는 교육용 컴퓨터 연구자 대부분이 컴퓨터 사용능력을 독립적인 연구 분야로 간주하기를 포기하고, 대신 컴퓨터를 교과목 관련 실제 상황에 활용하는 방식으로 보다 총체적인 시각을 가지고 교과과정에 접근하기 시작했다. 오늘날 컴퓨터는 새로운 능력과 유연성을 지닌 교육용 도구의 하나로 간주되고 있다.

점검사항

교육공학의 기원 탐색

교육공학 역사상 중요한 이론가들과 연구자들에 대해 더 알아보라. Albert Bandura, Jerome Bruner, John Dewey, Robert Gagné, Seymour Papert, Patrick Suppes, Edward L. Thorndike, Lev Vygotsky와 같은 인물들이 크게 공헌한 것은 무엇인가? 다음의 웹사이트를 방문하여 이들 학자에 대해 더 자세히 알아보라.

사이트	URL
Psi Cafe, 심리학 이론 및 이론가들에 대한 자료 사이트	http://www.psy.pdx.edu/PsiCafe/KeyTheorists/
Classics in the History of Psychology, York University	http://psychclassics.yorku.ca
The Encyclopedia of Informal Education, Learning Theory	http://www.infed.org/biblio/b-learn.htm
Theory into Practice Database by Greg Kearsley	http://tip.psychology.org
T.H.E. Journal, Computers in Education: A Brief History (June 1997)	http://www.thejournal.com/magazine/vault/A1681.cfm

교육공학사에서 이들 중요한 인물들로부터 얻을 수 있는 독창적인 아이디어는 무엇인가? 현행 교육에서 볼 때 이러한 아이디어들은 어떤 측면에서 중요한가? 교육공학 분야에 중요한 기여를 한 이들과 다른 사람들에 대한 정보를 제공해 주는 추가적인 자료들은 어디에서 찾을 수 있는가?

교육공학의 현재

교수설계, 교육매체, 교육용 컴퓨터는 개별적인 분야로 시작하여, 약 1세기 동안 각각 독립적인 학문 분야로 존재해 왔다. 이들의 역사를 하나씩 살펴보는 것은 오늘날 우리의 위치를 이해하는 데 도움이 될 것이다. 이제부터 교육공학의 현재에 대해 살펴보자.

교육공학의 현재

교육공학은 성장과 발전을 거듭하고 있다. 여러 경향을 통해 교육공학이 앞으로 어떤 방향으로 나아갈 것인지를 예측해 보자.

- **학문분야 통합:** 교수설계, 교육매체, 교육용 컴퓨터가 교육공학이라고 불리는 하나의 학문 분야로 통합되고 있다. 학문 분야 통합의 시도는 역사적인 기록을 통해 확인할 수 있는데, 제2차세계대전 동안 필름과 같은 대중매체를 이용한 교육이 활발히 일어났던 것을 한 예로 들 수 있다. 오늘날 교육공학은 이 세 영역들로 구성된 복합체라고 볼 수 있다([그림 14-2] 참조).
- **학습이론의 진화:** 제2장에서 학습이론을 소개하면서 교수설계와 관련된 시사점을 논의했다. 교육공학은 Edward L. Thorndike, B. F. Skinner 같은 행동주의 학습이론가들의 이론을 토대로 탄생했다. 그러나 1960년대 및 1970년대에 이르면서 정보처리 학습이론과 같은 인지주의 학습이론이 많은 영향을 미치기 시작했고, 오늘날에는 구성주의가 많은 연구의 초점이 되고 있다. 구성주의 학습이론을 교수설계, 실행 및 평가에 어떻게 적용하는가는 분명하지 않지만, 연구자들의 관심이 교사 중심 학습에서 학습자 중심 학습으로 옮겨가고 있다.
- **매체 통합:** 매체 자체의 기술적인 기초와 언어, 전문가들을 중심으로 매체들이 개별적으로 개발되던 것에 비해, 오늘날에는 모든 매체가 컴퓨터로 통합되고 있다. 즉, 매체가 디지털화하고 있는데, 이러한 매체 개발의 장점은 상당히 많다. 디지털 매체는 완전한 복제가 가능하다. 디스켓이나 CD-ROM, DVD처럼 컴퓨터로 읽을 수 있는 매체에 저장할 수 있다. 컴퓨터를 이용하면 인터넷을 통하여 전 세계 어느 곳으로든 정보의 손실 없이 전송이 가능하다. 또한, 컴퓨터를 이용하면 여러 방식으로 매체를 처리하고 수정할 수 있다.
- **컴퓨터 역량 증가와 크기 및 비용의 감소:** 컴퓨터의 끊임없는 발달은 단순한 매체 이상으로 그 영향력이 증가하고 있다. 약 18개월마다 마이크로칩의 용량이 두 배로 증가할 것이라고 예언했던 Moore의 법칙은 마이크로칩이 생겨난 이래로 여전히 유효하게 남아 있다. 이에 따라 개인용 컴퓨터는 보다 강력하고, 휴대가 간편하며, 저렴해지고 있다. 마이크로칩은 계산

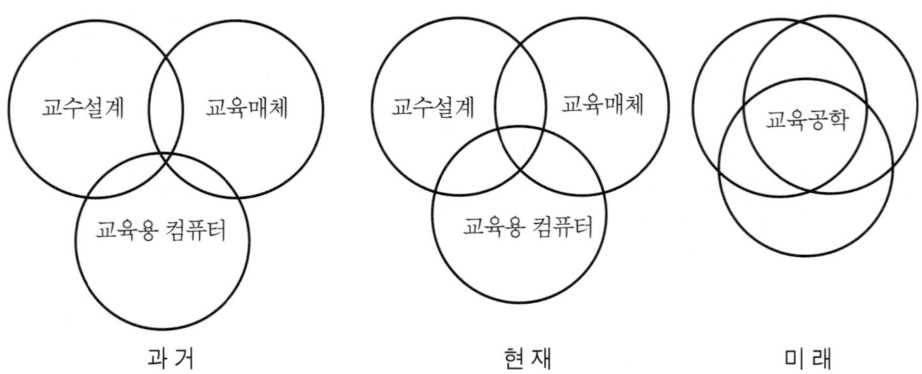

[그림 14-2] 교수설계, 교육매체, 교육용 컴퓨터의 과거, 현재, 미래의 교차 정도

〈표 14-1〉 교육공학 내 전문단체/기관들

단체기관	출판물	웹 주소
AACE(Association for the Advancement of Computing in Education)	• *AACE Journal* • *International Journal on E-Learning* • *Journal of Computers in Mathematics and Science Teaching* • *Journal of Educational Multimedia and Hypermedia* • *Journal of Interactive Learning Research* • *Journal of Technology and Teacher Education* • *Information Technology in Childhood Education Annual*	http://www.aace.org/
AECT(Association for Educational Communication and Technology	• *Tech Trends* • *Educational Technology Research and Development*	http://www.aect.org/
ALA(American Library Association)	• *American Library Association Archives*	http://www.ala.org/
ASTD(American Society for Training and Development)	• *Training & Development Magazine* • *Technical Training Magazine*	http://www.astd.org/
ISPI(International Society for Performance Improvement)	• *Performance Improvement Journal* • *Performance Improvement Quarterly*	http://www.ispi.org/
ISTE(International Society for Technology in Education)	• *Learning & Leading with Technology* • *Journal of Research on Computing in Education*	http://www.iste.org/
ITEA(International Technology Education Association)	• *The Technology Teacher* • *Technology and Children* • *The Journal of Technology Education*	http://www.iteawww.org/

기나 개인휴대정보단말기(PDA)처럼 이미 새로운 교육기회를 제공하는 컴퓨터뿐만 아니라 수많은 새로운 교육용 기기를 강화시킨다. 저장용량이 증가하고 있고, 무선 테크놀로지 덕분에 선으로 연결하지 않고도 인터넷 이용이 가능하다는 것이 그 예가 될 수 있다.

• **인터넷의 성장:** 정보 고속도로로서 인터넷의 등장은 오늘날 주요 경향 중 하나다. 개인용 컴퓨터가 한 때 고립된 탁상용 장치였던 데 반해, 오늘날 네트워킹은 널리 활용되고 있으며, 전 세계적으로 크게 증가하는 추세다. 이는 마치 우리가 살고 있는 지구의 신경 체계가 늘고 있는 것처럼 느껴지기도 한다. 인터넷은 교수 · 학습에 과거에 경험하지 못한 기회들을 제공하고 있다. 인터넷은 최신 멀티미디어 자료들을 수업에 활용할 수 있는 기회를 제공하고, 학교 간 그리고 학교와 지역 사회 간 의사소통을 가능하게 하며, 학생들이 자신의 저작물을 발표할 수 있는 공간을 제공한다. 컴퓨터와 인터넷은 수없이 많은 새로운 교육기회를 제공하고 있다.

오늘날 교육공학은 많은 관심의 대상이 되고 있는데, 여러 전문단체기관들이 교육공학이 당면한 쟁점과 문제들을 다루고 있다(〈표 14-1〉 참조). 군대와 기업교육 상황을 살펴보면, 체계적인 교수설계와 실행이 널리 적용되고 있고, 비디오, 멀티미디어 컴퓨터 프로그램, 인트라넷, 인터넷 등을 이용한 교수활동이 두드러지고 있다. 학교에서

국가교육공학표준과의 연계

NETS와 연계

어떻게 하면 테크놀로지 사용에 대한 긍정적인 태도를 개발하여 평생학습을 도울 수 있는가? 이는 국가교육공학표준의 두 장(국가교육공학표준 V와 VI와 참조. 국가교육공학표준 전체 항목 및 관련 수행 지표는 교사용 자료 A 참조)에서 교사들에게 강조하고 있는 내용이다. 테크놀로지에 대한 여러분의 태도나 여러분이 알고 있는 누군가 태도를 변화시키고자 한다면 어떻게 해야 하는가? 이에 대해 잠시 생각해 보고, 다음 사항을 수행하라.

- 여러분이 알고 있는 사람 중 컴퓨터 및 관련 테크놀로지와 전혀 관련이 없는 사람을 생각해 보라.
- 제시된 표를 참고하여, 여러분이라면 이 사람에게 어떤 경험을 제공하여 특정 테크놀로지에 대한 그의 생각에 변화를 줄 수 있겠는가?
- 여러분은 어떤 사람이 테크놀로지 및 테크놀로지 사용 결과와 관련하여 긍정적인 경험을 많이 하게 되면, 장기적으로 그 사람의 테크놀로지 이용 태도에 변화가 있을 것이라고 생각하는가? 왜 그렇게 생각하는가? 아니면, 왜 그렇지 않다고 생각하는가?

테크놀로지 사용	테크놀로지를 많이 사용하지 않는 사람에게 여러분이 제공할 수 있는 경험
보다 빠르고 저렴하며 효과적으로 의사소통할 수 있도록 돕는 테크놀로지	
정보 및 학습경험 등을 보다 신속하고 저렴하게 이용할 수 있도록 돕는 테크놀로지	
결과물이 무엇이든 간에(예: 디지털 자료, 웹페이지, 워드문서) 저작물 제작을 돕는 테크놀로지	

는 교육공학을 활용하기 위해 컴퓨터를 비롯한 주변기기에 많은 돈을 투자하고 있다. 그러나 초등교육에 미치는 교육공학의 영향은 아직 물음표로 남아 있다. 투자에 따른 이득이 있는가? 어떤 학교에서는 혁신적인 프로그램을 활용하고 있지만, 어떤 학교는 여전히 19세기 방식에서 벗어나지 못하고 있다. 이제, 우리의 관심을 학교로 돌려 보고자 한다. 오늘날 학교 내 교육공학의 위치는 어디인가?

학교 내 교육공학의 현재

교육공학은 그 어느 때보다도 학교 내에서 현저하게 나타나고 있다. 물론, 교수과정은 언제나 학교에 존재해 왔다. 교사들은 언제나 교수전문가였지만, 이전에는 PIE 모형과 같은 관점에서 교수과정을 살펴보지는 못했다. 과거에는 교사가 사용할 수 있는 도구들이 거의 없었다. 그러나 오늘날에는 학교에서 컴퓨터와 기타 교육용 테크놀로지들이 늘어나고 있다. 국가기관에서 발행한 보고서(National Center for Educational Statistics, 2000, 2002; Market Data Retrieval, 2003)를 바탕으로, 여러 학교에서 보편적으로 사용하는 테크놀로지를 소개하고, 테크놀로로지 활용 시범학교에 대해 살펴보자.

학생 수 당 컴퓨터 비율이 3 또는 4대 1인 것이 요즘 추세다. 저소득층 학생들이나 소수민족 학생들의 수가 많으면, 이 비율은 좀 더 낮아진다. 컴퓨터 10대 당 7대 비율로 윈도우 운영 컴퓨터이며, 나머지는 Mac 운영시스템이 장착된 Apple 컴퓨터가 차지한다. 컴퓨터는 주로 컴퓨터실에 배치되어 있지만, 요즘에는 교실마다 한두 대의 컴퓨터를 두는 것이 일반적이다.

일반적으로 학교에는 비교적 빠른 인터넷 전용선이 설치되어 있으며, 교실 10곳 중 9곳이 네트워크로 연결되어 있다. 학생 5명 당 1대 비율로 인터넷이 연결된 컴퓨터가 보급되어 있다. 비디오 테크놀로지 또한 어디서나 볼 수 있다. 비디오카세트레코더(VCR)는 학교마다 한 대 이상 있으며, 케이블 텔레비전 또한 널리 사용되고 있다. 보다 새로운 DVD 비디오나 위성 비디오 연결도 볼 수 있지만, 이는 그다지 흔한 현상은 아니다. 교수 테크놀로지에 대한 접근성은 이전보다 많이 나아졌지만, 이상적이라고 하기에는 아직 많이 부족하다. 교사들은 여전히 학교 내 테크놀로지 사용에 대한 주요 장애물의 하나로 컴퓨터를 손꼽는다.

물론, 어떤 테크놀로지가 이용 가능하다고 해서 반드시 그 테크놀로지를 사용한다는 것은 아니다. 컴퓨터를 이용할 수 있는 대부분의 교사가 컴퓨터를 행정적인 일에 사용한다고 보고하는 반면, 1/2 또는 3/4 정도의 교사들만이 컴퓨터를 수업에 다소 활용한다고 보고하고 있다. 교사들이 컴퓨터를 사용할 경우 가장 일반적으로 사용하는 교육용 프로그램은 워드프로세서, 인터넷 리서치, 수학 개념과 같은 기본적인 학습내용에 관한 반복 연습 및 문제해결/자료분석이었다. 멀티미디어 프로젝트, 그래픽 프레젠테이션, CD-ROM 리서치, 시뮬레이션도 자주 사용되었다. 학생들 가운데에서는 2/3에서 3/4 정도가 매주 적어도 한 시간 정도 컴퓨터와 인터넷을 사용하고 있다고 보고하였다. 이는 매우 고무적인 현상이지만, 학생들의 지식과 능력 개발을 위해서는 매주 한 시간 정도로는 충분하지 않다는 주장이 제기될 수도 있다.

학교 내 테크놀로지 준비도와 사용도는 과거에 비해 많이 향상되었다. 그러나 이 책에서 소개한 여러 다양한 프로그램을 고려할 때, 오늘날 학교의 모습은 다소 실망스러운 면이 있다. 여러 교육용 테크놀로지가 제대로 사용되지 못한 채 남겨져 있지만, 어떤 학교는 변화하기 위해 노력하고 있다.

가장 장기간에 걸쳐 일어났던 학교 내 교육공학 활용 노력 중 하나는 Apple's Classrooms of Tomorrow(ACOT) 프로젝트였다. 1985년에 처음 시작된 이 프로젝트의 기본 목적은 테크놀로지 사용이 학생과 교사에게 미치는 영향에 대해 조사하는 것이었다. 이 프로젝트가 시작된 이래로, 미국 전역에 분포한 여러 학교가 이 프로젝트에 참여하였고, 많은 연구 결과가 모아졌다.

테크놀로지가 풍부한 ACOT 교실의 학생들은 전통적인 교실에서 협동학습을 더 많이 하는 것으로 나타났다. 학생들은 테크놀로지 사용에 거부감이 없었고, 저작물 제작 및 의사소통에 테크놀로지를 사용하였다. 사회적인 기술도 향상되었다. 테크놀로지 도구들은 학생들이 다양한 방식으로 정보를 표현하고 분석할 수 있도록 도와주었다. 학생들은 독립적인 학생이 되었고, 학급 내에서 자기만의 전문지식 분야로 두각을 나타내기도 했다. 테크놀로지 이용 가능성은 교사들에게도 영향을 미쳤다. 교사들은 테크놀로지에 대해 배우는 단계에서 테크놀로지를 활용하여 수업을 보조하는 단계로, 수업에 맞춰 테크놀로지를 수정하는 단계로, 프로젝트 중심 협동학습에 맞춰 테크놀로지를 활용하는 단계로, 수업을 위해 새로운 테크놀로지 활용을 창안하는 단계로까지 발전했다. 이 과정에서 교사들은 보다 협력적이며 안내하는 모습으로 변화했다. 교사와 학생 모두 새로운 것을 배우고 적용하고 있었기 때문에, 포트폴리오와 같은 비전통적인 형태의 평가가 사용되는 경우가 많았다. ACOT 교실에서는 교육공학이 촉매제로 작용하여 교수 · 학습의 변화가 일어났다.

비슷한 결과가 다른 시범학교 프로젝트에서도 나타났다. 1991년에 콜로라도 주의 오로라에 문을 연 피크뷰(Peakview) 초등학교의 테크놀로지 시범 활용 사례를 볼 수 있다. 이 학교에 재학 중인 학생들에게 네트워크가 연결된 멀티미디어 컴퓨터를 교실마다 제공했다. 학생들은 연구 및 글쓰기 도구로 테크놀로지를 활용했고, 멀티미디어 저작도구, 비디오, 디지털카메라와 같은 테크놀로지들을 이용하여 공동과제물을 만들었다. 인터넷을 이용하여 학교 웹사이트에 커뮤니티 학습센터를 만들고, 이를 통해 진행 중인 학교 프로젝트와 지역사회를 연결하고자 했다. 수행 중심 평가가 실시되었으며, 교사들은 테크놀로지를 이용하여 학생 개개인의 관심사 및 요구에 부응하려고 했다. 교사들은 컴퓨터를 하나의 저작도구로 사용했다. 그 결과 수업에 쏟는 시간이 증가하고, 보다 효과적이며, 만족도가 증가했다고 보고했다. 학습 과정에 대한 학생들의 책임도 상당히 증가함에 따라, 교사들은 협력자와 안내자 역할을 했다.

오하이오 주 신시네티의 컨트리 데이(Country Day) 학교처럼 많은 학교가 학생들에게 노트북이나 태블릿 컴퓨터를 실험적으로 제공하였는데, 이처럼 학생들에게 수준 높은 컴퓨터를 제공할 경우, 많은 혜택이 있는 것으로 나타났다. 이동 가능한 컴퓨터 기기를 사용하는 학생들은 그렇지 않은 학생들보다 꾸준히 자신들의 컴퓨터를 사용하고 인터넷에 접속하는 것으로 나타났다. 이러한 결과는 데스크톱 컴퓨터를 똑같이 이용할 수 있을 때도 마찬가지였다. 랩톱을 사용하는 학생들은 과제물에 더 많은 시간을 쓰고, 다양한 과목 및 과제물을 위해 집에서 컴퓨터를 사용하는 것으로 나타났다. 이 학생들의 작문 실력이 더 좋다는 증거도 몇 가지 있었다. 랩톱 프로그램을 실시한 학교의 교사들은 구체적인 수업목적을 위해 컴퓨터를 사용하는 일이 증가하였고, 보다 학습자 중심적인 탐구협력 학습 방향으로 나아갔으며, 직접적인 강의방식에 의존하는 경향이 감소한 것으로 나타났다. 이러한 결과는 다른 테크놀로지 활용 시범 프로젝트에서 발견된 결과들과 일치했다.

이러한 사례들로부터 우리는 무엇을 배울 수 있는가? 이 테크놀로지 시범학교 프로젝트에는 다음과 같은 공통점이 있다.

- 테크놀로지는 창의적인 표현, 정보 이용, 커뮤니케이션, 협동의 도구로 사용된다.
- 교사들은 모델, 안내자, 협력자, 때로는 학생이 되기도 한다.
- 학생들은 활동적이고 협력적이며, 때로는 다른 학생들을 가르치기도 한다.
- 평가는 수행 중심적(예: 프로젝트, 포트폴리오)이다.

테크놀로지 이용 가능성이 증가하고, 학교가 테크놀로지를 활용함에 따라, 앞으로 더 많은 교실에서 이러한 특징을 볼 수 있을 것으로 기대된다.

점검사항

테크놀로지를 활용하고 있는 학교

테크놀로지 활용 시범학교에 대해 더 알아보라. 테크놀로지 활용의 대표적인 예로 알려져 있는 학교나 학교 기반 프로젝트의 웹사이트를 방문해 보라. 몇 가지 예가 다음 표에 제시되어 있다. 웹에서 다른 예들도 찾아보라.

학교	URL
Cincinnati Country Day School(Cincinnati, Ohio)	http://www.countryday.net/
Generation Yes Project(Olympia, Washington)	http://www.genyes.org/
Napa New Technology High School(Napa, California)	http://newtechhigh.com
Newsome Park Elementary School(Newport News, Virginia)	http://npes.nn.k12.va.us/
Peakview Elementary School(Aurora, Colorado)	http://peakview.ccsd.k12.co.us/index.htm
Project-Based Learning with Multimedia(San Mateo County, California)	http://pblmm.k12.ca.us

이들 예제 테크놀로지 활용 학교/프로젝트에서 어떠한 테크놀로지 활용이 특징적인가? 이들 프로젝트들은 교수·학습에서 테크놀로지의 역할을 어떻게 보는가? 여러분은 이와 같은 학교에서 무엇을 배울 수 있을 것이라 생각하는가?

▲ 오늘날 이동 가능한 컴퓨터들이 학교에서 점점 더 보편화되고 있다.

교육공학의 미래

미래를 예측하는 것은 언제나 위험이 따른다. 상황이 변하고 새로운 것이 개발되면, 오래된 방식은 타당성을 잃는다. 그럼에도 불구하고, 지난 100여 년간 일어났던 교육공학의 발전은 분명 어떤 경향을 제시한다. 우리는 앞에서 이 경향 중 몇 가지, 즉 학문 분야 통합, 새로운 학습이론, 매체 통합, 컴퓨터 개발, 인터넷의 성장에 대해 살펴보았다. 이러한 경향들이 계속된다면 우리는 어떠한 예측을 할 수가 있다. 이러한 경향이 암시하는 것이 항상 분명한 것은 아니지만, 적어도 경우에 따라서는 우리가 나아가는 방향을 예측할 수 있다. 그리고 진행 방향을 아는 것은 나아갈 길을 계획하는 데 도움이 된다.

첨단 테크놀로지

오늘날 여러 테크놀로지가 중요하게 등장하고 있다. 이러한 테크놀로지 중 많은 수가 아직 완전히 기능하지 않거나 널리 실행되지 않은 상태로 남아 있다. 그러나 이 테크놀로지들은 그 속성상 교수·학습에서 점점 더 중요해질 것으로 보인다. 이러한 테크놀로지들을 가리켜 **첨단 테크놀로지**(horizon technologies)라고 부른다. 왜냐하면, 지평선처럼 이 테크놀로지들은 멀리서도 볼 수 있지만 좀 더 가까이 다가가면 이들이 어떤 모습인지 모두 확신할 수 없기 때문이다. 그럼 지금부터 몇 가지 첨단 테크놀로지에 대해 살펴보자.

- **인공지능**(Artificial Intelligence: AI): AI는 컴퓨터 공학의 한 분야로, 인간이 사고하는 것처럼 반응할 수 있도록 컴퓨터 및 소프트웨어를 설계하는 것을 연구한다. AI는 하나의 연구 분야로 상당 기간 존재해 왔지만, 사람처럼 생각할 수 있는 '지능적인' 기계에 대한 초기 약속은 아직 실현되지 않았다. 그러나 하나의 학문 분야로 결실을 맺어 왔기 때문에 앞으로 더 많은 발전이 있으리라 예상된다. AI 연구의 성공적인 결과 중 하나는 **전문가 시스템**(expert systems)의 개발이다. 이는 특정 분야 전문가의 지식과 기술을 실현한 프로그램을 말한다. 전문가 시스템은 오일탐사, 의료진단과 같은 분야에서 이미 그 우수성을 인정받아 왔다. 교육에서는 전문가 시스템이라는 개념이 지능형 개별교수 체제(intelligent tutoring system)라는, 지능형 컴퓨터 보조학습(intelligent computer-assisted instruction: ICAI)으로 불리는 프로그램의 개발로 이어졌다. 이러한 프로그램들은 수학, 지리학, 컴퓨터 공학 같은 과목에서 개발되었다. 예를 들어, 카네기 대학교의 AI 연구팀에서 파생된 Carnegie Learning(http://www.carnegielearning.com)이 개발한 Cognitive Tutor는 중등 수학과 지능형 개별교수 체제로, 지금은 미국 전역의 여러 학교에서 사용되고 있다. 일반적으로 지능형 개별교수 체제는 교과목에 대한 상세한 설명과 학생들이 자주 범하는 실수 모음 데이터베이스를 학생 수행 모형과 결합하여 학생의 이해도를 진단하고 학생에게 필요한 학습을 제공한다. 지능형 개별교수 체제는 특정 교과목 지도교사의 전문지식을 구현한다. 앞으로 더 많은 지능형 개별교수 체제를 보게 될 뿐만 아니라 보다 일반적인 교육용 소프트웨어에 이 프로그램의 기법이 적용되리라 예상된다.

- **음성 및 필체 인식**(speech and handwriting recognition): AI 연구의 또 다른 발전은 음성 및 필체 인식의 개발이다. 음성인식(speech recognition) 시스템은 음성을 문자로 전환하여 컴퓨터로 조작하고, 음성으로 지시된 기본적인 컴퓨터 명령어들(예: 프로그램 열기 또는 닫기)을 지원한다. 몇몇 음성인식 시스템은 구입 가능하다. 예를 들면, ScanSoft의 *Dragon Naturally Speaking*과 *RealSpeak*를 비롯하여 IBM의 *ViaVoice*가 있다. Microsoft는 음성인식 및 음성종합엔진을 Window에 포함시키고 있으며, Apple의 *Plain Talk* 음성인식 및 음성종합 소프트웨어는 *MacOS*의 일부로 포함되어 있다. 또한, 몇몇 회사에서 전화를 포함한 구두 명령을 통한 인터넷 이용이 가능한 음성인식 제품도 출시되었다. 개발이 계속된다면, *Star Trek* 또는 *2001: A Space Odyssey*에서처럼 음성 회화로 컴퓨터와 의사소통이 가능한 날도 머지않은 것 같다. 필체인식 소프트웨어는 태블릿 컴퓨터와 개인휴대정보단말기(PDA)의 운영체제에 포함되어 있다. 이 프로그램은 필기한 노트를 문자로 전환하여 컴퓨터에 저장하고 수정할 수 있도록 도와준다. 음성 및 필체 인식 테크놀로지는 우리가 정보를 입력하고 컴퓨터로 작업하는 방식에 영향을 미치기 시작하고 있다.
- **무선 컴퓨팅**(wireless computing): 학교 및 기업체에서 그 중요성이 급속히 증가하는 것 중 하나가 무선 연결이다. 무선 랜에 널리 적용되고 있는 표준인 IEEE 802.11b는 컴퓨터와 네트워크 간 연결을 상당한 지역 내에서(수백 피트에 이르기까지) 합리적인 속도로(11 Mbs까지) 지원한다. 보다 빠른 무선 연결은 새로운 표준인 IEEE 802.11a와 IEEE 802.11g(후자는 IEEE 802.11b와 역으로 호환 가능)의 지원을 받는데, 이 새로운 표준은 조만간 더 널리 적용될 예정이다. 새로운 무선 네트워크 표준과 지원 기기의 등장은 오래된 많은 학교가 모든 컴퓨터를 연결하는 데 많은 비용을 지출하지 않고 네트워크 연결을 갖출 수 있음을 의미한다. *Bluetooth*라고 부르는 또 다른 무선 네트워크 표준은 컴퓨터와 주변기기 간의 근거리 접속을 지원한다. 무선 네트워크는 회선 때문에 발생하는 제한을 제거해 준다는 점에서 학교와 교사에게 컴퓨터 자료 사용에 더 많은 유연성을 부여해 준다.

▲ 태블릿 컴퓨터에는 기본적인 필체인식 기능이 설치되어 있다.

- **광역 네트워크 연결**(broadband network connectivity): 인터넷을 이야기할 때, 광역은 일반적으로 많은 양의 정보를 빠르게 전송할 수 있도록 지원하는 빠른 연결을 의미한다. 이 용어는 전화 연결선을 이용할 때보다 훨씬 빠른 케이블 모뎀과 DSL(digital subscriber line)을 설명할 때 자주 사용된다. 비디오나 오디오처럼 정보 집약적인 파일들은 보다 큰 대역폭(데이터 통신기기의 전송 용량)을 필요로 하는데, 광역은 이를 제공한다. 대부분의 학교에 초고속 인터넷이 연결되어 있는데, 광역은 점점 더 많은 가정에서도 빠른 인터넷 접속을 가능하게 한다.
- **새로운 웹 테크놀로지**(new Web technologies): 새로운 인터넷 연결방식 이외에도, 새로운 웹 테크놀로지

들이 현재 개발 중에 있다. 종속형 시트(cascading style sheets/CSS)나 DHTML(dynamic HTML)처럼 웹페이지를 정의하는 새로운 방식이 점점 더 사용되고 있다. HTML의 슈퍼세트인 XML(Extensible Markup Language)이 웹상의 서로 다른 컴퓨터 시스템 간 자료 교환에 필요한 주요 도구가 되고 있다. 이러한 변화는 웹페이지가 보다 역동적이고 유연하게 작동하도록 만든다. 또한, 웹에서 사용 가능하도록 개발된 객체지향 컴퓨터 프로그래밍 언어인 **자바**(Java)는 오늘날 사용하는 가장 중요한 컴퓨터 언어 중 하나로 떠오르고 있다. 자바는 역동적이며, 데이터베이스 중심의 웹 콘텐츠를 만들어 내는 웹페이지와 데이터베이스를 연결하는 기술인 JSP(Java Server Pages)의 기본이 되는 언어이기도 하다. 데이터베이스와 웹페이지를 연결하는 다른 테크놀로지로는 Microsoft의 ASP(Active Server Pages) 테크놀로지와 데이터베이스 중심의 웹페이지를 개발할 때 사용하는 마크업 언어(markup language)인 ColdFusion이 있다. 데이터베이스에 연결되는 웹페이지는 일반적인 웹페이지보다 역동적이고 환경설정을 변경할 수 있는데, 이는 사용자 개개인의 선택에 따라 데이터베이스에서 내용을 불러올 수 있기 때문이다. 이 테크놀로지들이 점점 더 발전함에 따라, 웹은 보다 흥미로운 곳이 되어갈 것이다.

- **휴대형 기기들**(handheld devices): 컴퓨터 기기들은 처음 발명된 이래로 점점 더 소형화되고 있다. 오늘날 많은 학교가 데스크톱 컴퓨터에서 랩톱북 및 태블릿 컴퓨터로 이동해 가고 있다. 다음 세대의 컴퓨터 기기들은 분명 더욱 작아질 것으로 보인다. 계산기는 이미 여러 수학 교실에서 볼 수 있는 주요 물품이 되어 버렸다. 이제 새로운 세대인 **개인휴대정보단말기**(PDA)들이 수업에서 다목적 도구로 사용될 방법을 찾고 있다. 이들은 자료입력, 노트필기, 계산기, 웹브라우징 등 여러 목적으로 사용될 수 있다. 이 기기들이 보다 많은 기능을 갖추어 감에 따라, 소형기기들은 중요한 교육용 도구가 되어 보다 크고 값비싼 컴퓨터를 대신해 갈 것이다.

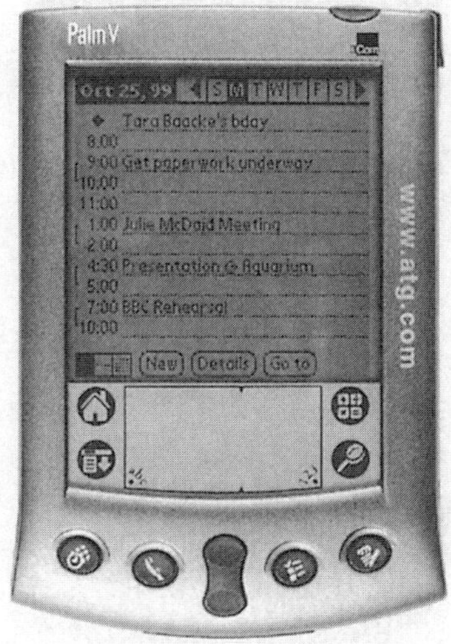

▲ PDA는 우리의 손에 컴퓨팅 능력을 부여했다.

- **가상현실**(virtual reality: VR): 컴퓨터 발달 분야 중 떠오르고 있는 한 분야가 가상현실이다. **가상현실**은 컴퓨터로 생성된, 시각적으로 표상된 3차원 환경으로, 이 공간 내 사용자의 움직임에 반응한다. 일반적으로, 오늘날의 가상현실 시스템은 사용자가 착용하는 특수한 머리 덮개, 옷, 장갑에 연결된 컴퓨터로 구성된다. 머리 덮개는 사용자 앞에 3차원 세상의 이미지를 투사하고, 사용자 머리의 움직임을 감지하여, 머리가 돌아가면 이에 따라 사용자가 보는 이미지도 적절히 변하도록 한다. 센서가 장착된 장갑을 끼면, 사용자는 가상공간에서 손을 뻗어 물체를 만지거나 집을 수 있다. 예를 들어, 유기화학을 공부하는 학생이 유기분자의 구조와 기능을 더욱 잘 이해하기 위해 3차원 공간의 유기분자에 손을 뻗어 돌려 볼 수 있을 것이다. 가상현실 테크놀로지가 아직은 많이 부족하지만, 이미 많은 관심을 받으며 유명해졌고, 개발이 빠르게 진행되고 있다. 예를 들어, 보다 새로운 프로젝션 시스템은 특수 머리 덮개 없이도 비슷한 이미지

▲ 언젠가 이와 같은 가상현실 도구들 덕분에 학생들이 가상체험 실습을 할 수 있을 지도 모른다.

를 투사할 수 있도록 돕는다. 가상현실 테크놀로지가 발전함에 따라, 다양한 교육적 활용을 상상해 볼 수 있다. 역사적인 사건이나 먼 곳으로의 여행, 또는 인체탐험을 제작하여 학생들에게 가상체험하도록 할 수 있을 것이다. 학생들은 위험한 화학물질을 섞거나 수술실습을 하는 것을 위험 감수와 실제 비용 부담 없이도 시도해 볼 수 있다. 가상공간은 시뮬레이션을 실제처럼 만들 수 있을 것이고, 이러한 가능성들은 매우 흥미로운 것이다.

- **유비쿼터스 컴퓨팅**(ubiquitous computing). 편재형 컴퓨팅(pervasive computing) 또는 분산지능(distributed intelligence)이라고도 부르는 유비쿼터스 컴퓨팅은 컴퓨터 처리능력이 일상 물건에 내재되어 있어 겉으로 드러나지 않는 상황을 말한다. Xerox의 Palo Alto 연구센터 연구자들이 처음으로 개발한 이 개념은 어떤 면에서는 가상현실과 대조적이다. 가상현실이 컴퓨터가 생성해 낸 환경 속에 사용자가 자리하게 한다면, 유비쿼터스 컴퓨팅은 환경 자체에 컴퓨터 처리능력이 있는 것이다. 저렴한 비용과 널리 이용되고 있는 강력한 프로세서들을 고려할 때, 많은 도구들이 '똑똑한' 컴퓨터 칩을 내재하게 되는 날을 상상하는 것은 무리가 아니다. 자동차, 전자레인지, 기타 소비자 용품에는 이미 프로세서들이 탑재되어 있다. 미래에는 아마도 우리 옷에 들어 있는 컴퓨터 칩이 해로운 자외선에 지나치게 노출되는 것을 경고해 주고, 손목시계의 센서가 당뇨병 환자의 포도당 지수를 알려 주거나, 집의 벽에 포함된 칩이 방 안에 사람들이 있는 것을 감지하여 자동으로 온도와 불의 밝기를 조절해 주는 것을 상상해 볼 수 있다. 교육용 기기에는 '똑똑한' 박물관 전시들이 포함되어 있어서 방문자들이 다가오면 선정한 내용을 자동으로 보여 줄 수도 있을 것이다. 유비쿼터스 컴퓨팅이 발달해 감에 따라, 컴퓨팅 능력은 점점 배경 속으로 사라져 우리의 일과 삶에 보이지 않게 중요한 영향을 미칠 것이다.

학교교육과 교육의 미래

지금까지 예측한 변화들이 교육과 학교교육에 앞으로 어떤 영향을 미치겠는가? 이는 가장 대답하기 어려운 질문인데, 질문이 어려운 이유는 교육이 복잡한 사회적 · 문화적 · 정치적 현상이기 때문이다. 미래에도 현재처럼 테크놀로지가 발달할 것이다. 언젠가는 인간의 구두 명령에 응답할 수 있는 컴퓨터가 나타날 것이라고 예측하는 것은 비교적 간단한 일이지만, 이러한 발전이 교육에 어떤 영향을 미칠 것인가에 대해 예측하는 것은 확신이 떨어진다. 그러나 우리 모두 교육 관련 일에 종사하고 있다는 것을 기억하는 것이 도움이 될 수도 있다. 이 장의 서두에서 지적한 것처럼 조랑말 속달우편배달 운영자가 자신의 사업이 단순히 우편배달이라기보다는 커뮤니케이션에 관한 것이라는 것을 인식했다면, 전신의 잠재적인 영향력을 인지하고 적응할 수 있었을 것이다. 우리는 학습에 관심이 있다는 것과 테크놀로지가 조랑말 속달우편배달에 영향을 미친 것처럼 학습에 영향을 미칠 수 있음을 항상 명심해야 한다. 우리가 학습에 관심을 가진다면, 테크놀로지의 발달이 우리와 학생들에게 어떤 영향을 미칠 것인지를

점검사항

첨단 테크놀로지 검색

새롭게 등장하고 있는 테크놀로지에 대한 정보를 여러 인터넷 사이트에서 찾아볼 수 있다. 이러한 사이트들을 이용하면, 교육에 영향을 미칠 수 있는 컴퓨팅 개발에 대해 더 자세히 배울 수 있다. 다음의 웹사이트들을 방문하여 새롭게 떠오르고 있는 테크놀로지의 경향에 대해 알아보라.

사이트	URL
CIO, chief information officer들을 위한 잡지 및 관련 웹사이트	http://www.cio.com/research/current/
EDUCAUSE Forum for the Future of Higher Education	http://www.educause.edu/forum/
ITtoolbox Emerging Technologies, 정보공학에 관한 웹사이트	http://emergingtech.ittoolbox.com/
MIT's Media Lab at the Massachusetts Institute of Technology	http://www.media.mit.edu
Xerox Palo Alto Research Center	http://www.parc.com/
Ziff Davis net, 여러 정보공학 주제들을 다루는 웹사이트	http://www.zdnet.com/

어떤 테크놀로지들이 여러 사이트에서 공통적으로 언급되고 있는가? 어떤 테크놀로지들이 앞으로 몇 년 또는 향후 몇십 년 후에 영향을 미칠 것 같은가? 어떤 테크놀로지가 교육에 중대한 영향을 미칠 것으로 보이는가? 왜 그렇게 생각하는가?

판단하는 데 도움이 될 것이다.

여러 측면에서 미국의 공교육은 매우 성공적이었다. 그러나 이러한 성공에도 불구하고, 또는 이러한 성공 때문에, 교육과 학교교육의 역사는 눈에 띄게 변화에 저항하는 모습을 보여 주었다. 19세기 교실수업 사진을 본 적이 있다면, 교사가 교실 앞에 서 있고, 학생들은 줄을 맞춰 책상 의자에 앉아 책을 보고 있으며, 구석에는 배불뚝이 난로가 있음을 알 수 있을 것이다. 개인별 책상과 보다 현대적인 난방 시스템을 제외하곤, 오늘날의 교실에는 많은 변화가 일어나지 않았다. 오늘날의 교실 대부분은 비슷하고, 대체적으로 100여 년 전과 비슷한 기능을 하고 있다. 대부분의 학교 연중행사표에 공통적으로 포함되어 있는 여름방학조차도 아이들이 여름에는 농장에서 일해야 했던 지난 시대의 흔적이다. 오늘날의 학교에서는 정보화 시대에 맞게 학생들을 준비시키고 있는가?

▲ 오늘날의 교실은 19세기의 교실과 별로 달라 보이지 않는다.

수년간 획기적인 변화를 가져올 것이라고 약속했던 많은 교육적인 변화가 나타났다 사라졌다. 교육용 텔레비전이 그 한 예다. 1950년대 동안, 교육용 텔레비전을 지지했던 사람들은 교육과 학교교육에 획기적인 변화가 일어날 것이라고 예상했다. 교육용 텔레비전이 사라지지는 않았지만, 초기 지지자들의 기대에 부응하지는 못했다. 오늘날 몇몇 사람은 컴퓨터와 관련 테크놀로지들이 학교에서 한 순간의 섬광처럼 사라질 것이라고 생각한다. 비판가들은 거액의 돈을 투자했음에도 불구하고 컴퓨터는 기대했던 교육 수준의 향상을 가져오지 못했다고 지적한다. 『Silicon Snake Oil』(1996)과 『High-Tech Heretic』

(2000)의 저자인 Clifford Stoll은 컴퓨터는 교사와 동료학생 간의 상호작용처럼 교육에서 가장 중요한 것들로부터 주의를 분산시키고 있다. 따라서 학교에서는 최소한만 사용할 것을 주장했다. Stoll의 견해가 옳을 수도 있고, 교육에 도움이 될 것이라는 기대 때문에 컴퓨터가 지나치게 사용되었을 수도 있다. 만약 그렇다면, 교육용 텔레비전처럼 컴퓨터는 교실에서 중요하지 않은 도구로 남게 될 것이다. 교육과 학교교육은 컴퓨터의 영향을 받지 않으며 계속될 것이다. 이는 매우 극단적인 견해의 하나다.

그러나 테크놀로지가 사회에 극적인 변화를 가져올 것이라는 것을 부인하는 것은 어리석은 생각일 수도 있다. 지금은 정보화시대다. 컴퓨터는 업무 환경에 중요한 변화를 불러일으켰고, 가정에서도 일반화되고 있다. 매체 통합이 진행되고 있으며, 주요 기업들이 정보고속도로에 편승하고 이를 활용하기 위해 상당한 금액을 투자하고 있다는 것은 부인할 수 없는 사실이다. 현재 주요한 변화가 일어나고 있는 것이다!

논란이 되었던 책인 『School's Out』(1992)의 저자인 Lewis Perelman은 교육의 전환에 대해 강력한 주장을 펼쳤다. 그는 오늘날의 학교와 교육이 이미 시대에 뒤떨어져 있으며, 이를 해결할 수 있는 방법은 현행 교육체제를 모두 폐기하는 것이라고 주장했다. 컴퓨터에 의한 지식 습득은 더 이상 학교에서만 일어나지 않으며, 이제는 모든 곳에서 평생에 걸쳐 가능하다고 주장했다. 또한, 하이퍼미디어와 네트워크의 발달에 따라 학습은 언제, 어디서나 가능하게 되었다. 요컨대, Perelman은 학교가 더 이상 필요 없으며, 학교는 진정으로 필요한 변화가 일어나는데 장애가 될 뿐이라고 주장한다. 이는 또 다른 극단적인 견해의 하나다.

지금까지 살펴보았던 것처럼 앞으로의 교육 및 학교교육에 관하여 매우 극단적인 두 가지 견해가 있다. 한 편에서는 거의 아무런 변화 없이 현재 상태가 유지될 것이라고 보며, 다른 한 편에서는 급격한 변화가 일어나서 오늘날 우리가 생각하는 교육과 학교교육을 완전히 바꾸어 놓을 것이라고 주장한다. 어떤 일이 일어나겠는가?

중도의 경우도 예상할 수 있다. 개인 학습이 이미 평생학습으로 변화해 가고 있음은 분명한 사실이다. 고등학교 졸업장을 받고, 직장을 다니며, 45년 후 은퇴하기까지 책 한번 들춰 보지 않는 시대는 오래 전에 지났다. 현재 학습을 학교 건물에만 한정시키지 않고 자유롭게 하는 기기들이 있다는 것 또는 곧 사용 가능하게 될 것이라는 것 또한 분명한 사실이다. 이미 세상의 지식은 얇은 광섬유 케이블 또는 방송채널을 통해 각 가정에 전달되고 있다. 이것이 학교교육과 교육의 소멸을 의미할 것인가? 그럴 수도 있겠지만, 사회적이며 정치적인 파장이 고려되어야 할 것이다. 그 대신, 학교들이 정보화시대를 위한 평생학습센터로 변모하는 촉진제로 작용할 수도 있다.

저자들은 두 극단적인 경우 사이에서 미래를 그려 본다. 교사와 학생들이 교육공학을 수용하고 통합하여 교수·학습 향상을 위해 사용하는 미래를 예상해 본다. 이는 교육에 주요한 변화가 있을 것임을 분명히 암시한다. 이러한 변화에 따라 예상되는 결과는 다음과 같다.

- 정보 네트워크를 통해 이용 가능한 멀티미디어 학습 자료가 늘어나고, 이는 교육의 주요 특징이 될 것이다.
- 학생과 교사 모두 강력하고 휴대가 편리한 컴퓨터 기기를 사용할 것이고, 이 기기는 네트워크 자료에 무선으로 연결되어 있을 것이다.
- 학습은 실제 문제 중심으로 점점 더 실제 상황에서 일어날 것이다. 이 과정에서 테크놀로지가 하나의 도구로 사용될 것이다.
- 학생들은 능동적인 학생이 될 것이다. 정보를 구하고 지식을 얻기 위해 동료 학생뿐만 아니라 보다 경험이 많은 사회구성원과도 협력할 것이다.
- 교사의 역할은 '수업을 이끄는 현인'에서 '옆에서 도움을 주는 안내인' 역할로 전환될 것이다. 정보를 전달하는 대신, 학생들이 새로운 정보기기를 이용하여 정보를 찾고, 분석하며, 종합하고, 문제를 해결하며,

국가교육공학표준과의 연계

NETS와 연계

국가교육공학표준을 살펴보면(국가교육공학표준 Ⅰ, Ⅲ, Ⅳ, Ⅴ 참조), 교사에게 **새로운 테크놀로지 혁신과 정보 출처를 평가하여 학습과제에 대한 적합성을 판단할 수 있는 능력**이 기대되고 있다. 새로운 테크놀로지의 등장과 수정 및 업그레이드가 매일 일어나고 있다. 우리는 종종 스스로에게 이런 질문을 던지곤 한다. 어떻게 모든 변화를 따라잡을 수 있을까? 그래야 하는가? 우리는 언제 업그레이드나 변화가 필요한 때라는 것을 판단할 수 있을까? 이와 같은 궁금증들은 자신의 평가능력과 관련이 있다. 여러분의 필요성을 평가하고, 혁신적인 테크놀로지의 혜택과 예상 비용을 평가하는 것은 모든 교사에게 요구되는 주요 능력이다. 대부분의 교사가 원하는 것은 흐름에 뒤처지지 않고 최상의 학습경험을 제공하면서 중요하지 않고 필요 없는, 비효과적이며 비싸기만 한 기기들의 희생양이 되지 않는 것이다.

여러분의 입장에서(예: 여러분이 가르치고 있거나 가르치고 싶은 수업, 학습자료를 준비해야 하는 경우, 여러분이 이용 가능한 하드웨어 등) 고려할 때, 여러분은 어떤 식으로 새로운 테크놀로지를 평가하여 여러분의 수업에 도움이 되는지 판단하겠는가? 새로운 테크놀로지를 활용하는 데 시간과 노력, 비용을 투자해야 하는지를 결정하기 위해 여러분이 답해야 할 문항 목록을 만들어 보라. 문항을 만드는 데 도움이 되도록 몇 가지 질문을 다음에 마련했다. 그러나 이 질문들을 여러분이 처한 상황에 적합하도록 수정하여 여러분의 문항 목록에 더하라.

[새로운 테크놀로지 수용 여부를 결정하기 위한 평가 문항]
- 이 새로운 테크놀로지는 실용적인가?
- 이 새로운 테크놀로지가 우리에게 부족한 것을 보충해 주는가?
- 이 새로운 테크놀로지를 배우고 효과적으로 사용하기까지 얼마나 많은 시간이 소요될 것인가?
- 훈련 시간과 초기 비용 및 유지와 관련하여, 우리가 이 새로운 테크놀로지를 부담할 수 있는가?

창의적으로 생각하고, 자기만의 지식을 만들 수 있도록 도울 것이다.

- 교육은 모두에게 중요하고 모두가 이용 가능한 평생 학습 과정이 될 것이며, 학교는 어린이뿐만 아니라 모든 사람을 위한 학습의 장이 될 것이다.
- 학년의 인위적인 구분이 사라질 것이다. 교육은 점점 더 실제 능력 중심의 평가에 초점을 맞추게 될 것이다. 학생들은 실제 문제해결에 필요한 정보를 찾고 활용하는 능력에 따라 평가될 것이다.
- 개인 및 지역사회와 학교를 분리하던 경계들이 약화되거나 사라질 것이다. 학생들은 인터넷과 같은 원격교육 테크놀로지를 이용하여 다른 지역의 교사로부터 배우고, 다른 지역의 학생들과 협력할 것이다. 교사들도 학생들과 함께 배울 것이다. 학생들은 서로에

▲ 미래는 어떤 모습일 것이라고 생각하는가?

게서 또는 지역사회 구성원들로부터 배울 것이다. 테크놀로지가 거리를 초월한 협력을 가능하게 함에 따라 지역사회도 변할 것이다.

지금까지 언급한 것은 교육공학에만 한정된 미래가 아니다. 교육과 학교교육은 그보다 포괄적이다. 그러나 교육공학 없이 우리가 나아가야 할 곳에 도달하기는 어려울 것이다. 교육공학에 의해 가능한 미래를 상상해 본다.

테크놀로지 코디네이터 코너

중학교 수학 교사인 이 교사는 얼마 전 지역 내 컴퓨터 코디네이터인 박 교사의 사무실에 들렀다. 이 교사와 박 교사는 미래의 교육공학에 대해 이야기를 나누다가, 이 교사가 최근에 읽었던 네트워크 연결, 가상공간, 안경에 설치된 컴퓨터와 같은 향후 예상되는 발전에 관한 글에 대해 이야기하게 되었다.

박 교사는 이러한 발전들이 먼 일 같지만 오늘날에도 눈으로 확인할 수 있다고 지적했다. 제작년에 해당 지역에서 이 교사의 학교에 무선연결이 가능한 곳들을 만들어 줬고, 학생들은 쇼핑몰에서 가상현실 게임을 즐기며, 개인휴대정보단말기(PDA)는 한때 데스크톱 컴퓨터로 가능했던 기능들을 매우 작은 크기에 담고 있음을 주목했다. 박 교사는 이러한 경향이 계속되어 새로운 발전으로 연결되는 것을 상상하기 어렵지 않다고 말했다.

이 교사는 테크놀로지의 발달이 흥미롭긴 하지만 다소 위협적이라고 말했다. 그녀의 수학 교과과정과 달리 테크놀로지는 매년 바뀌는 것 같다고 말했다. 테크놀로지는 항상 새로운 것을 배울 것을 요구하는 것 같고, 이를 따라잡기가 힘들다고 호소했다. 이 교사는 박 교사에게 새로운 테크놀로지 개발에 대해 배우는 것과 관련하여 조언을 구했다.

박 교사는 비법이 있는 것은 아니라고 답했다. 박 교사는 이 교사에게 그녀가 다른 것들에 대해 배워가는 것처럼 테크놀로지도 그렇게 배워가라고 조언했다. 그녀가 제안한 내용은 다음과 같다. 새로운 테크놀로지 개발에 관한 정보를 수집하는 데 시간을 할애하라. 새로운 테크놀로지를 시도해 보고 어떤 기능이 가능한지를 살펴볼 수 있는 기회를 찾아보라. 새로운 테크놀로지가 지금까지 사용되어 온 테크놀로지를 어떻게 대신하고, 보충하며, 또는 초월하는지를 생각해 보라. 새로운 테크놀로지가 교수·학습에 어떻게 적용할 수 있는지를 생각해 보라. 추가적인 제안은 다음과 같다.

- 새로운 테크놀로지 개발에 대한 글을 읽는다. 잡지기사는 경향을 보여 주고, 전문잡지의 글들은 테크놀로지의 수업 활용 방안에 대한 좋은 아이디어를 제공한다. 새로운 테크놀로지에 대한 유용한 정보는 인터넷에서 구할 수 있다.
- 워크숍이나 수업을 듣는다. 다른 사람에게서 새로운 테크놀로지에 대해 배우는 것은 전문지식을 얻을 수 있는 가장 빠른 방법 중 하나다.
- 자신에게 해당되는 분야의 전문가들 회의에 참석한다. 회의 발표장에서는 테크놀로지의 수업 활용에 대한 가장 최신 아이디어를 접할 수 있다. 또한, 테크놀로지 판매자들이 회의에서 자사의 상품을 전시하곤 한다. 여러분이 수업에서 활용해 보고 싶은 테크놀로지들을 시도해 볼 수 있는 좋은 장소다. 테크놀로지를 실제로 경험해 보고 싶다면, National Educational Computing Conference(NECC)와 같은 교육용 테크놀로지에 초점을 맞춘 회의에 참석하도록 한다.
- 새로운 소프트웨어나 새로운 테크놀로지를 교실에 들여올 때, 설명서나 온라인 도움 자료 등을 활용하도록 한다. 항상 사용하는 것이 아니라면 낯선 기능에 익숙하지 않을 수 있지만, 첨부된 도움 자료가 사용방법과 관련하여 도움이 될 것이다.
- 다른 교사들과 이야기를 나눈다. 다른 교사들과 이야기를 나누거나 학교 테크놀로지 코디네이터와 이야기를 나누면서 새로운 테크놀로지 개발에 대해 많은 것을 배울 수 있을 것이다.
- 마지막으로, 학생들로부터 배우는 것을 두려워하지 않는다. 학생들은 컴퓨터를 비롯하여 여러 새로운 테크놀로지를 많이 사용하고, 사용법을 매우 빨리 배우는 경향이 있다. 학생들을 교실 내 테크놀로지 전문가로 삼아 이들로부터 배우도록 한다. 여러분에게 도움이 될 것이고, 학생들은 전문가로 인정받아 자긍심과 성취감을 느낄 것이다.

마지막으로, 박 교사는 이 교사에게 모든 테크놀로지에 대해 알아야 한다고 생각할 필요는 없다고 조언했다. 항상 새로운 테크놀로지가 등장할 것이고, 따라서 아무도 모든 것에 전문가일 수는 없기 때문이다. 그녀는 이 교사에게 자신이 속한 분야의 경향에 주시하고, 자신의 수업에 필요한 것을 배우며, 자신의 수업방식에 도움이 될 테크놀로지 활용방식을 알아볼 것을 제안했다. 이는 새로운 테크놀로지에 대해 배우는 교사라면 누구에게나 매우 좋은 조언이 된다.

요 약

이 장에서는 교육공학의 과거와 현재, 미래에 대해 살펴보았다. 교수설계와 매체는 Thorndike나 학교 박물관 운동 등에 힘입어 20세기 초반부터 발전하기 시작했다. 제2차세계대전 동안 효과적이고 효율적인 군사훈련의 필요성이 증대하면서, 교육공학은 많은 후원을 받았다. 제2차세계대전 이후, 교수설계와 매체는 학문 분야로 정착했다. 교육용 컴퓨터는 PLATO 프로젝트와 같은 컴퓨터 보조학습에 관한 연구들로 시작되었다. 1970년대에 개인용 컴퓨터가 개발되면서 컴퓨터는 교육에서 널리 활용되기 시작했다.

오늘날 교수설계, 교육매체, 교육용 컴퓨터는 모두 학문 분야로 정착하였고, 컴퓨터의 역량에 힘입어 통합되어 가고 있다. 매체는 디지털화되어 가고, 컴퓨터는 교수설계, 실행 및 평가에 새로운 기능을 제공하고 있다. 테크놀로지는 학교에서도 상당히 사용되고 있다. 시범학교들은 테크놀로지를 효과적으로 활용하면 어떤 변화가 일어나는지를 보여 준다. 학교가 변해감에 따라 앞으로 어떤 변화가 계속될지를 예상해 볼 수 있다. 교수설계와 매체, 컴퓨터가 보다 많이 통합될 것이다. 컴퓨터를 이용한 네트워크가 확산될 것이고, 컴퓨터 역량이 증가할 것이다. 교육과 학교교육에서는 이러한 혁신적인 테크놀로지들이 무시되거나, 이에 따라 그 모습이 완전히 변형될 수도 있겠지만, 우리는 교육공학이 교사와 학생들에게 힘을 실어 주는 중도적인 가능성을 예상해 본다.

추천 자료

CD 자료

학습내용의 기억과 전이를 돕기 위해, 이 책에 동봉된 CD 안에 있는 제14장의 성찰적 사고를 위한 질문 및 활동을 읽어 보라〔장에 대한 정보와 활동(Chapter info and Activities)≫제14장(Chapter 14)≫성찰적 사고를 위한 질문 및 활동(Reflective Questions and Activities)〕.

또한, 학교 테크놀로지 계획의 예, *VisionQuest*, 인터넷 웹사이트들, 국가교육공학표준 문제들을 살펴보거나 교재의 저자들에게 직접 이메일을 보낼 수 있다.

웹사이트

이 교재의 웹사이트(www.prenhall.com/newby)에 접속하여 제14장과 관련된 학생들의 질문과 저자의 답변을 실은 질의응답 코너를 읽어 보라. 질문이 있으면 저자들에게 직접 보내도 좋다. 이 장에 관한 저자들의 프레젠테이션도 볼 수 있으므로, 이 장의 내용에 관한 저자들의 견해도 살펴보라.

인쇄 자료

Anglin, G. J. (Ed.). (1991). *Instructional technology: Past, present, and future.* Englewood, CO: Libraries Unlimited.

Dwyer, D. C., Ringstaff, C., & Sandholz, J. H. (1990). *Teacher beliefs and practices. Part I: Patterns of change. The evolution of teachers' instructional beliefs and practices in high-access-to-technology classrooms first-fourth year findings.* ACOT Report #8. Cupertino, CA: Apple Computer, Inc. Available on the World Wide Web: http://www.apple.com/education/k12/leadership/acot/pdf/rpt08.pdf.

Gagné, R. M. (Ed.). (1987). *Instructional technology: Foundations.* Hillsdale, NJ: Lawrence Erlbaum Associates.

Market Data Retrieval. (2003). *Technology in education 2003.* Shelton, CT: Author.

National Center for Education Statistics. (2000, September). *Teachers' tools for the 21st century.* Washington, DC: U.S.Department of Education. Available on the World Wide Web: http://nces.ed.gov

National Center for Education Statistics. (2002, September). *Internet access in U.S. public schools and classrooms: 1994-2001.* Washington, DC: U.S. Department of Education. Available on the World Wide Web: http://nces.ed.gov/

Perelman, L. J. (1992). *School's out.* New York: Avon.

Saettler, P. (1990). *The evolution of American educational technology*. Englewood, CO: Libraries Unlimited.

Senge, P. M. (2000). *Schools that learn: A fifth discipline fieldbook for educators, parents, and everyone who cares about education*. New York: Doubleday.

Shelly, G. B., & Cashman, T. J. (1984). *Computer fundamentals for an information age*. Brea, CA: Anaheim.

Stoll, C. (1996). *Silicon snake oil: Second thoughts on the information highway*. New York: Doubleday.

Stoll, C. (2000). *High tech heretic: Why computers don't belong in the classroom and other reflections by a computer contrarian*. New York: Doubleday.

전자 자료

http://www.infed.org/biblio/b-learn.htm.
Smith, M. K. (1999). Learning theory, The encyclopedia of informal education. Available on the World Wide Web. Last update: May 31, 2004.

http://www.psy.pdx.edu/PsiCafe/KeyTheorists/
The Psi Café

http://psychclassics.yorku.ca
Classics in the History of Psychology (York University)

http://tip.psychology.org/
Theory into Practice Database (Greg Kearsley)

http://www.thejournal.com/magazine/vault/A1681.cfm
T.H.E. Journal, Computers in Education: A Brief History (June 1997)

http://www.cio.com/research/current
CIO

http://www.educause.edu/forum/
EDUCAUSE Forum for the Future of Higher Education

http://emergingtech.ittoolbox.com/
ITtoolbox Emerging Technologies

http://www.media.mit.edu
MIT's Media Lab

http://www.parc.com/
Xerox Palo Alto Research Center

http://www.zdnet.com
Ziff Davis net

교사용 자료 A

교사를 위한 국가교육공학표준

http://cnets.iste.org/teachers/t_stands.html

모든 교사를 위한 교육공학표준과 수행지표*

학생들을 위한 ISTE(International Society for Technology in Education: 국제교육공학협회) NETS(National Educational Technology Standards: 국가교육공학표준)에 기초한, 예비교사 교육에 초점을 둔 교사를 위한 ISTE NETS(NETS*T)는 테크놀로지를 교육 상황에 적용하기 위한 기본적인 개념, 지식, 기능, 태도를 정의한다. 교사준비 자격증이나 배서(endorsements)를 받고자 하는 모든 예비교사는 이러한 교육공학표준을 충족해야 한다. 예비교사들에게 이러한 표준을 충족할 수 있는 기회를 제공하기 위하여 대학 간, 학교 간에 협력하는 것은 교직원의 책무다.

다음에 열거된 수행지표들을 포함하고 있는 여섯 가지 표준 영역은 주(州)나 대학교, 혹은 교육청의 지침(guidelines)에 맞게 변용하여 사용할 수 있을 정도로 상당히 일반적이지만, 또한 주제(topic)의 범위를 정의할 만큼 상당히 구체적으로 설계되었다. 각 표준을 위한 수행지표들(performance indicators)은 일련의 평가도구를 개발할 때 측정할 수 있는 구체적인 산출물(outcomes)을 제공한다. 표준들과 수행지표들은 또한 현직에 있는 교사들을 위한 지침을 제공한다.

I. 테크놀로지의 효과와 개념

교사들은 테크놀로지의 효과(operations)와 개념에 관한 확실한 이해를 보여 준다. 교사들은,

- (학생들을 위한 ISTE NETS에 기술된 것처럼) 테크놀로지와 관련한 입문적인 지식, 기능, 개념에 대한 이해를 보여 준다.
- 현재와 신흥(emerging) 테크놀로지에 뒤쳐지지 않기 위해 테크놀로지에 관한 지식과 기능에서의 지속적인 성장을 보여 준다.

II. 학습 환경 및 경험의 계획과 설계

교사들은 테크놀로지에 의해 지원되는, 효과적인 학습 환경 및 경험을 계획하고 설계한다. 교사들은,

- 학습자의 다양한 요구를 지원하기 위해 테크놀로지적으로 향상된(technology-enhanced) 교수전략을 활용하는 적절한 학습기회를 설계한다.
- 학습 환경 및 경험을 설계할 때, 교수 · 학습에 관한 현행 연구 결과를 테크놀로지에 적용한다.
- 테크놀로지 자원들을 확인하고 찾아내며, 그러한 자원들을 정확하고 적절하게 평가한다.
- 학습활동의 맥락 내에서 테크놀로지 자원의 관리를 계획한다.
- 학생이 테크놀로지적으로 향상된 환경에서 학습할 수 있는 교수전략을 계획한다.

III. 교수, 학습, 그리고 교육과정

교사들은 테크놀로지를 학생의 학습을 극대화하는 데 활용하기 위한 교수방법과 교수전략을 포함하는 교육과정 계획을 실행한다. 교사들은,

- 콘텐츠 표준(content standards)과 학생 테크놀로지 표준(student technology standards)을 충족시키는 테크놀로지적으로 향상된 경험을 촉진한다.
- 학생들의 다양한 욕구를 충족시키는 학습자 중심 교수전략을 지원하기 위해 테크놀로지를 사용한다.
- 학생들의 고차원적 기능과 창의성을 개발하기 위해 테크놀로지를 활용한다.
- 학생의 학습활동을 테크놀로지적으로 향상된 환경에서 운영한다.

IV. 사정과 평가

교사들은 다양한 효과적인 사정(assessment)과 평가(evaluation) 전략을 촉진하기 위해 테크놀로지를 활용한다. 교사들은,

- 다양한 사정기법(assessment techniques)을 사용하는 교과에 대한 학생의 학습을 평가하기 위해 테크놀로지를 활용한다.
- 교수 실제를 향상시키고 학생의 학습을 극대화하기 위해 테크놀로지 자원을 자료를 수집 · 분석하고, 결과를 해석하며, 연구 결과를 상호 교류하는 데 사용한다.
- 학습, 의사소통, 생산성(productivity)을 위해 학생이 테크놀로지 자원을 적절히 사용하는지를 결정하기 위해 다양한 평가방법을 활용한다.

V. 생산성과 전문적 실제

교사들은 자신들의 생산성(productivity)과 전문적 실제(professional practice)를 향상시키기 위해 테크놀로지를 사용한다. 교사들은,

- 지속적인 전문성 개발과 평생학습에 참여하기 위해 테크놀로지 자원을 사용한다.
- 학생 학습 지원 시 테크놀로지의 활용에 관한 의사결정을 위해 전문적인 실제를 계속적으로 평가하고 성찰한다.
- 생산성을 증진시키기 위해 테크놀로지를 활용한다.
- 학생의 학습을 향상시키기 위해 동료, 학부모, 그리고 보다 더 큰 공동체와 의사소통하고 협력하기 위한 테크놀로지를 사용한다.

VI. **사회적, 윤리적, 법적, 인간적 문제들**

교사들은 유아원에서부터 고등학교까지의 테크놀로지의 활용과 관련된 사회적, 윤리적, 법적, 인간적 문제들을 이해하고 그러한 원리를 실제에 적용한다. 교사들은,

- 테크놀로지의 활용과 관련된 법적, 윤리적 실제를 모델링하고 가르친다.
- 다양한 배경, 특성, 능력을 지닌 학습자들을 유능하고 능력을 갖출 수 있도록 하기 위해 테크놀로지 자원을 활용한다.
- 다양성을 지지하는 테크놀로지 자원들을 확인하고 사용한다.
- 테크놀로지 자원들의 안전하고 건전한 활용을 증진한다.
- 모든 학생이 테크놀로지 자원에 동등하게 접근할 수 있도록 촉진한다.

교사용 자료 B

노 교사의 수업지도안(남북전쟁 단원) 예제

(퍼듀 대학교 Anne Ottenbreit-Leftwich에 의해 작성됨)

배경 정보

(계획을 위해 필요하지만, 계획 자체 속에 포함되지 않음)

학생

- 주로 노동자 계급 이웃들로 둘러싸인 교외 공립학교에 다니는 23명의 6학년 학생들
- 성: 남학생 13명, 여학생 10명
- 인종: 백인 10명, 아프리카계 미국인 6명, 동양인 2명, 라틴계 미국인 5명
- 사회경제적 지위: 무료 혹은 인하된 가격에 점심 급식을 먹는(사회경제적 지위가 낮은) 학생들 7명
- 학습 선호도: 16명은 시각적, 5명은 청각적, 2명은 운동감각적
- 특별한 요구: 시각장애학생 1명, 약에 의해 통제되는 간질을 가지고 있는 학생 1명, 일주일에 한 시간씩 읽기 교사와 학습을 하는 학생 1명
- 테크놀로지 활용능력: 학생 모두는 MS *Word, PowerPoint, Internet Explorer*를 사용할 수 있음

학습환경

- 교실 앞에 교사용 책상 하나와 가로 5줄, 세로 5줄로 배열된 25개의 이동 가능한 책상을 갖추고 있는 전통적인 교실
- 교실 앞에 있는 한 대의 교사용 컴퓨터는 데이터 프로젝터에 연결되어 있음
- 교실 뒤쪽 벽면에는 광대역 인터넷이 연결된 4대의 컴퓨터가 배치되어 있음

• 교실 한쪽에는 아래 부분에 책꽂이 선반이 있는 일렬로 늘어선 창문들이 있고, 반대쪽 면에는 벽을 덮고 있는 게시판(bulletin board)이 있음. 칠판은 교사용 책상 뒤쪽 벽을 덮고 있음. 칠판의 한쪽 면 위에는 두 개의 위아래로 오르내릴 수 있는 지도들이 있음. 칠판의 중앙 위쪽에는 오르내릴 수 있는 스크린이 설치되어 있음

수업지도안

학년: 6학년 사회과목
주제: 미국 남북전쟁
시수: 10일

표준-전국역사교육연구소(National Center for History in the School: NCHS) 시기 5: 남북전쟁과 재건(1850~1877)

• 표준 2: 남북전쟁의 진로(course)와 인물(character) 및 그것이 미국인에게 미친 영향
• 표준 2A: 학생은 북부연방군과 남부연방군의 자원들이 남북전쟁의 진로에 어떻게 영향을 미쳤는지를 이해한다.
• 표준 2B: 학생은 전쟁터와 후방에서의 전쟁의 사회적 경험을 이해한다.

교수목표

① 남북전쟁에 관한 정보를 담고 있는 WebQuest가 제공되면, 학생들은 ⓐ 할당된(assigned) 인물의 관점에서 1인칭으로 기술하고, ⓑ 역사적으로 정확한 용어를 사용하며, ⓒ 역사적으로 중요한 사건들을 언급하는 저널을 만들 수 있다.
② 남북전쟁에 관한 정보를 담고 있고 소집단으로 구성된 동료들과 함께 학습하는 WebQuest가 제공되면, 학생들은 ⓐ 최소 5분 정도 길이로, ⓑ 할당된 인물의 관점에서 이야기하며, ⓒ 역사적으로 정확한 용어를 사용하고, ⓓ 역사적으로 중요한 사건들을 언급하는 스토리텔링(story-telling) 파워포인트 프레젠테이션이나 연극의 스크립트를 만들 수 있다.

교수활동

도입(동기유발/오리엔테이션 활동)
할당 시간: 10분

• 교수방법: 토론
• 교수매체: 인터넷, 투사된 시각자료
• 필요한 장비와 교수자료: 인터넷 접속과 데이터 프로젝터가 연결된 컴퓨터

① 남북전쟁시대 사람들에 관한 몇 개의 간단한 사진을 한 번에 하나씩 제시하라. 이용 가능한 자료 출처: http://www.civilwarphotos.net. 사진들은, 남자-여자-어린이, 흑인-백인, 도시와 시골, 군인-일반인 같이, 가능한 한 다양하게 제시하라.
② 각각의 사진을 사용하여, 인물을 간단히 확인하고, 학생들에게 '여러분은 이 사람의 삶은 어떠했을 것이라 생각하는가? 전쟁이 이 사람에게 어떠한 영향을 끼쳤을 것이라 생각하는가? 여러분의 삶은 이 사람의 삶과 어떠한 점에서 다른가?' 와 같은 질문을 하라.
③ 이 수업은 남북전쟁 동안 다양한 사람의 삶이 어떠했는지를 탐색할 것임을 설명하라. 학생들은 다른 학생들에게 남북전쟁이 다양한 사람에게 어떠한 영향을 미쳤는지를 가르치기 위해 스토리텔링 프레젠테이션을 사용할 것임을 강조하면서 교수목표를 개관하라.

디지털비디오 프레젠테이션
할당 시간: 10분

• 교수방법: 프레젠테이션

- 교수매체: 컴퓨터, 투사된 시각자료
- 필요한 장비와 교수자료: 데이터 프로젝터가 연결된 컴퓨터
  ① 스토리텔링 프레젠테이션 예제를 간단히 소개하라. 이것이 학생들이 본 수업에서 제작해야 할 스토리텔링의 예제임을 설명하라. 학생들이 해당 프레젠테이션을 볼 때 특히 주의해야 할 두세 가지 것을 지적하라.
  ② (만약 이용 가능하다면) 이전 학생들이나 교사에 의해 제작된 디지털 스토리텔링 프레젠테이션을 보여 주어라.
  ③ 도입부에서 여러분이 지적했던 것들에 대해 학생들에게 물음으로써 프레젠테이션을 간략히 논의하라.

KWL 차트 제작(오리엔테이션 활동)
할당 시간: 15분

- 교수방법: 토론
- 교수매체: 투사된 시각자료
- 필요한 장비와 교수자료: 데이터 프로젝터, KWL 차트 템플릿

이 새로운 수업은 학생들이 이미 알고 있는 것에 기초해야 한다. 학생들에게 이전의 남북전쟁 수업에 기초하여 KWL(know-want-learn: 아는 것—궁금한 것—배운 것) 차트를 작성하도록 요구하면서 수업을 시작한다.

① 빈 KWL 차트를 보여 주고 각 칼럼에 어떤 정보를 넣어야 하는지를 설명하라.
② 학생들에게 남북전쟁에 대해 그들이 알고 있는 것을 기술하는 K 칼럼을 위한 정보를 제공하도록 요구하라. 학생들로부터 얻은 정보를 빈 차트의 K 칼럼에 기입하라. 차트에 있는 항목들은 짧게 작성하고, 각 항목은 정확하고 모든 사람이 이해할 수 있도록 하라.
③ 학생들에게 남북전쟁에 대해 그들이 배우고 싶은 것을 기술하는 W 칼럼을 위한 정보를 제공하도록 요구하라. 학생들에게서 얻은 정보를 빈 차트의 W 칼럼에 기입하라. 다시 한 번 차트에 있는 항목은 짧게 작성하고, 각 항목은 정확하고 모든 사람들이 이해할 수 있도록 하라.
④ 여전히 비어 있는 L 칼럼을 지적하고, 우리가 그 칼럼을 수업 끝부분에 채워 넣을 것이라고 말하면서 논의를 마쳐라.

중요한 사건들에 관한 개요(정보활동)
할당 시간: 10분

- 교수방법: 프레젠테이션
- 교수매체: 투사된 시각자료
- 필요한 장비와 교수자료: 데이터 프로젝터, 시각표 유인물

이 활동의 목적은 사건에 관해 장황하게 기술한 것을 제공하는 것이 아니라 학생들이 WebQuest로부터 수집할 정보를 조직화하는 것을 도와주기 위해 시기(time period)에 관한 개요를 제공하는 것이다.

① 전쟁터와 후방에서 일어났던 사건을 포함하여, 남북전쟁 동안 일어났던 주요 사건에 관한 시각표를 보여 주어라.
② 각 주요 사건을 간략히 기술하라. 이 프레젠테이션 동안 강조해야 할 것은 사건들 간의 시대기적 관계다. 예를 들어, 동시에 발생하거나 시기적으로 다른 것에 뒤따라오는 어떤 사건을 지적하라.

WebQuest 검색 소개(오리엔테이션 활동)
할당 시간: 20분

- 교수방법: 프레젠테이션
- 교수매체: 인터넷
- 필요한 장비와 교수자료: 인터넷과 데이터 프로젝터가 연결된 컴퓨터, 유인물에 대한 점수 채점표(첨부자료)

① 다음의 목록을 사용하여 학생들에게 가장 알고 싶은 인물을 고르도록 요구하라. 학생들은 교사의 승인하에 목록에 없는 인물을 선정할 수도 있다.

남부의 농부	북부의 농부
남부의 농장 소유주	북부의 상점 주인
남부의 미인	북부의 여성
남부의 신문 리포터	북부의 신문 리포터
아프리카계 미국 노예 여성	아프리카계 미국 자유인
남부 연방군 보병대 병사	북부 연방군 보병대 병사
남부 노예제 폐지론자	북부 철도 엔지니어

② WebQuest를 소개하고 그것에 접속하는 방법을 보여 주라.

③ 저널 과제에 포함시켜야 할 것으로 기대되는 것을 기술하라. 이 과제는 학생들이 남북전쟁 동안 어떻게 생활했는가를 학습할 수 있도록 하는 데 목적이 있음을 설명하라. 학생들은 인물에 관한 정보를 가능한 한 많이 모으고, 자신들이 그 사람인 것처럼 저널에 작성하라. 학생들은 또한 저널에 도안(drawing)을 포함할 수도 있다. 학생들에게 이전에 논의된 시각표에 포함되었던 주요 사건에 관해 주지시키고, 그들이 그러한 사건을 자신에게 할당된 인물의 관점에서, 즉 그 사건이 그 인물에게 어떠한 영향을 미쳤으며, 그 인물에게 그 사건은 무엇을 의미했는가와 같은 관점에서 보도록 요구하라.

④ 점수 채점표를 제시하고 그것에 대해 설명하라. 저널은 역사적으로 정확한 용어를 사용하고 해당 사건들을 역사적으로 정확하게 기술해야 함을 강조하라. 교실에서의 하루는 남북전쟁 동안의 한 달이 될 것이다.

WebQuest 검색(정보활동)
할당 시간: 하루에 30분

- 교수방법: 발견학습
- 교수매체: 컴퓨터
- 필요한 장비와 교수자료: 인터넷에 연결된 컴퓨터

① 학생들에게 매 수업시간 동안 WebQuest를 검색하고 저널을 쓸 수 있는 시간을 주어라.

② 검색하는 동안, 질문에 답하기 위해 개별 학생을 만나고 그가 찾은 정보를 이해할 수 있도록 도와주어라.

학생의 프레젠테이션 준비(적용활동)
할당 시간: 하루에 30분

- 교수방법: 협력학습
- 교수매체: 컴퓨터
- 필요한 장비와 교수자료: Microsoft *Word*나 *PowerPoint*가 탑재된 컴퓨터

① 학생들을 서너 명으로 구성된 집단에 할당하라. 여러분은 한 관점에 대한 보다 심층적인 이해를 제공하기 위해 공통된 역할을 함께 묶거나 보다 넓은 관점을 제공하기 위해 다양한 인물을 한 집단에 포함시킬 수도 있다.

② 저널 과제에 포함시켜야 할 것으로 기대되는 것을 기술하라. 과제를 위한 주요 정보원은 학생들의 저널이다. 학생들에게 두 가지 중 한 가지, 즉 *PowerPoint* 프레젠테이션이나 연극 스크립트를 선택할 수 있음을 다시 한 번 주지시켜라. 각각은 적어도 5분 정도는 되어야 한다.

③ 점수 채점표를 제시하고 그것에 대해 설명하라. 저널은 역사적으로 정확한 용어를 사용하고 해당 사건을 역사적으로 정확하게 기술해야 함을 강조하라.

④ 학생들에게 각 수업시간에 집단 구성원과 만나서 프레젠테이션을 준비할 수 있는 시간을 제공하라. 각 프레젠테이션이 전달해야 하는 주요 메시지는 그 사람의 삶은 어떠했을 것인가 하는 것이다. 프레젠테이션은 역사적으로 정확한 용어를 사용하고 해당 사건을 역사적으로 정확하게 기술해야 함

을 강조하라.

⑤ 준비 과정 동안, 질문에 답하기 위해 개별 집단을 만나고, 어떤 편견이 있으면 교정해 주며, 지침(guidelines)을 제공하라.

학생의 프레젠테이션(적용/평가활동)
할당 시간: 60분

- 교수방법: 프레젠테이션, 토론
- 교수매체: 컴퓨터, 투사된 시각자료
- 필요한 장비와 교수자료: Microsoft *Word*나 *Power Point*가 탑재되고 인터넷에 연결된 컴퓨터, 점수 채점표 유인물(첨부자료)

① 학생들에게 과제에 대해 다시 한 번 간략히 주지시켜라.

② 학습집단에게 프레젠테이션을 행하라고 요청하라.

③ 프레젠테이션이 모두 끝났을 때, 그 프레젠테이션에 대해 간략히 논의하라. 학생들에게 다음과 같은 질문을 하라.

- 여러분은 다른 프레젠테이션에서 여러분에게 할당된 인물에 대해 무엇을 배웠는가?
- 여러분이 프레젠테이션에서 본 것에 기초하여, ________(시각표 활동에서 주요 사건 중 하나를 넣어라)이 여러분에게 할당된 인물에게 어떻게 영향을 미쳤는가?
- 어떠한 사건이 대부분의 사람들에게 가장 커다랗게 영향을 미쳤는가?
- 어떠한 다른 인물이 남북전쟁으로 가장 영향을 받았으며, 어떻게 영향을 받았는가?

④ 이 과제를 위한 점수 채점표를 사용하여 각각의 프레젠테이션을 평가하라.

요약(정보/오리엔테이션 활동)
할당 시간: 10분

- 교수방법: 토론
- 교수매체: 투사된 시각자료
- 필요한 장비와 교수자료: 데이터 프로젝터, 이전 활

WebQuest 저널 과제 채점표

	4	3	2	1
아이디어	아이디어들이 분명하고 체계적으로 표현되었다. 글쓴이가 인물에 관한 사려 깊은 해석을 보여 주었다.	아이디어들이 분명하게 표현되지는 않았지만, 인물들에 대한 해석은 좋았다.	아이디어들은 다소 체계화되어 있지만 분명하지는 않다. 인물이 무엇을 느꼈는지를 이해하기 위해 한 번 이상 읽어야 한다.	저널은 관련이 없는 문장들의 조합처럼 보인다. 인물이 무엇을 생각하고 있는지를 이해하기가 매우 어렵다.
내용의 정확성	저널 항목은 해당 주제에 대하여 적어도 다섯 가지의 정확한 사실을 포함하고 있다.	저널 항목은 해당 주제에 대하여 적어도 서너 가지의 정확한 사실을 포함하고 있다.	저널 항목은 해당 주제에 대하여 적어도 한두 가지의 정확한 사실을 포함하고 있다.	저널 항목은 해당 주제에 대하여 어떠한 정확한 사실도 포함하고 있지 않다.
역사적인 용어	역사적으로 정확한 용어가 사용되었다.	역사적으로 정확한 용어가 약간 사용되었다.	역사적으로 정확한 용어가 거의 사용되지 않았다.	역사적으로 정확한 용어가 전혀 사용되지 않았다.
문 법	어떠한 철자나 문법 오류도 없었다.	1~3개 정도의 철자나 문법 오류가 있었다.	4~6개 정도의 철자나 문법 오류가 있었다.	6개 이상의 철자나 문법오류가 있었다.
종 합	______/16 = _______%			
논 평				

동에서 작성된 KWL 차트

① 이전 활동에서 작성된 KWL 차트를 제시하고 K와 W 칼럼을 간략히 검토하라.

② 학생들에게 이 수업으로부터 남북전쟁에 대해 배운 것을 기술하는 L 칼럼을 위한 정보를 제공하도록 요구하라. 이 정보를 차트에 입력하라. 차트에 있는 항목들은 짧게 작성하고, 각 항목은 정확하고 모든 사람이 이해할 수 있도록 하라.

③ 다음 수업 주제를 간략히 기술한 다음 수업을 마쳐라.

디지털 스토리텔링 과제 채점표

	4	3	2	1
역사적 정확성	스토리와 이미지가 역사적으로 정확한 정보를 포함하고 있으며, 구체적인 인물들에 따른 남북전쟁 동안의 삶의 모습을 정확하게 묘사하고 있다.	스토리와 이미지가 역사적으로 정확한 정보를 포함하고 있지만 몇 가지 부정확한 해석이 있다. 최종 산출물은 구체적인 인물에 따른 남북전쟁 동안의 삶의 모습을 상당히 정확하게 묘사하고 있다.	스토리와 이미지가 역사적으로 정확한 정보를 포함하고 있지만 상당히 많은 부정확한 해석이 있다. 최종 산출물은 구체적인 인물에 따른 남북전쟁 동안의 삶의 모습을 거의 부정확하게 묘사하고 있다.	스토리와 이미지가 역사적으로 정확한 정보를 포함하고 있지도 않으며, 최종 산출물도 구체적인 인물에 따른 남북전쟁 동안의 삶의 모습을 정확하게 묘사한 것이 전혀 없다.
구체성	스토리가 아주 구체적으로 진술되었으며, 짧지도 길지도 않다.	스토리는 좋지만 질질 끄는 것 같거나 더 구체화될 필요가 있다.	스토리는 만족스럽지만 하나 이상의 절로써는 너무 길거나 짧다.	스토리는 수정되어야 하며, 보다 흥미롭게 만들기 위해서는 약간 더 길거나 짧아져야 한다.
이미지	이미지는 스토리의 다른 부분들을 조화시키기 위해 선택되었다. 각 그림을 위한 구체적인 목적이 있다.	몇몇 이미지들은 스토리의 다른 부분을 조화시키기 위해 선택되었다. 거의 모든 그림을 위한 구체적인 목적이 있다.	매우 소수의 이미지만이 스토리의 다른 부분을 조화시키기 위해 선택되었다. 그림 중 몇 가지는 어떠한 목적도 없다.	어떠한 이미지도 스토리의 다른 부분을 조화시키기 위해 선택되지 않았다. 그림 중 몇 가지는 어떠한 목적도 없다.
관 점	전체에서 아이디어를 확고히 하고 초점을 유지하고 있다.	아이디어를 초기에 확립하고 프레젠테이션의 대부분에서 초점을 유지하고 있다.	초점을 상실한 몇몇 부분이 있지만 아이디어는 꽤 명료하다.	프레젠테이션의 이면에 있는 아이디어를 구별하기가 어렵다.
목소리	목소리는 들을 수 있고, 내레이션도 유의미하다.	프레젠테이션의 대부분에서 목소리를 들을 수 있고, 내레이션도 유의미하다.	목소리는 프레젠테이션의 몇몇 부분에서만 들을 수 있으며, 대부분의 내레이션은 유의미하다.	목소리는 프레젠테이션의 몇몇 부분에서만 들을 수 있으며, 내레이션 중 약간만이 유의미하다.
길 이	프레젠테이션은 적어도 5분 정도였다.	프레젠테이션은 적어도 4분 정도였다.	프레젠테이션은 적어도 3분 정도였다.	프레젠테이션은 2분 이하 정도였다.
종 합	_____/24 = _______%			
논 평				

용어 해설

FAQ '자주 묻는 질문(frequently asked questions)'의 줄임말. 기본 정보를 제공하거나 반복되는 질문을 줄이기 위해 사용됨

SES 사회경제적 지위(Social economic status) 참조

ㄱ

가상현실(Virtual reality: VR) 실제처럼 보이도록 상호작용적인 환경을 만들어 주는 컴퓨터 인터페이스. 특수한 하드웨어와 소프트웨어를 사용하여 삼차원적인 환경을 투사하며, 그 환경 내 사용자의 움직임에 반응함

강화 피드백(Reinforcing feedback) 수행능력의 우수성을 인정하고 학생이 더 노력하도록 격려하는 피드백. 예를 들어, 칭찬을 하거나 '등을 두드려 주는 것'

개념도(Concept map) 상호 관련된 개념을 도식화한 것으로, 학생이 학습보조물로 사용하거나 교사가 내용을 체계적으로 정리하는 데 사용

개별화 교육 프로그램(Individualized education program: IEP) 개별 학생(주로 장애학생)를 위한 교수설계로, 학생의 현재 능력 수준 및 이에 따른 장단기 목표를 제시함. 주로 학생을 담당하는 교사, 학부모 및 기타 관련자 간의 논의를 통해 개발됨

개인교수(Tutorial) 교사, 컴퓨터 또는 인쇄물이 학습내용을 제시하고, 질문이나 문제를 제기하여 학생이 답하도록 하며, 대답에 대해 적절한 피드백을 제공하고 연습기회를 주어 학생이 기대 수준의 능력을 보여 줄 수 있도록 돕는 교수방법

객체지향 프로그래밍 시스템(Object-oriented programming system: OOPS) 컴퓨터 화면에 보이는 것을 각각 하나의 객체로 취급하여 각기 관련된 프로그래밍 코드를 부여하는 것

검사생성기(Test generator) 평가도구를 만들어 내는 컴퓨터 프로그램

검색엔진(Search engine) 인터넷을 이용하여 관심 있는 정보를 찾아볼 수 있도록 데이터베이스를 제공하는 웹사이트

게시된 시각자료(Displayed visuals) 게시판에 전시되는 시각자료를 통칭

게시판(Bulletin Board System: BBS) 여러 사람이 글을 올리거나 올린 글을 볼 수 있게 하는 컴퓨터 네트워크 프로그램

게시판(Display boards) 글을 적거나 정보를 게시하는 곳으로, 칠판, 다목적 게시판, 전자게시판, 자기게시판, 차트 등을 예로 들 수 있음

결과(Consequence) 어떤 행동에 의해 초래되는 사건, 결과물, 상황

계획(Planning) 계획, 실행, 평가 모형의 첫 단계로, 학생, 학습내용, 상황을 고려하여 교수자료를 설계하는 데 초점을 둠

고급언어(High-level language) 인간의 언어에 가까운 컴퓨터 언어로, 컴퓨터 프로그램에 대한 지식이 없어도 프로그램을 작성, 유지, 관리할 수 있음

공개 저작물(Public Domain) 지적재산권의 보호를 받지 않는 자료들(예: 책, 노래, 예술품). 자유롭게 사용할 수 있음

공정 이용(Fair Use) 교육 등의 목적으로 사용할 경우 저작물의 일부를 무료로 사용할 수 있도록 정책적으로 허용하는 것으로, 저작물의 사용량 및 저작권자를 재정적으로 곤란하게 하지 않을 정도에 따라 제한적으로 적용됨(Tiene & Ingram, 2001: 310)

공통자원위치자(Uniform Resource Locator: URL) 인터넷 사이트 또는 웹페이지 마다 부여된 고유한 주소로, 프로토콜 종류, 도메인, 디렉토리, 사이트/페이지 이름으로 구성됨

공학(Technology) 과학적인 지식을 실제에 체계적으로 적용하는 것(Galbraith, 1967: 12). 이론 및 연구를 실무와 연결하는 교량역할을 함

관계형 데이터베이스(Relational database) 컴퓨터 데이터베이스의 일종으로 자료 파일 간의 정보가 서로 관계 맺도록 할 수 있음

광역 통신망(Wide-area network: WAN) 넓은 지역에 걸친 컴퓨터 통신망. 다수의 지역 통신망을 서로 연결하기도 함

교수 매력성(Instructional appeal) 교수자료나 교수활동에 대해 학생이 느끼는 관심 또는 가치

교수 효과성(Instructional effectiveness) 교수 전후 학생의 지식 차를 측정한 것. 예를 들어, 사후평가 - 사전평가 = 학업성취도

교수 효율성(Instructional efficiency) 시간 또는 비용을 고려했을 때 얼마나 많은 학생이 교수목표를 달성했는가를 평가하는 것. 예를 들어, (사후평가 - 사전평가)/시간, 또는 (사후평가 - 사전평가)/비용

교수(Instruction) 학생이 교수목표에 도달할 수 있도록 학습 내용, 활동, 방법 및 매체를 선정하고 준비하는 것

교수계획(Instructional plan) 학생, 학습 상황, 학습과제 분석에 기초한 수업계획안으로, '특정 학생을 대상으로 특정 수업내용을 가르칠 때 지식과 기술의 습득에 적합한 최선의 교수방법을 결정하는 과정' (Reigeluth, 1983: 7). 적절한 교수매체의 선택도 교수계획안에 포함됨

교수공학(Instructional technology) 인간 학습에 관한 과학적인 지식을 교수 · 학습의 실제에 적용하는 것(Heinich et al., 1993: 16)

교수매체(Instructional media) 교수 목적으로 메시지를 전하는 의사소통 채널. 이용방법 및 매체에 따라 정보는 다양한 방식으로 학생에게 전달될 수 있음

교수목표(Objective) 교수 종료 시 학생이 할 수 있을 것이라고 기대하는 것을 진술한 것으로, 관찰 가능한 행동으로 기술함

교수방법(Instructional method) 학생이 교수목표를 달성하거나 학습내용을 이해할 수 있도록 돕기 위해 선정된 교수절차로, 강의, 시뮬레이션, 반복 연습, 협력(협동)학습 등을 예로 들 수 있음

교수설계(Designing instruction) 교수 · 학습의 원리를 적용하여 교수자료(Smith & Ragan, 1999: 2)와 교수활동을 준비하는 과정

교수설계(Instructional design) 교수 · 학습 원리를 교수자료 및 활동을 계획하는 데 체계적으로 적용하는 과정(Smith &Ragan, 1999: 2)

교수용 게임(Instructional game) 흥미로운 학습환경을 제공하고 학생이 정해진 규칙에 따라 노력하여 교수목표를 이룰 수 있도록 하는 교수방법

교수용 컴퓨팅(Instructional computing) 컴퓨터를 이용하여 교수설계하고 개발하며 전달 및 평가하는 것

교수자료(Instructional materials) 수업 시 사용되는 자료로, 비디오, 오디오 등과 같은 다양한 매체를 통해 전달됨

교수활동(Instructional activity) 학생의 학습을 돕기 위한 수업시간 내 활동으로, 동기유발, 오리엔테이션, 학습내용 제시, 활용 및 평가 활동 등 다섯 종류의 교수활동이 있음

교실 관찰(Classroom observation) 평가방법의 일종으로, 전문지식을 가진 사람이 수업을 참관하여 교수자료 및 수업활동에 대해 조언하고 향상 방안을 제시하는 것

교육공학(Educational technology) 공학적 절차와 도구들을 사용하여 교수 · 학습문제를 해결하는 것(Seels & Richey, 1994: 4)

교정적 피드백(Corrective feedback) 학생 스스로 자신의 학습행동을 바로 잡을 수 있도록 알려 주는 피드백

구조적 정보(Structural information) 개념 간 관계에 대한 정보

구조화 프로그래밍(Structured programming) 체계적이고, 이해하기 쉬우며, 수정하기 편하게 프로그램을 만드는 방법론. 하향식 제어방법, 모듈방식 프로그램 설계, 제어구조의 제한적 사용, 자세한 프로그램 설명이 특징임

그래픽 유저 인터페이스(Graphic user interface: GUI) 텍스트 명령 대신 이미지 기호를 사용하여 프로그램 및 디스크 카피와 같은 컴퓨터의 일반적인 기능을 관리하는 것

그래픽 태블릿(Graphic tablet) 태블릿 위에 그림을 그리면 컴퓨터 스크린상의 이미지로 변환시켜 주는 컴퓨터 입력장치

글자체(Type style) 글자체를 다양한 스타일로 변경하는 것으로, 굵게 쓰기, 이탤릭체, 밑줄 긋기 등이 그 예

기억술(Mnemonic) 정보를 보다 쉽게 암기할 수 있도록 돕는 것으로, 압운시, 두문자어, 아크로스틱 등을 예로 들 수 있음

기준(Criteria) 교수목표 진술 시 포함되는 내용으로, 수용 가능한 수행능력의 표준을 의미함

ㄴ

내부 기억장치(Internal memory) 컴퓨터에 내장된 기억장치. 컴퓨터 중앙처리장치가 컴퓨터 내장 기억장치에서 정보를 불러오고 저장함. 주기억장치라고도 함

내재적 동기(Intrinsic motivation) 행위 그 자체만으로 보상이 되는 동기

네티켓(Netiquette) 통신망상에서 지켜야 할 예의범절

ㄷ

대용량 기억장치(Mass storage) 장기간 저장해야 하는 프로그램 및 기타 자료를 저장하고 검색할 수 있는 입출력장치. 외부 또는 보조기억장치라고 함

대화방(Chat room) 메시지를 입력하여 다른 사람과 실시간으로 대화를 나눌 수 있는 곳. 컴퓨터 통신망상에 위치함

데스크톱 출판(Desktop publishing: DTP) 컴퓨터 프로그램을 이용하여 문서를 작성하고 문자와 이미지를 편집하여 출판물을 제작하는 것

데이터베이스(Database) 정보를 체계적으로 모은 것으로, 주로 컴퓨터에 저장됨

데이터베이스 관리 시스템(Database management system: DBMS) 데이터베이스에 정보를 입력, 수정, 저장, 검색, 분류할 수 있게 하는 컴퓨터 프로그램

데이터파일(Datafile) 데이터베이스 내 모든 관련 자료를 모아둔 것

도메인(Domain) 인터넷상의 위치를 분류한 것으로, 주요 도메인에는 com(회사), edu(교육기관), gov(정부), mil(군대), net(네트워크), org(기관)가 있음

동기(Motivation) 특정 목표와 경험을 위해 노력하도록 이끄는 내적 심리 상태. 무엇을 할 수 있다기보다는 무엇을 하고자 하는 것으로 정의됨(Keller, 1983)

동기유발활동(Motivation activity) 교수활동의 일종으로, 학생의 학습의욕을 고취시키고 학생이 학습에 필요한 노력을 기울이도록 함

동료평가(peer review) 평가의 일종으로, 동료에게 수업을 관찰하게 하고 향상 가능한 부분에 대해 제안해 줄 것을 부탁하는 것

동시적(Synchronous) 같은 시간에 일어나는

두문자어(頭文字語, Acronym) 기억법의 일종으로, 여러 단어로 이루어진 말의 첫 글자들만을 조합하여 하나의 단어를 만드는 것

디지타이저(Digitizer) 소리뿐만 아니라 정지화면 및 동영상을 컴퓨터에서 사용 가능한 형태로 변환시키는 장치

디지털 다기능 디스크(Digital Versatile Disc: DVD) 디지털 비디오디스크(Digital Video Disc: DVD) 참조

디지털 비디오디스크(Digital Video Disc: DVD) 동영상과 컴퓨터 자료를 저장할 수 있는 콤팩트디스크

디지털카메라(Digital camera) 컴퓨터에 입력 가능한 디지털 형식으로 사진을 저장하는 카메라

ㄹ

라우터(Router) 인터넷 흐름을 조절하며 자료 전송로를 지정해 주는 컴퓨터

램(Random-access memory: RAM) 컴퓨터의 작동기억. 개인용 컴퓨터의 램은 여러 작업을 할 때 필요에 따라 작업 중인 내용을 수정할 수 있도록 임시 작업소를 제공함. 일반적으로 램은 휘발성이어서 전원 공급이 중단되면 내용은 지워짐

로고(Logo) Seymour Papert가 개발한 컴퓨터 언어로, Jean Piaget의 학습이론에 근거함. 초등학교에서 주로 사용됨

롬(Read-only memory: ROM) 공장에서 출시될 때 컴퓨터에 장착된 영구메모리로, '읽기전용' 이기 때문에 컴퓨터는 저장된 내용을 읽을 수만 있을 뿐 수정하지는 못함. 컴퓨터 작동에 필요한 기본 정보를 저장하고 있음.

ㅁ

멀티미디어(Multimedia) 다양한 매체를 연속적으로 또는 동시에 사용하는 것. 다양한 매체(예, 문자, 그래픽, 비디오, 오디오)를 컴퓨터를 이용하여 통합된 형태로 한번에 전달할 수 있는 시스템을 일컬음

문법(Syntax) 컴퓨터 언어 사용법칙

문제해결 소프트웨어(Problem-solving software) 논리적 사고, 추론, 패턴 인지, 전략 활용과 같은 고차원적 사고력을 배양하기 위해 개발된 컴퓨터 프로그램

문제해결(Problem solving) 학생이 사전에 배운 기술을 활용하여 문제해결 방안을 찾도록 하는 교수법, 과학적 탐구방법을 모형으로 함. 일반적으로 다음의 다섯 단계를 거친다. ① 문제 및 모든 하위 구성요소 정의하기, ② 가설세우기, ③ 자료를 모으고 분석하기, ④ 결론/해결안 이끌어 내기, ⑤ 결론/해결안 검증하기

민족성(Ethnicity) 개인 혹은 조상의 출신 지역에 따라 구분짓는 것

ㅂ

바이트(Byte) 8비트의 모음. 바이트 하나는 하나의 문자 또는 숫자를 나타낼 수 있음

반복 연습(Drill and practice) 새로 익힌 기술이나 이미 알고 있는 기술의 숙련도를 향상시키기 위한 일련의 연습활동으로, 개념이나 원리 혹은 연습하게 될 절차에 대해 학생이 사전지식을 가지고 있다는 것을 전제로 함

발견(Discovery) 귀납법 또는 질문법을 사용하여 학생으로 하여금 문제해결 과정에서 스스로 답하게 하는 교수방법

백본(Backbone) 통신망을 통해 인터넷으로 연결되는 초고속 회선의 모음

벡터그래픽(Vector graphics) 도형그래픽(draw graphics)이라고도 함. 스크린 위치나 그래픽 크기에 상관없이 스크린상의 특정 그래픽 이미지를 만들어 내기까지의 과정을 기억함

보드율(Baud rate) 컴퓨터와 모뎀 같은 기기 간의 통신속도. 초당 비트수(bit per second)로 표시할 수 있음

보조공학(Assistive technology) 장애인을 돕는 컴퓨터 장치 및 프로그램

북마크(Bookmark) 자주 방문하는 웹사이트의 주소를 컴퓨터에 저장하는 방식

브라우저(Browser) 웹에 접속할 수 있는 프로그램

비동시적(Asynchronous) 같은 시간에 일어나지 않는

비디오 디지타이저(Video digitizer) 일반 비디오테이프의 영상을 컴퓨터 그래픽이나 동영상으로 변환시켜 주는 기기

비디오 화상회의(Video conferencing) 쌍방향 오디오와 비디오를 이용한 원격교육기술

비트(Bit) 컴퓨터의 중앙처리장치(CPU)가 다룰 수 있는 정보의 최소단위로 binary digit의 약어

비트맵 그래픽(Bitmapped graphics) 페인트 또는 래스터 그래픽이라고 부르며, 화소 하나가 스크린 위의 점 하나를 나타냄. 크기를 확대하면 그래픽은 흐려지고 거칠어짐

ㅅ

사례연구(Case study) 공부하는 분야에서 경험하게 되는 실제 또는 가상의 상황에 학생들이 적극적으로 참여하여 문제를 해결하게 하는 문제해결 학습방법의 하나

사전검사(Pretest) 교수 전에 학생 수준을 알아보기 위해 학생의 지식 및 기술을 평가하는 것

사정 항목(Assessment rubric) 결과물이나 수행능력을 평가하는 데 사용되는 지침

사회경제적 지위(Socioeconomic status: SES) 가계수입, 부모 직업, 정규교육 수준 등을 고려할 때 개인이 지각하는 사회적 위치

사회화(Socialization) 사회의 규칙, 규범, 기대 등을 학습하는 과정

삼각측정법(Triangulation) 한 가지 이상의 기법을 사용하거나 한 곳 이상의 출처에서 자료를 모아 연구 결과를 강화하는 과정

상호작용 매체(Interactive media) 사용자의 반응에 따라 내용 제시 순서를 변경할 수 있는 매체

상호작용 멀티미디어(Interactive multimedia) 사용자와 상호작용이 가능한 멀티미디어로, 사용자가 프로그램의 진행방향을 결정할 수 있음

상황학습(Learning in context) 지식을 적용하여 실제적이며 의미 있는 문제를 해결하거나 과제를 완성하는 것

서버(Server) 파일 서버(file server) 참조

선례(Antecedent) 어떤 행동을 불러일으키는 사건이나 사물, 또는 상황

선수조건(Prerequisite) 학습단원 시작 시 학생이 지니고 있어야 할 지식과 기술

선언적 정보(Declarative information) 사실, 개념, 원리 및 이들 간의 관계에 관한 정보

선행조직자(Advance organizer) 학습내용의 기억을 돕기 위해 교수 전에 제시되는 개요, 개설

셀(Cell) 스프레드시트 격자(spreadsheet grid)의 블록 하나를 일컫는 것으로, 행과 열이 만나 하나의 셀을 이룸

수용 가능한 이용 정책(Acceptable use policy) 적절한 인터넷 사용법에 대한 합의안

수행(Performance) 교수목표 진술 시 포함되는 내용으로, 학습이 끝난 후 학생이 보여 줄 수 있는 능력에 대해 기술한 것

스토리보딩(Storyboarding) 컴퓨터 프로그램을 실제로 제작하기 전에 컴퓨터 프로그램이 화면에 보여 줄 내용을 종이 위에 그림으로 그려 보여 주는 것

시디롬(Compact disc-read-only memory: CD-ROM) 디지털화한 정보를 영구 보존할 수 있는 콤팩트디스크

시뮬레이션(Simulation) 비용이나 위험 부담 없이 실제와 비슷한 상황에서 실습할 수 있도록 하는 교수방법. 문제해결과 비슷하며, 종종 사례연구나 역할분담극이 포함되기도 함

시범(Demonstration) 방법을 비롯하여 언제, 어디서, 왜 해야 하는지도 설명하는 교수방법. 학습하고자 하는 기술이나 절차의 실례(實例) 또는 유사한 예를 보여 주기도 함

시스템 소프트웨어(System software) 컴퓨터의 기본 운영체계를 관리하는 소프트웨어

시연(Preview) 평가의 일종으로, 교수자료를 사용하기 전에 읽어 보거나 사용해 보는 것(Heinich et al., 1999)

신뢰도(Reliability) 동일한 집단을 대상으로 학습 결과를 반복해서 측정할 때 같은 결과가 계속 나오는 정도(Gentry, 1994: 383)

실물(Real objects) 모형이나 시뮬레이션이 아닌 실제로 존재하는 물건

실행(Implementation) 계획, 실행, 평가 모형의 두 번째 단계로, 교수자료의 활용 및 교수활동을 통해 교수설계 시 구체화된 교수목표를 학생이 달성할 수 있도록 돕는 데 초점을 둠

심상(Imagery) 기억을 돕기 위해 머릿속에 그림을 그리듯이 정보를 기술하는 것

쌍방향 상호작용 비디오(Two-way interactive video) 원격교육에 사용되는 기술로, 송신지와 수신지에 카메라, 마이크, 비디오 모니터를 갖추고, 위성, 마이크로파, 케이블, 광섬유 케이블과 같은 전송수단을 이용하여 연결하는 것

ㅇ

아스키 형식(ASCII format) 미국 정보교환 표준코드. 표준화된 문자표시 방법으로, 여러 회사에서 출시된 컴퓨터 간의 정보교환을 가능하게 함. 일반 텍스트 또는 포맷되지 않은 텍스트라고 부르기도 함

아크로스틱(Acrostic) 기억법의 일종으로, 문장이나 구문의 첫 글자를 이어 또 다른 말을 만드는 것

알고리즘(Algorithm) 문제를 해결하거나 일을 하는 데 요구되는 일련의 절차

압운시(Rhyme) 기억법의 일종으로, 단어들을 시나 운문으로 만드는 것

애플리케이션(Applications) 문서처리, 계산수행 등 특정 기능을 수행하는 소프트웨어 프로그램들

연속 향상 사이클(Cycle of continuous improvement) 학습 향상을 위해 교수 전, 교수 중, 교수 후에 평가를 시행하여 수정 및 보완을 계속하는 것

예비검사(Pilot test) 교수 전에 교수에 대해 미리 평가하는 것

오디오 원격회의(Audio teleconferencing) 스피커폰을 이용하여 원거리에서 다자 간 교수(instruction) 및 상호작용할 수 있는 원격교육 기술

오디오(Audio) 구두로 전하는 말 또는 소리

오디오그래픽(Audiographics) 저속 스캔 비디오(slow-scan video), 팩스, 또는 전자그래픽 태블릿을 이용하면 사진과 그래픽 이미지도 전송 가능한 오디오 회의

오디오테이프(Audiotape) 자기신호(magnetic signals)를 이용하여 녹음한 아세테이트 필름. 카세트 케이스에 보관함

오리엔테이션 활동(Orientation activity) 교수활동의 일종으로, 학생들이 이전에 배운 내용 및 현재 학습하고 있는 내용, 앞으로 배울 내용을 이해할 수 있도록 돕는 것

온라인 학습(Online learning) 인터넷으로 진행되는 수업

운동기능(Motor skills) 복잡한 신체활동을 유연하고 절도 있게 할 수 있는 능력

운영체제(Operating system: OS) 컴퓨터를 관리하는 프로그램

원격교육(Distance education) 교사와 학생이 시간 차를 두고 또는 공간적으로 떨어져 있는 상태에서 일어나는 교육활동

월드와이드웹(World Wide Web: WWW 또는 Web) 포인트 앤 클릭(point & click) 방식의 하이퍼텍스트 내비게이션 시스템을 이용한 인터넷 정보검색 시스템

웹 이용 정책(Web use policy) 수용 가능한 이용 정책(Acceptable use policy) 참조

위지윅(WYSIWYG) What You See Is What You Get의 약자. 컴퓨터 화면에 보이는 것과 동일한 출력 결과를 얻을 것이라는 개념

유관성(Contingencies) 개인의 행동에 영향을 미치는 외부 조건

유비쿼터스 컴퓨팅(Ubiquitous computing) 편재형 컴퓨팅 또는 분산지능이라고도 하는데, 일상생활 속의 물체를 통해 컴퓨터를 사용할 수 있는 상황을 이르는 말

유추(Analogy) 새로운 내용을 익숙한 것에 비유하여 말하는 것으로, 추상적인 내용을 보다 구체적으로 진술하거나 복잡한 내용을 체계적으로 정리할 때 주로 사용됨

음극선관(CRT) 텔레비전과 같은 디스플레이 화면으로, 음극선을 사용함

음성인식(Speech recognition) 구어를 문자로 변환할 수 있는 컴퓨터기술

이론(Theory) 관찰된 사건/관계를 설명하는 관련 원리의 모음. 일반적으로, 검증 가능한 '만약 …… 라면,(if ……, then ……)' 구문의 형태로 예측함

이모티콘(Emoticons) 기호와 문자의 조합으로 옆으로 돌려보면 사람 얼굴처럼 보임. 이메일이나 채팅방에서 감정이나 의도를 전달하고자 할 때 사용됨

이벤트 지향(Event driven) 하이퍼미디어 소프트웨어처럼 외부 사건에 반응하는 컴퓨터 프로그램 또는 컴퓨터 작동으로, 사용자가 버튼을 누르면 마우스 작동이 일어나는 것을 예로 들 수 있음

인공지능(Artificial intelligence) 인간처럼 사고하고 반응할 수 있도록 컴퓨터 및 소프트웨어 설계를 연구하는 컴퓨터 공학

의 한 분야

인지 과부하(Cognitive overload) 기억장치 및 인지 과정에 인지부하가 지나치게 가해져 인지기능이 억제되는 상황

인체공학(Ergonomics) 인간의 특성, 필요, 능력에 부합하는 시스템 설계에 대해 연구하는 학문 분야

인코딩(Encoding) 기억 가능한 유의미한 형태로 정보를 바꾸는 과정

인터페이스(Interface) 컴퓨터와 주변장치를 연결하는 매개물

입력장치(Input device) 사용자의 명령을 컴퓨터에게 전달하는 기기로, 키보드, 마우스, 조이스틱 등을 예로 들 수 있음

입출력장치(I/O device) 컴퓨터 입력 또는 출력장치

ㅈ

자료실/매체 전문가(Library/media specialist) 교사와 학생에게 자료를 제공하고 이용법을 알려 주며, 개별 학생의 요구를 만족시킬 수 있도록 교사를 도와 학습전략을 마련함으로써 교사와 학생이 다양한 의견과 정보를 효율적으로 활용할 수 있도록 돕는 사람

재인(Retrieval) 특정 목적을 위해 정보를 식별하고 생각해내는 것

저작권(Copyright) 문서, 예술작품, 음악, 사진, 컴퓨터 소프트웨어 등 모든 유형의 저작물에 대한 법적 권리

저작도구(Authoring systems) 프로그래밍 지식이 없어도 쌍방향 컴퓨터 프로그램 개발이 가능한 소프트웨어

적용활동(Application activity) 교수활동의 일종으로, 학습내용을 연습할 수 있는 기회를 제공하는 것

전이(Transfer) 사전지식을 새로운 문제 또는 새로운 상황에 적용하는 것

전송제어 프로토콜/인터넷 프로토콜(Transmission Control Protocol/Internet Protocol: TCP/IP). 인터넷상의 컴퓨터에 적용되는 통신표준

정보격차(Digital divide) 컴퓨터 소프트웨어, 인터넷 등 정보기술을 사용할 수 있는 사람과 그렇지 않은 사람 간의 격차를 지칭하는 용어

정보제공활동(Information activity) 학생이 새로운 정보를 이해하고, 기억하고, 활용할 수 있도록 돕는 교수활동

조건(Conditions) 학생이 수행하게 될 상황에 관한 것으로, 교수목표 진술 시 포함되어야 함

조건적 정보(Conditional information) 사실, 개념, 원칙의 잠재적 유용성에 관한 정보

주의(Attention) 외부 정보를 선택적으로 수용하는 과정

중앙처리장치(CPU) 컴퓨터의 두뇌에 해당하는 중앙처리장치로, 시스템 전반을 관리하고 모든 산술 계산을 담당함

지능(Intelligence) 사전지식을 활용하여 새로운 상황을 분석, 이해하는 것

지능형 개별교수 시스템(Intelligent tutoring system) 교과목에 대한 자세한 내용 및 학생이 범하는 일반적인 실수를 학생수행모형과 통합하여 학생의 이해 수준을 진단하고, 개별 학생 수준에 맞는 학습내용을 제시함. 지능형 컴퓨터 보조학습이라고도 부름

지식(Knowledge) 구체적인 정보를 기억하는 능력

지적 기능(Intellectual skills) 개념학습, 법칙 사용, 문제해결과 같은 다양한 사고 기능을 지칭

직접 관찰(Direct observation) 학생의 학습 과정을 보고 평가하는 것

ㅊ

첨부(Attachments) 이메일에 덧붙이는 것으로, 문서, 그래픽 파일, 소프트웨어 등을 덧붙일 수 있음

초점 질문(Focusing question) 학생이 새로 배우는 내용의 주요사항에 주의를 기울일 수 있도록 단원학습 시작 시 제시하는 질문

총괄평가(Summative evaluation) 교수 후에 학습 결과를 측정하는 것

출력(Output) 컴퓨터에서 처리되어 산출된 정보

출력장치(Output device) 컴퓨터가 출력하는 정보를 보여

주는 장치

ㅋ

커서(Cursor) 컴퓨터 화면에서 위치를 나타내는 것

커서 콘트롤(Cursor control) 방향 이동키나 마우스를 사용하여 커서를 움직이는 것

컴퓨터 관리교수(Computer-managed instruction: CMI) 학생 정보관리, 수행평가, 학습진도 관리 등 교수·학습관리에 컴퓨터를 사용하는 것

컴퓨터 매개 통신(Computer-mediated communication: CMC) 교사와 학생이 컴퓨터를 이용하여 의사소통하는 것으로 원격교육에서 자주 사용됨. 일반적으로 전자우편과 컴퓨터 화상회의 프로그램이 사용됨

컴퓨터 바이러스(Computer virus) 바이러스(virus) 참조

컴퓨터 보조교수(Computer-assisted instruction: CAI) 컴퓨터 기반교수(Computer-based instruction) 참조

컴퓨터 보조학습(Computer-assisted learning: CAL) 컴퓨터 기반 교수(Computer-based instruction) 참조

컴퓨터 성적표(Computer gradebook) 학생의 성적을 보관하고 관리하는 컴퓨터 데이터베이스 프로그램

컴퓨터 소프트웨어(Computer software) 소프트웨어(software) 참조

컴퓨터 시스템(Computer system) 컴퓨터 및 관련 주변기기의 총칭

컴퓨터 프로그램(Computer program) 컴퓨터의 업무처리 방식을 기술한 것

컴퓨터 화상회의(Computer conferencing) 네트워크나 전화선이 연결된 개인용 컴퓨터를 이용하여 메시지를 교환할 수 있는 비동시적 의사소통 매체

컴퓨터(Computer) 정해진 방식에 따라 정보를 처리하는 기기

컴퓨터 기반 교수(Computer-based instruction: CBI) 컴퓨터를 이용하여 교수를 전달하는 것

콤팩트디스크(Compact disc: CD) 오디오, 비디오, 컴퓨터 데이터와 같은 자료를 레이저를 이용, 디지털화하여 저장할 수 있는 직경 4.72인치의 디스크

클립아트(Clip art) 문서작성과 같은 경우에 사용될 수 있도록 만들어 놓은 여러 가지 조각 그림

ㅌ

태그(Tags) HTML의 구성요소로 웹페이지 속성을 정의할 때 사용됨. 예를 들어, 〈B〉. 〈/B〉. 태그는 굵게 표시하는 텍스트의 처음과 끝을 나타냄

태도(Attitudes) 학습의 일종으로, 기회가 주어졌을 때 개인이 일관된 선택을 하게 하는 감정, 신념 및 가치 등을 일컬음

테크놀로지 계획(Technology plan) 개인 또는 기관이 특정 수준의 하드웨어와 소프트웨어를 마련하고 유지하는 데 필요한 계획을 목표, 목적, 준비 단계 등으로 세분화하여 조직한 것

테크놀로지 코디네이터(Technology coordinator) 학교 건물이나 특정 지역의 컴퓨터 및 관련 장치를 관리하는 전문가

테크놀로지 활용능력(Technology literacy) 다양한 과학 기술을 이해하고 사용할 수 있는 능력

텍스트 선택(Text selection) 수정하기 위해 커서 이동키나 마우스를 이용하여 워드문서의 일부분을 선택하는 것. 선택된 텍스트는 주변으로부터 두드러져 보이기 위해 색깔이 덧칠해지기 때문에 '하이라이트한다' 고 하기도 함

텍스트 정렬(Text justification) 워드프로세서로 작성된 서류의 텍스트 배열. 가운데 정렬, 우측 정렬, 좌측 정렬 등이 있음. 가장 일반적으로 사용되는 좌측 정렬은 좌측 여백을 따라 텍스트를 나열하는 것으로 우측은 들쭉날쭉하게 남아 있게 됨

텍스트(Text) 알파벳 문자와 숫자의 혼합으로 의사소통을 위해 사용됨

텔넷(Telnet) 인터넷의 원격 컴퓨터에 직접 접속하는 방법

템플릿(Template) 컴퓨터 프로그램을 이용한 제작 과정의 수월성을 돕기 위해 사전에 준비된 기본틀. 프레젠테이션 제작 프로그램의 슬라이드 디자인과 색채 배합, 적절한 라벨과 공식이 첨가된 스프레드시트를 예로 들 수 있음

토론(Discussion) 학생들이 함께 이야기를 나누고 정보를

공유하며 하나의 해결책이나 합의점을 도출할 수 있도록 협력하게 하는 교수방법으로, 학생 간의 공감도를 높이고 학습에 적극적으로 참여하도록 장려함

통합학습 시스템(Integrated learning system/ILS) 정교화된 컴퓨터 보조교수와 컴퓨터로 운영되는 수업을 결합한 네트워크 기반 전달 시스템

투사된 시각자료(Projected visual) 오버헤드 슬라이드(OHP)나 파워포인트 슬라이드처럼 투사되는 형식으로 제시되는 그림, 도표, 그래프

특별한 요구를 지닌 학생(Special needs students) 잠재력을 실현하는 데 특수교육이 필요한 사람

틀린 선택지(Distractors) 다지선택식 문제의 오답 또는 덜 적절한 답. 포일(foils)이라고도 함

ㅍ

파일서버(File server) 컴퓨터 네트워크를 관리하고 네트워크상의 다른 컴퓨터에게 자료를 제공하는 컴퓨터. 일반적으로 파일서버는 정보를 받는 네트워크상의 컴퓨터보다 빠르고 더 큰 저장용량을 가지고 있음

파일 전송 프로토콜(file transfer protocol) 인터넷상에서 전자파일을 보내거나 불러오는 일반적인 방법

패킷(Packet) 인터넷을 통해 전송되는 정보의 묶음

평가(Evaluation) 계획, 실행, 평가 모형의 세 번째 단계로, 학생의 학업성취 수준을 진단하고 교수자료의 효과성을 판단하는 방법에 중점을 둠

평가활동(Evaluation activity) 학생의 교수목표 달성 정도를 판단하기 위한 교수활동의 일종

포일(Foils) 틀린 선택지(Distractors) 참조

포트폴리오(Portfolio) 학생의 노력, 학습진도, 학업성취를 보여 주기 위해 학생의 과제물 및 관련 자료를 모아 둔 것(Arter & Spandel, 1992: 36)

표절인식 서비스(Plagiarism detection services) 문서에 표절된 부분이 있는지 살펴보고 표절된 정도를 밝히는 서비스. Turnitin.com과 같은 기관이나 회사에서 제공하고 있음

프레젠테이션 소프트웨어(Presentation software) 컴퓨터 텍스트와 이미지를 만들어 보여 줄 수 있는 소프트웨어로, 슬라이드 프로젝터와 오버헤드 프로젝터를 대신할 수 있음

프레젠테이션(Presentation) 학생의 즉각적인 반응이나 학생의 상호작용 없이 정보를 전달하는 교수방법으로, 강의나 연설을 예로 들 수 있음

프로그래밍 언어(Programming language) 일정한 법칙에 따라 조합하면 컴퓨터 프로그램을 만들 수 있는 지시어

플랫 파일러(Flat filer) 일종의 데이터베이스 관리 시스템으로, 한번에 데이터 파일을 하나씩 처리함

플러그인(Plug-in) 웹 브라우저만으로는 수행할 수 없는 기능들을 웹 브라우저에서 수행할 수 있도록 돕는 프로그램

플로우 차트(Flowcharting) 컴퓨터 프로그램의 흐름을 도식으로 보여 주는 것

피드백(Feedback) 학습내용을 연습할 때 학생이 얼마나 잘하고 있는지 알려 주는 것

필드(Field) 데이터베이스에 저장된 각 항목별 정보

ㅎ

하드카피(Hard copy) 컴퓨터 처리 결과를 인쇄한 것

하이퍼미디어(Hypermedia) 텍스트, 그래픽, 애니메이션, 오디오, 비디오 등을 연결하여 정보를 전달하는 시스템

하이퍼텍스트 마크업 언어(Hypertext Markup Language: HTML) 웹페이지를 제작하는 데 사용되는 저작 언어

하이퍼텍스트(Hypertext) 연합정보처리 시스템으로, 텍스트 정보는 노드(nodes)에 저장되고, 관련된 정보의 노드는 상호 연결됨

하향식 접근방법(Top-down approach) 문제해결 및 컴퓨터 프로그래밍 방식으로, 추상적인 수준에서 기본적인 해결안의 개요를 제시하고, 코딩이 가능한 수준에 이를 때까지 하위구성 요소를 세분화함

학생 대상 시험 테스트(Student tryout) 교수활동 및 교수방법, 교수매체 또는 교수자료를 실제로 활용하기 전에 소규모 학

생들을 대상으로 '시험 테스트' 하는 것(Mager, 1997)

학습(Learning) 학생이 환경과 상호작용한 결과 수행능력 또는 잠재적 수행능력에 지속적인 변화가 생기는 것(Driscoll, 1994: 8-9). 개인의 능력 또는 지식 수준을 변화시키는 것(또는 변화할 수 있는 역량을 갖게 되는 것)

학습양식(Learning style) 개인이 선호하는 '정보처리 및 조직' 양식 및 '외부 자극에 대한 반응' 양식(Shuell, 1981: 46)

학습이론(Learning theory) 인간의 수행능력 및 잠재력의 변화를 변화의 원인과 관련지어 설명하는 일련의 법칙

학습자 중심 교수(Learner-centered instruction) 학생과 협력하여 학습의 의미 및 학생별 보조방법을 결정하는 것(Wagner & McCombs, 1995: 32). 개별 학생의 재능, 능력, 경험에 근거할 것을 강조함

학습환경(Learning environment) 학습이 일어나는 물리적인 환경으로, 교실, 과학실, 컴퓨터실, 체육관, 운동장 등이 포함됨

항목(Rubric) 사정항목(assessment rubric) 참조

행동(Behavior) 개인이 보여 주는 반응

협력(협동)학습(Cooperative learning) 소집단 학생들이 공통의 학습과제를 해결하도록 하는 교수방법. 적극적인 상호의존성, 개개인의 책임감, 협동기술, 집단 수행능력 등을 향상시킴

형성평가(Formative evaluation) 수업의 다음 단계로 넘어가기 전에 학생이 습득해야 하는 내용을 제대로 학습했는지를 판단하는 것

혼합형 강좌(Hybrid courses) 면대면 교수방식과 원격교육 방식을 혼합한 교수 형태

휴리스틱(Heuristic) 각각의 교수 상황에 따라 융통적으로 적용될 수 있는 지침 또는 경험에 근거한 대략적인 방법

참고문헌

Alexander, J. E., & Tate, M. A. (1999). *Web wisdom: How to evaluate and create information quality on the Web.* Mah-wah. NJ: Lawrence Erlbaum Associates.

Anglin, G. J. (Ed.). (1991). *Instructional technology: Pst, present, and future*. Englewood, CO: Libraries Unlimited.

Arter, J. A., & Spandel, V. (1992). Using portfolios of student work in instruction and assessment. *Educational Measurement: Issues and Practice, 11*(Spring), 36-44.

Asimov, I. (1984). *Asimov's guide to science* (2nd ed.). New York: Basic Books.

Ausubel, D. P., Novak, J. D., & Hanesian, H. (1978). *Educational psychology: A cognitive view.* New York: Holt, Rinehart & Winston.

Ayersman, D. J. (1996). Reviewing the research on hyper-media-based learning. *Journal of Research on Computing in Education, 28*(4), 500-525.

Bangert-Drowns, R. L. (1993). The word processor as an instructional tool: A meta-analysis of word processing in writing instruction. *Review of Educational Research, 63*(1), 69-93.

Banks, J. (1997). Multicultural education: Characteristics and goals. In J. Banks, & C. Banks. (Eds.), *Multicultural education: Issues and perspectives* (3rd ed.) (pp. 3-32). Boston: Allyn & Bacon.

Barell, J. (1995). *Teaching for thoughtfulness: Classroom strategies to enhance intellectual development.* White Plains, NY: Longman.

Baron, C. L. (2004). *Designing a digital portfolio.* Indianapolis, IN: New Riders.

Bernard, R. M., Abrami, P. C., Lou, Y., Borokhovski, E., Wade, A., Wozney, L., Wallet, P. A., Fiset, M., & Huang, B. (2004). How does distance education compare with classroom instruction? A meta-analysis of the empirical literature. *Review of Educational Research, 74*(3), 379-439.

Bloom, B. S. (1956). *Taxonomy of educational objectives: Book 1, Cognitive domain.* New York: Longman.

Blumenfeld, P. C., Soloway, E., Marx, R. W., Krajcik, J. S., Guzdial, M., & Palinscar, A. (1991). Motivating project-based learning: Sustaining the doing, supporting the learning. *Educational Psychologist, 26*, 369-398.

Borko, H., & Livingston, C. (1992). Cognition and improvisation: Differences in mathematics instruction by expert and novice teachers. *American Educational Research Journal, 26*, 473-498.

Brown, J. S., Collins, A., & Duguid, P. (1989). Situated cognition and the culture of learning. *Educational Researcher, 18*(1), 32-42.

Bruer, J. T. (1993). *Schools for thought: A science of learning in the classroom,* Cambridge, MA: MIT Press.

Bruner, J. S. (1961). The act of discovery. *Harvard Education Review, 31*(1), 21-32.

Brunner, C., & Bennett, D. (1997). Technology and gender: Differences in masculine and feminine views. *NASSP Bulletin, 81*(592): 46-51.

Bullock, A. A., & Hawk, P. P. (2005). *Developing a teaching portfolio: A guide for preservice and practicing teachers*. Upper Saddle River, NJ: Pearson/Merrill/Prentice Hall.

Chen, P., & McGrath, D. (2003). Moments of joy: Student engagement and conceptual learning in the design of hypermedia documents. *Journal of Reasearch on Technology in Education, 35*(3), 402-422.

Chuang, H., Thompson, A., & Schmidt, D. (March, 2003a). Issues and barriers to advanced faculty use of technology. Paper presented at the *Society for Information Technology and Teacher Education International Conference (SITE)*, Albuquerque, NM.

Chuang, H. H., Thompson, A. D., & Schmidt, D. (2003b). Faculty technology mentoring programs: Major trends in the literature. *Journal of Computing in Teacher Education, 19*(4), 101-106.

Cochran-Smith, M. (1991). Word processing and writhing in elementary classrooms: A critical review of related literature. *Review of Educational Research, 61*(1), 107-155.

Collins, A., Brown, J. S., & Holum, A. (1991). Cognitive apprenticeship: Making thinking visible. *American Educator, 15*(3), 6-11, 38-46.

Collis, B. (1990). *The best of research windows: Trends and issues in educational computing*. Eugene, OR: International Society for Technology in Education. (ERIC Document Reproduction Service No. ED 323 993).

Crews, K. D. (2003). New copyright law for distance education: The meaning and importance of the TEACH Act. Retrieved December 9, 2004, from http://www.copyright.jupui.edu/teach summary.htm.

Culp, K. M., Honey, M., & Mandinach, E. (2003). A retrospective on twenty years of education technology policy. U.S. Department of Education, Office of Educational Technology: Washington D.C. Retrieved November 3, 2004, from www.nationaledtech plan.org/participate/20years.pdf.

Dallmann-Jones, A. S. (1994). *The expert educator: A reference manual of teaching strategies for quality education*. Fond du Lac, WI: Three Blue Herons.

D' Aoust, C. (1992). Portfolios: Process for students and teachers. In K. B. Yancey (Ed.), *Portfolios in the writhing classroom* (pp. 39-48). Urbana, IL: National Council of Teachers of English.

Deaux, K. (1984). From individual differences to social categories: Analysis of a decade's research on gender. *American Psychologist, 39*, 105-116.

DeBell, M., & Chapman, C. (2003). Computer and Internet use by children and adolescents in 2001: Statistical analysis report. National Center for Education Statistics. U.S. Department of Education: Washington, D.C. (http://nces.ed.gov/pubs2004/2004014.pdf).

DeLong, D. F. (2001). Code red virus-Most expensive in history of Internet. NewsFactor Network. Retrieved November 2, 2004, from www.newsfactor.com/perl/story/12668.html#story-start.

deMarrais, K., & LeCompte, M. (1999). The way schools work (3rd ed.). New York: Longman.

Derry, S., & Murphy, D. A. (1986). Designing systems that train learning ability: From theory to practice. *Review of Educational Research, 56*(1), 1-39.

Dewey, J. (1897). My pedagogic creed. *School Journal, 54*, 77-80.

Dick, W., & Reiser, R. A. (1996). *Planning effective*

instruction. Upper Saddle River, NJ: Prentice Hall.

Driscoll, M. P. (1994). *Psychology of learning for instruction*. Boston: Allyn & Bacon.

Driscoll, M. P. (2005). *Psychology of learning for instruction* (3rd ed.). Boston: Allyn & Bacon.

Duffy, T. M., Lowyck, J., & Jonassen, D. H. (1993). Introduction. In T. M. Duffy, J. Lowyck, & D. H. Jonassen (Eds.), *Designing environments for constructive learning* (pp. 1-5). Berlin: Springer-Verlag.

Eggen, P., & Kauchak, D. (2001). *Educational psychology: Windows on classrooms* (5th ed.). Upper Saddle River, NJ: Merrill.

Ehrman, L., Glenn, A., Johnson, V., & White, C. (1992). Using computer databases in student problem solving: A study of eight social studies teachers' classrooms. *Theory and Research in Social Education, 20*(2), 179-206.

Ertmer, P. A. (1999). Addressing first-and second-order barriers to change: Strategies for technology integration. *Educational Technology Research and Development, 47*(4), 47-61.

Ertmer, P. A., & Newby, T. J. (1993). Behaviorism, cognitivism, constructivism: Comparing critical features from an instructional design perspective. *Performance Improvement Quarterly, 6*(4), 50-72.

Fleming, M. L. (1987). Displays and communication. In R. M. Gagné (Ed.), *Instructional technology: Foundations* (pp. 233-260). Hillsdale, NJ: Lawrence Erlbaum Associates.

Gagné, R. M. (Ed.). (1987). *Instructional technology: Foundations*. Hillsdale, NJ: Lawrence Erlbaum Associates.

Gagné, R. M., Wager, W. W., Golas, K., & Keller, J. M. (2005). *Principles of instructional design* (5th ed.). Belmont, CA: Wadsworth.

Galbraith, J. K. (1967). *The new industrial state*. Boston: Houghton Mifflin.

Gardner, H. (1985). *The mind's new science: A history of the cognitive revolution*. New York: Basic Books.

Gentry, C. G. (1994). *Introduction to instructional development: Process and technique*. Belmont, CA: Wadsworth.

Gredler, M. E. (2001). *Learning and instruction: Theory into practice*. Upper Saddle River, NJ: Merrill/Prentice Hall.

Hanor, J. H. (1998). Concepts and strategies learned from girls' interactions with computers. *Theory into Practice 37*(1), 64-71.

Harper, G. K. (2001). The TEACH Act finally becomes law. The UT System Copyright Crash Course. Retrieved December 9, 2004, from http://www.utsystem.edu/OGC/IntellectualProperty/teachact.htm.

Healy, J. M. (1998). *Failure to connect: How computers affect our children's minds-for better and worse*. New York: Simon & Schuster.

Heinich, R., Molenda, M., Russell, J. D., & Smaldino, S. (1993). *Instructional media and technologies for learning* (4th ed.). Upper Saddle River, NJ: Merrill/Prentice Hall.

Heinich, R., Molenda, M., Russell, J. D., & Smaldino, S. (1999). *Instructional media and technologies for learning* (6th ed.). Upper Saddle River, NJ: Merrill/Prentice Hall.

Houtz, L. E., & Gupta, U. G. (2001). Nebraska high school students' computer skills and attitudes. *Journal of Research on Computing in Education, 33*(3).

Hunter, M. (1982). *Mastery teaching*. El Segundo, CA: TIP.

Jacobsen, D., Eggen, P., & Kauchak, D. (1993). *Methods for teaching: A skills approach* (4th ed.). Upper Saddle River, NJ: Merrill/Prentice Hall.

Johnson, R. T., Johnson, D. W., & Stanne, M. B. (1985). Effects of cooperative, competitive, and individualistic goal structures on computer-assisted instruction. *Journal of Educational Psychology, 77*(6), 668-677.

Jonassen, D. H. (1991). Evaluating constructivist learning. *Educational Technology, 31*(9), 28-33.

Kauchak, D., & Eggen, P. D. (1989). *Learning and teaching: Research based methods*. Boston: Allyn & Bacon.

Kearny, C., Newby, T., & Stepich, D. (1995). *Building bridges: Creating instructional analogies.* Presentation at the Annual Convention of the National Society for Performance and Instruction, Atlanta, GA, March.

Keller, J. M. (1983). Motivational design of instruction. In C. M. Reigeluth (Ed.), *Instructional design theories and models: An overview of their current status* (pp. 383-434). Hillsdale, NJ: Lawrence Erlbaum Associates.

Keller, J. M. (1987). Development and use of the ARCS model of instructional design. *Journal of Instructional Development, 10*(3), 2-10.

Kleiner, A., & Lewis, L. (2003). *Internet access in U.S. public schools and classrooms: 1994-2002.* Washington, D.C.: U.S. Department of Education, National Center for Education Statistics.

Kozma, R. (1991). Learning with media. *Review of Educational Research, 61*(2), 179-211.

Kulik, J. A. (2003). *Effects of using instructional technology in elementary and secondary schools: What controlled evaluation studies say.* Arlington, VA: SRI International. Available: http://www.sri.com/policy/csted/reports/sandt/it.

Kulik, C. C., & Kulik, J. A. (1991). Effectiveness of computer based instruction: An updated analysis. *Computers in Human Behavior, 7,* 75-94.

Lee, J. (1999). Effectiveness of computer-based instructional simulation: A meta-analysis. *International Journal of Instructional Media, 26,* 71-85.

Leshin, C. B., Pollock, J., & Reigeluth, C. M., (1992). *Instructional design strategies and tactics.* Englewood Cliffs, NJ: Educational Technology.

Lou, Y., Abrami, P. C., & d' Apollonia, S. (2001). Small group and individual learning with technology: A meta-analysis. *Review of Educational Research, 71*(3), 449-521.

Machtmes, K., & Asher, J. W. (2000). A meta-analysis of the effectiveness of telecourses in distance education. *The American Journal of Distance Education, 14*(1), 27-46.

Macionis, J. (1997). *Sociology* (5th ed.). Upper Saddle River, NJ: Prentice Hall.

Mager, R. F. (1997). *Preparing instructional objectives* (3rd ed.). Belmont, CA: Pitman.

Maor, D., & Taylor, P. C. (1995). Teacher epistemology and scientific inquiry in computerized classroom environments. *Journal of Research in Science Teaching, 32*(8), 839-854.

Market Data Retrieval. (2003). *Technology in education 2003.* Shelton, CT: Author.

Mayer, R. E. (2003). *Learning and instruction.* Upper Saddle River, NJ: Merrill/Prentice Hall.

McCullen, C. (2002). Preventing digital plagiarism. *Technology & Learning, 22*(9), 8.

McCutcheon, G. (1980). How do elementary school teachers plan? The nature of planning and influences on it. *Elementary School Journal, 81*(1), 4-23.

McKeachie, W. J. (1994). Why classes should be small, but how to help your students be active learners even in large classes. In W. J. McKeachie (Ed.), *Teaching tips* (pp. 197-210). Lexington, MA: Heath.

Mehlinger, H., & Powers, S. (2002). *Technology and teacher education: A guide for educators and policymakers.* Boston: Houghton-Mifflin.

Milen, J. F. (2003). The educational benefits of diversity: Evidence from multiple sectors. In M. J. Chang, D. Witt, J. Jones, & K. Hokuta (Eds.), *Compelling interest: Examining the evidence on racial dynamics in colleges and universities* (pp. 126-169). Stanford, CA: Stanford University Press.

Moll, O., Amanti, C., Neff, D., & Gonzalez, N. (1992). Funds of knowledge for teaching: Using a qualitative approach to connect homes and classrooms. *Theory into Practice, 31*(2), 132-141.

Morrison, G. R., Ross, S. M., & Kemp, J. E. (2004). *Designing effective instruction.* Hoboken, NJ: John Wiley & Sons.

National Center for Education Statistics. (2000, September). *Teacher's tools for the 21st century.* Washington, DC: U.S. Department of Education. Available on the World

Wide Web: http://nces.ed.gov/.

National Center for Education Statistics. (2002, September). *Internet access in U. S. public school and classrooms: 1994-2001.* Washington, D. C.: U. S. Department of Education. vailable on the World Wide Web: http://nces.ed.gov/.

Neumann, Y., & Shachar, M. (2003, October). Differences between traditional and distance education academic performances: A meta-analytic approach. *International Review of Research in Open and Distance Learning, 4*(2). Available at http://www. irrodl.org/content/v4.2/shachar-neumann.html.

Niemiec, R., & Walberg, H. J. (1987). Comparative effects of computer-assisted instruction: A synthesis of review. *Journal of Educational Computing Research, 3*(1), 19-37.

Ogbu, J. (1992). Understanding cultural diversity and Learning. *Educational Researcher, 21*(8), 5-14.

Ogbu, J., & Simons, H. (1998). Voluntary and involuntary minorities: A cultural-ecological theory of school performance with some implications for education. *Anthropology & Education Quarterly, 29*(2), 155-188.

Ormrod, J. E. (1995). *Educational psychology: Principles and applications.* Upper Saddle River, NJ: Merrill/Prentice Hall.

Ormrod, J. E. (2004). Human learning. Upper Saddle River, NJ: Merrill/Prentice-Hall.

Palinscar, A. S. (1986). Metacognitive strategy instruction. *Exceptional Children, 53*(2), 118-124.

Perelman, L. J. (1992). *School' s out.* New York: Avon.

Phillion, J., Johnson, T., & Lehman, J. D. (2004). Using distance education technologies to enhance teacher education through linkages with K-12 schools. *Journal of Computing in Teacher Education, 20*(2), 63-70.

Phillips, D. C. (1995). The good, the bad, and the ugly: The many faces of constructivism. *Educational Researcher, 24*(7), 5-12.

Pintrich, R. R., & Schunk, D. H. (1996). *Motivation in education: Theory, research, and applications.* Englewood Cliffs, NJ: Merrill/Prentice-Hall.

Reigeluth, C. M. (1993). Instructional design: What is it and why is it? In C. M. Reigeluth (Ed.),. *Instructional-design theories and models: An overview of their current status* (pp. 3-36). Hillsdale, NJ: Lawrence Erlbaum Associates.

Reigeluth, C. M. (1999). *Instructional design theories and models: A new paradigm of instructional theory, Vol. 2.* Hillsdale, N. J.: Lavvrence Erlbaum Associates.

Reiser, R. A., & Dick, W. (1996). *Instructional planning: A guide for teachers.* Boston: Allyn & Bacon.

Reynolods, A. (1992). What is competent beginning teaching? A review of the literature. *Review of Educational Research, 62*(1), 1-35.

Robinson, P. W. (1981). *Fundamentals of experimental psychology.* Upper Saddle River, NJ: Merrill/Prentice Hall.

Rogoff, B. (1990). *Apprenticeship in thinking: Cognitive development in social context.* New York: Oxford University Press.

Rothwell, W. J., & Kazanas, H. C. (1992). *Mastering the instructional design process: A systematic approach.* San Francisco: Jossey-Bass.

Russell, T. L. (1999). *The no significant difference phenomenon.* Available at http://www.nosignificantdifference.org/.

Saettler, P. (1990). *The evolution of American educational technology.* Englewood, CO: Libraries Unlimited.

Salend, S. J. (2005). *Creating inclusive classrooms: Effective and reflective practices for all students* (5th ed.). Upper Saddle River, NJ: Merrill/Prentice Hall.

Sapon-Shevin, M. (2001). Schools fit for all. *Educational Leadership, 58*(4), 34-39.

Sardo-Brown, D. (1990). Experienced teachers' planning practices: A U.S. survey. *Journal of IEducation for Teaching, 16*(1), 57-71.

Schmitt, M. S., & Newby, T. J. (1986). Metacognition: Relevance to instructional design. *Journal of*

Instructional Development, 9(4), 29-33.

Schön, D. A. (1983). *The reflective practitioner: How professionals think in action*. New York: Basic Books.

Schunk, D. H. (1996). *Learning theories: An educational perspective*. Englewood Cliffs, NJ: Prentice-Hall.

Schunk, D. H., & Zimmerman, B. J. (Eds.) (1998). *Self-regulated learning: From teaching to self-reflective practice*. New York: Guilford Press.

Seels, B. B., & Richey, R. C. (1994). *Instructional technology: The definition and domains of the field*. Washington, DC: Association for Educational Communications and Technology.

Sharan, Sholmo. (Ed.) (1990). *Cooperative learning: Theory and research*. Westport, CT: Praeger.

Shelly, G. B., & Cashman, T. J. (1984). *Computer fundamentals for an information age*. Brea, CA: Anaheim.

Shuell, T. J. (1981). Dimensions of individual differences. In F. H. Farley, & N. J. Gorden (Eds.), *Psychology and education: The state of the union* (pp. 32-59). Berkeley, CA: McCutchan.

Skinner, B. F. (1968). *The technology of teaching*. New York: Appleton-Century-Crofts.

Skinner, B. F. (1984). The shame of American education. *American Psychologist, 39*, 947-954.

Smaldino, S. E., Russell, J. D., Heinich, R., & Molenda, M. (2005). *Instructional technology and media for learning* (8th ed.). Upper Saddle River, NJ: Pearson/Merrill/Prentice Hall.

Smith, P. L., & Ragan, T. J. (1999). *Instructional design*. Upper Saddle River, NJ: Merrill/Prentice Hall.

Snow, R., Corno, L, & Jackson, D., III (1996). Individual differences in affective and cognitive functions. In D. Berliner, & R. Callee (Eds.), *Handbook of educational psychology* (pp. 243-310). New York: Simon & Schuster Macmillan.

Solomon, G. (2004). Drafting a customized tech plan: An up-to-the-minute design. *Technology & Learning, 24*(7), 34-35.

Stepich, D. A., & Newby, T. J. (1988). Analogical instruction within the information processing paradigm: Effective means to facilitate learning. *Instructional Science, 17*, 129-144.

Stiggings, R. J. (2005). *Student involved assessment FOR learning* (4th ed.). Upper Saddle River, NJ: Merrill/Prentice Hall.

Stoll, C. (1996). *Silicon snake oil: Second thoughts on the information highway*. New York: Doubleday.

Stoll, C. (2000). *High tech heretic: Why computers don't belong in the classroom and other reflections by a computer contrarian*. New York: Doubleday.

Swain, S. L., & Harvey, D. M. (2002). Single-sex computer classes: An effective alternative. *TechTrends, 46*(6), 17-20.

Taylor, R. P. (Ed.). (1980). *The computer in the school: Tutor, tool, tutee,* New York: Teachers College Press.

Terenzini, P. T., Cabrera, A. F., Colbeck, C. L., Bjorklund, S. A., & Parente, J. M. (2001). Racial and ethnic diversity in the classroom: Does it promote learning. *The Journal of Higher Education, 72*(5).

Tessmer, M. (1990). Environment analysis: A neglected state of instructional design. *Educational Technology, 38*(1), 55-64.

Thorndike, E. L. (1931). *Human learning*. New York: Century.

Tiene, D., & Ingram. A. (2001). *Exploring current issues in educational technology*. Boston: McGraw Hill.

U.S. Department of Commerce. (1998). *Current population survey, 1997*. Washington, DC: Bureau of the census.

U.S. Department of Education. (1996). *Getting American's students ready for the 21st century*. Washington, DC: U.S. Department of Education.

Villegas, A. M., & Lucas, T. (2002). *Educating culturally responsive teachers: A coherent approach*. Albany, NY: State University of New York Press.

Wagner, E. D., & McCombs, B. L. (1995, March-April). Learner centered psychological principles in practice: Designs for distance education. *Educational*

Technology, 35, 32–35.

Wasserman, S. (1992). *Asking the right question: The essence of teaching*. Bloomington, IN: Phi Delta Kappa.

Watson, J. B. (1924). *Behaviorism*. New York: Peoples' Institute.

West, C. K., Farmer, J. A., & Wolff, P. M. (1991). *Instructional design: Implications from cognitive science*. Upper Saddle River, NJ: Merrill/Prentice Hall.

Williams, M., & Linn, M. C. (2002). WISE inquiry in fifth grade biology. *Research in Science Education, 32*, 415–436.

Wittrock, M. C. (1990). Generative processes of comprehension. *Educational Psychologist, 24,* 345–376.

Woolfolk, A. E. (1990). Generative processes of comprehension. *Educational Psychology* (4th ed.). Upper Saddle River, NJ: Merrill/Prentice Hall.

Woolfolk, A. E. (1995). *Educational psychology* (6th ed.). Boston: Allyn & Bacon.

Woolfolk, A. E. (1998). *Educational psychology* (7th ed.). Boston: Allyn & Bacon.

Yelon, S. L. (1991). Writing and using instructional objectives. In J. L. Briggs, K. L. Gustafson, & M. H. Tillman (Eds.), *Instructional design: Principles and applications* (2nd ed.) (pp. 75–122). Englewood Cliffs, NJ: Educational Technology. Yelon, S. L. (1996). Powerful principles of instruction. White Plains, NY: Longman.

Young, B. (2000). Gender differences in students' attitudes toward computers. *Journal of Research on Computing in Education, 33*(2).

찾아보기

《인 명》

《내 용》

저자 소개

Timothy J. Newby는 퍼듀 대학교(Purdue University) 교육공학과(Educational Technology) 교수로, 교육공학개론 강좌뿐만 아니라 교수설계연구, 교수설계이론의 기초, 교수전략에 관한 고급 강좌(advanced courses)를 가르치고 있다. 그의 주요 연구 분야는 학습과 교수전략이 학생의 학습에 미치는 영향을 점검하는 것과 전문학습자(expert learners)의 개발을 강화하고 지원하는 교수조건을 정의/탐색하는 것이다. Tim은 특히 유추의 사용과 그것이 교수 · 학습에 미치는 영향에 관심을 두고 있다.

Donald A. Stepich는 보이시 주립대학교(Boise State University)의 교수 · 수행공학과(Department of Instructional ad Performance Technology)의 부교수로서, 현재 교수설계, 학습이론, 요구사정, 평가 강좌 등을 가르치고 있다. Don은 교수설계자로서 학생들이 학습하는 것을 도와주기 위하여 상호작용적 전략을 사용하는 것과 지속적인 평가를 통하여 교수자료를 향상시키는 데 관심을 갖고 있다. 특히, 전문적인 학문 분야에서 개인이 전문가가 되는 방법과 사례기반(case-based) 교수 · 학습에서 유추(analogies)의 사용에 관심을 갖고 있다. 그는 정신건강과 카운슬링 분야에서 전문사회운동가(social worker)로 일한 경험으로 주장(assertiveness), 적극적 경청(active listening), 의사소통기술을 가르치는 데 많은 시간을 보냈다.

James D. Lehman은 퍼듀 대학교(Purdue University) 교육대학(College of Education) 교육공학 교수이며, 현재 교육과정과 교수학과(Department of Curriculum and Instruction)의 학과장직을 수행하고 있다. 그는 개인용 컴퓨터의 교육적 활용, 컴퓨터의 교육에의 통합과 관리, 상호작용 멀티미디어, 원격교육에 관한 강좌를 가르치고 있다. 그는 대학교 교수아카데미(Teaching Academy)의 멤버이며, 대학교의 Book of Great Teachers에 취임했다. 그의 연구 관심사는 컴퓨터 테크놀로지의 교육, 특히 과학에의 통합과 상호작용 멀티미디어 설계, 컴퓨터매개(computer-mediated) 원격교육이다. 그는 퍼듀 대학교에서 예비교사의 테크놀로지 활용을 향상시키는 데 초점을 두고 있는 PT3 실행 프로젝트를 이끌고 있으며, K-12 학교에 있는 동료들과 컴퓨터와 관련된 테크놀로지의 통합에 관하여 공동 연구하고 있다.

James D. Russell은 퍼듀 대학교(Purdue University) 교육공학 명예교수이며, 플로리다 주립대학교(Florida State University) 교환교수다. 전직 고등학교 수학 및 물리학 교사였던 그는 여전히 교수매체의 활용과 교수설계에 관한 강좌들을 가르치고 있다. 퍼듀 대학교 교수아카데미(Purdue University Teaching Academy)는 그의 뛰어난 업적에 경의를 표하며, 그를 특별회원(fellow)으로 표창했다. 또한 그는 퍼듀 대학교 교수수월성센터(Center for Instructional Excellence)에 영향을 끼쳐 왔는데, 그곳에서 교직원과 대학원 조교들을 상대로 교수기법(teaching techniques)에 관한 세미나를 개최하였다. 그의 전문 분야는 교실에서의 프레젠테이션 기술과 교수매체와 테크놀로지의 활용이다.

역자 소개

노석준 / szroh@sungshin.ac.kr

전남대학교 교육학과(교육학사)
전남대학교 대학원 교육학과(교육학석사)
인디애나 대학교 교수체제공학과(교육이학석사)
인디애나 대학교 교수체제공학과(Ph. D.)
현재 성신여자대학교 사범대학 교육학과 교수

오선아 / ohsuna@chonnam.ac.kr

전남대학교 교육학과(교육학사)
전남대학교 대학원 교육학과(교육학석사)
전남대학교 대학원 교육학과(교육학박사)
현재 전남대학교 의과대학 의학교육학교실 연구교수

오정은 / jeoh21@hotmail.com

숙명여자대학교 교육학과(교육학사)
인디애나 대학교 교수체제공학과(교육이학석사)
인디애나 대학교 교수체제공학과 박사과정 수료

이순덕 / sdlee9195@hanmail.net

전남대학교 교육학과(교육학사)
전남대학교 대학원 교육학과(교육학 석사)
전남대학교 대학원 교육학과 박사과정 수료
현재 남부대학교 교수

교수 · 학습을 위한 교육공학
Educational Teachonlogy for Teaching and Learning(3rd ed.)

2008년 10월 15일 1판 1쇄 발행
2010년 9월 30일 1판 2쇄 발행

지은이 • T. J. Newby · D. A. Stepich · J. D. Lehman · J. D. Russell
옮긴이 • 노석준 · 오선아 · 오정은 · 이순덕
펴낸이 • 김진환
펴낸곳 • 학지사
121-837 서울특별시 마포구 서교동 352-29 마인드월드빌딩 5층
대표전화 • 02)330-5114 팩스 • 02)324-2345
등록번호 • 제313-2006-000265호

홈페이지 • http://www.hakjisa.co.kr
커뮤니티 • http://cafe.naver.com/hakjisa

ISBN 978-89-5891-649-9 93370

정가 19,000원

CD 자료는 학지사 홈페이지(hakjisa.co.kr) 게시판에서도 다운받으실 수 있습니다.